제 4 판

알기쉬운
刑事訴訟法

백 형 구 저

博 英 社

제 4 판(전정판)을 내면서

2006년 7월 19일에 국선변호인의 선정사유에 관한 형사소송법 규정이 일부 개정되고, 2007년 6월 1일에 형사소송법이 큰 폭으로 개정되었으므로 그에 따라 이 책의 내용을 수정·추가·삭제하였다. 특히 피의자신문, 피의자신문조서의 증거능력, 피해자진술조서의 증거능력, 재정신청과 재정결정, 공판기일의 증거조사와 피고인신문, 공판준비절차, 피고인의 구속기간, 변호인의 피의자신문참여권, 검사동일체의 원칙에 관해서는 원고를 새로 작성하였고 피의자구속, 구속적부심사, 보석, 증거보전, 공소시효, 국선변호인의 선정사유, 집중심리주의, 공판정의 좌석, 공판중심주의, 간이공판절차, 증인신문, 탄핵증거, 피의자진술서의 증거능력, 검증조서의 증거능력, 위법수집증거의 증거능력, 전문증거의 증거능력, 재소자의 항소이유서 제출 등에 관한 내용을 많이 고쳤다.

2004년 11월 11일 이후 2007년 5월 25일까지의 대법원판례를 추가하였다. 이번에 추가한 대법원판례 중에서 ① 검사 작성 피의자신문조서의 형식적 성립의 진정이 인정되어도 그 조서의 실질적 성립의 진정이 추정되지 아니한다는 전원합의체판결(대판 2004.12.16), ② 재소자의 상고이유서 제출에 관해서 재소자의 특칙이 준용된다고 해석하여야 한다는 전원합의체판결(대판 2006.3.16), ③ 범의유발형 함정수사에 의해서 공소가 제기된 경우에는 그 공소사실이 유죄로 인정되어도 공소제기의 위법·무효를 이유로 형사소송법 제327조 2호에 의해서 공소기각의 판결을 하여야 한다는 대법원판례(대판 2005.10.28), ④ 피고인이 공판기일에 조서의 내용을 부인하여 증거능력이 없는 경찰 작성 피의자신문조서도 피고인의 공판기일에서의 부인진술에 대한 탄핵증거로서의 자격이 있다는 대법원판례(대판 2005.8.19)는 새로운 대법원판례에 해당한다. 종전의 대법원판례와 동일한 취지의 대법원판례도 각주에 추가하였다. 예컨대 포괄일죄에 있어 공소사실의 특정정도, 공소사실의 동일성의 판단기준, 공소장변경 요부의 기준, 공판조서의 증명력, 자백에 대한 보강증거의 자격과 정도, 파기판결의 기속력 등에 관한 대법원판례를 각주에 추가하였다.

2005년 2월 15일 이 책의 제 3 판이 발간된 후에 신동운 교수, 임동규 판사, 정웅석 교수가 개정판(제 3 판 또는 제 4 판)을 발간하였으므로 그 개정판의 내용을 이 책의 내용에 반영하였다. 이는 독자들에게 새로운 학문적 정보를 제공하는 작업에 해당한다.

형사소송법에 관한 학설·판례는 형사소송법학의 핵심적 내용이므로 형사소송법에 관한 최신의 학설·판례를 일람표로 만들어 부록으로 첨부하였다. 독자들에게 유익한 자료가 되기를 기대한다. 형사소송법의 개정내용은 중요한 수험자료이므로 형사소송법 개정법률을 해설한 글을 부록으로 첨부하였다. 이 글은 2007년 6월호 고시계에 실린 글이다.

간결한 문장에 풍부한 내용을 담기 위해서 문장을 여러 군데 손질하였다. 계속해서 좋은 책으로 다듬어 나갈 생각이다.

성의를 다해서 교정을 본 박규태 편집위원과 이번에 이 책을 내는 데 애를 많이 쓴 기획부 조성호 차장, 송창섭 대리에게 감사드린다.

2007년 7월 7일

저 자 백 형 구

제 3 판을 내면서

2003년 11월부터 2004년 11월 11일까지의 대법원판례를 추가하였다. 이번에 추가한 대법원판례 중에서 ① 단순사기죄에 관한 유죄판결이 확정된 후 그 유죄판결이 선고되기 전에 행하여진 수개의 사기범죄사실이 상습사기죄로 공소제기된 경우에는 유죄의 확정판결에 의한 일사부재리의 효력이 상습사기죄의 공소사실에 미치지 아니한다는 전원합의체판결(2004. 9. 16), ② 구금된 피의자가 피의자신문을 받는 경우에는 수사기관에 대하여 변호인의 참여를 요구할 권리가 있으며 수사기관이 피의자의 요구를 거부하는 처분에 대해서는 형사소송법 제417조에 의한 준항고가 허용된다는 대법원결정(대결 2003. 11. 11), ③ 피고인과 공범관계에 있는 공동피의자에 대한 사법경찰관 작성의 피의자신문조서에 기재된 자백(공동피의자의 자백)의 증거능력에 관해서는 형사소송법 제314조가 적용되지 아니한다는 대법원판례(대판 2004. 7. 25), ④ 피고인의 상고제기가 적법한 경우에는 상고이유서에 기재된 상고이유가 적법한 상고이유가 아닌 경우(양형부당과 사실오인을 상고이유로 주장한 경우)에도 형사소송법 제392조가 적용된다고 해석하여야 한다는 대법원판례(대판 2004. 7. 22), ⑤ 파기환송 후 원심(항소심)에서 공소장의 변경에 의하여 공소사실이 변경된 경우에는 파기판결의 구속력(기속력)이 미치지 아니한다는 대법원판례(대판 2004. 4. 9) 등은 새로운 대법원판례에 해당한다. 종전의 대법원판례와 동일한 취지의 대법원판례도 추가하였다. 종전의 대법원판례와 동일한 취지의 대법원판례는 각주에 기재하였으나 새로운 대법원판례는 그 요지를 본문에 기재하였다.

그 밖에도 몇 군데 내용을 추가하였다. 예컨대 공소장변경을 허가한 후 공소사실의 동일성이 인정되지 아니한다고 인정하는 경우 공소장변경허가의 취소는 재량적이 아니라 의무적이라는 내용, 공시송달제도는 이를 폐지하여야 한다는 내용, 공소기각의 결정은 비상상고의 대상으로 되지 아니한다는 내용을 추가하였고, 일부상소를 하였는데 상소심에서 죄수판단을 달리하는 경우의 소송관계에 관한 학설의 명칭(면소판결설 · 전부이심설 · 일부이심설)을 새로 붙였다.

이 책의 개정판(제 2 판)이 2004년 1월에 발간된 후에 임동규 판사(제 3 판), 신양균 교수(제 2 판), 배종대 · 이상돈 교수의 개정판(제 6 판)이 나왔으므로 그 개정판의 내용을 이 책의 내용에 반영하였다. 개정판의 내용을 빠짐없이 정리하는 작업은 결코 간단한 작업이 아니었다. 2004년 1월 20일에 검찰청법이 개정되었으므로 개정된 조문에 의해서 내용을 고쳤으며 「알기쉬운 형사소송법」을 만들기 위해서 문장을 여러 군데 손질하였다.

공판절차와 항소심절차의 도표를 만들어 〈부록 1〉로 첨부하였으며 법무부에서 마련한 형사소송법 개정안의 축조해설(逐條解說)을 〈부록 2〉로 실었다.

독자 여러분의 꾸준한 성원에 감사드린다. 독자들에게 有益한 책이 되도록 계속해서 다듬어 나갈 생각이다.

이번에도 이 책을 내는데 애를 많이 쓴 편집부 김선민 차장과 기획과의 조성호 차장에게 감사드린다.

2005년 1월 3일 방배동에 있는 創學堂에서

저 자 백 형 구

제 2 판을 내면서

2001년 11월 이후 2003년 10월까지의 大法院判例를 추가하였다. 이번에 추가한 대법원판례 중에서 친고죄인 강간죄에 관해서 고소가 취소된 후 검사가 강간죄의 수단인 폭행·협박만을 폭력행위등처벌에관한법률위반죄로 공소제기한 경우에는 공소제기의 위법·무효를 이유로 형사소송법 제327조 2호에 의해서 공소기각의 판결을 하여야 한다는 전원합의체판결(2002. 5. 16), 검사가 공소장에 기재된 본위적 공소사실과 범죄사실의 동일성이 인정되지 아니한 범죄사실을 예비적으로 추가하는 내용의 공소장변경허가신청을 한 경우 법원은 공소사실의 동일성이 인정되지 아니한다는 이유로 그 공소장변경신청을 기각(불허가)하여야 한다는 대법원판례(2002. 1. 22), 피고인의 공판조서에 대한 열람청구·등사청구를 법원이 불응한 경우에는 그 공판조서에 기재된 피고인의 자백이나 증인의 증언은 피고인의 공소사실에 관하여 증거능력이 없다는 대법원판례(2003. 10. 10), 약식명령을 한 판사는 정식재판청구에 의한 제 1 심 공판절차에서 제척되지 아니한다는 대법원판례(2002. 4. 12), 피고인에게 불리한 방향으로는 유추해석 또는 확대해석이 허용되지 아니한다는 대법원판례(2002. 4. 12, 2003. 1. 10) 등은 새로운 대법원판례에 해당한다. 종전의 대법원판례와 동일한 취지의 대법원판례도 추가하였다.

이 책의 초판이 발간된 후에 저자의 조해형사소송법(2002. 11. 15)과 정웅석 교수의 형사소송법(2003. 9. 20)이 새로 출판되었고, 이재상 교수, 신현주 변호사, 임동규 판사의 개성판이 나왔으므로 위 저서의 내용을 이 책의 내용에 반영하였다. 최근에 발간된 저서의 내용을 체계적으로 정리한다는 것은 학문적으로 가치있는 작업에 해당한다. 개정판에서 학설을 바꾼 학자들이 있어 학설을 정리하는 작업은 결코 간단한 작업이 아니었다.

내용을 부분적으로 보충 또는 수정하였다. 피의자의 지위와 권리, 고소의 추완, 수사기관의 감청(도청), 증거보전, 불기소처분에 대한 불복, 공소사실의 예비적·택일적 기재, 일죄의 일부에 대한 공소제기, 공소의 취소, 공소사실의 동일성, 공판조서, 공소장의 변경, 유죄판결, 면소판결, 상소권자, 불이익변경금지의 원칙, 항소기각의 판결, 재판의 집행, 비상상고 등의 내용을 보충하였으며 증거보전, 공소권의 남용, 공소시효의 완성, 관련사건, 제척의 원인에 관한 내용을 일부 수정하였다. 특히 약식명령을 한 판사가 정식재판의 항소심 공판절차에서 제척되는가에 관한 학설 · 판례와 약식명령을 한 판사가 정식재판의 제 1 심 공판절차에서 제척되는가에 관한 학설 · 판례를 정리하였다.

'알기쉬운' 책을 만들기 위해서 문장을 여러 군데 손질하였으며 한자를 한글로 많이 고쳤다.

2003년 12월 25일

저 자 백 형 구

머 리 말

내용이 충실하면서도, 페이지 수가 적고, 이해하기 쉬운 책, 이것이 이 책의 3대 목표이다.

내용의 충실성은 이 책의 최대목표이다. 2001년 7월까지 발간된 저서(교과서 · 주석서)와 2001년 10월까지의 대법원판례를 체계적으로 정리하였으며 필요한 경우에는 일본 학자들의 학설과 미국연방대법원 및 일본최고재판소의 판례를 소개하였다. 학설 · 판례의 체계적 정리는 이 책의 내용적 특색으로 내세울 수 있다.

1997년 이후에 출판된 여러 교과서의 분량이 너무 많다. 한 권을 빼고는 모두 크라운판으로 800페이지가 넘으며 1,000페이지가 넘는 교과서도 2권이다. 책의 분량이 너무 많으면 독자들에게 커다란 부담으로 된다. 그래서 페이지 수를 줄이기 위해서 여러 모로 신경을 썼다. 내용의 충실성을 유지하면서 페이지 수를 줄인다는 것은 결코 용이한 작업이 아니었다.

독자들이 이해하기 쉬운 책을 써야 한다는 것은 집필의 금과옥조이다. 그래서 독자들이 이해하기 쉬운 문장을 만들려고 최선을 다하였으며 용어선택에도 신경을 많이 썼다. 내용을 도표로 정리한 것도 내용의 이해에 편의를 제공하기 위한 것이다.

새로운 분류, 독창적 체계는 이 책의 두드러진 특색에 해당한다. 총론을 각론 다음으로 옮긴 것은 독자들이 형사소송법학을 체계적으로 이해하는 데 도움을 주기 위한 배려이다.

새로운 학설(해석론)을 적지 않게 내놓은 점도, 이 책의 내용적 특색으로 내세울 수 있다. 이로써 우리 나라의 형사소송법학은 번역법학의 범주를 상당히 벗어났다고 할 수 있다. 한국적 형사소송법학의 발전은 우리 나라 형사소송법학계의 당면과제이다.

이 책이 법학도에게 유익한 책이 되었으면 하는 것이 저자로서의 간절한 소망이다.

이 책의 체계에 관하여 유익한 조언을 해 준 송일근 주간과 기획과의 조성호 과장 그리고 성의를 다해서 교정을 본 편집부 김선민 과장에게 감사드린다.

2002년 1월 역삼동에 있는 創學堂에서

저 자　백 형 구

차　　례

제 I 장　刑事訴訟法의 本質과 沿革

제 1 절　刑事訴訟法의 本質 ………………………………………… 3

Ⅰ. 刑事訴訟法의 意義 · 法源 ………………………………………… 3

1. 刑事訴訟法의 意義 ………………………………………… 3
(1) 형사절차법／3　(2) 형사절차의 구분／3

2. 刑事訴訟法의 法源 ………………………………………… 5
(1) 형사소송법정주의／5　(2) 형사소송법의 법원／5
(3) 헌법적 형사소송／6

Ⅱ. 刑事訴訟法의 目的 · 解釋 ………………………………………… 6

1. 刑事訴訟法의 目的 ………………………………………… 6
(1) 형사재판의 공정／7　(2) 형사재판의 신속／7
(3) 인권보장／7　(4) 적정절차의 보장／7

2. 刑事裁判의 迅速 ………………………………………… 8
(1) 총　　설／8　(2) 신속한 재판을 위한 제도／8
(3) 소송지연의 소송법적 효과／9　(4) 소송지연에 대한 대책／10

3. 刑事訴訟法의 解釋 ………………………………………… 10
(1) 해석의 의의 · 필요／10　(2) 해석의 기본입장／10
(3) 해석의 방법／11

Ⅲ. 刑事訴訟法의 構成 · 適用範圍 ………………………………………… 12

1. 刑事訴訟法의 構成 ………………………………………… 12
(1) 제 1 편 총칙／12　(2) 제 2 편 제 1 심／13
(3) 제 3 편 상소／13　(4) 제 4 편 특별소송절차／13
(5) 제 5 편 재판의 집행／13

2. 刑事訴訟法의 適用範圍 ………………………………………… 13

(1) 인적 적용범위／13 (2) 시간적 적용범위／14

제 2 절 刑事訴訟法의 基本原理 ······ 15

Ⅰ. 彈劾主義 ······ 15

1. 糾問主義와 彈劾主義 ······ 15
2. 現行法上의 彈劾主義 ······ 16

Ⅱ. 當事者主義와 職權主義 ······ 16

1. 意義 · 沿革 ······ 16
(1) 의 의／16 (2) 연 혁／16
2. 長·短點 ······ 17
(1) 직권주의의 장·단점／17 (2) 당사자주의의 장·단점／17
(3) 양 주의의 조화／17
3. 現行法上 兩主義의 調和 ······ 17
(1) 직권주의설과 당사자주의설／17
(2) 현행법상 양 주의의 조화／18
(3) 직권주의의 보충적 기능／19

Ⅲ. 實體的 眞實主義 ······ 19

1. 意 義 ······ 19
2. 內 容 ······ 19
(1) 실체적 진실의 의미／19
(2) 적극적 진실주의와 소극적 진실주의／20
(3) 소송구조와 실체적 진실주의／20
(4) 적정절차의 법리와 실체적 진실주의／20
(5) 수사와 실체적 진실주의／21
3. 制度的 表現 ······ 21
(1) 증거의 수집 · 보전／21 (2) 사실인정의 합리성／21
(3) 오판의 시정／22
4. 制 約 ······ 22
(1) 형사소송의 다른 목적에 의한 제약／22
(2) 초소송법적 이익에 의한 제약／22
(3) 실체적 진실주의의 한계／22

Ⅳ. 無罪推定의 原則 ········· 23
1. 意義 · 沿革 ········· 23
(1) 의 의/23 (2) 연 혁/23
2. 適用範圍 ········· 23
(1) 인적 적용범위/23 (2) 시간적 적용범위/23
3. 制度的 表現 ········· 24
(1) 거증책임/24 (2) 인신구속의 제한/24
(3) 부당한 대우의 금지/24

제 3 절 刑事訴訟法의 沿革 ········· 25

Ⅰ. 總 說 ········· 25

Ⅱ. 韓國 刑事訴訟法의 沿革 ········· 26
1. 朝鮮王朝의 刑事節次法 ········· 26
2. 舊刑事訴訟法 ········· 26
(1) 일제치하/26 (2) 미군정치하/26
3. 現行 刑事訴訟法 ········· 27
(1) 제 정/27 (2) 개 정/27

제 2 장 搜 査

제 1 절 總 說 ········· 33

Ⅰ. 搜査의 意義 · 種類 ········· 33
1. 搜査의 意義 ········· 33
2. 搜査의 種類 ········· 34
(1) 임의수사 · 강제수사/34
(2) 대인적 수사 · 대물적 수사/34
(3) 경찰수사 · 검찰수사/34
(4) 기소 전 수사 · 기소 후 수사/34

Ⅱ. 搜査의 時期 ········· 34
1. 總 說 ········· 34

2. 公訴提起 후의 強制捜査 ··· 35
(1) 피고인구속／35 (2) 대물적 강제수사／35
3. 公訴提起 후의 任意捜査 ··· 35
(1) 피고인조사／35 (2) 피고인조사 이외의 임의수사／36

Ⅲ. 捜査의 條件 ··· 37
1. 捜査의 一般的 條件 ··· 37
(1) 수사의 필요성／37 (2) 수사의 상당성／37
2. 犯罪嫌疑와 捜査의 條件 ··· 37
(1) 범죄혐의와 범죄인지의 조건／37
(2) 범죄혐의와 체포 · 구속의 조건／38
3. 訴訟條件과 捜査의 條件 ··· 38
(1) 소송조건의 흠결과 수사의 조건／38
(2) 친고죄의 고소와 고소 전 수사의 허용성／38
4. 陷穽捜査 ··· 38
(1) 의 의／38 (2) 위 법 성／38 (3) 소송법상 효과／39

Ⅳ. 違法捜査의 救濟 ··· 39
1. 總 說 ··· 39
2. 人身拘束에 관한 救濟制度 ··· 39
3. 押收 · 捜索에 관한 救濟制度 ··· 40
4. 證據能力의 否定 ··· 40
(1) 피의자의 자백／40 (2) 압 수 물／40 (3) 검증조서／40
5. 公訴提起에 대한 效力 ··· 40

제 2 절 捜査機關과 被疑者 ··· 41

Ⅰ. 捜査機關 ··· 41
1. 捜査機關의 意義 ··· 41
2. 捜査機關의 種類 ··· 41
(1) 검 사／41 (2) 사법경찰관리／41
(3) 검사와 사법경찰관리와의 관계／42
(4) 사법경찰관리의 수사절차상 지위／42
3. 捜査機關의 權限 ··· 43
(1) 사법경찰관리의 권한／43 (2) 검사의 권한／43

4. 搜査機關의 管轄區域 ······ 43

Ⅱ. 被 疑 者 ······ 44

1. 被疑者의 意義 ······ 44
2. 被疑者의 訴訟法上 地位 ······ 44
(1) 수사의 대상／44　(2) 무죄의 추정／44
3. 被疑者의 訴訟法上 權利 ······ 44

제 3 절　搜査의 端緖 · 開始 ······ 45

Ⅰ. 總　說 ······ 45

Ⅱ. 犯罪認知 ······ 45

1. 犯罪認知의 意義 ······ 45
2. 犯罪認知의 原因 ······ 46
3. 犯罪認知의 要件 ······ 46
(1) 범죄혐의의 존재／46　(2) 범죄인지의 상당성／46
4. 犯罪認知의 主體 · 節次 ······ 46
5. 犯罪認知의 效果 ······ 47

Ⅲ. 不審檢問 ······ 47

1. 不審檢問의 意義 ······ 47
2. 不審檢問의 要件 · 對象 ······ 47
3. 不審檢問의 方法 ······ 47
(1) 질　문／48　(2) 질문을 위한 동행요구／48
(3) 소지품 검사／48　(4) 자동차 검문／48

Ⅳ. 變死體의 檢視 ······ 48

1. 變死體檢視의 意義 · 對象 ······ 48
(1) 변사체검시의 의의／48　(2) 변사체검시의 대상／48
2. 變死體檢視의 主體 · 節次 ······ 49

Ⅴ. 告　訴 ······ 49

1. 告訴의 意義 ······ 49
2. 親告罪와 告訴 ······ 49
3. 告訴의 有效要件 ······ 50

(1) 고소권의 존재/50 (2) 고소능력의 존재/50
(3) 고소기간의 경과 전/50 (4) 간통고소의 유효요건/50
(5) 범인의 지정/51

4. 告訴權者 ………… 51
(1) 피 해 자/51 (2) 비피해자인 고소권자/51
(3) 고소권자의 지정/52

5. 告訴의 方式 · 效果 ………… 52
(1) 고소의 방식/52 (2) 고소의 효과/52

6. 告訴不可分의 原則 ………… 52
(1) 주관적 불가분의 원칙/52 (2) 객관적 불가분의 원칙/53

7. 告訴의 取消 ………… 53
(1) 고소취소의 의의/53 (2) 고소의 취소권자/54
(3) 고소취소의 방식 · 의제/54 (4) 고소취소의 시기/54
(5) 고소취소의 효과/55

8. 告訴의 抛棄 ………… 56
(1) 고소포기의 의의/56 (2) 고소포기의 허용성/56
(3) 고소포기의 효과/56

9. 告訴의 追完 ………… 56

Ⅵ. 告發 · 自首 ………… 57

1. 告 發 ………… 57
(1) 고발의 의의/57 (2) 고발의 절차/58

2. 自 首 ………… 58

제 4 절 搜査의 方法 · 實行 ………… 59

Ⅰ. 總 說 ………… 59

1. 任意搜査 · 强制搜査 ………… 59
(1) 수사기관의 도청/59 (2) 수사기관의 사진촬영/60
(3) 임의제출물의 압수/60 (4) 공무소 등에 대한 조회/60

2. 任意搜査의 原則 ………… 60

Ⅱ. 任意搜査 ………… 60

1. 被疑者訊問 ………… 60
(1) 의의 · 주체/60 (2) 절 차/61

2. 被害者調査 · 參考人調査 ······ 63
(1) 의 의/63 (2) 절 차/63
3. 그 밖의 任意搜査 ······ 64
(1) 수사상 감정/64 (2) 수사상 통역 · 번역/64
(3) 수사상 조회/64 (4) 거짓말탐지기의 사용/64
(5) 실황조사/65

Ⅲ. 強制搜査 ······ 65

1. 搜査機關의 逮捕 · 拘束 ······ 65
(1) 수사기관의 피의자체포/65 (2) 수사기관의 피의자구속/68
(3) 체포 · 구속의 적부심사제도/72
2. 搜査機關의 押收 · 搜索 · 檢證 ······ 73
(1) 의 의/73 (2) 사전영장에 의한 압수 · 수색 · 검증/74
(3) 영장주의의 예외/74 (4) 체내강제수사/76
(5) 수사기관의 도청/76

제 5 절 證據保全 · 參考人에 대한 證人訊問 ······ 78

Ⅰ. 證據保全 ······ 78

1. 證據保全의 意義 ······ 78
2. 證據保全의 要件 ······ 78
(1) 실질적 요건/78 (2) 시기적 요건/79
3. 證據保全의 節次 ······ 79
(1) 증거보전의 청구/79 (2) 증거보전/79 (3) 증거보전 후의 소송관계/80

Ⅱ. 參考人에 대한 證人訊問 ······ 80

1. 意義 · 性質 ······ 80
2. 要 件 ······ 80
(1) 실질적 요건/80 (2) 시기적 요건/81
3. 節 次 ······ 81
(1) 증인신문의 청구/81 (2) 증인신문의 절차 · 방식/81
4. 證人訊問 후의 訴訟關係 ······ 82
(1) 서류의 송부/82 (2) 증거능력의 인정/82

제 6 절 搜査의 終結 …… 83

Ⅰ. 總 說 …… 83

Ⅱ. 不起訴處分 …… 83

1. 不起訴處分의 意義 · 性質 …… 83
(1) 의 의／83 (2) 성 질／84
2. 不起訴處分의 分類 · 事由 …… 84
(1) 협의의 불기소처분／84 (2) 기소유예／84
(3) 기소중지／84 (4) 공소보류／84
3. 不起訴處分事由의 競合 …… 85
4. 不起訴處分의 效力 …… 85
5. 不起訴處分에 대한 不服 …… 85
(1) 검찰항고／85 (2) 재정신청／86 (3) 헌법소원／86

Ⅲ. 檢事의 事件移送 …… 86
(1) 타관송치／86 (2) 군검찰관송치／86 (3) 임의적 이송／87

제 3 장 公 訴

제 1 절 公訴와 公訴權 …… 91

Ⅰ. 公 訴 …… 91

1. 公訴의 意義 …… 91
2. 公訴의 提起 …… 91
3. 公訴의 取消 …… 91
4. 公訴의 時效 …… 91

Ⅱ. 公 訴 權 …… 92

1. 公訴權의 意義 …… 92
2. 公訴權의 濫用 …… 92
(1) 공소권남용의 의의／92 (2) 무혐의사건의 기소／93
(3) 경미사건의 기소／93 (4) 차별적 기소／94
(5) 악의의 분리기소／94

제 2 절 公訴의 基本原則 ······ 95

I. 國家訴追主義·起訴獨占主義 ······ 95

1. 國家訴追主義 ······ 95
2. 起訴獨占主義 ······ 95
(1) 의 의/95 (2) 예 외/95

II. 起訴便宜主義 ······ 96

1. 意 義 ······ 96
2. 制度의 合理性·危險性 ······ 96
3. 內 容 ······ 97
(1) 기소유예제도의 채택/97 (2) 공소취소의 허용/97
4. 法的 規制 ······ 97
(1) 재정신청/97 (2) 검찰항고/98 (3) 헌법소원/98

제 3 절 公訴의 提起 ······ 99

I. 公訴提起의 節次와 方式 ······ 99

1. 公訴狀의 提出 ······ 99
2. 公訴狀의 添附書類 ······ 99
3. 公訴狀의 必要的 記載事項 ······ 99
(1) 피고인의 인적 사항/100 (2) 공소사실/100
4. 公訴事實·適用法條의 豫備的·擇一的 記載 ······ 102
(1) 의의·필요/102 (2) 허용범위/103 (3) 소송관계/106
5. 公訴狀一本主義 ······ 107
(1) 의의·연혁/107 (2) 필요·근거/107
(3) 내 용/108 (4) 위 반/109
(5) 적용범위·예외/109

II. 公訴提起의 效果 ······ 110

1. 總 說 ······ 110
2. 公訴提起의 訴訟法上 效果 ······ 110
(1) 소송계속/110 (2) 공소시효의 정지/111
(3) 심판범위의 한정/112

3. 公訴提起의 效力이 미치는 範圍 ······ 112
(1) 인적 범위／112 (2) 물적 범위／112

Ⅲ. 一罪의 一部에 대한 公訴提起 ······ 113
1. 總 說 ······ 113
2. 公訴提起의 適法性 ······ 114
(1) 학 설／114 (2) 친고죄의 일부에 대한 공소제기／115
3. 公訴提起의 效力 ······ 116
4. 審判의 對象 ······ 116
(1) 심판의 대상／116 (2) 공소장의 변경／116
5. 一事不再理의 效力이 미치는 範圍 ······ 116

Ⅳ. 公訴의 取消 ······ 116
1. 公訴取消의 意義 ······ 116
2. 公訴取消의 節次 ······ 117
(1) 취소권자／117 (2) 취소의 방식／118
(3) 취소의 시기／118
3. 公訴取消의 效果 ······ 118
(1) 공소기각의 결정／118 (2) 재기소의 제한／118

제 4 절 公訴의 時效 ······ 119

Ⅰ. 公訴時效의 意義와 本質 ······ 119
1. 公訴時效의 意義 ······ 119
2. 公訴時效制度의 存在理由 ······ 120
3. 公訴時效의 本質 ······ 120

Ⅱ. 公訴時效의 期間 ······ 120
1. 現行法上 公訴時效期間 ······ 120
2. 公訴時效期間의 基準 ······ 120
(1) 법 정 형／120 (2) 문제되는 경우／121
3. 公訴時效期間의 起算點 ······ 122
(1) 범죄행위의 종료시／122 (2) 공범에 관한 특칙／122
4. 公訴時效期間의 計算方法 ······ 122

Ⅲ. 公訴時效의 停止 ······ 123
1. 公訴時效停止의 意義 ······ 123
2. 公訴時效停止의 事由 ······ 123
(1) 공소의 제기/123 (2) 재정신청/123
(3) 범인의 국외도피/124 (4) 소년법상의 심리개시결정/124
(5) 대통령의 불소추특권과 공소시효의 정지/124
3. 公訴時效停止의 效力이 미치는 範圍 ······ 124
(1) 주관적 범위/124 (2) 객관적 범위/125

Ⅳ. 公訴時效의 完成 ······ 125

Ⅴ. 裁判時效 ······ 125
(1) 재판시효의 의의/125 (2) 재판시효의 기간/126
(3) 재판시효의 완성/126

제 5 절 裁定申請·裁定決定 ······ 127

Ⅰ. 總 說 ······ 127

Ⅱ. 裁定申請 ······ 128
1. 裁定申請權者 ······ 128
2. 裁定申請의 對象 ······ 128
3. 抗告前置主義 ······ 128
4. 裁定申請의 期間·方式·取消·效力 ······ 128
(1) 재정신청의 기간/128 (2) 재정신청의 방식/129
(3) 재정신청의 취소/129 (4) 재정신청의 효력/129
5. 檢察廳의 處理 ······ 129

Ⅲ. 裁定決定 ······ 129
1. 高等法院의 審理 ······ 129
2. 高等法院의 裁定決定 ······ 130
(1) 기각결정/130 (2) 공소제기결정/131
(3) 재정결정에 대한 불복/131

Ⅳ. 裁定申請人의 費用負擔 ······ 132

제 4 장 公　　判

제 1 절 總　　說 ……………………………………………… 135

Ⅰ. 公判節次의 意義 ……………………………………………… 135

Ⅱ. 公判中心主義 ……………………………………………… 135

1. 意　　義 ……………………………………………… 135
2. 制度的 表現 ……………………………………………… 136
(1) 공소장일본주의／136
(2) 증거능력의 제한 · 공판기일의 증거조사／136
(3) 공판개시 후 수사의 제한／136　(4) 공개주의와의 관계／137

Ⅲ. 公判節次의 基本原則 ……………………………………………… 137

1. 公開主義 ……………………………………………… 137
2. 口頭辯論主義 ……………………………………………… 137
3. 直接審理主義 ……………………………………………… 138
4. 集中審理主義 ……………………………………………… 138

Ⅳ. 事件의 單一性 · 同一性 ……………………………………………… 139

1. 刑事事件의 意義 ……………………………………………… 139
2. 事件의 單一性 ……………………………………………… 139
(1) 의　　의／139　(2) 소송법상 효과／139
3. 事件의 同一性 ……………………………………………… 140
(1) 의　　의／140　(2) 소송법상 효과／140
4. 公訴事實의 同一性 ……………………………………………… 140
(1) 문제의 의의／140　(2) 동일성판단의 기준／141

제 2 절 審判의 對象 ……………………………………………… 144

Ⅰ. 不告不理의 原則 ……………………………………………… 144

1. 原則의 意義 ……………………………………………… 144
2. 原則의 違反 ……………………………………………… 144
3. 原則의 例外 ……………………………………………… 145

Ⅱ. 公訴事實과 訴因 ······ 145

1. 公訴事實과 訴因의 意義 ······ 145

(1) 공소사실의 의의／145 (2) 소인의 의의／145

2. 現行法과 訴因 ······ 146

Ⅲ. 公判節次上 審判의 對象 ······ 147

1. 問題의 意義 ······ 147

2. 學 說 ······ 147

(1) 공소사실대상설／147 (2) 소인대상설／148

(3) 절 충 설／148 (4) 이 원 설／148

3. 二元說의 理論體系 ······ 149

(1) 이원설과 공소제기의 효력／149

(2) 이원설과 소송계속／149

(3) 이원설과 불고불리의 원칙／149

(4) 이원설과 공소장변경／149

(5) 이원설과 일사부재리의 효력／150

제 3 절 公判審理 ······ 151

Ⅰ. 總 說 ······ 151

1. 公判審理의 意義 ······ 151

2. 公 判 廷 ······ 151

3. 當事者의 公判期日出席 ······ 153

(1) 검사의 출석／153 (2) 피고인의 출석／153

(3) 변호인의 출석／156

4. 裁判長의 訴訟指揮權 · 法廷警察權 ······ 156

(1) 재판장의 소송지휘권／156 (2) 재판장의 법정경찰권／157

5. 公判調書 ······ 157

(1) 공판조서의 작성／157

(2) 공판조서에 관한 당사자의 권리／158

(3) 공판조서의 증거능력／158 (4) 공판조서의 증명력／158

6. 通譯 · 飜譯 ······ 159

Ⅱ. 公訴提起 후 公判期日 전의 節次 ······ 160

1. 公訴狀副本의 送達 ······ 160
2. 意見書의 提出 ······ 160
3. 書類 등의 閱覽 · 謄錄 ······ 161
4. 公判準備節次 ······ 161
(1) 공판준비절차의 회부/161 (2) 공판준비절차의 내용/161
(3) 공판준비절차의 종결/162
5. 公判期日 전의 證據調査 ······ 162
6. 公判期日의 指定 ······ 162

Ⅲ. 公判審理의 順序와 內容 ······ 162
1. 冒頭節次 ······ 162
(1) 인정신문/162 (2) 검사의 모두진술/163
(3) 진술거부권 · 진술권의 고지/163
(4) 피고인의 모두진술/163 (5) 재판장의 쟁점정리/163
2. 事實審理節次 ······ 164
(1) 증거조사/164 (2) 피고인신문/165 (3) 최종변론/166

Ⅳ. 簡易公判節次 ······ 166
1. 簡易公判節次의 意義 ······ 166
2. 節次開始의 要件 ······ 166
(1) 공판정에서의 자백/166 (2) 제 1 심의 공판절차/168
3. 節次開始의 決定 · 取消 ······ 168
(1) 절차개시의 결정/168 (2) 결정의 취소/169
4. 公判節次의 特色 ······ 169
(1) 증거동의의 의제/169 (2) 증거조사방식의 간이화/169
(3) 공소장변경의 허용/169
(4) 무죄 · 면소 · 공소기각의 허용/170

Ⅴ. 受訴法院의 證據調査 ······ 170
1. 總 說 ······ 170
2. 證人訊問 ······ 170
(1) 증인신문의 의의/170 (2) 증 인/171
(3) 증인신문의 장소/177 (4) 증인신문의 절차/177
(5) 증인신문의 방식 · 방법/180
(6) 증인신문조서의 증거능력/183

3. 鑑　　定 ··· 183
(1) 감정의 의의／183　(2) 감정인 · 감정사항／183
(3) 감정의 절차／184　(4) 감정서의 증거능력 · 증명력／186
4. 檢　　證 ··· 186
(1) 검증의 의의／186　(2) 검증의 주체 · 대상／187
(3) 검증의 절차／187　(4) 검증조서의 증거능력／188

Ⅵ. 公訴狀의 變更 ··· 188
1. 公訴狀變更의 意義 · 沿革 ··· 188
(1) 공소장변경의 의의／188
(2) 공소장변경제도의 존재이유／189
(3) 공소장변경제도의 연혁／190
2. 公訴狀變更의 主體 · 許容範圍 ··· 190
(1) 주　　체／190　(2) 허용범위／190
3. 公訴狀變更의 要否 ··· 190
(1) 문제의 의의／190　(2) 학설 · 판례／191
(3) 구체적 고찰／191
4. 公訴狀變更이 許容되는 訴訟節次 ··· 193
(1) 제 1 심의 공판심리절차／193
(2) 항소심 · 상고심의 공판심리절차／193
(3) 재심의 공판심리절차／193
5. 公訴狀變更의 要求 ··· 194
(1) 의　　의／194　(2) 성　　질／194
(3) 방　　식／195　(4) 효　　과／195
6. 公訴狀變更의 節次와 效果 ··· 195
(1) 공소장변경의 절차／195　(2) 공소장변경의 효과／197

Ⅶ. 公判審理의 特則 ··· 197
1. 辯論의 併合 · 分離 · 再開 ··· 197
(1) 변론의 병합 · 분리／197　(2) 변론의 재개／198
2. 公判節次의 更新 ··· 198
(1) 공판절차갱신의 의의／198　(2) 공판절차갱신의 사유／198
(3) 공판절차갱신의 정도／199
(4) 갱신 전의 소송행위의 효력／199
3. 公判節次의 停止 ··· 200

(1) 공판절차정지의 의의／200
(2) 공판절차정지의 사유 · 절차／200
(3) 공판절차정지의 예외／201

제 4 절 受訴法院의 強制處分 ………… 202

Ⅰ. 總　　說 ………… 202

Ⅱ. 受訴法院의 被告人拘束 ………… 202
1. 被告人拘束의 意義 ………… 202
2. 被告人拘束의 要件 ………… 203
(1) 피고인구속의 실질적 요건／203
(2) 피고인구속의 절차적 요건／203
3. 被告人拘束의 節次 ………… 204
(1) 구속영장의 발부／204　(2) 구속영장의 집행／204
(3) 구속 후의 절차／205
4. 拘束期間의 制限 ………… 205
(1) 구속기간의 제한 · 갱신／205　(2) 구속기간의 불산입／205
(3) 구속기간의 기산일／205
5. 拘束中인 被告人의 權利 ………… 206
(1) 접견교통권／206　(2) 보석청구권 · 구속취소청구권／206
6. 拘束被告人의 釋放制度 ………… 206
(1) 보　　석／206　(2) 구속의 집행정지／209
(3) 구속의 취소／209

Ⅲ. 受訴法院의 押收 · 搜索 ………… 210
1. 意　　義 ………… 210
2. 節　　次 ………… 210
(1) 압수수색영장의 발부／210　(2) 압수수색영장의 집행／210
3. 押收物의 證據能力 ………… 211
4. 押收物의 保管 · 處分 ………… 211

제 5 절 公判의 終局裁判 ………… 213

Ⅰ. 總　　說 ………… 213

Ⅱ. 形式裁判 ······ 213
1. 管轄違反의 判決 ······ 213
(1) 사 유/213 (2) 예 외/214
2. 公訴棄却의 裁判 ······ 214
(1) 공소기각의 결정/214 (2) 공소기각의 판결/215
3. 免訴判決 ······ 216
(1) 면소판결의 사유/216 (2) 심판상의 특칙/217
(3) 면소판결에 대한 상소/217 (4) 면소판결의 본질/218
(5) 면소판결의 효력/219

Ⅲ. 實體裁判 ······ 219
1. 無罪判決 ······ 219
(1) 무죄판결의 의의/219 (2) 무죄판결의 사유/219
(3) 무죄판결에 대한 항소/220
2. 有罪判決 ······ 220
(1) 유죄판결의 의의/220 (2) 유죄판결의 종류/220
(3) 유죄판결의 주문과 이유/221 (4) 유죄판결의 효력/221

제 5 장 上 訴

제 1 절 總 說 ······ 225

Ⅰ. 上訴의 意義 · 種類 ······ 225
1. 上訴의 意義 ······ 225
2. 上訴制度의 存在理由 ······ 225
3. 上訴의 種類 ······ 226

Ⅱ. 上 訴 權 ······ 226
1. 上訴權의 意義 · 種類 ······ 226
2. 上訴權者 ······ 227
(1) 고유의 상소권자/227 (2) 상소의 대리권자/227
3. 上訴權의 發生 · 消滅 ······ 227
(1) 상소권의 발생/227 (2) 상소권의 소멸/228

4. 上訴權의 回復 ························ 228
(1) 상소권회복의 의의／228 (2) 상소권회복의 사유／228
(3) 상소권회복의 절차／229

Ⅲ. 上訴의 利益 ························ 230

1. 上訴利益의 意義 · 根據 ························ 230
(1) 의 의／230 (2) 근 거／230
2. 上訴利益의 有無 ························ 231
(1) 판단의 일반적 기준／231 (2) 구체적 고찰／231
3. 上訴利益의 欠缺 ························ 234

Ⅳ. 上訴의 提起 ························ 234

1. 上訴提起의 期間 ························ 234
2. 上訴提起의 方式과 效力 ························ 234
(1) 상소제기의 방식／234 (2) 상소제기의 효력／235
3. 一部上訴 ························ 236
(1) 일부상소의 의의／236 (2) 일부상소의 허용범위／236
(3) 일부상소의 방식／237 (4) 일부상소의 효력／237

Ⅴ. 上訴의 抛棄 · 取下 ························ 238

1. 意 義 ························ 238
2. 方 式 ························ 239
3. 效 力 ························ 239
(1) 상소권의 소멸／239 (2) 재상소의 금지／240
(3) 절차속행의 신청／240

Ⅵ. 不利益變更禁止의 原則 ························ 241

1. 意義 · 根據 ························ 241
(1) 의 의／241 (2) 근 거／241
2. 適用範圍 ························ 241
(1) 피고인측이 항소 · 상고한 경우／241
(2) 항소심 · 상고심에서 형을 선고하는 경우／242
(3) 정식재판 · 재심에서 형을 선고하는 경우／243
3. 內 容 ························ 243
(1) 중형선고의 금지／243 (2) 선고형의 경중／244

4. 違 反 ································ 246

제 2 절 抗 訴 ································ 247

Ⅰ. 用語의 整理 ································ 247
(1) 항소권자／247 (2) 항 소 인／247 (3) 항소사건／247
(4) 항소법원／247 (5) 항 소 심／247

Ⅱ. 抗訴理由 ································ 248
1. 抗訴理由의 意義 · 分類 ································ 248
(1) 항소이유의 의의／248 (2) 항소이유의 분류／248
2. 審判의 法令違反 ································ 248
(1) 판결내용의 법령위반 · 소송절차의 법령위반／248
(2) 법령적용의 착오와 소송절차의 법령위반／250
(3) 상대적 항소이유 · 절대적 항소이유／251
3. 法令違反 이외의 抗訴理由 ································ 252
(1) 판결 후 사면, 형의 폐지 · 변경／252
(2) 재심청구의 사유／252 (3) 사실오인／252
(4) 양형부당／253

Ⅲ. 抗訴의 節次 ································ 254
1. 抗訴의 提起 ································ 254
2. 原審法院의 處理 ································ 254
(1) 항소기각의 결정／254 (2) 소송기록의 송부／254
(3) 피고인의 이감／255
3. 抗訴審의 準備節次 ································ 255
(1) 소송기록접수통지／255
(2) 항소이유서 · 답변서의 제출／255
(3) 공판기일의 지정 · 통지／256

Ⅳ. 抗訴審의 審判 ································ 256
1. 總 說 ································ 256
(1) 항소심의 구조와 심리절차／256
(2) 판단의 자료 · 기준시／257 (3) 심판의 대상 · 범위／257
(4) 심판의 의무성 · 재량성／257

(5) 불이익변경금지의 원칙／258
2. 抗訴審의 審理 …… 258
(1) 피고인의 출정／258 (2) 모두절차／258
(3) 증거조사／258 (4) 피고인신문／259
(5) 공소장변경／259 (6) 최종변론／259
3. 抗訴審의 終局裁判 …… 259
(1) 공소기각의 결정／259 (2) 항소기각의 재판／260
(3) 파기판결／260

Ⅴ. 抗訴審의 構造 …… 262
1. 抗訴審構造의 類型 …… 262
(1) 복 심 제／263 (2) 속 심 제／263 (3) 사후심제／263
(4) 결 론／264
2. 現行法上 抗訴審의 構造 …… 264
(1) 연 혁／264 (2) 학 설／264 (3) 판 례／265

제 3 절 上 告 …… 267

Ⅰ. 用語의 整理 …… 267
(1) 상고권자／267 (2) 상 고 인／267 (3) 상고사건／267
(4) 상고법원／267 (5) 상 고 심／267

Ⅱ. 上告理由 …… 268
1. 抗訴審判決에 대한 上告理由 …… 268
2. 飛躍的 上告의 理由 …… 268

Ⅲ. 上告의 節次 …… 269
1. 上告의 提起 …… 269
2. 原審法院의 處理 …… 269
(1) 상고기각의 결정／269 (2) 소송기록의 송부／269
3. 上告法院의 準備節次 …… 269
(1) 소송기록접수통지／269 (2) 국선변호인의 선정／269
(3) 상고이유서 · 답변서의 제출／269

Ⅳ. 上告審의 審判 …… 270

1. 審判의 範圍·義務 ············ 270
(1) 심판의 범위／270 (2) 심판의 의무／270
2. 上告審의 審理 ············ 270
(1) 서면심리에 의한 판결／271 (2) 피고인의 소환불요／271
(3) 상고심에서의 변론／271
3. 上告審의 終局裁判 ············ 271
(1) 공소기각의 결정／271 (2) 상고기각의 재판／272
(3) 파기판결／272 (4) 상고법원의 재판서／274
(5) 상고심판결의 정정·확정시기／275

제 4 절 抗 告 ············ 276

Ⅰ. 一般抗告 ············ 276
1. 一般抗告의 意義·種類 ············ 276
2. 一般抗告의 對象 ············ 276
(1) 즉시항고의 대상／276 (2) 보통항고의 대상／277
3. 一般抗告의 節次 ············ 277
(1) 항고의 제기／277 (2) 원심법원의 조치／277
(3) 항고법원의 준비절차／278
4. 抗告審의 審判 ············ 278
(1) 항고심의 심리／278 (2) 항고심의 재판／278

Ⅱ. 再 抗 告 ············ 278
1. 再抗告의 意義 ············ 278
2. 再抗告의 對象·理由 ············ 279
(1) 재항고의 대상／279 (2) 재항고의 이유／279
3. 再抗告審의 裁判 ············ 279

Ⅲ. 準 抗 告 ············ 280
1. 準抗告의 意義 ············ 280
2. 準抗告의 對象 ············ 280
(1) 재판장·수명법관의 재판／280 (2) 수사기관의 처분／280
3. 準抗告의 節次 ············ 281
(1) 준항고의 제기／281 (2) 준항고와 집행정지의 효력／281
4. 準抗告審의 裁判 ············ 281

제 6 장 再審 · 非常上告

제 1 절 非常救濟節次 ···· 285

Ⅰ. 非常救濟節次의 意義 ···· 285

Ⅱ. 再審과 非常上告의 差異 ···· 285

1. 目 的 ···· 285
2. 對 象 ···· 285
3. 理 由 ···· 286
4. 請求權者 ···· 286
5. 管轄法院 ···· 286
6. 審判의 內容 ···· 286
7. 判決의 效力 ···· 286
8. 無罪判決의 公示 ···· 286

제 2 절 再 審 ···· 287

Ⅰ. 再審의 意義 ···· 287

1. 再審의 意義 ···· 287
2. 利益再審主義 ···· 287
3. 再審制度의 存在理由 ···· 287

Ⅱ. 再審의 對象 · 理由 ···· 288

1. 再審의 對象 ···· 288
(1) 확정된 유죄판결／288 (2) 확정된 상소기각판결／288
2. 再審의 理由 ···· 288
(1) 유죄판결의 재심이유／288
(2) 상소기각판결의 재심사유／292
(3) 확정판결을 받을 수 없는 경우／292

Ⅲ. 再審의 請求와 그 審判 ···· 293

1. 再審의 請求 ···· 293
(1) 재심의 청구권자／293 (2) 재심청구의 시기／293

(3) 재심청구의 방식／293 (4) 재심청구와 형의 집행정지／294
(5) 재심청구의 경합／294 (6) 재심청구의 취하／294
2. 再審請求에 대한 審判 …… 294
(1) 재심청구사건의 관할법원／294
(2) 재심청구사건의 심리／294
(3) 재심청구에 대한 재판／295

Ⅳ. 再審公判節次의 特則 …… 295
1. 再次의 審判 …… 295
2. 審理上의 特則 …… 296
(1) 공판정출석에 관한 특칙／296
(2) 공판절차의 정지에 관한 특칙／296
(3) 필요적 변호／296 (4) 공소취소의 불허／296
(5) 공소장변경의 허용／296
3. 裁判上의 特則 …… 297
(1) 공소기각결정의 예외／297 (2) 불이익변경의 금지／297
(3) 무죄판결의 공시／297 (4) 재심판결과 원판결의 효력／297

제 3 절 非常上告 …… 298

Ⅰ. 非常上告의 意義·目的 …… 298
1. 非常上告의 意義 …… 298
2. 非常上告의 目的 …… 298

Ⅱ. 非常上告의 對象·理由 …… 298
1. 非常上告의 對象 …… 298
(1) 확정판결／298 (2) 상소기각결정／299
(3) 공소기각결정／299
2. 非常上告의 理由 …… 299
(1) 심판의 법령위반／299
(2) 판결의 법령위반과 소송절차의 법령위반의 구별／299
(3) 사실오인으로 인한 법령위반／300

Ⅲ. 非常上告의 節次 …… 301
1. 申 請 …… 301

2. 審　理 ······ 302
(1) 공판의 개정／302 (2) 사실조사／302
3. 判　決 ······ 302
(1) 기각판결／302 (2) 파기판결／303 (3) 판결의 효력／303

제 7 장 證　據

제 1 절 總　說 ······ 307

Ⅰ. 證據의 意義 · 種類 ······ 307
1. 證據의 意義 ······ 307
2. 證據의 種類 ······ 307
(1) 직접증거 · 간접증거／307 (2) 실질증거 · 탄핵증거／308
(3) 본증 · 반증／308 (4) 진술증거 · 비진술증거／308
(5) 인증 · 서증 · 물증／308
(6) 증거서류와 증거물인 서면의 구별／309

Ⅱ. 證據의 蒐集 ······ 310
1. 證據의 蒐集과 證據能力 ······ 310
2. 搜査節次에서의 證據蒐集 ······ 311
(1) 임의수사에 의한 증거수집／311
(2) 강제수사에 의한 증거수집／311
3. 證據保全節次에 의한 證據蒐集 ······ 311
4. 公判節次에서의 證據蒐集 ······ 312
(1) 공판준비절차에서의 증거수집／312
(2) 공판기일에서의 증거수집／312
(3) 수소법원의 압수 · 수색／312

제 2 절 證　明 ······ 313

Ⅰ. 證明의 意義 · 方法 · 要否 ······ 313
1. 證明의 意義 ······ 313
2. 證明의 方法 ······ 313

3. 證明의 要否 …… 314
(1) 요증사실／314 (2) 불요증사실／314
(3) 거증금지사실／315

Ⅱ. 證據裁判主義 …… 315

1. 意 義 …… 315
2. 內 容 …… 316
(1) 증거에 의한 사실인정／316
(2) 엄격한 증명을 요하는 사실／316
3. 違 反 …… 318

Ⅲ. 擧證責任 …… 318

1. 實質的 擧證責任 …… 318
(1) 실질적 거증책임의 의의／318
(2) 소송구조와 실질적 거증책임／318
(3) 실질적 거증책임의 분배／319
2. 立證의 負擔 …… 322

제 3 절 證 明 力 …… 323

Ⅰ. 總 說 …… 323

1. 證明力의 意義 …… 323
2. 證明力의 判斷 …… 323
3. 證明力의 制限 …… 323
4. 證明力의 彈劾 …… 324

Ⅱ. 自由心證主義 …… 324

1. 意義 · 沿革 …… 324
(1) 의 의／324 (2) 연 혁／324
2. 內 容 …… 324
(1) 자유판단의 주체／325 (2) 자유판단의 대상／325
(3) 자유판단의 방법／325
3. 例 外 …… 325
(1) 자백의 증명력 제한／325
(2) 공판조서의 배타적 증명력／326

(3) 법률상 추정／326

Ⅲ. 自白의 補強法則 ………… 326

1. 自白의 補強法則의 意義 · 根據 ………… 326
(1) 자백의 보강법칙의 의의／326
(2) 자백의 보강법칙의 이론적 근거／326

2. 自白의 補強法則의 適用範圍 ………… 327
(1) 피고인의 자백이 유일한 증거인 경우／327
(2) 공범자의 자백이 유일한 증거인 경우／327

3. 自白의 補強法則의 違反 · 排除 ………… 328
(1) 자백의 보강법칙의 위반／328
(2) 자백의 보강법칙의 배제／329

4. 自白의 補強證據 ………… 329
(1) 보강증거의 의의／329 (2) 보강증거의 자격／329
(3) 보강증거의 요부／330 (4) 보강의 범위 · 정도／330
(5) 보강증거가 필요한 범위／331 (6) 보강증거의 양／332
(7) 보강증거의 증명력／332

Ⅳ. 彈劾證據 ………… 332

1. 彈劾證據의 意義 ………… 332

2. 彈劾證據의 許容範圍 ………… 333
(1) 학 설／333 (2) 구체적 고찰／334

3. 彈劾의 意味 · 對象 ………… 335
(1) 탄핵의 의미／335 (2) 탄핵의 대상／335

4. 彈劾證據의 調査方式 ………… 336

제 4 절 證據能力 ………… 337

Ⅰ. 證據能力의 意義와 制限 ………… 337

1. 證據能力의 意義 ………… 337

2. 證據能力의 制限 ………… 338
(1) 대륙법과 영미법의 차이／338
(2) 현행법상 증거능력의 제한／338

Ⅱ. 違法蒐集證據의 證據能力 ………… 338

1. 違法蒐集證據의 排除法則 ……………………………………… 338
2. 現行法의 解釋論 ……………………………………………… 339
(1) 일 반 론／339　(2) 구체적 고찰／339
(3) 위법수집증거와 증거동의／341
(4) 위법수집증거와 독수독과의 원칙／342

Ⅲ. 自白의 證據能力 ………………………………………………… 342
1. 自白의 意義 · 分類 ……………………………………………… 342
(1) 자백의 의의／342　(2) 자백의 분류／343
2. 自白의 任意性法則 ……………………………………………… 343
(1) 의　　의／343　(2) 이론적 근거／344　(3) 내　　용／346
(4) 적용범위／347　(5) 위　　반／348
3. 公判上 自白의 證據能力 ………………………………………… 348
4. 搜査上 自白의 證據能力 ………………………………………… 348
(1) 검찰자백의 증거능력／348　(2) 경찰자백의 증거능력／350
5. 司法節次 外 自白의 證據能力 …………………………………… 353
6. 共犯者의 自白의 證據能力 ……………………………………… 353
(1) 공범자의 자백이 공판상 자백인 경우／354
(2) 공범자의 자백이 수사상 자백인 경우／354

Ⅳ. 傳聞證據의 證據能力 …………………………………………… 356
1. 傳聞證據의 意義 · 分類 ………………………………………… 356
(1) 전문증거의 의의／356　(2) 전문증거의 분류／356
2. 傳聞法則 ………………………………………………………… 357
(1) 전문법칙의 의의／357　(2) 전문법칙의 이론적 근거／357
(3) 전문법칙의 예외／358

Ⅴ. 搜査書類의 證據能力 …………………………………………… 365
1. 總　　說 ………………………………………………………… 365
(1) 수사서류의 의의 · 분류／365
(2) 진술의 임의성과 수사서류의 증거능력／366
(3) 피고인의 증거동의와 수사서류의 증거능력／367
2. 被疑者訊問調書 · 被疑者陳述書의 證據能力 …………………… 367
(1) 피의자신문조서의 증거능력／367
(2) 피의자진술서의 증거능력／367

3. 被害者陳述調書 · 被害者陳述書의 證據能力 ………………………… 368
(1) 피해자진술조서의 증거능력／368
(2) 피해자진술서의 증거능력／369
4. 參考人陳述調書 · 參考人陳述書의 證據能力 ………………………… 369
5. 檢證調書 · 實況調査書의 證據能力 ……………………………………… 370
(1) 검증조서의 증거능력／370 (2) 실황조사서의 증거능력／371
(3) 검증조서 · 실황조사서에 기재된 진술의 증거능력／372
6. 鑑定書 · 診斷書의 證據能力 ……………………………………………… 372
(1) 감정서의 증거능력／372 (2) 진단서의 증거능력／373
7. 寫眞 · 녹음테이프 등의 證據能力 ………………………………………… 373
(1) 사진의 증거능력／373 (2) 녹음테이프의 증거능력／374
(3) 비디오테이프의 증거능력／376
8. 거짓말탐지기 檢査結果의 證據能力 ……………………………………… 376
(1) 거짓말탐지기에 의한 검사／376
(2) 검사결과의 증거능력／377

Ⅵ. 公判書類의 證據能力 ………………………………………………………… 377

Ⅶ. 當事者의 證據同意와 證據能力 …………………………………………… 377
1. 證據同意의 意義 · 本質 ………………………………………………… 377
(1) 증거동의의 의의／377 (2) 증거동의의 본질／378
(3) 증거동의와 전문법칙과의 관계／379
2. 證據同意의 主體 · 相對方 · 對象 ……………………………………… 380
(1) 증거동의의 주체／380 (2) 증거동의의 상대방／380
(3) 증거동의의 대상／380
3. 證據同意의 時期 · 方式 · 擬制 ………………………………………… 381
(1) 증거동의의 시기／381 (2) 증거동의의 방식／382
(3) 증거동의의 의제／382
4. 證據同意의 撤回 · 取消 ………………………………………………… 383
(1) 증거동의의 철회／383 (2) 증거동의의 취소／383
5. 證據同意의 效力 ………………………………………………………… 384
(1) 증거동의의 소송법상 효과／384
(2) 증거동의의 효력이 미치는 범위／385
6. 證據不同意의 訴訟關係 ………………………………………………… 385
(1) 피고인이 부동의한 경우／385

(2) 검사가 부동의한 경우／387

제 8 장 裁 判

제 1 절 裁判의 意義와 種類 …… 391

Ⅰ. 裁判의 意義 …… 391

Ⅱ. 裁判의 種類 …… 391

1. 實體裁判 · 形式裁判 …… 391
2. 終局裁判 · 終局前 裁判 …… 392
3. 判決 · 決定 · 命令 …… 392

제 2 절 裁判의 內容과 方式 …… 393

Ⅰ. 裁判의 內容 …… 393

1. 裁判의 主文과 理由 …… 393
2. 有罪判決의 主文과 理由 …… 393
(1) 유죄판결의 주문／393 (2) 유죄판결의 이유／394

Ⅱ. 裁判의 方式 …… 397

1. 裁判書의 作成 · 更正 …… 397
2. 裁判의 宣告 · 告知 …… 397
(1) 선고 · 고지의 방식／397 (2) 선고 · 고지의 효력／397

제 3 절 裁判의 成立과 確定 …… 399

Ⅰ. 裁判의 成立 …… 399

1. 裁判成立의 意義 …… 399
2. 裁判의 內部的 成立 …… 399
3. 裁判의 外部的 成立 …… 399

Ⅱ. 裁判의 確定 …… 400

1. 裁判確定의 意義 …… 400

2. 裁判確定의 時期 ······ 400
(1) 불복신청이 허용되지 않는 재판/400
(2) 불복이 허용되는 재판/400
3. 裁判確定의 效力 ······ 400
(1) 형식적 확정력/400 (2) 내용적 확정력/401
(3) 기 판 력/402
4. 關聯된 問題 ······ 407
(1) 확정판결의 당연무효/407 (2) 선고유예의 실효/407
(3) 집행유예의 실효/407 (4) 집행유예의 취소/407

제 4 절 裁判의 執行 ······ 408

Ⅰ. 裁判執行의 意義 ······ 408

Ⅱ. 裁判執行의 通則 ······ 408
1. 裁判의 執行時期 ······ 408
2. 裁判의 執行指揮 ······ 409
3. 刑執行의 順序 ······ 409
4. 刑의 執行을 위한 召喚·拘引 ······ 409
5. 刑執行不能決定 ······ 409

Ⅲ. 刑의 執行 ······ 410
1. 死刑의 執行 ······ 410
2. 自由刑의 執行 ······ 410
3. 資格刑의 執行 ······ 410
4. 財産刑 등의 執行 ······ 411

Ⅳ. 裁判의 執行에 관한 申請과 裁判 ······ 411
1. 裁判의 執行에 관한 申請 ······ 411
(1) 재판의 집행에 대한 이의신청/411
(2) 재판의 해석에 관한 의의신청/411
(3) 소송비용집행면제신청/412
2. 申請에 대한 裁判 ······ 412

제 9 장 訴訟節次의 基礎理論

제 1 절 訴訟節次의 本質 ······ 415

Ⅰ. 訴訟節次의 意義 · 性質 ······ 415

1. 訴訟節次의 意義 ······ 415
2. 訴訟節次의 法的 性質 ······ 415

Ⅱ. 訴訟節次의 分析 ······ 416

1. 三分說과 二分說 ······ 416
 (1) 삼 분 설／416 (2) 이 분 설／416
2. 訴訟의 實體面과 節次面 ······ 416
3. 公判節次二分論 ······ 417

제 2 절 訴訟條件 ······ 418

Ⅰ. 訴訟條件의 意義 · 種類 ······ 418

1. 訴訟條件의 意義 ······ 418
2. 訴訟條件의 種類 ······ 418
 (1) 적극적 소송조건 · 소극적 소송조건／418
 (2) 형식적 소송조건 · 실질적 소송조건／418
 (3) 절대적 소송조건 · 상대적 소송조건／419
 (4) 일반적 소송조건 · 특별소송조건／419

Ⅱ. 訴訟條件의 調査 · 判斷 ······ 419

1. 訴訟條件의 調査 · 證明 ······ 419
2. 訴訟條件의 判斷 ······ 419

Ⅲ. 訴訟條件의 欠缺 · 追完 ······ 420

1. 訴訟條件의 欠缺 ······ 420
 (1) 형식재판에 의한 소송종결／420
 (2) 소송조건 흠결의 경합／420
 (3) 소송조건의 흠결과 수사／420
 (4) 소송조건의 흠결과 상소의 적부／420

2. 訴訟條件의 追完 ········· 421
(1) 고소의 추완／421 (2) 재판권의 추완／421
(3) 공소장의 변경／421

제 3 절 訴訟行爲 ········· 422

Ⅰ. 訴訟行爲의 意義 · 種類 ········· 422
1. 訴訟行爲의 意義 ········· 422
2. 訴訟行爲의 種類 ········· 422

Ⅱ. 訴訟行爲의 主體 · 代理 ········· 423
1. 訴訟行爲의 主體 ········· 423
2. 訴訟行爲의 代理 ········· 423
(1) 의 의／423 (2) 허용범위／424

Ⅲ. 訴訟行爲의 方式 · 期間 ········· 425
1. 訴訟行爲의 方式 ········· 425
(1) 구두방식 · 서면방식／425 (2) 소송행위의 용어／425
2. 訴訟行爲의 期間 ········· 425
(1) 의 의／425 (2) 종 류／425 (3) 계 산／426
(4) 연 장／426

Ⅳ. 訴訟行爲의 撤回 · 取消 ········· 427
1. 訴訟行爲의 撤回 ········· 427
(1) 의의 · 효과／427 (2) 허용범위／427
2. 訴訟行爲의 取消 ········· 427

Ⅴ. 訴訟行爲의 無效 ········· 428
1. 訴訟行爲 無效의 意義 ········· 428
2. 訴訟行爲 無效의 原因 ········· 428
(1) 행위주체에 관한 무효원인／428
(2) 소송행위의 내용에 관한 무효원인／429
(3) 소송행위의 방식 · 절차에 관한 무효원인／429
3. 無效인 訴訟行爲에 대한 措置 ········· 429
(1) 절차형성행위인 경우／429 (2) 실체형성행위인 경우／430

4. 訴訟行爲 無效의 治癒 ······ 430
(1) 소송행위의 추완에 의한 치유／430
(2) 이의신청권의 포기에 의한 치유／430
(3) 소송의 발전에 의한 치유／431

Ⅵ. 訴訟書類 ······ 431
1. 訴訟書類의 意義·分類 ······ 431
(1) 소송서류의 의의／431 (2) 소송서류의 분류／431
2. 訴訟書類의 作成·閱覽 ······ 431
(1) 소송서류의 작성／431 (2) 소송서류의 열람·등사／432
(3) 소송서류의 공개금지／432
3. 訴訟書類의 送達 ······ 432
(1) 송달의 의의／432 (2) 송달의 방법／432

제10장 訴訟主體

제1절 總 說 ······ 435

Ⅰ. 訴訟主體의 意義 ······ 435

Ⅱ. 當事者對等의 原則 ······ 435
1. 意 義 ······ 435
2. 適用範圍 ······ 436
3. 內 容 ······ 436
4. 實 現 ······ 436
(1) 변호인제도／436 (2) 법원의 후견적 보호／436

제2절 檢 事 ······ 437

Ⅰ. 檢事와 檢察廳 ······ 437
1. 檢 事 ······ 437
(1) 검사의 의의／437 (2) 검사의 성격／437
2. 檢 察 廳 ······ 438

Ⅱ. 檢事의 刑事節次上 地位와 權限 ………… 438

1. 檢事의 刑事節次上 地位 ………… 438

(1) 수사기관／438 (2) 소추기관／438

(3) 재판의 집행기관／438 (4) 공익적 지위／438

(5) 검사의 제척 · 기피／439

2. 檢事의 刑事節次上 權限 ………… 439

(1) 범죄수사의 권한／439 (2) 불기소 · 기소의 권한／439

(3) 재판의 집행에 관한 권한／440

(4) 법령적용에 관한 권한／440 (5) 기타 형사절차상 권한／440

3. 檢察事務의 處理 ………… 440

(1) 단독제의 관청／440 (2) 상급자의 지휘 · 감독／440

제 3 절 被 告 人 ………… 442

Ⅰ. 被告人의 意義 · 基準 · 特定 ………… 442

1. 被告人의 意義 · 種類 ………… 442

(1) 피고인의 의의／442 (2) 피고인의 종류／442

2. 被告人의 基準 ………… 443

(1) 학 설／443 (2) 위장출석의 소송관계／443

(3) 성명모용의 소송관계／444

3. 被告人의 特定 ………… 445

(1) 공소장에서의 특정／445 (2) 재판서에서의 특정／445

Ⅱ. 被告人의 刑事節次上 地位 ………… 445

1. 總 說 ………… 445

2. 訴訟當事者로서의 地位 ………… 445

(1) 방어권의 주체／445 (2) 당사자대등의 원칙／445

(3) 무죄추정의 원칙／446

3. 證據方法으로서의 地位 ………… 446

4. 節次의 對象으로서의 地位 ………… 446

Ⅲ. 被告人의 訴訟法上 權利 · 義務 ………… 446

1. 被告人의 防禦權 ………… 446

(1) 방어권의 의의／446 (2) 방어권의 보장／446

(3) 방어권의 행사／447　(4) 방어권의 침해／447
2. 被告人의 訴訟法上 義務 …… 448
(1) 출석의무／448　(2) 재정의무／448
(3) 복종의무／448　(4) 수인의무／448

Ⅳ. 被告人의 當事者能力 · 訴訟能力 …… 448
1. 被告人의 當事者能力 …… 448
(1) 당사자능력의 의의／448　(2) 법인의 당사자능력／449
(3) 당사자능력의 소멸／449　(4) 당사자능력의 흠결／449
2. 被告人의 訴訟能力 …… 449
(1) 소송능력의 의의／449　(2) 소송능력 흠결의 효과／450

Ⅴ. 被告人의 代理 · 代表 …… 450
1. 被告人의 代理 …… 450
(1) 경미사건인 경우／450
(2) 피고인이 의사무능력자인 경우／450
2. 被告人의 代表 …… 450

Ⅵ. 被疑者 · 被告人의 陳述拒否權 …… 451
1. 陳述拒否權의 意義 · 沿革 …… 451
(1) 의　　의／451　(2) 연　　혁／451
2. 陳述拒否權의 主體 · 內容 · 侵害 …… 451
(1) 진술거부권의 주체／451　(2) 진술거부권의 내용／452
(3) 진술거부권의 침해／452
3. 陳述拒否權의 告知 …… 453
(1) 피의자신문의 경우／453　(2) 피고인신문의 경우／453
4. 陳述拒否權의 行使 …… 454
(1) 진술거부권행사의 효과／454　(2) 진술거부권의 포기／454

제 4 절　辯 護 人 …… 455

Ⅰ. 辯護人의 意義 …… 455
1. 辯護人의 意義 …… 455
2. 辯護와 辯護人 …… 455
3. 辯護人制度의 存在理由 …… 456

Ⅱ. 辯護人의 選任 …… 456

1. 私選辯護人의 選任 …… 456

(1) 선임권자／456 (2) 변호인의 자격／456

(3) 변호인의 수 · 대표변호인／457 (4) 선임의 방식 · 추완／457

(5) 선임의 효력／457 (6) 사임 · 해임／457

2. 國選辯護人의 選定 …… 458

(1) 선정의 사유／458 (2) 선정의 방식 · 시기／459

(3) 국선변호인의 자격 · 수／459 (4) 해임 · 사임／459

Ⅲ. 辯護人의 地位와 權利 …… 459

1. 辯護人의 刑事節次上 地位 …… 459

(1) 보호자적 지위／459 (2) 공익적 지위／459

2. 辯護人의 刑事節次上 權利 …… 460

(1) 대리권 · 고유권／460 (2) 형사절차상 권리／461

(3) 변호인의 접견교통권／461

(4) 변호인의 기록열람권 · 기록등사권／462

Ⅳ. 辯護人制度의 改善方向 …… 462

1. 必要的 辯護事件의 擴大 …… 462

2. 國選辯護人의 資格 …… 463

Ⅴ. 輔 助 人 …… 463

1. 輔助人의 意義 …… 463

2. 輔助人의 資格 · 申告 …… 463

3. 輔助人의 權限 …… 463

제 5 절 法 院 …… 464

Ⅰ. 法院의 意義 · 種類 …… 464

1. 法院의 意義 …… 464

2. 法院의 種類 …… 464

(1) 1 심법원 · 상소법원／464 (2) 단독판사 · 법원합의부／464

(3) 재판장 · 수명법관 · 수탁판사／465

Ⅱ. 法院의 管轄 …… 465

1. 管轄의 意義 · 種類 ………… 465
(1) 관할의 의의／465 (2) 관할의 종류／465
2. 法定管轄 ………… 465
(1) 사물관할／465 (2) 토지관할／466 (3) 심급관할／466
3. 關聯事件의 管轄 ………… 466
(1) 관련사건의 의의／466 (2) 관련사건의 병합관할／466
(3) 관련사건의 심리／467
4. 管轄의 競合 ………… 467
(1) 관할의 경합／467 (2) 소송계속의 경합／467
(3) 확정판결의 경합／468
5. 管轄의 指定 · 移轉 ………… 468
(1) 의 의／468 (2) 사 유／468 (3) 절 차／468
6. 管轄의 訴訟關係 ………… 469
(1) 직권조사사항／469 (2) 관할위반의 판결／469
(3) 관할위반과 소송행위의 효력／469
(4) 관할구역 외에서의 직무집행／469
7. 被告事件의 移送 ………… 469

Ⅲ. 除斥 · 忌避 · 回避 ………… 470
1. 公平한 法院의 構成 ………… 470
2. 除 斥 ………… 470
(1) 제척의 의의／470 (2) 제척의 원인／470
3. 忌 避 ………… 471
(1) 기피의 의의／471 (2) 기피신청／472
(3) 기피신청에 대한 재판／472
4. 回 避 ………… 472

제11장 特別節次

제 1 절 第 1 審의 特別審判節次 ………… 475

Ⅰ. 略式節次 ………… 475
1. 略式節次의 意義 ………… 475

2. 略式命令의 請求 …… 475
3. 略式節次의 審理 …… 476
(1) 서면심리／476 (2) 공소장변경의 불허／476
4. 略式命令의 告知·確定 …… 476
(1) 약식명령의 고지／476 (2) 약식명령의 확정／476
5. 正式裁判의 請求와 法院의 處理 …… 477
(1) 정식재판의 청구／477 (2) 법원의 처리／477

Ⅱ. 卽決審判節次 …… 478
1. 卽決審判節次의 意義 …… 478
2. 卽決審判의 請求 …… 478
(1) 청구권자／478 (2) 청구의 방식／478
(3) 관할법원／479 (4) 청구기각／479
3. 卽決審判請求事件의 審理 …… 479
(1) 즉시심판／479 (2) 심판의 장소／479
(3) 결석재판의 허용／479
(4) 서면심리에 의한 재판의 허용／479
(5) 피고인신문에 관한 특칙／480
(6) 증거조사에 관한 특칙／480
4. 卽決審判 …… 480
(1) 증거법칙에 관한 특칙／480
(2) 즉결심판의 선고·고지／480
(3) 즉결심판의 확정·집행／481
5. 正式裁判의 請求와 法院의 處理 …… 481
(1) 정식재판의 청구／481
(2) 판사·경찰서장·검사의 처리／482
(3) 법원의 처리／482

제 2 절 公判節次의 附隨節次 …… 483

Ⅰ. 訴訟費用 …… 483
1. 訴訟費用의 意義 …… 483
2. 訴訟費用의 負擔 …… 483
(1) 소송비용의 부담자／483 (2) 소송비용부담의 절차／484

3. 訴訟費用의 執行 …… 484
4. 無罪判決이 확정된 자에 대한 費用補償 …… 485

Ⅱ. 賠償命令 …… 485
1. 賠償命令의 意義 …… 485
2. 賠償命令의 制限 …… 486
(1) 배상명령의 대상사건／486
(2) 손해배상의 범위／486
(3) 배상명령의 예외사유／486
3. 賠償命令의 節次 …… 486
(1) 배상신청／486
(2) 배상신청에 대한 재판／486

제 3 절 刑事補償 · 刑의 失效 …… 488

Ⅰ. 刑事補償 …… 488
1. 刑事補償의 意義 · 種類 …… 488
2. 被告人補償 …… 488
(1) 형사보상의 요건／488 (2) 형사보상의 내용 · 범위／489
(3) 형사보상의 절차／489
3. 被疑者補償 …… 490
(1) 형사보상의 요건／490 (2) 형사보상의 절차／490

Ⅱ. 刑의 失效 …… 490
1. 總 說 …… 490
(1) 의의 · 분류／490 (2) 제도의 존재이유／491
2. 刑의 裁判上 失效 …… 491
(1) 의 의／491 (2) 요 건／491
(3) 절 차／491 (4) 효 과／492
3. 刑의 法律上 失效 …… 492
(1) 의 의／492 (2) 사 유／492
(3) 효 과／493
4. 赦免에 의한 刑의 失效 …… 493

부 록 1. 공판절차 · 항소심절차의 도표 ······ 497
2. 학설 · 판례의 일람표 ······ 498
3. 형사소송법 개정법률 해설 ······ 513

判例索引 ······ 531

事項索引 ······ 537

凡　　例

[法令略語]

법　——刑事訴訟法
규칙——刑事訴訟規則
군법——軍事法院法
법조——法院組織法
검찰——檢察廳法
변호——辯護士法
형보——刑事補償法
소년——少年法
헌　——憲法
형　——刑法
민　——民法
국보　——國家保安法
민소　——民事訴訟法
경직　——警察官職務執行法
사규　——司法警察官執務規則
검규　——檢察事件事務規則
즉결　——卽決審判에관한節次法
형비　——刑事訴訟費用등에관한法律
소촉　——訴訟促進등에관한特例法
형실효——刑의失效등에관한法律
검집규——檢察執行事務規則
검징규——檢察徵收事務規則

[條文引用]

법 254조 3항 3호——법 제254조 제 3 항 제 3 호
법 214조의 2 제 1 항——법 제214조의 2 제 1 항
법 209조 → 89조——準用規定의 표시
법 349조 본(단)——법 제349조 본문(단서)

[判例引用]

大判 1982. 9. 14, 82도1479——大法院判決 1982년 9월 14일 宣告 82도1479호
大決 1999. 5. 18, 99모40——大法院決定 1999년 5월 18일 告知 99모40호
日最判 昭 50. 5. 15——日本最高裁判所 昭和 50년 5월 15일 判決
全合——全員合議體判決

[文獻引用]

문헌의 引用順序는 初版의 발간연도를 기준으로 하였으며 인용저서의 발간연도와 初版의 발간연도(괄호안)를 함께 기재하였다. 인용저서의 표시는 略稱을 사용하였으나 「형소」라는 약칭은 그 기재를 省略하였다.

引用文獻

[國內文獻]

〈著　者〉	〈書　名〉	〈略稱〉	〈年度(初版)〉
김 기 두	刑事訴訟法(全訂新版)		1985(1959)
정 영 석	刑事訴訟法(5訂版)		1985(1962)
서 일 교	刑事訴訟法(8訂版)		1979(1963)
권 오 병	刑事訴訟法(3訂版)		1967(1962)
염 정 철	刑事訴訟法(新稿版)		1980(1977)
신 현 주	刑事訴訟法(新訂2版)		2002(1980)
백 형 구	刑事訴訟法(新體系)		1998(1982)
강 구 진	刑事訴訟法原論		1982(1982)
백 형 구	刑事訴訟法講義(8訂版)	강의	2001(1983)
이 재 상	刑事訴訟法(6版)		2002(1987)
신 동 운	刑事訴訟法(3版)		2005(1993)
정영석 · 이형국	刑事訴訟法		1994(1994)
배종대 · 이상돈	刑事訴訟法(6版)		2004(1996)
송 광 섭	刑事訴訟法		1997(1997)
차 용 석	刑事訴訟法		1997(1997)
진 계 호	刑事訴訟法		2000(2000)
임 동 규	刑事訴訟法(4版)		2006(2000)
신 양 균	刑事訴訟法(2版)		2004(2000)
정 웅 석	刑事訴訟法(4版)		2007(2003)
이 선 중 등	註釋 刑事訴訟法	주석	1976(1976)
백 형 구	註解 刑事訴訟法	주해	1984(1984)
허 형 구 등	註釋 刑事訴訟法	주석	1986(1986)
백 형 구 등	註釋 刑事訴訟法(개정판)	주석	1996(1991)
백 형 구	條解 刑事訴訟法	조해	2002(2002)

[日本文獻]

〈著　者〉	〈書　　名〉	〈略稱〉	〈年度(初版)〉
團藤重光	新刑事訴訟法綱要(7訂版)	綱要	1981(1948)
平場安治	刑事訴訟法講義(改訂版)	刑訴	1958(1952)
平野龍一	刑事訴訟法(初版)	刑訴	1982(1958)
井戸田侃	刑事訴訟法要說	要說	1993(1964)
高田卓爾	刑事訴訟法(2訂版)	刑訴	1984(1971)
石川才顯	刑事訴訟法講義(改訂版)	刑訴	1981(1974)
田宮裕	刑事訴訟法入門(3訂版)	入門	1985(1973)
田宮裕 등	刑事訴訟法 I (初版)	刑訴 I	1977(1975)
鈴木茂嗣	刑事訴訟法(改訂版)	刑訴	1990(1980)
渥美東洋	刑事訴訟法(初版)	刑訴	1982(1982)
松尾浩也	刑事訴訟法(I・II)	刑訴	1985(1979)
田宮裕	刑事訴訟法(初版)	刑訴	1992(1992)
小野清一郎 등	註釋刑事訴訟法	주석	1981(1966)
平場安治 등	注解刑事訴訟法(上・中・下)	주해	1983(1968)
青柳文雄 등	註釋刑事訴訟法(1～4)	주석	1982(1976)
松本時夫 등	條解刑事訴訟法	조해	1984(1984)

제 1 장　刑事訴訟法의 本質과 沿革

제 1 절　刑事訴訟法의 本質
제 2 절　刑事訴訟法의 基本原理
제 3 절　刑事訴訟法의 沿革

제 1 절

刑事訴訟法의 本質

Ⅰ. 刑事訴訟法의 意義·法源

1. 刑事訴訟法의 意義

(1) 刑事節次法

犯罪와 刑罰에 관한 법을 刑事法이라고 하며 형사법은 형사실체법과 형사절차법으로 구분된다. 형벌권의 조건과 내용에 관한 법이 형사실체법이고 형벌권 행사의 절차에 관한 법이 형사절차법이다. 형법은 형사실체법에 해당하고 형사소송법은 형사절차법에 해당한다. 형사소송법은 형사절차법이란 점에서 민사소송법, 행정소송법, 가사소송법과 구별된다.

형사소송법이라는 명칭을 가진 법령뿐 아니라 형사절차에 관한 규정은 그 규정이 있는 법령의 명칭 여하를 불문하고 실질적 의미의 형사소송법에 해당한다. 예컨대 법원조직법, 검찰청법, 소년법, 즉결심판에관한절차법, 한미행정협정, 검찰사건사무규칙, 사법경찰관집무규칙 등의 법령에 있는 형사절차에 관한 규정은 실질적 의미의 형사소송법에 해당한다.

(2) 刑事節次의 區分

형사절차는 捜査·起訴·公判을 거쳐 裁判의 執行으로 마무리되는 것이 보통이다. 따라서 형사절차는 단계적으로 수사절차, 공판절차, 재판의 집행절차로 구분할 수 있다.

1) 捜査節次 형사절차는 수사에 의해서 개시된다. 현행법상 수사기관은 검사와 사법경찰관리이며, 범죄인지·고소·고발·자수 등에 의하여 수사가

개시된다. 수사는 피의자신문, 참고인조사, 실황조사 등 임의수사를 원칙으로 하며 피의자체포, 피의자구속, 압수·수색·검증 등 강제수사는 예외적으로 허용된다. 수사기관은 수사단계에서 법관에게 증거조사 또는 강제처분을 청구할 수 있다(법 184조, 221조의2).

수사의 결과 피의사건에 대하여 기소 또는 불기소가 행하여진다.

2) 公判節次 공판절차는 검사의 공소제기에 의해서 개시되며(불고불리의 원칙) 공소장에 기재된 피고인과 범죄사실이 심판의 대상으로 된다. 공판심리는 통상적으로 인정신문·모두진술·증거조사·피고인신문·최종변론의 순서로 행하여지며 피고인신문과 증거조사가 공판심리의 핵심적 절차이다. 공개주의·직접심리주의·구두변론주의·집중심리주의는 공판심리의 기본원칙이며 현행 형사소송법은 공판심리에 관하여 당사자주의를 원칙으로 하고 직권주의를 보충적으로 채택하고 있다.

공판심리의 결과 피고사건에 대하여 유죄·무죄의 판결이 선고되며 피고사건에 대하여 소송조건이 부존재한 경우에는 관할위반·공소기각·면소 등의 형식재판으로 소송을 종결하여야 한다.

증거재판주의, 자유심증주의, 무죄추정의 원칙을 형사재판의 기본원칙으로 채택하고 있으며, 위법수집증거의 배제법칙, 자백배제법칙, 전문법칙, 자백보강법칙을 증거법의 기본원칙으로 채택하고 있다. 의심스러운 때에는 피고인의 이익으로 판단하여야 한다는 것은 형사재판의 기본원칙이다.

공판절차에 의하지 아니하고 피고인에 대하여 형벌을 과하는 절차가 있다. 약식절차와 즉결심판절차가 그것이다. 약식명령·즉결심판에 대해서는 정식재판청구권을 보장하고 있다.

현행법은 상소제도에 관하여 3심제를 채택하고 있으며 심급제도의 기능을 유지하기 위해서 파기판결의 구속력(기속력)을 인정하고 있다. 피고인의 상소권을 보장하기 위해서 불이익변경금지의 원칙을 채택하고 있으며 상소권자를 보호하기 위하여 상소권회복제도를 두고 있다. 항소심의 구조를 원칙적 속심, 보충적 사후심으로 하고 있으며 항소이유를 제한하고 항소심의 종국재판에 관하여 파기자판을 원칙으로 하고 있다. 상고이유를 항소이유보다 더욱 제한하고 있으며 상고심의 종국재판에 관하여 서면심리에 의한 판결을 허용하고 있다.

유죄·무죄의 재판이 확정되면 일사부재리의 효력이 발생한다. 다만 확정판결에 대한 비상구제절차로서 재심과 비상상고를 인정하고 있다.

3) **裁判의 執行節次** 재판이 확정되면 그 재판을 집행하여야 한다. 재판의 집행지휘는 검사가 하며 검사는 형의 집행을 위하여 필요한 때에는 형집행장을 발부할 수 있다.

재판의 집행에 의하여 刑事節次는 終結된다. 다만 집행을 요하지 아니한 재판(예컨대 무죄 · 면소)인 경우에는 그 재판이 확정된 때에 형사절차가 종결된다.

2. 刑事訴訟法의 法源

(1) 刑事訴訟法定主義

형사소송법정주의라 함은 수사절차, 공판절차, 재판의 집행절차 등 형사소송절차는 국회에서 제정한 法律로서 규정하여야 한다는 원칙을 말한다.[1] 즉 국회에서 제정한 법률에 의하지 아니하고는 피의자 · 피고인 등의 기본적 인권을 제한할 수 없다는 원칙이 형사소송법정주의이다. 형사소송법정주의는 형사소송법의 기본원칙으로서 죄형법정주의와 함께 형사법의 2대 기본원칙에 해당한다.

헌법 제12조 1항, 제27조 1항, 제37조 2항 등은 형사소송법정주의를 명문으로 규정하고 있다. 따라서 형사소송법정주의는 헌법상의 원칙이다. 형사소송법정주의는 3권분립주의를 전제로 하며 법치주의의 내용에 해당한다.

(2) 刑事訴訟法의 法源

형사소송법의 법원이라 함은 형사소송법의 존재형식을 말한다. 형사소송법정주의는 형사소송법의 기본원칙이므로 형사소송법의 법원은 원칙적으로 법률이어야 한다. 형사소송법의 법원은 법의 形式을 기준으로 다음과 같이 분류할 수 있다.

1) **憲 法** 형사절차에 관한 헌법의 규정은 형사소송법의 법원에 해당한다. 예컨대 헌법 제12조 1항 내지 7항, 제13조 1항, 제16조, 제27조, 제28조, 제44조, 제84조, 제109조 등은 형사절차에 관한 헌법규정이다.

2) **法 律** 刑事訴訟法(법률 제341호)뿐만 아니라 법원조직법, 검찰청법, 소년법, 즉결심판에관한절차법, 한미행정협정 등에 있는 형사절차에 관한 규정은 형사소송법의 법원에 해당한다.

3) **大法院規則** 형사소송규칙 등 형사절차에 관한 대법원규칙은 형사소송법의 중요한 법원에 해당한다.

1) 백형구, 33면; 동저, 강의 9면; 이재상, 4면; 신동운, 5면; 차용석, 12면; 진계호, 6면; 신양균, 6면; 정웅석, 4면.

4) 命 令 사법경찰관리집무규칙, 검찰사건사무규칙, 검찰집행사무규칙 등 法務部令은 형사소송법의 법원에 해당한다.

(3) 憲法的 刑事訴訟

형사소송법의 법원과 관련하여 현행법상의 형사소송이 헌법적 형사소송이냐 여부가 문제된다.

현행법상의 형사소송은 이를 due process의 형사소송, 즉 憲法的 刑事訴訟으로 이해하여야 한다는 견해가 있으나[1] 우리나라의 형사소송은 대부분 法律인 형사소송법에 의해서 규율되며 헌법은 극히 부분적으로 형사소송을 규율하고 있다는 점, 따라서 우리나라에 있어 형사소송법의 가장 중요한 법원은 헌법이 아니라 법률이라는 점, 형사소송의 주체인 법원[2] · 검사 · 피고인은 헌법기관이 아니라는 점, 적정절차(due process of law)의 법리는 헌법특유의 법리가 아니라 법령일반에 공통적인 법리라는 점 등을 고려할 때 우리나라의 형사소송을 헌법적 형사소송이라고 이해할 필요는 없다고 본다.[3]

형사소송법은 헌법의 下位法이므로 우리나라의 형사소송법은 이를 憲法的 刑事訴訟法이라고 이해하여야 한다는 견해가 있으나[4] 형사소송법뿐 아니라 모든 법률은 헌법의 下位法이라는 점, 형사소송법은 헌법이 아니라는 점을 고려할 때 헌법적 형사소송법이라는 용어를 사용할 필요가 없다고 본다.[5]

Ⅱ. 刑事訴訟法의 目的 · 解釋

1. 刑事訴訟法의 目的

> ○ 刑事裁判의 公正: 실체적 진실의 발견 · 양형의 공정 등
> ○ 刑事裁判의 迅速: 집중심리주의(계속심리주의)
> ○ 人權保障: 피의자 · 피고인 등의 인권보장
> ○ 適正節次의 保障: 수사절차 · 공판절차의 적정

법의 목적은 정의의 실현이다. 따라서 형사소송법이 추구하는 정의가 무엇

1) 강구진, 27～28면; 田宮 I, 6면.
2) 소송주체로서의 法院은 헌법상 의미의 법원이 아니라 소송법상 의미의 법원이다(통설).
3) 백형구, 강의 15～17면.
4) 차용석, 17면; 신동운, 6면; 진계호, 8면; 신양균, 7면; 정웅석, 6면.
5) 백형구, 강의 16면.

이냐 하는 문제가 형사소송법의 목적에 관한 문제이다. 형사소송법의 목적은 형사재판의 공정과 신속, 피의자·피고인의 인권보장, 적정절차(due process)의 보장이다.

(1) 刑事裁判의 公正

형사소송법은 형사재판의 공정을 목적으로 한다. 죄 없는 자에게 형벌이 과해지고 죄 있는 자가 무죄로 된다면 이는 정의에 반한다. 죄 있는 자는 처벌하고 죄 없는 자는 처벌하지 아니하는 것이 형사소송법이 추구하는 정의이다. 형사재판의 내용이 공정하기 위해서는 사건의 **實體的 眞實**이 발견되어야 하며 **量刑**이 공평하여야 한다. 따라서 실체적 진실의 발견과 양형의 공평은 형사소송법의 목적에 해당한다.

(2) 刑事裁判의 迅速

형사재판의 신속은 형사재판의 공정과 함께 형사소송법의 목적이다. 형사재판의 신속은 피고인의 인권보장 또는 실체적 진실의 발견을 위해서 요청된다. 따라서 헌법은 피고인이 신속하게 형사재판을 받을 권리를 보장하고 있으며(헌 27조 3항) 형사소송법, 소송촉진등에관한특례법 등은 형사재판의 신속을 위한 제도를 두고 있다. 구속기간의 제한(법 92조), 판결선고기간의 제한(소촉 21조, 22조), 상소기간의 제한(법 358조, 374조), 상소기록송부기간의 제한(법 361조, 377조), 상소이유서제출기간의 제한(법 361조의3, 제379조) 등은 형사재판의 신속을 도모하기 위한 제도이다.

(3) 人權保障

형벌권의 적정한 실현이라는 형사소송법의 목적을 달성하기 위해서는 수사절차와 공판절차에서 인권제한적 처분이 필수적으로 요청되므로 피의자·피고인의 인권보장을 위한 법률적 규제가 필요하다. 따라서 피의자·피고인의 인권보장은 형사소송법의 중요한 목적이다. 형사소송법을 피고인의 Magna Carta라고 부르는 이유는 여기에 있다.

그러나 피의자·피고인의 인권보장에 치우친 나머지 진범인의 검거·처벌이라는 공익적 측면이 희생되는 결과를 초래하여서는 안 된다. 따라서 형사절차에 있어 피의자·피고인의 인권보장은 국가형벌권의 적정한 실현이라는 공익적 요청과 합리적 조화를 이루어야 한다.

(4) 適正節次의 保障

형사재판의 내용이 공정하다 할지라도 그 형사재판에 이르는 절차과정이 不公正해서는 안 된다. 수사절차, 공판절차 등 형사절차의 전 과정이 적정하여야 한다. 따라서 적정절차(due process of law)의 보장은 형사소송법의 중요한 목적이다.

적정절차의 법률적 보장은 피의자·피고인 등의 인권보장을 위해서뿐 아니라 실체적 진실의 발견을 위해서도 필요하다. 예컨대 고문금지, 증인선서, 증인에 대한 반대신문권의 보장, 증인신문에 대한 피고인의 참여권의 보장 등은 피고인의 방어권을 보장하기 위해서뿐 아니라 실체적 진실의 발견을 위해서도 요청된다.

미국연방헌법수정 제5조와 제14조는 법의 적정절차에 의하지 아니하고는(without due process of law) 국민의 생명·자유·재산에 대한 침해가 허용되지 아니한다고 규정하고 있으며 美國聯邦大法院은 適正節次(due process of law)의 법리를 근거로 自白排除法則, 不法押收物의 排除法則 등 違法蒐集證據의 排除法則을 확립하였다.

적정절차의 법리는 인권보장을 위한 일반원리이므로 현행 형사소송법에 있어서도 지도원리라고 이해하여야 한다. 예컨대 적정절차의 법리는 현행법상 위법수집증거의 배제법칙, 함정수사의 위법성 등의 이론적 근거라고 해석하여야 한다.

2. 刑事裁判의 迅速

(1) 總　　說

형사재판의 신속은 형사재판의 공정과 아울러 형사소송의 목적이며 형사재판의 생명이다. 형사재판의 신속은 피고인의 인권보장과 실체적 진실의 발견을 위해서 필요하다. 따라서 헌법은 피고인이 신속하게 형사재판을 받을 권리를 보장하고 있다(헌 27조 3항).

형사재판의 신속은 형사소송의 중요한 목적이나 유일한 목적은 아니다. 형사재판의 신속은 실체적 진실의 발견, 피고인의 방어권보장, 적정절차의 보장이라는 형사소송의 다른 목적과 합리적인 조화를 이루어야 한다. 신속한 재판은 公正한 재판이 전제되어야 하며 결코 졸속재판이 되어서는 안 된다.[1] 따라서 재판의 신속에 치우친 나머지 실체적 진실의 발견이나 피고인의 방어권보장이 희생되는 결과를 초래하여서는 안 된다.

(2) 迅速한 裁判을 위한 制度

현행법상 형사재판의 신속을 위한 제도는 이를 다음과 같이 분류할 수 있다.

1) 백형구, 강의 40면.

1) **辯護人의 訴訟記錄閱覽權** 피고인의 변호인은 소송계속중의 관계 서류 또는 증거물을 열람 또는 등사를 할 수 있다(법 35조). 소송기록에 대한 변호인의 열람권 또는 등사권은 변론준비를 위해서뿐 아니라 공판심리의 신속을 위해서도 필요하다.

2) **裁判長의 訴訟指揮權** 현행법은 공판심리의 신속을 위해서 공판기일의 소송지휘권을 원칙적으로 재판장의 권한으로 규정하고 있다(법 279조). 재판장은 소송지휘권에 의해서 불필요한 신문 또는 진술을 제한함으로써(법 299조) 공판심리의 신속을 도모할 수 있다.

3) **集中審理主義** 집중심리주의(계속심리주의)는 공판심리의 기본원칙이다(통설). 법원이 공판심리를 집중적 · 계속적으로 진행하는 경우에는 신속한 형사재판이 실현된다. 형사소송법은 2007년 6월 1일 개정시에 집중심리주의를 명문으로 규정하고 있다(법 267조의2).

4) **證據同意制度** 당사자가 증거로 함에 同意하면 원진술자 또는 서류작성자를 공판기일에 증인으로 신문할 필요가 없으므로 당사자의 증거동의제도(법 318조)는 공판심리의 신속에 크게 기여하는 제도이다.

5) **訴訟法上 期間의 制限** 피고인에 대한 구속기간의 제한(법 92조), 판결선고기간의 제한(소촉 21조; 규칙 146조), 상소기간의 제한(법 358조, 374조, 405조), 상소기록송부기간의 제한(법 361조, 377조), 상소이유서제출기간의 제한(법 361조의3, 379조) 등 소송법상 기간의 제한에 의해서 형사재판의 신속이 실현된다. 상소기록의 검찰청경유제도(구법 361조, 377조)는 소송지연의 중요한 원인이었으므로 형사소송법의 제 8 차 개정시에 이를 폐지하였다(법 361조, 377조).

6) **缺席裁判制度** 결석재판제도, 즉 피고인의 출석 없이 심리와 판결을 할 수 있는 제도(소촉 23조; 법 277조, 277조의2, 306조 4항 · 5항, 365조, 458조 2항)에 의해서 형사재판의 신속이 실현된다.

7) **簡易한 審判節次** 간이공판절차(법 286조의2), 약식절차(법 448조 내지 458조), 즉결심판절차(즉결 1조 내지 17조)에 의해서 형사재판의 신속이 실현된다.

(3) 訴訟遲延의 訴訟法的 效果

이는 공판심리가 현저히 지연된 경우에 소송법상 어떠한 효과가 발생하는가의 문제이다. 이에 관해서는 면소판결 또는 공소기각의 판결을 하여야 한다는 견해가 있으나 공판심리의 현저한 지연은 현행법상 면소판결의 사유(법 326조 1호 내지 4호) 또는 공소기각판결의 사유(법 327조 1호 내지 6호)에 해당하지 아니하므로 유죄판결설이 타당하다고 본다.[1] 다만 공소제기 후 판결이 확정됨이 없이 15년이 경과한 때에는 공소시효(재판시효)의 완성을 이유로 면소판결을 선고하여야 한다(법 249조 2항, 326조 3호).

공판심리의 현저한 지연이 유죄판결의 주문에 영향을 미치지 아니한 때에는 항소이유(법 361조의5 제1호) 또는 상고이유(법 383조 1호)에 해당하지 아니한다.

(4) 訴訟遲延에 대한 對策

1) **裁判時效期間의 短縮** 공소시효완성의 擬制期間(법 249조 2항), 즉 재판시효의 기간을 법정형의 경중을 기준으로 몇 갈래로 구분하여(예컨대 15년, 10년, 7년) 이를 단축하는 것이 입법론으로 타당하다고 본다.[2]

2) **제 1 회 公判期日의 明文化** 재판장은 공소제기 후 늦어도 1개월 이내에 제 1 회 공판기일을 지정하여야 한다는 명문의 규정을 두는 것이 입법론으로 타당하다고 본다.[3]

3) **訴訟의 迅速한 進行** 공판심리의 진행은 재판장의 권한이므로 공판심리의 신속한 진행은 형사재판의 신속을 위한 최선의 방책이다.

4) **訊問事項의 書面化** 검사 또는 변호인이 피고인신문 또는 증인신문을 하는 경우에는 그 신문사항을 미리 서면화하여 재판장과 법원사무관에게 제출하면 공판심리의 신속에 효과적일 것이다.[4] 변호인이 공판기일에 피고인신문사항과 증인신문사항을 미리 서면화하여 법원에 제출하는 것이 실무상 관행이다.

3. 刑事訴訟法의 解釋

(1) 解釋의 意義 · 必要

형사소송법의 해석이라 함은 형사소송법규정의 의미와 내용을 명백히 하는 것을 말한다. 형사소송법의 규정은 다른 법령의 규정과 마찬가지로 그 내용의 추상성으로 인해서 대부분 해석을 필요로 한다. 예컨대 「事實의 認定은 證據에 의하여야 한다」는 규정(법 307조)에 있어서는 事實, 事實의 認定, 證據에 관한 해석이 필요하다.

(2) 解釋의 基本立場

형사소송법의 해석은 訴訟觀에 따라 차이가 생긴다. 즉 피의자 · 피고인의 인권보장, 적정절차의 보장, 소극적 진실주의에 중점을 두는 소송관을 취하느냐,

1) 백형구, 39면; 동저, 강의 38면; 이재상, 36면.
2) 백형구, 39면; 동저, 강의 39면.
3) 백형구, 강의 545면.
4) 백형구, 40면; 동저, 강의 39~40면.

적극적 진실의 발견 내지 범인의 처벌적 측면에 중점을 두는 소송관을 취하느냐에 따라 형사소송법의 해석에 커다란 차이가 생긴다. 예컨대 위법수집증거의 경우 전자의 소송관에 의하면 증거능력이 부정되나 후자의 소송관에 의하면 증거능력이 인정된다. 이 책에서는 전자의 소송관을 기본입장으로 하여 형사소송법을 해석하고자 한다.

(3) 解釋의 方法

형사소송법의 해석에도 文理解釋과 論理解釋이 있다. 문리해석을 하는 것이 원칙이며 논리해석은 예외적으로 허용된다.

형사소송법의 해석에 있어서도 反對解釋이 허용된다. 예컨대 공판정 외에서 압수·수색을 하는 경우에는 영장을 요한다고 규정하고 있으므로(법 113조) 공판정에서 압수·수색을 하는 경우에는 영장을 요하지 아니한다고 해석하는 것은 반대해석의 예에 해당한다. 구속된 피고인의 非辯護人과의 접견교통권은 제한할 수 있다고 규정하고 있으므로(법 91조) 구속된 피고인의 변호인과의 접견교통권은 이를 제한할 수 없다고 해석하는 것도 반대해석의 例에 해당한다.

형사소송법의 해석에 있어서도 勿論解釋을 하여야 할 경우가 있다. 형사소송법 제275조의2가 피고인이 무죄로 추정된다고 규정하고 있으므로 피의자는 당연이 무죄로 추정된다고 해석하는 경우가 그 경우이다.

형사소송법의 해석에 있어서도 補正解釋을 하여야 할 경우가 있다. 예컨대 형사소송법 제254조 5항의 「數個의 犯罪事實」은 입법의 오류에 해당하므로 公訴事實이라고 보정해석을 하여야 하며, 형사소송법 제211조 2항은 범죄의 실행행위와의 時間的 接着性을 준현행범인의 요건으로 규정하고 있지 아니하나 범죄의 실행행위와의 時間的 接着性이 준현행범인의 요건이라고 보정해석을 하여야 한다.

피의자·피고인에게 不利한 방향으로는 擴大解釋·縮小解釋이 허용되지 아니하나[1] 피의자·피고인에게 有利한 방향으로는 그러한 해석이 허용된다. 예컨대 구 형사소송법 제312조 2항의 피의자신문조서에는 사법경찰관의 요구에 의해서 작성된 被疑者陳述書가 포함된다고 확대해석을 하여야 하며 탄핵증거(법 318조의2)는 自己矛盾의 진술에 한해서 허용된다고 축소해석을 하여야 한다. 형사소송법 제216조 1항 2호의 체포현장의 범위에 관한 接着說은 확대해석을 한 학설이며 現場說은 문리해석을 한 학설이고 소송비용의 불이익한 변경이 불이익변경금지

1) 大判 2002. 2. 8, 2001도5410; 大判 2002. 4. 12, 2002도150; 大判 2003. 1. 10, 2002도2363.

의 원칙(법 368조)의 위반이냐에 관한 적극설은 확대해석을 한 학설이고 소극설은 문리해석을 한 학설이다.

피의자 · 피고인에게 不利한 방향으로는 형사소송법의 類推適用(類推解釋)이 허용되지 아니하나[1] 有利한 방향으로는 유추적용(유추해석)이 허용된다. 예컨대 부진정피고인(위장출석한 피고인)에 대해서는 형사소송법 제327조 2호를 유추적용하여 공소기각의 판결을 하여야 하며 공범자의 자백이 피고인의 공소사실에 관하여 유일한 증거인 경우에는 형사소송법 제310조를 유추적용하여 무죄판결을 선고하여야 한다.[2]

Ⅲ. 刑事訴訟法의 構成 · 適用範圍

1. 刑事訴訟法의 構成

현행 형사소송법은 제 1 편 總則, 제 2 편 第 1 審, 제 3 편 上訴, 제 4 편 特別訴訟節次, 제 5 편 裁判의 執行으로 구성되어 있다.

(1) 제 1 편 總則

제 1 편 총칙의 규정은 이를 다음과 같이 분류할 수 있다.[3]

1) 法　院　　제 1 장 法院의 管轄, 제 2 장 法院職員의 除斥 · 忌避 · 回避가 이에 해당한다.

2) 當 事 者　　제 3 장 訴訟行爲의 代理와 輔助, 제 4 장 辯護가 이에 해당한다.

3) 裁　判　　제 5 장 재판(법 37조 내지 46조)이 이에 해당한다.

4) 書類 · 送達 · 期間　　제 6 장 書類, 제 7 장 送達, 제 8 장 期間이 이에 해당한다.

5) 強制處分　　제 9 장 被告人의 召喚 · 拘束, 제10장 押收와 搜索이 이에 해당한다.

6) 證據調査　　제11장 檢證, 제12장 證人訊問, 제13장 鑑定, 제14장 通譯과 飜譯, 제15장 證據保全이 이에 해당한다.

7) 訴訟費用　　제16장 訴訟費用이 이에 해당한다.

---

1) 大判 2002. 2. 8, 2001도5410; 大判 2002. 4. 12, 2002도150; 大判 2003. 1. 10, 2002도2363.
2) 백형구, 41면.
3) 백형구, 41～42면.

(2) 제 2 편 第 1 審

제 2 편 제 1 심은 제 1 장 搜査, 제 2 장 公訴, 제 3 장 公判으로 구성되어 있다.

1) **搜 査** 搜査의 장(법 195조 내지 245조)에는 수사에 관한 규정 외에 수사상 참고인에 대한 증인신문(법 221조의2), 피의자에 대한 감정유치(법 221조의3), 감정처분의 허가(법 221조의4)에 관한 규정이 포함되어 있다.

2) **公 訴** 公訴의 장(법 246조 내지 264조의2)에는 공소의 제기 · 취소 · 시효에 관한 규정 외에 기소유예(법 247조), 사건이송(법 256조, 256조의2), 불기소처분 등의 통지(법 258조, 259조), 재정신청 · 재정결정(법 260조 내지 264조의2)에 관한 규정이 포함되어 있다.

3) **公 判** 제 3 장 公判의 장은 제 1 절 公判準備와 公判節次(법 266조 내지 306조), 제 2 절 證據(법 307조 내지 318조의3), 제 3 절 公判의 裁判(법 319조 내지 337조)으로 구성되어 있다. 公判의 裁判에 관한 규정 중 제335조 내지 제337조는 공판절차에 관한 규정이 아니고 형을 선고한 판결이 확정된 후의 절차에 관한 규정이다.

(3) 제 3 편 上訴

제 3 편 上訴는 제 1 장 通則(법 338조 내지 356조), 제 2 장 抗訴(법 357조 내지 370조), 제 3 장 上告(법 371조 내지 401조), 제 4 장 抗告(법 402조 내지 419조)로 구성되어 있다. 제 4 장에는 準抗告에 관한 규정(법 416조 내지 419조)이 포함되어 있다.

(4) 제 4 편 特別訴訟節次

제 4 편 特別訴訟節次는 제 1 장 再審(법 420조 내지 440조), 제 2 장 非常上告(법 441조 내지 447조), 제 3 장 略式節次(법 448조 내지 458조)로 구성되어 있다.

(5) 제 5 편 裁判의 執行

제 5 편 裁判의 執行(법 459조 내지 493조)이 이에 해당한다.

2. 刑事訴訟法의 適用範圍

(1) 人的 適用範圍

형사소송법은 한국의 영토 내에 있는 모든 사람에 대해서 적용된다. 한국인이냐, 외국인이냐를 불문한다. 한미행정협정이 적용되는 주한미군인에 대해서도 한국정부가 재판권을 포기하지 않는 한 형사소송법이 적용된다.

형사소송법의 인적 적용범위에 관한 例外로서 대통령의 불소추특권(헌 84조)과 국회의원의 불체포특권(헌 44조)을 드는 견해가 있으나[1] 헌법 제84조와 제44조는 형사소송법의 인적 적용범위에 관한 예외가 아니고 형사절차에 관한 憲法上의

1) 김기두, 19면; 정영석, 27면; 서일교, 29면; 이재상, 9면; 진계호, 41면; 임동규, 5면.

特則이라고 해석하여야 한다.[1] 즉 대통령과 국회의원에 대해서도 형사소송법이 적용된다고 해석하여야 한다.[2]

(2) 時間的 適用範圍

형사소송법은 다른 법률과 마찬가지로 그 施行時부터 廢止時까지 效力을 갖는다.

소송절차의 開始 후 終結 전에 형사소송법이 改正된 경우에 新·舊法 중 어느 법을 적용할 것인가에 관해서는 ① 신법 시행 후에도 구법을 적용하는 舊法主義, ② 구법에 의하여 진행된 소송절차를 무효로 하고 新法에 의해서 소송절차를 更新하는 新法主義, ③ 구법 당시 진행된 소송행위의 효력을 그대로 인정하고 신법 시행 후의 소송절차에 대해서 신법을 적용하는 混合主義가 있다.

우리나라 형사소송법은 「이 法은 이 法 시행 당시 법원에 계속된 사건에 적용한다. 그러나 이 법 시행 전에 舊法에 의하여 행한 소송행위의 효력에는 영향이 없다」고 규정하여[3] 원칙적으로 混合主義를 채택하면서 구법이 신법보다 피고인에게 有利한 경우에 한해서 舊法主義를 채택하고 있다.[4]

---

1) 백형구, 35면.

2) 백형구, 35면.

3) 제 2 차 改正法律의 附則 제 2 조, 제 3 차 改正法律의 附則 제 3 조, 제 6 차 改正法律의 附則 제 2 조, 제 8 차 改正法律의 附則 제 2 조.

4) 예컨대 制定 당시의 형사소송법 附則 제 4 조, 제 1 차 改正法律의 附則 제 2 조는 舊法主義를 채택하고 있다.

제 2 절

刑事訴訟法의 基本原理

○ 彈劾主義: 형사소송의 開始에 관한 기본원리 ○ 當事者主義 · 職權主義: 형사소송의 基本構造에 관한 기본원리 ○ 實體的 眞實主義: 형사소송의 目的에 관한 기본원리 ○ 無罪推定의 原則: 피의자 · 피고인의 地位에 관한 기본원리

Ⅰ. 彈劾主義

1. 糾問主義와 彈劾主義

(1) 糾問主義라 함은 재판기관이 소추기관의 소추 없이 직권으로 직접 형사절차를 개시하여 심리 · 재판을 하는 주의를 말한다. 따라서 규문주의적 형사절차에서는 不告不理의 原則은 존재하지 아니하며 형사절차는 訴訟構造를 갖지 아니하고 죄인은 소송주체로서의 지위가 인정되지 아니하였다. 규문주의적 형사절차는 근세 초기 전제군주국가의 전형적 형사절차이었으나 프랑스혁명을 계기로 전제군주국가의 정치체제가 붕괴되자 그 시녀적 형사절차인 규문절차는 종말을 고하고 탄핵주의적 형사절차로 개혁되었다.

(2) 彈劾主義라 함은 소추기관의 訴追에 의해서 재판기관이 비로소 심리를 개시하는 주의를 말한다. 탄핵주의적 형사절차는 訴追機關과 裁判機關을 분리하므로 不告不理의 原則이 형사소송의 기본원칙이며 형사철차는 訴訟構造를 갖게 되고 피고인은 訴訟主體로서의 지위가 인정된다. 오늘날 세계 각국은 소송의 개

시에 관하여 탄핵주의를 채택하고 있다.

2. 現行法上의 彈劾主義

현행 형사소송법상 탄핵주의는 형사소송의 개시에 관한 기본원리이다. 불고불리의 원칙은 형사소송의 기본원칙이며 검사와 피고인을 소송당사자로 하고 법원을 재판기관으로 하는 소송구조를 취하고 있다.

Ⅱ. 當事者主義와 職權主義

1. 意義 · 沿革

(1) 意　義

형사소송에 있어 당사자주의라 함은 소송당사자에게 公判審理의 主導權을 인정하는 주의를 말하며 형사소송에 있어 직권주의라 함은 공판심리의 주도권을 법원에 인정하는 주의를 말한다.[1)] 당사자주의적 소송절차에서는 소송당사자의 공격 · 방어를 중심으로 심리가 행하여지고 법원은 제 3 자적 입장에서 양당사자의 주장과 입증을 판단함에 대해서 직권주의적 소송절차에서는 법원의 職權에 의해서 주로 심리가 행하여진다.

당사자주의와 직권주의는 형사소송의 기본구조에 관한 기본원리로서 소송구조를 전제로 하는 개념이다. 따라서 소송의 구조를 갖지 아니한 형사절차, 예컨대 수사절차, 재판의 집행절차에서는 당사자주의적이냐, 직권주의적이냐 여부가 문제로 되지 아니한다.

당사자주의와 당사자대등주의는 이를 구별하여야 한다. 전자가 法院과 當事者 사이의 권한분배의 원리임에 대해서 후자는 當事者 상호간의 法的 地位에 관한 원리이다.[2)]

(2) 沿　革

근세 초기의 糾問節次에서는 당사자주의 · 직권주의라는 개념은 존재하지 아니하였다. 규문절차에서는 소송당사자라는 개념이 존재하지 아니하였기 때문이다.

당사자주의 · 직권주의는 彈劾主義的 訴訟構造를 전제로 하는 개념이다. 다만 英美法系의 형사소송절차는 當事者主義를 原則으로 함에 대해서 大陸法系의

---

1) 백형구, 강의 22면.
2) 백형구, 45면; 동저, 강의 22면.

형사소송절차는 職權主義를 원칙으로 하고 있다(통설).

우리나라에 있어 舊刑事訴訟法의 형사소송절차는 職權主義를 원칙으로 하였으나 현행 형사소송법은 구형사소송법에 비하여 當事者主義的 성격을 강화하고 있다.

2. 長·短點

(1) 職權主義의 長·短點

직권주의는 법원이 적극적 · 주도적으로 피고사건의 심리에 관여하기 때문에 심리의 능률과 신속을 도모할 수 있고 실체적 진실의 발견에 효과적이라는 장점이 있는 반면에 사건에 대한 심리가 법원의 자의 · 독단에 흐르고 피고인의 소송활동이 위축될 위험이 있다는 단점이 있다.

(2) 當事者主義의 長·短點

당사자주의는 公判審理의 主導權을 당사자에게 인정하기 때문에 피고인이 防禦權의 行使를 충분히 할 수 있고 재판의 결과에 대해서 이해관계가 큰 당사자가 적극적으로 立證活動을 함으로써 實體的 眞實의 發見에 효과적이라는 장점이 있는 반면에 심리의 능률과 신속을 저해할 염려가 있고 당사자 사이의 訴訟實力上의 차이로 인해서 변호인이 없는 피고인에게는 오히려 불이익한 결과를 가져올 염려가 있다는 단점이 있다.

(3) 兩主義의 調和

당사자주의와 직권주의는 각기 장점이 있는 반면에 단점을 지니고 있으므로 어느 한 주의만을 고집해서는 안 되며 양주의의 長點을 살리는 방향으로 양주의를 합리적으로 조화시켜야 한다. 형사소송절차에서 피고인의 방어권행사를 충분히 보장하여야 한다. 즉 피고인이 공판절차에서 無罪主張 · 無罪立證을 할 수 있는 기회를 충분히 보장하여야 한다. 따라서 형사소송의 기본구조에 관해서는 當事者主義를 原則으로 하고 職權主義를 補充的으로 가미하는 것이 立法論으로 타당하다고 본다.[1)]

3. 現行法上 兩主義의 調和

(1) 職權主義說과 當事者主義說

현행법상 형사소송의 기본구조에 관해서는 職權主義說과 當事者主義說이 대

1) 백형구, 46면; 동저, 강의 24면.

립되고 있다.

직권주의설은 현행법상 형사소송의 기본구조는 職權主義를 원칙으로 하고 當事者主義를 補充的으로 가미하고 있다고 해석하여야 한다는 견해이며[1] 當事者主義說은 현행법상 형사소송의 기본구조는 당사자주의를 원칙으로 하고 職權主義를 補充的으로 가미하고 있다고 해석하여야 한다는 견해이다.[2]

職權主義說은 法院의 職權에 의한 증거조사를 인정하고 있다는 점, 당사자의 증거신청에 대해서 법원의 증거결정권을 인정하고 있다는 점, 自由心證主義를 채택하고 있다는 점, 實體的 眞實의 發見을 위해서는 법원의 職權에 의한 심리활동이 요청된다는 점 등을 논거로 내세우고 있으나[3] 현행 형사소송법은 공판심리의 핵심적 절차인 피고인신문과 증인신문에 관하여 당사자에게 主導的 訊問權을 인정하고 법원에 補充訊問權만을 인정하고 있다는 점(법 296조의2, 161조의2), 當事者의 申請에 의한 證據調査를 원칙으로 하고 法院의 職權에 의한 증거조사를 제 2 차적 · 보충적으로 허용하고 있다는 점(법 294조, 295조), 公訴狀一本主義(규칙 118조 2항)와 公訴狀變更制度(법 298조)를 채택하고 있다는 점 등을 고려할 때 當事者主義說이 타당하다고 본다.[4]

(2) 現行法上 兩主義의 調和

1) **被告人訊問** 공판정에서의 피고인신문은 검사와 변호인이 먼저 하고 법원은 그 후에 보충신문을 한다(법 296조의2).

2) **證據調査** 증거조사는 당사자의 申請에 의해서 행함을 원칙으로 하고 법원의 직권에 의한 증거조사를 제 2 차적 · 보충적으로 허용하고 있다(법 294조, 295조). 證人訊問은 당사자인 검사 · 피고인 · 변호인이 먼저 하고 법원은 보충신문을 한다(법 161조의2 제 1 항 · 2 항 · 5 항). 재판장의 증인신문개입권 · 증인신문순서변경권(동조 3항)은 직권주의적 소송제도이다.

3) **公訴狀變更** 심판의 범위를 명확하게 한정함으로써 피고인의 방어권행사를 용이하도록 하려는 취지에서 공소장변경제도를 채택하는 한편 무죄판결을 방지하려는 취지에서 법원에 검사에 대한 공소장변경요구권을 인정하고 있다(법 298조 1항 · 2항).

---

1) 김기두, 52면; 정영석, 26면; 이재상, 46면; 신동운, 14면; 진계호, 32면; 임동규, 16면.
2) 백형구, 47면; 동저, 강의 25면; 정웅석 59면.
3) 정영석, 26면; 이재상, 45면.
4) 백형구, 47면; 동저, 강의 25면.

(3) 職權主義의 補充的 機能

현행법은 법원의 직권에 의한 심리활동을 補充的으로 인정하고 있다. 예컨대 피고인신문, 증인신문, 증거조사, 항소법원의 심리에 관하여 법원의 직권에 의한 심리활동을 보충적으로 인정하고 있다.[1] 따라서 현행법상 직권주의는 당사자주의에 대한 보충적 기능이 있다.[2]

피고인이 변호인 없이 공판심리를 받는 경우가 적지 아니한 우리나라의 현실을 고려할 때 직권주의의 보충적 기능은 강조되어야 한다.

Ⅲ. 實體的 眞實主義

1. 意 義

실체적 진실주의라 함은 수사절차, 공판절차 등 형사절차에서 형사사건의 客觀的 眞實을 밝혀 내는 것을 추구하는 주의를 말한다. 실체적 진실의 발견은 형사소송의 目的이며 실체적 진실주의는 형사사송의 목적에 관한 기본원리이다. 실체적 진실의 발견은 搜査의 목적이며 公判의 목적이므로 실체적 진실주의는 수사절차, 공판절차 등 형사소송절차 전체를 지배하는 근본원리이다. 실체적 진실주의를 證據法의 기본원칙에 해당시키는 견해가 있으나[3] 형사소송절차 전체의 기본원리라고 이해하여야 한다.[4] 민사소송에서는 形式的 眞實主義를 채택하고 있으나 국가형벌권의 실현을 내용으로 하는 형사소송에서는 실체적 진실주의를 기본원리로 채택하고 있다.

2. 內 容

(1) 實體的 眞實의 意味

실체적 진실주의에서 추구하는 진실은 客觀的 眞實을 의미한다. 그러나 절대적 진실을 발견한다는 것은 인간능력의 한계성과 제도적 제약 등으로 인해서 불가능하므로 형사소송에서는 객관적 진실에 대한 고도의 개연성으로 만족할 수밖에 없다.

1) 법 제287조 2항 · 3항, 제161조의 2 제 2 항 · 3 항 · 5 항, 제295조, 제364조 2 항.
2) 백형구, 47면.
3) 김기두, 121면; 권오병, 169면; 염정철, 148면; 團藤, 210면; 高田, 192면.
4) 백형구, 48면; 동저, 강의 31면; 이재상, 20면; 신동운, 8면; 진계호, 16면; 임동규, 8면; 신양균, 41면; 정웅석, 34면.

(2) 積極的 眞實主義와 消極的 眞實主義

실체적 진실주의에는 有罪者 處罰, 즉 범죄사실을 밝혀 죄 있는 자를 빠짐없이 처벌하도록 하려는 적극적인 면과 無罪者 不罰, 즉 죄 없는 자를 유죄로 하는 일이 없도록 하려는 소극적인 면이 있다. 전자를 적극적 진실주의, 후자를 소극적 진실주의라고 한다.[1)]

종래 大陸法系의 형사절차에서는 범인의 處罰的 측면에 중점을 두어 실체적 진실주의의 적극적인 면이 강조된 반면에 英美法系의 형사절차에서는 피고인의 人權保障的 측면을 중시하여 실체적 진실주의의 소극적인 면이 강조되었다. 즉 「열 사람의 犯人을 놓치는 한이 있더라도 한 사람의 罪 없는 자를 罰하여서는 안된다」(Better ten guilty escape than one innocent suffer)는 법리가 형사소송의 지도원리를 지배하여 왔다.

현행 형사소송법은 無罪推定의 原則(법 275조의2), 自白의 任意性法則(법 309조), 自白의 補強法則(법 310조), 傳聞法則(법 310조의2)을 형사소송의 기본원칙으로 채택하고 있으므로 실체적 진실주의의 소극적인 면에 중점을 두고 있다고 해석하여야 한다.

(3) 訴訟構造와 實體的 眞實主義

실체적 진실주의는 소송의 目的에 관한 원리임에 대해서 당사자주의와 직권주의는 소송의 構造에 관한 원리이다.

직권주의는 실체적 진실의 발견을 그 이념으로 하고 있다. 실체적 진실의 발견을 위해서는 법원의 직권에 의한 심리활동이 요청되기 때문이다. 당사자주의도 실체적 진실의 발견을 그 이념으로 하고 있다. 재판의 결과에 대하여 이해관계가 큰 당사자 쌍방으로 하여금 최대한의 노력으로 主張·立證을 위한 소송활동을 하게 하는 것이 실체적 진실의 발견에 효과적이기 때문이다. 따라서 당사자주의와 실체적 진실주의는 서로 부합되는 관계에 있다. 당사자주의와 실체적 진실주의는 서로 모순되는 관계에 있다고 설명하는 견해가 있으나[2)] 그 이론적 합리성을 인정하기 어렵다.

(4) 適正節次의 法理와 實體的 眞實主義

적정절차의 법적 보장은 피의자·피고인의 인권보장을 위해서뿐 아니라 실체적 진실의 발견을 위해서도 필요하다. 예컨대 증인선서, 증인에 대한 反對訊問

1) 김기두, 122면; 백형구, 49면; 동저, 강의 31면; 신동운, 9면; 진계호, 16면; 임동규, 8면; 신양균, 42면; 정웅석, 35면; 團藤, 210면; 高田, 193면.

2) 이재상, 21, 46면.

權의 보장, 증거물의 제시 등은 피고인의 방어권행사의 보장을 위해서뿐 아니라 실체적 진실의 발견을 위해서도 요청된다.

한편 적정절차의 보장이 적극적 실체진실주의와 충돌하는 경우가 있다. 예컨대 위법한 절차에 의해서 수집된 증거는 그 증거의 眞實性이 인정되는 경우에도 적정절차의 법리에 의해서 證據能力을 부정하는 경우가 그러한 경우이다.

(5) 捜査와 實體的 眞實主義

피의사건의 실체적 진실을 발견하는 것은 捜査의 目的이므로 실체적 진실주의는 수사의 기본원리이다.

3. 制度的 表現

실체적 진실의 발견은 형사소송의 목적이며 실체적 진실주의는 형사소송의 근본원리이므로 대부분의 형사소송제도는 실체적 진실주의를 그 이념으로 하고 있다.

(1) 證據의 蒐集 · 保全

事實認定의 자료는 證據이므로(법 307조) 증거의 수집 · 보전은 실체적 진실의 발견을 위해서 필수적으로 요청된다.

捜査機關의 피의자신문(법 200조) · 참고인조사(법 221조) · 실황조사(사규 49조) · 감정위촉(법 221조) · 압수 · 수색 · 검증(법 215조 내지 219조), 法院의 피고인신문(법 296조의2) · 증인신문(법 146조 내지 168조) · 검증(법 139조 내지 145조) · 감정(법 169조 내지 179조의2) · 압수 · 수색(법 106조 내지 138조), 法官의 증거보전(법 184조), 참고인에 대한 증인신문(법 221조의2) 등은 증거를 수집 · 보전하는 제도이다.

(2) 事實認定의 合理性

사건의 실체적 진실을 발견하기 위해서는 사실인정의 합리성이 요청된다. 따라서 합리적 증거에 의한 사실인정을 요구하는 證據裁判主義(법 307조), 증거의 증명력을 법관의 자유판단에 맡기는 自由心證主義(법 308조), 임의성 없는 자백의 증거능력을 부정하는 自白의 任意性法則(법 309조), 자백에 보강증거를 요구하는 自白의 補強法則(법 310조), 전문증거의 증거능력을 제한하는 傳聞法則(법 310조의2 내지 316조), 증명력판단의 합리성을 보장하기 위한 彈劾證據制度(법 318조의2), 당사자의 증인에 대한 반대신문권을 보장하는 交互訊問制度(법 161조의2), 유죄판결의 이유에 증거의 요지를 명시할 것을 요구하는 제도(법 323조 1항) 등은 사실인정의 합리성을 실현하기 위한 소송제도 내지 증거법칙이다.

(3) 誤判의 是正

실체적 진실주의는 誤判의 是正을 요구한다. 현행법은 사실오인으로 인한 오판을 시정하기 위해서 상소제도와 재심제도를 두고 있다.

4. 制 約

(1) 刑事訴訟의 다른 目的에 의한 制約

실체적 진실의 발견은 형사소송의 중요한 목적이나 유일한 목적이 아니므로 형사소송의 다른 목적에 의해서 제약을 받는다.

1) 人權保障을 위한 制約 피의자·피고인의 진술거부권의 보장(법 244조의3, 283조의2), 임의성이 없는 자백의 증거능력의 부정(법 309조), 영장주의의 원칙(헌 12조 3항), 야간 압수·수색·검증의 제한(법 125조, 126조, 143조, 219조) 등의 경우가 이에 해당한다.

2) 適正節次의 요구에 의한 制約 실체적 진실의 발견은 적정한 절차를 전제로 하여야 하며 위법한 절차에 의한 실체적 진실의 발견은 허용되지 아니한다. 따라서 위법한 절차에 의하여 수집된 증거는 그 증거의 진실성이 인정되는 경우에도 그 증거능력을 부정하여야 한다(법 308조의2). 예컨대 수사기관의 압수·수색이 영장주의를 위반한 경우에는 그 압수물의 증거능력을 부정하여야 한다.

3) 裁判의 迅速에 의한 制約 실체적 진실의 발견을 이유로 재판이 현저히 지연되는 결과를 초래하여서는 안 된다. 법원은 피고인에 대한 구속기간(법 92조)이 경과되기 전에 재판을 마쳐야 한다.

(2) 超訴訟法的 利益에 의한 制約

실체적 진실의 발견이라는 소송법적 이익은 소송법적 이외의 국가적·사회적·개인적 이익, 즉 초소송법적 이익에 의해서 제한을 받는 경우가 있다. 예컨대 군사상·공무상·업무상의 비밀을 보호하기 위한 압수·수색·검증의 제한(법 110조 내지 112조, 145조), 공무상 비밀을 보호하기 위한 증인거부(법 147조), 업무상 비밀을 보호하기 위한 증언거부(법 149조), 증인을 보호하기 위한 증언거부(법 148조) 등의 경우가 이에 해당한다.

(3) 實體的 眞實主義의 限界

실체적 진실의 발견은 형사소송의 중요한 목적이다. 그러나 범인의 처벌적 측면만을 강조한 나머지 적극적 실체진실의 발견을 이유로 피의자·피고인의 인권이 부당하게 침해되어서는 안 된다. 따라서 실체적 진실주의는 피의자·피고인의 人權保障과 법에 의한 適正節次를 전제로 하여 실현되어야 한다. 여기에

실체적 진실주의의 진정한 의미가 있다.[1)]

Ⅳ. 無罪推定의 原則

1. 意義 · 沿革

(1) 意　義

무죄추정의 원칙이라 함은 형사절차에서 피의자 또는 피고인은 유죄판결이 확정될 때까지 무죄로 추정된다는 원칙을 말한다. 무죄추정의 원칙은 피의자 또는 피고인의 형사절차상 지위에 관한 기본원칙이다. 헌법과 형사소송법은 무죄추정의 원칙을 명문으로 규정하고 있다(헌 27조 4항; 법 275조의2).

(2) 沿　革

근세 초기 전제군주국가의 형사절차인 규문절차에서는 有罪推定의 原則이 형사절차를 지배하였으나 프랑스혁명의 정치적 소산인 權利宣言이 「누구든지 범죄인으로 선고되기까지는 無罪로 推定된다」고 선언하고(동선언 9조) "의심스러운 때에는 被告人의 利益으로"(in dubio pro reo)라는 법리가 확립됨으로써 무죄의 추정은 형사절차의 기본원칙으로 확립되었다.

2. 適用範圍

(1) 人的 適用範圍

被告人뿐 아니라 被疑者도 무죄로 추정된다. 현행법은 피고인에 대해서만 무죄의 추정을 규정하고 있으나(헌 27조 4항; 법 275조의2) 공소제기된 피고인이 무죄로 추정되는 이상 수사기관에 의하여 범죄의 혐의를 받고 있음에 불과한 피의자가 무죄로 추정되어야 함은 당연하다.[2)] 이는 법률해석에 있어 勿論解釋에 해당한다.

(2) 時間的 適用範圍

피의자 또는 피고인은 有罪判決의 確定時까지 무죄로 추정된다. 따라서 제 1 심이나 제 2 심에서 유죄판결이 선고되었다고 할지라도 피고인은 무죄로 추정된다. 재심청구인은 무죄로 추정되지 아니한다. 재심청구인은 유죄판결이 확정된 자이기 때문이다.

---

1) 백형구, 강의 35면.
2) 백형구, 52면; 동저, 강의 19면.

3. 制度的 表現

(1) 擧證責任

피고인은 무죄로 추정되므로 유죄인지 무죄인지 의심스러운 때에는 법원은 무죄판결을 선고하여야 한다. 따라서 공소범죄사실의 존재에 관해서는 검사가 거증책임을 부담한다. 의심스러운 때에는 피고인의 이익으로 판단되어야 한다는 것은 형사재판의 기본원칙이다(통설 · 판례[1]).

(2) 人身拘束의 制限

무죄추정의 원칙은 피의자 · 피고인의 인신구속에 관한 制限原理로 작용한다.

첫째로 피의자 · 피고인의 구속 그 자체를 제한하는 원리로 작용하고 있다. 이러한 의미에서 불구속수사의 원칙(법 198조 1항), 구속의 요건에 대한 제한(법 70조, 201조) 등은 무죄추정의 원칙에 의해서 요청되는 제도라고 할 수 있다.

둘째로 무죄추정의 원칙은 구속된 피의자 · 피고인을 가급적 釋放시킬 것을 요구하고 있다. 이러한 의미에서 체포적부심사제도, 구속적부심사제도, 필요적 보석제도 등은 무죄추정의 원칙에 의해서 요청되는 제도라고 할 수 있다.

셋째로 무죄추정의 원칙은 구속중에도 구속 이외의 불필요한 고통을 피의자 · 피고인에게 가하지 않고 가급적 인간적 대우를 할 것을 요청하고 있다. 이러한 의미에서 接見交通權의 보장(법 34조, 89조, 91조)은 무죄추정의 원칙에 의해서 요청되는 제도라고 할 수 있다.

(3) 不當한 待遇의 禁止

무죄추정의 원칙은 형사절차에서 피의자 · 피고인에 대한 부당한 대우 내지 취급을 금지할 것을 요구하고 있다. 예컨대 피의자 또는 피고인에게 고문을 가하고 모욕적 언사를 한다는 것은 무죄추정의 원칙에 위배된다.[2] 따라서 고문의 절대적 금지(헌 12조 2항), 피고인에 대한 위압적 · 모욕적 신문의 금지(규칙 128조)는 무죄추정의 원칙에 의해서도 요청되는 제도라고 할 수 있다.

---

1) 大判 1985. 12. 24, 85도2178; 大判 1993. 3. 23, 92도3327; 大判 2000. 11. 10, 2000도2524; 大判 2001. 8. 21, 2001도2823; 大判 2002. 12. 24, 2002도5662; 大判 2003. 1. 24, 2002도4994; 大判 2003. 2. 11, 2002도6110; 大判 2003. 12. 26, 2003도5255.

2) 이런 의미에서 피의자 또는 피고인에게 반말을 사용하는 것은 무죄추정의 원칙에 위배된다고 할 수 있다(백형구, 강의 21면).

제 3 절

刑事訴訟法의 沿革

I. 總　　說

(1) 근세 초기 전제군주국가의 형사절차인 규문절차에서는 소추기관과 재판기관이 분리되지 아니하였으므로 불고불리의 원칙은 존재하지 아니하였고[1] 자백강요를 위한 拷問이 자행되었을 뿐 아니라 고문에 의한 自白도 유죄의 증거로 사용되었으며 法定證據主義를 채택하였고 "自白은 證據의 王"(Confessio regina probationum)이라고 일컬어질 정도로 자백의 증거가치를 절대시하였다.

(2) 프랑스혁명을 계기로 전제군주국가의 정치체제가 붕괴되자 그 시녀적 형사절차인 규문절차는 종말을 고하고 탄핵주의적 형사절차로 개혁되어 소추기관과 재판기관이 분리됨으로써 不告不理의 原則이 형사소송의 기본원칙으로 확립되었으며 형사절차는 訴訟構造를 갖게 되었다. 拷問을 법적으로 금지하였으며 法定證據主義를 버리고 自由心證主義를 채택하였다. 이로써 證據의 王으로 군림하던 自白은 證據의 平民으로 격하되었다.[2]

1808년에 프랑스의 형사소송법, 이른바 나폴레옹 治罪法이 제정·실시되고 1877년 3월에 독일 형사소송법이 제정·실시됨으로써 구라파대륙에서는 프랑스와 독일의 형사소송법을 근간으로 하여 大陸法系의 형사소송제도가 확립되었다.

(3) 영국과 미국에서는 배심제도와 당사자주의를 근간으로 하는 형사소송제도가 일찍부터 확립되었다.

---

1) 따라서 형사절차는 訴訟構造를 취하지 아니하였다.
2) 백형구, 419, 483면; 동저, 강의 609면.

無罪推定(presumption of innocence)의 법리와 適正節次(due process of law)의 법리가 형사절차의 지도원리로 지배하고 있으며 人身保護令狀制度를 채택하고 있다. 자백배제법칙, 위법수집증거의 배제법칙, 전문법칙을 증거법의 기본원칙으로 채택하고 있으며 수사에 대한 司法的 統制를 강화하고 있다.

Ⅱ. 韓國 刑事訴訟法의 沿革

1. 朝鮮王朝의 刑事節次法

경국대전의 刑典 用律條[1]에 의해서 依用된 大明律, 경국대전·속대전·대전통편·대전회통의 각 刑典 등이 조선왕조의 형사절차법이었다.

소추기관과 재판기관이 분리되지 아니하였으며 형사절차는 재판기관의 직권에 의해서 개시되었다. 따라서 不告不理의 原則은 존재하지 아니하였다. 죄인신문의 경우에 죄인에 대한 拷問이 법적으로 허용되었으며, 고문에 의한 자백도 유죄의 증거로 채택되었다. 죄인에 대한 拘束은 거의 무제한적으로 허용되었으며 일사부재리의 원칙은 존재하지 아니하였다.

舊韓末에 들어와서 裁判所構成法(1895년), 辯護士法(1905년), 刑法大典(1905년) 등의 제정에 의해서 형사제도가 어느 정도 개혁되고 1907년에는 고문이 폐지되었으나 1910년의 韓日合邦으로 인해서 日本刑事訴訟法의 依用法時代로 들어서게 되었다.

2. 舊刑事訴訟法

(1) 日帝治下

한일합방 후인 1912년에 朝鮮刑事令에 의해서 日本의 형사소송법(이른바 明治刑事訴訟法)이 우리나라에 적용되었고, 1922년(大正 11년)에 日本의 형사소송법이 다시 제정되자 역시 조선형사령에 의해서 우리나라에 적용되었다. 大正刑事訴訟法이라고 불리우는 일본의 舊刑事訴訟法은 1954년 9월 23일에 우리나라의 형사소송법이 공포되어 시행될 때까지 우리나라에 적용되었다. 일본의 대정형사소송법은 1877년 3월에 제정된 독일 형사소송법의 영향을 많이 받았다.

(2) 美軍政治下

해방 후 미군정시대인 1948년 3월 20일에 美軍政法令 제176호로 刑事訴訟

1) 用大明律이라고 규정하고 있으며 이는 大明律(明王朝의 刑典)을 依用한다는 의미이다.

法(大正刑事訴訟法)을 일부 개정하였는데 구속적부심사제도의 신설, 영장제도의 채택, 접견교통권의 보장 등이 개정의 주요내용에 해당한다. 이로써 英美法의 형사소송제도가 우리나라에 처음 도입되었다.

3. 現行 刑事訴訟法

(1) 制　定

현행 형사소송법은 1954년 9월 23일 법률 제341호로 공포되어 동년 10월 14일부터 시행되고 있다. 예심제도와 부대항소제도의 폐지, 영장제도 · 구속적부심사제도 · 재정신청제도 · 증거보전제도 · 공소장변경제도의 신설, 자백의 임의성법칙 · 자백의 보강법칙 · 전문법칙 등 증거법칙의 명문화, 피의자의 변호인선임권 인정 등이 구형사소송법(대정형사소송법)에 대한 내용적 특색에 해당한다.

제정 당시의 형사소송법의 부칙 제 9 조는 「이 법률은 단기 4287년 5월 30일부터 시행한다」고 규정하고 있으나 공포 전의 법률시행이란 있을 수 없으므로 공포일로부터 20일이 경과한 1954년 10월 14일이 형사소송법의 시행일이라고 해석하여야 한다.[1] 대법원판례도 동일한 견해를 취하고 있다.[2]

(2) 改　正

형사소송법이 제정된 후 12차에 걸친 改正이 있었다. 중요한 개정내용은 다음과 같다.

1) 제 1 차 개정(1961. 9. 1)　교호신문제도의 채택(법 161조의2), 재판시효의 신설(법 249조 2항), 피고인신문방식의 변경(법 287조), 전문법칙의 명문화(법 310조의2), 탄핵증거제도의 신설(법 318조의2), 항소이유의 법률상 제한(법 361조의5), 항소이유서의 제출의무(법 361조의3), 항소심에서의 공동피고인을 위한 파기(법 364조의2) 등.

2) 제 2 차 개정(1963. 12. 13)　공소(控訴)를 항소로, 형무소를 구치소 또는 교도소로 용어변경, 항소이유를 축소(법 361조의5), 법 제364조 제 3 항의 신설, 법 제389의2의 신설 등.

3) 제 3 차 개정(1973. 1. 25)　필요적 보석의 제외사유 확대(법 95조), 구속적부심사제도의 폐지(법 201조), 재구속금지의 완화(법 208조), 긴급구속범위의 확대(법 206조), 재정신청대상의 축소(법 260조), 사건의 군사법원 이송규정의 신설(법 16조의2), 보석허가결정에 대한 검사의 즉시항고권 인정(법 97조), 간이공판절차제도(법 286조의2), 공소장변경요

1) 백형구, 65면; 동저, 강의 6면.
2) 大判 1955. 6. 21, 4288형상95.

구제도(법 298조 2항), 참고인에 대한 증인신문제도(법 221조의2), 피의자의 감정유치제도(법 221조의3), 수사상 감정처분허가장제도(법 221조의4), 검사의 형집행장제도(법 473조)의 신설 등.

4) **제 4 차 개정**(1973. 12. 20) 긴급구속의 범위를 3차 개정 이전으로 환원(법 206조), 필요적 보석의 제외사유의 축소(법 95조).

5) **제 5 차 개정**(1980. 12. 18) 구속적부심사제도의 부활(법 214조의2), 무죄추정의 명문화(법 275조의2).

6) **제 6 차 개정**(1987. 11. 18) 구속적부심사에 관한 독소조항을 삭제하여 구속적부심사제도를 강화(법 214조의2), 범죄피해자의 법정진술권을 보장하는 규정의 신설(법 294조의2).

7) **제 8 차 개정**(1995. 12. 29) 공소장변경에 의한 사건이송규정의 신설(법 8조 2항), 수사기관의 피의자구속에 있어 체포제도의 도입(법 200조의2, 200조의3), 영장실질심사제도의 채택(법 201조의2), 피의자보석제도의 신설(법 214조의2 제 4항 내지 제 6 항), 공소시효정지사유의 확대(법 253조 3항), 결석재판허용범위의 확대(법 277조의2), 간이공판절차에 의한 심판범위의 확대(법 286조의2), 무선서감정제도의 채택(법 179조의2), 상소기록의 검찰청 경유제도 폐지(법 361조, 377조) 법 제382조의 상고기각결정을 공소기각결정으로 개정, 약식명령에 대해서 피고인이 정식재판을 청구한 경우에 불이익변경금지의 원칙의 적용(법 457조의2), 약식명령에 대해서 정식재판을 청구한 피고인이 불출석한 경우 결석재판의 허용(법 458조 2항) 등.

8) **제 9 차 개정**(1997. 12. 13) 영장실질심사에 관한 규정(법 201조의2)을 일부개정.

9) **제11차 개정**(2006. 7. 19) 국선변호인의 선정사유를 확대하고(법 33조 1항 1호, 동조 3항) 이에 따라 필요적 변호(법 282조), 국선변호인의 선정(법 283조)에 관한 규정을 개정하였다.

10) **제12차 개정**(2007. 6. 1) 재판확정기록의 열람 · 등사에 관한 규정의 신설(법 59조의2), 구인 후의 유치에 관한 규정의 신설(법 71조의2), 상소심에서 구속기간 3회 갱신의 허용(법 92조 2항 단서), 공소제기 전 체포기간 · 구금기간의 구속기간 불산입(법 92조 3항), 보석조건의 구체화(법 98조 1호 내지 9호), 출석보증인에 대한 과태료부과(법 100조의2), 불출석증인을 감치하는 규정의 신설(법 151조 2항 내지 8항), 피해자에 대한 증인신문시 신뢰관계에 있는 자의 동석을 허용하는 규정의 신설(법 16조의2), 비디오 등 중계장치 등에 의한 증인신문을 허용하는 규정의 신설(법 165조의2), 증거보전청구를 기각하는 결정에 대해서 항고를 허용하는 규정의 신설(법 184조 4항), 무죄판결이 확정된 자에 대한 비용배상(법 194조의2 내지 194조의5), 불구속수사의 원칙을 명문화(법 198조 1항), 영장실질심사 범위의

확대(법 201조의2), 영장 없이 불법으로 체포·구속된 자의 체포적부심사청구권·구속적부심사청구권을 인정(법 214조의2 제 1 항), 법 제217조의 "체포할 수 있는 자"를 "체포된 자"로 개정(동조 1항), 수사기관의 피해자조사·참고인조사를 영상녹화할 수 있는 규정의 신설(법 221조 1항), 법 제221조의2 제 5 항을 개정(증인신문참여권의 보장), 피의자신문에 대하여 변호인의 참여권을 보장하는 규정의 신설(법 243조의2), 피의자신문을 영상녹화하는 규정의 신설(법 244조의2), 피의자신문시 피의자에게 고지할 사항의 구체화(법 244조의3), 장애인 등에 대한 피의자신문시 신뢰관계에 있는 자의 동석을 허용하는 규정의 신설(법 244조의5), 재정신청대상의 확대(법 260조 1항), 항고전치주의의 채택(동조 2항), 재정결정 중 부심판결정을 공소제기결정으로 변경(법 262조 2항 2호), 공소유지지정변호사에 관한 규정(구법 265조)의 삭제, 공판준비절차의 강화(법 266조의2 내지 266조의16), 집중심리주의의 명문화(법 267조의2), 공판정좌석의 변경(법 275조), 공판정에서의 구두변론주의의 명문화(법 275조의3), 공판정에서 장애인 등에 대한 피고인신문시 피고인과 신뢰관계에 있는 자의 동석을 허용하는 규정의 신설(법 276조의2), 결석재판 허용범위의 확대(법 277조 3호, 4호), 재판장의 쟁점정리에 관한 규정의 신설(법 287조), 증거조사의 방식을 구체적으로 규정(법 292조, 292조의2, 292조의3), 증거신청을 각하하는 규정의 신설(법 294조 2항), 공판정에서의 피고인신문의 시기를 증거조사가 종료한 후로 변경(법 296조의2), 위법수집증거의 배제법칙의 명문화(법 308조의2), 수사서류의 증거능력의 요건에 관한 규정을 개정(법 312조 1항 내지 6항), 전문진술의 증거능력의 요건에 관한 규정의 개정(법 316조 1항), 탄핵증거에 관한 규정의 개정(법 318조의2 제 1 항, 제 2 항), 상고심에서 참고인진술청취에 관한 규정의 신설(법 390조 2항) 등.

제 2 장 搜　　査

제 1 절　總　　說
제 2 절　搜査機關과 被疑者
제 3 절　搜査의 端緖 · 開始
제 4 절　搜査의 方法 · 實行
제 5 절　證據保全 · 參考人에 대한 證人訊問
제 6 절　搜査의 終結

제 1 절

總　說

I. 搜査의 意義·種類

1. 搜査의 意義

(1) 범죄사건이 발생하면 수사기관의 수사가 시작된다. 따라서 형사절차는 수사에 의해서 개시된다. 수사의 결과 사건은 불기소되거나 공소제기(기소)되므로 수사절차는 공판절차의 전단계적·준비적 절차에 해당한다.

수사라 함은 형사사건에 관한 搜査機關의 활동을 의미한다. 따라서 소추기관의 처분(예컨대 검사의 공소제기·불기소처분)이나 검사가 소송당사자로서 공판절차에서 행하는 각종의 소송활동(예컨대 피고인신문·증인신문)은 수사가 아니다.

수사는 수사기관이 범죄의 혐의가 있다고 인정한 때에 개시된다(법 195조). 따라서 수사개시 이전의 활동, 예컨대 내사(사규 20조), 경찰관의 불심검문(경직 3조)은 수사가 아니다.

수사는 범인의 발견·보전 또는 증거의 발견·수집·보전을 목적으로 행하여진다. 소재수사·지명수배·수색·체포·구속은 피의자의 발견·보전을 목적으로 한 수사처분이며 피의자신문·피해자조사·참고인조사·압수·수색·검증 등은 증거의 발견·수집·보전을 목적으로 한 수사처분이다.

(2) 수사라 함은 형사사건에 관하여 공소를 제기하고 이를 유지하기 위한 준비로서 犯人을 발견·보전하고 證據를 발견·수집·보전하는 수사기관의 활동을 의미한다고 정의하는 것이 통설이나[1] 통설에 의하면 不起訴處分으로 종결

1) 백형구, 강의 328면 참조.

되는 수사가 수사의 개념에서 제외되는 부당한 결론에 도달한다.[1] 불기소처분으로 종결되는 수사는 공소의 제기 · 유지를 위한 준비행위가 아니기 때문이다.

2. 搜査의 種類

수사는 관점에 따라 여러 가지로 분류할 수 있다.

(1) 任意搜査 · 強制搜査

이는 수사의 方法에 의한 분류로서 임의적 방법에 의한 수사가 임의수사이고 강제적 방법에 의한 수사가 강제수사이다. 현행법상 피의자신문(법 200조) · 피해자조사(법 221조) · 참고인조사(법 221조) · 실황조사(사규 49조, 검규 17조)는 임의수사에 해당하고 피의자체포 · 피의자구속 · 압수 · 수색 · 검증은 강제수사에 해당한다.

(2) 對人的 搜査 · 對物的 搜査

이는 수사의 對象을 기준으로 한 분류로서 피의자신문 · 참고인조사 · 피의자체포 · 피의자구속 등은 대인적 수사에 해당하고 압수 · 수색 · 검증 · 실황조사 등은 대물적 수사에 해당한다.

(3) 警察搜査 · 檢察搜査

이는 수사의 主體를 기준으로 한 분류로서 사법경찰관리에 의한 수사가 경찰수사이고 검사에 의한 수사가 검찰수사이다. 검찰청의 수사관에 의한 수사는 검찰수사가 아니라 경찰수사이다. 검찰청의 수사관은 사법경찰관이기 때문이다.

(4) 起訴前 搜査 · 起訴後 搜査

이는 수사의 時期를 기준으로 한 분류로서 수사는 공소제기 전에 행하여지는 것이 원칙이나 공소제기 후에 행하여지는 경우도 있다.

Ⅱ. 搜査의 時期

1. 總 說

수사는 주로 공소제기 전에 행하여지나 공소제기 후에 공소의 유지를 위해서 허용되는 경우가 있다. 공소가 제기되면 그 때까지 검사의 지배하에 있던 사건은 법원의 지배하로 옮겨지며(소송계속) 피의자는 소송당사자인 피고인의 지위를 갖게 되므로 공소제기 후의 수사가 어느 정도로 허용되느냐 여부가 문제된다.

---

1) 백형구, 71면; 동저, 강의 328면.

2. 公訴提起 후의 強制捜査

(1) 被告人拘束

공소제기 후에는 수사기관에 의한 피고인구속이 허용되지 아니한다고 해석하여야 한다(통설). 이를 허용하는 명문규정이 없기 때문이다. 이를 명문으로 허용하는 입법례가 있다(일본 형소법 280조 2항). 공소제기 후에 수사기관에 의한 피고인구속이 허용되지 아니하는 것은 당사자평등의 원칙에 그 이론적 근거가 있다고 설명하는 견해가 있으나[1] 그 이론적 합리성을 인정하기 어렵다. 수사절차에서는 당사자평등의 원칙이 적용되지 않기 때문이다.

(2) 對物的 強制捜査

이는 공소제기 후에 수사기관의 압수·수색·검증이 허용되는가의 문제로서 이에 관해서는 적극설이 있으나[2] 소극설[3]이 타당하다고 본다. 현행법은 검사에게 증거보전을 위한 압수·수색·검증의 청구권을 인정하고 있기 때문이다(법 184조). 다만 임의제출물에 대한 수사기관의 압수(법 218조)는 공소제기 후에도 허용된다고 해석하여야 한다.

3. 公訴提起 후의 任意捜査

(1) 被告人調査

1) 被告人調査의 許容性 공소제기 후에 수사기관이 피고인을 당해 공소사실에 관하여 신문하는 것이 허용되느냐에 관해서는 적극설, 소극설, 절충설이 대립되고 있다.

적극설은 제 1 회 공판기일의 전후를 불문하고 수사기관의 피고인조사가 허용된다는 견해로서[4] 수사기관의 피고인조사는 임의수사라는 점을 논거로 내세우고 있다.

소극설은 제 1 회 공판기일의 전후를 불문하고 공소제기 후의 피고인조사가 허용되지 아니한다는 견해로서[5] 공소제기 후에 수사기관의 피고인조사를 허용하

---

1) 이재상, 307면; 정영석·이형국, 220면; 차용석, 343면; 진계호, 360면; 임동규, 268면.

2) 강구진, 245면.

3) 백형구, 73면; 동저, 강의 335면; 이재상, 309면; 신동운, 357면; 정영석·이형국, 220면; 배종대·이상돈, 341면; 진계호, 360면; 임동규, 269면; 신양균, 276면; 정웅석, 356면.

4) 서일교, 255면; 임동규, 270면; 平野, 121면.

5) 신현주, 385면; 강구진, 245면; 이재상, 313면; 신동운, 359면; 정영석·이형국, 222면; 배종대·이상돈, 342면; 진계호, 362면; 신양균, 277면; 정웅석, 358면; 團藤, 綱要 327면; 高

는 것은 피고인의 당사자로서의 지위와 모순된다는 점 등을 논거로 들고 있다.

절충설은 제 1 회 공판기일 전에 한하여 수사기관(검사)의 피고인조사가 허용된다는 견해로서[1] 적극설과 소극설을 절충하는 학설이다. 피고인의 당사자로서의 지위, 당사자대등의 원칙, 공소제기 후 피고인조사의 필요성, 실체적 진실의 발견 등을 고려할 때 절충설이 타당하다고 본다.

2) 被告人陳述調書의 證據能力 공소제기 후 제 1 회 공판기일 전에 수사기관이 피고인을 조사하면서 작성한 진술조서(피고인진술조서)의 증거능력에 관해서는 형사소송법 제312조가 적용된다고 해석하여야 한다는 견해[2]와 위법수집증거의 배제법칙에 의하여 증거능력을 부정하여야 한다는 견해[3]가 대립되고 있다. 후설은 공소제기 후 수사기관에 의한 피고인조사가 違法하다는 점을 논거로 내세우고 있으나 그 피고인조사는 적법하다는 점(절충설), 그 피고인진술조서의 成立의 眞正이 인정되고 그 조서에 기재된 自白의 任意性이 인정됨에도 불구하고 그 피고인진술조서가 공소제기 후에 작성되었다는 이유만으로 증거능력을 부정한다는 것은 불합리하다는 점 등을 고려할 때 전설이 타당하다고 본다.

대법원판례도 공소제기 후 제 1 회 공판기일 전에 검사가 작성한 피고인진술조서의 증거능력을 인정하고 있다.[4]

(2) 被告人調査 이외의 任意捜査

1) 參考人調査 수사기관의 참고인조사(법 221조 1항)는 제 1 회 공판기일 전에 한하여 허용된다고 해석하여야 한다. 제 1 회 공판기일 이후에는 수소법원에 증인신문을 신청하여야 한다(법 294조).

피고인에게 유리한 증언을 한 증인을 검사가 검사실에 출석시켜 법정에서의 증언을 번복하는 내용의 진술을 받아 내고 그 진술을 진술조서에 기재하는 것은 違法한 수사에 해당한다[5] 따라서 그 참고인진술조서는 위법수집증거의 배제법칙에 의하여 증거증력을 부정하여야 한다.[6] 대법원판례도 동일한 견해를 취하고 있다.[7]

田, 337면.

1) 백형구, 74면; 동저, 강의 336면.
2) 백형구, 74면; 동저, 강의 337면.
3) 신현주, 385면; 이재상, 313면; 신동운, 359면; 배종대 · 이상돈, 343면.
4) 大判 1982. 6. 8, 82도754; 大判 1984. 9. 25, 84도1646.
5) 大判 1983. 8. 23, 83도1632; 大判 1993. 4. 27, 92도217; 백형구, 강의 338면; 이재상, 310면; 신동운, 359면; 진계호, 363면; 임동규, 271면; 신양균, 278면; 정웅석, 359면.
6) 백형구, 강의 338면; 차용석, 349면; 배종대 · 이상돈, 344면.
7) 大判 1992. 8. 18, 92도1555; 大判(全合) 2000. 6. 15, 99도1108.

2) **鑑定委囑** 수사기관의 감정위촉(법 221조 2항)은 제 1 회 공전기일 전에 한하여 허용된다고 해석하여야 한다. 제 1 회 공판기일 이후에는 수소법원에 감정을 신청하여야 한다(법 294조).

Ⅲ. 搜査의 條件[1)]

1. 搜査의 一般的 條件

수사의 일반적 조건은 수사의 必要性과 相當性이다.

(1) 搜査의 必要性

수사는 그 필요성이 인정된 경우에 한하여 허용된다. 수사의 필요성은 강제수사뿐 아니라 임의수사의 경우에도 수사의 조건으로 된다.

현행법은 피의자신문의 필요성(법 200조), 피해자조사의 필요성(법 221조 1항), 참고인조사의 필요성(법 221조 1항), 피의자체포의 필요성(법 200조의2, 200조의3), 피의자구속의 필요성(법 201조), 압수·수색·검증의 필요성(법 215조)이 그 수사의 조건임을 명시하고 있다.

(2) 搜査의 相當性

수사의 상당성은 수사개시의 상당성과 수사방법의 상당성으로 구분할 수 있다.

수사개시의 상당성은 犯罪認知의 상당성을 의미하며 범죄인지의 상당성이라 함은 수사기관의 범죄인지가 수사비례의 원칙에 의해서 상당하다고 인정되는 것을 말한다. 예컨대 범죄로 인한 피해가 극히 경미한 사건에 대해서 범죄인지를 하는 것은 범죄인지권의 남용에 해당한다.[2)]

수사방법의 상당성이라 함은 수사의 방법이 사회통념상 상당하다고 인정되는 것을 말한다. 예컨대 함정수사, 嚥下物(입으로 삼킨 물건)의 강제배출을 위한 開腹手術은 수사방법의 상당성을 결여하고 있으므로 그 허용성을 부정하여야 한다.

2. 犯罪嫌疑와 搜査의 條件

(1) 犯罪嫌疑와 犯罪認知의 條件

수사기관이 범죄를 인지함에 있어서는 범죄의 혐의가 인정되어야 한다. 따라서 범죄혐의의 존재는 범죄인지의 조건이다.[3)]

1) 수사의 조건이라 함은 수사개시의 조건과 수사실행의 조건을 말한다. 백형구, 강의 357면.
2) 백형구, 강의 380면.
3) 백형구, 강의 380면.

(2) 犯罪嫌疑와 逮捕 · 拘束의 條件

피의자가 죄를 범하였다고 의심할 만한 상당한 이유가 있는 때에 한하여 피의자에 대한 체포 · 구속이 허용된다(법 200조의2 제1항, 201조 1항). 따라서 범죄혐의의 존재는 피의자에 대한 체포 · 구속의 조건이다.

3. 訴訟條件과 搜査의 條件

(1) 訴訟條件의 欠缺과 搜査의 條件

수사는 공소제기의 전제적 절차이며 소송조건은 공소제기의 조건이므로 소송조건이 수사의 조건으로 되는 경우가 있다. 예컨대 피의사건에 관하여 면소판결의 사유(법 326조)가 있는 경우, 피의자에 대하여 재판권이 없는 경우, 친고죄인 피의사건에 관하여 고소기간이 경과되거나 고소가 취소된 경우에는 수사, 특히 강제수사가 허용되지 아니한다. 따라서 재판권, 친고죄의 고소 등은 수사의 조건으로 된다.

(2) 親告罪의 告訴와 告訴 전 搜査의 許容性

친고죄인 피의사건에 관하여 고소 전에 수사가 허용되는가에 관해서는 전면적 허용설(적극설), 전면적 부정설(소극설), 제한적 허용설(절충설)이 대립하고 있는데 제한적 허용설이 타당하다고 본다.[1] 공소제기의 가능성, 즉 고소의 가능성이 있는 경우에 한해서 수사(임의수사 · 강제수사)가 허용된다는 견해가 제한적 허용설이다. 대법원판례도 제한적 허용설의 태도를 취하고 있다.[2]

4. 陷穽搜査

(1) 意　　義

함정수사라 함은 수사기관 또는 그 하수인이 신분을 숨기고 범죄를 교사한 후 그 실행을 기다려 범인을 체포하고 증거를 압수하는 수사방법을 말한다. 따라서 수사기관이 범의를 가진 자에 대하여 범행의 기회를 주거나 범행을 용이하게 함에 불과한 경우는 함정수사가 아니다.[3]

(2) 違 法 性

犯意誘發型의 함정수사는 위법하다는 것이 통설이다. 수사방법의 상당성,

1) 김기두, 209면; 백형구, 76면; 동저, 강의 361면; 이재상, 175면; 정영석 · 이형국, 148면; 송광섭, 339면; 진계호, 197면; 임동규, 124면; 신양균, 69면; 정웅석, 76면; 高田, 316면.
2) 大判 1995. 2. 24, 94도252.
3) 백형구, 77면; 동저, 강의 362면; 大判 1992. 10. 27, 92도1377; 大判 2004. 5. 14, 2004도1066.

적정절차의 법리 등을 고려할 때 통설이 타당하다고 본다. 대법원판례도 함정수사는 위법하다는 견해를 취하고 있다.[1)]

(3) 訴訟法上 效果

1) 證據能力의 否定 함정수사에 의해서 수집된 증거는 위법하게 수집된 증거이며 그 위법의 정도가 중대하므로 위법수집증거의 배제법칙에 의하여 증거능력을 부정하여야 한다(통설).

2) 公訴棄却의 事由 함정수사에 기해서 공소가 제기된 경우 법원은 어떠한 재판을 하여야 할 것인가에 관해서는 公訴棄却判決說,[2)] 免訴判決說,[3)] 無罪判決說,[4)] 有罪判決說[5)] 등이 대립되고 있다. 함정수사는 범죄의 성립을 조각하는 사유에 해당하지 아니한다는 점, 함정수사에 기한 공소제기는 면소판결의 사유(법 326조)에 해당하지 아니한다는 점, 함정수사에 의해서 공소가 제기된 경우는 공소제기가 違法·無效인 경우(법 327조 2호)에 해당한다는 점 등을 고려할 때 公訴棄却判決說이 타당하다고 본다.

대법원판례도 범의유발형(犯意誘發型) 함정수사에 관하여 공소기각판결설을 취하고 있다.[6)]

Ⅳ. 違法捜査의 救濟

1. 總 說

위법한 수사처분에 대한 구제제도는 이를 위법한 수사처분을 시정하는 제도와 위법한 수사처분에 대한 소송법적 효과를 부정하는 제도로 분류할 수 있다. 체포·구속의 적부심사제도, 구속취소제도, 준항고제도 등은 전자에 해당하고 증거능력의 부정은 후자에 해당한다.

2. 人身拘束에 관한 救濟制度

체포·구속의 적부심사제도(법 214조의2), 구속취소제도(법 209조, 93조), 구속장소감찰제도

1) 大判 1963. 9. 12, 63도190; 大判 1982. 6. 8, 82도884.
2) 백형구, 78면; 동저, 강의 365면; 배종대·이상돈, 183면; 송광섭, 200면; 차용석, 236면; 진계호, 200면; 임동규, 126면; 정웅석, 82면.
3) 김기두, 「陷穽捜査」, 월간고시 1983년 7월호, 105면; 鈴木, 63면; 石川, 121면.
4) 신동운, 71면; 신양균, 74면.
5) 이재상, 179면.
6) 大判 2005. 10. 28, 2005도1247.

(법 198조의2),[1] 준항고제도(법 417조)[2] 등이 이에 해당한다.

3. 押收 · 搜索에 관한 救濟制度

수사기관의 압수 · 수색의 위법은 압수물의 환부제도(법 219조, 133조) 또는 준항고제도(법 417조)에 의해서 구제된다.

4. 證據能力의 否定

(1) 被疑者의 自白

피의자의 자백이 수사기관의 고문 · 폭행 · 협박 · 기망 · 철야신문 등으로 인하여 임의성이 의심되는 경우에는 증거능력이 부정되며(법 309조) 수사기관의 피의자신문절차가 위법한 경우에는 자백의 임의성이 인정되는 경우에도 위법수집증거의 배제법칙에 의하여 그 자백의 증거능력을 부정하여야 한다.[3]

(2) 押 收 物

수사기관의 압수 · 수색의 절차가 위법하고 그 위법의 정도가 중대한 경우(예컨대 영장주의를 위반한 경우)에는 그 압수물의 실질적 증거가치 여하를 불문하고 위법수집증거의 배제법칙에 의하여 그 압수물의 증거능력을 부정하여야 한다(법 308조의2).

(3) 檢證調書

수사기관의 검증절차가 위법하고 그 위법의 정도가 중대한 경우(예컨대 수사기관의 검증이 영장주의를 위반한 경우)에는 그 검증조서의 증거능력을 부정하여야 한다(법 308조의2).

5. 公訴提起에 대한 效力

수사절차에 위법이 있는 경우에도 공소제기가 무효로 되지 아니한다고 해석하여야 한다. 예컨대 수사기관이 피의자를 불법으로 구금한 경우에도 그 피의자에 대한 공소제기가 무효로 되지 아니한다.[4] 다만 범의유발형의 함정수사에 기해서 공소가 제기된 경우에는 공소제기의 무효를 이유로 공소기각의 판결을 하여야 한다고 해석하여야 한다(법 327조 2호).

---

1) 검사는 不法하게 체포 또는 구속된 피의자의 석방을 명할 수 있다(법 198조의2 제3항).
2) 예컨대 수사기관의 接見禁止處分에 대해서 피의자 등의 준항고가 허용된다.
3) 大判 1992. 6. 23, 92도682.
4) 大判 1996. 5. 14, 96도561.

제 2 절

捜査機關과 被疑者

Ⅰ. 捜査機關

1. 捜査機關의 意義

수사기관이라 함은 법률상 범죄수사의 권한이 인정되어 있는 국가기관을 말한다. 수사기관은 그 성격과 권한에 있어서 재판기관과 현저한 차이가 있다.

2. 捜査機關의 種類

현행법상 수사기관에는 검사와 사법경찰관리가 있다.

(1) 檢　　事

현행법상 검사는 수사기관인 동시에 소추기관이다. 즉 검사는 범죄수사의 권한이 있다(법 195조).

(2) 司法警察官吏

1) **一般司法警察官吏**　　이는 司法警察官과 司法警察吏로 구분된다. 수사관・경무관・총경・경정・경감・경위는 사법경찰관에 해당하고 경사・경장・순경은 사법경찰리에 해당한다(법 196조; 경찰공무원법 부칙 6조).

2) **特別司法警察官吏**　　이는 세무・전매 등 특별한 사항에 관하여 사법경찰관리의 직무를 행하는 자를 말한다(법 197조). 「司法警察官吏의職務를행할자와그職務範圍에관한法律」(법률 제380호)은 특별사법경찰관리의 종류와 직무범위에 관해서 규정하고 있다.

(3) 檢事와 司法警察官吏와의 關係

1) 上下服從關係 검사는 범죄수사에 관하여 사법경찰관리를 지휘할 수 있으며(법 196조; 검찰 4조) 사법경찰관리는 범죄수사에 관한 검사의 명령에 복종하여야 한다(검찰 53조). 따라서 검사와 사법경찰관리와의 관계는 上命下服의 관계이다.

2) 警察搜査權獨立論 검사의 사법경찰관리에 대한 수사지휘권을 없애고 경찰의 판사에 대한 영장청구권을 인정하는 등 검사와 사법경찰관리의 관계를 상호협력관계로 하여야 한다는 立法論을 경찰수사권독립론이라고 한다. 이러한 의미의 경찰수사권독립론을 立法論으로 지지하는 견해가 있으나[1] 오늘날 우리나라 경찰수사의 현실을 직시할 때 경찰수사권을 독립시키는 것은 시기상조라고 여겨진다(時機尙早論).[2] 사법경찰관리의 수사에 대한 검사의 지휘·감독권은 경찰수사권의 남용을 억제하고 경찰수사단계에서 위법한 인권침해를 방지하기 위해서 요청되기 때문이다. 우리나라에서 경찰수사권을 검사의 수사지휘권으로부터 독립시키려면 사법경찰관리의 정치적 중립을 위한 제도적 보장, 인권의식의 체질화 등 그 기반조성이 선행되어야 한다.[3]

(4) 司法警察官吏의 수사절차상 地位

1) 司法警察官의 地位 사법경찰관의 수사기관으로서의 지위에 관해서는 검사의 補助機關에 불과하다는 견해(補助機關說)[4]와 검사의 보조기관이 아니고 수사의 主體라는 견해(搜査主體說)[5]가 대립되고 있다. 보조기관설은 검사와 사법경찰관리와의 관계가 上命下服의 관계라는 점을 논거로 내세우고 있으나 현행 형사소송법은 검사와 별도로 사법경찰관에게 피의자신문(법 200조), 피해자조사(법 221조), 참고인조사(법 221조), 감정위촉(법 221조), 실황조사(사규 49조), 피의자체포(200조의2 제1항, 200조의3 제1항), 피의자구속(법 201조 1항), 압수·수색·검증(법 215조 내지 218조) 등 수사의 권한을 인정하고 있으므로 수사주체설이 타당하다고 본다.

2) 司法警察吏의 地位 사법경찰리는 수사의 주체가 아니고 수사에 있어 검사 또는 사법경찰관의 보조기관이다(법 196조 2항; 사규 2조 3항). 다만 사법경찰리라 할지라도 司法警察官事務取扱은 수사의 주체이다.[6]

---

1) 염정철, 280면; 김기두, 56면.
2) 백형구, 84면; 동저, 강의 373면; 동저, 조해 366면.
3) 백형구, 84면; 동저, 강의 373면; 차용석, 233면.
4) 서일교, 236면; 권오병, 248면; 염정철, 277면; 강구진, 150면; 송광섭, 338면; 차용석, 230면.
5) 백형구, 82면; 동저, 강의 372면; 배종대·이상돈, 176면; 신양균, 74면; 정웅석, 103면.
6) 백형구, 강의 372면.

3. 搜査機關의 權限

(1) 司法警察官吏의 權限

1) 司法警察官의 권한 사법경찰관은 수사의 주체이므로 범죄수사의 권한이 있다(법 196조 1항). 사법경찰관은 수사개시의 권한 즉 범죄인지의 권한이 있으며 피의자신문(법 200조), 피해자조사(법 221조), 참고인조사(법 221조), 실황조사(사규 49조), 감정위촉(법 221조), 피의자의 체포 · 구속(법 200조의2, 200조의3, 201조), 압수 · 수색 · 검증(법 215조 내지 218조) 등 수사의 권한이 있다. 다만 사법경찰관은 영장청구권, 증거보전청구권, 참고인에 대한 증인신문신청권이 없다.

2) 司法警察吏의 권한 사법경찰리는 수사의 주체가 아니고 수사의 보조기관에 불과하므로 검사 또는 사법경찰관의 수사를 보조할 권한이 있을 뿐이다(법 196조 2항). 다만 사법경찰리라 할지라도 검사 또는 사법경찰관으로부터 구체적 사건에 관하여 수사명령을 받으면 사법경찰관의 사무를 취급할 권한이 인정된다.[1] 이러한 사법경찰리를 司法警察官事務取扱이라고 한다.[2]

(2) 檢事의 權限

수사기관으로서의 검사의 권한은 이를 수사의 권한과 사법경찰관리에 대한 수사지휘권으로 분류할 수 있다.

1) 搜査의 권한 검사는 수사의 주체이므로 수사개시의 권한, 즉 범죄인지의 권한과 임의수사 · 강제수사의 권한, 즉 수사실행의 권한이 있다. 특히 현행법은 영장청구권(법 201조 1항, 215조 1항 등) · 증거보전청구권(법 184조) · 참고인에 대한 증인신문청구권(법 221조의2)을 검사에게만 인정하고 사법경찰관에게 인정하지 않고 있다.

2) 搜査指揮의 권한 검사는 범죄수사에 관하여 사법경찰관리를 지휘할 권한이 있다(법 196조).

4. 搜査機關의 管轄區域

검사 또는 사법경찰관리는 소속관서의 관할구역 내에서 직무를 행함을 원칙으로 하나 수사상 필요한 때에는 관할구역 외에서도 직무를 행할 수 있다(검찰 4조; 사규 6조). 사법경찰관리가 관할구역 외에서 수사를 하는 경우에는 관할지방검찰청의 검사장 또는 지청장에게 보고하여야 한다(법 210조).

---

1) 백형구, 83면; 동저, 강의 374면; 신동운, 127면; 진계호, 192면; 임동규, 120면; 大判 1982. 3. 9, 82도63.

2) 백형구, 83면; 동저, 강의 374면; 신동운, 127면; 임동규, 120면.

Ⅱ. 被 疑 者

1. 被疑者의 意義

피의자라 함은 수사기관에 의하여 범죄의 혐의를 받고 수사의 대상으로 되어 있는 자를 말한다.[1] 피의자는 수사개시 이후의 개념이므로 피내사자와 구별되며 공소제기 이전의 개념이므로 피고인과 구별된다. 피내사자는 범죄인지에 의해서 피의자로 되며 피의자는 공소제기에 의해서 피고인으로 된다. 고소·고발을 당한 자, 즉 피고소인·피고발인도 피의자이며 긴급체포된 자, 현행범인으로 체포된 자, 수사기관에 자수한 자도 피의자이다.

2. 被疑者의 訴訟法上 地位

(1) 搜査의 對象

피의자는 수사의 주체가 아니고 수사의 대상에 불과하다. 피고인은 소송의 주체로서 검사와 대등한 지위에 있으나(당사자대등의 원칙) 피의자는 수사의 주체가 아니다.

(2) 無罪의 推定

피의자는 무죄로 추정된다(통설). 헌법 제27조 4항과 형사소송법 제275조의2는 피고인에 대해서만 무죄의 추정을 규정하고 있으나 공소제기된 피고인이 무죄로 추정되는 이상 수사기관에 의하여 범죄의 혐의를 받고 있음에 불과한 피의자가 무죄로 추정됨은 당연하다.[2]

3. 被疑者의 訴訟法上 權利

현행 형사소송법은 피의자에게 변호인선임권(법 30조 1항), 진술거부권(법 244조의3 제 1 항 1호 내지 4호), 피의자신문조서의 열람권·증감변경청구권(법 244조), 체포·구속의 적부심사청구권(법 214조의2), 접견교통권(법 209조, 89조), 증거보전청구권(법 184조) 등의 권리를 인정하고 있다. 피의자는 증거보전청구권이 있을 뿐 아니라 증거보전을 위한 증인신문에 참여하여 증인을 신문할 권리가 있다(법 184조 2항→163조, 161조의2). 피의자는 자신에 대한 피의자신문에 변호인을 참여시킬 것을 신청할 수 있다(법 243조의2 제 1 항).

---

1) 백형구, 강의 375면.
2) 이는 법률해석에 있어 물론해석(勿論解釋)에 해당한다.

제 3 절

搜査의 端緒 · 開始

Ⅰ. 總 說

수사기관은 犯罪의 嫌疑가 있다고 인정하는 때에 한하여 수사를 개시할 수 있다(법 195조). 즉 범죄혐의의 존재가 수사개시의 조건이다. 수사개시의 조건으로서의 범죄혐의는 수사기관의 主觀的 嫌疑로서 족하며 범죄의 객관적 혐의가 인정됨을 요하지 아니한다. 그러나 수사를 개시하기 위해서는 범죄혐의를 주관적으로 인정함에 대한 합리적 근거가 있어야 한다. 따라서 이른바 投網式 수사는 허용되지 아니한다.

수사개시의 原因을 수사의 단서라고 한다. 수사의 단서에는 제한이 없다. 경찰관의 불심검문 · 현행범인의 발견 · 변사체의 검시와 같이 수사기관 자신의 체험이 수사의 단서로 되는 경우도 있고, 자수 · 고소 · 고발과 같이 범인 자신 또는 제 3 자의 신고 · 고지에 의해서 수사가 개시되는 경우도 있다. 현행 형사소송법은 수사의 단서로서 변사체의 검시, 고소, 고발, 자수에 관해서 규정하고 있다.

Ⅱ. 犯罪認知

1. 犯罪認知의 意義

범죄인지라 함은 수사기관이 고소 · 고발 · 자수 이외의 원인에 의하여 직접 범죄혐의를 인정하고 수사를 개시하는 것을 말한다.[1] 범죄인지는 실무상 용어일

1) 백형구, 87면; 동저, 강의 379면; 이재상, 180면.

뿐 아니라 법령상 용어이다.[1] 범죄인지는 실무상 立件이라고도 한다. 범죄인지 전의 조사를 內査라고 하며 피내사자는 범죄인지에 의해서 피의자로 된다.

2. 犯罪認知의 原因

범죄인지의 원인에는 제한이 없다. 범죄신고, 정보입수, 불심검문, 변사체검시, 신문기사, 투서 등이 범죄인지의 원인으로 되는 경우가 있다 현행범인의 발견도 범죄인지의 원인이다.

3. 犯罪認知의 要件

범죄혐의의 존재와 범죄인지의 상당성이 범죄인지의 요건이다.

(1) 犯罪嫌疑의 存在

수사기관은 범죄의 혐의가 인정되는 때에 한하여 범죄의 인지를 하여야 한다(법 195조). 이 경우의 범죄혐의는 범죄의 객관적 혐의를 의미하는 것이 아니고 수사기관의 主觀的 嫌疑를 의미한다. 그러나 수사기관이 범죄를 인지하기 위해서는 범죄의 혐의를 주관적으로 인정함에 대한 합리적 근거가 있어야 한다. 따라서 범죄혐의를 주관적으로 인정할 만한 합리적 근거 없이 범죄를 인지하는 것은 범죄인지권의 남용이다.

(2) 犯罪認知의 相當性

수사기관이 범죄를 인지하기 위해서는 범죄인지의 相當性이 있어야 한다. 범죄인지의 상당성 유무는 수사비례의 원칙에 의해서 판단하여야 한다. 죄질과 피해가 극히 경미하여 가벌성이 희박한 사건에 대한 범죄인지는 범죄인지권의 남용에 해당한다.[2]

4. 犯罪認知의 主體 · 節次

검사 또는 사법경찰관은 수사의 주체이므로 범죄인지의 권한이 있으며(법 195조, 196조; 사규 21조 1항) 사법경찰리는 수사의 보조기관에 불과하므로 범죄인지의 권한이 없다.

검사 또는 사법경찰관이 범죄를 인지하는 경우에는 犯罪認知書 또는 犯罪認知報告書[3]를 작성하여야 하며, 그 범죄인지서 또는 범죄인지보고서에는 피의자

1) 구형소법 214조의 2; 사규 21조; 검규 2조 1호, 4조 2항.
2) 백형구, 88면; 동저, 강의 380면; 동저, 조해 354면.
3) 사법경찰관은 수사의 주체이므로 범죄인지보고서(사규 21조)라는 용어는 이를 범죄인지서로 바꾸어야 한다.

의 인적사항, 죄명, 범죄사실, 범지인지의 경위 등을 기재하여야 한다(사규 21조 1항 · 2항). 피의자의 성명이 판명되지 아니한 경우에도 범죄를 인지할 수 있다. 따라서 姓名未詳者에 대한 범죄인지도 유효하다.[1)]

5. 犯罪認知의 效果

범죄인지에 의해서 피내사자 또는 용의자는 피의자로 된다 수사기관이 일단 범죄를 인지한 후에는 그 인지사건에 대해서 수사종결의 의무가 있다. 따라서 사법경찰관이 범죄를 인지한 경우에는 그 사건을 검찰에 송치하여야 하며(사규 54조) 검사가 범죄를 인지한 경우에는 그 인지사건에 대해서 기소 · 불기소의 결정을 하여야 한다.

Ⅲ. 不審檢問

1. 不審檢問의 意義

불심검문이라 함은 경찰관이 거동이 수상한 자를 정지시켜 질문을 하는 것은 말한다. 職務質問이라고도 한다. 사법경찰관리가 아닌 경찰관도 불심검문의 권한이 있다.

2. 不審檢問의 要件 · 對象

수상한 거동 기타 주위의 사정을 합리적으로 판단하여 어떠한 죄를 범하였거나 범하려 하고 있다고 의심할 만한 상당한 이유가 있는 자 또는 이미 행하여진 범죄나 행하여지려고 하는 범죄행위에 관하여 그 사실을 안다고 인정되는 자인 경우에 한에서 경찰관의 불심검문이 허용된다(경직 3조 1항). 범죄의 혐의가 있는 자에 대해서뿐 아니라 타인의 범죄행위를 알고 있는 자에 대해서도 경찰관의 불심검문이 허용된다.

3. 不審檢問의 方法

거동수상자에 대한 質問이 불심검문의 주된 방법이며 질문을 위한 정지 또는 동행요구, 불심검문시의 所持品檢査도 불심검문의 방법에 해당한다.

1) 백형구, 88면; 동저, 강의 380면.

(1) 質 問

경찰관은 거동이 수상한 자를 정지시켜 질문을 할 수 있다(경직 3조 1항). 이 경우 질문을 받은 자는 답변을 강요당하지 아니한다(동조 7항).

(2) 질문을 위한 同行要求

경찰관은 질문을 위하여 정지시킨 자에 대해서 일정한 경우 경찰관서에 동행할 것을 요구할 수 있으며, 이 경우 동행요구를 받은 자는 경찰관의 동행요구를 거절할 수 있다(동조 2항). 경찰관의 동행요구에 의하여 경찰관서에 동행된 자에 대해서는 6시간을 초과하여 경찰관서에 머물게 할 수 없다(동조 6항). 경찰관이 거동수상자를 경찰관서에 동행한 경우 변호인의 조력을 받을 권리가 있음을 고지하여야 한다(동조 5항).

(3) 所持品檢査

경찰관이 거동수상자에 대하여 질문을 할 때에 흉기의 소지 여부를 조사할 수 있다(동조 3항). 흉기 이외의 소지품에 대한 조사도 허용된다고 해석하여야 한다.

(4) 自動車檢問

자동차검문이라 함은 경찰관이 운행중인 자동차를 정지시키고 차내의 운전자 또는 승객에게 질문을 하고 자동차의 내부를 조사하는 것을 말한다. 자동차검문은 경찰관직무집행법 제3조에 의해서 허용된다고 해석하여야 한다.

Ⅳ. 變死體의 檢視

1. 變死體檢視의 意義·對象

(1) 변사체검시의 의의

변사체의 검시라 함은 사람의 사망이 범죄로 인한 것인가를 판단하기 위하여 검사 또는 사법경찰관리가 변사체의 상황을 조사하는 것을 말한다. 변사체의 解剖는 변사체의 검시가 아니라 변사체에 대한 검증이다(법 222조 2항).

(2) 변사체검시의 대상

검시의 대상은 變死體이다. 변사체의 의의에 관해서는 통상의 병사 또는 자연사가 아닌 사체를 의미한다는 견해[1]와 사망이 범죄에 기인하였다고 의문이 있는 사체를 의미한다는 견해[2]가 대립되고 있다. 不自然死라 할지라도 溺死, 천

---

1) 서일교, 240면; 권오병, 250면; 신동운, 80면; 정영석·이형국, 150면; 진계호, 210면; 임동규, 153면.
2) 백형구, 91면; 이재상, 181면; 배종대·이상돈, 201면; 신양균, 113면; 정웅석, 113면.

재사(天災死)와 같이 범죄와 무관한 사망임이 명백한 사체는 변사체에 해당하지 아니하므로 후설이 타당하다고 본다.

2. 變死體檢視의 主體 · 節次

변사체에 대한 검시는 검사의 권한이다(법 222조 1항). 다만 검사는 사법경찰관에게 변사체에 대한 검시를 명할 수 있다(동조 3항).

변사체를 검시하는 경우에는 檢視調書를 작성하여야 하며 의사로 하여금 死體檢案書를 작성하게 하여야 한다(사규 33조 2항, 34조 3항). 변사체를 검시하는 경우에는 변사자의 가족 등을 참여하게 하여야 한다(사규 35조).

변사체에 대한 검시의 결과 범죄혐의(예컨대 타살혐의)가 인정되는 경우에는 변사체에 대하여 檢證을 하여야 하며, 이 경우 긴급을 요하는 때에는 검증영장 없이 변사체에 대하여 檢證(예컨대 사체해부, 사체의 일부 절단)을 할 수 있다(법 222조 2항).

V. 告 訴

1. 告訴의 意義

고소라 함은 범죄의 피해자 기타의 고소권자가 수사기관에 대하여 범죄사실을 신고하여 범인의 형사소추와 처벌을 구하는 의사표시를 말한다. 고소는 형사소추를 구하는 의사표시임을 요하므로 단순한 피해신고(예컨대 도난신고)는 고소가 아니다. 고소는 일반적으로 수사의 단서로 되나 친고죄의 경우에는 소송조건으로도 된다.

2. 親告罪와 告訴

친고죄라 함은 피해자 등 고소권자의 고소가 소송조건으로 되는 범죄를 말한다. 친고죄는 절대적 친고죄와 상대적 친고죄로 구분된다. 친족간의 재산범죄와 같이 범인이 피해자와 일정한 신분관계가 있는 경우에 비로소 친고죄로 되는 경우를 상대적 친고죄라 하고, 강간죄 · 간통죄 · 모욕죄와 같이 범죄의 성질상 친고죄로 되는 경우를 절대적 친고죄라고 한다. 친고죄에 있어서는 고소가 공소제기의 조건으로 되므로 고소권자의 지정, 고소기간, 고소불가분의 원칙, 고소취소시기의 제한 등 특칙이 있다.

3. 告訴의 有效要件

(1) 告訴權의 存在

고소가 유효하기 위해서는 고소권이 있어야 한다. 따라서 고소권이 없는 자에 의한 고소, 또는 고소권이 소멸한 후의 고소는 무효이다. 자기 또는 배우자의 직계존속에 대한 고소는 무효이다(법 224조). 다만 성폭력범죄의 가해자가 직계존속인 경우에는 그 직계존속에 대한 고소는 유효하다(성폭력 18조).

(2) 告訴能力의 存在

고소는 소송행위이므로 고소가 유효하기 위해서는 고소능력이 있어야 한다. 고소능력은 고소의 의미를 이해할 수 있는 사실상의 의사능력으로 족하며 민법상의 행위능력이 없는 자라도 고소능력이 인정되는 경우가 있다. 예컨대 만 12세, 만 10세의 소녀인 경우에도 고소의 의미를 이해하는 의사능력만 있으면 강간죄, 강제추행죄 등 성범죄의 고소능력을 인정하여야 한다.

(3) 告訴期間의 經過前

친고죄에 있어서는 범인을 알게 된 날로부터 6월을 경과하면 고소하지 못한다(법 230조 1항).[1] 따라서 고소기간이 경과한 후의 고소는 무효이다. 친고죄에 해당하는 수개의 범죄사실(예컨대 수회의 간통사실)이 경합범의 관계에 있는 경우에는 고소기간의 경과 여부는 각 범죄사실을 기준으로 판단하여야 한다.

고소기간은 범인을 알게 된 날로부터 起算된다(법 230조 1항). 다만 불가항력의 사유로 인하여 고소를 하지 못한 때에는 불가항력의 사유가 없어진 날로부터 고소기간을 기산하며(법 230조 1항 단서), 약취·유인된 자가 혼인한 경우에는 혼인의 무효 또는 취소의 재판이 확정된 날로부터 고소기간을 기산한다(동조 2항).

고소기간 내에 고소를 하지 아니하면 고소권이 소멸한다. 고소할 수 있는 자가 수인인 경우(예컨대 간통죄의 고소권자가 수인인 경우)에 그 중 1인이 고소기간 내에 고소를 하지 아니한 경우에는 그 고소권자의 고소권만 소멸하며 다른 고소권자의 고소권은 소멸하지 아니한다(법 231조).

(4) 姦通告訴의 有效要件

간통죄의 고소는 혼인이 해소되거나 이혼소송을 제기한 후가 아니면 허용되지 아니한다(법 229조 1항). 따라서 이혼소송을 제기하기 전의 고소는 무효이다. 다만 간통죄의 고소 후 이혼소송이 제기된 경우에는 고소의 무효가 치유된다고 해석

1) 다만 性暴力犯罪에 대한 고소기간은 범인을 알게 된 날로부터 1년 이내이다(성폭력 19조).

하여야 한다.[1] 이혼소송을 제기하기 전에 간통죄의 고소가 있는 경우에는 피의자에 대한 수사(예컨대 피의자체포)가 허용된다고 본다.[2] 고소가 있기 전에도 친고죄의 피의자에 대한 체포 · 구속이 허용되기 때문이다.

(5) 犯人의 指定

절대적 친고죄에 있어서는 범인(피고소인)을 특정하지 않더라도 고소는 유효하다. 예컨대 姓名不詳者를 상대로 한 고소도 유효하다. 그러나 상대적 친고죄의 경우에는 범인의 지정이 고소의 유효요건이다.

4. 告訴權者

(1) 被 害 者

고유의 고소권자는 범죄로 인한 피해자이다(법 223조). 피해자는 범죄로 인한 직접의 피해자를 의미하므로 범죄로 인한 간접의 피해자, 예컨대 강간당한 부녀의 남편은 강간죄의 고소권이 없다. 피해자는 보호법익의 주체임을 요하지 아니한다. 예컨대 무고죄에 있어 피신고자, 위증죄에 있어 피고인이나 민사소송의 당사자(원고 · 피고)도 피해자에 해당한다.

(2) 非被害者인 告訴權者

1) 피해자의 法定代理人 피해자의 법정대리인은 독립하여 고소할 수 있다(법 225조 1항). 법정대리인의 고소권은 고유권이라는 견해가 있으나 獨立代理權이라고 본다.[3] 따라서 피해자의 고소권이 소멸하면 법정대리인의 고소권도 소멸한다.

2) 피해자의 親族 피해자의 법정대리인이 피의자이거나 법정대리인의 친족이 피의자인 때에는 피해자의 친족은 독립하여 고소할 수 있다(법 226조). 이 경우의 고소권은 독립대리권이다.

3) 피해자가 死亡한 경우 피해자가 사망한 때에는 그 배우자 · 직계친족 또는 형제자매는 피해자의 명시한 의사에 반하지 않는 한 고소할 수 있다(법 225조 2항).

4) 사자명예훼손죄의 고소권자 그 死者의 친족 또는 자손이 고소권자이다(법 227조). 이 경우의 고소권은 고유권이다.

---

1) 백형구, 95면; 동저, 강의 385면; 동저, 조해 471면.
2) 백형구, 강의 384면.
3) 백형구, 93면; 이재상, 189면; 송광섭, 344면; 진계호, 212면; 신양균, 96면.

(3) 告訴權者의 指定

친고죄에 대하여 고소할 자가 없는 경우에 이해관계인의 신청이 있으면 검사는 10일 이내에 고소할 수 있는 자를 지정하여야 한다(법 228조). 검사가 일단 고소할 수 있는 자를 지정한 후에는 그 지정을 취소할 수 없다.

5. 告訴의 方式 · 效果

(1) 告訴의 方式

고소는 서면 또는 구술로써 검사 또는 사법경찰관에게 하여야 한다(법 237조 1항). 검사 또는 사법경찰관이 구술에 의한 고소를 받은 때에는 조서를 작성하여야 한다(동조 2항).

고소는 대리인으로 하여금 하게 할 수 있다(법 236조). 고소의 대리는 임의대리이므로 고소에 관하여 특별한 授權(예컨대 고소위임장)이 있어야 한다. 고소대리의 경우 고소기간의 기산일은 고유의 고소권자(예컨대 피해자)가 범인을 알게 된 날이다.[1] 條件附 告訴는 조건을 제거하더라도 고소의 의사가 인정되는 경우에는 유효한 것으로 보고 그렇지 아니한 경우에는 무효로 보아야 한다.

(2) 告訴의 效果

고소가 있으면 수사기관은 수사를 하여야 한다. 고소가 부적법하거나(예컨대 고소기간이 경과된 후에 고소한 경우) 고소사실이 범죄의 혐의가 인정되지 아니한 경우에도 사법경찰관은 검사에게 사건을 송치하여야 하며(사규 54조) 사건의 송치를 받은 검사는 불기소처분을 하여야 한다. 고소사건에 대하여 검사가 불기소처분을 한 때에는 고소인에게 그 처분의 취지를 통지하여야 한다(법 258조).

6. 告訴不可分의 原則

고소불가분의 원칙은 고소 또는 그 취소의 효력이 미치는 범위에 관한 원칙으로서 主觀的 不可分의 原則과 客觀的 不可分의 原則이 있다. 전자에 관해서는 명문의 규정이 있으나 후자에 관해서는 명문의 규정이 없다.

(1) 主觀的 不可分의 原則

친고죄의 공범자 중 그 1인 또는 수인에 대한 고소 또는 고소취소는 다른 공범자에 대해서도 효력이 있다(법 233조). 이를 고소 또는 고소취소의 主觀的 不可分의 原則이라고 한다. 이는 고소인의 자의에 의해서 친고죄의 공범자에 대한

1) 大判 2001. 9. 4, 2001도3081.

처벌에 있어 불공평한 결과가 생기는 것을 방지하기 위한 것이다. 이 원칙은 임의적 공범(공동정범·교사범·종범)에 대해서뿐 아니라 필요적 공범(예컨대 간통죄의 공범)에 대해서도 적용된다.

이 원칙은 친고죄(절대적 친고죄·상대적 친고죄)의 공범자에 대해서만 적용되며 반의사불벌죄의 공범자에 대해서는 적용되지 아니한다. 따라서 반의사불벌죄의 공범자 중 일부에 대해서만 處罰不願의 의사표시가 있는 경우에도 그 의사표시의 효력은 다른 공범자에게 미치지 아니한다.[1] 상대적 친고죄에 있어 비신분자에 대한 고소의 효력은 신분관계가 있는 공범자에 대해서는 미치지 아니한다(통설). 친고죄에 대해서 고소가 없는 경우이기 때문이다.

(2) 客觀的 不可分의 原則

1개 범죄사실의 일부에 대한 고소 또는 고소취소는 1개 범죄사실의 전부에 대해서 그 효력이 미친다. 이를 고소 또는 고소취소의 객관적 불가분의 원칙이라고 한다. 이 원칙은 이론상 당연하므로 명문의 규정을 두지 아니한 것이다.

이 원칙은 單純一罪에 대해서는 예외 없이 적용된다. 예컨대 강간피해자가 폭행사실로만 고소를 한 경우에도 그 고소의 효력은 강간의 범죄사실 전부에 미치며 강간죄의 고소인이 간음의 사실에 대해서만 고소를 취소한 경우에도 그 고소취소의 효력은 강간의 범죄사실 전부에 미친다.

科刑上 一罪의 각 부분이 모두 친고죄이고 피해자가 同一人인 경우에는 그 일부에 대한 고소 또는 그 취소는 그 전부에 대해서 효력이 미치나 피해자가 다른 경우에는 피해자 수인 중 1인이 한 고소의 효력은 다른 피해자에 대한 범죄사실에 미치지 아니한다.[2] 과형상 1죄의 일부만이 친고죄인 경우에 비친고죄에 대한 고소의 효력은 친고죄의 부분에 대해서는 미치지 아니한다.

7. 告訴의 取消

(1) 告訴取消의 意義

고소의 취소라 함은 고소의 제기를 撤回하는 소송행위를 말한다. 고소의 취소는 실무상 고소의 取下라고 한다.

---

1) 大判 1994. 4. 26, 93도1689; 백형구, 96면; 동저, 강의 387면; 이재상, 195면; 진계호, 218면; 임동규, 142면; 정웅석, 154면. 反對說이 있다. 신동운, 99면; 신양균, 103면.
2) 백형구, 97면; 동저, 강의 388면; 이재상, 194면; 신동운, 93면; 배종대·이상돈, 194면; 진계호, 219면; 임동규, 140면; 정웅석, 146면.

(2) 告訴의 取消權者

고소를 취소할 수 있는 자는 告訴人 또는 被害者이다. 피해자는 고소의 대리권자가 제기한 고소를 취소할 수 있으나 고소의 대리권자는 피해자가 제기한 고소를 취소할 수 없다. 따라서 피해자가 고소를 제기한 후 사망한 때에는 피해자의 법정대리인은 그 고소를 취소할 수 없다.

(3) 告訴取消의 方式 · 擬制

1) 고소취소의 方式 고소의 취소는 서면 또는 구술로써 할 수 있으며 공소제기 전에는 수사기관에, 공소제기 후에는 수소법원에 하여야 한다(법 239조, 237조). 서류의 제목이 합의서 · 진정서라 할지라도 그 내용에 고소를 철회(취하)한다는 취지의 기재가 있으면 고소의 취소(취하)라고 보아야 한다.[1] 고소의 취소는 임의로 하여야 한다. 따라서 고소의 취소가 가해자 등의 강요에 의하거나 중대한 착오에 기인한 경우에는 그 고소취소는 무효이다.

2) 고소취소의 代理 고소의 취소는 대리인으로 하여금 하게 할 수 있다(법 236조). 고소취소의 대리는 임의대리이므로 고소의 취소에 관한 수권행위(授權行爲)가 있어야 한다.

3) 고소취소의 擬制 간통죄로 고소를 한 자가 피고소인인 배우자와 다시 혼인을 하거나 이혼소송을 취하한 때에는 고소는 취소된 것으로 간주한다(법 299조 2항). 고소가 취소된 것으로 간주한다 함은 고소가 소급해서 그 효력을 상실한다는 의미라고 해석하여야 한다.[2]

(4) 告訴取消의 時期

1) 取消時期의 制限 고소는 제 1 심판결선고 전까지 취소할 수 있다(법 232조 1항). 따라서 제 1 심판결선고 후의 고소취소는 무효이다.

2) 共犯에 관한 문제 친고죄의 공범자 중 일부에 대하여 제 1 심판결이 선고된 후에 제 1 심판결 선고 전의 다른 공범자에 대한 고소취소가 허용되는가에 관해서는 적극설이 있으나[3] 처벌의 공평이라는 점에 비추어 소극설[4]이 타당하다고 본다(통설). 대법원판례도 소극설을 취하고 있다.[5]

---

1) 大判 1981. 11. 10, 81도1171; 백형구, 98면; 동저, 강의 390면; 진계호, 223면; 임동규, 146면; 신양균, 105면.

2) 大判 1976. 8. 6, 76도1278; 대판 1981. 12. 8, 81도239; 백형구, 98면; 동저, 강의 391면.

3) 김기두, 202면; 團藤, 綱要 360면.

4) 정영석, 245면; 서일교, 248면; 신현주, 219면; 백형구, 98면; 동저, 강의 392면; 이재상, 159면; 신동운, 96면; 정영석 · 이형국, 159면; 배종대 · 이상돈, 198면; 송광섭, 351면; 진계호, 221면; 임동규, 145면; 신양균, 106면; 정웅석, 148면.

5) 大判 1975. 6. 10, 75도204; 大判 1985. 11. 12, 85도1940.

(5) 告訴取消의 效果

1) 고소취소의 訴訟法上 效果

(ㄱ) 告訴權의 消滅 고소의 취소에 의해서 고소권이 소멸한다. 피해자가 고소를 취소하면 고소대리권자의 고소권도 소멸한다.

(ㄴ) 再告訴의 禁止 고소를 취소한 자는 다시 고소하지 못한다(법 232조 2항). 따라서 고소를 취소한 자에 의한 재고소는 무효이다.

(ㄷ) 告訴人의 地位喪失 고소의 취소에 의해서 고소인의 지위를 상실한다. 따라서 고소를 취소한 경우에는 검찰항고권(검찰 10조) · 재정신청권(법 260조) 등을 상실한다.

(ㄹ) 不起訴處分 · 公訴棄却의 事由 친고죄의 경우에는 불기소처분의 사유 또는 공소기각판결의 사유(법 327조 5호)로 되며 비친고죄의 경우에는 기소유예 · 구약식 · 집행유예 · 선고유예 등의 사유로 된다. 고소취소의 이러한 소송법적 효과로 인해서 고소취소제도는 실제에 있어 피해자가 피의자 또는 피고인으로부터 손해배상, 위자료를 받는 기능, 즉 피해자에 대한 구제적 기능을 하고 있다.[1)]

2) 고소취소의 효력이 미치는 範圍 고소취소의 경우에도 不可分의 原則이 적용된다.

(ㄱ) 主觀的 範圍 친고죄의 공범자 중 그 1인 또는 수인에 대한 고소취소는 다른 공범자에 대해서도 효력이 있다(법 233조). 예컨대 간통죄의 고소인이 배우자에 대해서만 고소를 취소한 경우에도 그 고소취소의 효력은 배우자 아닌 피고소인(상간자)에 대해서 미친다.

(ㄴ) 客觀的 範圍 1개 범죄사실의 일부에 대한 고소취소는 그 범죄사실의 전부에 대해서 효력이 미친다(통설). 예컨대 강간죄의 고소인이 간음의 사실에 대해서만 고소를 취소한 경우에도 그 고소취소의 효력은 강간의 범죄사실 전부에 미친다.

야간에 강간을 당한 피해자가 고소를 취소한 후 검사가 강간의 수단인 야간폭행만을 폭력행위등처벌에관한법률 위반죄로 공소제기한 경우에는 법원은 형사소송법 제327조 2호에 의하여 공소제기의 위법을 이유로 공소기각의 판결을 선고하여야 한다.[2)] 고소취소의 객관적 불가분의 원칙에 의하여 고소취소의 효력이 강간죄의 수단인 야간폭행사실에 미치기 때문이다.

1) 백형구, 99면; 동저, 강의 389면.
2) 백형구, 99면; 동저, 강의 388면.

8. 告訴의 抛棄

(1) 告訴抛棄의 意義

고소의 포기라 함은 고소권자가 고소기간 내에 고소권을 포기하는 것을 말한다. 따라서 고소의 포기는 고소권의 포기를 의미한다. 고소권의 不行使는 고소의 포기가 아니다. 고소권을 不行使하면 고소기간의 경과에 의해서 고소권이 소멸하나 고소기간 내에 고소권을 포기하면 고소권을 포기한 때에 고소권이 소멸한다.

(2) 告訴抛棄의 許容性

고소 전에 고소의 포기가 허용되느냐에 관해서는 소극설, 적극설, 절충설이 대립되고 있다.

소극설은 고소의 포기가 허용되지 아니한다는 견해로서[1] 고소의 포기를 허용하는 명문규정이 없다는 점을 주된 논거로 내세우고 있다. 적극설은 고소의 포기가 허용된다는 견해로서[2] 현행법이 고소의 취소를 허용하고 있다는 점을 주된 논거로 내세우고 있다. 절충설은 고소권자가 수사기관에 대하여 고소권을 포기한다는 의사표시를 한 때에 한하여 고소의 포기로서의 효력이 인정된다는 견해로서[3] 소극설과 적극설을 절충하는 학설이다.

대법원판례는 소극설을 취하고 있으나[4] 현행법이 고소의 취소를 허용하고 있다는 점, 범인과 피해자간의 고소포기를 허용하면 고소의 포기가 강요될 위험이 있다는 점 등을 고려할 때 절충설이 타당하다고 본다.

(3) 告訴抛棄의 效果

고소의 포기에 의해서 고소권이 소멸한다. 따라서 고소를 포기한 후의 고소는 무효이다.

9. 告訴의 追完

친고죄에 관하여 고소가 없음에도 불구하고 공소가 제기된 후에 비로소 고소가 있는 경우에 무효인 공소제기가 유효로 되느냐의 문제가 고소의 추완에 관

1) 서일교, 250면; 이재상, 198면; 신동운, 99면; 정웅석, 163면.
2) 정영석, 246면; 염정철, 290면; 정영석 · 이형국, 160면.
3) 김기두, 203면; 권오병, 252면; 신현주, 220면; 백형구, 100면; 동저, 강의 395면; 배종대 · 이상돈, 200면; 진계호, 225면; 신양균, 110면; 임동규, 148면.
4) 大判 1967. 5. 23, 67도471.

한 문제로서 고소의 추완을 인정할 것이냐에 관해서는 소극설, 적극설, 절충설이 대립되고 있다.

소극설은 고소의 추완을 부정하는 견해로서[1] 공소제기는 형사절차의 기본적 소송행위라는 점, 고소의 추완을 허용하는 명문규정이 없다는 점을 주된 논거로 내세우고 있다. 적극설은 고소의 추완을 긍정하는 견해로서[2] 소송경제를 주된 논거로 내세우고 있다. 절충설은 처음부터 친고죄(예컨대 강간죄)로 공소를 제기한 경우에는 고소의 추완을 부정하고 비친고죄(예컨대 강간치상죄)로 공소제기되어 심리중 친고죄(예컨대 강간죄)임이 판명된 경우에는 고소의 추완을 인정하여야 한다는 견해이다.[3] 강간죄·강제추행죄와 같은 폭력범죄에 관해서는 고소의 추완을 인정하고 간통죄·모욕죄와 같은 비폭력적 범죄에 관해서는 고소의 추완을 부정하여야 한다는 견해[4]도 절충설의 일종이라고 할 수 있다.

대법원판례는 소극설을 취하고 있으나[5] 소극설 또는 절충설에 의하면 訴訟經濟에 반하고 소송지연의 결과를 초래하며 피고인에게 불이익한 결과를 가져온다는[6] 점 등을 고려할 때 적극설이 타당하다고 본다. 적극설에 의하면 공판심리중 고소가 추완된 경우에 법원은 유죄판결을 선고하여야 하나 소극설에 의하면 고소가 추완된 경우에도 공소기각의 판결을 선고하여야 한다.

Ⅵ. 告發·自首

1. 告 發

(1) 告發의 意義

고발이라 함은 범인·고소권자 이외의 제 3 자가 수사기관에 대하여 범죄사실을 신고하여 범인의 소추·처벌을 구하는 의사표시를 말한다. 고발은 피해자 등 고소권자 이외의 제 3 자에 의한 소송행위라는 점에서 고소와 다르다.

고발은 일반적으로 수사의 단서이나 조세범처벌법위반, 관세법위반 등 일정

1) 이재상, 164면; 신동운, 422면; 정영석·이형국, 111면; 송광섭, 106면; 임동규, 150면; 신양균, 434면; 정웅석, 494면.
2) 서일교, 103면; 권오병, 255면; 백형구, 101면; 동저, 강의 398면.
3) 김기두, 203면; 염정철, 291면; 신현주, 221면; 진계호, 172면.
4) 배종대·이상돈, 170면.
5) 大判 1982. 9. 14, 82도1504.
6) 피고인에 대하여 동일한 공판심리절차를 반복하게 되므로 소송경제에 반하고 피고인에게 불이익한 결과를 초래한다.

한 범죄에 대해서는 소송조건으로 된다.

(2) 告發의 節次

고발은 누구든지 할 수 있다(법 234조 1항). "누구든지"라 함은 범인·고소권자·수사기관을 제외한 제 3 자를 의미한다. 공무원은 告發義務가 있다(법 234조 2항). 고발의무자로서의 공무원에는 수사공무원이 포함되지 아니한다. 검사·사법경찰관리 등 수사공무원은 범죄가 있다고 인정한 때에는 수사의 의무가 있기 때문이다(법 195조, 196조).

고발의 절차는 고소의 절차와 동일하다(법 237조 1항·2항). 다만 고발의 대리는 허용되지 아니하며 고발에는 기간의 제한이 없다. 자기 또는 배우자의 직계존속에 대한 고발은 허용되지 아니한다(법 235조). 소송조건으로서의 고발도 취소할 수 있다(법 239조). 다만 제 1 심판결선고 후에는 고발의 취소가 허용되지 아니한다고 해석하여야 한다.[1] 고발을 취소한 후에도 재고발이 허용된다고 본다.[2]

2. 自　首

자수라 함은 죄를 범한 후 범인이 수사기관에 범죄사실을 신고하여 자신에 대한 수사와 소추를 구하는 의사표시를 말한다. 범죄의 발각 전후를 불문하며 피의자로 立件된 후 도피하여 起訴中止된 자, 범인으로 指名手配中인 자도 수사관서에 자진 출석하여 자신에 관한 범죄사실을 신고한 경우는 자수에 해당한다. 자수의 절차에 관해서는 고소·고발의 방식에 관한 규정(법 237조, 238조)이 준용된다(법 240조). 다만 자수의 성질상 자수의 대리는 허용되지 아니한다고 해석하여야 한다.[3] 자수는 형법상으로는 형의 감면사유로 되나(형법 52조 1항) 형사소송법상으로는 수사의 단서로 된다.

---

1) 大判 1957. 3. 29, 4290형상58; 백형구, 102면.

2) 백형구, 102면.

3) 김기두, 204면; 정영석, 347면; 서일교, 251면; 백형구, 103면; 이재상, 180면; 진계호, 228면; 임동규, 153면.

제 4 절

搜査의 方法 · 實行

I. 總　　說

1. 任意捜査 · 強制捜査

수사는 수사의 방법을 기준으로 임의수사와 강제수사로 구분할 수 있다. 수사의 방법이 任意的인 경우가 임의수사이고 強制的인 경우가 강제수사이다. 피의자신문(법 200조) · 피해자조사(법 221조) · 참고인조사(법 221조) · 임의동행(법 200조) · 실황조사(사규 49조; 검규 17조) 등은 임의수사에 해당하고 수사기관의 피의자체포 · 피의자구속 · 압수 · 수색 · 검증 등은 강제수사에 해당한다. 임의수사의 경우에는 令狀主義가 적용되지 아니하나 강제수사의 경우에는 영장주의가 적용된다. 따라서 강제수사의 개념확대는 영장주의에 의한 司法的 統制의 領域擴大라는 의미에서 합리성이 인정된다.[1)]

임의수사인가 강제수사인가에 관해서 문제되는 경우는 다음과 같다.

(1) 捜査機關의 盜聽

수사기관의 도청은 상대방의 의사에 반한 수사처분이고 프라이버시(privacy)의 침해이므로 강제수사에 해당한다고 본다.[2)] 따라서 수사기관이 도청(감청)을 하려면 법관의 영장(감청허가장)을 발부받아야 한다. 통신비밀보호법(1993. 12. 27 공포)은 수사기관이 감청(도청)을 하려면 법관의 허가서를 발부받아야 한다고 규정하

1) 백형구, 강의 401면.
2) 백형구, 104면; 동저, 강의 401면; 이재상, 208면; 신동운, 121면; 배종대 · 이상돈, 218면; 진계호, 240면; 신양균, 238면.

고 있다(동법 6조).

(2) 搜査機關의 寫眞撮影

피촬영자의 의사에 반한 수사기관의 사진촬영은 강제수사에 해당한다고 본다.[1] 프라이버시를 침해하는 수사처분이기 때문이다.

(3) 任意提出物의 押收

피의자·피해자 등이 임의로 제출한 물건의 압수는 점유취득의 방법이 임의적이므로 임의수사에 해당한다는 견해가 있으나 일단 압수된 후에는 점유의 계속이 강제적이므로 강제수사에 해당한다고 본다.[2]

(4) 公務所 등에 대한 照會

수사기관의 공무소·공사단체에 대한 사실조회(법 199조 2항)의 성질에 관해서는 이를 강제수사로 보는 견해가 있으나[3] 보고의무의 이행이 강제되지 아니한다는 점, 일반 개인의 권리·의무와 관계가 없는 수사처분이라는 점, 법관의 영장을 요하지 아니한다는 점 등을 고려할 때 임의수사에 해당한다는 견해[4]가 타당하다고 본다.

2. 任意搜査의 原則

수사는 임의수사를 원칙으로 하고 강제수사는 형사소송법에 특별한 규정이 있는 경우에 한해서 예외적으로 허용된다(법 199조 1항). 이를 임의수사의 원칙이라고 한다. 임의수사의 원칙은 수사의 기본원칙이다. 형사소송법 제198조 제1항은 불구속수사의 원칙을 명문으로 규정하고 있다.

Ⅱ. 任意搜査

1. 被疑者訊問

(1) 意義·主體

1) 意 義 피의자신문이라 함은 수사기관이 피의사건에 관하여 피의자를 신문하여 피의자로부터 진술을 듣는 절차를 말한다.[5] 피의자신문은 그

1) 백형구, 강의 401면; 이재상, 210면; 배종대·이상돈, 220면; 진계호, 244면; 신양균, 244면.
2) 김기두, 212면; 정영석, 254면; 백형구, 104면; 동저, 강의 402면; 이재상, 283면.
3) 김기두, 212면; 차용석, 281면; 신양균, 138면.
4) 정영석, 250면; 백형구, 104면; 동저, 강의 402면; 이재상 213면; 신동운, 125면; 배종대·이상돈, 233면; 진계호, 251면; 임동규, 171면; 정웅석, 179면.
5) 백형구, 105면; 동저, 강의 405면; 동저, 조해 373면.

대상이 피의자란 점에서 피해자조사(법 221조 1항) 또는 참고인조사(법 221조 1항)와 다르다.

피의자신문의 경우에 피의자에 대한 고문은 금지되며(헌 12조 2항; 형 125조) 고문에 의한 자백은 유죄의 증거로 허용되지 아니한다(헌 12조 7항; 법 309조). 수사기관의 신문에 대해서 피의자는 진술을 거부할 수 있다(법 244조의3). 따라서 수사기관의 피의자신문은 임의수사이다.

2) 主 體 검사 또는 사법경찰관은 피의자신문의 권한이 있다(법 200조). 사법경찰리라 할지라도 사법경찰관사무취급은 피의자신문의 권한이 있다.[1)]

(2) 節 次

피의자신문의 절차는 출석요구와 피의자신문으로 구분된다.

1) 出席要求 수사기관은 피의자의 출석을 요구하여 진술을 들을 수 있다(법 200조). 출석요구의 방법은 출석요구서의 송달에 의함을 원칙으로 하나(사규 16조 1항) 전화 등의 방법으로 출석을 요구할 수 있다. 피의자가 정당한 이유 없이 수사기관의 출석요구에 응하지 아니한 경우에는 체포의 사유로 된다(법 200조의2 제1항).

2) 被疑者訊問 수사기관의 피의자에 대한 신문은 人定訊問, 陳述拒否權의 告知, 訊問의 순서로 행하여진다. 수사기관이 피의자를 신문하는 경우에는 먼저 피의자의 성명 · 본적 · 주거·직업 · 연령 등 인적 사항을 물어 피의자에 틀림 없음을 확인하여야 한다(법 241조). 이를 수사기관의 인정신문이라고 한다.

수사기관은 피의자에 대한 인정신문을 한 후 피의사실(범죄사실)에 관한 신문을 하기에 앞서 피의자에게 ① 일체의 진술을 하지 아니하거나 개개의 질문에 대하여 진술(답변)을 하지 아니할 수 있다는 것 ② 진술을 하지 아니 하더라도 불이익을 받지 아니한다는 것 ③ 진술을 거부할 권리를 포기하고 행한 진술은 법정에서 유죄의 증거로 사용할 수 있다는 것 ④ 신문을 받을 때에는 변호인을 참여하게 하는 등 변호인의 조력을 받을 수 있다는 것을 알려 주어야 한다(법 244조의3 제1항 1호 내지 4호). 본조 제 1 항 제 2 호 내지 제 4 호는 2007년 6월 1일 형사소송법 개정시에 고지사항으로 추가하였다. 수사기관이 피의자를 신문하면서 미리 진술거부권을 고지하지 아니한 경우에는 그 피의자신문에 의한 자백의 임의성이 인정되는 경우에도 위법수집증거의 배제법칙(법 308조의2)에 의하여 그 자백의 증거능력을 부정하여야 한다.[2)] 대법원판례도 동일한 이론구성을 취하고 있다.[3)]

---

1) 大判 1969. 12. 9, 69도1884; 大判 1982. 3. 9, 82도63; 백형구, 105면; 동저, 강의 405면; 신동운, 127면.

2) 백형구, 106면; 동저, 강의 45, 407면; 신동운, 127면; 정영석 · 이형국, 327면; 송광섭, 195면.

3) 大判 1992. 6. 23, 92도682.

수사기관이 피의자를 신문하는 경우 피의자가 장애인이거나 일정한 사유가 있는 경우에는 피의자와 신뢰관계에 있는 자를 피의자와 동석하게 할 수 있다(법 244조의5). 피의자신문시 장애인인 피의자를 보호하기 위한 규정으로서 2007년 6월 1일 형사소송법의 개정시에 신설하였다.

수사기관이 피의자를 신문하는 경우에는 범죄사실뿐 아니라 정상에 관하여도 신문하여야 하며, 피의자에게 이익되는 사실을 진술할 기회를 주어야 한다(법 242조). 수사기관이 피의자를 신문하는 경우에는 피의자에게 자백을 강요하여서는 안 된다. 수사기관의 강요에 의한 자백은 증거능력이 없다(헌법 12조 7항, 법 309조).

3) **被疑者訊問調書의 作成** 수사기관이 피의자를 신문하는 경우에는 신문내용, 즉 問答內容을 조서에 기재하여야 한다(법 244조 1항). 이 조서를 피의자신문조서라고 한다(법 244조, 312조). 피의자신문조서는 피의자에게 열람하게 하거나 읽어 주어야 하며, 피의자에게 진술한 대로 기재되어 있는지, 사실과 다른 부분이 기재되어 있는지를 물어 피의자가 증감 또는 변경의 청구를 하거나 이의를 제기한 때에는 이를 조서에 추가로 기재하여야 한다(동조 2항). 피의자가 조서에 대하여 이의나 의견이 없다고 진술한 때에는 피의자로 하여금 그 취지를 자필로 기재하게 하고 조서에 간인한 후 기명날인 또는 서명하게 한다(동조 3항). 조서의 열람, 낭독, 증감변경의 청구, 이의제기는 조서 기재의 정확성을 도모하려는 데 그 입법 이유가 있다. 따라서 피의자에게 조서를 열람할 기회를 주지 아니하고 읽어 주지도 아니한 경우에는 그 피의자신문조서의 증거능력을 부정하여야 한다.[1] 다만 대법원판례는 이 경우 피의자신문조서의 증거능력을 인정하는 견해를 취하고 있다.[2] 피의자신문조서에 기재된 자백의 증거능력에 관해서는 형사소송법 제312조 제 1 항, 제 2 항, 제 3 항이 적용된다. 수사기관은 피의자신문을 시작한 시각과 마친 시각을 피의자신문조서 등에 기록하여야 한다(법 244조의4).

4) **피의자신문의 영상녹화** 수사기관이 피의자를 신문하는 경우에는 피의자의 진술을 영상녹화할 수 있으며, 이 경우에는 피의자신문의 전 과정을 영상녹화하여야 한다(법 244조의2 제 1 항).[3] 피의자신문의 전과정을 영상녹화하는 것은 그 조서에 기재된 자백의 임의성, 조서의 실질적 성립의 진정(조서기재와 진술의 일치)을 판단하는 자료를 만들기 위해 필요하다. 수사기관이 피의자신문의 전 과

1) 백형구, 강의 408면; 진계호, 248면; 신양균, 135면.
2) 大判 1988. 5. 10, 87도2716; 大判 1993. 5. 14, 93도486.
3) 2007. 6. 1 형사소송법의 개정시에 신설하였다.

정을 영상녹화하는 경우에는 피의자에게 미리 영상녹화한다는 사실을 알려 주어야 한다(법 244조의2 제1항).

5) 변호인의 피의자신문참여권 피의자의 변호인은 수사기관의 피의자신문에 참여할 수 있다(법 243조의2). 2007년 6월 1일 형사소송법 개정시에 피의자신문에 대한 변호인의 참여권을 보장하는 규정을 신설하였다. 피의자신문에 참여한 변호인은 피의자신문이 끝난 후 의견을 진술할 수 있고 검사 또는 사법경찰관의 승인을 얻으면 신문중에도 의견을 진술할 수 있으며, 피의자신문의 방법이 부당한 경우에는 신문중이라도 이의를 제기할 수 있다(동조 3항). 피의자신문에 참여한 변호인은 그 피의자신문조서에 기명날인 또는 서명을 하여야 한다(동조 4항). 피의자신문에 대한 변호인의 참여권·의견진술권·이의제기권은 피의자진술의 임의성, 피의자신문방법의 적정성, 조서의 실질적 성립의 진정을 보장하기 위해서 필요하다. 변호인의 피의자신문 참여를 거부하거나 피의자신문에 참여한 변호인의 권리를 제한하는 수사기관의 처분에 대해서는 그 검사가 소속한 검찰청에 대응한 법원에 그 처분의 취소 또는 변경을 청구하는 준항고를 제기할 수 있다(법 417조).

2. 被害者調査·參考人調査

(1) 意 義

검사 또는 사법경찰관은 수사에 필요한 때에는 피의자 아닌 자(피해자·참고인)의 출석을 요구하여 진술을 들을 수 있다(법 221조 1항). 사법경찰리도 사법경찰관사무취급의 지위에서는 피해자조사·참고인조사의 권한이 있다. 수사상 중요한 참고인이 출석요구에 불응하거나 진술을 거부하는 경우에는 검사는 판사에게 그 참고인에 대한 증인신문을 청구할 수 있다(법 221조의2 제1항).

(2) 節 次

수사기관이 피해자 또는 참고인의 진술을 들을 때에는 조서를 작성하여야 한다(사규 18조 1항). 이 조서를 피해자진술조서 또는 참고인진술조서라고 한다. 수사기관이 피해자 또는 참고인의 진술을 듣는 경우에 조서를 작성하지 아니하고 참고인으로 하여금 陳述書를 작성하게 할 수 있다(사규 18조 3항). 이 진술서를 피해자진술서 또는 참고인진술서라고 한다.

검사 또는 사법경찰관이 피해자를 조사하는 경우 일정한 사유가 있는 때에는 피해자와 신뢰관계에 있는 자를 동석하게 할 수 있다(법 221조 3항, 163조의2 1항, 2항, 3항).

3. 그 밖의 任意搜査

(1) 搜査上 鑑定

수사상 감정이라 함은 수사기관으로부터 감정의 위촉을 받은 자가 그 감정의 결과를 수사기관에 보고하는 것을 말한다. 검사 또는 사법경찰관은 수사에 필요한 때에는 감정을 위촉할 수 있다(법 221조 2항). 수사단계에서 수사기관의 위촉에 의하여 필적감정·인영감정·혈액감정·신체감정·사인감정·정신감정·약물감정 등이 행하여진다.

피의자의 정신감정 또는 신체감정을 위하여 피의자의 유치가 필요한 때에는 검사의 청구에 의하여 판사가 발부한 鑑定留置狀에 의하여 피의자를 鑑定留置를 할 수 있으며(법 221조의3) 감정의 위촉을 받은 자는 감정을 함에 필요한 때에는 판사의 허가를 얻어 신체검사·사체해부·분묘발굴·물건파괴 등의 처분을 할 수 있다(법 221조의4). 감정의 위촉을 받은 자가 작성하여 수사기관에 제출한 鑑定書의 증거능력에 관해서는 형사소송법 제313조 2항이 적용된다.

(2) 搜査上 通譯·飜譯

검사 또는 사법경찰관은 수사에 필요한 때에는(예컨대 피의자가 외국인이고 한국어를 모르는 경우) 통역 또는 번역을 위촉할 수 있다(법 221조 2항). 수사기관이 통역 또는 번역을 위촉하는 것은 임의수사이다.

(3) 搜査上 照會

수사기관은 수사에 필요한 때에는 공무소 기타 공사단체에 조회하여 필요한 사항의 보고를 요구할 수 있다(법 199조 2항). 수사기관의 사실조회는 임의수사이므로 영장을 요하지 아니한다.

(4) 거짓말탐지기의 사용

수사기관이 상대방의 승낙을 받아 거짓말탐지기에 의한 검사를 하는 것은 허용된다고 해석하여야 한다. 다만 거짓말탐지기에 의한 검사결과는 科學的 正確性을 인정할 수 없으므로 證據能力을 부정하여야 한다.[1] 대법원판례도 같은 견해를 취하고 있다.[2] 따라서 거짓말탐지기의 검사결과는 진술의 진위(眞僞)를 판단하는 증거로 허용되지 아니한다.

---

1) 백형구, 109면; 동저, 강의 411면; 신동운, 120면; 배종대·이상돈, 222면; 진계호, 613면; 임동규, 524면; 신양균, 770면.

2) 大判 1979. 5. 22, 79도547; 大判 1983. 9. 13, 83도712; 大判 1985. 9. 24, 85도306.

(5) 實況調査

수사기관의 실황조사(사규 49조; 검규 17조)는 임의수사이다. 따라서 수사기관이 실황조사를 하는 경우에는 법관의 영장을 요하지 아니한다.

Ⅲ. 強制搜査

1. 搜査機關의 逮捕 · 拘束

형사소송법의 제 8 차 개정시(1995. 12. 29)에 체포영장에 의한 체포제도를 신설하여 수사기관의 인신구속을 逮捕와 拘束으로 二元化하였다. 수사기관의 체포에는 通常逮捕(법 200조의2), 緊急逮捕(법 200조의3), 現行犯人逮捕(법 212조)의 3종이 있으며 수사기관의 구속에는 구속영장에 의한 구속(법 201조)이 있다.

형사소송법의 제 8 차 개정시에 영장실질심사제도(법 201조의2)를 신설하고 긴급구속을 緊急逮捕로 용어를 바꾸었으며 형사소송법의 제 9 차 개정시(1997. 12. 13)에 영장실질심사의 내용을 일부 개정하였다.

(1) 搜査機關의 被疑者逮捕

1) 通常逮捕

(ㄱ) 통상체포의 意義　　통상체포라 함은 수사기관이 사전에 법관으로부터 체포영장을 발부받아 피의자를 체포하는 것을 말한다. 통상체포는 영장에 의한 체포라는 점에서 긴급체포와 구별되며 체포영장에 의한 체포라는 점에서 구속영장에 의한 구속과 구별된다.

(ㄴ) 통상체포의 要件　　피의자가 죄를 범하였다고 의심할 만한 상당한 이유가 있고 정당한 이유 없이 수사기관의 출석요구에 불응하거나 불응할 우려가 있는 때에 한하여 통상체포가 허용된다(법 200조의2 제 1 항). 즉 범죄혐의의 존재와 출석요구에 대한 불응 또는 불응염려가 통상체포의 요건이다. 다만 피의사건이 輕微事件인 경우에는 피의자가 住居不定인 경우 또는 수사기관의 출석요구에 불응한 경우에 한하여 피의자에 대한 통상체포가 허용된다(동조 1항 단서).

(ㄷ) 통상체포의 節次　　피의자에 대한 통상체포는 검사의 청구에 의하여 법관이 발부한 체포영장에 의한다(법 200조의2 제 1 항). 따라서 통상체포의 절차는 이를 체포영장의 청구 · 발부 · 집행으로 구분할 수 있다. 통상체포의 절차에 관해서는 피의자구속의 절차에 관한 규정이 준용된다(법 200조의5).

(ㄹ) 통상체포 후의 節次　　체포영장에 의하여 체포한 피의자를 拘束하고

자 할 때에는 체포한 때로부터 48시간 이내에 拘束令狀을 청구하여야 하며 그 기간 내에 구속영장을 청구하지 아니하거나 구속영장의 청구가 기각된 때에는 피의자를 즉시 석방하여야 한다(법 200조의2 제5항; 규칙 100조 2항).

(ㅁ) 체포된 피의자의 地位 체포영장에 의하여 체포된 피의자는 체포적부심사청구권이 있으며(법 214조의2 제1항) 변호인 또는 가족 등과 接見交通權이 있다(법 200조의5, 89조, 91조). 체포영장에 의하여 피의자를 체포한 후 그 피의자에 대하여 구속영장이 발부된 경우 수사기관의 구속기간(법 202조, 203조)의 기산점은 체포한 때이다(법 203조의2). 따라서 체포된 후 구속영장이 발부되기까지의 기간은 피의자의 구속기간에 산입된다.

2) 緊急逮捕

(ㄱ) 긴급체포의 意義·要件 긴급체포라 함은 수사기관이 현행범인이 아닌 피의자를 체포영장 없이 체포하는 것을 말한다. 긴급체포는 체포의 긴급성에 대처하기 위한 피의자체포제도이다.

검사 또는 사법경찰관은 피의자가 사형·무기 또는 장기 3년 이상의 징역이나 금고에 해당하는 죄를 범하였다고 의심할 만한 상당한 이유가 있고 피의자가 증거를 인멸할 염려가 있는 때 또는 피의자가 도망하거나 도망할 우려가 있는 때에 긴급을 요하여 지방법원판사의 체포영장을 받을 시간적 여유가 없는 때에는 체포영장 없이 피의자를 체포할 수 있다(법 200조의3 제1항).

(ㄴ) 긴급체포의 節次 검사 또는 사법경찰관은 긴급체포의 사유를 알리고 체포영장 없이 피의자를 체포할 수 있다(동조 1항).

(ㄷ) 긴급체포 후의 節次 사법경찰관이 피의자를 긴급체포한 경우에는 즉시 검사의 승인을 받아야 한다(동조 2항). 검사 또는 사법경찰관이 피의자를 긴급체포하는 경우에는 즉시 緊急逮捕書를 작성하여야 하며(동조 3항), 그 긴급체포서에는 범죄사실의 요지, 긴급체포의 사유 등을 기재하여야 한다(동조 4항).

긴급체포한 피의자를 구속하고자 할 때에는 체포한 때로부터 48시간 이내에 구속영장을 청구하여야 하며, 그 구속영장청구서에는 긴급체포서를 첨부하여야 한다(법 200조의4 제1항). 긴급체포된 피의자에 대하여 구속영장을 청구하지 아니하거나 구속영장이 발부되지 아니한 때에는 피의자를 즉시 석방하여야 한다(동조 2항). 이 경우 검사는 법원에 긴급체포 후 석방된 자의 인적 사항, 긴급제포하게 된 구체적 이유, 석방의 사유 등을 서면으로 통지하여야 한다(동조 4항).

(ㄹ) 긴급체포된 피의자의 地位 긴급체포된 피의자는 변호인 또는 가족

등과 접견교통권이 있으며(법 200조의5, 89조, 91조), 체포적부심사청구권이 있다(법 214조의2 제 1 항).

긴급체포된 피의자에 대해서 구속영장이 발부된 경우 수사기관의 拘束期間(법 202조, 203조)의 기산점은 체포된 때이다(법 203조의2). 따라서 긴급체포된 후 구속영장이 발부되기까지의 기간은 피의자에 대한 구속기간(법 202조, 203조)에 산입된다.

3) 現行犯人의 逮捕

(ㄱ) 현행범인의 意義 광의의 현행범인은 협의의 현행범인과 준현행범인을 포함하는 개념이다. 現行犯人이라 함은 범죄의 실행중이거나 실행의 즉후인 자를 말한다(법 211조 1항). 예비죄 · 음모죄의 경우에는 예비행위 · 음모행위 자체가 범죄의 실행행위로 된다.[1)]

현행범인은 아니나 현행범인으로 간주되는 경우를 準現行犯人이라고 한다. 즉 (i) 범인으로 呼唱되어 추적되고 있는 때, (ii) 장물이나 범죄에 사용되었다고 인정함에 충분한 흉기 기타의 물건을 소지하고 있는 때, (iii) 신체 또는 의복류에 현저한 증적이 있는 때, (iv) 누구임을 물음에 대하여 도망하려 하는 때는 준현행범인에 해당한다(법 211조 2항 1호 내지 4호). 현행 형사소송법은 범죄의 實行行爲의 종료와의 時間的 接着性을 준현행범인의 요건으로 규정하고 있지 않으나 실행행위의 종료와 時間的 接着性이 없으면 준현행범인이 아니므로 실행행위의 종료와 시간적 접착성이 인정되는 때에 한하여 준현행범인에 해당한다고 補正解釋을 하여야 한다.[2)] 따라서 범죄가 있은 수일 후에 장물 또는 흉기를 소지하고 있는 자는 준현행범인이 아니다.[3)] 경찰관의 不審檢問(경직 3조)에 대하여 도망하려 한 자는 준현행범인에 해당한다는 견해가 있으나[4)] 이 경우는 범죄의 실행행위의 종료와 時間的 接着性이 인정되지 아니하므로 준현행범인이 아니라고 해석하여야 한다.[5)]

(ㄴ) 逮捕의 要件 현행범인 또는 준현행범인을 체포하는 경우에 주거부정 · 도망염려 · 증거인멸의 염려가 체포의 요건으로 되느냐에 관해서는 소극설이 있으나[6)] 적극설[7)]이 타당하다고 본다. 대법원판례도 적극설을 취하고 있다.[8)]

1) 백형구, 112면.
2) 백형구, 112면; 동저, 강의 240면; 동저, 조해 430, 431면.
3) 백형구, 112면; 동저, 강의 240면; 동저, 조해 340면.
4) 허형구 등, 주석(上) 639면(백형구); 이재상, 224면; 신동운, 158면; 배종대 · 이상돈, 261면; 진계호, 263면; 임동규, 180면; 정웅석, 219면; 平場 등, 注解(中), 124면(高田); 青柳 등, 註釋 2권 177면(藤永).
5) 백형구, 113면; 동저, 강의 241면.
6) 이재상, 225면; 신동운, 158면; 임동규, 181면.
7) 백형구, 113면; 동저, 강의 242면; 신양균, 155면.
8) 大判 1999. 1. 26, 98도3029.

따라서 현행범인인 경우에도 피의자가 주거부정이거나 증거인멸 또는 도망의 염려가 있는 때에 한하여 체포가 허용된다고 해석하여야 한다. 다만 輕微事件의 현행범인은 그 범인의 주거가 분명하지 아니한 때에 한하여 체포가 허용된다(법 214조).

현행범인으로 체포하기 위해서는 그 행위가 범죄를 구성하여야 한다. 따라서 예비·음모·미수가 不可罰的인 경우에는 그 행위가 실행중이라도 현행범인으로 체포할 수 없다. 강간현장에서 피해자가 경찰관에게 고소를 하지 않겠다는 의사표시를 한 경우와 같이 친고죄에 관하여 피해자가 고소를 포기한 경우에는 강간죄의 현행범인에 대한 체포가 허용되지 아니한다고 해석하여야 한다.[1)]

(ㄷ) 逮捕의 節次　현행범인은 누구든지 영장 없이 체포할 수 있다(법 212조). 수사기관 이외의 일반사인이 현행범인을 체포한 경우에는 즉시 수사기관에 인도하여야 한다(법 213조).

(ㄹ) 逮捕 후의 節次　현행범인으로 체포된 피의자를 拘束하고자 할 때에는 체포한 때로부터 48시간 이내에 판사에게 구속영장을 청구하여야 하며, 그 기간 내에 구속영장의 청구를 하지 아니하거나 구속영장의 청구가 기각된 경우에는 피의자를 즉시 석방하여야 한다(법 213조의2, 200조의2 제 5 항; 규칙 100조 2 항).

(ㅁ) 逮捕된 被疑者의 地位　현행범인으로 체포된 자에 대해서 구속영장이 발부된 경우 수사기관의 피의자에 대한 구속기간(법 202조, 203조)의 기산점은 체포된 때이다(법 203 조의2). 따라서 현행범인으로 체포된 후 구속영장이 발부되기까지의 기간은 피의자에 대한 구속기간에 산입된다.

현행범인으로 체포된 피의자는 변호인 또는 가족 등과 接見交通權이 있으며(법 213조의2, 89조) 체포적부심사청구권이 있다(법 214조의2 제 1 항).

(2) 搜査機關의 被疑者拘束

1) 피의자구속의 意義　현행법상 被疑者拘束이라 함은 수사기관이 사전에 법관의 拘束令狀을 발부받아 피의자를 구속하는 것을 말한다(법 201조). 따라서 수사기관의 통상체포(법 200 조의2)·긴급체포(법 200 조의3)·현행범인체포(법 212조)는 수사기관의 피의자구속에 해당하지 아니한다.

2) 피의자구속의 要件　피의자가 죄를 범하였다고 의심할 만한 상당한 이유가 있고 형사소송법 제70조 1항 각호의 1에 해당하는 사유가 있는 때에 한하여 피의자에 대한 구속이 허용된다(법 201조 1항). 즉 범죄혐의의 존재와 拘束의 必要性이 구속의 요건이다. 주거부정·도망 또는 도망염려·증거인멸의 염려는 구

1) 백형구, 113면; 동저, 강의 243면; 이재상, 225면; 신동운, 158면.

속의 필요성이 있는 경우에 해당한다. 이상의 3가지 사유가 전부 있어야 하는 것이 아니고 그 중 하나의 사유만 있으면 구속의 필요성이 있는 경우에 해당한다. 다만 피의사건이 輕微事件인 경우에는 범죄혐의의 존재 외에 피의자의 주거부정만이 구속의 사유로 된다(법 201조 1항 단서).

피의자구속의 요건과 관련하여 문제되는 것은 別件拘束과 二重拘束이 허용되는가(적법한가) 여부이다.

(ㄱ) 別件拘束의 違法性　별건구속이라 함은 수사기관이 본래 수사하려고 하는 중대한 범죄(本件)에 대하여는 구속의 요건이 구비되지 못하기 때문에(예컨대 범죄의 객관적 혐의에 대한 증거가 불충분하기 때문에) 본건에 관한 수사(예컨대 피의자신문)에 이용할 목적으로 본건과 관계 없는 경미한 범죄(別件)로 구속영장을 발부받아 피의자를 구속하는 것을 말한다.

별건구속은 영장주의에 대한 脫法行爲이므로 위법하다고 해석하여야 한다. 따라서 별건구속중의 자백은 그 자백의 임의성이 인정되는 경우에도 위법수집증거의 배제법칙에 의하여 그 증거능력을 부정하여야 한다(통설).

(ㄴ) 二重拘束의 適法性　이중구속이라 함은 구속영장에 의하여 拘禁中인 피의자에 대하여 다른 범죄사실로 구속영장을 발부받아 집행하는 것을 말한다. 이중구속의 허용 여부에 관해서는 이미 구속되어 있는 자에게 다른 범죄사실로 구속영장을 발부받을 수는 있으나 그 구속영장을 집행하는 것은 허용되지 아니한다는 견해가 있으나[1] 현행 형사소송법은 이미 구속중인 피의자에 대하여 구속영장의 집행을 허용하고 있다는 점(법 209조→81조 3항), 구속적부심사 등과의 관계에서 이중구속의 필요성이 인정된다는 점 등을 고려할 때 피의자에 대한 이중구속은 적법하다고 해석하여야 한다.[2]

3) 피의자구속의 節次　피의자에 대한 구속은 검사의 청구에 의하여 법관이 발부한 구속영장에 의한다(법 201조). 따라서 피의자구속의 절차는 구속영장의 請求 · 發付 · 執行으로 구분할 수 있다.

(ㄱ) 구속영장의 請求　구속영장의 청구권자는 검사에 한하며 사법경찰관은 검사에게 구속영장의 청구를 신청할 수 있을 뿐 그 청구권이 없다(법 201조 1항). 구속영장의 청구는 서면으로 하여야 하며(규칙 93조) 구속의 사유에 관한 소명자료를

1) 이재상, 239면; 정영석 · 이형국, 183면; 배종대 · 이상돈, 248면; 진계호, 279면; 신양균, 168면.

2) 백형구, 115면; 동저, 강의 251면; 임동규, 392면; 정웅석, 245면.

제출하여야 한다(법 201조 2항).

(ㄴ) 구속영장청구에 대한 審査 구속영장의 청구를 받은 판사는 구속영장이 청구된 피의자를 심문하여야 한다(법 201조의2 제 1 항, 제 2 항). 형사소송법의 제 8 차 개정시(1995. 12. 29)에 구속영장의 청구를 심사하는 법관에게 피의자심문의 권한을 인정하는 영장실질심사제도를 채택하였다. 구법 제201조의2는 피의자 등이 피의자심문을 신청하거나 구속영장의 청구를 심사하는 판사가 구속의 사유를 판단하기 위하여 필요한 때에 한하여 피의자를 심문할 수 있다고 규정하여 예외적으로 서면심사를 허용하였으나 2007년 6월 1일 형사소송법 개정시에 그러한 제한을 없앴다. 체포되어 있지 아니한 피의자를 심문하고자 하는 경우에는 구인을 위한 구속영장을 발부하여 피의자를 구인하여야 한다(동조 2항).

(ㄷ) 구속영장의 發付 구속영장의 청구를 받은 판사는 피의자를 구속할 사유가 있다고 인정한 때에는 구속영장을 발부하여야 한다(법 201조 4항). 피의자에 대한 구속영장에는 피의자의 인적 사항·범죄사실의 요지·인치구금할 장소 등을 기재하여야 한다(법 209조→ 85조 1항). 구속영장의 청구를 기각하는 판사의 재판에 대해서는 항고 또는 준항고가 허용되지 아니한다.[1]

(ㄹ) 구속영장의 執行 피의자에 대한 구속영장은 검사의 지휘에 의하여 사법경찰관리가 집행하며(법 209조→ 85조 1항) 교도소 등에 구금중에 있는 피의자에 대한 구속영장은 검사의 지휘에 의하여 교도관리가 집행한다(법 209조→ 81조 3항). 구속영장을 집행하는 경우에는 구속영장을 피의자에게 제시하여야 하며 구속영장에 지정된 장소로 신속히 인치하여야 한다(법 209조→ 85조 1항).

피의자에 대하여 구속영장을 집행하는 경우에 필요한 때에는 수색영장 없이 타인의 주거 등에 들어가 피의자의 발견을 위한 수색을 할 수 있다(법 216조 1항 1호).

4) 구속 후의 節次

(ㄱ) 피의사실 등의 告知 피의자에 대하여 구속영장을 집행한 때에는 즉시 피의자에게 피의사실의 요지와 변호인을 선임할 수 있음을 고지하여야 한다(법 209조→ 88조). 다만 그 고지를 하지 아니한 경우에도 구속영장의 집행은 유효하다.

(ㄴ) 拘束의 通知 피의자에 대하여 구속영장을 집행한 때에는 24시간 이내에 서면으로 그 가족 등에게 피의사건명, 구속의 일시, 범죄사실의 요지 등을 통지하여야 한다(법 209조→87조; 규칙 51조 2항). 다만 구속의 통지를 하지 아니한 경우에도 구속영장의 집행은 유효하다.

---

1) 大判 2006. 12. 8, 2006모646.

5) 拘束된 피의자의 地位

(ㄱ) 接見交通權의 保障　　구속영장에 의하여 구속된 피의자는 변호인 또는 그 가족 등과 접견교통권이 있다(법 209조→89조). 구속된 피의자의 非辯護人과의 접견교통권은 수사기관의 처분으로 제한할 수 있으나(법 209조→91조) 변호인과의 접견교통권은 수사기관의 처분으로 제한할 수 없다(법 91조의 반대해석). 접견교통권을 제한하는 수사기관의 처분에 대해서는 準抗告가 허용된다(법 417조). 구속된 피의자의 변호인과의 접견교통권을 不法으로 制限한 기간중에 피의자를 신문하여 자백을 받아낸 경우에는 그 自白의 證據能力을 부정하여야 한다(통설·판례[1]).

(ㄴ) 拘束期間의 制限　　사법경찰관의 구속기간은 10일이며(법 202조) 연장이 허용되지 아니하고 검사의 구속기간은 10일이나(법 203조) 1차에 한하여 연장이 허용된다(법 205조). 검사가 피의자에 대한 구속기간을 연장하기 위해서는 판사의 허가를 받아야 한다(법 205조). 사법경찰관이 구속기간 이내에 피의자를 검사에게 인치하지 아니하면 피의자를 석방하여야 하고(법 202조), 검사가 구속기간 이내에 공소를 제기하지 아니하면 피의자를 석방하여야 한다(법 203조). 구속기간의 계산에 관해서는 기간계산의 일반원칙(初日不算入·公休日不算의 原則)에 대한 예외가 인정된다(법 66조).

(ㄷ) 再拘束의 制限　　수사기관에 의하여 구속되었다가 석방된 피의자는 다른 중요한 증거를 발견한 경우가 아니면 동일한 범죄사실로 재차 구속하지 못한다(법 208조). 죄명을 달리하더라도 犯罪事實의 同一性이 인정되면 재구속이 제한된다. 수사기관에 의하여 구속되었다가 석방된 피의자에 대해서 범죄사실을 인정할 중요한 증거를 발견한 경우에는 동일한 범죄사실로 재차 구속할 수 있다(법 208조). 예컨대 기소중지처분으로 피의자를 석방한 후 검거된 공범자의 진술에 의하여 피의자의 범죄사실이 인정되는 경우에는 同一한 犯罪事實로 재차 구속할 수 있다.

6) 구속된 피의자의 釋放　　구속된 피의자의 석방제도에는 拘束의 取消, 拘束의 執行停止, 拘束適否審査가 있다.

(ㄱ) 拘束의 取消　　피의자를 구속한 후 구속의 사유가 없거나 소멸한 때에는 수사기관은 피의자의 구속을 취소하여야 한다(법 209조→93조). 검사가 구속된 피의자에 대해서 불기소처분을 하거나 약식명령을 청구하는 경우에는 구속된 피의자를 석방하여야 한다(검규 65조 3항). 구속의 취소에 의해서 구속영장은 실효된다.

---

1) 大判 1990. 8. 24, 90도1285.

(ㄴ) 拘束의 執行停止 　수사기관은 상당한 이유가 있는 때에는 피의자에 대한 구속의 집행을 정지할 수 있다(법 209조→101조 1항). 구속중인 피의자가 국회의원이고 국회의 석방요구가 있으면 구속의 집행이 당연히 정지된다(법 209조→101조 4항). 구속의 집행이 정지된 경우에도 구속영장의 효력은 지속된다.

(ㄷ) 拘束適否審査 　구속된 피의자는 법원에 구속적부심사를 청구할 수 있으며(법 214조의2 제1항) 법원이 심사한 결과 그 청구가 이유 있다고 인정한 때에는 구속된 피의자의 석방을 명하여야 한다(동조 3항·4항).

(3) 逮捕·拘束의 適否審査制度

1) 制度의 意義·沿革

(ㄱ) 제도의 意義 　체포·구속의 적부심사제도라 함은 법원이 수사기관의 피의자에 대한 체포 또는 구속의 適否를 심사하여 그 체포 또는 구속이 위법·부당하다고 인정하는 경우에 체포 또는 구속된 피의자를 석방하는 제도를 말한다.

체포·구속의 적부심사제도는 수사기관의 인신구속에 대한 司法的 救濟制度로서 수사기관의 불법체포·불법구속을 시정하여 피의자의 인권(신체의 자유)을 보장하려는 데 그 존재이유가 있다.

(ㄴ) 제도의 沿革 　구속적부심사제도는 해방 후 美軍政治下 때인 1948년에 美軍政法令 제176호에 의해서 처음으로 우리나라에 도입되었으며, 1954년 9월 23일에 공포된 형사소송법도 구속적부심사제도를 채택하였으나(동법 201조) 형사소송법의 제 3 차 개정시(1973. 1. 25)에 폐지되었다가 제 5 차 개정시(1980. 12. 18)에 부활되었다. 제 6 차 개정시(1987. 11. 28)에 구속적부심사제도에 관한 독소조항을 삭제하여 구속적부심사제도를 강화하였으며, 제 8 차 개정시(1995. 12. 29)에 체포적부심사제도와 피의자보석제도를 신설하였고 제12차 개정시(2007. 6. 1)에 청구권자를 확대하였다.

2) 審査의 節次

(ㄱ) 심사의 請求 　심사의 청구권자는 체포 또는 구속된 피의자, 그 피의자의 변호인·가족 등이다(법 214조의2 제1항). 구법 제214조의2 제 1 항은 심사의 청구권자를 체포영장 또는 구속영장에 의하여 체포 또는 구속된 피의자, 그 피의자의 변호인, 가족 등으로 제한하였으나 2007년 6월 1일 형사소송법 개정시에 그러한 제한을 없앴다. 따라서 긴급체포된 자, 현행범인으로 체포된 자, 체포영장 또는 구속영장 없이 불법으로 체포되거나 구속된 피의자도 심사청구권이 있다. 영장 없이 불법으로 체포 또는 구속된 피의자에게도 심사청구권을 인정하여야 한다는 것은 구법시대의 통설적 입법론이었다.

(ㄴ) 法院의 審査 법원은 청구서가 접수된 때부터 48시간 이내에 체포 또는 구속된 피의자를 심문하고 수사관계서류와 증거물을 조사하여야 하며(동조 4항) 검사 · 변호인 · 청구인은 심문기일에 출석하여 의견을 진술할 수 있다(동조 9항). 피의자가 형사소송법 제33조 각호의 사유에 해당하고 사선변호인이 없는 때에는 법원은 국선변호인을 선정하여야 한다(동조 10항). 법원의 심사기간—법원이 수사기록을 접수한 때로부터 반환할 때까지의 기간—은 수사기관의 체포기간(법 200조의2 제 5 항) 또는 구속기간(법 202조, 203조, 205조)에 산입하지 아니한다(동조 13항).

(ㄷ) 法院의 決定 법원은 심사의 결과 청구가 이유 없다고 인정한 때에는 결정으로 청구를 기각하고 그 청구가 이유 있다고 인정한 때에는 결정으로 피의자의 석방을 명하여야 한다(동조 4항). 이 결정에 대해서는 抗告가 허용되지 아니한다(동조 8항). 석방결정이냐 기각결정이냐를 불문한다. 심사청구 후 공소가 제기된 경우에도 법원은 석방을 명하는 결정을 할 수 있으며(동조 4항 단서) 이 경우 검사는 피의자를 석방하여야 한다. 구속적부심사청구를 기각하는 결정에 대해서 피의자의 항고를 허용하는 것이 立法論으로 타당하다고 주장하는 견해가 있으나,[1] 공소제기 후 보석이 허용된다는 점, 구속적부심시기간은 피의자의 구속기간에 산입되지 아니한다는 점 등을 고려할 때 쌍방항고를 금지하는 현행법의 태도가 타당하다고 본다.[2]

구속적부심사의 청구를 받은 법원은 피의자가 보증금을 납부함을 조건으로 하여 피의자의 석방을 명할 수 있다(동조 5항). 구속적부심사를 청구한 피의자에 대해서 保釋制度를 채택하고 있다. 피의자의 보증금납부는 피의자석방의 조건이다(동조 7항).

2. 搜査機關의 押收 · 搜索 · 檢證

(1) 意　義

수사기관의 押收라 함은 수사기관이 서류 또는 물건의 占有를 취득하는 처분을 말하며 수사기관의 搜索이라 함은 수사기관이 물건 또는 사람(피의자)의 發見을 목적으로 물건 · 장소 · 사람의 신체에 대해서 행하는 처분을 말하고 수사기관의 檢證이라 함은 수사기관이 직접 장소 · 물건 · 신체 등의 존재와 상태를 五官의 작용으로 실험 · 인식하는 처분을 말한다.

---

1) 신동운, 200면.
2) 백형구, 강의 279면.

수사기관이 압수 · 수색 · 검증을 하는 경우에는 원칙적으로 미리 법관으로부터 영장(압수수색영장 · 검증영장)을 발부받아야 하나(법 215조) 긴급을 요하는 등 일정한 경우에는 영장 없이 압수 · 수색 · 검증을 할 수 있다.

(2) 事前令狀에 의한 押收 · 搜索 · 檢證

사전영장에 의한 압수 · 수색 · 검증의 절차는 영장의 請求 · 發付 · 執行으로 구분할 수 있다.

1) 令狀의 請求 영장의 청구권자는 검사에 한하며 사법경찰관은 검사에게 영장청구를 신청할 수 있을 뿐 법관에게 직접 영장을 청구할 수 없다(법 215조).

2) 令狀의 發付 압수수색영장 또는 검증영장은 지방법원의 判事가 발부하며(법 215조) 그 영장에는 압수할 물건, 수색 또는 검증의 대상을 기재하여야 한다(법 219조→114조).

3) 令狀의 執行 압수수색영장 또는 검증영장은 검사의 지휘에 의하여 사법경찰관리가 집행하며(법 219조→115조 1항) 영장을 집행하는 경우에는 그 영장을 상대방에게 제시하여야 한다(법 219조→118조).

압수수색영장의 집행에 의하여 물건이 압수되며 압수의 절차가 적법한 경우에는 그 압수물은 피고인의 공소사실에 관하여 證據能力이 인정된다. 수사기관이 검증을 하는 경우에는 檢證調書를 작성하여야 하며, 그 검증조서의 증거능력에 관해서는 형사소송법 제312조 6항이 적용된다.

(3) 令狀主義의 例外

1) 任意提出物 · 遺留物의 押收 수사기관은 피의자 등이 遺留한 물건이나 소유자 · 소지자 · 보관자가 任意로 提出한 물건을 令狀(押收令狀) 없이 압수할 수 있다(법 218조). 점유취득의 방법이 任意的이므로 영장주의의 예외를 인정한 것이다. 압수한 후에도 사후압수영장을 요하지 아니한다.

2) 逮捕目的의 搜索 수사기관이 피의자를 체포 또는 구속하거나 현행범인을 체포하는 경우에 체포 또는 구속을 위하여 필요한 때에는 수색영장 없이 타인의 주거 · 건조물 등에 들어가 피의자의 발견을 위한 수색을 할 수 있다(법 216조 1항 1호). 수색의 緊急性에 대처하기 위해서 영장주의의 예외를 인정한 것이다. 이 경우에는 사후에도 수색영장을 발부받을 필요가 없다. 일반사인(예컨대 피해자)이 현행범인을 체포하기 위하여 타인의 주거에 들어가는 것은 허용된다고 해석하여야 한다.[1] 이 경우 타인의 주거에 들어가는 것은 형법상 正當行爲(형 20조)에

1) 백형구, 122면; 동저, 강의 229면.

해당한다.

3) **逮捕現場에서의 押收·搜索·檢證** 수사기관이 피의자나 현행범인을 체포 또는 구속하는 경우에 필요한 때에는 체포현장에서 영장(압수수색영장 또는 검증영장) 없이 압수·수색 또는 검증을 할 수 있다(법 216조 1항 2호). 압수·수색·검증의 緊急性에 대처하기 위해서 영장주의의 예외를 인정한 것이다.

逮捕現場의 의미(범위)에 관해서는 수사기관이 피의자를 체포한 현장을 의미하며 압수·수색·검증의 당시 피의자가 체포현장에 있음을 요한다는 견해(現場說),[1] 압수·수색·검증이 체포행위와 시간적·장소적으로 接着되어 있으면 족하고 압수·수색·검증의 당시 피의자가 그 현장에 있음을 요하지 아니한다는 견해(接着說)[2] 등이 대립되고 있다. 영장주의의 예외에 관한 규정은 확대해석이 허용되지 아니하므로 現場說이 타당하다고 본다.

구속영장에 의하여 피의자를 구속한 경우(법 201조) 또는 피의자 또는 현행범인을 체포한 후 구속영장이 발부된 경우(법 200조의2 제 5 항, 200조의4 제 1 항, 213조의2)에는 압수·수색·검증에 관하여 事後令狀을 발부받을 필요가 없으나 피의자 또는 현행범인을 체포한 후 구속영장이 발부되지 아니한 때에는 압수를 계속하기 위해서는 압수영장을 발부받아야 한다.[3]

4) **犯罪場所에서의 押收·搜索·檢證** 범행중 또는 범행직후의 犯罪場所에서 긴급을 요하여 판사의 영장을 받을 수 없는 때에는 영장 없이 압수·수색·검증을 할 수 있다. 이 경우에는 사후에 지체없이 영장을 발부받아야 한다(법 216조 3항). 사후에 영장을 발부받지 못한 때에는 압수한 물건을 즉시 환부하여야 한다.

5) **緊急逮捕時의 押收·搜索·檢證** 수사기관이 피의자를 긴급체포한 경우 그 피의자가 소유·소지·보관하는 물건에 대해서는 긴급체포한 때로부터 24시간 이내에 한하여 영장 없이 압수·수색·검증을 할 수 있다(법 217조 1항). 이 경우에 구속영장을 발부받지 못하면 압수한 물건을 즉시 환부하여야 하며 압수를 계속하기 위해서는 압수수색영장을 발부받아야 한다(동조 2항, 3항). 동조 제 1 항의 체포할 수 있는 자를 2007년 6월 1일 형사소송법 개정시에 "체포된 자"로 개정하였다.

1) 백형구, 123면; 동저, 강의 230면; 신동운, 218면; 정웅석, 321면.
2) 김기두, 212면; 서일교, 262면.
3) 백형구, 123면; 동저, 강의 230면.

6) 變死體에 대한 檢證 변사체에 대한 검증(예컨대 사체해부)이 긴급을 요하는 경우에는 영장(검증영장) 없이 검증을 할 수 있다(법 222조 2항).

(4) 體內強制搜査

1) 意 義 체내강제수사라 함은 신체의 내부에 대한 강제수사를 말한다.[1] 예컨대 신체의 내부에 대한 강제수색·강제검증, 嚥下物의 강제배출, 수사기관에 의한 강제채혈·강제채뇨 등은 체내강제수사에 해당한다. 체내강제수사는 신체의 안전성과 인격의 존엄성을 해할 염려가 있으므로 허용의 요건과 처분의 절차에 대한 엄격한 제한이 요청된다.

2) 體內強制搜索 체내강제수색이라 함은 膣內, 肛門內, 口腔內 등 신체의 내부에 대한 수사기관의 강제수색을 말한다. 수사기관의 채내강제수색은 압수할 물건이 신체의 내부에 있다고 인정할 만한 상당한 이유가 있는 때에 한하여 허용된다고 해석하여야 한다. 신체의 내부에 대한 강제수색은 사회통념상 상당하다고 인정하는 방법으로 하여야 한다.

3) 體內強制檢證 수사기관의 체내강제검증은 피의사건의 진상파악을 위하여 체내검증이 필요한 경우에 한하여 허용되며, 그 체내강제검증은 사회통념상 상당한 방법으로 하여야 한다.

4) 嚥下物의 強制排出 연하물의 강제배출이라 함은 嚥下物(입으로 삼킨 물건)을 구토제 등을 사용하여 강제로 배출하게 하는 것을 말한다. 연하물의 강제배출은 엄격한 요건하에 허용된다고 해석하여야 한다. 연하물의 강제배출이 허용되는 요건으로는 압수대상물존재의 명백성, 강제적 배출의 필요성, 배출방법의 상당성[2] 등을 들 수 있다.[3]

5) 強制採血·強制採尿 등 수사기관에 의한 강제채혈·강제채뇨·강제채액[4] 등은 일정한 요건하에 허용된다고 해석하여야 한다. 그 요건으로는 강제채취의 필요성, 증거로서의 중요성, 대체수단의 부존재, 채취방법의 상당성 등을 들 수 있다.[5]

(5) 搜查機關의 盜聽

1) 意義·性質 수사기관의 도청이라 함은 수사기관이 타인의 전화 또

1) 백형구, 123면; 동저, 강의 313면.
2) 예컨대 연하물의 강제배출을 위한 開腹手術은 허용되지 아니한다고 해석하여야 한다.
3) 백형구, 강의 317면.
4) 정액·타액의 강제채취를 말한다.
5) 백형구, 강의 319면.

는 대화를 그 타인의 不知中에 청취하는 것을 말한다. 도청에는 도청장치를 타인의 실내에 설치한 후 전자장치를 사용하여 실내에서의 회화를 도청하는 경우와 전신 · 전화 등 유선통신을 도청하는 경우가 있다. 수사기관의 도청은 범인의 소재탐지 또는 증거수집의 목적으로 행하여진다.

수사기관의 도청은 상대방의 의사에 반한 법익침해행위이므로 강제수사에 해당한다(통설).

2) 要件 · 節次 수사기관의 도청은 범인검거 · 증거수집을 위하여 필요한 경우에 한하여 허용된다. 통신비밀보호법은 「우편물의 검열과 전기통신의 監聽은 … 犯罪를 계획 또는 실행하고 있거나 실행하였다고 의심할 만한 충분한 이유가 있고 다른 방법으로는 그 범죄의 실행을 저지하거나 범인의 체포 또는 증거의 수집이 어려운 경우에 한하여 許可할 수 있다」고 규정하여(동법 5조 1항) 도청의 허가요건을 제한하고 있다.

수사기관이 감청을 하는 경우에는 원칙적으로 사전에 판사의 許可를 받아야 하며(동법 6조) 긴급한 경우에 한하여 판사의 허가 없이 감청을 할 수 있다(동법 8조).

수사기관의 도청(감청)이 위법한 경우에는 그 녹음테이프의 證據能力을 부정하여야 한다(동법 4조). 통신비밀보호법 제 8 조 1 항의 사유에 해당하지 아니함에도 불구하고 수사기관이 법원의 허가를 받지 아니하고 감청을 한 경우는 수사기관의 감청이 위법한 경우에 해당한다.

제 5 절

證據保全 · 參考人에 대한 證人訊問

Ⅰ. 證據保全

1. 證據保全의 意義

형사소송법상 증거보전이라 함은 증거의 보전을 위하여 수사단계 또는 제 1 회 공판기일 전에 판사가 피의자 · 피고인 · 검사의 청구에 의하여 증인신문 · 검증· 감정을 하거나 압수수색영장을 발부하는 제도를 말한다. 증거보전처분 중에서 증인신문 · 검증 · 감정은 證據調査에 해당하고 압수 · 수색은 對物的 強制處分에 해당한다.[1)]

증거보전제도는 공판개시 전에 증거를 수집 · 보전하는 제도로서 피의자· 피고인이 수사단계에서 자기에게 유리한 증거를 수집 · 보전하는 제도라는 점에 중요한 의의가 있다.

2. 證據保全의 要件

(1) 實質的 要件

증거보전은 미리 증거를 保全하지 아니하면 그 증거를 사용하기 곤란한 사정이 있는 때, 즉 증거보전의 필요성이 있는 경우에 한하여 허용된다(법 184조 1항). 예컨대, 피의자의 알리바이를 증언할 자가 생명이 위독하고 그 사람에 대한 조사요청을 수사기관이 거부하는 경우에는 증거보전의 필요성이 인정되는 경우에 해당한다.

---

1) 백형구, 126면; 동저, 강의 417면.

(2) 時期的 要件

증거보전의 청구는 제 1 회공판기일 전에 한하여 허용된다. 수사단계에서는 물론 공소제기 후라도 제 1 회공판기일 전이면 증거보전의 청구가 허용된다. 제 1 회공판기일 전이냐 여부는 수소법원에 대한 증거조사청구가 가능한 단계를 기준으로 하여야 한다. 검사의 모두진술(법 285조), 피고인의 모두진술(법 286조), 재판장의 쟁점정리(법 287조)가 끝나면 증거조사의 청구(법 294조)가 가능하다.

제 1 회공판기일 전에 증거보전의 청구를 한 경우에도 제 1 회공판기일 이후에는 증거보전을 위한 증인신문 · 검증은 허용되지 아니한다고 해석하여야 한다. 이 경우에는 수소법원에 의한 증인신문 · 검증이 가능하기 때문이다.

증거보전의 청구는 立件 이전의 내사단계에서는 허용되지 아니한다고 해석하여야 한다.[1] 피내사자는 피의자가 아니기 때문이다.

3. 證據保全의 節次

(1) 證據保全의 請求

증거보전의 청구권자는 피의자 · 피고인 · 변호인 · 검사이다(법 184조 1항). 피내사자는 피의자가 아니므로 증거보전의 청구권이 없다. 증거보전의 청구는 서면으로 하여야 하며 증거보전청구서에는 증명할 사실, 증거보전을 필요로 하는 사유 등을 기재하여야 한다(규칙 92조).

증거보전을 청구할 수 있는 처분은 증인신문 · 검증 · 감정 · 압수 · 수색에 한한다. 공범관계에 있는 피의자 · 피고인에 대한 증인신문은 허용된다고 본다.[2] 그러나 피의자신문 또는 피고인신문을 구하는 증거보전청구는 허용되지 아니한다고 해석하여야 한다.[3] 피의자신문 · 피고인신문은 증인신문이 아니기 때문이다.

(2) 證據保全

증거보전을 행한 판사는 그 처분에 관하여 법원 또는 재판장과 동일한 권한이 있다(법 184조 2항). 따라서 법원이 행하는 증인신문 · 검증 · 감정 · 압수 · 수색에

---

1) 大判 1979. 6. 12, 79도792; 백형구, 127면; 동저, 강의 419면; 이재상, 294면; 신동운, 242면; 정영석 · 이형국, 214면; 배종대 · 이상돈, 322면; 진계호, 340면; 정웅석, 335면.

2) 大判 1968. 12. 17, 67도1607; 大判 1988. 11. 8, 86도1646; 백형구, 127면; 동저, 강의 420면; 이재상, 295면; 신동운, 244면; 배종대 · 이상돈, 323면; 진계호, 341면; 임동규, 248면; 신양균, 251면; 정웅석, 335면.

3) 大判 1968. 12. 3, 68도1458; 大判 1972. 11. 28, 72도1104; 大判 1977. 12. 13, 77도2770; 백형구, 127면; 동저, 강의 420면; 이재상, 295면; 배종대 · 이상돈, 323면; 진계호, 341면; 임동규, 248면; 신양균, 251면; 정웅석, 335면.

관한 규정이 전면적으로 준용된다. 법원의 권한에 관한 규정뿐 아니라 소송당사자의 권리의무에 관한 규정, 예컨대 당사자의 증거조사참여권 · 증인신문권에 관한 규정도 준용된다(통설).

(3) 證據保全 후의 訴訟關係

1) 當事者의 閱覽權 증거보전절차에 의하여 압수된 물건이나 작성된 서류에 대해서 검사 · 피고인 · 피의자 · 변호인은 열람권 · 등사권이 인정된다(법 185조). 이 경우에는 증거보전을 행한 판사의 허가를 받아야 한다(동조).

2) 證據能力의 認定 증거보전절차에 의하여 작성된 증인신문조서 · 검증조서는 무조건 證據能力이 인정되고(법 311조) 감정인이 작성 · 제출한 감정서의 증거능력에 관해서는 형사소송법 제313조 2항이 적용된다. 증거보전을 위한 증인신문 · 검증은 법관에 의해서 행하여지고 검사 · 피고인 · 변호인의 참여권 · 신문권이 인정되므로(법 184조 2항) 증인신문조서 · 검증조서의 증거능력을 무조건 인정한 것이다.

Ⅱ. 參考人에 대한 證人訊問

1. 意義 · 性質

참고인에 대한 증인신문이라 함은 참고인이 수사기관의 출석요구 또는 진술요구를 거부하는 경우에 검사의 청구로 法官에 의해서 행하여지는 증인신문을 말한다. 참고인에 대한 증인신문은 法官의 證據調査에 해당한다. 참고인에 대한 증인신문절차에 관하여 법원의 증인신문에 관한 규정이 준용되는(법 221조의2 제4항) 이유는 여기에 있다.

참고인에 대한 증인신문제도는 형사소송법의 3차 개정시(1973. 1. 25)에 신설하였다.

2. 要　　件

(1) 實質的 要件

참고인에 대한 증인신문의 실질적 요건은 出席 또는 陳述의 拒否이다. 즉 범죄의 수사에 없어서는 아니 될 사실을 안다고 명백히 인정되는 자가 수사기관의 출석요구에 대해서 출석을 거부하거나 출석한 후 진술을 거부한 경우에 한해서 참고인에 대한 증인신문이 허용된다(법 221조의2 제1항).

제8차 개정 전의 형사소송법 제221조의2 제2항은 수사기관에 대하여 진술을 한 참고인이 공판절차에서 진술을 번복할 염려가 있고 그 진술이 범죄의 증명에 없어서는 아니 될 것으로 인정되는 경우에는 그 참고인에 대한 증인신문을 허용하였으나 헌법재판소는 1996년 12월 26일 위 조항에 대해서 違憲決定을 하였다.[1] 그러나 위 조항이 위헌이라는 憲裁決定에 대해서는 의문이 제기된다.[2] 2007년 6월 1일 형사소송법 개정시에 위 조항을 삭제하였다.

(2) 時期的 要件

참고인에 대한 증인신문은 제 1 회공판기일 전에 한하여 허용된다(동조 1항). 수사단계에서는 물론 공소제기 후라도 제 1 회 공판기일 전이면 참고인에 대한 증인신문이 허용된다.

3. 節　　次

(1) 證人訊問의 請求

참고인에 대한 증인신문의 청구권자는 검사에 한한다(법 221조의2 제 1 항). 검사가 참고인에 대한 증인신문을 청구한 경우에는 그 사유를 서면으로 소명하여야 한다(동조 3항).

(2) 證人訊問의 節次 · 方式

판사가 참고인에 대한 증인신문을 하는 경우에는 법원 또는 재판장과 동일한 권한이 있다(동조 4항). 이는 증인신문의 절차와 방식에 관하여 수소법원의 증인신문에 관한 규정이 전면적으로 준용된다는 의미이다(통설). 수소법원의 권한에 관한 규정뿐 아니라 소송당사자의 권리 · 의무에 관한 규정도 준용되므로(통설) 피의자 · 피고인 · 변호인은 증인신문참여권(법 163조) · 증인신문권(법 161조의2 제 1 항) · 이의신청권(법 296조) 등이 있다.

피의자 · 피고인 · 변호인을 증인신문참여권이 있으므로(법 221조의2 제 4 항) 판사는 피의자 · 피고인 · 변호인에게 증인신문기일을 통지하여 증인신문에 참여할 수 있도록 하여야 한다(동조 5항). 구 형사소송법 제221조의2 제 5 항은 판사는 특히 수사에 지장이 있다고 인정하는 경우에는 피의자 · 피고인 · 변호인을 참여시키지 아니하고 증인신문을 할 수 있다는 내용을 규정하였으나[3], 2007년 6월 1일 형사소송법 개정시에 위와 같이 개정하였다.

구 형사소송법 제221조의2 제 5 항은 이를 삭제하여야 한다는 것이 구법시

---

1) 憲裁決定 1996. 12. 26, 94헌바1.

2) 백형구, 판례평석, 법률신문 1997. 7. 21.

3) 「판사는 특별히 수사에 지장이 있다고 인정하는 경우를 제외하고는 피고인, 피의자 또는 변호인을 제 1 항 또는 제 2 항의 청구에 의한 증인신문에 참여하게 하여야 한다」고 규정하였다.

대의 유력한 입법론이었다.[1]

4. 證人訊問 후의 訴訟關係

(1) 書類의 送付

판사가 참고인에 대한 증인신문을 한 때에는 지체 없이 이에 관한 서류(증인신문조서 등)를 검사에게 송부하여야 한다(동조 6항).

(2) 證據能力의 認定

참고인에 대한 증인신문조서는 당연히 證據能力이 인정된다(법 311조 후단). 그러나 증인신문의 절차와 방식에 중대한 위법이 있는 경우에는 위법수집증거의 배제법칙(법 308조의2)에 의하여 그 증언(증인신문조서)의 증거능력을 부정하여야 한다. 예컨대 피의자 · 피고인 · 변호인에게 증인신문의 일시와 장소를 통지하지 아니하고 그들의 참여 없이 증인신문을 한 경우, 증인에게 증언선서를 시키지 아니하고 증인신문을 한 경우, 증인신문기일에 출석한 피의자 · 피고인 · 변호인에게 증인에 대한 반대신문의 기회를 주지 아니한 경우에는 그 증언(증인신문조서)의 증거능력을 부정하여야 한다.

1) 백형구, 강의 416면; 동저 조해 390면.

제 6 절

搜査의 終結

Ⅰ. 總 說

현행법상 수사의 종결권은 검사에게만 인정되며 사법경찰관은 수사종결의 권한이 없다. 따라서 사법경찰관이 수사를 완료한 경우에는 반드시 사건을 검사에게 송치하여야 한다(법 238조; 사규 54조).

검사의 수사종결처분에는 公訴提起, 不起訴, 事件移送이 있다. 다만 공소제기 후에도 일정한 범위 내에서 수사가 허용되며 사건을 이송한 후에도 사건을 이송받은 수사기관에 의해서 수사가 계속된다.

검사가 기소·불기소·이송을 한 때에는 그 취지를 고소인·고발인 또는 피의자에게 통지하여야 한다(법 258조).

Ⅱ. 不起訴處分

1. 不起訴處分의 意義·性質

(1) 意 義

불기소처분이라 함은 검사가 피의사건에 대하여 공소를 제기하지 아니한 처분으로서 이송처분을 제외한 것을 말한다. 起訴中止와 公訴保留도 광의의 불기소처분에 해당한다고 본다.[1] 불기소처분은 검사의 권한에 속하며 사법경찰관은 불기소처분의 권한이 없다.

---

1) 백형구, 132면; 동저, 강의 426면; 이재상, 303면; 송광섭, 389, 391면; 차용석, 337면; 진계호, 351면; 임동규, 257면; 정웅석, 345면.

(2) 性 質

불기소처분을 하는 검사는 수사기관이 아니라 訴追機關이다. 따라서 검사의 불기소처분은 수사처분이 아니다. 다만 수사종결처분에 해당한다.

2. 不起訴處分의 分類 · 事由

광의의 불기소처분은 그 사유를 기준으로 다음과 같이 분류할 수 있다(검규 69조 3항).

(1) 협의의 不起訴處分

1) **犯罪不成立**(죄로 안 됨) 피의자가 형사미성년자 또는 심신상실자인 경우, 위법성조각사유 또는 책임조각사유의 존재가 판명된 경우(검규 69조 3항 3호)가 이에 해당한다.

2) **無 嫌 疑** 피의사건에 관하여 공소를 제기함에 충분한 범죄혐의가 인정되지 아니한 경우(예컨대 증거불충분의 경우)를 말한다. 피의자의 자백에 대하여 보강증거가 없는 경우, 피의사실을 특정할 수 없는 경우도 이에 해당한다.[1]

3) **公訴權 없음** 피의사건에 관하여 訴訟條件이 없는 경우를 말한다(검규 69조 3항 4호). 處罰條件이 없는 경우는 소송조건이 없는 경우가 아니다.

(2) 起訴猶豫

피의사건에 관하여 소송조건이 구비되고 범죄의 객관적 혐의가 충분한 경우에도 검사는 여러 정상을 참작하여 공소를 제기하지 아니할 수 있다(법 247조). 이를 기소유예라고 한다.

(3) 起訴中止

피의자의 所在가 판명되지 아니한 경우에는 기소중지처분을 할 수 있다(검규 73조). 기소중지처분은 공범의 未檢擧, 중요참고인의 소재불명 등으로 인하여 피의사건의 진상을 파악하기 곤란한 경우에도 허용된다(검규 74조).

(4) 公訴保留

검사는 국가보안법위반사건의 피의자에 대하여 형법 제51조의 사항을 참작하여 공소제기를 保留할 수 있다(국보 20조 1항). 이를 公訴保留라고 한다. 공소보류처분을 받은 자가 공소제기됨이 없이 2년을 경과한 때에는 소추할 수 없으며(동조 2항) 검사는 일정한 경우에 공소보류를 취소할 수 있다(동조 3항). 공소보류를 취소한 경우에는 동일한 범죄사실로 재차 구속할 수 있다(동조 4항).

---

1) 백형구, 강의 427면.

3. 不起訴處分事由의 競合

동일한 피의사건에 대해서 불기소처분의 사유가 경합한 때에는 논리상의 순서를 기준으로 결정하여야 한다. 예컨대 공소권 없음과 범죄불성립이 경합한 경우에는 犯罪不成立을 이유로 불기소처분을 하여야 하며, 친고죄인 피의사건에 관하여 告訴取消되고 公訴時效도 완성된 경우에는 公訴時效의 完成을 이유로 불기소처분을 하여야 한다.[1)]

4. 不起訴處分의 效力

검사의 불기소처분은 재판이 아니므로 확정되더라도 一事不再理의 효력이 발생하지 아니한다. 따라서 무혐의 불기소처분한 사건 또는 기소유예처분한 사건을 再起捜査하여 공소제기한 경우 그 공소제기는 적법 · 유효하다(통설 · 판례[2)]).

피의자로 구금되었던 자가 기소유예 · 기소중지 이외의 불기소처분을 받은 때에는 일정한 요건하에 구금에 관한 보상을 청구할 수 있다(형보 26조 1항).

5. 不起訴處分에 대한 不服

불기소처분에 대한 불복의 방법에는 검찰항고, 재정신청, 헌법소원이 있다.

(1) 檢察抗告

고소인 또는 고발인은 검사의 불기소처분에 대해서 관할 고등검찰청의 장에게 항고할 수 있다(검찰 10조 1항). 고등검찰청 검사장은 항고가 이유 있다고 인정하는 때에는 재기수사명령 또는 공소제기명령 등 항고의 취지에 상응하는 결정을 하여야 한다. 항고제기기간은 불기소처분의 통지를 받은 날부터 30일 이내이며 항고장은 불기소처분을 한 검사가 소속한 검찰청 또는 지청의 장에게 제출하여야 한다(검찰 10조).

검찰청법 제10조는 抗告라는 용어를 사용하고 있으나 법원의 결정에 대한 抗告(법 402조 내지 414조)와 구별하기 위하여 檢察抗告라는 용어를 사용한 것이다.[3)] 檢察抗告는 檢察廳法上의 抗告라는 의미이다.

고발인은 항고를 기각하는 결정에 대해서 검찰총장에게 재항고를 할 수 있

1) 백형구, 134면; 동저, 강의 428면.
2) 大判 1966. 11. 29, 66도1416; 大判 1983. 12. 27, 83도2686; 大判 1984. 11. 27, 84도1545; 大判 1988. 3. 22, 87도2678.
3) 백형구, 강의 430면.

으나(검찰 10조 3항), 고소인은 항고를 기각하는 결정에 대해서 재항고를 할 수 없다.

(2) 裁定申請

고소인은 검사의 불기소처분에 대하여 관할 고등법원에 재정신청을 할 수 있다(법 260조 1항). 고등법원이 재정신청사건을 심리한 결과 재정신청이 이유 있다고 인정한 때에는 사건에 대한 공소제기를 결정한다(법 262조 2항 2호). 2007년 6월 1일 형사소송법의 개정시에 부심판결정을 공소제기결정으로 개정하였다. 고등법원의 공소제기결정에 대해서는 항고가 허용되지 아니한다(법 262조 4항).

(3) 憲法訴願

고소인은 검사의 불기소처분에 대하여 헌법재판소에 헌법소원심판을 청구할 수 있다(헌재 68조 1항). 이 경우에는 항고, 재정신청의 절차를 먼저 거쳐야 된다(동조 1항 단서).

Ⅲ. 檢事의 事件移送

검사의 사건이송에는 타관송치(법 256조), 군검찰관송치(법 256조의2), 임의적 이송이 있다.

(1) 他管送致

검사는 사건이 그 소속검찰청에 대응한 법원의 관할에 속하지 아니한 때에는 사건을 서류·증거물과 함께 관할법원에 대응한 검찰청 검사에게 송치하여야 한다(법 256조). 이것을 타관송치라고 한다. 예컨대 대전지방검찰청 공주지청(단독지청)의 검사가 살인피의사건에 대한 수사를 완료한 경우에는 그 피의사건을 대전지방검찰청으로 이송하여야 한다. 검사가 타관송치의 처분을 한 때에는 그 취지를 피의자, 고소인, 고발인에게 통지하여야 한다(법 258조). 검사의 타관송치처분에 대해서는 不服이 허용되지 아니한다. 타관송치의 사유가 있는 경우에도 검사의 불기소처분이 허용되느냐에 관해서 이를 부정하는 견해(소극설)가 있으나 이를 긍정하는 견해(적극설)[1]가 타당하다고 본다.

(2) 軍檢察官送致

검사는 사건이 군사법원의 재판권에 속하는 때에는 사건을 서류·증거물과 함께 관할군사법원검찰부의 검찰관에게 송치하여야 한다(법 256조의2). 이 제도는 형사소송법의 제 3 차 개정시(1973. 1. 25)에 신설되었다.

---

1) 백형구, 강의 423면.

(3) 任意的 移送

검사는 수사중인 피의사건이 그 소속검찰청에 대응한 법원의 관할에 속한 경우에도 사건을 다른 검찰청의 검사에게 이송할 수 있다.[1] 예컨대 검사는 피의자의 주거지를 관할하는 검찰청의 검사에게 사건을 이송할 수 있다.

1) 백형구, 137면; 동저, 강의 424면.

제 3 장 公　　訴

제 1 절　公訴와 公訴權
제 2 절　公訴의 基本原則
제 3 절　公訴의 提起
제 4 절　公訴의 時效
제 5 절　裁定申請 · 裁定決定

제 1 절

公訴와 公訴權

I. 公　　訴

1. 公訴의 意義

공소는 私訴에 대한 개념으로서 형사사건에 관한 국가기관의 소를 말한다. 현행법은 형사사건에 관하여 私人訴追를 인정하지 않고 있다.

2. 公訴의 提起

공소의 제기라 함은 검사가 법원에 특정한 형사사건에 관하여 심판을 청구하는 소송행위를 말한다. 공소의 제기는 검사의 권한이다(법 246조). 경찰서장의 즉결심판청구(즉결 3조)도 실질적으로 공소의 제기에 해당한다. 이에 대해서 범죄피해자의 배상명령신청(소촉 26조)은 공소의 제기가 아니다. 국가기관에 의한 형사소추가 아니기 때문이다. 공소의 제기에 의해서 법원의 심리가 개시된다(불고불리의 원칙).

3. 公訴의 取消

공소의 취소는 제 1 심판결의 선고 전까지 허용된다(법 255조). 검사가 공소를 취소하면 법원은 결정으로 공소를 기각하여야 한다(법 328조 1항 1호).

4. 公訴의 時效

범죄 후 공소제기됨이 없이 일정한 기간이 경과하면 공소의 시효가 완성되고(법 249조) 공소의 시효가 완성되면 공소권이 소멸한다. 공소의 시효가 완성된 사건을 공소제기한 경우에는 법원은 면소판결을 선고하여야 한다(법 326조 3호).

Ⅱ. 公 訴 權

1. 公訴權의 意義

공소권이라 함은 검사가 특정한 형사사건에 관하여 공소를 제기하고 이를 유지(수행)하는 권한을 말한다. 공소제기의 권한뿐 아니라 공소유지의 권한도 공소권에 해당한다. 따라서 검사의 공판정출석권(법 275조 2항)·피고인신문권(법 296조의2 제1항)·증거신청권(법 294조)·증인신문권(법 161조의2 제1항)·이의신청권(법 296조, 304조)·공소장변경신청권(법 298조 1항)·최종변론권(법 302조)·상소권(법 338조) 등 소송법상 권한은 공소권에 해당한다.

공소권은 검사의 법원에 대한 刑事裁判請求權이다. 공소권의 본질에 관해서는 추상적 공소권설·구체적 공소권설·유죄판결청구권설·실체판결청구권설이 대립되고 있으나 실체판결청구권설이 타당하다고 본다.[1] 검사가 구체적 사건에 관하여 유죄·무죄의 실체판결을 청구하는 권한이 공소권이라는 견해가 실체판결청구권설이다.

공소권을 形式的 공소권과 實體的 공소권으로 구분하여 형식적 소송조건을 구비한 경우의 공소권이 형식적 공소권이고 당해 사건에 관하여 형식적 소송조건과 실체적 소송조건을 구비한 경우의 공소권이 실체적 공소권이며 형식적 공소권이 없는 경우에는 공소기각의 재판에 의해서, 실체적 공소권이 없는 경우에는 면소의 판결에 의해서 소송이 종결된다는 견해가 있다.[2] 그러나 공소권을 형식적 공소권과 실체적 공소권으로 구분할 필요가 없다고 본다.[3] 형식적 소송조건은 구비되고 실체적 소송조건이 결여된 경우를 형식적 공소권은 있으나 실체적 공소권이 없는 경우라고 이해한다는 것은 이론적으로 불합리하기 때문이다.[4]

2. 公訴權의 濫用

(1) 公訴權濫用의 意義

공소권의 남용이라 함은 공소권의 행사가 형식적으로는 적법하나 실질적으

1) 백형구, 146면; 동저, 강의 443면; 강구진, 58면; 이재상, 316면; 정웅석, 369면.
2) 김기두, 80면; 정영석, 268면; 서일교, 104면; 정영석·이형국, 225~226면.
3) 백형구, 147면; 동저, 강의 444면.
4) 백형구, 147면; 동저, 강의 444면.

로 부당한 경우를 말한다. 공소권의 남용이란 공소권의 行使가 실질적으로 부당한 경우를 의미하므로 공소권의 不行使(불기소처분)가 실질적으로 부당한 경우는 공소권을 남용한 경우가 아니다. 공소권의 남용은 공소제기가 형식적으로 적법함을 전제로 하므로 공소제기가 형식적으로 不適法한 경우, 예컨대 소송조건이 없음에도 불구하고 공소를 제기한 경우는 공소권을 남용한 경우가 아니다.[1]

따라서 공소권을 남용한 경우라 함은 범죄의 객관적 혐의가 없음에도 불구하고 공소를 제기한 경우(무혐의사건의 기소), 기소유예처분을 함이 상당함에도 불구하고 공소를 제기한 경우(경미사건의 기소), 죄질과 범정이 유사한 공동피의자 중 일부만을 기소하고 나머지 공동피의자에 대해서는 기소유예처분을 한 경우(차별적 기소)를 말한다. 惡意의 分離起訴도 공소권을 남용한 경우에 해당한다고 본다. 공소권의 행사가 실질적으로 부당한 경우이기 때문이다.

(2) 無嫌疑事件의 起訴

범죄의 객관적 혐의가 없음에도 불구하고 검사가 공소를 제기한 경우 법원은 어떠한 재판을 하여야 할 것인가에 관해서는 공소기각판결설[2]과 무죄판결설[3]이 대립되고 있다. 공소기각판결설은 검사가 공소권을 남용한 경우는 공소제기가 위법·무효인 경우에 해당한다는 점을 논거로 내세우고 있으나 범죄의 객관적 혐의는 인정되지 아니하나 피고사건에 관하여 소송조건이 존재한 경우는 공소제기가 부적법·무효인 경우(법 327조 2호)에 해당하지 아니한다는 점, 범죄의 객관적 혐의가 없는 경우(유죄의 증거가 불충분한 경우)는 무죄판결의 사유(법 325조)에 해당한다는 점 등을 고려할 때 무죄판결설이 타당하다고 본다.

(3) 輕微事件의 起訴

사안이 극히 경미하여 기소유예처분을 함이 상당한 사건을 검사가 공소제기한 경우에 법원은 어떠한 재판을 하여야 하는가에 관해서는 유죄판결설[4]과 공소기각판결설[5]이 대립되고 있다. 공소기각판결설은 검사가 소추재량의 기준을 일탈한 경우는 공소의 제기가 부적법·무효인 경우에 해당한다는 점을 논거로 내세우고 있으나 이 경우는 공소제기가 적법·유효하다는 점, 소추재량의 객관

1) 백형구, 143면; 동저, 강의 446면.
2) 신동운, 326면.
3) 백형구, 144면; 동저, 강의 448면; 이재상, 319면; 정영석·이형국, 228면; 진계호, 370면; 임동규, 276면; 신양균, 285면; 정웅석, 374면.
4) 백형구, 145면; 동저, 강의 449면; 이재상, 320면; 신동운, 327면; 배종대·이상돈, 350면; 진계호, 371면; 임동규, 274면.
5) 차용석, 394면; 田宮 I, 489~491면.

적 기준이 불명확하다는 점, 공소사실이 유죄로 인정된다는 점 등을 고려할 때 유죄판결설이 타당하다고 본다.

(4) 差別的 起訴

검사의 차별적 기소에 대해서 법원은 어떠한 재판을 하여야 하는가에 관해서는 실체판결설[1]과 공소기각판결설[2]이 대립되고 있다. 공소기각판결설은 검사의 공소제기가 헌법상 평등의 원칙에 위반되어 위법·무효라는 점을 논거로 내세우고 있으나 현행 형사소송법은 범죄의 소추에 관하여 검사에게 재량을 허용하는 기소편의주의를 채택하고 있다는 점, 검사의 차별적 기소가 불합리한 경우를 「공소제기의 절차가 법률의 규정에 위반하여 무효인 때」(법 327조 2호)에 해당한다고 해석할 수 없다는 점 등을 고려할 때 실체판결설이 타당하다고 본다. 대법원 판례도 실체판결설을 취하고 있다.[3]

(5) 惡意의 分離起訴

악의의 분리기소라 함은 경합범에 해당하는 수개의 범죄사실에 대하여 同時起訴 또는 追加起訴가 가능하였음에도 불구하고 피고인이 併合審理를 못받게 할 의도로 검사가 수개의 범죄사실 중 일부만을 기소한 후 그 범죄사실에 대한 有罪判決(항소심판결)이 선고 또는 확정된 후에 비로소 다른 범죄사실을 공소제기한 경우를 말한다.[4] 악의의 분리기소를 누락기소라고 부르는 학자들이 있으나[5] 적절한 용어가 아니다. 누락기소는 제1차 기소를 의미하기 때문이다.

악의의 분리기소는 공소권을 남용한 경우에 해당한다. 공소제기가 실질적으로 不當한 경우에 해당하기 때문이다. 다만 大法院判例는 공소권의 남용에 해당하지 아니한다는 견해를 취하고 있다.[6] 악의의 분리기소인 경우에는 법원은 공소제기의 무효를 이유로 공소기각의 판결을 하여야 한다는 견해가 있으나[7] 그 공소사실이 유죄로 인정되는 경우에는 有罪判決을 선고하여야 한다고 본다. 악의의 분리기소인 경우에도 그 공소제기는 적법·유효하기 때문이다.

1) 백형구, 145면; 동저, 강의 450면; 이재상, 320면; 배종대·이상돈, 350면; 진계호, 372면; 임동규, 277면.
2) 신동운, 328면; 차용석, 396면; 정웅석, 377면.
3) 大判 1990. 6. 8, 90도646; 同旨 日最判 1951. 9. 14.
4) 백형구, 강의 450면; 동저, 조해 499면.
5) 배종대·이상돈, 350면; 신양균, 287면.
6) 大判 1996. 2. 13, 94도2658.
7) 이상돈, 「漏落起訴와 公訴權濫用」, 고시연구 1998년 7월호, 66면; 정진연, 「公訴權의 濫用」, 고시연구 1998년 8월호, 118면; 임동규, 279면; 신양균, 289면; 同旨 大判 2001. 9. 7, 2001도3026.

제 2 절

公訴의 基本原則

Ⅰ. 國家訴追主義 · 起訴獨占主義

1. 國家訴追主義

국가소추주의는 私人訴追主義에 대한 개념으로서 소추기관을 국가기관으로 하는 법제를 국가소추주의라 하고 私人의 소추를 인정하는 법제를 사인소추주의라고 한다. 사인소추주의에는 피해자소추주의와 공중소추주의가 있다. 오늘날 세계 각국은 형사소추에 관하여 국가소추주의를 채택하고 있으며, 우리나라의 형사소송법도 국가소추주의를 채택하고 있다(법 246조).

2. 起訴獨占主義

(1) 意　　義

기소독점주의라 함은 공소권의 행사를 검사에게 독점시키는 주의를 말한다. 형사소송법 제246조는 국가소추주의라는 제목하에 「공소는 검사가 제기하여 수행한다」고 규정하여 국가소추주의를 채택함과 동시에 기소독점주의를 채택하고 있다. 현행법상 기소독점주의는 檢事起訴獨占主義를 의미한다.

(2) 例　　外

1) **경찰서장의 즉결심판청구**　　형사사건에 대한 즉결심판의 청구권자는 검사가 아니고 경찰서장이다(즉결 3조). 이는 기소독점주의의 예외에 해당한다. 즉결심판의 청구는 형사소추이기 때문이다.

2) **재정신청사건의 경우**　　재정신청사건에 대한 고등법원의 공소제기결

정(법 262조 2항 2호)에 의하여 검사가 공소를 제기한 경우(동조 6항)는 기소독점주의의 예외에 해당하지 아니한다. 구법하의 부심판결정에 의한 공소제기의 의제(구법 263조)는 기소독점주의의 예외에 해당한다. 검사의 공소제기 없이 심판이 행하여지기 때문이다.

3) 법정질서문란행위의 경우 법정질서문란행위에 대한 법원조직법상의 감치나 과태료는 검사의 소추 없이 법원의 직권으로 행하여진다(법조 61조 1항). 다만 이 경우는 기소독점주의의 예외가 아니다. 감치나 과태료는 형벌이 아니고 司法的 秩序罰이기 때문이다.

Ⅱ. 起訴便宜主義

1. 意　義

기소편의주의는 起訴法定主義에 대한 개념으로서 범죄의 객관적 혐의가 충분하고 소송조건이 구비된 경우에는 검사는 반드시 기소를 하여야 하는 주의를 기소법정주의라고 하며, 그러한 경우에도 검사의 기소유예를 허용하는 주의를 기소편의주의라고 한다. 기소편의주의는 공소권의 행사·불행사에 관하여 검사의 재량을 허용하는 주의이다.

현행 형사소송법은 구형사소송법(大正刑事訴訟法) 제239조와 마찬가지로 기소편의주의를 채택하고 있다(법 247조).

2. 制度의 合理性·危險性

범죄의 객관적 혐의가 인정되고 소송조건이 구비된 경우에도 사건이 경미하여 가벌성이 희박하거나 피의자가 충분히 반성하여 형사처벌의 필요가 없는 경우에는 기소 전의 단계에서 용서하여 주는 것이 刑事政策的 관점에서 요청된다. 여기에 기소유예제도를 채택하는 입법이유가 있다.

그러나 기소편의주의는 기소유예가 정치적 압력에 의해서 또는 검사의 자의·독선에 의해서 행하여질 위험성을 내포하고 있다. 문귀동 경장이 권인숙 양을 성고문한 사건을 기소유예처분한 것은 정치적 압력이 주된 원인이었다. 따라서 검사의 부당한 기소유예를 시정하는 제도가 마련되어야 한다.

3. 內　　容

(1) 起訴猶豫制度의 採擇

검사는 형법 제51조의 사항을 참작하여 공소를 제기하지 아니할 수 있다(법 247조). 이 경우의 불기소처분을 기소유예라고 한다.

기소유예의 사유는 형법 제51조의 사항, 즉 범인의 연령·성행·지능과 환경, 피해자에 대한 관계, 범행의 동기·수단과 결과, 범행 후의 정황 등이다. 예컨대 사안과 피해가 경미한 경우, 죄질이 나쁘지 않고 범행동기에 참작할 여지가 있는 경우, 피해를 변상하고 피해자와 합의한 경우, 피의자가 소년이거나 학생인 경우, 피의자가 잘못을 깊이 반성하고 있는 경우 등은 기소유예의 사유에 해당한다.

마땅히 기소유예를 하여야 할 사건을 기소하는 것은 공소권의 남용에 해당하며 마땅히 기소하여야 할 사건을 기소유예하는 것은 기소편의주의의 법리에 위배된다.[1)]

(2) 公訴取消의 허용

검사는 제 1 심판결의 선고 전까지 공소를 취소할 수 있다(법 255조). 공소취소제도의 채택은 기소편의주의의 논리적 귀결이라는 견해가 다수설이다.[2)]

그러나 기소유예제도와 공소취소제도는 그 제도의 내용과 목적이 다르다는 점, 공소의 취소는 가벌성이 희박한 경우뿐 아니라 피고사건에 대해서 소송조건이 없거나 유죄의 증거가 불충분한 경우에도 행하여진다는 점 등을 고려할 때 공소취소제도는 기소편의주의의 논리적 귀결이 아니라고 본다.[3)]

4. 法的 規制

현행법상 기소유예처분의 시정을 구하는 제도에는 재정신청, 검찰항고, 헌법소원이 있다. 기소유예처분에 대한 시정요구제도는 기소편의주의에 대한 법적 규제를 의미한다.

(1) 裁定申請

검사의 불기소처분에 대해서 고소인은 관할 고등법원에 재정신청을 할 수

1) 大決 1988. 1. 29, 86모58, 문귀동경장사건; 백형구, 152면; 동저, 강의 454면.
2) 김기두, 231면; 정영석, 272면; 서일교, 279면; 권오병, 280면; 염정철, 328면; 배종대·이상돈, 360면; 차용석, 362면; 신양균, 493면.
3) 백형구, 152면; 동저, 강의 454면; 진계호, 379면; 백형구, 조해 503면.

있으며(법 260조 1항) 고등법원이 공소제기의 결정을 한 때에는 검사는 공소를 제기하여야 한다(법 262조 2항 2호, 6항).

(2) 檢察抗告

고소인은 검사의 기소유예처분에 대해서 검찰항고를 할 수 있으며(검찰 10조) 검찰항고의 결과 기소유예처분이 시정되어 공소제기되는 경우가 있다(검찰 10조). 檢察抗告는 檢察廳法上의 抗告라는 의미이다. 法院의 決定에 대한 抗告(법 403조)와 구별하기 위하여 檢察抗告라는 용어를 사용한 것이다.[1)]

(3) 憲法訴願

고소인은 검사의 기소유예처분에 대해서 헌법재판소에 헌법소원심판을 청구할 수 있다(헌재 68조). 이 경우에는 검찰항고 또는 재정신청의 절차를 먼저 거쳐야 한다(동조 1항).

1) 백형구, 강의 430면 각주 12).

제 3 절

公訴의 提起

Ⅰ. 公訴提起의 節次와 方式

1. 公訴狀의 提出

공소를 제기함에는 공소장을 관할법원에 제출하여야 한다(법 254조 1항). 공소장에는 공소제기의 연월일, 검사가 소속한 검찰청, 공소를 제기하는 법원 등을 기재하고 검사가 서명·날인을 하여야 한다(법 57조).

2. 公訴狀의 添附書類

공소장에는 그 副本을 첨부하여야 한다(법 254조 2항). 공소장에 첨부된 공소장부본은 피고인에게 송달된다(법 266조). 공소장에는 구속영장·변호인선임신고서 등을 첨부하여야 한다(규칙 118조 1항). 구속영장의 첨부는 피고인의 소환, 구속기간의 갱신을 위해서 필요하며 변호인선임신고서의 첨부는 공판기일의 통지를 위해서 필요하다.

공소장에는 사건에 관하여 법원에 예단을 생기게 할 수 있는 서류 기타 물건을 첨부하여서는 안 된다(규칙 118조 2항). 이를 공소장일본주의라고 한다.

3. 公訴狀의 必要的 記載事項

공소제기는 검사가 형사사건에 관하여 법원의 審判을 청구하는 소송행위이므로 공소장에는 심판을 받을 被告人의 人的 事項과 심판청구의 원인사실인 犯

罪事實을 기재하여야 한다.[1] 현행법상 공소장의 필요적 기재사항은 피고인의 인적 사항 · 공소사실 · 죄명 · 적용법조이다(법 254조 3항).

(1) 被告人의 人的 事項

공소장에는 피고인의 성명 · 생년월일 · 주민등록번호 · 본적 · 주거 · 직업 등 피고인을 특정할 수 있는 사항을 기재하여야 하며(법 254조 3항 1호; 규칙 117조) 피고인이 法人인 경우에는 법인의 명칭, 사무소의 소재지, 법인대표자의 성명과 주소를 기재하여야 한다(규칙 117조 1항).

공소장에 피고인이 특정되어 있지 아니한 경우에는 그 공소제기는 무효이다. 따라서 수소법원은 공소제기의 무효를 이유로 공소기각의 판결을 하여야 한다(법 327조 2호).

(2) 公訴事實

1) 公訴事實의 意義 공소장에는 公訴事實을 기재하여야 한다(법 254조 3항 3호). 公訴事實이라 함은 공소장에 기재되어 있는 범죄사실을 말한다.[2] 공소장에 기재된 범죄사실과 同一性이 인정되는 범죄사실이라 할지라도 공소장에 공소사실로서 기재되지 아니하면 공소사실이 아니다.[3] 공소장에 기재된 범죄사실과 과형상 일죄 또는 포괄일죄의 관계에 있는 범죄사실이라 할지라도 공소장변경에 의하여 공소사실로 추가되지 않는 한 공소사실이 아니다.

공소사실이라 함은 심판의 대상으로 '될' 범죄사실을 의미한다는 견해,[4] 공소사실이라 함은 공소제기의 대상 또는 객체인 범죄사실을 의미한다는 견해[5] 등이 있으며, 이러한 견해에 의하면 공소장에 기재되어 있는 범죄사실뿐 아니라 그 범죄사실과 동일성이 인정되는 범죄사실은 모두 공소사실에 해당한다. 그러나 공소장에 기재되어 있지 아니한 범죄사실을 공소사실이라고 한다는 것은 공소사실이라는 語義에 반한다는 점, 공소장에 기재된 공소사실과 동일성이 인정되는 범죄사실이라 할지라도 심판의 현실적 대상으로 삼기 위해서는 공소장변경의 절차를 거쳐야 한다는 점 등을 고려할 때 공소장에 기재되어 있는 범죄사실만을 공소사실이라고 하여야 한다.

공소장에 기재된 공소사실이 즉 訴因이라고 설명하는 견해가 있으나[6] 현행

1) 백형구, 154면; 동저, 강의 456면.
2) 백형구, 155면; 동저, 강의 457면; 이재상, 341면; 신동운, 333, 366면.
3) 백형구, 155면; 진계호, 394면.
4) 정영석, 278면; 정영석 · 이형국, 239면.
5) 김기두, 236면; 정영석, 278면; 권오병, 283면; 염정철, 333면; 신현주, 410면; 강구진, 271면.
6) 차용석, 367면.

형사소송법은 訴因이라는 용어를 사용하고 있지 아니하므로[1] 공소사실과 별도로 訴因이라는 용어를 사용할 필요가 없다고 본다(訴因否定說).

2) 公訴事實의 特定 공소사실의 기재는 범죄의 일시·장소와 방법을 명시하여 사실을 特定할 수 있도록 하여야 한다(법 254조 4항). 이는 심판의 대상을 명확히 특정함으로써 피고인의 방어권행사를 용이하게 하도록 하려는데 주된 이유가 있다. 공소사실이 특정되어 있느냐 여부는 심판·방어의 가능성 여부를 기준으로 판단하여야 한다.[2] 피고인이 언제, 어디서 어떠한 죄를 범하였는가를 법원과 피고인이 알 수 있을 정도로 공소사실이 기재되어 있으면 공소사실이 특정되어 있다고 보아야 한다.

연속범·상습범과 같은 포괄일죄에 있어서는 그 1죄의 일부를 구성하는 개개의 행위를 구체적으로 특정하지 아니하더라도 그 전체 범행의 始期와 終期, 범행방법, 범행횟수, 피해액의 합계, 피해자나 상대방을 명시하면 이로써 그 공소사실은 특정되어 있다고 보아야 한다는 것이 대법원판례의 태도이며[3] 이를 지지하는 학설이 있으나[4] 연속범·상습범과 같은 포괄일죄는 실질적으로 數罪라는 점, 포괄일죄를 구성하는 개개의 범죄행위가 특정되어 있지 아니하면 피고인의 방어권행사가 극히 곤란해진다는 점 등을 고려할 때 연속범·상습범을 구성하는 개개의 범죄행위를 특정함을 요한다고 해석하여야 한다.[5]

공소사실의 특정은 공소제기의 유효요건이므로 공소사실이 특정되지 아니한 경우에는 수소법원은 공소제기의 무효를 이유로 공소기각의 판결을 하여야 한다(법 327조 2호). 다만 공소장의 변경에 의해서 공소사실이 특정된 경우에는 공소제기의 無效가 治癒된다고 해석하여야 한다.[6] 이 경우 무효의 치유를 부정하는 견해가 있으나[7] 소송경제, 소송의 신속이라는 면을 고려할 때 무효의 치유를 긍정하는 견해가 타당하다고 본다.

3) 罪 名 공소장에는 죄명을 기재하여야 한다(법 254조 3항 2호). 죄명은 구체적으로 표시하여야 한다.

---

1) 일본 형사소송법은 訴因을 명문으로 규정하고 있다(동법 256조, 312조).
2) 大判 2001. 10. 26, 2000도2968.
3) 大判 1982. 10. 26, 81도1409; 大判 1995. 2. 17, 94도3297; 大判 1998. 5. 29, 97도1126; 大判 1999. 11. 12, 99도2934; 大判 2005. 11. 25, 2005도6925; 大判 2006. 9. 8, 2006도388.
4) 허형구 등, 주석(중) 95면(백형구); 이재상, 343면; 신동운, 334면; 진계호, 395면; 임동규, 288면; 신양균, 302면; 정웅석, 415면.
5) 백형구, 157면; 동저, 강의 458면; 동저, 조해 524면.
6) 백형구, 157면; 동저, 강의 458면; 동저, 조해 524면.
7) 신동운, 335면; 배종대·이상돈, 376면; 진계호, 396면; 임동규, 288면.

4) **適用法條** 공소장에는 죄명·공소사실 외에 적용법조를 기재하여야 한다(동조 3항 4호). 이는 공소사실의 법률적 구성을 명확히 함으로써 심판의 대상을 명확히 하려는 취지이다. 구형사소송법(大正刑事訴訟法)은 적용법조를 공소장의 필요적 기재사항으로 규정하지 아니하였다(구법 291조 1항).

공소장에 공소사실과 죄명이 기재되어 있으면 적용법조의 기재가 누락되거나 그 기재에 오기(誤記)가 있는 경우에도 피고인의 방어권행사에 실질적인 불이익이 없는 한 공소제기의 효력에는 영향이 없다(통설[1]·판례[2]). 공소장에 공소사실만 기재되어 있고 죄명과 적용법조의 기재가 누락된 경우에는 수소법원은 공소제기의 무효를 이유로 형사소송법 제327조 2호에 의해서 공소기각의 판결을 하여야 한다는 견해가 있으나[3] 이 경우에도 공소제기가 무효로 되지 아니한다고 해석하여야 한다.[4] 공소사실이 기재되어 있어 피고인의 방어권행사에 실질적인 불이익을 미칠 염려가 없기 때문이다. 이 경우 법원은 검사에게 죄명과 적용법조의 補正을 命하여야 한다.

4. 公訴事實·適用法條의 豫備的·擇一的 記載

(1) 意義·必要

1) **意　義** 공소장에는 공소사실과 적용법조를 예비적 또는 택일적으로 기재할 수 있다(법 254조 5항). 공소사실의 豫備的 記載라 함은 제1차적으로 A사실(예컨대 살인)의 심판을 구하고 A사실이 유죄로 인정되지 아니한 경우에 B사실(예컨대 상해치사)의 심판을 구하는 기재방법을 말한다. 이 경우 先順位의 공소사실을 本位的 공소사실이라고 하고 後順位의 공소사실을 豫備的 공소사실이라고 한다. 공소사실의 擇一的 記載라 함은 수개의 사실에 관하여 그 심판의 순위를 정하지 않고 어느 사실을 유죄로 인정하여도 좋다는 취지의 기재방법을 말한다. 예컨대 우편집배원이 우편행낭의 내용물을 영득한 범죄행위를 공소장에 절도의 공소사실과 업무상 횡령의 공소사실로 擇一的으로 기재하는 경우이다.

公訴事實을 예비적 또는 택일적으로 기재하면 이에 따라 適用法條도 예비적 또는 택일적으로 기재하게 되는 경우가 보통이나 공소사실만을 예비적 또는 택

1) 백형구, 157면; 동저, 강의 459면; 이재상, 344면; 차용석, 368면; 임동규, 286면; 신양균, 303면.
2) 大判 1996. 8. 23, 96도1231; 大判 2001. 2. 23, 2000도6113; 大判 2006. 4. 14, 2005도9743.
3) 이재상, 342면; 신동운, 336면; 배종대·이상돈, 377면; 진계호, 396면; 신양균, 303면.
4) 백형구, 157면; 동저, 강의 459면; 동저, 조해 523면.

일적으로 기재하는 경우도 있다. 예컨대 강도의 사실로 공소를 제기함에 있어 폭행을 수단으로 한 강취사실과 협박을 수단으로 하는 강취사실을 예비적 또는 택일적으로 기재하는 경우이다.

공소사실과 적용법조의 예비적 또는 택일적 기재는 공소제기시뿐 아니라 공판심리중 공소장의 변경에 의해서도 허용된다. 즉 공소장변경에 의해서 공소사실을 예비적으로 변경하거나 택일적으로 추가할 수 있다.

공소사실과 적용법조의 예비적 또는 택일적 기재를 公訴狀의 任意的 記載事項에 해당시키는 견해가 있으나[1] 공소사실과 적용법조의 예비적·택일적 기재는 공소사실과 적용법조의 기재방법에 관한 特例이지 공소장의 任意的 記載事項이 아니다.[2] 공소사실과 적용법조는 공소장의 必要的 記載事項이기 때문이다.

2) 必　要　공소사실과 적용법조의 예비적 또는 택일적 기재를 허용한 것은 無罪判決을 방지하려는 데 주된 이유가 있다. 공소장에 기재된 범죄사실에 한해서 심판의 현실적 대상으로 되므로 무죄판결을 방지하기 위해서는 공소사실과 적용법조를 예비적 또는 택일적으로 기재할 필요가 있다.[3]

그러나 공소장에 공소사실을 예비적으로 기재한다는 것은 검사가 본위적 공소사실에 대한 證據不充分 내지 心證不充分을 법원과 피고인에게 미리 시인하는 것을 의미하며 공판심리의 진행중에도 공소장의 변경에 의해서 공소사실의 豫備的 變更이 가능하므로 형사소송의 실제에 있어서는 공소제기시에 공소사실을 예비적으로 기재하는 경우는 거의 없으며 公判審理中에 公訴狀變更의 방법으로 공소사실을 예비적으로 변경하는 경우가 대부분이다.[4]

(2) 許容範圍

1) 學說·判例

(ㄱ) 學　說　공소사실의 예비적 또는 택일적 기재의 허용범위에 관해서는 限定說과 非限定說이 대립되고 있다.

限定說은 공소사실의 예비적 또는 택일적 기재는 公訴事實의 同一性이 인정되는 범위 내에서만 허용된다는 견해로서(통설)[5] 경합범의 관계에 있는 수개의

1) 정영석, 279면; 신현주, 412면; 강구진, 272면; 이재상, 342면; 신동운, 336면; 배종대·이상돈, 377면; 정영석·이형국, 240면; 진계호, 396면.
2) 백형구, 158면; 동저, 강의 462면.
3) 백형구, 158면; 동저, 강의 462면; 차용석, 369면.
4) 백형구, 159면; 동저, 강의 462면.
5) 김기두, 238면; 정영석, 280면; 백형구, 159면; 강구진, 272면; 백형구, 강의 464면; 이재상, 346면; 차용석, 369면; 진계호, 398면; 신양균, 304면; 정웅석, 421면.

범죄사실을 공소장에 예비적 또는 택일적으로 기재하는 것을 허용하는 것은 공소사실을 예비적 또는 택일적으로 기재하는 것을 허용하는 취지에 배치된다는 점을 논거로 내세우고 있다.[1] 限定說에 의하면 競合犯의 관계에 있는 수개의 범죄사실을 공소장에 예비적 또는 택일적으로 기재하는 것은 허용되지 아니한다. 따라서 공소제기시에는 競合犯으로 기재하여야 하며 공소제기 이후에는 追加起訴를 하여야 한다. 연속범·상습범과 같은 포괄일죄를 구성하는 수개의 범죄사실을 예비적 또는 택일적으로 기재하는 것도 허용되지 아니한다고 해석하여야 한다.[2] 연속범·상습범을 구성하는 범죄는 실질적으로 數罪이기 때문이다.

非限定說은 공소사실의 동일성이 인정되지 아니한 수개의 범죄사실을 공소장에 예비적 또는 택일적으로 기재하는 것이 허용된다는 견해로서[3] ① 형사소송법 제254조 5항이 공소사실의 동일성을 예비적·택일적 기재의 요건으로 규정하고 있지 않다는 점, ② 공소사실의 예비적·택일적 기재를 공소사실의 동일성이 인정되는 범위 내로 한정하게 되면 검사는 부득이 수개의 범죄사실을 독립적으로 기재하거나 수개의 공소장을 제출하지 않을 수 없게 되어 아무 실익이 없이 無用한 번잡만을 조장하는 결과가 되고 이는 소송경제에 반한다는 점 등을 논거로 들고 있다. 그러나 형사소송법 제254조 5항 중 "수개의 범죄사실"은 입법의 착오(오류)에 해당하고[4] 競合犯의 관계에 있는 수개의 범죄사실을 공소장에 경합범으로 기재하거나 공소제기 후 추가기소를 하는 것은 당연하며 이는 결코 실익이 없는 무용의 절차가 아니고 소송경제에 반하지 아니하므로 비한정설의 논거에 대해서는 그 이론적 합리성을 인정하기 어렵다.

생각건대 ① 競合犯의 관계에 있는 수개의 범죄사실을 공소장에 예비적 또는 택일적으로 기재하는 것을 허용한다는 것은 공소사실의 예비적 또는 택일적 기재를 허용하는 취지에 배치되고 경합범의 법리에 反한다는 점,[5] ② 예비적 또는 택일적으로 기재된 공소사실 중 하나를 유죄로 인정하는 경우에는 유죄로 인정하지 아니한 공소사실에 관한 무죄판단을 판결의 主文에 표시하여서는 안 되

1) 백형구, 159면.
2) 백형구, 「公訴事實의 豫備的·擇一的 記載」, 고시연구 2000년 7월호, 183면.
3) 신현주, 413면; 신동운, 338면; 배종대·이상돈, 379면; 임동규, 290면.
4) 백형구, 160면; 동저, 강의 464면.
5) 예컨대 殺人의 공소사실이 유죄로 인정되지 아니하면 詐欺의 공소사실로 유죄판결을 하여 달라는 취지의 공소제기는 허용될 수 없으며 殺人의 공소사실과 詐欺의 공소사실 중 어느 하나만을 有罪로 인정하여 달라는 취지의 공소제기도 허용될 수 없다. 競合犯의 법리에 反한 공소제기이기 때문이다.

나 競合犯의 관계에 있는 수개의 범죄사실 중 일부만 유죄로 인정하고 다른 부분을 유죄로 인정하지 아니한 경우에는 판결의 主文에 유죄의 판단과 무죄의 판단을 함께 표시하여야 한다는 점, ③ 예비적 공소사실에 대한 유죄판결이 확정된 경우에는 본위적 공소사실에 대한 소추·심판이 허용되지 아니하는데 경합범의 일부에 대한 유죄판결이 확정된 후에 경합범의 다른 부분에 대한 소추·처벌이 허용되지 아니한다는 것은 一事不再理의 효력이 미치는 범위에 관한 원칙[1]에 배치된다는 점, ④ 공판심리중 공소장변경의 방법으로 공소사실을 예비적으로 변경하거나 택일적으로 추가하는 경우에는 공소사실의 동일성이 인정되는 범위 내에서만 허용되는데(법 298조 1항) 공소제기시에는 공소사실의 동일성이 인정되지 아니한 수개의 범죄사실에 대해서 공소사실의 예비적 또는 택일적 기재가 허용된다는 것은 불합리하다는 점, ⑤ 따라서 형사소송법 제254조 5항 중 "수개의 범죄사실"은 입법의 착오(오류)에 해당한다는 점[2] 등을 고려할 때 限定說이 타당하다고 본다.

限定說을 消極說, 非限定說을 積極說이라고 부르는 학자들이 있으나[3] 적절한 학설명칭이 아니다.[4] 消極說(限定說)도 공소사실의 예비적 또는 택일적 기재가 허용된다는 학설이기 때문이다.

(ㄴ) 判　例　　대법원판례는 처음에는 限定說을 취하다가[5] 全員合議體判決로써 종전의 판례를 변경하여 非限定說을 취하고 있다.[6] 대법원판례는 불합리하므로 변경되어야 한다.

2) 同一性의 範圍 外와 法院의 措置　　공소사실의 동일성이 인정되지 아니한 수개의 범죄사실이 공소장에 예비적 또는 택일적으로 기재된 경우에는 재판장은 석명권을 행사하여 검사로 하여금 공소사실의 예비적 또는 택일적 기재를 경합범의 형식으로 補正하는 절차를 취하게 한 후 각 범죄사실에 대해서 유죄·무죄의 판결을 하여야 한다.[7]

---

1) 유죄판결이 확정된 경우 一事不再理의 효력은 그 공소사실과 경합범의 관계에 있는 범죄사실에 미치지 아니한다.
2) 형사소송법 제254조 5항은 이를 "공소장에는 공소사실과 적용법조를 예비적 또는 택일적으로 기재할 수 있다"로 개정하여야 한다. 백형구, 강의 465면.
3) 이재상, 346면; 신동운, 337~338면; 배종대·이상돈, 378면; 진계호, 397면; 임동규, 289~290면; 정웅석, 419면.
4) 백형구, 전게논문 184면.
5) 大判 1959. 4. 24, 4292형상72; 大判 1962. 6. 28, 62도66.
6) 大判(全合) 1966. 3. 24, 65도114; 大判 1969. 2. 18, 68도172.
7) 백형구, 160면; 동저, 강의 465면; 이재상, 346면; 진계호, 398면; 신양균, 305면.

경합범의 관계에 있는 수개의 범죄사실이 공소장에 예비적 또는 택일적으로 기재된 경우에도 그 공소제기는 유효하다고 해석하여야 한다. 수개의 범죄사실이 공소장에 공소사실로서 기재되어 있기 때문이다. 따라서 법원은 공소제기의 무효를 이유로 공소기각의 판결을 하여서는 안 된다.

본위적 공소사실과 공소사실의 동일성이 인정되지 아니한 범죄사실을 예비적으로 추가하는 내용의 공소장변경신청을 한 경우 법원은 공소사실의 동일성이 인정되지 아니한다는 이유로 그 공소장변경신청을 기각(불허가)하여야 한다.[1]

(3) 訴訟關係

1) 公訴提起의 效力 공소장에 기재된 공소사실 전부에 대해서 공소제기의 효력이 미친다. 예비적 기재이냐, 택일적 기재이냐를 불문한다.

2) 公訴時效의 基準 각 공소사실에 관하여 개별적으로 결정하여야 한다. 예비적 기재이냐, 택일적 기재이냐를 불문한다.

3) 審判의 對象 공소장에 기재된 공소사실 전부가 심판의 현실적 대상으로 된다. 따라서 항소심에서 제 1 심이 유죄로 인정한 공소사실 이외의 공소사실로 유죄를 인정할 수 있다.[2]

4) 審判의 順序 공소사실이 예비적으로 기재된 경우에는 본위적 공소사실에 대해서 먼저 심리·판단을 하여야 하고 본위적 공소사실이 유죄로 인정되지 아니한 경우에 예비적 공소사실을 심리·판단하여야 한다(통설·판례[3]). 이에 대해서 공소사실이 택일적으로 기재된 경우에는 어느 사실을 먼저 심리하여도 적법하다.

5) 主文·理由에서의 判斷의 要否 본위적 공소사실을 유죄로 인정하지 아니하고 예비적 공소사실을 유죄로 인정하는 경우에는 본위적 공소사실에 대한 無罪의 취지를 판결의 主文에 표시하여서는 안 된다.[4] 다만 본위적 공소사실을 유죄로 인정하지 아니한 이유를 판결의 이유에 명시하여야 한다. 택일적으로 기재된 공소사실 중에서 어느 하나를 유죄로 인정하는 경우에는 다른 공소사실에 대한 무죄의 취지를 판결의 主文에 표시하여서는 안 된다. 공소사실이 예비적 또는 택일적으로 기재된 경우는 범죄사실이 1개이므로 主文도 1개이어야 한다.

본위적 공소사실과 예비적 공소사실 또는 택일적으로 기재된 공소사실 전부

---

1) 백형구, 강의 465면; 大判 2002. 1. 22, 2001도5920.
2) 大判 1975. 6. 24, 70도2660.
3) 大判 1969. 2. 18, 68도172; 大判 1976. 5. 26, 76도1126.
4) 백형구, 160면; 동저, 강의 466면; 동저, 조해 529면.

를 유죄로 인정하지 아니하고 무죄판결을 선고하는 경우에는 각 공소사실을 유죄로 인정하지 아니한 이유를 판결의 이유에 명시하여야 한다(통설).

6) 檢事의 上訴 법원이 본위적 공소사실을 유죄로 인정하지 아니하고 예비적 공소사실을 유죄로 인정하는 경우에 한해서 검사의 상소가 허용된다고 해석하여야 한다.

7) 一事不再理의 效力 공소사실이 예비적 또는 택일적으로 기재된 경우에 확정판결의 기판력(일사부재리의 효력)은 공소사실 전부에 미친다. 예컨대 예비적 공소사실에 대한 유죄판결이 확정된 경우 그 확정판결의 기판력은 본위적 공소사실에 대해서도 미친다.

5. 公訴狀一本主義

(1) 意義 · 沿革

1) 意 義 공소장에는 법관에게 豫斷을 생기게 할 수 있는 서류 기타의 물건을 첨부하거나 내용을 인용하여서는 안 된다(규칙 118조 2항). 이를 공소장일본주의라고 한다.

2) 沿 革 구형사소송법(大正刑事訴訟法)하에서는 공소제기시에 수사기록을 법원에 제출하였으며 우리나라 형사소송법이 시행된 후에도 마찬가지였으나 1960년대 중반부터 공소제기시에는 공소장만을 법원에 제출하고 수사기록과 증거물은 공판기일의 증거조사단계에서 법원에 제출하는 것이 실무상 관행으로 확립되었으며 형사소송규칙에서 종래의 실무상 관행을 명문화하였다.

(2) 必要 · 根據

공소장일본주의는 예단배제의 원칙, 공판중심주의, 당사자주의에 의해서 요청된다.

1) 豫斷排除의 原則 공소장일본주의는 사건에 대한 법관의 예단을 배제함으로써 재판의 공정을 도모하려는 예단배제의 원칙에 의해서 요청된다.

2) 公判中心主義 법관이 공판심리에 의해서만 유죄 · 무죄의 심증을 형성하도록 하기 위해서는 법관이 백지의 심리상태에서 공판심리에 임하게 하는 공소장일본주의가 요청된다. 공판심리 이전에 법관이 사건의 실체에 대해서 유죄의 심증을 형성한 경우에는 공판중심주의는 실질적 의미를 상실하게 될 것이다. 따라서 공판중심주의는 공소장일본주의에 의해서 실질적 의미를 갖게 된다.

3) 當事者主義 공판심리의 주도권을 당사자에게 인정하는 당사자주의

적 소송절차에서는 법관이 白紙의 심리상태에서 공판심리에 임하는 공소장일본주의가 요청된다. 법관이 백지의 심리상태에서 공판심리에 임하여야만 공판심리의 주도권을 당사자가 장악하는 것이 가능하기 때문이다.

4) **傳聞法則과의 관계** 전문법칙이 공소장일본주의의 이론적 근거에 해당한다는 견해가 있으나[1] 전문법칙은 공소장일본주의의 이론적 근거에 해당하지 아니한다. 전문법칙은 전문증거의 증거능력을 배척하는 증거법칙이기 때문이다.

5) **違法證據의 排除와의 關係** 「공소장일본주의는 법원의 위법한 증거에 대한 公判 前의 접촉을 차단하여 증거능력이 있는 증거에 의해서만 心證形成을 가능하게 하기 위해서도 필요하다」고 설명하는 견해가 있으나[2] 그 이론적 합리성을 인정하기 어렵다. 증거능력이 있는 증거에 의해서만 심증을 형성하는 것은 證據裁判主義(법 307조)이지 공소장일본주의가 아니기 때문이다.[3]

(3) 內 容

1) **添附의 禁止** 공소장에는 사건에 관하여 법관에게 예단이 생기게 할 수 있는 서류 기타의 물건을 첨부하여서는 안 된다(규칙 118조 2항). 예컨대 피해자의 진술이 기재된 피해자진술조서, 피고인의 자백이 기재된 피의자신문조서를 공소장에 첨부하는 것은 허용되지 아니한다.

2) **引用의 禁止** 법관에게 사건에 관하여 예단이 생기게 할 수 있는 서류의 내용을 공소사실에 引用하는 것은 허용되지 아니한다(규칙 118조 2항). 형사소송규칙의 제5차 개정시(1996. 12. 3)에 引用의 禁止를 공소장일본주의의 내용으로 추가하였다.

그러나 공소사실의 특정에 필요한 경우에는 증거로 될 문서(예컨대 협박편지)의 전부 또는 일부를 공소장의 공소사실로 引用하더라도 공소장일본주의의 위반이 아니라고 해석하여야 한다.[4]

3) **餘罪 · 前科 등의 記載**

(ㄱ) **餘罪事實의 記載** 公訴時效가 완성된 범죄사실을 공소사실 이외의 사실로 공소장에 기재하더라도 공소제기가 무효로 되지 아니한다고 해석하여야

1) 강구진, 277면; 정영석 · 이형국, 243면.
2) 이재상, 349면; 배종대 · 이상돈, 381면; 송광섭, 402면; 차용석, 377면; 진계호, 401면; 신양균, 307면.
3) 백형구, 163면; 동저, 강의 470면.
4) 백형구, 164면; 동저, 강의 470면; 진계호, 402면; 임동규, 294면; 신양균, 309면; 정웅석, 429면.

한다.[1] 대법원판례도 동일한 견해이다.[2]

(ㄴ) 前科의 記載 공소사실의 맨 처음에 피고인의 前科를 기재하는 것이 공소장일본주의의 위반이냐에 관해서는 적극설[3]과 소극설[4]이 대립되고 있다. 적극설은 예단배제의 원칙을 논거로 내세우고 있으나 피고인의 前科는 同種의 전과이냐, 異種의 전과이냐를 불문하고 量刑의 자료에 해당한다는 점, 공소장에 피고인의 전과가 기재되어 있다는 이유만으로 公訴를 棄却한다는 것은 불합리하다는 점 등을 고려할 때 소극설이 타당하다고 본다. 소극설에 의하면 공소사실의 冒頭에 피고인의 전과가 기재되어 있는 경우에도 그 공소제기는 적법·유효하다.

(ㄷ) 被告人의 惡性格·惡經歷의 記載 전과 이외의 피고인의 악성격·악경력이 공소장에 기재된 경우에도 그 공소제기는 적법·유효하다고 해석하여야 한다.[5]

(4) 違 反

공소장일본주의의 위반은 공소제기의 중요한 방식을 위반한 경우에 해당하므로 공소장일본주의를 위반한 공소제기는 無效이다. 따라서 법원은 형사소송법 제327조 2호에 의하여 公訴棄却의 판결을 하여야 한다. 공소장일본주의를 위반한 공소제기는 그 瑕疵의 치유가 인정되지 아니한다.[6] 이에 대해서 단순한 餘事記載(예컨대 餘罪의 기재)는 공소장일본주의의 위반이 아니므로 공소제기의 효력에 영향을 미치지 아니한다.

(5) 適用範圍·例外

공소장일본주의는 공판심리를 하기 전에 법관의 사건에 대한 예단을 방지하려는 데 그 목적이 있으므로 사건에 대한 공판심리가 개시된 후에는 적용되지 아니한다. 따라서 사건에 대한 공판심리가 개시된 후에 공판심리를 위하여 검사가 수사기록과 증거물을 법원에 제출하는(법 294조) 것은 공소장일본주의의 위반이 아니다. 공소장일본주의의 적용범위 또는 예외와 관련하여 문제되는 것은 다음과 같다.

1) 公判期日 전의 證據提出·證據調査 제 1 회공판기일 전에 법원에

1) 백형구, 164면; 동저, 강의 471면; 동저, 조해 532면.
2) 大判 1983. 11. 8, 83도1979.
3) 신현주, 419면; 강구진, 280면; 이재상, 349면; 신동운, 346면; 배종대·이상돈, 383면; 차용석, 380면; 신양균, 309~310면; 정웅석, 429면.
4) 백형구, 165면; 동저, 강의 471면; 임동규, 295면.
5) 백형구, 165면; 동저, 강의 471면.
6) 백형구, 165면; 동저, 강의 473면; 신동운, 347면.

증거를 제출하거나 법원이 증거조사를 한다는 것은 공소장일본주의의 취지에 위배되므로 제1회공판기일 전에는 수소법원에 대한 증거제출, 수소법원에 의한 증거조사가 허용되지 아니한다는 견해가 있으나[1] 허용된다고 해석하여야 한다. 공소장에 서류나 물건을 첨부하는 경우가 아니기 때문이다.

2) 略式命令의 請求 검사가 약식명령을 청구하는 경우에는 공소제기와 동시에 수사기록과 증거물을 법원에 제출하여야 한다(규칙 170조). 이 경우를 공소장일본주의의 例外에 해당시키는 견해가 있으나[2] 약식명령을 청구하는 경우에 수사기록과 증거물을 법원에 제출하는 것은 書面審理에 의한 재판이라는 약식명령제도의 본질상 당연하므로 공소장일본주의의 例外가 아니다.[3] 이 경우는 공소장일본주의가 적용되지 아니한 경우에 해당한다.

3) 卽決審判의 경우 즉결심판에 대하여 정식재판의 청구가 있는 경우에는 사건기록과 증거물을 지체없이 관할법원에 송부하여야 한다(즉결 14조 3항). 이 경우는 공소장일본주의의 예외이다.[4]

Ⅱ. 公訴提起의 效果

1. 總 說

공소의 제기에 의해서 사건은 법원에 係屬되고 공소시효의 진행이 정지되며 심판의 범위가 한정된다. 따라서 공소제기의 소송법상 효과는 소송계속, 공소시효의 정지, 심판범위의 한정이다.

공소제기에 의해서 피의자는 被告人의 지위를 갖게 된다. 즉 수사의 대상에 불과한 피의자는 공소제기에 의해서 소송의 주체, 즉 소송당사자의 지위를 갖게 된다.

2. 公訴提起의 訴訟法上 效果

(1) 訴訟係屬

공소의 제기에 의해서 사건은 법원에 係屬된다. 즉 검사의 지배하에 있던

---

1) 백형구, 166면; 동저, 강의 472면; 이재상, 354면; 정영석 · 이형국, 245면; 배종대 · 이상돈, 384면; 진계호, 404면; 임동규, 295면; 신양균, 311면.
2) 신현주, 421면; 이재상, 353면; 배종대 · 이상돈, 385면; 진계호, 403면; 임동규, 295면.
3) 백형구, 166면; 동저, 강의 472면; 신동운, 348면; 정영석 · 이형국, 245면; 신양균, 311면.
4) 백형구, 166면; 동저, 강의 472면; 배종대 · 이상돈, 385면.

사건이 법원의 지배하로 옮겨진다. 이것을 소송계속이라고 한다. 다만 공소장에 기재된 공소사실은 現實的으로 소송계속되고(현실적 소송계속) 그 공소사실과 동일성이 인정되는 범위 내의 사실은 潛在的으로 소송계속된다(잠재적 소송계속).[1)]

1) 소송계속의 積極的 效果 공소제기에 의해서 사건이 법원에 계속되면 법원은 사건을 심판하여야 할 권리 · 의무가 발생하고 양 당사자인 검사와 피고인은 심판에 관여하여 심판을 받을 권리 · 의무가 발생한다. 공소제기의 이러한 효과를 공소제기의 내부적 효과 또는 소송계속의 적극적 효과라고 한다(통설).

공소제기가 적법 · 유효한 경우의 소송계속을 實體的 訴訟係屬이라고 하고 공소제기가 위법 · 무효인 경우의 소송계속을 形式的 訴訟係屬이라고 한다(통설). 공소제기가 적법 · 유효한 경우에는 유죄 · 무죄의 實體裁判을 하여야 하고 공소제기가 위법 · 무효인 경우에는 공소기각 · 면소 · 관할위반의 形式裁判으로 소송을 종결하여야 한다.

形式的 訴訟係屬은 공소제기가 없는 사건에 대하여 법원이 착오로 심리를 진행한 경우에도 발생한다. 예컨대 僞裝出席한 자에 대하여 사실상 심리가 진행된 경우에는 형식적 소송계속이 발생하며, 이 경우 법원은 위장출석한 자에 대해서 공소기각의 판결을 하여야 한다(통설).

2) 소송계속의 消極的 效果 사건이 일정한 법원에 소송계속된 때에는 동일사건에 대하여 二重으로 공소를 제기하는 것이 허용되지 아니한다. 이를 二重起訴의 禁止라고 하며 공소제기의 이러한 효과를 공소제기의 외부적 효과 또는 소송계속의 소극적 효과라고 한다(통설).

동일사건이 同一法院에 二重으로 공소가 제기된 경우에는 법원은 뒤에 제기된 공소를 판결로써 기각하여야 하며(법 327조 3호) 동일사건이 수개의 법원에 이중으로 공소제기된 경우에는 법원합의부, 먼저 공소제기된 법원 등이 심판하고(법 12조, 13조) 심판할 수 없게 된 법원은 결정으로 공소를 기각하여야 한다(법 328조 1항 3호).

(2) 公訴時效의 停止

공소제기에 의해서 공소시효의 진행이 정지된다(법 253조 1항). 공소제기에 의한 공소시효정지의 효력은 공소장에 기재된 공소사실과 동일성이 인정되는 범위 내의 사실 전부에 미친다.[2)] 예컨대 과형상 일죄의 일부에 대해서 공소가 제기되면

1) 백형구, 167면; 동저, 강의 474, 514면.

2) 백형구, 168면; 동저, 강의 475면; 이재상, 357면; 진계호, 412면; 임동규, 310면; 신양균, 320면; 정웅석, 460면.

다른 부분에 대해서도 공소시효의 진행이 정지된다. 共犯의 1인에 대해서 공소가 제기되면 다른 공범자에 대해서도 공소시효의 진행이 정지된다(동조 2항).

(3) 審判範圍의 限定

불고불리의 원칙에 의해서 법원은 공소제기가 없는 사건을 심판할 수 없다. 따라서 법원의 심판범위는 검사의 공소제기에 의해서 한정된다.

공소제기에 의해서 事件의 範圍가 한정된다고 설명하는 견해가 있으나[1] 공소제기 후에 공소장의 변경에 의해서 事件(公訴事實)의 내용이 변경된다는 점을 고려할 때 공소제기에 의해서 사건의 범위가 한정된다고 할 수 없다. 따라서 공소제기에 의해서 審判의 範圍가 限定된다는 표현이[2] 적절한 표현이라고 본다.

3. 公訴提起의 效力이 미치는 範圍

(1) 人的 範圍(主觀的 範圍)

공소제기의 효력은 공소장에 피고인으로 지정된 자에 대해서만 미치며 그 이외의 다른 사람에게 미치지 아니한다(법 248조 1항). 따라서 공범자 중 일부에 대한 공소제기의 효력은 공소제기되지 아니한 다른 공범자에게 미치지 아니한다. 다만 공소제기로 인한 공소시효정지의 효력은 피고인의 공범자에게도 미친다(법 253조 2항).

이른바 姓名冒用의 경우에 공소장에 피고인으로 표시된 피모용자는 피고인이 아니므로 공소제기의 효력은 冒用者에 대해서만 미치고 被冒用者에게는 미치지 아니한다(통설).[3]

(2) 物的 範圍(客觀的 範圍)

1) 公訴不可分의 原則 1개 범죄사실의 일부에 대해서만 공소제기가 있는 경우에도 그 공소제기의 효력은 1개 범죄사실의 전부에 미친다(법 248조 2항). 예컨대 포괄일죄(결합범·연속범·상습범) 또는 과형상 일죄의 일부에 대해서만 공소제기가 있는 경우에도 그 공소제기의 효력은 포괄일죄 또는 과형상 일죄의 전부에 미친다. 이를 公訴不可分의 原則이라고 한다.

2) 公訴事實의 同一性과 公訴提起의 效力 공소제기의 효력은 공소장에 기재된 범죄사실(공소사실)과 同一性이 인정되는 범위 내의 전부에 미친다.

---

1) 김기두, 239면; 정영석, 282면; 서일교, 291면; 염정철, 337면; 이재상, 357면; 정영석·이형국, 246면.

2) 백형구, 168면; 동저, 강의 475면; 진계호, 415면; 임동규, 297면; 신양균, 322면.

3) 백형구, 169면; 동저, 강의 476면; 이재상, 359면; 신동운, 380면; 배종대·이상돈, 390면; 송광섭, 72면; 진계호, 416면; 임동규, 298면.

예컨대 절도의 범죄사실로 공소제기된 경우 그 공소제기의 효력은 그 절도의 범죄사실과 同一性이 인정되는 범죄사실(장물보관 · 장물취득 · 횡령 · 공갈 · 강도 등)에 대해서도 미친다.

3) 審判의 範圍와의 關係 포괄일죄 · 과형상 일죄의 일부만을 공소제기한 경우에는 공소장에 기재된 범죄사실만이 審判의 現實的 範圍로 되며, 그 나머지 부분은 審判의 潛在的 範圍로 된다. 공소장에 기재된 공소사실과 同一性이 인정되는 범죄사실이라 할지라도 공소장변경절차에 의해서 공소장에 공소사실로 기재되지 아니하면 심판의 잠재적 대상으로 될 뿐 심판의 현실적 대상으로 되지 아니한다. 따라서 공소제기의 효력이 미치는 객관적 범위는 심판의 잠재적 범위와는 일치하나 심판의 현실적 범위와 일치하지 아니한 경우가 있다.[1)]

공소제기의 효력이 미치는 범위 내의 범죄사실에 대해서는 追加起訴가 허용되지 아니하며, 공소장변경절차에 의한 공소사실의 추가 · 철회 · 변경이 허용된다. 따라서 공소제기의 효력이 미치는 객관적 범위는 公訴狀變更의 許容範圍와 일치한다.[2)]

Ⅲ. 一罪의 一部에 대한 公訴提起

1. 總 說

1죄의 일부에 대한 공소제기라 함은 1죄의 全部에 대해서 범죄의 객관적 혐의가 인정되고 소송조건이 구비되어 있음에도 불구하고[3)] 검사가 1죄의 일부만을 공소제기한 경우를 말한다. 예컨대 강도상해죄(형 337조) · 강도강간죄(형 339조)의 혐의가 충분함에도 불구하고 검사가 강도죄(형 333조)로만 공소제기한 경우는 일죄의 일부를 공소제기한 경우에 해당한다.

검사가 1죄의 일부에 대해서만 공소를 제기한 경우에는 ① 그 공소제기가 適法한가, ② 그 공소제기의 효력이 1죄의 전부에 미치는가, ③ 1죄의 전부가 審判의 對象으로 되는가, ④ 1죄의 일부에 대한 유죄판결이 확정된 경우에 그 확정판결의 旣判力(一事不再理의 效力)이 1죄의 전부에 미치는가 등이 문제된

1) 백형구, 169면; 동저, 강의 477면.
2) 백형구, 169면; 동저, 강의 477면.
3) 따라서 1죄의 일부에 대해서만 범죄혐의가 인정되거나 1죄의 일부에 대해서만 소송조건이 구비된 경우는 1죄의 일부에 대한 공소제기가 적법한가의 문제는 발생하지 아니한다. 1죄의 일부에 대한 공소제기가 적법하다는 점에 의문이 없기 때문이다.

다. 1죄의 일부에 대한 공소제기는 과형상 일죄·포괄일죄에 관해서 문제되며 특히 結合犯에 관해서 논의의 실익이 있다.

2. 公訴提起의 適法性(許容性)

(1) 學 說

1죄의 일부에 대한 공소제기가 허용되는가에 관해서는 소극설, 적극설, 절충설이 대립되고 있다.

소극설은 1죄의 일부에 대한 공소제기가 허용되지 아니한다는 견해로서[1] 1개 범죄사실의 일부에 대한 공소제기의 효력은 그 전부에 미친다는 점을 이론적 근거로 내세우고 있다. 그러나 1죄의 일부에 대한 공소제기가 허용되지 아니하는 경우에는 1죄의 일부에 대한 공소제기에 대해서 공소제기의 不適法을 이유로 公訴를 棄却하여야 하는 데, 1죄의 일부를 유죄로 인정할 증거가 충분하고 소송조건이 존재함에도 불구하고 公訴를 棄却한다는 것은 심히 불합리하므로[2] 소극설에 대해서는 그 이론적 합리성을 인정하기 어렵다.

절충설은 1죄의 일부에 대한 공소제기는 원칙적으로 허용되지 아니하나 검사가 범죄사실의 일부를 豫備的 또는 擇一的으로 기재한 경우에 한하여 예외적으로 1죄의 일부에 대한 공소제기가 허용된다는 견해이다.[3] 그러나 1개 범죄사실의 일부(예컨대 강도상해죄의 일부인 강도사실)를 공소장에 예비적 또는 택일적으로 기재하는 경우가 없다는[4] 점을 고려할 때 절충설에 대해서는 그 이론적 합리성을 인정하기 어렵다.[5]

적극설은 1죄의 일부에 대한 공소제기는 適法하다는 견해이다.[6] 다만 그 이론적 근거에 관해서는 현행법이 변론주의를 취하고 있기 때문이라는견해,[7]

---

1) 김기두, 240면; 정영석, 282면; 서일교, 291면; 권오병, 286면; 염정철, 338면; 정영석·이형국, 247면; 배종대·이상돈, 393면.

2) 예컨대 강도강간(형 339조)의 범죄사실을 유죄로 인정할 증거가 충분하고 소송조건이 구비되어 있음에도 불구하고 검사가 강도의 범죄사실로만 공소제기한 경우에 그 공소제기가 부적법이라는 이유로 公訴棄却의 판결을 한다는 것은 심히 불합리하다.

3) 신동운, 387면.

4) 공소장에 기재된 1개 범죄사실의 일부만을 유죄로 인정한 경우에는 공소장의 변경을 요하지 아니하므로 1개 범죄사실의 일부를 예비적 또는 택일적으로 기재할 필요가 없다. 백형구, 강의 481면.

5) 백형구, 171면; 동저, 강의 480면.

6) 백형구, 172면; 강구진, 288면; 백형구, 강의 480면; 이재상, 361면; 차용석, 360면; 진계호, 418면; 임동규, 300면; 신양균, 325면.

7) 강구진, 287면.

현행법이 訴因制度를 채택하고 있기 때문이라는 견해,[1] 현행법이 公訴不可分의 原則(법 247조 2항)을 채택하고 있기 때문이라는 견해,[2] 公訴權의 主體가 검사이기 때문이라는 견해[3] 등이 대립되고 있다. 맨 마지막 견해가 타당하다고 본다. 적극설(적법설)에 의하면 과형상 일죄·포괄일죄(연속범·상습범·결합범)의 일부에 대한 공소제기는 적법하다.

(2) 親告罪의 一部에 대한 公訴提起

친고죄인 強姦罪에 관하여 告訴가 없음에도 불구하고 검사가 강간죄의 수단인 폭행 또는 협박만을 공소제기한 경우에는 법원은 공소제기의 위법·무효를 이유로 형사소송법 제327조 2호에 의하여 公訴棄却의 판결을 선고하여야 한다.[4] 이 경우 강간죄의 수단인 폭행·협박에 대한 공소제기를 허용한다는 것은 告訴의 客觀的 不可分의 原則에 反한다고 설명하는 견해가 있으나[5] 강간죄(친고죄)에 대하여 告訴가 없는 경우에는 고소의 객관적 불가분의 원칙이 적용되지 아니한다고 해석하여야 한다.[6]

친고죄인 強姦罪에 관하여 고소가 취소된 후 검사가 강간죄의 수단인 야간폭행 또는 야간협박을 폭력행위등처벌에관한법률 제 2 조 2항을 위반한 죄로 공소제기한 경우에는 告訴取消不可分의 原則에 의하여 강간죄에 관한 告訴取消의 효력이 강간죄의 수단인 야간폭행·야간협박에 미치므로 법원은 공소제기의 위법·무효를 이유로 형사소송법 제327조 2호에 의하여 公訴棄却의 판결을 선고하여야 한다.[7] 대법원판례도 동일한 견해이다.[8]

特殊強姦罪(共同強姦罪)는 非親告罪이므로(성폭력 15조) 특수강간죄의 피해자가 고소를 취소한 후 검사가 특수강간죄의 수단인 공동폭행사실을 폭력행위등처벌에관한법률 제 2 조 2항을 위반한 죄로 공소제기한 경우에는 그 1죄의 일부에 대한 공소제기는 적법하다.[9] 따라서 법원은 그 공소사실에 대해서 유죄·무죄의 실체판결을 하여야 한다.

1) 강구진, 288면.
2) 이재상, 361면; 정웅석, 440면.
3) 백형구, 172면; 동저, 강의 480면.
4) 백형구, 172면; 동저, 강의 480면; 이재상, 362면; 신동운, 388면; 배종대·이상돈, 395면; 진계호, 418면; 임동규, 301면; 신양균, 325면.
5) 이재상, 362면; 진계호, 418면; 임동규, 300면; 신양균, 325면.
6) 백형구, 강의 388면.
7) 백형구, 99, 173면; 동저, 강의 388면.
8) 大判(全合) 2002. 5. 16, 2002도51.
9) 백형구, 173면; 동저, 강의 393면.

3. 公訴提起의 效力

1죄의 일부에 대해서만 공소를 제기한 경우에도 그 공소제기의 효력은 1죄의 전부에 미친다(법 247조 2항). 이를 公訴不可分의 原則이라고 한다.

4. 審判의 對象

(1) 審判의 對象

심판의 대상에 관한 二元說에 의하면 공소장에 공소사실로 기재된 1죄의 일부만이 심판의 現實的 對象으로 되고 공소장에 공소사실로 기재되지 아니한 1죄의 나머지 부분은 審判의 潛在的 對象으로 된다. 이에 대해서 公訴事實對象說에 의하면 1죄의 전부가 심판의 현실적 대상으로 되고 訴因對象說에 의하면 1죄의 일부만이 심판의 대상으로 된다. 二元說에 의한 결론이 타당하다고 본다.

(2) 公訴狀의 變更

검사가 1죄의 일부에 대해서만 공소를 제기한 경우에도 1죄의 전부에 대해서 공소제기의 효력이 미치고 1죄의 전부가 심판의 잠재적 대상으로 되므로 검사는 1죄의 전부로 공소장을 변경할 수 있다(법 298조). 1죄의 전부로 공소장이 변경되면 1죄의 전부가 심판의 현실적 대상으로 된다.

5. 一事不再理의 效力이 미치는 範圍

검사가 1죄의 일부만을 공소제기하고 이에 따라 법원이 1죄의 일부에 대해서만 유죄 · 무죄의 실체판결을 한 경우에도 그 확정판결의 기판력(一事不再理의 효력)은 1죄의 전부에 미친다(통설 · 판례). 따라서 1죄의 일부에 대한 유죄판결이 확정된 후 1죄의 다른 부분이 공소제기된 경우에는 수소법원은 면소판결을 선고하여야 한다(법 326조 1호).

Ⅳ. 公訴의 取消

1. 公訴取消의 意義

(1) 공소의 취소라 함은 공소제기를 철회하는 검사의 법원에 대한 소송행위를 말한다. 공소의 취소는 공소제기의 撤回를 의미하므로 공소제기의 효력을 유지하면서 공소사실의 일부를 철회하는 公訴事實의 撤回는 공소의 취소가 아니

다. 예컨대 競合犯의 관계에 있는 수개의 공소사실(범죄사실) 중 일부를 철회하는 것은 公訴의 取消에 해당하고 科刑上 一罪 또는 包括一罪의 관계에 있는 수개의 공소사실 중 일부를 철회하는 것은 公訴狀變更에 의한 公訴事實의 撤回에 해당한다.

(2) 공소의 취소를 허용하는 주의를 公訴變更主義라고 하는 견해가 있으나[1] 公訴變更主義는 公訴狀의 變更을 허용하는 주의라는 의미로 해석될 여지가 있다는 점, 공소의 취소는 공소의 變更이 아니라 공소의 撤回·消滅[2]이라는 점을 고려할 때 공소변경주의라는 용어를 사용할 필요가 없다고 본다.[3]

(3) 공소의 취소를 허용하는 것은 起訴便宜主義의 論理的 歸結이라는 견해가 다수설이나[4] 공소의 취소는 可罰性이 희박한 경우뿐 아니라 피고사건에 대하여 소송조건이 부존재하거나 유죄의 증거가 불충분한 경우에도 허용된다는 점, 기소유예를 허용하는 경우에도 공소의 취소를 허용하지 아니하는 것이 논리적(이론적)으로 가능하다는 점 등을 고려할 때 공소의 취소를 허용하는 것은 起訴便宜主義의 論理的 歸結이 아니라고 본다.[5]

(4) 공소취소의 사유에는 제한이 없다. 可罰性이 희박한 경우뿐 아니라 유죄의 증거가 불충분하여 공소유지가 어려운 경우, 피고사건에 대하여 소송조건이 없게 된 경우(예컨대 친고죄에 관하여 고소가 취소된 경우)에도 공소취소가 허용된다. 피고사건에 대하여 소송조건이 없게 된 경우에는 법원은 공소기각 등의 재판으로 소송을 종결시킬 수 있으므로 피고사건에 대하여 소송조건이 없게 된 경우에도 반드시 공소를 취소하여야 하는 것은 아니다.[6]

2. 公訴取消의 節次

(1) 取消權者

검사는 공소를 취소할 수 있다. 그러나 재정신청사건에 대한 고등법원의 공소제기결정(법 262조 2항 2호)에 의하여 검사가 공소를 제기한 경우에는 공소의 취소가 허

1) 정영석, 272면; 서일교, 279면; 염정철, 328면; 강구진, 251면; 이재상, 330면; 정영석·이형국, 232면; 배종대·이상돈, 360면; 차용석, 363면; 진계호, 380면; 신양균, 494면.
2) 공소를 取消하면 공소가 消滅한다.
3) 백형구, 175면; 동저, 강의 483면.
4) 김기두, 231면; 정영석, 272면; 서일교, 279면; 권오병, 280면; 염정철, 328면; 이재상, 330면; 정영석·이형국, 232면; 배종대·이상돈, 360면; 차용석, 363면; 신양균, 493면.
5) 백형구, 175면; 동저, 강의 483면; 진계호, 379면; 백형구, 조해 538면.
6) 백형구, 176면; 동저, 강의 484면.

용되지 아니한다(법 264조의2). 고등법원의 공소제기결정(법 262조 2항 2호)에 의하여 검사가 공소를 제기한 경우(동조 6항)이므로 검사의 공소취소를 허용하지 아니한 것이다.

(2) 取消의 方式

공소의 취소는 서면 또는 구두로 할 수 있다(법 255조 2항). 공판정에서는 구두에 의한 공소취소가 허용된다(동조 2항 단서). 검사가 공소를 취소한 때에는 고소인 또는 고발인에게 그 취지를 통지하여야 한다(법 258조).

(3) 取消의 時期

공소의 취소는 제 1 심판결의 선고 전까지 허용된다(법 255조 1항). 다만 再審의 공판절차에서는 제 1 심판결의 선고 전이라 할지라도 공소의 취소가 허용되지 아니한다(통설 · 판례[1]). 제 1 심판결이 선고된 후에 검사가 공소를 취소한 경우에는 그 공소취소는 무효이다.

3. 公訴取消의 效果

(1) 公訴棄却의 決定

공소가 취소된 때에는 법원은 公訴棄却의 決定을 하여야 한다(법 328조 1항 1호). 이 결정에 대해서는 즉시항고가 허용된다(동조 2항). 즉시항고권자는 검사이다.

(2) 再起訴의 制限

공소의 취소에 의한 공소기각의 결정이 확정된 때에는 공소취소 후에 그 범죄사실에 대한 중요한 증거를 발견한 경우에 한하여 다시 공소를 제기할 수 있다(법 329조). 공소취소 후 유죄입증에 충분한 증거가 발견되지 아니하였음에도 불구하고 동일한 범죄사실로 재차 공소가 제기된 경우에는 公訴棄却의 판결을 하여야 한다(법 327조 4호).

공소취소 후 再起訴를 허용하는 것은 피고인의 法的 地位를 불안정하게 하므로 立法論的으로 고려할 필요가 있다고 설명하는 견해가 있으나[2] 공소취소 후의 재기소를 제한적으로 허용하는 현행법의 태도가 타당하다고 본다.[3] 죄인을 처벌하는 것이 형사소송의 목적이기 때문이다.[4] 명백히 有罪인 자를 처벌하지 않는다는 것은 형사사법의 정의에 반한다.

1) 大判 1976. 12. 26, 76도3203.
2) 김기두, 232면; 이재상, 332면.
3) 백형구, 178면; 동저, 강의 486면.
4) 백형구, 강의 486면.

제 4 절

公訴의 時效

I. 公訴時效의 意義와 本質

1. 公訴時效의 意義

(1) 공소의 시효라 함은 범죄 후 공소제기됨이 없이 일정한 기간이 경과되면 그 범죄에 관한 公訴權이 소멸하는 제도를 말한다.[1)]

(2) 공소시효는 공소제기 이전의 시효라는 점에서 裁判時效 또는 刑의 時效와 구별된다. 裁判時效라 함은 공소제기 후 裁判이 확정됨이 없이 일정한 기간이 경과하면 裁判權이 소멸하는 제도(법 249조 2항)를 말하고, 刑의 時效라 함은 형을 선고한 재판이 확정된 후 刑의 執行을 받음이 없이 일정기간이 경과하면 형의 執行權이 소멸하는 제도(형 77조)를 말한다. 刑事時效를 공소시효와 형의 시효로 二分하는 견해(刑事時效二分說)가 통설이나 公訴時效 · 裁判時效 · 刑의 時效(刑執行時效)로 三分하는 견해(刑事時效三分說)[2)]가 타당하다고 본다.

(3) 범인의 처벌은 형사소송의 목적이다. 그런데 공소시효가 완성되면 범인은 처벌을 면하게 된다. 범죄 후 수사가 개시되지 아니한 경우뿐 아니라 수사개시 후 범인이 도피한 경우에도 공소시효가 완성된다. 이와 같이 공소시효제도는 범죄 후 도피한 범인이 일정한 기간의 경과를 이유로 처벌을 면하는 제도라는 점에 특색이 있다. 즉 범죄 후 도피한 범인에게 일정기간의 경과를 이유로 不處

1) 백형구, 179면; 동저, 강의 487면; 이재상, 362면; 배종대 · 이상돈, 364면; 차용석, 416면; 임동규, 302면; 신양균, 312면; 정웅석, 445면.
2) 백형구, 179면; 동저, 강의 487면.

罰의 혜택을 주는 제도가 공소시효제도이다.[1)]

2. 公訴時效制度의 存在理由

공소시효제도의 존재이유는 ① 범죄 후 장기간이 경과한 범인의 사회생활의 안정을 파괴하여서는 안 된다는 점, ② 범죄 후 장기간이 경과되어 범죄에 대한 사회적 관심이 미약해졌다는 점, ③ 범죄 후 장기간이 경과됨으로써 증거가 없어져 재판의 공정을 기대하기 어렵다는 점, ④ 범인이 장기간 도피생활을 함으로써 커다란 정신적 고통을 받았다는 점 등이다.

3. 公訴時效의 本質

공소시효의 본질에 관해서는 實體法說과 訴訟法說이 대립되고 있다. 實體法說은 공소시효를 刑罰權의 소멸사유로 보는 견해이며, 訴訟法說은 공소시효를 公訴權의 소멸사유로 보는 견해이다. 실체법설이 다수설이나 소송법설[2)]이 타당하다고 본다. 수사권 · 공소권 · 재판권은 형벌권을 전제로 하지만 공소권과 형벌권은 이를 구별하여야 하기 때문이다.

Ⅱ. 公訴時效의 期間

1. 現行法上 公訴時效期間

공소시효기간은 法定刑의 輕重에 의하여 長短의 차이가 있다. 현행법상 공소시효의 最長期間은 15년이고 最短期間은 1년이다(법 249조 1항 1호 내지 7호).

2. 公訴時效期間의 基準

(1) 法 定 刑

공소시효기간의 기준으로 되는 刑은 處斷刑이 아니라 法定刑이다. 따라서 형법에 의하여 刑을 가중 또는 감경하는 경우에는 가중 또는 감경하지 아니한 형이 공소시효기간의 기준으로 된다(법 251조). 特別刑法이 규정한 범죄인 경우에는 그 범죄의 법정형이 그 기준으로 된다. 2개 이상의 형을 병과하거나 2개 이상의 형에서 그 1개를 과할 범죄에는 重한 刑이 그 기준으로 된다(법 250조).

---

1) 백형구, 180면; 동저, 강의 487면.
2) 백형구, 180면; 동저, 강의 488면; 이재상, 364면; 진계호, 407면; 정웅석, 449면.

(2) 문제되는 경우

공소시효기간의 기준으로 되는 法定刑과 관련하여 문제되는 경우는 다음과 같다.

1) **科刑上 一罪의 경우** 刑이 가장 무거운 죄의 법정형이 공소시효기간의 기준으로 된다는 견해가 있으나[1] 각 죄에 관하여 개별적으로 판단하여야 한다는 견해[2]가 타당하다. 과형상 일죄는 실질적으로 수죄이기 때문이다.

2) **公訴事實의 豫備的·擇一的 記載의 경우** 개별적으로 결정하여야 한다는 견해와[3] 刑이 가장 重한 죄의 법정형이 공소시효기간의 기준으로 된다는 견해[4]가 대립되고 있다. 후설은 공소사실의 예비적 또는 택일적 기재는 1개의 범죄사실에 한하여 허용된다는 점을 논거로 내세우고 있으나 공소사실이 수개이므로 전설이 타당하다고 본다. 따라서 예비적 공소사실이 유죄로 인정되나 공소제기 당시 공소시효가 완성된 경우에는 본위적 공소사실이 공소시효가 완성되지 아니한 경우에도 면소판결을 선고하여야 한다.

3) **公訴狀變更의 경우** 변경된 공소사실의 법정형이 공소시효기간의 기준으로 된다.[5]

4) **兩罰規定의 경우** 兩罰規定에 의한 事業主(法人)의 공소시효기간에 관해서는 행위자(종업원) 본인에 대한 법정형을 기준으로 삼아야 한다는 견해가 있으나[6] 사업주에 대한 법정형(벌금형)을 기준으로 삼아야 한다.[7] 처벌받는 사람, 즉 피의자·피고인이 다르기 때문이다.

5) **法定刑이 變更된 경우** 범죄 후 형법의 개정에 의해서 법정형이 가벼워진 경우에는 新法의 법정형이 공소시효기간의 기준으로 된다(통설·판례[8]) 형법 제1조 2항에 의해서 新法이 적용되기 때문이다. 범죄 후 형법의 개정에 의해서 法定刑이 무거워진 경우에는 新法의 法定刑이 그 공소시효기간의 기준으로 된다는 견해가 있으나[9] 舊法의 法定刑이 그 기준으로 된다고 해석하여야 한

1) 김기두, 234면.
2) 백형구, 181면; 동저, 강의 489면; 이재상, 366면; 신동운, 315면; 배종대·이상돈, 367면; 송광섭, 406면; 진계호, 409면; 임동규, 306면; 신양균, 316면; 정웅석, 451면.
3) 이재상, 364면; 신동운, 315면; 배종대·이상돈, 367면; 송광섭, 405면; 진계호, 409면; 임동규, 306면; 신양균, 316면; 정웅석, 451면; 백형구, 조해 509, 528면.
4) 백형구, 181면; 동저, 강의 466, 489면; 차용석, 371면.
5) 大判 2001. 8. 24, 2001도2902.
6) 신동운, 315면; 배종대·이상돈, 367면; 진계호, 409면; 신양균, 316면.
7) 백형구, 182면; 동저, 강의 490면; 이재상, 364면; 임동규, 305면.
8) 大判 1987. 12. 22, 87도84.
9) 이재상, 366면; 신동운, 316면; 송광섭, 406면; 진계호, 409면.

다.[1] 이 경우에는 형법 제 1 조 1 항에 의해서 舊法이 적용되기 때문이다.

6) 公訴時效期間이 變更된 경우 공소제기 전에 형사소송법의 개정에 의해서 공소시효기간이 변경된 경우에는 형사소송법의 부칙 등에서 특별히 규정하지 않는 한 형법 제 1 조를 類推適用하여 가장 짧은 공소시효기간을 기준으로 공소시효의 완성 여부를 판단하여야 하며, 공소제기 후에 형사소송법의 개정에 의해서 공소시효기간이 변경된 경우에는 공소제기시의 공소시효기간을 기준으로 공소시효의 완성 여부를 판단하여야 한다.[2]

3. 公訴時效期間의 起算點

(1) 犯罪行爲의 終了時

공소시효의 기산점은 범죄행위의 終了時이다(법 252조 1항). 結果犯인 경우에는 結果發生時가, 繼續犯(예컨대 감금죄 · 퇴거불응죄)인 경우에는 범죄행위가 끝난 때가 범죄행위의 종료시에 해당한다. 대통령이 재직중 내란죄 또는 외환죄를 범한 경우에도 공소시효의 기산점은 범죄행위의 종료시이다.

包括一罪(연속범 · 상습범)의 경우에는 最終의 범죄행위가 종료한 때부터 공소시효기간을 기산하여야 한다는 견해가 있으며[3] 대법원판례도 동일한 견해를 취하고 있으나[4] 연속범, 상습범 등 포괄일죄는 실질적으로 수죄이므로 각 행위에 관하여 공소시효기간을 기산하여야 한다고 해석하여야 한다.[5] 科刑上 一罪의 경우도 마찬가지이다(통설).[6] 과형상 일죄는 실질적으로 수죄이기 때문이다.

(2) 共犯에 관한 特則

공범의 경우에는 最終行爲가 종료한 때부터 全 共犯에 관한 공소시효기간을 기산한다(법 252조 2항). 임의적 공범이냐 필요적 공범이냐를 불문한다.

4. 公訴時效期間의 計算方法

공소시효기간의 初日(기산일)은 시간을 계산함이 없이 1일로 산정하고 공

1) 백형구, 182면.
2) 백형구, 182면; 동저, 강의 490면; 송광섭, 406면; 임동규, 307면; 신양균, 316면.
3) 강구진, 265면; 이재상, 367면; 신동운, 317면; 차용석, 420면; 진계호, 410면; 임동규, 308면; 신양균, 317면; 정웅석, 455면.
4) 大判 1996. 10. 25, 96도1088; 大判 2002. 10. 11, 2002도2939.
5) 백형구, 183면; 동저, 강의 490면.
6) 백형구, 183면; 강구진, 265면; 백형구, 강의 490면; 이재상, 367면; 차용석, 420면; 진계호, 410면; 신양균, 317면; 정웅석, 455면.

소시효기간의 末日이 공휴일에 해당하는 날이라도 공소시효기간에 산입한다(법 66조). 범인의 이익을 위하여 기간계산의 일반원칙(初日不算入·公休日不算入의 原則)에 대한 例外를 인정한 것이다.

Ⅲ. 公訴時效의 停止

1. 公訴時效停止의 意義

공소시효의 정지라 함은 공소제기 등 일정한 사유로 인하여 공소시효의 진행이 정지되는 것을 말한다. 공소시효의 정지는 정지사유가 소멸한 때로부터 나머지 공소시효기간이 진행한다는 점에서 공소시효의 중단과 다르다. 공소시효의 中斷이라 함은 중단 이전에 진행한 기간의 전부를 無效化하고 중단사유가 소멸한 때로부터 새로이 공소시효가 진행되는 것을 말한다. 구형사소송법(大正刑事訴訟法)에서는 공소시효의 정지 외에 공소시효의 中斷을 규정하였으나(구법 285조, 286조) 현행법은 공소시효의 중단을 인정하지 않고 있다. 이는 범인의 이익을 고려한 것이다.

2. 公訴時效停止의 事由

현행법이 규정하고 있는 정지사유는 다음과 같다.

(1) 公訴의 提起

공소제기에 의해서 공소시효의 진행이 정지된다(법 253조 1항). 공소제기가 적법·유효한 경우뿐 아니라 공소제기가 無效인 경우에도 공소시효의 진행이 정지된다. 공소제기에 의해서 진행이 정지된 공소시효는 公訴棄却 또는 管轄違反의 재판이 확정된 때부터 다시 진행한다(동조 1항 후단).

(2) 裁定申請

검사의 불기소처분에 대해서 재정신청이 있는 때에는 고등법원의 재정결정(법 262조 2항 1호, 2호)이 확정될 때까지 공소시효의 진행이 정지된다(법 262조의4 1항). 재정결정이 공소제기결정인 경우에는 공소시효는 계속 정지되며(법 262조의4 2항)[1] 기각결정인 경우에는 그 결정이 확정된 때부터 공소시효가 다시 진행된다.[2] 검찰항고가 있

1) 고등법원의 공소제기결정이 있는 때에는 공소시효에 관하여 그 결정이 있는 날에 공소가 제기된 것으로 본다(동조 2항). 따라서 공소제기결정이 확정된 날의 다음 날부터 공소를 제기한 날의 전날까지의 기간에는 공소시효의 진행이 정지된다.

2) 백형구, 185면; 동저, 강의 492면; 신양균, 319면.

는 때에는 공소시효의 진행이 정지되지 아니한다.

(3) 犯人의 國外逃避

범인이 형사처분을 면할 목적으로 國外에 있는 경우 그 기간 동안 공소시효의 진행이 정지된다(법 253조 3항). 형사소송법의 제8차 개정시(1995. 12. 29)에 공소시효의 정지사유로 규정하였다. 범인이 오로지 형사처분을 면할 목적으로 국외에 있는 경우뿐 아니라 범인이 국외에 체류한 목적에 형사처분을 면할 목적이 있으면 공소시효의 정지사유에 해당한다.[1)]

(4) 少年法上의 審理開始決定

소년법 제20조에 의한 심리개시결정이 있는 때에는 그 사건에 관한 保護處分의 決定이 확정될 때까지 공소시효의 진행이 정지된다(소년 54조).

(5) 大統領의 不訴追特權과 公訴時效의 停止

대통령이 재직기간중 내란죄·외환죄 이외의 죄를 범한 경우 공소시효의 진행이 정지되는가에 관해서는 적극설[2)]과 소극설[3)]이 대립되고 있다. 적극설은 재직중인 대통령에 대해서는 형사소추(공소제기)가 허용되지 아니한다(헌 84조)는 점을 논거로 내세우고 있으나 현행법에는 대통령이 재직기간중 공소시효의 진행이 정지된다는 규정이 없다는 점, 피의자·피고인에게 불이익한 방향으로는 유추적용 또는 확대해석이 허용되지 아니한다는 점 등을 고려할 때 소극설이 타당하다고 본다. 다만 헌법재판소의 결정은 적극설을 취하고 있다.[4)] 立法論으로는 대통령의 재직기간중에는 공소시효의 진행이 정지된다는 明文規定을 두는 것이 타당하다고 본다.[5)]

3. 公訴時效停止의 效力이 미치는 範圍

(1) 主觀的 範圍

공범자의 1인에 대해서 공소제기가 있으면 다른 공범자에 대해서도 공소시효의 진행이 정지된다(법 253조 2항). 범인 아닌 자에 대한 공소제기에 의해서 眞犯人에 대한 공소시효가 정지되느냐에 관해서 적극설이 있으나[6)] 소극설[7)]이 타당하

1) 大判 2002. 10. 11, 2002도3641; 大判 2003. 1. 24, 2002도4994; 大判 2005. 12. 9, 2005도7527.
2) 신동운, 320면; 진계호, 411면; 임동규, 309면; 신양균, 319면; 정웅석, 459면.
3) 백형구, 185면; 동저, 강의 493면.
4) 憲裁決定 1995. 1. 20, 94헌마246.
5) 백형구, 185면; 동저, 강의 493면; 송광섭, 408면.
6) 靑柳 등, 주석 2권 378면(臼井).
7) 백형구, 186면; 동저, 강의 493면; 이재상, 368면; 신동운, 321면; 배종대·이상돈, 370면;

다고 본다. 眞犯人은 피고인의 共犯者가 아니기 때문이다. 대법원판례도 소극설을 취하고 있다.[1)]

(2) **客觀的 範圍**

공소장에 기재된 공소사실과 同一性이 인정되는 범위 내의 사실 전부에 미친다. 예컨대 강도의 공소사실이 공소제기된 경우에는 그 강도의 범죄사실과 동일성이 인정되는 범죄사실(절도 · 공갈 등)에 대해서도 공소시효의 진행이 정지되며 과형상 일죄의 일부가 공소제기된 경우에는 나머지 부분에 대해서도 공소시효의 진행이 정지된다.

Ⅳ. 公訴時效의 完成

(1) 공소장에 기재된 공소사실에 관한 공소시효의 완성 여부는 공소제기시를 기준으로 판단하여야 한다. 공소제기에 의해서 공소시효의 진행이 정지되기(법 253조 1항) 때문이다. 공판심리중 공소장이 변경된 경우에 변경된 공소사실에 관한 공소시효의 완성 여부도 공소제기시를 기준으로 판단하여야 한다(통설 · 판례[2)]). 이 경우 공소시효기간의 기준으로 되는 법정형은 변경된 공소사실의 법정형이다.

공소사실에 관하여 공소제기시에 공소시효가 완성된 경우에는 법원은 면소판결을 선고하여야 한다(법 326조 3호).

(2) 수사중인 피의사건에 관하여 공소시효가 완성된 경우에는 검사는 공소권이 없음을 이유로 不起訴處分을 하여야 한다. 이 경우 공소시효의 완성 여부는 불기소처분시를 기준으로 판단하여야 한다.

Ⅴ. 裁判時效

(1) **裁判時效의 意義**

재판시효라 함은 공소제기 후 재판이 확정됨이 없이 15년을 경과하면 裁判權이 소멸하는 제도를 말한다.[3)] 공소시효가 완성되면 公訴權이 소멸하나 재판시효가 완성되면 裁判權이 소멸한다. 재판시효를 擬制公訴時效라고 하는 견해가

차용석, 422면 ; 진계호, 412면 ; 임동규, 309면 ; 신양균, 319면 ; 정웅석, 460면.

1) 大判 1999. 3. 9, 98도4621.

2) 大判 1981. 2. 10, 80도3245 ; 大判 1992. 4. 24, 91도3150 ; 大判 2001. 8. 24, 2001도2902 ; 大判 2002. 1. 22, 2001도4014 ; 大判 2002. 10. 11, 2002도2939.

3) 백형구, 187면 ; 동저, 강의 494면 ; 동저, 조해 511면.

있다.[1]

(2) 裁判時效의 期間

재판시효의 기간은 공소가 제기된 때로부터 15년이다(법 249조 2항). 따라서 재판시효기간의 기산일은 공소가 제기된 날이다(법 66조 1항). 재판시효에 관해서는 停止事由가 없다. 예컨대 공소제기 후 공판심리를 진행하여 1심판결 또는 2심판결이 선고된 경우에도 재판시효의 진행은 정지되지 아니한다.

(3) 裁判時效의 完成

공소제기 후 그 피고사건에 대한 판결이 확정됨이 없이 15년이 경과되면 공소시효가 완성한 것으로 간주한다(법 249조 2항). 즉 재판시효가 완성된다. 공소제기된 피고사건에 관하여 재판시효가 완성된 경우에는 법원은 免訴判決을 선고하여야 한다(법 326조 3호). 재판시효의 폐지를 주장하는 견해가 있으나[2] 폐지해서는 안 된다고 본다. 공소제기 후 15년이 경과되도록 재판이 확정되지 아니한 경우는 재판시효의 완성을 인정하여야 하기 때문이다.

1) 이재상, 365면; 신동운, 313면; 배종대·이상돈, 366면; 차용석, 422면; 정웅석, 450면.
2) 신동운, 314면.

제 5 절

裁定申請 · 裁定決定

I. 總　　說

(1) 검사의 불기소처분에 대하여 고소인은 고등법원에 재정신청을 할 수 있으며, 고등법원은 재정신청이 이유 있다고 인정한 때에는 사건에 대한 공소제기결정을 하여야 하고, 이 결정이 있는 때에는 지방검찰청 또는 지청의 검사는 공소를 제기하여야 한다. 이 사건에 대한 공소유지는 검사가 한다.

(2) 2007년 6월 1일 형사소송법의 개정시에 재정신청 · 재정결정에 관한 규정을 큰 폭으로 개정하였다. ① 구법(2007. 6. 1 개정 이전의 형사소송법)은 재정신청의 대상을 형법 제123조, 제124조, 제125조의 죄에 관한 불기소처분으로 한정하였으나 개정법은 모든 범죄의 불기소처분으로 확대하였고, ② 구법은 고소인과 고발인에게 재정신청권을 인정하였으나 개정법은 원칙적으로 고소인에게만 재정신청권을 인정하였으며, ③ 구법은 재정신청에 관하여 항고전치주의를 채택하지 아니 하였으나 개정법은 항고전치주의를 원칙으로 하고 있으며, ④ 구법은 고등법원이 재정신청사건을 심리한 결과 재정신청이 이유 있다고 인정한 때에는 부심판결정(사건을 지방법원의 심판에 부한다는 결정)을 하여야 한다고 규정하였으나 개정법은 사건에 대한 공소제기결정을 하여야 한다고 규정하고 있고, ⑤ 구법은 고등법원의 부심판결정에 의하여 공소제기가 의제된다고 규정하였으나 개정법은 고등법원의 공소제기결정이 있으면 지방검찰청 또는 지청의 검사는 공소를 제기하여야 한다고 규정하고 있으며, ⑥ 구법은 공소유지자로 지정된 변호사가 공소를 유지하여야 한다고 규정하였으나 개정법은 공소유지지정변호사에 관한 규정을 삭제

하였다.

Ⅱ. 裁定申請

1. 裁定申請權者

재정신청권자는 검사가 불기소처분을 한 사건의 告訴人이다(법 260조 1항). 다만 형법 제123조 내지 제125조의 죄인 경우에는 고소인뿐 아니라 고발인도 재정신청권이 있다(법 260조 1항).

2. 裁定申請의 對象

모든 범죄의 불기소처분이 재정신청의 대상으로 한다(동조 1항). 2007년 6월 1일 형사소송법의 개정시에 재정신청의 대상을 확대하였다. 불기소처분의 이유는 불문한다. 따라서 기소유예는 물론 혐의 없음을 이유로 한 불기소처분에 대해서도 재정신청이 허용된다.

3. 抗告前置主義

재정신청을 하려면 검찰청법 제10조에 따른 항고를 거쳐야 한다(법 260조 2항 본문). 개정법 제260조 제2항 본문은 항고전치주의를 채택하고 있다. 다만 다음의 경우에는 검찰항고를 거치지 아니하고 재정신청을 할 수 있다(동조 단서 1호 내지 3호)

(1) 항고 이후 재기수사가 이루어진 다음에 다시 공소를 제기하지 아니한다는 통지를 받은 경우(1호)

(2) 항고신청 후 항고에 대한 처분이 행하여지지 아니하고 3개월이 경과한 경우(2호)

(3) 검사가 공소시효 만료일 30일 전까지 공소를 제기하지 아니한 경우(3호)

4. 裁定申請의 期間 · 方式 · 取消 · 效力

(1) 재정신청의 기간

재정신청은 항고기각의 통지를 받은 날 또는 형사소송법 제260조 제2항 단서 각호의 사유가 발생한 날부터 10일 이내이다(법 260조 3항).[1] 재정신청기간이 경과된 후의 재정신청은 무효이다.

---

1) 다만 동조 2항 3호의 경우에는 공소시효만료일 전날까지가 재정신청기간이다(동조 3항 단서).

(2) 재정신청의 방식

재정신청을 함에는 재정신청서를 불기소처분을 한 검사가 소속한 지방검찰청 또는 지청의 검사장 또는 지청장에게 제출하여야 하며(동조 3항), 재정신청서에는 재정신청의 대상이 되는 사건의 범죄사실 및 증거 등 재정신청을 이유 있게 하는 사유를 기재하여야 한다(동조 4항). 재정신청은 대리인에 의하여 할 수 있다(법 264조 1항).

(3) 재정신청의 취소

재정신청은 고등법원의 재정결정이 있을 때까지 취소할 수 있다(동조 2항). 재정신청을 취소한 자는 다시 재정신청을 할 수 없다(동조 2항).

(4) 재정신청의 효력

재정신청이 있는 때에는 고등법원의 재정결정이 확정될 때까지 공소시효의 진행이 정지된다(법 262조의4 제 1 항).

5. 檢察廳의 處理

재정신청서를 제출받은 지방검찰청 또는 지청의 검사장 또는 지청장은 신청이 이유 있는 것으로 인정하는 때에는 즉시 공소를 제기하고 그 취지를 관할 고등법원과 재정신청인에게 통지하여야 하며, 신청이 이유 없는 것으로 인정하는 때에는 기록을 관할 고등검찰청을 경유 하여 관할 고등법원으로 송부하여야 한다(법 261조).

Ⅲ. 裁定決定

1. 高等法院의 審理

고등법원은 필요한 때에는 증거를 조사할 수 있다(법 262조 2항). 따라서 피의자조사, 재정신청인조사, 참고인조사, 검증 등을 할 수 있다. 재정신청사건의 심리절차에서 피의자구속, 압수 · 수색이 허용되는가에 관해서는 적극설[1]과 소극설[2]이 대립되고 있다. 적극설은 재정신청사건을 심리하는 고등법원은 受訴法院에 準한다는 점을 논거로 내세우고 있으나 ① 재정신청사건을 심리하고 있는 법원은 수소법원이 아니라는 점, ② 구속, 압수, 수색은 증거조사에 해당하지 아니하고 강제처분에 해당한다는 점, ③ 재정신청사건의 심리절차에서 구속 · 압수 · 수색을

1) 강구진, 256면; 이재상, 336면; 신동운, 280면; 배종대 · 이상돈, 401면; 송광섭, 413면; 진계호, 388면; 임동규, 315면; 신양균, 333면; 정웅석, 376면.

2) 백형구, 강의 434면; 차용석, 407면.

허용하는 명문규정이 없다는 점, ④ 구속·압수·수색을 허용하는 명문규정이 없음에도 불구하고 이를 허용한다는 것은 強制處分法定主義에 배치된다는 점 등을 고려할 때 소극설이 타당하다고 본다.

재정신청사건의 심리절차에서 법관에 대한 피의자의 기피신청이 허용되느냐에 관해서 이를 부정하는 견해(소극설)[1]가 있으나 이를 긍정하는 견해(적극설)[2]가 타당하다고 본다. 재정결정은 재판이며 재정결정의 공정이 요청되기 때문이다. 재정신청사건의 심리는 특별한 사정이 없는 한 공개하지 아니한다(법 262조 3항).

2. 高等法院의 裁定決定

고등법원은 재정신청서를 송부받은 날부터 3개월 이내에 재정결정을 하여야 한다(법 262조 2항). 3개월 이내는 훈시기간이다. 고등법원이 재정결정을 한 때에는 즉시 재정결정서의 정본을 재정신청인, 피의자와 관할 지방검찰청 또는 지청의 검사장 또는 지청장에게 송부하여야 한다(동조 5항). 재정신청에 대한 고등법원의 재정결정에는 기각결정과 공소제기결정이 있다.

(1) 棄却決定

재정신청이 법률상의 방식에 위배되거나 이유 없는 때에는 결정으로 재정신청을 기각하여야 한다(법 262조 2항 1호). 재정신청권이 없는 자가 재정신청을 한 경우, 재정신청기간이 경과된 후에 재정신청을 한 경우는 재정신청이 법률상 방식에 위배된 경우에 해당한다.

재정신청서를 직접 고등법원에 제출한 경우도 재정신청의 방식이 법률에 위배된 경우에 해당하나, 이 경우에는 재정신청을 기각하여서는 안 되고 재정신청서를 관할 지방검찰청 또는 지청의 검사장 또는 지청장에게 송부하여야 한다.[3] 이 경우 재정신청기간의 경과 여부는 재정신청서가 지방검찰청 또는 지청에 도달한 때를 기준으로 판단하여야 한다.

재정신청이 이유 없는 때라 함은 검사의 불기소처분이 정당하다고 인정되는 경우를 말한다. 검사의 無嫌疑不起訴處分에 대한 재정신청사건을 심리한 결과 범죄의 客觀的 嫌疑는 인정되나 기소유예를 함이 상당하다고 인정되는 경우도 재정

1) 신동운, 280면.
2) 백형구, 강의 435면; 이재상, 337면; 배종대·이상돈, 402면; 송광섭, 414면; 차용석, 407면; 진계운, 388면; 임동규, 315면; 신양균, 333면.
3) 백형구, 강의 435면; 이재상, 337면; 신동운, 281면; 배종대·이상돈, 402면; 차용석, 409면; 진계호, 389면; 임동규, 316면.

신청이 이유 없는 경우에 해당한다고 본다.[1] 대법원판례도 동일한 견해이다.[2]

재정신청이 기각된 사건에 대하여는 다른 중요한 증거를 발견한 경우를 제외하고는 소추가 허용되지 아니한다(동조 4항). 피의자의 법적 안정성을 보호하기 위해서 검사의 공소제기를 제한하고 있다.

(2) 公訴提起決定

재정신청이 이유 있다고 인정하는 때에는 사건에 대한 공소제기결정을 하여야 한다(동조 2항 2호). 2007년 6월 1일 형사소송법의 개정시에 부심판결정을 공소제기결정으로 바꾸었다. 고등법원이 공소제기결정을 한 때에는 사건기록을 관할 지방검찰청 또는 지청의 검사장 또는 지청장에게 송부하여야 한다(법 262조 5항 후단). 이 경우의 기록송부는 공소의 제기 및 유지를 위해서 필요하다.

고등법원이 공소제기결정을 한 때에는 지방검찰청 또는 지청의 검사는 공소를 제기하여야 한다(동조 6항). 이 경우 그 사건에 대한 공소유지는 검사가 한다.[3] 고등법원의 공소제기결정에 의하여 공소를 제기한 경우에는 검사는 그 공소를 취소할 수 없다(법 264조의2).

(3) 裁定決定에 대한 不服

고등법원의 공소제기결정에 대해서는 불복(항고)이 허용되지 아니한다(법 262조 4항). 구법하의 부심판결정에 대해서는 재항고가 허용하지 아니한다는 것이 통설 · 판례이었다.

재정신청을 기각하는 결정에 대해서 대법원에 재항고가 허용되느냐에 관해서는 소극설[4]과 적극설[5]이 대립되고 있다. 소극설은 구형사소송법 제262조 제 2 항[6]이 재정결정에 대해서 항고를 금지하고 있다는 점을 논거로 내세우고 있으나 형사소송법 제415조가 고등법원의 결정에 대해서 법령위반을 이유로 한 재항고를 허용하고 있으므로 적극설이 타당하다고 본다. 대법원판례도 적극설을 취하고 있다.[7]

---

1) 백형구, 강의 435면; 이재상, 337면; 배종대 · 이상돈, 402면; 송광섭, 414면; 진계호, 389면; 임동규, 316면; 신양균, 334면; 反對說: 신동운, 281면.
2) 大決 1986. 9. 16, 85모37; 大決 1996. 3. 11, 96모1; 大決 1997. 4. 22, 97모30.
3) 구법하에서는 공소유지지정변호사가 공소를 유지하였다(구법 265조).
4) 김기두, 244면; 정영석, 286면; 서일교, 302면; 권오병, 293면; 염정철, 345면; 강구진, 257면; 이재상, 338면; 차용석, 409면; 진계호, 390면.
5) 백형구, 강의 436면; 신동운, 282면; 송광섭, 415면; 임동규, 317면; 정웅석, 402면.
6) 개정법 제262조 4항도 재정결정에 대한 불복을 금지하고 있다.
7) 大決 1965. 5. 12, 64모38; 大決 1985. 7. 29, 85모16; 大決 1988. 1. 29, 86모58(권인숙양 성고문사건); 大決(全合) 1997. 11. 20, 96모119.

Ⅳ. 裁定申請人의 費用負擔

(1) 재정신청기각결정이 확정되거나 재정신청인이 재정신청을 취소한 경우에 법원은 결정으로 재정신청인에게 신청절차에 의하여 생긴 비용의 전부 또는 일부를 부담하게 할 수 있으며(법 262조의3 제1항), 법원은 직권 또는 피의자의 신청에 따라 재정신청인에게 피의자가 재정신청절차에서 부담하였거나 부담할 변호인선임료 등 비용의 전부 또는 일부의 지급을 명할 수 있다(동조 2항). 재정신청권의 남용을 억제하고 재정신청권을 남용한 자에 대한 재재를 위해서 재정신청인에게 비용을 부담시킨 것이다. 제 1 항 및 제 2 항의 결정에 대하여는 즉시항고를 할 수 있다(동조 3항).

(2) 제 1 항 및 제 2 항에 따른 비용의 지급범위와 절차 등에 대하여는 대법원규칙으로 정한다(동조 4항).

제 4 장 公　　判

제 1 절　總　　說
제 2 절　審判의 對象
제 3 절　公判審理
제 4 절　受訴法院의 強制處分
제 5 절　公判의 終局裁判

제 1 절

總　說

Ⅰ. 公判節次의 意義

공판절차라 함은 受訴法院이 公判期日에 公判廷에서 刑事被告事件에 대하여 행하는 審判節次를 말한다. 審判이란 審理와 判決을 의미하므로[1] 공판절차는 公判審理節次와 判決節次로 구분된다. 예컨대 공판기일에서의 피고인신문 · 증인신문은 공판심리절차에 해당하고 공판기일에서의 유죄판결 · 무죄판결의 선고는 공판의 판결에 해당한다. 형사피고사건에 대한 공판절차는 正式의 공판절차에 의함이 원칙이나 예외적으로 簡易公判節次에 의한 심판이 허용된다.

약식절차 · 즉결심판절차는 형사피고사건에 대한 법원의 심판절차이나 공판기일에서의 심판절차가 아니므로 공판절차가 아니며 재정신청사건에 대한 심판절차, 증거보전절차, 참고인에 대한 증인신문절차는 수소법원의 피고사건에 대한 심판절차가 아니므로 공판절차가 아니다.[2] 수사절차는 공판절차 이전의 형사절차이며 재판의 집행절차는 공판절차 이후의 형사절차이다.

Ⅱ. 公判中心主義

1. 意　義

공판중심주의라 함은 受訴法院이 피고사건의 실체에 대한 유죄 · 무죄의 心

1) 백형구, 203, 208, 347면.
2) 백형구, 203면.

證形成을 公判審理에 의하여야 한다는 원칙을 말한다.[1] 따라서 공판중심주의의 형사절차에서는 공판기일의 심리절차가 형사절차의 중심적 절차로 되며 그 이외의 형사절차(예컨대 수사절차 · 증거보전절차)는 공판심리절차에 대한 준비적 절차로서의 의미를 갖는다.

2. 制度的 表現

(1) 公訴狀一本主義

法官이 白紙의 심리상태에서 공판심리를 시작하여야만 법관은 공판심리에 의하여 비로소 피고사건의 실체에 관한 유죄 · 무죄의 심증형성이 가능하게 된다(통설). 따라서 공소장일본주의는 공판중심주의의 제도적 표현에 해당한다.

(2) 證據能力의 制限 · 公判期日의 證據調査

피의자신문조서 · 피해자진술조서 · 참고인진술조서 · 검증조서 · 실황조사서 등 수사단계에서 작성된 서류는 피고인이 증거로 함에 동의를 하지 아니한 경우에는 공판기일의 증거조사에 의해서 그 成立의 眞正이 증명되어야 증거능력이 인정된다(법 312조, 313조). 이는 직접심리주의의 요청인 동시에 공판중심주의의 요청이다. 이러한 의미에서 수사서류의 증거능력을 제한하는 것은 공판중심주의의 제도적 표현이라고 할 수 있다.[2]

검사가 유죄의 증거로 제출한 수사서류(예컨대 수사기관 작성 피해자진술조서, 참고인진술조서)에 대해서 피고인 또는 그 변호인이 증거로 함에 부동의한 경우에는 공판기일의 증인신문절차에서 피고인 또는 그 변호인이 그 조서의 원진술자(증인)에 대해서 반대신문을 하여야 그 조서의 증거능력을 인정하는 제도(법 312조 4항)도 공판중심주의의 제도적 표현에 해당한다.

(3) 公判開始 후 捜査의 制限

피고사건에 대한 공판이 개시된 후에는 수사기관의 피고인조사 · 참고인조사 · 압수 · 수색 · 검증 등의 수사가 허용되지 아니한다고 해석하여야 한다. 공판이 개시된 후에 수사를 허용한다는 것은 공판중심주의의 취지에 어긋나기 때문이다.[3]

---

1) 백형구, 204면; 동저, 강의 501면; 이재상, 349면; 정영석 · 이형국, 257면; 배종대 · 이상돈, 410면; 진계호, 422면.
2) 백형구, 205면; 동저, 강의 502면.
3) 백형구, 205면; 동저, 강의 502면.

(4) 公開主義와의 關係

공개주의를 공판중심주의의 제도적 표현에 해당시키는 견해가 있으나[1]공판중심주의의 소송구조를 채택하지 아니한 경우(예컨대 예심제도를 채택한 경우)에도 공개주의는 공판절차의 기본원칙이라는 점, 공판심리를 공개한다는 것과 공판심리에 의해서만 유죄·무죄의 심증을 형성하여야 한다는 것은 그 의미가 다르다는 점 등을 고려할 때 공개주의는 공판중심주의의 제도적 표현이 아니라고 보는 것이 타당하다.[2]

Ⅲ. 公判節次의 基本原則

현행법상 공판절차의 기본원칙에는 공개주의·구두변론주의·직접심리주의·집중심리주의가 있다(통설).

1. 公開主義

공개주의라 함은 일반국민에게 審判(審理와 判決)의 방청을 허용하는 주의를 말한다. 공개주의는 심판의 적정과 재판에 대한 국민적 신뢰를 위해서 요청된다. 헌법과 법원조직법은 공개주의의 원칙을 명문으로 규정하고 있다(헌 109조, 27조 3항; 법조 57조).

2. 口頭辯論主義

구두변론주의는 書面審理主義에 대한 개념으로서 당사자의 口頭에 의한 辯論(主張·立證)을 기초로 하여 심리와 판결을 하는 주의를 말하다.[3] 현행 형사소송법 제275조의3은 「공판정에서의 변론은 구두로 하여야 한다」고 규정하여 공판심리에 관한 구두변론주의의 원칙을 명문으로 규정하고 있다.

구두변론주의를 口頭主義와 辯論主義로 구분하고 辯論主義를 職權主義에 대한 개념으로 사용하는 것이 다수설이나[4] ① 職權主義的 공판심리절차에서도 구두변론주의는 공판심리의 기본원칙이라는[5] 점, ② 공판심리절차에서 당사자가

1) 정영석, 「公判中心主義」, 고시연구 1983년 12월호, 100면; 차용석, 431면.
2) 백형구, 206면; 동저, 강의 502면; 진계호, 424면.
3) 백형구, 207면; 동저, 강의 498면.
4) 김기두, 248면; 정영석, 289면; 염정철, 348면; 강구진, 324면; 이재상, 376면; 신동운, 547면; 배종대·이상돈, 414면; 차용석, 438면; 진계호, 427면; 임동규, 325면; 신양균, 500면.
5) 職權主義的 소송구조를 채택한 舊刑事訴訟法(大正刑事訴訟法)은 구두변론주의의 원칙을 명문으로 규정하고 있다(동법 48조 1항).

변론을 口頭로 한다는 것과 공판심리의 주도권을 당사자에게 인정한다는 것은 그 의미가 다르다는 점, ③ 職權主義에 대한 개념은 辯論主義가 아니라 當事者主義라는 점, ④ 辯論主義는 당사자에게 辯論(主張 · 立證)을 허용하는 주의를 의미한다고 해석하여야 한다는 점, ⑤ 공판심리절차에서 당사자(검사 · 피고인 · 변호인)에게 변론을 허용하지 아니한 국가(법제)가 없다는 점 등을 고려할 때 구두변론주의는 서면심리주의에 대한 개념으로 사용하는 것이 타당하다고 본다.[1]

3. 直接審理主義

직접심리주의라 함은 법원이 공판정에서 직접 조사한 증거에 한해서 재판의 기초로 삼을 수 있다는 주의를 말한다. 직접주의라고도 한다. 직접심리주의는 법관에게 정확한 심증을 형성하도록 하기 위해서 그리고 피고인에게 증거에 대한 변명의 기회를 주기 위해서 요구되는 원칙이다. 공판개정 후 판사의 更迭이 있는 때에 공판절차를 갱신한 제도(법 301조), 전문증거의 증거능력을 제한하는 전문법칙(법 310조의2), 증거조사절차에서 서류와 물건을 당사자에게 제시하고 그 요지를 고지하는 제도(법 292조) 등은 직접심리주의의 요청에 의한 제도이다.

4. 集中審理主義

공판심리를 중단하지 아니하고 가급적 계속하여야 한다는 원칙을 계속심리주의 또는 집중심리주의라고 한다. 집중심리주의는 재판의 신속을 위해서 요청된다. 2007년 6월 1일 형사소송법의 개정시에 집중심리주의를 명문으로 규정하고 있다. 즉 형사소송법 제267조의2는 '집중심리'라는 제목으로 「공판기일의 심리는 집중되어야 한다(1항). 심리에 2일 이상이 필요한 경우에는 부득이한 사정이 없는 한 매일 계속 개정하여야 한다(2항). 재판장은 여러 공판기일을 일괄하여 지정할 수 있다(3항). 재판장은 부득이한 사정으로 매일 개정하지 못하는 경우에도 특별한 사정이 없는 한 전회의 공판기일부터 14일 이내로 다음 공판기일을 지정하여야 한다(4항). 소송관계인은 기일을 준수하고 심리에 지장을 초래하지 아니하도록 하여야 하며, 재판장은 이에 필요한 조치를 할 수 있다(5항).」고 규정하고 있다. 특정강력범죄의 처벌에 관한 특례법도 집중심리주의를 명문으로 규정하고 있다(동법 10조).

1) 백형구, 207면; 동저, 강의 498~499면; 동저, 조해 567면.

Ⅳ. 事件의 單一性 · 同一性

1. 刑事事件의 意義

형사사건은 이를 刑事被疑事件과 刑事被告事件으로 구분할 수 있다. 피의자와 그 피의자의 범죄사실(피의사실)이 형사피의사건이며 被告人과 그 피고인의 犯罪事實(公訴事實)이 刑事被告事件이다. 공판절차에 있어 사건이라 함은 刑事被告事件을 의미한다.

公判節次는 형사피고사건을 대상으로 하여 행하여지는 심판절차이므로 그 심판의 대상 내지 범위의 기준으로서 문제되는 것이 事件의 單一性 · 同一性의 문제이다. 즉 사건의 단일성 · 동일성은 공소제기의 효력이 미치는 범위, 공판심리의 범위, 공소장변경의 허용범위, 일사부재리의 효력이 미치는 범위를 정하는 기준으로 된다.[1)]

2. 事件의 單一性

(1) 意 義

被告人이 1인이고 犯罪事實(公訴事實)이 1개인 경우에는 事件(被告事件)이 1개인 경우에 해당한다. 피고인이 수인인 경우에는 그 수인의 피고인이 공범관계에 있는 경우에도 사건은 수개이며 범죄사실이 수개인 경우에는 피고인이 1인인 경우에도 사건은 수개이다. 공소사실이 공소장에 예비적 또는 택일적으로 기재된 경우는 1개의 사건에 해당한다. 범죄사실이 1개이기 때문이다.

科刑上 一罪와 包括一罪(연속범 · 상습범)는 실질적으로 數罪이나 형사소송법상으로는 1죄로 취급된다. 따라서 과형상 1죄 또는 포괄일죄의 관계에 있는 공소사실은 單一한 사건에 해당한다.[2)]

(2) 訴訟法上 效果

1) 公訴提起의 效力이 미치는 範圍 事件이 單一하면 공소제기의 효력은 그 사건의 전부에 미친다. 1개 범죄사실의 일부에 대한 공소제기의 효력은 1개 범죄사실의 전부에 미친다(법 248조 2항). 이를 公訴不可分의 原則이라고 한다.

2) 公判審理의 範圍 單純一罪 · 包括一罪 · 科刑上 一罪의 일부에 대

---

1) 事件의 單一性 · 同一性을 公判節次의 總說에서 설명하는 이유는 여기에 있다.
2) 백형구, 209면.

해서만 공소가 제기된 경우에는 공소장에 기재된 범죄사실(공소사실)만이 審判의 現實的 範圍로 되며 그 나머지 부분은 審判의 潛在的 範圍로 된다(二元說).

3) **公訴狀變更의 許容範圍** 과형상 일죄 또는 포괄일죄의 일부에 대해서만 공소가 제기된 경우에도 그 1죄의 전부로 공소장변경이 허용된다(통설).

4) **一事不再理의 效力이 미치는 範圍** 과형상 1죄 또는 포괄일죄의 일부에 대해서만 유죄·무죄·면소의 판결이 선고된 경우에도 그 확정판결의 기판력(일사부재리의 효력)은 1죄의 전부에 미친다(통설).

3. 事件의 同一性

(1) 意 義

被告人이 同一하고 公訴事實의 同一性이 인정되는 경우에는 事件(被告事件)이 同一한 경우에 해당한다. 예컨대 동일한 被告人의 동일한 被害者에 대한 殺人의 공소사실과 傷害致死의 공소사실은 同一한 事件에 해당한다.

(2) 訴訟法上 效果

1) **公訴提起의 效力이 미치는 範圍** 공소제기의 효력은 公訴事實의 同一性이 인정되는 범위 내의 전부에 미친다. 따라서 공소장에 기재된 범죄사실(공소사실)과 동일성이 인정되는 범죄사실에 대해서는 二重起訴가 허용되지 아니한다.

2) **公判審理의 範圍** 공소장에 기재된 범죄사실(공소사실)이 심판의 現實的 範圍로 되며 그 공소사실과 同一性이 인정되는 범위 내의 범죄사실은 심판의 潛在的 範圍로 된다(二元說).

3) **公訴狀變更의 許容範圍** 공소장에 기재된 범죄사실(공소사실)과 동일성이 인정된 범위 내에서는 公訴狀의 變更이 허용된다(법 298조).

4) **一事不再理의 效力이 미치는 範圍** 유죄·무죄·면소의 판결이 확정된 경우 그 확정판결의 旣判力(一事不再理의 效力)은 확정판결의 대상인 公訴事實과 同一性이 인정되는 범죄사실에 미친다.

4. 公訴事實의 同一性

(1) 問題의 意義

公訴事實의 同一性이라 함은 공소장에 기재된 犯罪事實(公訴事實)과 일정한 犯罪事實 사이에 犯罪事實의 同一性이 인정되는가의 문제이다.[1] 예컨대 公訴狀

1) 백형구, 210면; 동저, 강의 536면.

變更의 경우에는 공소장에 기재된 범죄사실과 공소장변경허가신청서에 기재된 범죄사실 사이에 동일성이 인정되는가의 문제이며, 공판심리단계에서 一事不再理의 原則에 저촉되는가 여부가 문제되는 경우에는 공소장에 기재된 범죄사실과 확정판결의 대상인 범죄사실 사이에 동일성이 인정되는가의 문제이고, 공소사실이 豫備的으로 기재된 경우에는 本位的 공소사실과 豫備的 공소사실 사이에 동일성이 인정되는가의 문제이며, 二重起訴인가 여부가 문제되는 경우에는 두 공소사실 사이에 동일성이 인정되는가의 문제이다.

공소사실의 동일성은 공소사실의 單一性을 전제로 하는 개념이다.[1] 공소사실이 수개인 경우(예컨대 경합범인 경우)에는 개개의 공소사실에 관하여 동일성 여부를 판단하여야 하며, 연속범 · 상습범과 같은 包括一罪의 경우에도 포괄일죄를 구성하는 개개의 공소사실에 관하여 동일성 여부를 판단하여야 한다.

(2) 同一性判斷의 基準

공소사실의 동일성을 판단하는 기준에 관해서는 학설이 대립되고 있다.

1) 基本的 事實同一說 공소사실의 기초가 되는 社會的 事實關係가 基本的인 점에서 동일하면 지엽적인 점이 동일하지 않더라도 공소사실의 동일성이 인정된다는 견해로서 日本最高裁判所判例가 취하고 있는 견해이다.

그러나 이 견해에 의하면 절도의 범죄사실(공소사실)과 그 절도의 장물을 보관한 범죄사실의 동일성이 인정되는 이유를 합리적으로 설명하기 어렵다. 절도와 장물보관은 범죄의 일시 · 장소 · 방법 등 基本的 事實關係가 다르기 때문이다. 따라서 기본적 사실동일설에 대해서는 그 이론적 합리성을 인정하기 어렵다.

다만 우리나라에서 이 학설을 지지하는 학자가 있으며[2] 대법원판례는 기본적 사실동일설을 취하고 있다.[3]

2) 罪質同一說 構成要件의 類型的 本質, 즉 罪質의 동일 여부를 기준으로 하여 공소사실의 동일성 여부를 판단하여야 한다는 견해이다.[4] 이 견해는 수뢰와 공갈 사이의 동일성을 부정한다.

그러나 이 견해는 공소사실의 동일성이 인정되는 범위를 너무 좁게 한정함

---

1) 백형구, 211면; 동저, 강의 536면.
2) 이재상, 389면; 신동운, 728면; 정영석 · 이형국, 268면; 송광섭, 141면; 진계호, 445면; 임동규, 336면, 337면; 신양균, 486면; 정웅석, 632면.
3) 大判 1967. 3. 7, 66도1749; 大判 1986. 7. 8, 85도554; 大判(全合) 1994. 3. 22, 93도2080; 大判 1999. 5. 14, 98도1438; 大判 2002. 3. 29, 2002도587; 大判 2003. 7. 11, 2002도2642; 大判 2005. 1. 13, 2004도6390; 大判 2006. 3. 23, 2005도9678.
4) 小野, 刑事訴訟法槪論(1954년) 110~111면.

으로써 공소장변경제도를 유명무실하게 만들 염려가 있다는 점에 이론적 약점이 있다. 현재 우리나라에서 이 학설을 지지하는 학자는 없다.

3) 構成要件共通說 비교되는 두 사실이 構成要件的으로 상당한 정도 부합되는 때에는 죄질이 동일하지 아니한 경우에도 두 사실은 동일성이 인정된다는 견해이다.[1)]

그러나 이 견해에 의하면 절도와 장물보관, 수뢰와 공갈 사이에 동일성이 인정되는 이유를 합리적으로 설명하기 어렵다. 절도죄와 장물보관죄, 수뢰죄와 공갈죄 사이에는 構成要件的 共通性이 인정되지 않기 때문이다. 따라서 이 견해에 대해서는 그 이론적 합리성을 인정하기 어렵다. 다만 우리나라에서 이 학설을 지지하는 학자가 있다.[2)]

4) 訴因共通說 訴因의 주요부분이 공통된 경우에는 공소사실의 동일성을 인정하여야 한다는 견해로서[3)] 訴因主要部分共通說이라고도 한다.

그러나 현행 형사소송법은 소인제도를 채택하고 있지 않다고 해석하여야 하므로(訴因否定說)[4)] 이 학설을 지지할 수 없다. 다만 우리나라에서 이 학설을 지지하는 학자가 있다.[5)]

5) 犯罪行爲同一說 構成要件的 評價 이전의 역사적 · 사회적 행위로서의 犯罪行爲의 동일 여부를 기준으로 공소사실의 동일성 여부를 판단하여야 한다는 견해이다.[6)] 범죄행위동일설에서의 犯罪는 헌법 제13조 1항의 범죄와 같은 의미이다. 헌법 제13조 1항의 「同一한 犯罪」에서의 犯罪는 "구성요건에 해당하는 위법 · 유책의 행위"를 의미하는 것이 아니고 構成要件的 評價 이전의 범죄행위 즉 역사적 · 사회적 행위로서의 범죄행위를 의미한다고 해석하여야 한다.[7)] 예컨대 B가 A의 行爲에 의해서 사망한 경우에 A의 행위에 대한 構成要件的 評價가 수사 또는 심리의 결과에 따라 살인 · 강도살인 · 강도치사 · 상해치사 · 유기치사 · 업무상 과실치사 · 과실치사 등과 같이 상이한 경우에도 그 각 범죄(범죄사실)가 同一性이 인정되는 것은 B가 A의 행위에 의해서 死亡하였다는 역사적 · 사회적 사실이 동일하기 때문이라고 이해하는 것이 범죄행위동일설의 이론

1) 團藤, 綱要 151면.
2) 김기두, 99면; 정영석, 229면; 권오병, 144면.
3) 平野, 138~140면.
4) 백형구, 강의 510면; 이재상 382면; 신동운 369면; 배종대 · 이상돈 422면.
5) 강구진, 321면; 차용석, 569면.
6) 백형구, 213면; 동저, 강의 540면; 신양균, 486면; 백형구, 조해 635면.
7) 백형구, 강의 539면.

구성이다.[1]

범죄행위동일설에서의 범죄행위의 동일성과 기본적 사실동일설에서의 기본적 사실관계의 동일성은 그 내용이 다르다.

犯罪行爲同一說에 의하면 기본적 사실동일설 또는 구성요건공통설의 이론적 약점이 극복된다. 절도의 범죄사실과 장물보관의 범죄사실 사이에는 犯罪의 일시·장소·방법 등 기본적 사실관계가 상이하고 構成要件의 共通性이 인정되지 아니하나 同一人이 同一人 소유의 재물을 절취하여 그 재물을 운반·보관한 일련의 행위는 1개의 犯罪行爲이고 그 재물의 절취행위와 그 절취물(장물)의 보관행위는 1개 범죄행위의 부분적 행위이므로[2] 재물의 竊取行爲와 그 재물의 保管行爲 사이에는 犯罪行爲의 同一性이 인정된다. 수뢰죄와 공갈죄 사이에는 구성요건의 공통성은 인정되지 아니하나 犯罪行爲의 同一性은 인정된다. 동일인이 동일인으로부터 동일한 일시에 동일한 장소에서 동일한 財物을 교부받았다는 社會的 行爲로서의 犯罪行爲는 同一하기 때문이다. 살인죄(형 250조 1항)와 업무상 과실치사죄(형 268조)는 범죄의 구성요건은 다르나 동일인이 동일인의 행위에 의해서 사망하였다는 역사적·사회적 행위로서의 범죄행위는 同一하며, 절도죄(형 329조)와 점유이탈물횡령죄(형 360조)는 범죄의 구성요건은 상이하나 타인의 재물을 취득 내지 영득하였다는 역사적·사회적 행위로서의 범죄행위는 同一하다.

따라서 犯罪行爲同一說이 이론적으로 가장 합리적이라고 본다.

---

1) 백형구, 강의 539면.

2) 절도죄가 성립하는 경우 장물보관행위가 不可罰的 事後行爲로 되는 이유는 여기에 있다.

제 2 절
審判의 對象

Ⅰ. 不告不理의 原則

1. 原則의 意義

불고불리의 원칙이라 함은 訴追 없으면 審判할 수 없다는 원칙을 말한다. 현행 형사소송법은 국가소추주의 · 기소독점주의를 채택하고 있으므로(법 246조) 현행법상 불고불리의 원칙이라 함은 검사의 공소제기가 없으면 법원은 심판할 수 없다는 원칙을 말한다.

舊刑事訴訟法(大正刑事訴訟法)은 공소장변경제도를 채택하지 아니하였으므로 구형사소송법에서의 불고불리의 원칙은 심판의 개시를 제한하는 원칙에 그쳤으나 현행 형사소송법은 공소장변경제도를 채택하고 있으므로(법 298조) 현행 형사소송법에서의 불고불리의 원칙은 심판의 개시뿐 아니라 심판의 범위를 제한하는 기능을 하고 있다.

2. 原則의 違反

(1) 공소장에 기재된 공소사실과 同一性이 인정되지 아니한 범죄사실로 有罪判決을 선고한 경우는 불고불리의 원칙의 위반이다. 불고불리의 원칙을 위반한 경우는 항소이유(법 361조의5 제1호) 또는 상고이유(법 383조 1호)에 해당한다.

(2) 공소장에 기재된 공소사실과 동일성이 인정되는 범죄사실이라 할지라도 공소장변경절차를 거치지 아니하고 공소장에 기재된 공소사실과 다른 범죄사실로 유죄판결을 선고한 경우는 불고불리의 원칙을 위반한 경우에 해당된다. 이

경우도 항소이유 또는 상고이유로 된다.

3. 原則의 例外

법정질서문란행위에 대한 監置 또는 過怠料(법조 61조)는 법원의 직권에 의해서 행하여지며 검사의 공소제기를 요하지 아니한다. 그러나 감치나 과태료는 형벌이 아니고 질서벌이며 감치 또는 과태료를 과하는 재판은 被告事件에 대한 재판이 아니므로 검사의 訴追에 의하지 아니하고 법원이 감치 또는 과태료를 과하는 것은 불고불리의 원칙의 예외가 아니다.

Ⅱ. 公訴事實과 訴因

1. 公訴事實과 訴因의 意義

(1) 公訴事實의 意義

학설이 대립되고 있으나[1] 공소장에 기재되어 있는 犯罪事實만이 공소사실이라는 견해가 타당하다고 본다.

(2) 訴因의 意義

訴因이란 검사가 공소장에 기재하여 법원의 심판을 구하는 구체적 犯罪事實의 主張을 의미한다는 것이 日本學界의 통설이다. 다만 그 표현방법에는 약간의 차이가 있다. 즉 ① 소인이란 그것에 관하여 검사가 심판을 청구하는 검사의 主張, 즉 구성요건에 해당하는 事實의 主張을 의미한다는 견해,[2] ② 소인이란 검사에 의하여 公訴事實로서 파악된 것을 일정한 구성요건에 해당시켜 구성·제시한 事實形象을 의미한다는 견해,[3] ③ 소인이란 특정의 犯罪的 嫌疑를 法律的 主張으로 구성한 請求原因事實을 의미한다는 견해[4] 등이 있다. 위 견해들은 訴因을 '主張', '事實形象', '事實' 등으로 표현하고 있으나 검사가 공소장에 기재한 구체적 犯罪事實이라는 의미와 실질적인 차이가 없다.[5] 검사가 공소장에 기재한 구체적 범죄사실은 檢事의 주장이고 심판청구의 원인사실이며 공소장에 기재된 사실이기 때문이다.

1) 제 3 장 제 3 절 Ⅰ. 3. (2).
2) 平野, 131면.
3) 高田, 382, 411면.
4) 石川, 173면; 青柳 등, 주석 2권 409면(臼井).
5) 백형구, 221면; 동저, 강의 507면.

2. 現行法과 訴因

현행 형사소송법이 소인제도를 채택하고 있느냐에 관해서는 소인인정설과 소인부정설이 대립되고 있다.[1)]

訴因認定說은 현행법의 해석론으로 공소사실 외에 소인의 관념을 인정하여야 한다는 견해로서[2)] 소송구조면에서 구형사소송법에 비하여 당사자주의적 성격이 강화되었다는 점, 공소장변경제도를 채택하는 등 심판대상의 명확한 한정을 요구하고 있다는 점, 구형사소송법의 '犯罪事實'이라는 용어를 '公訴事實'이라는 용어로 바꾼 점 등을 논거를 내세우고 있다. 그러나 당사자주의는 공판심리의 주도권을 당사자에게 인정한다는 소송구조의 원리이므로 소인제도와 논리적 필연성이 없다는 점, 審判의 現實的 對象을 공소장에 기재된 범죄사실로 한정하는 二元說에 의하더라도 심판의 대상이 명확하게 한정되므로 심판대상의 명확한 한정이 소인인정설의 논거가 될 수 없다는 점, 公訴事實이란 공소장에 기재되어 있는 犯罪事實을 의미하므로 범죄사실이라는 용어를 공소사실로 바꾸었다는 점이 소인인정설의 논거로 될 수 없다는 점 등을 고려할 때 소인인정설의 논거에 대해서는 그 이론적 합리성을 인정하기 어렵다.[3)]

訴因否定說은 현행 형사소송법은 소인제도를 채택하지 않고 있다고 해석하여야 한다는 견해로서[4)] ① 현행 형사소송법은 訴因이라는 용어를 사용하지 않고 있다는 점, ② 公訴事實을 공소장에 기재된 구체적 犯罪事實이라는 의미로 이해하는 경우에는 공소사실과 소인 사이에 실질적인 차이가 없다는 점, ③ 訴因의 개념을 인정하지 아니하여도 審判對象의 명확한 限定, 피고인의 防禦權 行使의 보장, 當事者主義의 강화를 위한 소송법이론의 구성이 가능하다는 점 등을 논거로 내세우고 있다.[5)]

현행 형사소송법의 해석론으로 訴因否定說이 타당하며 입법론으로도 소인제도를 도입할 필요가 없다고 본다.[6)]

---

1) 日本 형사소송법은 訴因을 명문으로 규정하고 있으므로(동법 256조, 312조) 日本에서는 訴因否定說이 있을 수 없다.
2) 차용석, 刑事訴訟法硏究(1982), 448면; 강구진, 297면; 차용석, 367, 539, 545면.
3) 백형구, 강의 509면.
4) 백형구, 223면; 동저, 강의 510면; 이재상, 382면; 신동운, 369면; 배종대 · 이상돈, 422면; 송광섭, 423면; 진계호, 435면; 임동규, 329면; 신양균, 467, 469면.
5) 백형구, 222면; 동저, 강의 510면.
6) 백형구, 223면; 동저, 강의 510면; 이재상, 382면.

Ⅲ. 公判節次上 審判의 對象

1. 問題의 意義

불고불리의 원칙에 의해서 審判의 對象은 공소제기에 의해서 한정된다. 즉 공판절차에 있어 심판의 대상은 검사가 공소제기한 被告事件(피고인 · 공소사실)이다.

그런데 공판심리의 진행과정에서 被告事件(犯罪事實)의 내용이 달라지는 경우가 있다. 예컨대 상해죄의 공소사실에 대한 공판심리중 피해자가 사망한 경우, 절도죄의 공소사실에 대한 공판심리중 강도죄 또는 횡령죄임이 판명된 경우, 절도의 공소사실을 심리한 결과 절도의 공소사실은 유죄로 인정되지 아니하나 장물보관의 범죄사실은 유죄로 인정되는 경우가 그러한 경우이다. 이 경우에 공소장에 기재된 범죄사실(공소사실)만이 심판의 대상으로 되느냐, 공소장에 기재된 범죄사실과 同一性이 인정되는 범위 내의 사실 전부가 심판의 대상으로 되느냐의 문제가 公判節次上 審判의 對象의 문제이다.[1]

2. 學 說

공판절차상 심판의 대상에 관한 학설은 이를 다음과 같이 분류할 수 있다.

(1) 公訴事實對象說

이는 공소장에 기재된 공소사실과 單一性 및 同一性이 인정되는 한 그 전부가 심판의 대상으로 된다는 견해이다.[2] 이 견해를 취한 학자 중에는 公訴不可分의 原則(법 248조 2항)을 그 이론적 근거로 내세우는 학자가 있다.[3]

그러나 公訴事實의 同一性이 인정되는 범위 내의 범죄사실이라 할지라도 공소장을 변경하지 아니하면 심판의 現實的 對象으로 되지 아니한다는 점, 공소불가분의 원칙은 공소제기의 효력이 미치는 범위에 관한 원칙이지 審判의 범위에 관한 원칙이 아니라는 점, 1죄의 일부에 대해서만 공소가 제기된 경우에는 1죄의 전부로 공소장을 변경하지 않는 한 1죄의 전부에 대한 심판이 허용되지 아니한다는 점 등을 고려할 때 공소사실대상설에 대해서는 그 이론적 합리성을 인정하기 어렵다.

---

1) 백형구, 217면; 동저, 강의 511면.
2) 김기두, 251면; 염정철, 357면; 신동운, 373, 376면.
3) 신동운, 371, 374면.

(2) 訴因對象說

심판의 대상은 공소사실이 아니고 訴因이라는 견해로서[1] 訴因認定說을 전제로 하고 있다. 소인대상설은 일본의 平野龍一 교수에 의해서 제창된 학설이다.[2] 그러나 현행법의 해석상 소인의 관념을 부정하는 입장(訴因否定說의 입장)에서는 소인의 개념을 전제로 하는 소인대상설을 지지할 수 없다.

(3) 折 衷 說

訴因이 심판의 現實的 對象이고 公訴事實은 심판의 潛在的 對象이라는 견해로서[3] 일본의 團藤重光 교수에 의하여 제창된 학설이다.[4] 절충설에서의 公訴事實은 공소장에 기재된 犯罪事實과 同一性이 인정되는 범위 내의 사실 전부를 의미한다. 그러나 訴因否定說의 입장에서는 소인의 개념을 전제로 하는 절충설을 지지할 수 없다.

(4) 二 元 說

이는 공소장에 기재된 범죄사실, 즉 公訴事實이 심판의 現實的 對象이고 그 공소사실과 동일성이 인정되는 범위 내의 범죄사실 전부가 심판의 潛在的 對象이라는 견해이다.[5] 이원설에서의 공소사실은 공소장에 기재된 犯罪事實을 의미한다. 이원설은 訴因을 심판의 現實的 對象으로 파악하고 있지 않다는 점에서 訴因對象說 또는 折衷說과 다르며 공소장에 기재된 범죄사실을 심판의 현실적 대상으로 인정하고 있다는 점에서 公訴事實對象說과 다르다. 二元說에 의하면 공소장에 기재된 범죄사실(공소사실)과 동일성이 인정되는 사실이라 할지라도 공소장변경절차에 의하여 공소사실로 추가 또는 변경되지 않는 한 심판의 현실적 대상으로 되지 아니하며 공소장에 기재된 범죄사실과 科刑上 一罪 또는 包括一罪의 관계에 있는 범죄사실이라 할지라도 공소장에 公訴事實로 기재되지 않는 이상 심판의 潛在的 對象으로 될 뿐 심판의 現實的 對象으로 되지 아니한다.

현행법은 訴因制度를 채택하지 않고 있다는 점(訴因否定說의 입장), 訴因對象說에 의하면 공소사실의 동일성이 인정되는 범위 내에서 公訴事實의 追加·變更이 허용되고 別訴가 금지되는 이유를 합리적으로 설명하기 어렵다는 점, 二元

1) 강구진, 298, 301면; 차용석, 545면.
2) 平野, 131면 이하.
3) 서일교, 309면.
4) 團藤, 綱要 205~206면.
5) 정영석, 293면; 권오병, 298면; 백형구, 219면; 동저, 강의 513면; 이재상, 382면; 정영석·이형국, 265면; 배종대·이상돈, 422면; 송광섭, 424면; 진계호, 436면; 임동규, 332면; 신양균, 470면; 정웅석, 626면.

說에 의하면 공소사실과 동일성이 인정되는 범위 내의 전부에 대해서 公訴狀의 變更이 허용되고 一事不再理의 效力(旣判力)이 미치는 이론적 근거를 합리적으로 설명할 수 있다는 점 등을 고려할 때 현행법의 解釋論으로는 二元說이 타당하다고 본다.

3. 二元說의 理論體系

二元說의 이론적 합리성, 訴因對象說의 이론적 불합리성을 구체적으로 논증하고자 한다.

(1) 二元說과 公訴提起의 效力

二元說에 의하면 공소제기의 효력이 미치는 객관적 범위는 심판의 潛在的 範圍와는 일치하나 심판의 現實的 範圍와는 일치하지 아니한 경우가 있다. 예컨대 1죄(예컨대 과형상 일죄 · 포괄일죄)의 일부에 대해서만 공소제기가 있은 경우 1죄의 전부는 심판의 잠재적 범위로 되나 1죄의 일부만이 심판의 현실적 범위로 된다.

(2) 二元說과 訴訟係屬

二元說에 의하면 공소장에 기재된 공소사실만이 現實的으로 소송계속되고 그 공소사실과 동일성이 인정되는 범위 내의 범죄사실은 潛在的으로 소송계속된다.[1] 이에 대해서 소인대상설에 의하면 공소장에 기재된 소인에 대해서만 소송계속이 발생한다.[2]

(3) 二元說과 不告不理의 原則

二元說에 의하면 법원이 공소장변경절차를 거치지 아니하고 공소장에 기재된 공소사실과 다른 사실을 유죄로 인정한 경우에는 그 다른 사실이 공소장에 기재된 공소사실과 동일성이 인정되는 경우에도 불고불리의 원칙에 위배된다. 이러한 결론은 訴因對象說과 동일하다.

(4) 二元說과 公訴狀變更

二元說에 의하면 公訴事實의 同一性이 인정되는 범위 내에서는 別訴가 금지되고 공소장변경만이 허용되는 이론적 근거를 그 범위 내의 사실 전부가 審判의 潛在的 對象으로 되고 있다는 점에서 구한다. 이에 대해서 訴因對象說에 의하면 공소사실의 동일성이 인정되는 사실에 대해서 別訴가 금지되고 공소장변경이 허

1) 백형구, 219면; 동저, 강의 514면.
2) 강구진, 291면; 平野, 144면.

용되는 이론적 근거에 관한 이론구성이 곤란해진다. 잠재적으로도 심판의 대상으로 되어 있지 아니한 사실에 대해서 별소가 금지되고 공소장변경이 허용된다는 것은 이론적으로 모순되기 때문이다.

(5) 二元說과 一事不再理의 效力

二元說에 의하면 공소사실의 동일성이 인정되는 범위 내의 사실 전부에 대해서 一事不再理의 효력이 미치는 이론적 근거를 그 사실 전부가 審判의 잠재적 대상으로 되었다는 점에서 구한다(潛在的 審判對象說). 이에 대해서 訴因對象說에 의하면 審判의 對象으로 되었다는 점에서 그 이론적 근거를 구할 수 없다. 訴因만이 심판의 대상으로 되었기 때문이다. 예컨대 1죄의 일부에 대한 유죄판결(확정판결)의 一事不再理의 효력이 1죄의 전부에 미치는 이론적 근거를 二元說에서는 1죄의 전부가 심판의 潛在的 對象으로 되었다는 점에서 구하나 訴因對象說에서는 그러한 이론구성이 불가능하다.

제 3 절

公判審理

Ⅰ. 總　　說

1. 公判審理의 意義

공판심리라 함은 受訴法院이 公判期日에 被告事件에 대하여 행하는 심리를 말한다. 따라서 공판준비를 위한 심리(법 273조), 증거보전을 위한 심리(법 184조), 참고인에 대한 증인신문(법 221조의2), 재정신청사건에 대한 심리(법 262조 2항), 재심청구사건에 대한 심리(법 431조, 432조)는 공판심리가 아니다.

공판심리의 핵심적 절차는 被告人訊問과 證據調査이다. 다만 피고인이 공판기일에 공소사실을 自白하거나 검사가 유죄의 증거로 제출한 수사서류 전부에 대해서 증거로 함에 同意를 한 경우에는 증거조사절차가 簡易化되거나 省略되나 피고인이 공판기일에 공소사실을 부인하고 검사가 유죄의 증거로 제출한 수사서류에 대해서 증거로 함에 不同意한 경우에는 증인신문 등 증거조사가 행하여진다. 공판심리의 결과 피고사건에 대하여 유죄·무죄의 판결이 선고된다.

受訴法院, 검사, 피고인, 피고인의 변호인은 공판심리에 관여한다. 법원은 재판기관으로서, 검사와 피고인은 소송당사자로서 공판심리에 관여한다. 소송당사자로서의 검사와 피고인의 지위는 평등하다. 이를 당사자평등의 원칙이라고 한다.

2. 公 判 廷

公判廷이라 함은 공판기일에 피고사건에 대한 審判(審理와 判決)이 행하여지는 法廷을 말한다. 피고사건에 대한 공판심리를 위해서는 受訴法院을 구성하는 법관·법원사무관과 소송당사자인 검사·피고인이 출석하여야 하며 피고인의 변호인은 공판기일에 출석할 수 있다.

검사의 좌석과 피고인 및 변호인의 좌석은 대등하며 법대의 좌우측에 마주보고 위치하고, 증인의 좌석은 법대의 정면에 위치한다. 다만 피고인신문을 하는 때에는 피고인은 증인석에 좌석한다(법 275조 3항). 구법하에서는 피고인의 좌석이 재판장의 정면에 위치하였으나(구법 275조 3항) 2007년 6월 1일 형사소송법의 개정시에 피고인의 좌석을 변호인 옆으로 옮겼다. 피고인은 공판정에서 앉을 수 있을 권리가 있다고 해석하여야 한다.[1] 피고인의 이러한 권리를 法廷着席權이라고 한다.[2] 공판정의 좌석을 도표로 표시하면 다음과 같다.

〈公判廷의 座席配置圖〉

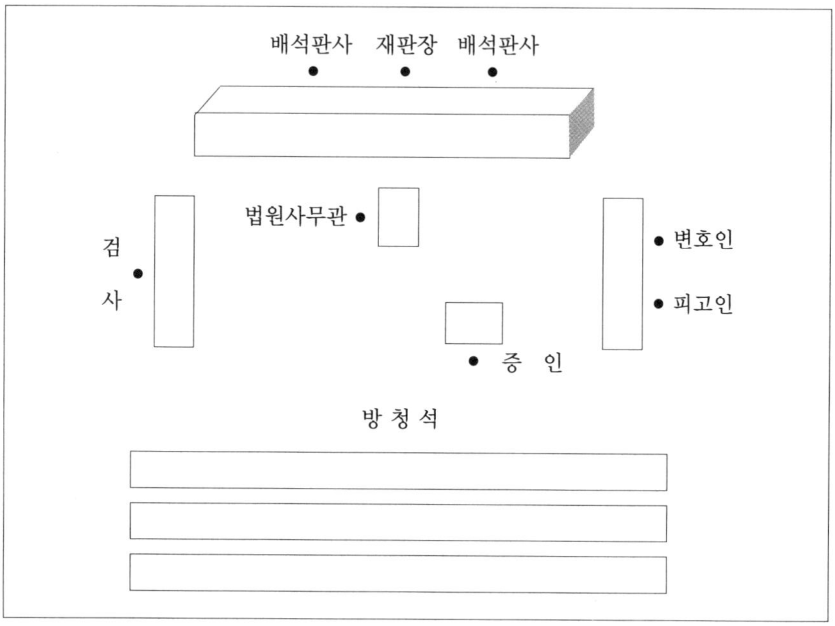

1) 백형구, 243면; 동저, 강의 10면.
2) 백형구, 243면; 동저, 강의 10면.

3. 當事者의 公判期日出席

(1) 檢事의 出席

1) 原　則　검사의 공판정출석은 開廷의 요건이다(법 275조 2항). 따라서 검사의 출석 없이 공판심리를 진행한 것은 위법(소송절차의 법률위반)이다. 검사의 공판기일출석은 공소의 수행을 위한 소송활동을 위해서 요청된다. 모두진술(법 285조), 피고인신문(법 296조의2)·증인신문(법 161조의2)·증거조사의 신청(법 294조)·공소장변경신청(법 298조)·논고(법 302조) 등은 검사가 공판기일에 하여야 할 중요한 소송행위이다.

검사는 공판기일에 출석할 의무가 있다. 다만 검사가 공판기일에 출석하지 아니한 경우에도 법원은 검사의 공판기일출석을 강제할 수 없다.[1]

2) 例　外　검사가 공판기일의 통지를 2회 이상 받고 출석하지 아니하거나 판결만을 선고하는 경우에는 검사의 출석 없이 개정할 수 있다(법 278조).

(2) 被告人의 出席

피고인이 공판기일에 출석하지 아니한 때에는 원칙적으로 開廷하지 못한다(법 276조). 즉 피고인의 공판정출석은 원칙적으로 공판심리의 개시 및 진행의 조건이다.

다만 일정한 경우에는 例外가 인정된다. 공판기일에 피고인의 출석 없이 심판을 할 수 있는 경우는 다음과 같다.

1) 輕微事件인 경우　피고사건이 경미사건(다액 500만원 이하의 벌금 또는 과료에 해당하는 사건)인 경우에는 피고인의 출석을 요하지 아니한다(법 277조 1호). 경미사건을 피고인의 출석 없이 심판하는 경우에는 피고인의 證據同意가 의제된다(법 318조 2항).

2) 피고인에게 有利한 裁判을 하는 경우　(ㄱ) 피고사건에 대하여 公訴棄却 또는 免訴의 재판을 할 것이 명백한 경우에는 피고인의 출석을 요하지 아니한다(법 277조 2호).

(ㄴ) 피고인이 심신상실의 상태에 있거나 질병으로 인하여 출정할 수 없는 경우에도 피고사건에 대하여 무죄, 면소, 형의 면제, 공소기각의 재판을 할 것이 명백한 경우에는 공판심리를 정지하지 아니하고 피고인의 출정 없이 재판할 수 있다(법 306조 4항). 다만 刑免除의 판결은 유죄판결이므로(법 321조) 형면제의 판결을 하는 경우에 결석재판을 허용한 것은 부당하다고 본다(立法論).

---

1) 백형구, 244면; 동저, 강의 547면.

3) 代理出席이 허용되는 경우

(ㄱ) 피고인이 意思無能力者인 경우　　형법상 책임능력에 관한 규정의 적용을 받지 아니하는 피고사건의 피고인이 의사무능력자인 경우에는 法定代理人이 공판기일에 출석하여야 하며 피고인 본인의 출석은 요하지 아니한다(법 26조). 이 경우 법정대리인의 출석은 개정의 요건이다.

(ㄴ) 피고인이 法人인 경우　　피고인이 法人인 경우 법인의 대표자는 代理人을 출석하게 할 수 있다(법 276조).

4) 被告人이 不出席한 경우

(ㄱ) 正式裁判請求事件의 公判期日　　약식명령에 대하여 정식재판을 청구한 피고인이 정식재판절차의 공판기일에 2회 이상 출석하지 아니한 때에는 피고인의 출석 없이 심판할 수 있다(법 458조 2항). 약식명령에 대하여 피고인만이 정식재판을 청구하여 판결을 선고하는 경우에는 피고인의 출석을 요하지 아니한다(법 277조 4호).

(ㄴ) 抗訴審의 公判期日　　항소심의 공판기일에 피고인이 정당한 이유 없이 2회 이상 출석하지 아니한 때에는 피고인의 출석 없이 심판할 수 있다(법 365조).

5) 법원이 불출석심판을 許可한 경우　　장기 3년 이하의 징역 또는 금고, 다액 500만원을 초과하는 벌금 또는 구류에 해당하는 사건이고 피고인의 불출석심판허가신청을 법원이 허가한 경우는 피고인의 출석을 요하지 아니한다(법 277조 3호).

6) 被告人이 所在不明인 경우　　(ㄱ) 피고인이 所在不明인 경우에는 公示送達이 허용되며(법 63조) 피고인에 대해서 공판기일소환장을 공시송달하였으나 피고인이 공판기일에 출석하지 아니한 때에는 피고인의 출석 없이 심판할 수 있다(법 64조). 이 경우에는 피고인의 증거동의가 의제된다.

(ㄴ) 제 1 심 공판절차에서 피고인에 대한 送達不能報告書가 접수된 때로부터 6월이 경과하도록 피고인의 소재를 확인할 수 없는 때에는 피고인의 출석 없이 심판할 수 있다(소촉 23조). 다만 사형·무기 또는 장기 10년이 넘는 징역이나 금고에 해당하는 사건의 경우에는 그러하지 아니하다(동조 단서). 피고인의 소재불명을 이유로 결석재판을 하는 경우에는 피고인의 증거동의가 의제된다고 본다.

7) 拘束被告人이 出廷을 拒否한 경우　　피고인이 출석하지 아니하면 開廷하지 못하는 경우에 拘束된 피고인이 정당한 이유 없이 출석을 거부하고 교도관리에 의한 引致가 불가능하거나 현저히 곤란하다고 인정한 때에는[1] 피고인

---

1) 법원은 그러한 사유의 유무를 조사하여야 하며(규칙 126조의3) 그러한 조사를 하지 아니하

의 출석 없이 공판절차를 진행할 수 있다(법 277조의2). 이 경우에는 피고인의 증거동의가 의제된다고 해석하여야 한다.

구속된 피고인의 出廷拒否를 이유로 한 缺席裁判制度는 피고인의 출정거부로 인한 소송지연을 구제하려는데 그 제도의 목적이 있으나 구속된 피고인에 대해서 교도관리에 의한 強制的 出廷이 불가능한 경우가 거의 없다는 점, 피고인의 출정거부를 이유로 한 결석재판제도가 惡用될 염려가 있다는 점 등을 고려할 때 구속피고인의 출석거부를 이유로 한 결석재판제도는 이를 폐지함이 立法論上 타당하다고 본다.[1)]

8) 被告人이 退廷한 경우

(ㄱ) 피고인의 恣意的 退廷 피고인이 재판장의 허가 없이 퇴정한 때에는 피고인의 진술 없이 판결을 할 수 있다(법 330조). 판결뿐 아니라 심리도 허용된다고 해석하여야 한다. 피고인이 在廷義務를 위반하여 자의로 퇴정한 경우이므로 결석재판을 허용한 것이다. 이 경우에 증거동의가 의제되느냐에 관해서 적극설이 있으나[2)] 소극설[3)]이 타당하다고 본다. 피고인의 자의적 퇴정을 有罪是認이라고 볼 수 없기 때문이다. 다만 대법원판례는 적극설을 취하고 있다.[4)]

(ㄴ) 退廷命令에 의한 退廷 재판장의 적법한 퇴정명령에 의해서 피고인을 퇴정시킨 경우에는 피고인의 陳述 없이 判決을 할 수 있다(법 330조). 판결뿐 아니라 증거조사, 검사의 논고와 같은 審理도 할 수 있다고 해석하여야 한다.[5)] 이 경우 증거동의가 의제되느냐에 관해서 적극설이 있으나[6)] 퇴정명령에 의한 퇴정을 검사측 증인에 대한 반대신문권의 포기로 간주한다는 것은 피고인의 意思에 反한다는 점, 증거동의가 의제되면 공소사실이 有罪로 인정되므로 퇴정시킨 피고인을 재차 소환하여 증거에 대한 동의 여부를 묻는 것이 형사재판의 공정이라는 관점에서 요청된다는 점 등을 고려할 때 소극설이 타당하다고 본다. 소극설이 통설이다.

(ㄷ) 一時退廷 증인, 감정인 또는 공동피고인이 피고인의 面前에서 충분

고 결석재판을 한 경우는 소송절차의 법령위반, 즉 항소이유(법 361조의5 제 1 호)에 해당한다. 大判 2001. 6. 12, 2001도114.

1) 백형구, 246면; 동저, 강의 550면; 배종대 · 이상돈, 455면; 진계호, 458면; 신양균, 519면.

2) 김기두, 259면; 이재상, 557면; 송광섭, 247면; 임동규, 536면.

3) 백형구, 246면; 동저, 강의 550면; 신동운, 890면; 배종대 · 이상돈, 453면; 진계호, 621면; 신양균, 783면.

4) 大判 1991. 6. 28, 91도865.

5) 백형구, 246면; 동저, 강의 549면; 이재상, 403면; 임동규, 367면.

6) 김기두, 259면.

한 진술을 할 수 없다고 인정한 때에는 그 피고인을 퇴정하게 하고 진술하게 할 수 있다(법 297조 1항). 이 경우 증인, 감정인, 공동피고인의 진술이 종료한 때에는 퇴정한 피고인을 入廷하게 한 후 법원사무관으로 하여금 진술의 요지를 告知하게 하여야 한다(동조 2항). 이 때 피고인은 증인, 감정인, 공동피고인에 대하여 反對訊問을 할 수 있으며 피고인에게 반대신문의 기회를 주지 아니한 경우에는 증인·감정인·공동피고인의 진술은 피고인의 공소사실에 관하여 證據能力이 없다고 해석하여야 한다.[1] 따라서 피고인을 一時退廷시킨 경우에는 피고인의 증거동의가 의제되지 아니한다.[2]

9) 上告審·再審의 公判期日 ㈀ 상고심의 공판기일에는 피고인의 소환을 요하지 아니한다(법 389조의2). 따라서 상고심의 경우에는 공판기일에 피고인이 출석하지 아니한 경우에도 심판을 할 수 있다. 다만 법원사무관 등은 공판기일 통지서를 피고인에게 송달하여야 한다(규칙 161조 1항).

㈁ 재심의 공판절차에서는 피고인이 死亡하거나 심신장애자인 경우에도 피고인의 출석 없이 심판할 수 있다(법 438조 3항).

(3) 辯護人의 出席

1) 原 則 변호인의 공판정출석은 원칙적으로 開廷의 요건이 아니다. 따라서 피고인의 변호인이 공판기일에 출석하지 아니한 경우에 공판심리를 진행하여도 위법(소송절차의 법령위반)이 아니다.

2) 例 外 피고사건이 필요적 변호사건(법 33조 1항 6호)인 경우 또는 국선변호인을 반드시 선정하여야 할 경우(법 33조)에는 변호인의 출석 없이 개정하지 못한다(법 282조). 다만 판결만을 선고할 경우에는 그러하지 아니하다(동조 단서).

4. 裁判長의 訴訟指揮權·法廷警察權

(1) 裁判長의 訴訟指揮權

공판기일의 소송지휘는 裁判長이 한다(법 79조 2). 즉 공판기일의 소송지휘권은 재판장에게 있다.

재판장의 소송지휘권 중에서 중요한 것은 辯論制限權(법 299조)과 釋明權(규칙 141조)이다. 재판장은 소송관계인의 진술 또는 신문이 중복된 사항이거나 그 소송에 관계없는 사항인 때에는 소송관계인의 본질적 권리를 해하지 아니하는 한도에서

1) 백형구, 247면; 동저, 강의 550면; 동저, 조해 626면.
2) 백형구, 247면; 동저, 강의 550면.

이를 제한할 수 있다(법 299조). 이를 재판장의 변론제한권이라고 한다. 재판장은 소송관계를 명료하게 하기 위하여 검사, 피고인 또는 변호인에게 사실상과 법률상의 사항에 관하여 석명을 구하거나 입증을 촉구할 수 있다(규칙 141조 1항). 이를 재판장의 석명권이라고 한다. 재판장 이외의 합의부원도 석명권이 있다(동조 2항). 석명을 구한다 함은 당사자에 대하여 사실상 및 법률상의 사항에 관하여 질문을 하고 그 진술 내지 주장을 보충 또는 정정할 기회를 부여하는 것을 말한다.[1)]

검사, 피고인 또는 변호인은 소송지휘에 관한 재판장의 처분에 대해서 異議申請을 할 수 있다(법 304조 1항). 이러한 이의신청이 있는 때에는 법원은 결정을 하여야 한다(동조 2항).

(2) 裁判長의 法廷警察權

법정의 질서유지는 裁判長이 이를 행한다(법조 58조 1항). 법정의 질서를 유지하고 심판에 대한 방해를 제지 · 배제하기 위하여 법원 또는 재판장이 행하는 權力的 作用을 法廷警察이라 하고 이러한 법정경찰을 할 수 있는 권한을 法廷警察權이라고 한다.

入廷의 禁止(법조 58조 2항), 退廷命令(법조 58조 2항), 退廷制止(법 281조 2항), 피고인의 신체구속(법 280조), 녹화 · 촬영 · 중계방송의 제한(법조 59조) 등의 법정경찰권은 裁判長의 권한에 속하며, 監置나 過怠料에 처하는 법정경찰권은 법원의 권한에 속한다(법조 61조).

법정경찰에 관한 裁判長의 處分(예컨대 퇴정명령)에 대해서는 異議申請이 허용되며(법 304조), 감치 또는 과태료에 처하는 法院의 決定에 대해서는 抗告가 허용된다(법조 61조 5항).

5. 公判調書

(1) 公判調書의 作成

공판기일의 심판에 참여한 법원사무관은 공판기일의 소송절차에 관하여 調書를 작성하여야 한다(법 51조 1항). 이 조서를 公判調書라고 한다. 공판조서에는 공판기일에 출석한 법관 · 검사 · 피고인 · 변호인 등의 성명, 진행된 절차의 내용, 피고인 또는 증인의 진술내용, 검사의 구형, 변호인의 변론요지, 판결을 선고한 사실 등을 기재하여야 하며(동조 2항) 재판장과 법원사무관이 서명 · 날인을 하여야 한다(법 53조). 공판조서에 법관의 기재가 없는 경우나 재판장의 서명 · 날인이 없는 경우에는 그 공판조서는 무효이다. 공판조서는 각 공판기일 후 5일 이내에 신속

1) 大判 1999. 6. 11, 99도1238.

히 정리하여야 한다(법 54조 1항). 공판조서의 정리기간은 훈시기간이다.

(2) 公判調書에 관한 當事者의 權利

1) 被告人의 閱覽權 · 謄寫權 피고인은 공판조서의 열람 또는 등사를 청구할 수 있다(법 55조 1항). 피고인이 공판조서를 읽지 못하는 때에는 공판조서의 낭독을 청구할 수 있다(동조 2항). 법원이 피고인의 청구에 응하지 아니한 때에는 그 공판조서에 기재된 피고인 또는 증인의 진술을 有罪의 證據로 할 수 없다(동조 3항).[1] 유죄의 증거를 할 수 없다 함은 피고인의 공소사실에 관하여 證據能力이 없다는 의미이다.

2) 當事者의 變更請求權 · 異議提起權 검사 · 피고인 또는 변호인은 공판조서의 기재내용에 관하여 변경을 청구하거나 이의를 제기할 수 있으며(법 54조 3항), 검사 · 피고인 · 변호인이 異議를 제기한 사항에 관하여는 공판조서의 排他的 證明力이 인정되지 아니한다.[2]

(3) 公判調書의 證據能力

공판조서에 기재된 피고인의 自白 · 증인의 證言은 당연히 證據能力이 인정된다(법 311조). 공판조서에 기재된 共同被告人의 自白이 피고인의 공소사실에 관하여 證據能力이 인정되는가에 관해서는 적극설 · 소극설 · 절충설이 대립되고 있다.[3] 대법원판례는 적극설을 취하고 있으나 절충설이 타당하다고 본다. 피고인이 공동피고인에 대하여 실제로 충분히 反對訊問을 하거나 반대신문의 기회가 주어진 경우에 한해서 공판조서에 기재된 공동피고인의 자백은 피고인의 공소사실에 관하여 증거능력이 인정된다는 견해가 절충설이다.

(4) 公判調書의 證明力

1) 公判調書의 排他的 證明力 공판기일의 소송절차로서 공판조서에 기재된 것은 그 조서만으로써 證明한다(법 56조). 「調書만으로써 證明한다」 함은 공판조서 이외의 자료에 의한 反證이 허용되지 아니한다는 의미이다(통설 · 판례[4]). 공판조서의 이러한 효력을 공판조서의 排他的 證明力이라고 한다. 공판조서의 이러한 배타적 증명력은 상소심에서 원심공판절차의 존부 또는 적법성에 대한 분쟁을 방지하려는 데 주된 목적이 있다.

---

1) 大判 2003. 10. 10, 2003도3282.
2) 백형구, 252면; 동저, 강의 693면; 이재상, 584면; 배종대 · 이상돈, 697면; 임동규, 568면; 신양균, 831면; 정웅석, 1030면.
3) 백형구, 강의 631~632면 참조.
4) 大判 1988. 8. 9, 88도1018; 大判 1996. 4. 9, 96도173; 大判 2003.10.10, 2003도3282.

2) 排他的 證明力이 있는 公判調書 有效한 공판조서만이 배타적 증명력이 인정된다. 따라서 공판조서가 無效인 경우에는 배타적 증명력이 인정되지 아니한다. 원심의 공판심리절차에서 공판조서의 정확성에 대해서 異議를 제기한 경우(법 54조 2항)에도 공판조서의 배타적 증명력이 인정하지 아니한다고 해석하여야 한다.[1] 공판조서의 기재가 불명확하거나 모순이 있는 경우에도 배타적 증명력은 인정되지 아니한다. 다만 공판조서에 명백한 誤記가 있는 경우에는 올바른 내용에 대해서 증명력이 인정되며(통설 · 판례[2]) 오기인가 여부는 공판조서 이외의 자료에 의한 판단이 허용된다.[3] 공판조서의 誤記 여부는 공판조서만으로 판단하여야 한다는 견해도 있다.[4]

공판조서가 滅失된 경우에는 공판조서의 배타적 증명력은 문제로 되지 아니한다. 공판조서 자체가 不存在하기 때문이다.

3) 排他的 證明力이 미치는 範圍 공판조서의 배타적 증명력은 공판조서에 기재된 公判期日의 訴訟節次에 한해서 미친다. 공판기일의 소송절차라 함은 공판기일에 행하여진 審理節次와 判決節次를 의미한다. 예컨대 법관 · 검사 · 피고인이 출석한 사실, 인정신문을 한 사실, 진술거부권을 고지한 사실, 피고인신문 · 증인신문이 행하여진 사실, 증인에게 선서를 시킨 사실, 간이공판절차로 심판한 사실, 공소장변경이 행하여진 사실, 피고인이 최후진술을 한 사실, 판결이 선고된 사실은 공판기일의 소송절차에 해당한다. 소송절차의 적법성뿐만 아니라 소송절차의 존부에 대해서도 배타적 증명력이 인정된다(통설). 공판조서에 기재된 피고인의 自白 · 증인의 證言에 대해서는 공판조서의 배타적 증명력이 인정되지 아니한다. 공판기일의 소송절차가 아니기 때문이다.

공판조서에 기재되어 있지 아니한 소송절차는 공판조서에 의한 증명이 불가능하므로 공판조서 이외의 자료에 의한 증명이 허용된다. 이 경우의 증명은 자유로운 증명으로 충분하다.

6. 通譯 · 飜譯

(1) 법정에서는 국어(한국어)를 사용하여야 하므로(법조 62조) 피고인 · 증인 등

---

1) 158면 각주 2)의 문헌과 동일; 大判 2005. 12. 22, 2005도6557.

2) 大判 1995. 4. 14, 95도1914; 大判 1983. 10. 25, 82도571.

3) 백형구, 253면; 동저, 강의 692면; 이재상, 584면; 정영석 · 이형국, 125면.

4) 김기두, 273면; 신동운, 958면; 배종대 · 이상돈, 697면; 진계호, 649면; 임동규, 568면; 신양균, 832면; 정웅석, 1031면.

이 한국어에 통(通)하지 아니하거나 귀머거리(聾者) 또는 벙어리(啞者)인 경우에는 통역인으로 하여금 통역하게 하여야 한다(법 180조, 181조). 한국인이라도 한국어에 통하지 아니한 자인 경우에는 통역을 요하며 외국인이라도 한국어에 통하는 자인 경우에는 통역을 요하지 아니한다.[1] 한국어에 통하지 아니하는 자가 피고인인 경우에는 그 피고인의 진술은 물론 인정신문, 피고인신문, 증인신문, 검사의 구형, 법원의 판결선고 등 공판기일의 소송행위 전부를 모두 통역하게 하여야 한다.[2]이 경우에는 통역인이 통역한 내용이 피고인의 진술 또는 증인의 진술로 공판조서에 기재된다.

(2) 국어 아닌 문자 또는 부호는 한국어로 번역하게 하여야 한다(법 182조). 예컨대 외국어로 기재된 감정서 · 진술서 · 항소이유서 · 확인서는 번역인으로 하여금 한국어로 번역하게 하여야 한다. 번역하게 할 의무는 법원에 있다.[3]

(3) 통역 · 번역의 절차에 관해서는 법원의 감정에 관한 규정이 준용된다(법 183조). 법원은 통역인 · 번역인에게 미리 선서를 시켜야 하며(법 183조→170조) 선서한 통역인이 허위통역 · 허위번역을 하면 허위통역죄(형 154조) · 허위번역죄(형 154조)가 성립한다.

Ⅱ. 公訴提起 후 公判期日 전의 節次

1. 公訴狀副本의 送達

수소법원은 공소장의 부본을 늦어도 제 1 회공판기일의 5일 전까지 피고인 또는 변호인에게 송달하여야 한다(법 266조). 공소장부본송달제도는 피고인에게 공소사실의 내용을 알려 방어준비를 하도록 하려는 데 그 목적이 있다.

2. 意見書의 提出

피고인 또는 변호인은 공소장부본을 송달받은 날부터 7일 이내에 공소사실에 대한 인정 여부, 공판준비절차에 관한 의견 등을 기재한 의견서를 법원에 제출하여야 한다. 다만 피고인이 진술을 거부하는 경우에는 그 취지를 기재한 의견서를 제출할 수 있다(법 266조의2 제 1 항). 법원은 제 1 항의 의견서가 제출된 때에는 이

1) 백형구, 254면.
2) 통역 · 번역을 증거조사의 장에서 설명하지 아니하고 公判審理의 總說에서 설명한 이유는 여기에 있다. 백형구, 255면.
3) 백형구, 254면; 大判 1998. 6. 23, 98도1038.

를 검사에게 송부하여야 한다(동조 2항). 피고인 또는 변호인이 의견서를 법원에 제출하지 아니한 경우에도 불이익을 받지 아니한다.

3. 書類 등의 閱覽 · 謄寫

피고인 또는 변호인은 검사에게 공소제기된 사건에 관한 서류, 물건의 열람·등사를 신청할 수 있으며(법 266조의3 제1항) 검사가 그 신청을 거부하는 경우에는 법원에 그 서류 등의 열람 · 등사를 허용하도록 할 것을 신청할 수 있고(법 266조의4 제1항) 법원은 검사에게 그 서류 등의 열람 · 등사를 허용할 것을 명할 수 있다(동조 2항). 검사가 법원의 명령에 응하지 아니한 때에는 그 서류 등에 대한 증거신청을 할 수 없다(동조 5항).

4. 公判準備節次

(1) 공판준비절차의 회부

재판장은 효율적이고 집중적인 심리를 위하여 사건을 공판준비절차에 부칠 수 있다(법 266조의5 제1항). 공판준비절차는 주장 및 입증계획 등을 서면으로 준비하게 하거나 공판준비기일을 열어 진행한다(동조 2항). 법원은 쟁점 및 증거의 정리를 위하여 필요한 경우에는 제 1 회 공판기일 후에도 사건을 공판준비절차에 부칠 수 있다(법 266조의15).

(2) 공판준비절차의 내용

1) 검사 · 피고인 또는 변호인은 법률상 · 사실상 주장의 요지 및 입증취지 등이 기재된 서면을 법원에 제출할 수 있고(법 266조의6 제1항) 재판장은 검사 · 피고인 또는 변호인에 대하여 제 1 항의 서면을 제출할 것을 명할 수 있다(동조 2항). 법원은 그 서면의 부분을 상대방에게 송달하여야 한다(동조 3항).

2) 법원은 검사 · 피고인 또는 변호인의 의견을 들어 공판준비기일을 지정할 수 있으며(법 266조의7 제1항) 검사 · 피고인 또는 변호인은 법원에 대하여 공판기일의 지정을 신청할 수 있다(동조 2항). 공판준비기일에는 검사 및 변호인이 출석하여야 하며(법 266조의8 제1항) 법원은 필요하다고 인정하는 때에는 피고인을 소환할 수 있다(동조 5항). 재판장은 출석한 피고인에 대하여 진술거부권이 있음을 고지하여야 한다(동조 6항). 법원은 공판준비절차에서 공소장변경을 허가하는 행위, 사건의 쟁점을 정리하는 행위, 증거신청을 하도록 하는 행위, 증거 채부(採否)의 결정을 하는 행위, 증거조사의 순서 및 방법을 정하는 행위, 서류 등의 열람 또는 등사와 관련된 신청

의 당부를 결정하는 행위, 공판기일을 지정 또는 변경하는 행위 등을 할 수 있다(법 266조의9 제1항 1호 내지 12호). 공판준비기일에서 신청하지 못한 증거는 원칙적으로 공판기일에 증거신청을 하는 것이 허용되지 아니한다(법 266조의13 제1항). 법원은 공판준비기일을 종료하는 때에는 검사·피고인 또는 변호인에게 쟁점 및 증거에 관한 정리결과를 고지하고 이에 대한 이의 유무를 확인하여야 한다(법 266조의10 제1항).

(3) 공판준비절차의 종결

법원은 쟁점 및 증거의 정리가 완료된 때에는 공판준비절차를 종결하여야 한다(법 266조의12). 종결한 공판준비기일은 재개할 수 있다(법 266조의14).

5. 公判期日 전의 證據調査

수소법원은 공판준비에 필요하다고 인정한 때에는 공판기일 전에 피고인신문, 증인신문, 검증을 할 수 있고 감정 또는 번역을 명할 수 있다(법 273조). 이러한 증거조사는 검사·피고인 또는 변호인의 신청에 의해서만 행하여진다(법 273조).

6. 公判期日의 指定

재판장은 공판기일을 지정하여야 한다(법 267조 1항). 공판기일은 검사·변호인·보조인에게 통지하여야 하며(동조 3항) 공판기일에는 피고인·대표자·대리인을 소환하여야 한다(동조 2항).

Ⅲ. 公判審理의 順序와 內容

공판심리는 통상적으로 인정신문·검사의 모두진술·진술권과 진술거부권의 고지·피고인의 모두진술·증거조사·피고인신문·최종변론의 순서로 행하여진다. 이 중 인정신문에서 피고인의 모두진술까지는 冒頭節次에 해당하고 피고인신문·증거조사·최종변론은 事實審理節次에 해당한다. 공판심리가 끝나면 판결이 선고된다.

1. 冒頭節次

(1) 人定訊問

재판장은 피고인의 성명·연령·본적·주거와 직업을 물어서 피고인임에 틀림 없음을 확인하여야 한다(법 284조). 공소장에 기재된 피고인과 공판정에 출석한 피고인이 다른 경우(예컨대 위장출석)에는 출석한 피고인을 퇴정시켜야 한다.

(2) 檢事의 冒頭陳述

검사는 공소장에 의하여 공소사실·죄명 및 적용법조를 낭독하여야 한다. 다만 재판장은 필요하다고 인정하는 때에는 검사에게 공소의 요지를 진술하게 할 수 있다(법 285조).

(3) 陳述拒否權·陳述權의 告知

재판장은 피고인에게 각개의 신문에 대하여 진술을 거부할 수 있고 이익되는 사실을 진술할 수 있다는 취지를 고지하여야 하며, 그 고지를 한 후 재판장은 피고인과 변호인에게 공소에 관한 의견을 진술할 기회를 줄 수 있다(법 283조의2 제1항, 규칙 127조).

(4) 被告人의 冒頭陳述

피고인은 검사의 모든 진술이 끝난 뒤에 진술거부권을 행사하는 경우를 제외하고는 공소사실의 인정 여부를 진술하여야 하며(법 286조 1항) 피고인 및 변호인은 이익되는 사실 등을 진술할 수 있다(동조 2항).

피고인은 이 단계에서 그 때까지의 절차상의 하자를 다툴 수 있다. 특히 관할위반의 신청(법 320조 2항), 공소장부본송달의 하자에 대한 이의신청(법 266조), 제1회공판기일의 유예기간에 관한 이의신청(법 269조) 등은 늦어도 이 단계에서 하여야 하며 이 단계에서 이의신청을 하지 아니하면 그 절차상의 하자가 치유되어 피고인은 절차상의 하자를 다툴 수 없게 된다.[1)]

피고인은 이 단계에서 공판기일의 변경신청(법 370조), 국선변호인의 선정청구(법 33조 2항), 법관에 대한 기피신청(법 18조), 변론병합의 신청(법 300조), 관할이전의 신청(법 15조) 등을 할 수 있다.

형사소송법 제286조의 법적 성질에 관하여 權利保護規定說, 獨立節次規定說, 結合說이 대립되고 있다고 설명하면서 結合說을 지지하는 견해가 있으나[2)] 그와 같은 학설이 대립되고 있지 않다. 형사소송법 제286조는 증거조사에 앞서 피고인에게 利益되는 사실을 陳述할 기회를 주어야 한다는 내용의 규정이라고 해석하면 충분할 것이다.[3)]

(5) 재판장의 爭點整理

재판장은 피고인의 모두진술이 끝난 다음에 피고인 또는 변호인에게 쟁점의

1) 백형구, 256면; 동저, 강의 559면; 이재상, 410면; 신동운, 575면; 배종대·이상돈, 467면; 송광섭, 440면; 진계호, 471면; 임동규, 379면; 신양균, 545면.
2) 신동운, 573~574면; 배종대·이상돈, 466면; 진계호, 471면; 신양균, 544면.
3) 백형구, 256면; 동저, 조해 597면.

정리를 위하여 필요한 질문을 할 수 있다(법 287조 1항). 재판장은 증거조사를 하기에 앞서 검사 및 변호인으로 하여금 공소사실 등의 증명과 관련된 주장 및 입증계획 등을 진술하게 할 수 있다. 다만 증거로 할 수 없거나 증거로 신청할 의사가 없는 자료에 기초하여 법원에 사건에 대한 예단 또는 편견을 발생하게 할 염려가 있는 사항은 진술할 수 없다(동조 2항). 2007년 6월 1일 형사소송법의 개정시에 신설된 조항이다. 쟁점정리, 입증계획의 설명은 소송진행의 능률과 신속을 위해서 필요하다.

2. 事實審理節次

(1) 證據調査

1) 증거조사의 時期 증거조사는 형사소송법 제287조의 쟁점정리절차가 끝난 후에 실시한다(법 290조). 구법 제290조는 증거조사는 피고인신문이 종료한 뒤에 하여야 한다고 규정하였으나 개정법 제290조는 피고인신문(법 296조의2)에 앞서 증거조사를 하여야 한다고 규정하고 있다.

2) 증거조사의 順序 법원은 검사가 신청한 증거를 조사한 후 피고인 또는 변호인이 신청한 증거를 조사한다(법 290조의2 제 1 항). 검사가 신청한 증거는 본증(本證)이고 피고인 또는 변호인이 신청한 증거는 반증(反證)이므로 개정법 제290조의2 제 1 항이 규정하고 있는 증거조사의 순서는 타당하다고 본다. 법원은 검사 · 피고인 또는 변호인이 신청한 증거에 대한 조사가 끝난 후 직권으로 결정한 증거를 조사한다(동조 2항). 법원의 직권에 의한 증거조사를 제 2 차적 · 보충적으로 인정하고 있다. 법원은 증거조사의 순서를 변경할 수 있다(동조 3항).

3) 증거조사의 方式 공판기일에 공판정에서 실시하는 증거조사에는 서류 · 물건에 대한 증거조사와 증인신문이 있다.

증거서류를 증거조사하는 경우에는 서류를 낭독하거나 서류의 내용을 고지하여야 하며(법 292조), 증거물을 증거조사하는 경우에는 그 증거물을 제시하여야 한다(법 292조의2). 공판기일에서의 증인신문은 원칙적으로 교호신문의 방식으로 한다(법 161조의2). 따라서 검사가 신청한 증인을 신문하는 경우에는 피고인 또는 변호인의 반대신문권이 보장된다(법 161조의2 제 1 항).

재판장은 피고인에게 각 증거조사의 결과에 대한 의견을 묻고 권리를 보호함에 필요한 증거조사를 신청할 수 있음을 고지하여야 한다(법 293조).

증거조사의 방식이 부적법하거나 부적당한 경우에는 검사 · 피고인 또는 변호인은 이의신청을 할 수 있다(법 296조 1항).

4) **증거조사의 要否** 검사가 유죄입증을 위한 증거로 제출한 수사서류에 대해서 피고인 또는 변호인이 공판기일에 증거로 함에 동의하거나(법 318조 1항) 피고인의 증거동의가 의제된 경우(법 318조 2항, 318조의3)에는 수사서류에 대한 증거조사를 요하지 아니한다. 피고인의 증거동의에 의해서 수사서류의 증거능력이 인정되기 때문이다. 검사가 유죄입증을 위한 증거로 제출한 수사서류에 대해서 피고인 또는 변호인이 공판기일에 증거로 함에 부동의한 경우에는 그 수사서류에 대한 증거조사를 요한다. 예컨대 검사가 유죄의 증거로 제출한 피해자진술조서에 대해서 피고인이 공판기일에 증거로 함에 부동의하면서 그 조서에 기재된 진술(피해자의 진술)의 증명력을 다투는 경우에는 그 피해자진술조서에 대한 증거조사를 하여야 한다.

(2) **被告人訊問**

검사 또는 변호인은 증거조사 종료 후에 순차로 피고인에게 공소사실 및 정상에 관하여 필요한 사항을 신문할 수 있다. 다만 재판장은 필요하다고 인정하는 때에는 증거조사가 종료되기 전이라도 이를 허가할 수 있다(법 296조의2 제 1 항). 재판장은 필요하다고 인정하는 때에는 피고인을 신문할 수 있다(동조 2항). 제161조의2 제 1 항, 제 2 항, 제 3 항, 제 5 항은 제 1 항의 신문에 관하여 준용된다(동조 3항). 2007년 6월 1일 형사소송법 개정시에 공판기일에서의 피고인신문은 증거조사가 종결된 후에 하여야 한다는 내용으로 변경하였다. 그러나 공판기일의 피고인신문시에 피고인이 공소사실을 자백하느냐, 부인하느냐에 따라 증거조사의 범위와 방법이 달라진다는 점, 예컨대 공판기일의 피고인신문시에 피고인이 공소사실을 자백하고 검사가 유죄의 증거로 제출한 수사서류 전부에 대해서 증거로 함에 동의하면 수사서류에 대한 증거조사를 할 필요가 없다는 점, 피고인이 공판정에서 공소사실을 자백한 때에는 간이공판절차에 의한 심판이 허용되며(법 286 조의2), 이 경우에는 피고인의 증거동의가 의제된다는(법 318 조의3) 점 등을 고려할 때 수사서류에 대한 증거조사를 하기 전에 피고인신문을 하는 것이 입법론으로 타당하다고 본다.

공판기일에서의 피고인신문은 검사 · 변호인의 순서로 행하여지며(법 296조의2 제 1 항), 재판장, 배석판사도 피고인을 신문할 수 있다(동조 2항, 3항). 재판장은 소송지휘권에 의해서 검사나 변호인의 불필요한 신문 또는 피고인의 불필요한 진술을 제한할 수 있다(법 299조).

(3) 最終辯論

1) 檢事의 意見陳述 증거조사와 피고인신문이 끝나면 검사는 사실과 법률적용에 관하여 意見을 진술하여야 한다(법 302조). 검사의 이러한 의견진술을 실무상 論告라고 하며 검사의 의견진술 중에서 量刑에 관한 의견진술을 求刑이라고 한다. 검사의 구형은 법원에 대하여 구속력이 없으므로 법원이 검사의 구형을 초과하여 刑을 선고하더라도 違法이 아니다(통설 · 판례[1]). 검사의 출석 없이 개정하는 경우(법 278조)에는 공소장의 기재사항에 의하여 검사의 의견진술이 있는 것으로 간주한다(법 302조 단서). 이 경우에는 검사의 求刑 없이 공판심리가 종결된다.

2) 辯護人의 最終辯論 피고인의 변호인은 피고인을 위하여 의견을 진술할 수 있다(법 303조). 변호인의 이러한 의견진술을 변호인의 最終辯論이라고 한다.

3) 被告人의 最後陳述 재판장은 피고인에게 최후진술의 기회를 주어야 한다(법 303조). 피고인의 최후진술이 끝나는 단계를 口頭辯論의 終結이라고 하며 실무상 結審이라고 한다. 結審은 審理의 終結이라는 의미이다.

Ⅳ. 簡易公判節次

1. 簡易公判節次의 意義

간이공판절차라 함은 피고인이 공판정에서 有罪를 시인하는 경우에 證據調査節次를 簡易化하는 公判節次를 말한다. 간이공판절차는 공판절차이므로 약식절차나 즉결심판절차는 간이공판절차가 아니다.

간이공판절차는 피고인이 공판정에서 有罪를 시인하는 경우에 공판심리절차(증거조사절차)를 簡易化함으로써 소송경제를 도모하고 재판의 신속을 기하려는데 그 목적이 있다. 간이공판절차는 형사소송법의 제 3 차 개정시(1973. 1. 25)에 신설되었다. 간이공판절차의 폐지를 주장하는 견해가 있으나[2] 폐지할 필요는 없다고 본다.

2. 節次開始의 要件

(1) 公判廷에서의 自白

피고인이 公判廷에서 公訴事實을 自白한 때에 한하여 간이공판절차에 의한

1) 大判 1965. 3. 30, 65도3; 大判 1984. 4. 24, 83도1789; 大判 2001. 11. 30, 2001도5225.
2) 배종대 · 이상돈, 507면; 진계호, 507면.

심판이 허용된다(법 286조의2). 피고인이 공판정에서 공소사실을 자백한 때라 함은 피고인이 피고인의 모두진술(법 286조)의 단계에서 공소사실을 자백한 때라는 의미이다. 따라서 피고인이 공판준비절차(법 266조의2, 266조의9, 273조)에서 공소사실을 자백하였다가 공판기일의 피고인의 모두진술의 단계에서 공소사실을 부인하는 경우에는 간이공판절차에 의한 심판이 허용되지 아니한다. 공판기일의 피고인신문절차(법 296조의2)에서 피고인이 비로소 공소사실을 자백한 경우도 간이공판절차에 의한 심판이 허용되지 아니한다고 해석하여야 한다. 간이공판절차는 증거조사절차를 간이화하는 데 그 목적이 있으므로(법 297조의2) 증거조사를 종료한 후에는 간이공판절차로 심판할 필요가 없기 때문이다.

피고인 本人이 공판정에서 자백한 경우는 물론 피고인인 법인의 대표자, 의사무능력자인 피고인의 대리인이 공판정에서 자백한 경우도 간이공판절차에 의한 심판이 허용된다고 해석하여야 한다.[1]

피고인이 공소사실에 대하여 자백한 때라 함은 피고인이 공소사실에 대하여 有罪를 인정하는 진술을 한 때라는 의미이다.[2] 따라서 피고인이 構成要件的 事實은 인정하면서 違法性阻却事由 또는 責任阻却事由를 주장하는 경우는 간이공판절차에 의한 심판이 허용되지 아니한다(통설 · 판례[3]). 피고인이 명시적으로 有罪라는 의사표시를 하지 않더라도 피고인의 자백이 유죄를 시인하는 내용이라고 인정되는 경우에는 간이공판절차에 의한 심판이 허용된다.[4]

競合犯의 관계에 있는 수개의 공소사실 중 일부에 대해서만 자백하고 다른 부분에 대해서 부인하는 경우에는 자백한 공소사실에 대해서만 간이공판절차에 의한 심판이 허용된다(통설). 그러나 科刑上 一罪의 경우 또는 공소사실이 豫備的으로 기재된 경우에 공소사실의 일부에 대해서만 자백한 때에는 간이공판절차에 의한 심판이 허용되지 아니한다.[5] 소송법상 不可分的으로 취급되기 때문이다. 공동피고인의 일부만이 자백한 경우에는 자백한 피고인에 대해서만 간이공판절차로 심판할 수 있다.

---

1) 백형구, 261면; 동저, 강의 565면; 이재상, 437면; 신동운, 701면; 송광섭, 448면; 차용석, 603면; 진계호, 508면; 임동규, 417면; 신양균, 553면; 정웅석, 726면.
2) 백형구, 261면; 동저, 강의 565면.
3) 大判 1981. 11. 24, 81도2422; 大判 1987. 8. 18, 87도1269.
4) 각주 3)의 대법원판결.
5) 신동운, 702면; 배종대 · 이상돈, 510면; 차용석, 605면.
6) 백형구, 261면; 강구진, 389면; 이재상, 438면; 진계호, 509면; 임동규, 418면.
5) 정영석, 317면; 백형구, 261면; 동저, 강의 565면; 이재상, 438면; 신동운, 701면; 정영석 · 이형국, 298면; 배종대 · 이상돈, 510면; 진계호, 509면; 임동규, 417면; 신양균, 554면.

공판정에서의 피고인의 자백은 信憑性이 있음을 요한다. 자백의 신빙성이 없는 경우는 간이공판절차의 취소사유로 되므로(법 286조의3) 자백의 신빙성이 없다고 인정한 경우에는 간이공판절차로 심판하여서는 안 된다.

(2) 第 1 審의 公判節次

간이공판절차에 의한 심판은 제 1 심의 공판절차에 한해서 허용되며 항소심 또는 상고심의 공판절차에서는 허용되지 아니한다(통설).[1]

單獨判事가 심판하는 경우뿐 아니라 法院合議部가 심판하는 경우에도 간이공판절차에 의한 심판이 허용된다. 舊法(8차 개정 전의 法)은 단독판사가 심판을 하는 경우에 한하여 간이공판절차에 의한 심판을 허용하였으나(구법 286조의2 단서) 형사소송법의 제 8 차 개정시(1995. 12. 29)에 법원합의부가 심판하는 경우에도 간이공판절차에 의한 심판을 허용하는 내용으로 개정하였다.

그러나 피고인에 대한 有罪判決은 正式의 公判節次에 의하는 것이 原則이어야 한다는 점, 간이공판절차로 피고인에게 사형, 무기징역, 징역 10년과 같은 重刑을 선고한다는 것은 불합리하다는 점, 피고인이 공판정에서 유죄를 시인하는 경우에는 검사가 유죄의 증거로 제출한 수사서류에 대해서 證據로 함에 同意를 하는 것이 보통이므로 구태여 간이공판절차로 심판할 필요가 없다는 점 등을 고려할 때 法院合議部가 심판하는 경우에는 간이공판절차에 의한 심판을 허용해서는 안 된다고 본다(立法論).[2]

3. 節次開始의 決定 · 取消

(1) 節次開始의 決定

간이공판절차로 심판하기 위해서는 수소법원은 그러한 취지의 決定을 하여야 한다(법 286조의2). 피고인이 공판정에서 자백을 하는 경우에도 간이공판절차로 심판하느냐 여부는 법원의 裁量에 속한다(동조). 「… 결정하여 한다」고 규정한 舊法下에서는 義務說[3]과 裁量說[4]이 대립하였으나 형사소송법의 제 8 차 개정시에 「… 決定할 수 있다」고 개정하여 立法的으로 해결하였다. 간이공판절차로 심판한다는 결정에 대해서는 抗告가 허용되지 아니한다(법 403조 2항). 판결 전 소송절차에

---

1) 백형구, 262면; 동저, 강의 566면; 이재상, 436면; 배종대 · 이상돈, 508면; 송광섭, 448면; 차용석, 602면; 진계호, 507면; 임동규, 416면; 신양균, 552면; 정웅석, 725면.
2) 백형구, 262면; 동저, 강의 566면; 이재상, 437면; 배종대 · 이상돈, 507면; 송광섭, 448면; 진계호, 508면; 신양균, 553면.
3) 신현주(수정판, 1984년), 398면.
4) 백형구(신정판, 1993년), 548면.

관한 결정이며 항고를 허용하는 명문규정이 없기 때문이다.

(2) 決定의 取消

간이공판절차로 심판한다는 결정을 한 후 피고인의 자백이 신빙성이 없다고 인정되거나 간이공판절차로 심판하는 것이 현저히 부당하다고 인정되는 경우에는 법원은 그 決定을 取消하여야 한다(법 286조의3). 법원이 취소결정을 하는 경우에는 검사의 의견을 들어야 하며(동조) 취소의 사유가 있다고 인정한 때에는 법원은 취소결정을 하여야 한다(取消의 義務性).[1] 간이공판절차로 심판한다는 결정을 취소한 경우에는 원칙적으로 公判節次를 更新하여야 한다(법 301조의2).

4. 公判節次의 特色

(1) 證據同意의 擬制

간이공판절차에 있어서는 被告人의 證據同意가 擬制된다(법 318조의3). 따라서 검사가 유죄의 증거로 제출한 수사서류는 증거능력이 인정된다. 피고인이 공판정에서 유죄를 시인하고 있으므로 피고인의 증거동의를 의제한 것이다.

간이공판절차에서도 自白의 補強法則(법 310조)이 적용되므로(통설) 자백에 대한 보강증거가 없으면 자백한 공소사실을 유죄로 인정할 수 없다.

(2) 證據調査方式의 簡易化

간이공판절차의 證據調査에 관하여는 형사소송법 제161조의2, 제290조 내지 제293조, 제297조의 규정이 적용되지 아니한다(법 297조의2). 따라서 간이공판절차에서는 正式의 증거조사방식에 의할 필요가 없고 법원이 상당하다고 인정하는 방법으로 증거조사를 할 수 있다(법 297조의2). 다만 간이공판절차에 있어서는 證據同意의 擬制에 의해서 수사서류의 증거능력이 인정되므로 증인신문 등 증거조사를 할 필요가 없다.[2] 실무상으로도 법원이 간이공판절차로 심판한다는 결정을 고지한 후에 서류·물건에 대한 증거조사가 행하여지지 아니한다.

(3) 公訴狀變更의 許容

간이공판절차에서도 공소장변경이 허용된다(통설). 다만 공소장변경 후에 피고인이 변경 또는 추가된 공소사실을 否認하는 경우에는 간이공판절차로 심판한다는 결정을 취소하여야 한다(법 286조의3).

---

1) 백형구, 263면; 동저, 강의 568면; 이재상, 441면; 배종대·이상돈, 514면; 차용석, 609면; 진계호, 512면; 임동규, 421면; 신양균, 559면; 정웅석, 731면.

2) 백형구, 263면; 동저, 강의 567면.

(4) 無罪 · 免訴 · 公訴棄却의 許容

간이공판절차에 의해서도 무죄 · 면소 · 공소기각의 재판이 허용된다고 해석하여야 한다.[1] 예컨대 간이공판절차에 의하여 심리한 결과 自白에 대한 補強證據가 없는 경우에는 무죄판결을 선고할 수 있으며 간이공판절차에 의한 심리중 訴訟條件이 흠결된 경우(예컨대 피고인의 死亡, 고소의 取消, 赦免, 刑의 廢止)에는 공소기각 또는 면소의 재판을 할 수 있다.

V. 受訴法院의 證據調査

1. 總　說

형사소송법상 證據調査라 함은 법원 또는 법관이 證據方法을 조사하여 證據資料를 획득하는 소송절차를 말한다. 예컨대 증인신문(증거조사)은 증인(증거방법)을 조사하여 증언(증거자료)을 획득하는 소송절차이다. 공판절차에서의 통역·번역은 증거조사가 아니다. 증거방법을 조사하여 증거자료를 획득하는 절차가 아니기 때문이다.

현행법상 수소법원이 행하는 증거조사에는 證人訊問, 鑑定, 檢證이 있다. 증거보전을 위하여 법관이 행하는 증거조사, 수사상 참고인에 대한 증인신문(법 221조의2)은 수소법원의 증거조사에 해당하지 아니한다.

2. 證人訊問

(1) 證人訊問의 意義

수소법원의 증인신문이라 함은 수소법원이 證人으로부터 證言을 듣는 증거조사를 말한다. 즉 증인에 대한 증거조사가 증인신문이다.

증인신문절차에서 수집된 증거는 證言이며 증인의 증언은 證人訊問調書에 기재된다. 증인신문절차에 중대한 違法이 없으면 증언은 피고인의 공소사실에 관하여 증거능력이 인정된다. 현행 형사소송법은 증언의 진실성을 담보하기 위한 제도를 두고 있다. 證人宣誓(법 156조, 157조), 증인신문에 대한 당사자의 參與權保障(법 163조), 反對訊問(법 161조의2), 個別訊問(법 162조), 對質訊問(법 162조) 등은 그러한 제도에 해당한다. 증인신문절차에 중대한 위법이 있으면 그 증언은 위법수집증거의 배제

---

1) 백형구, 263면; 동저, 강의 568면; 강구진, 397면; 이재상, 440면; 신동운, 704면; 배종대·이상돈, 513면; 차용석, 607면; 진계호, 510면; 임동규, 420면; 신양균, 556면; 정웅석, 730면.

법칙에 의하여 증거능력이 부정된다(법 308조의2).

(2) 證　人

1) 증인의 意義　증인이라 함은 법원 또는 법관에 대하여 자기가 과거에 경험한 사실을 진술하는 자로서 피고인 이외의 자를 말한다.[1] 증인의 진술을 證言이라고 한다.

「證人이라 함은 法院 또는 法官에 대하여 자기가 과거에 경험한 사실을 진술하는 제 3 자를 말한다」고 정의하는 것이 통설이다. 통설은 검사 · 변호인 · 법관의 證人適格을 부정하면서 證人의 第 3 者性을 그 이론적 근거로 내세우고 있다. 그러나 당해 소송에 관여하고 있는 공동피고인 · 변호인 · 검사의 증인적격을 인정하는 해석론이 타당하므로 증인은 당해 소송의 제 3 자가 아니다. 한편 피고인은 현행법상 증인으로 될 수 없다. 따라서 증인은 피고인 이외의 자라고 정의하는 것이 타당하다고 본다.

증인은 자기가 과거에 경험한 사실을 진술하는 자이므로 非代替的이다. 이를 證人의 非代替性이라고 한다. 이에 대해서 감정인은 대체적이다. 특별한 지식·경험을 가진 자이면 누구든지 감정인으로 될 수 있기 때문이다. 증인에 대해서 구인을 허용하면서(법 152조) 감정인에 대해서는 구인을 허용하지 아니하는(법 177조) 이유는 여기에 있다.

2) 證人適格　증인적격은 증인으로 될 자격이 있느냐 또는 증인으로 신문할 수 있느냐의 문제이다. 즉 스스로 증인이 될 수 있느냐, 강제적 증인신문이 허용되는가의 문제가 증인적격의 문제이다. 「法院은 법률에 다른 규정이 없으면 누구든지 證人으로 訊問할 수 있으므로」(법 146조) 원칙적으로 누구든지 증인적격이 있다. 그러나 당해 사건의 公判審理에 관여하고 있는 法官 또는 法院事務官은 그 지위에 있는 한 당해 사건의 증인으로 신문할 수 없다. 당해 사건의 공판심리에 관여하고 있는 법관 또는 법원사무관의 지위와 증인의 지위는 직무의 성질상 兩立할 수 없기 때문이다. 피고인에게는 진술거부권이 인정되고 있으므로(법 283조의2 제 1 항) 피고인에 대한 강제적 증인신문은 허용되지 아니한다. 피고인이 그 진술의 신빙성을 높이기 위해서 증인으로 선서한 후 진술하겠다는 의사표시를 한 경우에도 피고인에 대한 증인신문은 허용되지 아니한다고 해석하여야 한다. 이를 허용하는 명문규정이 없기 때문이다. 피고인의 대리인 · 피고인인 법인의 대표자는 그 지위에 있는 한 증인적격이 없다(통설).

1) 백형구, 501면; 동저, 강의 723면.

證人適格의 유무와 관련해서 문제되는 경우는 다음과 같다.

(ㄱ) 共同被告人 공동피고인의 증인적격을 인정할 것이냐에 관해서는 적극설, 소극설, 절충설이 대립되고 있다.

소극설은 공동피고인이 共犯關係에 있느냐 여부를 불문하고 증인적격을 부정하는 견해로서[1] 공동피고인은 당해 소송의 제3자가 아니고 소송당사자라는 점, 공동피고인은 자기의 공소사실에 관하여 진술거부권이 인정되어 있다는 점을 이론적 근거로 내세우고 있다. 소극설에 의하면 변론을 분리하지 않는 한 공동피고인에 대한 증인신문이 허용되지 아니한다.

적극설은 공동피고인이 공범관계에 있느냐 여부를 불문하고 공동피고인에 대한 증인신문이 허용된다는 견해로서[2] 공동피고인은 다른 공동피고인에 대해서 제3자라는 점을 논거로 들고 있다. 적극설에 의하면 변론을 분리함이 없이 당해 소송절차에서 공동피고인에 대한 증인신문이 허용된다.

절충설은 공동피고인이라 할지라도 자기의 피고사건과 실질적으로 關聯性이 없는 사실에 관하여는 증인적격을 인정하고 실질적으로 관련성이 있는 사실에 관하여는 被告人으로 신문하여야 한다는 견해로서[3] 共犯關係에 있는 공동피고인의 法廷自白은 피고인의 공소사실에 관하여 證據能力이 있으므로 증인으로 신문할 필요가 없다는 점, 사건의 관련성이 없는 공동피고인은 변론을 분리할 필요 없이 당해 소송절차에서 증인으로 신문하는 것이 합리적이라는 점 등을 논거로 내세우고 있다. 절충설이 타당하다고 본다.

대법원판례도 절충설을 취하고 있다.[4] 즉 「피고인과는 別個의 범죄사실로 기소되어 병합심리되고 있는 공동피고인은 피고인에 대한 관계에서는 證人의 지위에 있음에 불과하므로 공동피고인이 선서 없이 한 공판정에서의 진술을 다른 공동피고인에 대한 공소범죄사실을 인정하는 증거로 쓸 수 없다」는 것이 대법원판례의 견해이다.

(ㄴ) 辯 護 人 변호인이 그 지위에 있으면서 증인으로 증언을 할 수 있느냐의 문제가 변호인의 증인적격에 관한 문제로서 이에 관해서는 소극설과 적극설이 대립되고 있다.

1) 정영석, 195면; 서일교, 198면; 염정설, 218면; 강구진, 446면; 정영석·이형국, 396면; 차용석, 850면.
2) 김기두, 162면; 신현주, 528면.
3) 백형구, 503면; 동저, 강의 719면; 이재상, 421면; 신동운, 627면; 배종대·이상돈, 483면; 송광섭, 280면; 진계호, 483면; 임동규, 583면; 신양균, 591면; 정웅석, 701면.
4) 大判 1979.3.27, 78도1031; 大判 1982.6.22, 82도898; 大判 1982.9.14, 82도1000.

소극설은 변호인이 그 지위에 있는 한 증인으로 될 수 없다는 견해로서[1] 변호인은 당해 소송의 제 3 자가 아니라는 점, 변호인의 지위와 증인의 지위는 양립할 수 없다는 점 등을 논거로 들고 있다. 소극설에 의하면 변호인이 스스로 사임하거나 피고인이 변호인을 해임하지 않는 한 변호인에 대한 증인신문이 허용되지 아니한다. 현행법상 법원이 직권으로 사선변호인의 사임을 강제할 방법이 없기 때문이다.

적극설은 변호인이 그 지위에 있는 채로 증인으로 될 수 있다는 견해로서[2] 현행법에는 변호인의 증인적격을 부정하는 명문규정이 없다는 점, 변호인의 증인적격을 인정하면 피고인에게 이익되는 경우가 있다는 점, 변호인의 증인적격을 부정하면 실체적 진실의 발견이 저해되는 결과가 발생하는 경우가 있다는 점 등을 논거로 내세우고 있다. 적극설에 의하면 변호인이 증인으로 되기 위하여 변호인을 사임할 필요가 없다. 적극설이 타당하다고 본다.

변호인이 증인으로서 증언을 한 후에도 계속해서 그 피고인의 변호인으로서 변호활동을 할 수 있다. 다만 변호인이 피고인에게 不利한 증언을 한 경우에는 그 변호인이 스스로 사임하거나 피고인이 그 변호인을 해임하는 것이 통례이다.

㈐ 檢 事 당해 사건의 공판심리에 관여하고 있는 검사의 증인적격을 인정할 것인가에 관해서는 소극설과 적극설이 대립되고 있다.

소극설은 公判關與檢事의 증인적격을 부정하는 견해로서[3] 공판관여검사는 당해 소송의 제 3 자가 아니고 訴訟當事者라는 점, 공판관여검사의 증인적격을 인정하게 되면 공판관여검사에 대한 증인신문시에 公訴維持者로서의 직무수행이 불가능하게 된다는 점 등을 논거로 들고 있다. 소극설에 의하면 공판관여검사에 대한 증인신문이 필요한 경우에도 그 검사가 스스로 공판관여검사의 지위에서 물러나지 않는 한 강제적 증인신문이 불가능하다. 현행법상 법원이 공판관여검사를 그 지위에서 물러나게 할 강제적 방법이 없기 때문이다.

적극설은 공판관여검사의 증인적격을 인정하는 견해로서[4] 현행법에는 공판관여검사의 증인적격을 부정하는 명문규정이 없다는 점, 검사가 증인으로 증언을 하는 경우에도 공소유지의 직무수행이 가능하다는 점, 소극설에 의하면 실체

1) 김기두, 162면; 정영석, 194면; 서일교, 198면; 권오병, 217면; 강구진, 446면; 이재상, 420면; 정영석 · 이형국, 394면; 진계호, 482면; 신양균, 590면; 정웅석, 701면.
2) 백형구, 503면; 동저, 강의 720면; 신동운, 625면; 배종대 · 이상돈, 481면; 임동규, 582면.
3) 김기두, 161면; 정영석, 194면; 서일교, 196면; 권오병, 216면; 염정철, 217면; 이재상, 419면; 송광섭, 281면; 차용석, 843면; 진계호, 482면; 신양균, 589면; 정웅석, 702면.
4) 백형구, 504면; 동저, 강의 721면; 신동운, 624면; 배종대 · 이상돈, 480면; 임동규, 581면.

적 진실의 발견을 저해하는 경우가 생긴다는 점 등을 논거로 내세우고 있다. 적극설이 타당하다고 본다. 공판관여검사가 아닌 수사검사 · 기소검사는 당해 사건에 관하여 증인적격이 있다.

공판관여검사가 증인으로 증언을 한 후 공판관여검사로서의 직무집행이 허용되는가에 관해서는 소극설[1]과 적극설[2]이 대립되고 있다. 소극설은 공소유지의 적정을 논거로 내세우고 있으나 검사의 부당한 공소유지활동에 대해서는 수소법원의 통제가 가능하므로 적극설이 타당하다고 본다.

3) 證言能力 증언능력이라 함은 자기가 과거에 경험한 사실을 記憶하고 그 사실을 陳述할 수 있는 能力을 말한다. 따라서 증언능력에는 기억능력과 진술능력이 포함된다. 만 14세 미만의 자, 예컨대 7~8세의 어린아이라도 기억능력과 진술능력이 있으면 증언능력이 인정된다. 대법원판례는 사건 당시 만 4세 6개월 또는 만 3세 7개월된 증인의 증언능력을 인정하고 있다.[3] 증언능력이 없는 증인의 증언은 증거능력이 없다.

4) 證人의 義務 증인의 소송법상 의무에는 出席 · 宣誓 · 證言의 의무가 있다.

(ㄱ) 出席의 義務 소환을 받은 증인은 출석의 의무가 있다. 출석의무의 위반은 拘引 · 過怠料 · 監置 · 費用賠償의 사유로 된다(법 151조, 152조).

(ㄴ) 宣誓의 義務 출석한 증인은 선서할 의무가 있다. 증인이 정당한 이유 없이 선서를 거부하는 경우에는 50만원 이하의 과태료에 처할 수 있다(법 161조). 선서무능력자는 선서의 의무가 없다. 16세 미만의 자 또는 선서의 취지를 이해하지 못하는 자는 선서무능력자이다(법 159조).

(ㄷ) 證言의 義務 증인은 증언의 의무가 있다. 증인이 정당한 이유 없이 증언을 거부한 때에는 50만원 이하의 과태료에 처할 수 있다(법 161조). 증인은 眞實陳述의 의무가 있으며 선서한 증인이 허위증언을 하면 위증죄가 성립한다(법 152조). 증인이 증언거부권자에 해당하는 경우에는 증언의 의무가 없다.

5) 證人의 權利 증인의 소송법상 권리에는 證言拒否權 · 身邊保護請求權 · 費用請求權 · 증인신문조서의 閱覽權 · 謄寫權이 있다.

---

1) 김기두, 161면; 정영석, 194면; 서일교, 196면; 권오병, 217면; 염정철, 217면; 송광섭, 281면; 차용석, 843면; 배종대 · 이상돈, 481면; 신양균, 590면.

2) 백형구, 504면; 이재상, 419면; 정영석 · 이형국, 394면; 진계호, 482면; 임동규, 581면.

3) 大判 1999. 11. 26, 99도3786; 大判 2001. 7. 27, 2001도2891; 大判 2004. 9. 13, 2004도3161.

㈀ 證言拒否權

① 證言拒否權의 意義　　증인은 일정한 경우에 증언을 거부할 수 있다(법 148조, 149조). 증인의 이러한 권리를 증언거부권이라고 한다. 증언거부권은 證人拒否權과 구별하여야 한다. 증인거부권이 인정되는 경우에는 출석 그 자체를 거부할 수 있으나(법 147조) 증언거부권이 인정되는 경우에는 出席 그 자체를 거부할 수 없다.[1]

② 證言拒否權이 인정되는 경우　　현행법상 증인에게 증언거부권이 인정되는 경우는 다음과 같다.

(i) 自己의 刑事責任과 證言拒否權　　누구든지 자기가 刑事訴追 또는 公訴提起를 당하거나 有罪判決을 받을 사실이 發露될 염려 있는 證言은 拒否할 수 있다(법 148조). 이는 自己負罪(self-incrimination)의 강요를 금지하는 취지로서 「모든 국민은 … 형사상 自己에게 불리한 진술을 강요당하지 아니한다」(헌 12조 2항)는 헌법상의 요청이다.

刑事訴追에는 공소제기 외에 약식명령의 청구, 즉결심판의 청구가 포함된다.[2] 刑事訴追는 증인이 被疑者로 되어 있는 경우를 말하고 公訴提起는 증인이 피의자로 되어 있지 아니한 경우를 말한다고 해석하는 견해가 있으나[3] 公訴提起도 刑事訴追에 해당한다. 증언에 의해서 공소제기의 가능성이 생긴 경우뿐 아니라 그 가능성이 더욱 커진 경우에도 증언을 거부할 수 있다.[4]

「有罪判決을 받을 사실이 발로될 염려가 있는 證言」에는 刑事責任에 관하여 不利益한 證據로 될 수 있는 일체의 證言을 포함한다(통설).[5] 따라서 범죄의 구성요건적 사실에 대해서는 물론 형의 加重事由로 되는 사실, 常習性의 기초로 되는 사실, 執行猶豫의 取消事由로 되는 사실에 대해서는 증언거부권이 인정된다(통설).[6]

刑事訴追 또는 有罪判決의 가능성이 있는 경우에 한해서 증언거부권이 인정

1) 백형구, 506면; 동저, 강의 723면; 이재상, 423면; 신동운, 632면; 배종대 · 이상돈, 487면; 진계호, 486면; 임동규, 587면; 신양균, 593면; 정웅석, 706면.
2) 백형구, 506면; 동저, 강의 724면; 이재상, 424면; 신동운, 632면; 송광섭, 285면; 임동규, 588면; 정웅석, 707면.
3) 정영석, 199면; 강구진, 358면; 정영석 · 이형국, 400면.
4) 정영석, 199면; 백형구, 506면; 강구진, 358면; 백형구, 강의 724면; 정영석 · 이형국, 400면; 신동운, 633면; 배종대 · 이상돈, 488면; 진계호, 488면; 임동규, 588면; 신양균, 595면.
5) 김기두, 164면; 정영석, 199면; 서일교, 202면; 백형구, 506면; 강구진, 358면; 백형구, 강의 701면; 이재상, 424면; 신동운, 632면; 배종대 · 이상돈, 488면; 송광섭, 285면; 진계호, 487면; 임동규, 588면; 신양균, 595면; 정웅석, 707면.
6) 각주 5)의 문헌과 동일.

되므로 그러한 가능성이 없는 경우, 예컨대 유죄·무죄·면소의 판결이 확정되어 一事不再理의 효력이 발생한 사실에 대해서는 증언을 거부할 수 없다.[1] 이에 대해서 不起訴處分이 확정된 사실에 대해서는 증언을 거부할 수 있다.[2] 형사소추 또는 유죄판결의 가능성이 있기 때문이다.

(ii) 近親者의 刑事責任과 證言拒否權 누구든지 자기의 친족 또는 친족관계가 있었던 자·법정대리인·후견감독인이 형사소추를 당하거나 유죄판결을 받을 사실이 발로될 염려 있는 증언은 거부할 수 있다(법 148조). 近親間의 身分的 情誼를 고려하여 증언거부권을 인정한 것이다.

(iii) 業務上 秘密과 證言拒否權 변호사·변리사·공증인·공인회계사·세무사·대서업자·의사·한의사·치과의사·약사·약종상·조산사·간호사·종교의 직에 있는 자 또는 이러한 직에 있던 자가 그 업무상 위탁을 받은 관계로 알게 된 사실로서 타인의 秘密에 관한 것은 증언을 거부할 수 있다. 단 본인의 승낙이 있거나 중대한 公益上 필요가 있는 때에는 예외로 한다(법 149조). 형사소송법 제149조의 증언거부권자는 例示的 列擧가 아니고 制限的 列擧이다.[3] 다만 신문기자·방송기자는 그 取材源에 관하여 증언거부권이 있다고 해석하여야 한다(유추해석).[4]

③ 證言拒否權의 告知 증인이 증언거부권자(법 148조, 149조)에 해당하는 경우에는 재판장은 증인을 신문하기 전에 증인에게 증언거부권이 있음을 고지하여야 한다(법 160조). 따라서 재판장은 증인을 신문하기 전에 그 증인이 증언거부권자에 해당하는가 여부를 확인하여야 한다.[5] 증언거부권을 고지하지 아니하고 증인신문을 한 경우에는 위법수집증거의 배제법칙(법 308조의2)에 의하여 그 증언의 증거능력을 부정하여야 한다.[6] 다만 대법원판례는 증언거부권을 고지하지 아니한 경우에도 證言의 效力에는 영향이 없다는 견해를 취하고 있다.[7]

④ 證言拒否權의 行使 증언거부권은 증인의 權利이므로 증언거부권을

1) 백형구, 507면; 동저, 강의 724면; 이재상, 425면; 신동운, 633면; 배종대·이상돈, 488면; 송광섭, 285면; 진계호, 488면; 임동규, 588면; 정웅석, 707면.
2) 백형구, 507면; 동저, 강의 724면.
3) 백형구, 507면; 동저, 강의 725면; 이재상, 425면; 차용석, 860면; 진계호, 488면; 임동규, 589면.
4) 백형구, 507면; 동저, 강의 725면; 차용석, 860면; 신양균, 596면.
5) 백형구, 507면; 동저, 강의 725면.
6) 백형구, 507면; 동저, 강의 725면; 이재상, 425면; 배종대·이상돈, 489면; 송광섭, 285면; 진계호, 486면; 임동규, 589면; 정웅석, 708면.
7) 大判 1957. 3. 8, 4290형상23.

行使하느냐 여부는 증인의 自由이다. 다만 증인이 主訊問에 대하여 일단 證言을 한 후에는 동일한 사항에 관한 反對訊問에 대하여 증언을 거부하는 것이 허용되지 아니한다고 해석하여야 한다.[1] 이 경우 증언거부를 허용하면 반대신문에 의해서 증언의 證明力을 彈劾하는 것이 불가능하기 때문이다. 따라서 주신문에 대해서 증언을 한 증인이 증언거부권자임을 이유로 반대신문에 대해서 증언을 거부한 경우에는 그 증언의 證據能力을 부정하여야 한다.[2]

증인이 증언을 거부하는 경우에는 그 거부사유를 소명하여야 한다(법 150조). 예컨대 피고인이 증인의 배우자임을 이유로 증언을 거부하는 경우에는 호적등본 또는 주민등록등본을 법원에 소명자료로 제출하여야 한다.

(ㄴ) 身邊保護請求權 特定強力犯罪事件의 證人은 검사에게 신변안전을 위하여 필요한 조치를 취하여 줄 것을 청구할 수 있다(특강법 7조 2항). 검사는 특정강력범죄사건의 증인이 피고인 등으로부터 생명·신체에 해를 받거나 받을 염려가 있다고 인정되는 때에는 관할경찰서장에게 증인의 신변안전을 위하여 필요한 조치를 할 것을 요청하여야 하며 검사의 요청을 받은 경찰서장은 즉시 증인의 신변안전에 필요한 조치를 취하여야 한다(동조 1항·4항).

(ㄷ) 證人訊問調書의 閱覽權·謄寫權 증인은 자신의 證言이 기재된 증인신문조서의 열람 또는 등사를 청구할 수 있다(규칙 84조의2).[3]

(ㄹ) 費用請求權 소환을 받은 증인이 출석하여 증언을 한 때에는 法律[4]의 규정한 바에 의하여 여비·일당과 숙박료를 청구할 수 있다(법 168조).

(3) 證人訊問의 場所

공판기일의 증인신문은 공판정에서 행함을 원칙으로 하나(법 275조 1항) 필요한 경우에는 法廷 외에서 할 수 있다(법 165조). 법원은 필요한 때에는 결정으로 지정한 장소에 증인의 同行을 命할 수 있으며 증인이 정당한 사유 없이 동행을 拒否하는 때에는 拘引할 수 있다(법 166조).

(4) 證人訊問의 節次

증인신문은 통상 召喚→宣誓→訊問의 순서로 진행되며 증인신문에는 당사자의 參與權이 보장된다.

---

1) 백형구, 508면; 동저, 강의 725면; 이재상, 425면; 배종대·이상돈, 489면; 진계호, 487면; 임동규, 589면; 신양균, 597면.

2) 백형구, 강의 730면; 신동운, 631면; 배종대·이상돈, 487면; 신양균, 593면.

3) 1996년 12월 3일에 신설되었다.

4) 刑事訴訟費用등에관한法律을 말한다.

1) **證人召喚** 증인신문을 함에 있어서는 증인을 召喚하여야 하며 증인의 소환에 관해서는 被告人의 소환에 관한 규정이 준용된다(법 153조). 따라서 증인을 소환함에는 소환장을 증인에게 송달함이 원칙이나(법 73조, 76조) 증인이 법원의 구내에 있는 때에는(예컨대 在廷證人) 소환함이 없이 신문할 수 있다(법 154조). 증인이 정당한 이유 없이 소환에 응하지 아니한 때에는 구인할 수 있으며(법 152조) 증인이 정당한 사유 없이 출석하지 아니한 때에는 결정으로 과태료에 처하거나 출석하지 아니함으로써 생긴 費用의 배상을 命할 수 있다(법 151조 1항). 증인이 과태료의 재판을 받고도 정당한 사유없이 다시 출석하지 아니한 때에는 법원은 결정으로 증인을 7일 이내의 감치에 처할 수 있으며(동조 2항) 감치의 재판을 받은 증인이 감치의 집행중에 증언을 한 때에는 법원은 즉시 감치결정을 취소하고 그 증인을 석방하도록 명하여야 한다(동조 7항).

2) **證人宣誓** 증인을 신문하기 전에 증인으로 하여금 宣誓를 하게 하여야 하며(법 156조) 재판장은 증인에게 僞證의 罰을 警告하여야 한다(법 158조). 선서는 선서서를 낭독하는 방식으로 하며 선서서에는「양심에 따라 숨김과 보탬이 없이 사실 그대로 말하고 만일 거짓말이 있으면 위증의 벌을 받기로 맹서합니다」라고 기재하여야 한다(법 157조). 선서는 기립하여 엄숙히 하여야 한다(동조 4항). 증인이 정당한 이유 없이 선서를 거부하는 경우에는 결정으로 과태료에 처할 수 있다(법 161조).

증인에게 선서를 시키지 아니하고 신문한 경우에는 그 증인신문에 의한 증언(증인신문조서)의 證據能力을 부정하여야 한다.[1] 위법하게 수집된 증거이며 증인선서를 시키지 아니한 위법은 중대한 위법에 해당하기 때문이다. 이에 대해서 증인에게 위증의 벌을 警告하지 않고 증인신문을 한 경우에도 그 증인이 宣誓를 하였으면 증언의 證據能力을 인정하여야 한다.[2] 선서서에 위증의 벌을 받기로 맹서한다는 내용이 기재되어 있기 때문이다.

3) **證人訊問**

(ㄱ) 證人訊問의 順序 증인신문은 그 증인신문을 신청한 당사자(검사·피고인·변호인)가 먼저 하고 상대방 당사자가 反對訊問을 한다(법 161조의2 제1항). 法院(재판장·배석판사)은 당사자의 신문이 끝난 후 補充訊問을 할 수 있다(동조 2항·5항). 다만 재판장은 증인신문의 순서를 변경할 수 있다(동조 3항).

---

1) 백형구, 510, 437면; 동저, 강의 595면; 이재상, 496면; 신동운, 629면; 정영석·이형국, 327면; 배종대·이상돈, 485, 562면; 송광섭, 283면; 진계호, 483면; 임동규, 585면; 신양균, 599면.

2) 백형구, 510면; 동저, 강의 595면; 이재상, 496면; 배종대·이상돈, 563면 각주 1).

(ㄴ) 當事者의 參與權　　검사·피고인·변호인은 증인신문에 참여할 수 있다(법 163조 1항). 따라서 증인신문의 일시와 장소를 미리 검사·피고인·변호인에게 통지하여야 한다(동조 2항). 변호인의 증인신문참여권은 고유권이므로 피고인과 별도로 변호인에게 통지하여야 한다.

검사·피고인·변호인은 증인신문참여권을 포기할 수 있으며 이 경우에는 통지함을 요하지 아니한다(동조 2항 단서). 검사·피고인·변호인이 증인신문에 참여하지 아니할 경우에는 법원에 대하여 필요한 사항의 신문을 청구할 수 있으며(법 164조 1항) 피고인 또는 변호인의 참여 없이 증인을 신문한 경우에 피고인에게 예기하지 아니한 不利益한 證言이 있는 때에는 반드시 그 證言內容을 피고인 또는 변호인에게 알려 주어야 한다(동조 2항).

피고인·변호인에게 증인신문의 일시와 장소를 통지하지 아니하고 피고인·변호인의 참여 없이 증인신문을 한 경우에는 그 증인신문에 의한 證言의 證據能力을 否定하여야 한다(통설[1]·판례[2]). 다만 피고인이 증거로 함에 동의한 경우에는 그 증언은 피고인의 공소사실에 관하여 증거능력이 인정된다.

(ㄷ) 신뢰관계에 있는 자의 同席　　법원은 범죄로 인한 피해자를 증인으로 신문하는 경우 증인의 연령, 심신의 상태 그 밖의 사정을 고려하여 증인이 현저하게 불안 또는 긴장을 느낄 우려가 있다고 인정되는 때에는 직권 또는 피해자·법정대리인·검사의 신청에 따라 피해자와 신뢰관계에 있는 자를 동석하게 할 수 있다(법 163조의2 제1항). 법원은 범죄로 인한 피해자가 13세 미만이거나 신체적 또는 정신적 장애로 사물을 변별하거나 의사를 결정할 능력이 미약한 경우에는 재판에 지장을 초래할 우려가 있는 등 부득이한 경우가 아닌 한 피해자와 신뢰관계에 있는 자를 동석하게 하여야 한다(동조 2항). 제 1 항 또는 제 2 항에 따라 동석한 자는 법원·소송관계인의 신문 또는 증인의 진술을 방해하거나 그 진술의 내용에 부당한 영향을 미칠 수 있는 행위를 하여서는 아니된다(동조 3항). 제 1 항 또는 제 2 항에 따라 동석할 수 있는 신뢰관계에 있는 자의 범위, 동석의 절차 및 방법 등에 관하여 필요한 사항은 대법원규칙으로 정한다(동조 4항). 2007년 6월 1일 형사소송법의 개정시에 신설한 규정이다.

(ㄹ) 證人訊問調書의 作成　　증인신문을 하는 때에는 그 증인신문에 참여한 법원사무관 등이 증인신문조서를 작성하여야 하며 그 증인신문조서에는 증인

1) 백형구, 437, 511면; 동저, 강의 595면; 이재상, 496면; 신동운, 641면; 배종대·이상돈, 491, 562면; 송광섭, 288면; 진계호, 489면; 임동규, 594면; 신양균, 601면; 정웅석, 709면.
2) 大判 1967. 7. 4, 67도613.

의 진술(증언)을 기재하여야 한다(법 48조 1항·2항).

(5) 證人訊問의 方式·方法

증인신문은 교호신문, 개별신문의 방식에 의하며 필요한 경우에는 대질신문을 할 수 있다.

1) 交互訊問

(ㄱ) 交互訊問의 意義·沿革 교호신문이라 함은 증인에 대하여 당사자 쌍방이 主訊問·反對訊問의 순서로 신문하는 증인신문방식을 말한다. 교호신문의 방식을 채택하는 경우에는 증인신문절차에 있어 當事者가 主導權을 장악하게 되므로 교호신문의 방식은 當事主義的 證人訊問方式이다.

제정 당시의 형사소송법은 法院(재판장·배석판사)이 먼저 증인을 신문하고 검사·피고인·변호인은 그 후에 재판장에게 告하고 補充訊問을 하는 증인신문의 방식을 채택하였으나(구법 162조, 163조) 형사소송법의 제1차 개정시(1961. 9. 1)에 교호신문의 방식으로 바꾸었다.

(ㄴ) 交互訊問의 方式 교호신문은 主訊問·反對訊問의 순서로 증인신문이 행하여지며 경우에 따라 再主訊問·再反對訊問이 행하여진다. 법원은 당사자 쌍방의 증인신문이 끝난 후에 補充訊問을 할 수 있다.

① 主 訊 問

(i) 主訊問의 意義 증인신문은 증인신문을 신청한 당사자가 먼저 한다(법 161조의2 제1항). 이 신문을 주신문이라고 한다. 피고인이 증인신문을 신청한 경우에는 피고인이 먼저 증인을 신문하며 이 경우 피고인의 증인신문은 주신문에 해당한다. 주신문의 목적은 증인신문을 신청한 당사자가 그 증인으로부터 유리한 증언을 얻으려는 데 있다.

(ii) 主訊問의 範圍 주신문의 범위는 證明할 사항과 이와 관련된 사항이다(규칙 75조 1항). 증명할 사항이라 함은 증인신문을 신청한 때에 立證趣旨로서 밝힌 사항을 말한다.

(iii) 誘導訊問의 禁止 주신문의 경우에는 원칙적으로 유도신문이 허용되지 아니한다(동조 2항). 이를 誘導訊問禁止의 原則이라고 한다. 유도신문이라 함은 증인에 대하여 訊問者가 희망하는 답변을 암시하면서 신문하는 경우를 말한다. 유도신문이 위법 또는 부당한 경우에는 재판장은 이를 制止 또는 制限할 수 있다(동조 3항).

② 反對訊問

(i) 反對訊問의 意義 · 目的　　반대신문이라 함은 주신문 후에 상대방 당사자가 하는 증인신문을 말한다(규칙 76조 1항). 반대신문의 주된 목적은 證言의 證明力(특히 신빙성)을 彈劾하려는 데 있다.[1)]

(ii) 反對訊問의 範圍　　반대신문은 주신문에 나타난 사항, 이에 관련된 사항, 증언의 증명력을 다투기 위하여 필요한 사항에 한해서 허용된다(동조 1항). 다만 반대신문의 경우에는 재판장의 허가를 받으면 주신문에 나타나지 아니한 새로운 사항에 관하여 신문할 수 있으며 이 경우의 신문은 주신문으로 본다(동조 4항 · 5항). 반대신문이 그 범위를 벗어나는 경우에는 재판장은 그 신문을 제한할 수 있다(법 299조).

(iii) 誘導訊問의 許容　　반대신문을 하는 경우에는 원칙적으로 유도신문이 허용된다(규칙 76조 2항). 반대신문에 의해서 증언의 증명력을 탄핵하기 위해서는 유도신문이 필요하므로 반대신문을 하는 경우에 유도신문을 허용한 것이다.

③ 再主訊問 · 再反對訊問　　필요한 경우에는 재주신문 · 재반대신문 · 재재주신문 · 재재반대신문을 할 수 있다(규칙 78조, 79조). 다만 재주신문 후에 증인을 신문하고자 하는 경우에는 재판장의 許可를 받아야 한다(규칙 79조). 재주신문의 범위는 反對訊問에 나타난 사항과 이와 관련된 사항으로 한정된다(규칙 78조).

④ 法院의 補充訊問　　재판장 또는 재판장 이외의 合議部員은 당사자의 주신문 · 반대신문이 끝난 후 補充訊問을 할 수 있다(법 161조의2 제 2 항 · 5항).

(ㄷ) 交互訊問方式의 修正 · 例外

① 裁判長의 證人訊問介入權　　당사자가 신청한 증인을 交互訊問의 방식으로 신문하는 경우에도 재판장은 필요하다고 인정하면 주신문중이냐, 반대신문중이냐를 불문하고 언제든지 증인을 신문할 수 있다(동조 3항). 이를 재판장의 證人訊問介入權이라고 한다.[2)]

② 裁判長의 證人訊問順序變更權　　당사자가 신청한 증인을 신문하는 경우에도 재판장은 필요하다고 인정하면 증인신문의 순서를 변경할 수 있다(동조 3항). 이를 재판장의 證人訊問順序變更權이라고 한다.[3)]

③ 職權에 의한 증인신문방식　　법원의 직권에 의해서 증인신문을 하는 경우 또는 被害者의 신청에 의하여 그 피해자에 대한 증인신문을 하는 경우에는

1) 백형구, 512면; 동저, 강의 730면.
2) 백형구, 513면; 동저, 강의 731면; 송광섭, 291면; 진계호, 493면.
3) 백형구, 513면; 동저, 강의 731면; 송광섭, 291면; 진계호, 493면.

그 증인신문의 방식은 裁判長이 정한다(동조 4항). 이 경우 검사 · 피고인 · 변호인의 증인신문방식은 反對訊問의 例에 의한다(규칙 81조).

④ 중계장치에 의한 증인신문 법원은 아동인 피해자를 증인으로 신문하는 등 일정한 사유가 있는 경우에는 비디오 등 중계장치에 의한 중계시설을 통하여 신문하거나 차폐시설 등을 설치하고 신문할 수 있다(법 165조의2). 2007년 6월 1일 형사소송법의 개정시에 신설한 규정으로서 아동인 피해자가 가해자인 피고인 면전에서 제대로 증언을 하지 못한다는 점을 고려한 규정이다. 중계장치에 의해서 증인신문을 하는 경우에도 증인에 대한 피고인 또는 변호인의 반대신문권(법 161조의2 제 1 항)은 보장된다고 해석하여야 한다. 증인에 대한 반대신문권을 배제하는 규정이 없기 때문이다.

⑤ 簡易公判節次에서의 증인신문방식 간이공판절차에서의 증인신문은 交互訊問의 방식에 의하지 않고 法院이 상당하다고 인정하는 방식으로 할 수 있다(법 297조의2).

2) 個別訊問 동일한 기회(증인신문기일)에 신문할 증인이 수인인 경우에는 증인 한 사람씩 신문하여야 하며 신문하지 아니한 증인이 법정 안에 있는 때에는 그 증인을 퇴정시키고 증인을 신문하여야 한다(법 162조). 이를 個別訊問이라고 한다. 개별신문은 증인 상호간에 證言의 迎合(말을 맞추는 것)을 방지하려는 데 그 목적이 있다. 다만 신문하지 아니한 증인의 面前에서 다른 증인을 신문하는 경우에도 그 증인신문은 유효하며[1] 그 증인신문에 의한 증언은 피고인의 공소사실에 관하여 證據能力이 인정된다.

3) 對質訊問 재판장은 필요한 때에는 증인과 다른 증인 또는 증인과 피고인을 對質시킬 수 있다(법 162조 3항). 대질신문제도는 대질을 통하여 진술의 모순점을 발견하고 진술하는 태도에 의해서 누구의 진술이 진실한가에 관해서 정확한 心證을 형성하도록 하려는 데 그 목적이 있다.

4) 書類 · 物件의 提示 증인을 신문하는 경우에 필요한 때에는 서류 또는 물건을 증인에게 提示할 수 있다(규칙 82조). 증인에 대한 서류 또는 물건의 제시는 서류의 眞正成立 · 물건의 同一性을 입증하기 위해서 필요한 경우가 있다. 예컨대 증인을 신문하면서 범행에 사용한 흉기임을 확인하기 위하여 증인에게 압수물인 흉기를 제시할 필요가 있는 경우가 있다. 증인의 기억을 환기시키기

---

1) 大判 1961. 3. 15, 4292형상725; 백형구, 513면; 이재상, 426면; 배종대 · 이상돈, 491면; 송광섭, 289면; 진계호, 490면; 임동규, 590면; 신양균, 602면.

위하여 필요한 경우에는 증인에게 서류 또는 물건을 제시하면서 신문할 수 있으며(규칙 83조) 증인의 진술을 명확히 하기 위하여 필요한 때에는 도면·사진 등을 사용하여 신문할 수 있다(규칙 84조).

5) **書面에 의한 訊問** 증인신문은 口頭로 묻고 대답하는 것이 원칙이나 증인이 들을 수 없는 때에는 서면으로 묻고 말할 수 없는 때에는 서면으로 답하게 할 수 있다(규칙 73조).

(6) 證人訊問調書의 證據能力

증인신문의 절차와 방식이 適法한 경우에는 그 증인신문조서에 기재된 證言은 피고인의 공소사실에 관하여 당연히 증거능력이 인정된다(법 311조). 피고인이 증거로 함에 不同意한 경우도 마찬가지이다.

증인신문의 절차와 방식이 違法하고 그 위법의 정도가 중대한 경우에는 위법수집증거의 배제법칙(법 308조의2)에 의하여 證言의 證據能力을 부정하여야 한다. 證人宣誓를 시키지 아니하고 증인신문을 한 경우, 피고인과 변호인에게 反對訊問의 기회를 주지 아니한 경우, 증인에게 證言拒否權을 告知하지 아니한 경우는 증인신문의 절차와 방식에 중대한 위법이 있는 경우에 해당한다.[1]

3. 鑑 定

(1) 鑑定의 意義

감정이라 함은 특별한 지식·경험에 속하는 法則 또는 그 법칙에 근거한 判斷을 법원 또는 법관에게 報告하는 것을 말한다. 따라서 감정은 鑑定人의 감정과 감정인의 鑑定報告를 포함하는 개념이다. 감정인은 서면으로 감정보고를 하여야 하며(법 171조) 그 서면을 鑑定書라고 한다. 감정인이 작성하여 법원에 제출한 鑑定書는 증거로 된다. 證人訊問은 법원이 직접 증거(증언)를 수집하는 경우이나 鑑定은 鑑定人이 증거(감정서)를 수집하여 법원에 제출하는 경우이다.

(2) 鑑定人·鑑定事項

1) **鑑 定 人** 法院 또는 法官으로부터 감정의 命을 받은 자를 鑑定人이라고 한다. 감정인은 감정사항에 관하여 특별한 학식·경험이 있는 자임을 요한다. 감정을 요하는 사항에 관하여 특별한 학식·경험을 가진 자이면 누구든지 감정인으로 될 수 있으므로 감정인은 代替的이다. 따라서 감정인에 대해서는 拘

---

1) 백형구, 강의 595면.

引이 허용되지 아니한다(법 177조). 그러나 감정의 결과를 법원 또는 법관에게 보고를 한 자는 非代替的이다. 따라서 감정인을 감정의 경과와 결과에 관하여 신문하는 경우에는 證人訊問의 규정이 적용된다(법 179조).

證人의 證言拒否權에 관한 규정(법 148조, 149조)이 감정인에게 準用된다는 견해가 있으나[1] 준용되지 아니한다고 해석하여야 한다.[2] 감정인의 감정과 증인의 증언은 그 내용이 크게 다르기 때문이다.

2) 鑑定事項 특별한 지식·경험이 없는 자로서는 판단할 수 없는 사항이 要證事實인 경우에는 감정을 하여야 한다. 예컨대 범행 당시 피고인이 심신상실의 상태에 있었는가 여부, 필적·혈액·정액의 同一 여부를 판단하기 위해서는 감정을 하여야 한다. 감정을 요하는 사실을 감정에 의하지 아니하고 인정한 경우에는 證據裁判主義(법 307조)의 違反이므로 항소이유(법 361조의5 제1호) 또는 상고이유(법 383조 1호)에 해당한다.[3]

(3) 鑑定의 節次

1) 鑑定命令 법원은 학식·경험이 있는 자에게 감정을 명할 수 있다(법 169조). 따라서 감정인의 선정은 법원의 권한이다. 다만 법원의 감정인선정이 부당한 경우(예컨대 학식·경험이 없는 자를 감정인으로 선정한 경우)에는 검사·피고인·변호인은 감정인선정에 관하여 이의신청을 할 수 있으며(법 296조)[4] 그 이의신청이 이유 있다고 인정한 때에는 법원은 감정인선정을 취소하고 다른 사람에게 감정을 명하여야 한다(동조 2항).

당사자는 특정인을 지정하여 감정인으로 선정하여 줄 것을 법원에 청구할 수 있으며 법원은 원칙적으로 당사자의 청구를 받아들여야 한다고 설명하는 견해가 있으나[5] 당사자에게는 감정신청권이 있을 뿐 鑑定人指定權이 없다고 해석하여야 한다.[6] 이를 허용하는 규정이 없기 때문이다.

2) 鑑定人宣誓 감정인에게는 감정 전에 선서를 하게 하여야 한다(법 170조 1항). 선서는 감정인이 기립하여 선서서를 낭독하는 방법으로 하며 선서서에는 「양심에 따라 성실히 감정하고 만일 거짓이 있으면 허위감정의 벌을 받기로

1) 신동운, 645면; 배종대·이상돈, 499면; 진계호, 498면; 신양균, 614면.
2) 백형구, 515면; 송광섭, 295면.
3) 백형구, 516면.
4) 백형구, 515면.
5) 신동운, 645면; 배종대·이상돈, 499면; 진계호, 498면.
6) 백형구, 516면; 동저, 조해 315면.

맹서합니다」라고 기재하여야 한다(동조 2항·3항). 재판장은 감정인에게 허위감정의 벌을 경고하여야 한다(동조 4항).

감정인에게 선서를 시키지 아니하고 감정을 하게 한 경우에는 감정서의 證據能力을 부정하여야 한다.[1)]

감정인에게 선서를 시키지 아니하고 감정하게 하는 경우가 있다. 즉 법원은 필요하다고 인정하는 때에는 공무소·학교·병원 기타 일정한 설비가 있는 단체 또는 기관에 대하여 감정을 촉탁할 수 있으며 이 경우에는 감정인에게 선서를 시키지 아니한다(법 179조의2). 이 경우에는 감정인이 감정인선서를 하지 아니하였으나 그 감정인이 작성한 감정서는 피고인의 공소사실에 관하여 증거능력이 인정된다. 허위감정죄로 고소·고발을 당하는 경우를 예상하여 법원의 감정요구를 거부하는 실무상 애로를 해결하기 위하여 형사소송법의 제 8 차 개정시(1995. 12. 29)에 無宣誓鑑定制度를 신설하였다.

3) 鑑定人의 鑑定 감정인은 감정사항에 관하여 자신의 지식과 경험을 토대로 성실하게 감정을 하여야 한다.

(ㄱ) 鑑定物의 交付 법원은 필요한 때에는 감정인으로 하여금 법정 외에서 감정하게 할 수 있으며 이 경우에는 감정을 요하는 물건을 감정인에게 교부할 수 있다(법 172조 1항·2항).

(ㄴ) 鑑定人의 處分 감정인은 감정을 함에 필요한 때에는 법원의 許可를 얻어 타인의 주거 등에 들어 갈 수 있고 신체의 검사, 사체의 해부, 분묘의 발굴, 물건의 파괴를 할 수 있다(법 173조 1항). 감정인이 위와 같은 처분을 하기 위해서는 법원으로부터 鑑定處分許可狀을 발부받아야 하며 감정인은 처분을 받는 자에게 그 허가장을 제시하여야 한다(동조 2항·3항).

(ㄷ) 鑑定人의 參與權·訊問權 감정인은 감정에 관하여 필요한 때에는 재판장의 허가를 얻어 서류와 증거물을 열람 또는 등사하고 피고인신문 또는 증인신문에 참여할 수 있으며 피고인신문 또는 증인신문을 구하거나 직접 發問할 수 있다(법 174조).

(ㄹ) 當事者의 參與權 검사·피고인·변호인은 감정에 참여할 수 있다(법 176조 1항). 따라서 감정의 일시와 장소를 미리 검사·피고인·변호인에게 통지하여야 한다(동조 2항→122조).

1) 백형구, 517면; 동저, 강의 595면; 이재상, 432, 496면; 배종대·이상돈, 562면; 송광섭, 294면; 진계호, 498면; 임동규, 597면; 신양균, 615면; 정웅석, 713면.

4) 鑑定留置 被告人의 정신 또는 신체에 관한 감정이 필요한 때에는 법원은 기간을 정하여 병원 기타 적당한 시설에 피고인을 留置하게 할 수 있다(법 172조 3항). 이를 피고인에 대한 감정유치라고 한다. 피고인을 감정유치함에는 鑑定留置狀을 발부하여 이를 집행하여야 하며(동조 4항) 감정유치장의 발부와 집행에 관해서는 피고인의 拘束에 관한 규정이 준용된다(동조 7항). 감정유치를 함에는 留置期間을 정하여야 하며(동조 3항) 법원은 필요한 때에는 유치기간을 연장하거나 단축할 수 있다(동조 6항). 감정이 완료되면 즉시 유치를 해제하여야 한다(동조 3항). 구속중인 피고인에 대하여 감정유치장이 집행되었을 때에는 피고인이 유치되어 있는 기간은 拘束의 執行이 停止된 것으로 간주하며(법 172조의2 제 1 항) 감정유치처분이 취소되거나 유치기간이 만료된 때에는 구속의 집행정지가 취소된 것으로 간주한다(동조 2항).

피고인이 감정을 위하여 유치된 기간중에 피고인의 정신감정 또는 신체감정이 행하여진다.

5) 鑑定報告 감정인은 감정의 경과와 결과를 서면으로 작성하여 법원 또는 법관에게 제출하여야 하며 감정의 결과에는 판단의 이유를 명시하여야 한다(법 171조). 이 서면을 鑑定書라고 한다.

(4) 鑑定書의 證據能力 · 證明力

1) 감정서의 證據能力 감정인이 작성한 감정서의 증거능력에 관해서는 형사소송법 제313조 2항이 적용된다. 따라서 피고인 또는 검사가 공판기일에 감정서에 대해서 증거로 함에 不同意한 경우에는 감정인의 공판기일에서의 진술에 의하여 그 감정서의 成立의 眞正이 증명되어야 그 감정서에 기재된 鑑定結果는 피고인의 공소사실에 관하여 증거능력이 인정된다.

2) 감정서의 證明力 감정서에 기재된 鑑定結果의 證明力은 法官의 自由判斷에 의한다(법 308조). 즉 법원은 감정서에 기재된 감정결과에 구속되지 아니한다(통설[1] · 판례[2]).

4. 檢 證

(1) 檢證의 意義

受訴法院의 檢證이라 함은 수소법원을 구성하는 법관이 장소 · 물건 · 신체의 존재와 상태를 五官의 작용으로 실험 · 인식하는 증거조사를 말한다. 법원의

1) 백형구, 519면; 신동운, 644면; 차용석, 900면; 배종대 · 이상돈, 672면; 진계호, 497면; 임동규, 600면; 신양균, 618면.
2) 大判 1978. 7. 11, 78도816; 大判 1996. 5. 10, 96도638; 大判 1998. 3. 13, 98도159.

검증에 의해서 檢證調書라는 증거가 수집되며 검증조서에 기재된 검증결과가 증거로 된다. 수소법원의 검증은 검증의 주체가 수소법원이란 점에서 수사기관에 의한 검증과 다르다. 형사사건의 진상파악에 필요한 검증은 수사단계에서 수사기관에 의해서 대부분 행하여지므로 공판단계에서 수소법원이 검증을 하는 사례는 극히 드물다.

(2) 檢證의 主體 · 對象

1) **檢證의 主體** 법원은 사실을 발견함에 필요한 때에는 검증을 할 수 있다(법 139조). 따라서 피고사건에 관한 검증의 주체는 수소법원이다. 다만 수소법원은 합의부원에게 검증을 命할 수 있고 다른 법원의 판사에게 검증을 촉탁할 수 있다(법 145조→136조).

2) **檢證의 對象** 검증의 대상에는 제한이 없다. 장소 · 물건은 물론 사람의 신체 · 사체도 검증의 대상으로 된다.

(3) 檢證의 節次

법원의 검증에 관해서는 법원의 압수 · 수색에 관한 규정이 준용된다(법 145조). 다만 법원 또는 법관이 검증을 하는 경우에는 令狀을 요하지 아니한다. 법원 또는 법관이 직접 검증을 실시하기 때문이다.

1) **檢證에 必要한 處分** 검증을 함에는 신체검사 · 사체해부 · 분묘발굴 · 물건파괴 기타 필요한 처분을 할 수 있다(법 140조). 여자의 신체를 검사하는 경우에는 의사와 성년의 여자를 참여하게 하여야 하고 사체해부, 분묘발굴을 하는 때에는 미리 유족에게 통지하여야 한다(동조 3항 · 4항). 법원은 신체검사를 위하여 피고인 아닌 자를 법원 기타 장소에 소환할 수 있다(법 142조).

2) **夜間檢證의 制限** 야간검증은 원칙적으로 허용되지 아니한다. 다만 주거주 또는 간수자의 승낙이 있는 경우, 日出 후에는 검증의 목적을 달성할 수 없는 경우, 日沒 전에 검증에 착수한 경우, 검증할 장소가 여관, 음식점 등인 경우에는 야간검증이 허용된다(법 143조).

3) **責任者 · 住居主 등의 參與** 공무소, 군사용의 항공기 · 선차 내에서 검증을 하는 경우에는 그 책임자에게 참여할 것을 통지하여야 하며 타인의 주거, 간수자 있는 건조물 등에서 검증을 하는 경우에는 주거주, 간수자 등을 참여하게 하여야 한다(법 145조→123조).

4) **當事者의 參與權** 검사 · 피고인 · 변호인은 법원의 검증에 참여할 수 있다(법 145조→121조). 따라서 검증의 일시와 장소를 미리 검사 · 피고인 · 변호인에

게 통지하여야 한다. 다만 급속을 요하는 경우에는 통지함을 요하지 아니한다(법 145조→122조).

5) **檢證調書의 作成** 법원 또는 법관이 검증을 하는 때에는 그 검증에 참여한 법원사무관 등이 檢證調書를 작성하여야 한다(법 49조).

(4) 檢證調書의 證據能力

법원 또는 법관이 실시한 검증에 관하여 작성된 검증조서에 기재된 檢證結果는 피고인의 공소사실에 관하여 당연히 증거능력이 인정된다(법 311조).

검증조서에 기재된 陳述(검증현장에서 행하여진 진술)은 형사소송법 제311조에 의해서 당연히 증거능력이 인정된다는 견해가 있으나[1] 그 진술의 證據能力에 관해서는 형사소송법 제311조가 적용되지 아니한다고 해석하여야 한다. 검증조서에 기재된 陳述은 검증의 결과가 아니기 때문이다. 검증현장에서의 목격자 등의 진술이 공소사실을 인정하는 중요한 증거라고 인정한 경우에는 법원 또는 법관(수명법관 · 수탁판사)은 證人訊問節次에 의하여 진술을 들어야 하며, 검증에 참여한 법원사무관은 證人訊問調書를 작성하여야 한다.[2] 이 증인신문조서에 기재된 진술은 형사소송법 제311조에 의해서 당연히 증거능력이 인정된다.

Ⅵ. 公訴狀의 變更

1. 公訴狀變更의 意義 · 沿革

(1) 公訴狀變更의 意義

공소장의 변경이라 함은 檢事가 公訴事實의 同一性이 인정되는 범위 내에서 公訴狀에 기재된 公訴事實과 適用法條를 追加 · 撤回 · 變更하는 것을 말한다(법 298조). 공소장의 변경은 公訴事實의 同一性이 인정되는 범위 내에서만 허용된다는 점에서 追加起訴 또는 公訴取消와 다르며 공소사실의 내용에 실질적인 영향을 미치는 정도의 변경이란 점에서 公訴狀의 訂正과 구별된다. 공소장의 정정이라 함은 공소장의 기재에 명백한 誤記가 있거나 기재누락이 있는 경우에 이를 訂正 · 補正하는 것을 말한다. 공소장을 정정하는 경우에는 法院의 許可를 요하지 아니한다.

---

1) 이재상, 530면; 신동운, 800면; 차용석, 779면; 진계호, 594면; 임동규, 496면; 신양균, 746면.
2) 백형구, 522면; 동저, 조해 752면.

公訴事實의 追加라 함은 종전의 공소사실을 그대로 두고 공소사실을 추가하는 것을 말한다. 예컨대 科刑上 一罪 또는 包括一罪(연속범 · 상습범)의 일부를 공소사실로 추가하는 것은 추가기소가 아니라 공소사실의 추가에 해당한다. 공소사실을 擇一的으로 추가할 수는 있으나 공소사실을 豫備的으로 추가할 수는 없다.[1)]

公訴事實의 撤回라 함은 공소장에 기재된 공소사실의 일부를 철회하는 것을 말한다. 예컨대 과형상 일죄 또는 포괄일죄(상습범 · 연속범)의 일부를 공소사실에서 철회하는 경우, 예비적 또는 택일적으로 기재된 공소사실의 일부를 철회하는 경우는 공소사실의 철회에 해당한다. 競合犯의 관계에 있는 수개의 공소사실 중 일부를 철회하고자 하는 경우에는 공소장변경(공소사실의 철회)의 방식에 의해서는 안 되고 公訴取消의 절차에 의하여야 한다(통설 · 판례[2)]).

公訴事實의 變更이라 함은 공소사실의 內容을 변경하는 것을 말한다. 예컨대 절도의 공소사실을 강도, 횡령, 장물취득으로 변경하는 것은 공소사실의 변경에 해당한다. 結合犯의 일부를 공소사실로 추가하는 것은[3)] 공소사실의 추가가 아니라 공소사실의 變更이다. 공소사실을 예비적으로 변경하는 경우도 있다. 예컨대 절도의 공소사실을 예비적으로 장물취득 또는 장물보관의 공소사실로 변경하는 경우가 그러한 경우이다.

公訴事實이 추가 · 철회 · 변경되면 이에 따라 適用法條도 추가 · 철회 · 변경되는 것이 보통이나 공소사실만이 추가 또는 철회되는 경우가 있다. 예컨대 包括一罪(상습범 · 연속범)의 일부를 추가 또는 철회하는 경우에는 適用法條의 추가 또는 철회는 행하여지지 아니한다.

(2) 公訴狀變更制度의 存在理由

1) 防禦權行使의 容易 만약 공소장에 기재된 범죄사실과 同一性이 인정되는 범위 내에서는 공소장변경 없이 공소장에 기재된 범죄사실과 다른 犯罪事實을 有罪로 인정하는 것을 허용하게 되면 被告人의 防禦權行使에 현저한 不利益을 초래할 염려가 있다. 따라서 공소장변경제도는 심판의 대상, 즉 방어의 대상을 명확히 한정함으로써 피고인의 방어권행사를 용이하게 하려는데 주된 목적이 있다.[4)] 이는 골문이 좁을수록 골기퍼가 防禦(守備)하기 용이한 것과 동일

1) 백형구, 223면; 동저, 강의 461면; 동저, 조해 629면.
2) 大判 1982. 3. 23, 81도3073; 大判 1986. 9. 23, 86도1487.
3) 예컨대 強盜의 공소사실을 強盜強姦의 공소사실로 변경하는 경우이다.
4) 백형구, 224면; 동저, 강의 517면; 이재상, 383면; 배종대 · 이상돈, 425면; 송광섭, 424면;

한 논리이다.[1)]

2) **公判審理의 能率·迅速** 공소장변경제도는 公判審理의 範圍를 명확히 限定함으로써 공판심리의 능률과 신속에 기여하는 기능을 하고 있다. 특히 공소사실의 撤回는 공판심리의 신속에 크게 기여한다. 철회한 공소사실에 대해서는 審判할 필요가 없기 때문이다.

(3) 公訴狀變更制度의 沿革

舊刑事訴訟法(大正刑事訴訟法)에는 공소장변경제도가 없었으므로 법원은 공소사실의 同一性이 인정되는 범위 내에서는 공소장에 기재된 犯罪事實과 다른 犯罪事實로 有罪判決을 선고하는 것이 허용되었다. 예컨대 傷害의 공소사실을 그대로 둔 채 傷害致死의 범죄사실로 有罪判決을 선고하는 것이 허용되었다.

공소장변경제도는 형사소송법의 제정시에 비로소 채택되었으며 형사소송법의 제 3 차 개정시(1973. 1. 25)에 법원의 공소장변경요구제도를 신설하였다.

2. 公訴狀變更의 主體·許容範圍

(1) 主　體

공소장의 변경은 검사의 권한이다. 재정신청사건에 대한 공소제기결정(법 262조 2항 2호)에 의하여 공소제기된 사건인 경우에도 검사는 공소장을 변경할 수 있다.

(2) 許容範圍

공소장의 변경은 公訴事實의 同一性이 인정되는 범위 내에서만 허용된다(법 298조 1항). 공소사실의 同一性이 인정되는 범위 내에서는 공소제기의 효력이 미치고 潛在的으로 審判의 對象으로 되고 있다는 점에 공소장변경의 이론적 근거가 있다.[2)]

3. 公訴狀變更의 要否

(1) 問題의 意義

공소장변경의 要否라 함은 법원이 공소장변경절차를 거치지 아니하고 공소장에 공소사실로서 기재된 사실과 다른 사실을 인정할 수 있는 기준이 무엇인가의 문제이다.[3)] 즉 공소장의 변경을 要하느냐, 要하지 아니하느냐의 문제가 공소

진계호, 438면; 임동규, 338면; 신양균, 472면; 정웅석, 627면.

1) 백형구, 224면; 동저, 강의 517면.

2) 백형구, 225면; 동저, 강의 517, 519면.

3) 백형구, 226면; 동저, 강의 524면; 차용석, 571면; 정웅석, 633면.

장변경의 요부의 문제이다. 공소장변경의 요부를 공소장변경의 必要性이라고 표현하는 학자들이 있으나[1] 적절한 표현이 아니라고 본다. 이 문제는 공소장변경의 필요성[2]의 문제가 아니기 때문이다.

(2) 學說 · 判例

공소장변경의 要否의 기준에 관해서는 동일벌조설 · 법률구성설 · 사실기재설(실질적 불이익설)이 대립되고 있다.

同一罰條說은 罰條에 변경이 없는 한 공소장의 변경을 요하지 아니한다는 견해이다. 그러나 이 견해에 의하면 공소장변경절차를 거치지 아니하고 공소장에 기재된 공소사실과 다른 사실을 인정할 수 있는 범위가 너무 넓어 피고인의 防禦權行使에 不利益한 결과를 초래할 염려가 있다. 따라서 이 견해를 지지할 수 없다. 현재 우리나라에서 이 견해를 지지하는 학자는 없다.

法律構成說은 구체적 사실관계가 다르다 할지라도 그 法律構成에 영향이 없으면 공소장의 변경을 요하지 아니한다는 견해이다. 그러나 이 견해에 의하면 피고인의 방어권행사에 不利益을 초래할 염려가 있다. 따라서 이 견해에 대해서는 그 이론적 합리성을 인정하기 어렵다. 현재 우리나라에서 이 견해를 지지하는 학자는 없다.

實質的 不利益說은 피고인의 防禦權行使에 實質的인 不利益을 미칠 염려가 있는 때에 한하여 공소장의 변경을 요한다는 견해로서 통설 · 판례[3]이다. 공소장변경제도가 심판의 대상, 즉 방어의 대상을 명확히 한정함으로써 피고인의 防禦權行使를 實質的으로 보장하려는데 주된 목적이 있다는 점을 고려할 때 實質的 不利益說이 타당하다고 본다. 실질적 불이익설을 事實記載說이라고 하는 학자들이 있으나[4] 학설의 내용에 비추어 實質的 不利益說이라는 용어가 적절하다고 본다.

(3) 具體的 考察

공소장변경의 要否와 관련하여 특히 문제되는 경우는 다음과 같다.

---

1) 염정철, 359면; 강구진, 311면; 이재상, 389면; 신동운, 729면; 정영석 · 이형국, 272면; 배종대 · 이상돈, 427면; 임동규, 339면; 신양균, 475면.

2) 심판대상의 명확한 한정, 방어권행사의 용이, 공판심리의 능률 · 신속이 공소장변경의 必要性이다.

3) 大判 1978. 2. 28, 77도3522; 大判 1988. 6. 14, 88도592; 大判 1998. 3. 27, 97도3079; 大判(全合) 1999. 4. 15, 96도1992; 大判 2002. 8. 23, 2001도6876; 大判 2003. 6. 13, 2003도1060; 大判 2003. 7. 25, 2003도2252; 大決 2006. 3. 30, 2005모564; 大判 2006. 4. 13, 2005도9268; 大判 2006. 6. 15, 2006도1667; 大判 2007. 4. 12, 2007도828.

4) 염정철, 360면; 이재상, 390면; 신동운, 731면; 배종대 · 이상돈, 428면; 정웅석, 634면.

1) 公訴事實의 縮小認定 공소장에 기재된 범죄사실을 縮小해서 유죄로 인정하는 경우에는 공소장의 변경을 요하지 아니한다. 예컨대 기수를 미수로, 강도를 절도로, 강도상해를 강도로, 강간치상을 강간으로, 강제추행치상죄를 강제추행죄로 인정하는 경우에는 공소장의 변경을 요하지 아니한다.

2) 未遂와 豫備 未遂의 공소사실을 豫備의 범죄사실로 변경인정하는 경우에는 공소장의 변경을 요한다.[1] 방어방법에 차이가 있기 때문이다.

3) 共同正犯과 從犯 공동정범의 공소사실을 從犯으로 변경인정하는 경우에 공소장의 변경을 요하는가에 관해서는 요한다는 견해(적극설)[2]와 요하지 아니한다는 견해(소극설)[3]가 대립되고 있으며 대법원판례는 소극설을 취하고 있다.[4] 방어방법에 차이가 있으므로 적극설이 타당하다고 본다.

4) 實行共同正犯과 共謀共同正犯 實行共同正犯(現場共同正犯)을 共謀共同正犯으로 변경인정하는 경우에는 공소장의 변경을 요하지 아니하나 그 반대의 경우는 공소장의 변경을 요한다.[5]

5) 故意犯과 過失犯 고의범의 공소사실을 과실범으로 변경인정하기 위해서는 공소장의 변경을 요한다.[6] 고의범과 과실범 사이에는 방어방법에 커다란 차이가 있기 때문이다. 살인죄(고의범)의 공소사실을 폭행치사죄(결과적 가중범)의 범죄사실로 인정하기 위해서도 공소장의 변경을 요한다.[7]

6) 適用法條의 變更 공소사실을 그대로 두고 공소장에 기재된 적용법조와 다른 法條(罰條)를 적용하는 경우에 공소장변경의 要否의 기준에 관해서는 實質的 不利益說이 타당하다고 본다.[8] 대법원판례도 동일한 견해를 취하고 있다.[9] 예컨대 형법 제129조를 特定犯罪加重處罰등에관한法律 제 2 조로 변경적용하는 경우에는 공소장의 변경을 요하나 그 반대의 경우는 요하지 아니하며, 형법 제257조 제 1 항을 폭력행위등처벌에관한법률 제 2 조 제 2 항으로 변경적용하는 경우에는 공소장의 변경을 요하나 그 반대의 경우는 요하지 아니한다.

---

1) 大判 1983. 4. 12, 82도2939; 大判 1999. 11. 26, 99도2461; 백형구, 229면; 동저, 강의 529면; 진계호, 442면; 임동규, 343면; 신양균, 479면; 정웅석, 637면.
2) 백형구, 230면; 동저, 강의 529면; 진계호, 442면; 신양균, 479면.
3) 신동운, 735면; 배종대 · 이상돈, 432면; 차용석, 580면; 임동규, 343면.
4) 大判 1982. 6. 8, 82도884; 大判 1995. 9. 26, 95도456; 大判 2004. 6. 24, 2002도995.
5) 백형구, 228면; 동저, 강의 527면; 동저, 조해 639면.
6) 백형구, 강의 529면; 동저, 조해 639면; 진계호, 442면; 신양균, 479면.
7) 大判 2001. 6. 29, 2001도1091.
8) 백형구, 230면; 동저, 강의 529면; 이재상, 394면; 신동운, 735면; 배종대 · 이상돈, 433면; 송광섭, 433면; 진계호, 442면.
9) 大判 1996. 8. 23, 96도1231; 大判 1992. 6. 23, 92도954.

4. 公訴狀變更이 許容되는 訴訟節次

(1) 第 1 審의 公判審理節次

正式의 公判審理節次에서는 물론 簡易公判節次에서도 공소장의 변경이 허용된다. 공소장의 변경은 공판심리절차에서만 허용되므로 略式節次나 卽決審判節次에서는 공소장의 변경이 허용되지 아니한다.

재정신청사건에 대한 고등법원의 공소제기결정에 의하여 검사가 공소제기한(법 262조 6항) 사건인 경우에도 검사의 공소장변경이 허용된다(법 298조 1항).

(2) 抗訴審 · 上告審의 公判審理節次

1) 抗訴審의 공판심리절차에서 공소장의 변경이 허용되는가에 관해서는 허용된다는 적극설[1)]과 허용되지 아니한다는 소극설[2)]이 대립되고 있다. 소극설은 현행법상 항소심의 구조가 사후심이라는 점을 논거로 내세우고 있으나 현행법상 항소심의 구조는 사후심이 아니고 속심이라는 점, 항소심의 공판심리절차에서 공소장의 변경이 필요하다는 점, 형사소송법 제298조는 항소심의 공판심리절차에 準用된다는 점(법 370조) 등을 고려할 때 적극설이 타당하다고 본다. 대법원판례도 적극설을 취하고 있다.[3)]

2) 上告審은 법률심인 동시에 사후심이므로 상고심의 공판심리절차에서는 공소장의 변경이 허용되지 아니한다(통설).

(3) 再審의 公判審理節次

재심의 공판심리절차에서는 공소장의 변경이 허용된다고 해석하여야 한다. 다만 그 허용범위에 관해서는 원판결보다 罪責을 증대하는 내용의 공소장변경은 허용되지 아니한다는 견해(制限的 許容說)[4)]와 제한 없이 공소장변경이 허용된다는 견해(全面的 許容說)[5)]가 대립되고 있다. 재심의 경우에는 원판결의 형보다 重한 刑을 선고하지 못하므로(법 439조)[6)] 공소장변경의 내용을 제한할 필요가 없다는 점을 고려할 때 全面的 許容說이 타당하다고 본다.

---

1) 정영석, 298면; 백형구, 강의 520면; 이재상, 396면; 신동운, 746면; 배종대 · 이상돈, 445면; 송광섭, 428면; 진계호, 449면; 임동규, 353면; 신양균, 493면; 정웅석, 1134면.
2) 서일교, 289면.
3) 大判 1969. 3. 18, 68도1772; 大判 1995. 12. 5, 94도1520.
4) 이재상, 707면; 신동운, 1183면; 배종대 · 이상돈, 849면; 진계호, 450면; 임동규, 770면.
5) 백형구, 232면; 동저, 강의 521면; 송광섭, 528면; 신양균, 1044면.
6) 원판결이 인정한 죄보다 법정형이 무거운 죄로 공소장이 변경된 경우에도 원판결이 선고한 형보다 중한 형을 선고하지 아니하면 형사소송법 제439조에 위반되지 아니한다.

5. 公訴狀變更의 要求

(1) 意 義

공소장변경의 요구라 함은 法院이 檢事에게 공소장에 기재된 公訴事實과 適用法條를 追加 또는 變更할 것을 요구하는 것을 말한다(법 298조 2항).

공소장변경요구제도는 無罪判決을 억제하려는데 주된 목적이 있다. 예컨대 殺人의 공소사실을 심리한 결과 殺人의 공소사실은 유죄로 인정되지 아니하나 傷害致死의 범죄사실은 유죄로 인정됨에도 불구하고 檢事가 공소사실을 상해치사의 범죄사실로 변경하지 아니하였다는 이유로 殺人의 공소사실에 대해서 無罪判決을 선고한다는 것은 有罪者處罰이라는 형사소송의 목적에 어긋난다. 따라서 이 경우에는 법원이 검사에게 공소사실과 적용법조를 傷害致死로 변경할 것을 요구하는 제도가 필요하다.

(2) 性 質

법원의 검사에 대한 공소장변경요구가 法院의 義務이냐, 裁量에 속하느냐에 관해서는 의무설, 재량설, 예외적 의무설이 대립되고 있다.

義務說은 공소장변경의 요구가 법원의 의무라는 견해로서[1]형사소송법 제298조 2항이 「要求하여야 한다」고 규정하고 있다는 점을 논거로 내세우고 있다. 의무설에 의하면 법원이 검사에게 공소장변경의 요구를 하지 아니하고 無罪判決을 선고하는 것은 審理未盡의 違法—소송절차의 법률위반—이므로 항소이유 또는 상고이유에 해당한다.

裁量說은 공소장변경의 요구는 법원의 재량에 속한다는 견해로서[2] 공소장변경의 책무는 소추기관인 檢事에게 있으며 법원에 있지 않다는 점을 논거로 들고 있다. 재량설에 의하면 법원이 검사에게 공소장변경의 요구를 하지 않고 공소사실에 대하여 無罪判決을 선고한 경우에도 심리미진의 위법이 아니다. 대법원판례는 재량설을 취하고 있다.[3]

例外的 義務說은 공소장변경의 요구는 원칙적으로 法院의 裁量에 속하나 공소장변경의 요구를 하지 아니하고 無罪判決을 하는 것이 현저히 正義에 反하는 경우에 한하여 예외적으로 法院의 義務라고 해석하여야 한다는 견해이다.[4] 공소

---

1) 정영석, 294면; 서일교, 286면; 염정철, 359면.
2) 신현주, 491면; 강구진, 311면; 이재상, 397면; 차용석, 584면; 진계호, 448면.
3) 大判 1974. 2. 26, 73도3007; 大判 1985. 7, 23, 85도1092; 大判 1993. 7. 13, 93도113.
4) 백형구, 235면; 동저, 강의 533면; 신동운, 742면; 정영석 · 이형국, 272면; 배종대 · 이상돈,

장변경의 책무가 소추기관인 검사에게 있다는 점, 실체적 진실의 발견은 형사소송의 목적이라는 점, 법원에도 실체적 진실발견의 책무가 있다는 점 등을 고려할 때 例外的 義務說이 타당하다고 본다. 공판정에 현출된 증거에 의해서 공소사실과 다른 범죄사실이 유죄임이 명백한 경우(예컨대 살인의 공소사실에 대해서 피고인이 업무상 과실치사의 범죄사실을 자백하고 보강증거도 충분한 경우)는 법원의 공소장변경요구가 법원의 의무인 경우에 해당한다.

(3) 方 式

공소장변경의 요구는 法院이 決定의 형식으로 하며 제 1 심의 공판심리절차에서는 물론 항소심의 공판심리절차에서도 허용된다. 공소장변경을 요구하는 법원의 결정은 판결 전 소송절차에 관한 결정이며 즉시항고를 허용하는 규정이 없으므로 抗告가 허용되지 아니한다(법 403조).

(4) 效 果

1) 檢事에 대한 效果 공소권변경의 요구는 법원의 裁判이므로 검사는 법원의 요구에 응할 義務가 있다. 다만 검사가 법원의 요구에 불응한 경우에도 그 義務履行의 強制는 허용되지 아니한다.

2) 公訴事實에 대한 效果 이는 法院의 공소장변경요구를 檢事가 불응한 경우에 공소장변경의 효과가 발생하느냐의 문제로서 이에 관해서는 形成的 效力說(적극설)과 勸告的 效力說(소극설)이 대립되고 있다.

形成的 效力說은 검사가 공소장변경의 요구에 불응한 경우에도 공소장변경의 효과가 발생한다는 견해로서[1] 이 견해에 의하면 법원이 변경을 요구한 범죄사실이 심판의 現實的 對象으로 된다. 勸告的 效力說은 법원의 검사에 대한 공소장변경요구는 검사에 대해서 권고적 효력이 있음에 불과하고 형성적 효력이 없다는 견해로서 이 견해에 의하면 검사가 공소장변경요구에 불응하면 법원은 원래의 公訴事實에 대해서 심판을 하여야 한다. 공소장변경의 권한은 검사에게 있으므로 권고적 효력설이 타당하다. 권고적 효력설이 통설이다.

6. 公訴狀變更의 節次와 效果

(1) 公訴狀變更의 節次

공소장변경의 절차는 ① 檢事의 申請, ② 法院의 許可, ③ 許可 후의 節次로

444면; 송광섭, 427면; 임동규, 351면; 신양균, 491면; 정웅석, 652면.

1) 정영석, 294면 각주 4).

구분할 수 있다. 法院의 要求에 의해서 검사가 공소장을 변경하는 경우도 있다.

1) **檢事의 申請** 검사가 공소장을 변경하려면 법원에 공소장변경허가신청을 하여야 한다. 공소장변경허가신청은 서면으로 함이 원칙이나 예외적으로 구두에 의한 신청도 허용된다(규칙 142조).

2) **法院의 許可** 법원은 공소장에 기재한 공소사실과 공소장변경허가신청서에 기재된 범죄사실 사이에 공소사실(범죄사실)의 동일성이 인정되는가 여부를 심사하여 공소사실의 同一性이 인정된다고 판단하는 경우에는 공소장변경신청을 許可하여야 한다. 이 경우의 許可는 義務的이다(통설[1]· 판례[2]). 공소장변경신청에 대한 허가는 決定의 형식으로 하며 그 결정은 判決 前 訴訟節次에 관한 결정이므로 抗告가 허용되지 아니한다(법 403조).[3] 공소장변경을 許可한 후에도 공소사실의 동일성이 인정되지 아니한 경우에는 법원은 그 허가결정을 取消할 수 있다.[4] 이 경우의 취소는 재량적이 아니라 의무적이라고 해석하여야 한다. 공소사실의 同一性이 인정되지 아니한 경우에는 법원은 검사의 공소장변경신청을 決定으로 不許可하여야 한다.

公訴事實의 同一性이 인정되는 범위 내의 범죄사실을 공소사실로 追加하기 위해서는 公訴狀變更節次에 의해서 공소사실로 추가하여야 하며 追加起訴를 하여서는 안 된다. 다만 科刑上 一罪 또는 包括一罪(연속범 · 상습범)의 일부에 대해서 追加起訴된 경우 법원은 그 추가기소를 公訴狀變更申請으로 취급하여 공소장변경을 허가하여야 하며 그 추가기소가 二重起訴라는 이유로 公訴棄却의 판결을 하여서는 안 된다.[5] 포괄일죄의 일부에 대한 추가기소는 공소장변경에 의한 공소사실의 추가와 실질적으로 동일하기 때문이다. 대법원판례도 포괄일죄(상습범)의 일부가 追加起訴된 사안에 관하여 동일한 견해를 취하고 있다.[6]

3) **許可 후의 節次** 공소장이 변경된 때에는 법원은 그 사유를 신속히 피고인 또는 변호인에게 告知하여야 하며(법 298조 3항) 공소장의 변경이 피고인의 방어에 不利益을 증가할 염려가 있다고 인정한 때에는 결정으로 피고인의 방어준

1) 백형구, 233면; 동저, 강의 521면; 이재상, 395면; 신동운, 737면; 정영석 · 이형국, 269면; 배종대 · 이상돈, 442면; 송광섭, 425면; 진계호, 446면; 임동규, 349면; 신양균, 488면.

2) 大判 1975. 10. 23, 75도2712; 大判 1999. 4. 13, 99도375; 大判 1999. 5. 14, 98도1438.

3) 大決 1987. 3. 28, 87모17; 백형구, 233면; 동저, 강의 521면; 신동운, 737면; 배종대 · 이상돈, 442면; 진계호, 446면; 임동규, 350면; 신양균, 488면.

4) 大判 1989. 1. 24, 87도1978; 大判 2001. 3. 27, 2001도116; 백형구, 233면; 동저, 강의 521면; 신동운, 737면; 배종대 · 이상돈, 442면; 진계호, 446면; 임동규, 350면; 신양균, 488면.

5) 백형구, 225면; 동저, 강의 213, 521면; 동저, 조해 632면.

6) 大判 1996. 10. 11, 96도1698.

비에 필요한 기간 公判節次를 停止할 수 있다(동조 4항).

(2) 公訴狀變更의 效果

1) 審判對象의 變更 공소장의 변경에 의해서 심판의 現實的 對象이 변경된다. 즉 공소사실의 追加·撤回·變更에 의해서 심판의 현실적 대상이 擴大·縮小·變更된다.[1)]

2) 事件의 移送 단독판사가 단독판사의 관할사건에 대한 공판심리중 공소장의 변경에 의해서 法院合議部의 관할사건으로 변경된 경우(예컨대 상해의 공소사실이 상해치사의 공소사실로 변경된 경우)에는 단독판사는 사건을 합의부로 이송하여야 한다(법 8조 2항).

3) 公訴提起無效의 治癒 공소장에 기재된 공소사실이 特定되지 아니한 경우에는 그 공소제기는 무효이며 공소기각판결의 사유에 해당하나(법 327조 2호) 공소장의 변경에 의해서 공소사실이 특정된 경우에는 공소제기의 무효가 치유된다고 해석하여야 하다.[2)] 공소장에 공소사실로 기재된 사실이 진실하다 하더라도 범죄가 될 만한 사실이 포함되지 아니한 때에는 그 공소제기는 무효이며 公訴棄却決定의 사유에 해당하나(법 328조 1항 4호) 공소장의 변경에 의해서 犯罪的 事實로 변경된 경우에는 공소제기의 하자가 치유된다고 해석하여야 한다.[3)] 大法院判例도 동일한 견해이다.[4)]

Ⅶ. 公判審理의 特則

1. 辯論의 倂合·分離·再開

(1) 辯論의 倂合·分離

법원은 필요하다고 인정한 때에는 직권 또는 검사, 피고인이나 변호인의 신청에 의하여 결정으로 변론을 分離하거나 倂合할 수 있다(법 300조). 辯論의 倂合이라 함은 同一法院에 소송계속된 수개의 사건을 倂合審理하는 것을 말하며[5)] 辯論의 分離라 함은 同一한 法院이 수개의 사건에 대한 倂合審理를 분리하는 것을 말한다. 예컨대 동일한 피고인에 대하여 追加起訴된 사건을 병합심리하는 것은

1) 백형구, 237면; 동저, 강의 522면.
2) 백형구, 237면; 동저, 강의 523면; 임동규, 114면; 신양균, 454면.
3) 백형구, 238면; 동저, 강의 523면.
4) 大判 1977. 9. 28, 77도2603.
5) 따라서 수개의 법원에 소송계속된 수개의 사건을 병합심리하는 것은 변론의 병합이 아니다. 백형구, 264면.

변론의 병합에 해당하고 수인의 共犯者에 대한 병합심리를 분리하는 것은 변론의 분리에 해당한다. 변론의 병합신청 또는 분리신청이 있는 경우에 변론을 병합하느냐 또는 변론을 분리하느냐 여부는 법원의 裁量에 속한다. 수인의 피고인에 대하여 변론을 병합한 경우에 그 수인의 피고인은 共同被告人으로 된다.

(2) 辯論의 再開

법원은 필요하다고 인정한 때에는 직권 또는 검사·피고인이나 변호인의 신청에 의하여 결정으로 종결한 辯論을 再開할 수 있다(법 305조). 辯論의 再開라 함은 일단 종결한 公判審理를 再開하여 審理를 續行하는 것을 말한다. 변론재개의 신청이 있는 경우에 변론을 재개하느냐 여부는 법원의 재량에 속한다(통설·판례[1]). 변론재개의 결정이 있으면 소송은 辯論終結 전의 상태로 돌아간다. 변론재개 후에 피고인신문, 증인신문 등 실체적 심리가 행하여진 경우에는 검사·변호인·피고인에게 의견진술 또는 최후진술의 기회를 다시 주어야 한다.[2]

2. 公判節次의 更新

(1) 公判節次更新의 意義

공판절차의 갱신이라 함은 이미 진행된 공판심리절차를 일단 무시하고 다시 그 절차를 진행하는 것을 말한다. 판결이 선고된 후에는 판결절차의 갱신은 허용되지 아니하므로 공판절차의 갱신은 공판심리절차의 갱신을 의미한다. 사건의 이송을 받은 법원이 공판심리절차를 다시 진행하는 경우는 공판절차를 갱신하는 경우가 아니다.

(2) 公判節次更新의 事由

현행법상 공판절차를 갱신하여야 할 경우는 다음과 같다.

1) 判事의 更迭 공판개정 후 판사의 更迭이 있는 때에는 공판절차를 갱신하여야 한다. 그러나 판결만을 선고하는 경우에는 공판절차의 갱신을 요하지 아니한다(법 301조).

2) 簡易公判節次의 取消 간이공판절차로 심판한다는 결정이 取消된 때에는 검사·피고인 또는 변호인의 이의가 없는 경우를 제외하고는 공판절차를 갱신하여야 한다(법 301조의2).

3) 公判節次의 停止 피고인의 심신상실을 이유로 공판절차를 정지하

1) 大判 1986. 10. 14, 86도1691; 大判 1994. 10. 28, 94도1756.
2) 백형구, 226면; 이재상, 446면; 신동운, 713면; 정영석·이형국, 293면; 배종대·이상돈, 523면; 진계호, 521면; 임동규, 428면; 신양균, 570면; 정웅석, 719면.

였다가 공판심리절차를 다시 진행하는 경우는 공판절차를 갱신하여야 한다(규칙 143조). 이 경우에 공판절차를 갱신하는 것은 피고인이 정지 전의 절차를 충분히 기억하지 못하기 때문이라는 견해가 있으나[1] 심신상실상태에 있는 피고인의 소송행위는 訴訟能力의 欠缺로 인하여 無效이기 때문이라고 본다.[2]

(3) 公判節次更新의 정도

공판심리절차를 어느 정도로 갱신하느냐에 관해서 형사소송규칙 제144조는 다음과 같이 규정하고 있다.

1) 人定訊問 재판장이 인정신문을 다시 하여야 한다(동조 1항 1호).

2) 起訴要旨의 陳述 재판장은 검사로 하여금 기소의 요지를 진술하게 할 수 있다(동조 1항 2호).

3) 陳述拒否權의 告知 다시 告知하여야 한다(동조 1항 3호).

4) 被告人訊問 재판장이 공소사실과 정상에 관한 사항을 직접 신문하여야 한다(동조 1항 3호).

5) 證據調査 재판장은 갱신 전의 공판기일에서의 피고인이나 피고인 아닌 자의 진술 또는 법원의 검증결과를 기재한 조서에 관하여 직권으로 증거조사를 하여야 하며 갱신 전의 공판기일에서 증거조사된 서류 또는 물건에 관하여 직권으로 다시 증거조사를 하여야 한다(동조 1항 4호·5호).

(4) 更新 前의 訴訟行爲의 效力

1) 判事의 更迭로 인한 更新의 경우 節次形成行爲는 효력을 잃지 아니하나 피고인의 진술, 증인의 증언과 같은 實體形成行爲는 그 효력을 상실한다는 것이 통설이다. 통설에 의하면 피고인신문, 증인신문, 검증을 다시 하여야 한다. 그러나 공판절차를 갱신한 경우에도 절차형성행위는 물론 실체형성행위도 그 효력을 상실하지 아니한다고 해석하여야 한다.[3] 현행법은 갱신 전에 행하여진 피고인신문과 증거조사의 효력을 유지하고 있기 때문이다(동조 1항 4호·5호). 이는 새로운 학설에 해당한다.

2) 規則 제143조에 의하여 更新한 경우 피고인이 訴訟能力이 없는 경우이므로 갱신 전의 소송행위는 원칙적으로 無效로 된다고 본다.

3) 簡易公判節次의 取消로 인한 更新의 경우 이 경우에는 실체형성

1) 이재상, 444면; 정웅석, 723면; 高田, 471면.
2) 백형구, 267면; 동저, 강의 574면; 신동운, 710면.
3) 백형구, 268면; 동저, 강의 576면.

행위뿐 아니라 절차형성행위도 그 효력을 잃는다고 본다. 간이공판절차에 의한 증거조사(법 297조의2)가 不適法한 경우이기 때문이다.

3. 公判節次의 停止

(1) 公判節次停止의 意義

공판절차의 정지라 함은 法院이 決定으로 公判節次의 진행을 停止하는 것을 말한다. 공판절차의 정지는 공판절차의 진행을 법원의 裁判에 의해서 정지하는 경우이므로 법원이 공판절차의 진행을 事實上 中斷하는 것은 공판절차의 정지가 아니다. 공판절차의 정지는 피고인이 구속중인 경우에 한하여 행하여진다. 불구속피고인에 대해서는 공판절차정지의 결정을 할 필요가 없다.

拘束중인 피고인에 대해서 공판절차가 정지된 경우에는 공판절차가 정지된 기간은 拘束期間에 算入하지 아니한다(법 92조 3항; 헌재 42조 2항). 따라서 구속중인 피고인에 대해서 공판절차를 정지한 경우에는 拘束期間의 更新(법 92조)을 요하지 아니한다.

공판절차를 정지하였다가 공판절차를 다시 진행한 경우에는 공판절차의 갱신을 요하지 아니한다. 다만 피고인의 심신상실을 이유로 공판절차를 정지하였다가 공판절차를 다시 진행하는 경우에는 공판절차를 갱신하여야 한다(규칙 143조).

(2) 公判節次停止의 事由 · 節次

현행법상 공판절차를 정지하여야 할 경우는 다음과 같다. 공판절차의 정지사유가 있음에도 불구하고 공판절차를 진행하여 유죄판결을 선고한 경우는 항소이유(법 361조의5 제1호)에 해당한다.

1) 被告人의 心神喪失 · 疾病 피고인이 事物의 辨別能力 또는 意思決定能力이 없는 상태에 있는 때에는 법원은 결정으로 그 상태가 계속하는 기간 공판절차를 정지하여야 하며(법 306조 1항) 피고인이 질병으로 인하여 出廷할 수 없는 때에는 법원은 결정으로 출정할 수 있을 때까지 공판절차를 정지하여야 한다(동조 2항). 법원이 공판절차정지의 결정을 함에 있어서는 검사와 변호인의 의견을 들어야 하며(동조 1항 · 2항) 의사의 의견도 들어야 한다(동조 3항).

2) 公訴狀의 變更 공소장의 변경으로 인하여 피고인의 방어권행사에 不利益을 증가할 염려가 있다고 인정한 때에는 법원은 직권 또는 피고인이나 변호인의 청구에 의하여 방어준비에 필요한 기간 공판절차를 정지할 수 있다(법 298조 4항).

3) **忌避申請 등** 기피신청이 있는 때에는 원칙적으로 소송진행을 정지하여야 하고(법 22조) 재심청구가 경합한 경우에는 상급법원은 하급법원의 소송절차가 종료할 때까지 소송절차를 정지하여야 하며(규칙 169조), 병합심리신청, 관할지정신청, 관할이전신청이 있는 때에는 그 신청에 대한 결정이 있을 때까지 소송절차를 정지하여야 한다(규칙 7조).

(3) 公判節次停止의 例外

1) **被告人이 心神喪失·疾病인 경우** 피고인이 심신상실의 상태에 있거나 질병으로 인하여 출정할 수 없는 경우에도 피고인에 대하여 무죄·면소·형의 면제·공소기각의 재판을 할 것이 명백한 때에는 공판절차를 정지할 필요가 없다(법 306조 4항).

2) **忌避申請 등의 경우** 기피신청 또는 관할이전신청 등의 경우에 急速을 요한 때에는 공판절차정지의 예외가 인정된다(법 22조; 규칙 7조).

제 4 절

受訴法院의 強制處分

Ⅰ. 總 說

受訴法院[1]의 強制處分은 이를 對人的 強制處分과 對物的 強制處分으로 구분할 수 있다. 수소법원의 피고인에 대한 召喚[2]·拘束은 전자에 해당하고 수소법원의 押收·搜索은 후자에 해당한다. 수소법원의 강제처분에는 裁判長·受命法官·受託判事의 강제처분이 포함된다.

수소법원의 檢證은 證據調査이므로 수소법원의 강제처분에 해당하지 아니한다. 證據保全을 위한 압수·수색은 수소법원의 강제처분이 아니다. 證據保全處分을 하는 判事는 受訴法院이 아니기 때문이다.

형사절차상 強制處分(逮捕·拘束·押收·搜索)은 주로 수사단계에서 수사기관에 의해서 행하여지며 受訴法院이 不拘束被告人을 拘束하거나 押收·搜索을 하는 경우는 극히 드물다.[3]

Ⅱ. 受訴法院의 被告人拘束

1. 被告人拘束의 意義

피고인구속이라 함은 수소법원이 不拘束被告人을 拘束하는 것을 말한다.[4]

---

1) 受訴法院이라 함은 공소가 제기된 법원 또는 피고사건이 소송계속된 법원을 말한다.

2) 受訴法院의 被告人召喚에 관해서는 公判準備節次에서 이미 설명하였으므로 本節에서는 被告人拘束에 관해서만 설명하고자 한다.

3) 백형구, 272면; 동저, 강의 257면.

4) 백형구, 272면; 동저, 강의 257면.

拘束은 拘引과 拘禁을 포함하는 개념이다(법 69조). 拘引이란 피고인을 법원 기타 장소에 引致하는 강제처분을 말하며 拘禁이란 피고인을 구치소, 교도소에 監禁하는 강제처분을 말한다. 구인한 피고인에 대해서 구금할 필요가 없다고 인정한 때에는 인치한 때로부터 24시간 이내에 석방하여야 한다(법 71조).

2. 被告人拘束의 要件

(1) 被告人拘束의 實質的 要件

1) 犯罪嫌疑의 存在 · 拘束의 必要性 피고인을 구속하기 위해서는 피고인이 罪를 범하였다고 의심할 만한 상당한 이유가 있고 拘束의 必要性이 인정되어야 한다(법 70조). 구속의 필요성이 인정된 경우라 함은 被告人이 ① 일정한 주거가 없을 때, ② 증거를 인멸할 염려가 있는 때, ③ 도망하거나 도망할 염려가 있는 때이다(법 70조 1호 내지 3호). 이상의 3가지 사유 중 하나의 사유만 있으면 구속의 필요성이 있는 경우에 해당한다. 피고인이 罪를 범하였다고 의심할 만한 상당한 이유가 있다 함은 犯罪의 客觀的 嫌疑가 인정된다는 의미이다.

2) 輕微事件에 관한 特則 피고사건이 경미사건—多額 50만원 이하의 벌금 · 구류 · 과료에 해당하는 사건—인 경우에는 범죄의 객관적 혐의 외에 住居不定만이 구속의 사유로 된다(법 70조 2항).

3) 二重拘束의 許容 피고인에 대한 二重拘束이라 함은 拘束令狀에 의하여 拘禁중인 被告人에 대하여 다른 범죄사실로 구속연장을 발부받아 執行하는 것을 말한다. 피고인에 대한 二重拘束이 허용되는가에 관해서는 이를 긍정하는 견해(적극설)[1]와 이를 부정하는 견해(소극설)[2]가 대립되고 있다. 소극설은 피고인이 이미 구속되어 있는 경우에는 도망의 염려가 없다는 점을 논거로 내세우고 있으나 현행 형사소송법은 교도소 · 구치소에 구속중에 있는 피고인에 대한 拘束令狀執行을 허용하고 있다는(법 81조 3항) 점, 保釋과의 관계에서 二重拘束이 필요하다는 점 등을 고려할 때 적극설이 타당하다고 본다.

(2) 被告人拘束의 節次的 要件

국회의원인 피고인을 국회의 회기중에 구속하기 위해서는 사전에 國會의 同意를 얻어야 한다(헌 44조). 이 경우 國會의 事前同意는 구속의 절차적 요건이다.[3]

被告人에 대하여 범죄사실의 요지, 구속의 이유와 변호인을 선임할 수 있음

1) 백형구, 274면; 동저, 강의 258면; 임동규, 392면.
2) 이재상, 237면; 정영석 · 이형국, 183면; 배종대 · 이상돈, 248면; 진계호, 279면.
3) 백형구, 274면; 동저, 강의 259면.

을 말하고 변명할 기회를 준 후가 아니면 피고인을 구속할 수 없다(법 72조). 이 절차를 거치는 것이 피고인구속의 節次的 要件에 해당한다는 견해가 있으며[1] 대법원판례는 이러한 절차를 거치지 아니하고 피고인에 대한 구속영장을 발부한 경우에는 그 구속영장발부는 違法하다는 견해를 취하고 있으나[2] 형사소송법 제72조의 절차를 거치는 것은 피고인구속의 절차적 요건이 아니라고 해석하여야 한다.[3] 그러한 고지를 하지 아니하고 구속영장을 발부하여 집행한 경우에도 그 拘束은 유효하기 때문이다.[4]

3. 被告人拘束의 節次

피고인구속의 절차는 구속영장의 發付와 구속영장의 執行으로 구분된다. 검사의 청구에 의하지 않고 구속영장이 발부된다는 점에서 被疑者拘束의 節次와 다르다.

(1) 拘束令狀의 發付

피고인을 拘引 또는 拘禁함에는 拘束令狀을 發付하여야 한다(법 73조). 구속영장은 受訴法院이 발부함을 원칙으로 하나 급속을 요하는 경우에는 재판장 또는 수명법관이 발부할 수 있고(법 80조) 수탁판사가 발부하는 경우도 있다(법 77조). 구속영장에는 피고인의 인적 사항, 공소사실의 요지, 인치구금할 장소 등을 기재하여야 한다(법 75조).

(2) 拘束令狀의 執行

구속영장은 검사의 지휘에 의하여 사법경찰관리가 執行함을 원칙으로 한다(법 81조). 교도소 또는 구치소에 구금중에 있는 피고인에 대하여 발부된 구속영장은 검사의 지휘에 의하여 교도관리가 집행한다(동조 3항). 구속영장을 집행하는 경우에는 구속영장을 피고인에게 提示하여야 하며 구속영장이 집행된 피고인을 법원 기타 장소로 신속히 引致하여야 한다(법 85조). 구속영장의 집행을 받은 피고인을 호송할 경우에 필요한 때에는 가장 가까운 교도소 또는 구치소에 임시로 留置할 수 있다(법 86조).

법원에 구인된 피고인을 유치할 필요가 있는 때에는 법원은 교도소 · 구치소 또는 경찰서 유치장에 유치할 수 있다. 이 경우 유치기간은 인치한 때부터 24시

1) 김기두, 104면; 정영석, 114~115면; 염정철, 255면; 정영석 · 이형국, 176면.
2) 大決 2000. 11. 10, 2000모134.
3) 백형구, 274면; 동저, 강의 258면; 동저, 조해 205면.
4) 백형구, 274면; 동저, 강의 258면.

간을 초과할 수 없다(법 71조의2).

(3) 拘束 후의 節次

피고인을 구속한 때에는 ① 즉시 공소사실의 요지와 변호인을 선임할 수 있음을 알려야 하며(법 88조), ② 구속한 때로부터 24시간 이내에 서면으로 변호인 또는 가족 등에게 구속일시 · 구속되어 있는 장소 · 범죄사실의 요지 등을 알려야 한다(법 87조). 다만 위와 같은 告知 또는 通知를 하지 아니한 경우에도 拘束의 효력에는 영향이 없다.

4. 拘束期間의 制限

(1) 拘束期間의 制限 · 更新

법원의 피고인에 대한 구속기간은 2개월이다(법 92조 1항). 그러나 구속을 계속할 필요가 있는 경우에는 심급마다 2개월을 단위로 2차에 한하여 결정으로 구속기간을 갱신할 수 있다. 다만 상소심은 피고인 또는 변호인이 신청한 증거의 조사, 상소이유를 보충하는 서면의 제출 등으로 추가심리가 필요한 부득이한 경우에는 3차에 한하여 구속기간을 갱신할 수 있다(동조 2항). 개정법 제92조 제 2 항 단서는 2007년 6월 1일 형사소송법의 개정시에 신설한 조항으로서 상소심에서의 심리기간의 부족을 고려한 규정이다.

구속기간이 만료되면 구속영장은 당연히 失效된다고 해석하여야 한다(통설). 법원의 피고인에 대한 구속기간은 制限期間이기 때문이다. 다만 대법원판례는 피고인에 대한 법원의 구속기간이 만료되더라도 구속영장이 失效되지 아니한다는 견해를 취하고 있다.[1)]

(2) 拘束期間의 不算人

형사소송법 제22조, 제298조 제 4 항, 제306조 제 1 항 및 제 2 항에 의하여 공판절차가 정지된 기간 및 공소제기 전에 체포 · 구인 · 구금된 기간은 그 피고인의 구속기간에 산입하지 아니한다(법 92조 3항). 구속된 피고인에 대한 감정유치기간도 피고인의 구속기간에 산입하지 아니한다(법 172조의2).

(3) 拘束期間의 起算日

공소제기 전부터 구속된 경우에는 공소제기된 날이 구속기간의 기산일이다. 공소제기 전의 구속기간은 피고인의 구속기간에 산입하지 않기(법 92조 3항) 때문이다.

공소제기 후에 수소법원이 불구속피고인을 구속한 경우 구속기간의 기산일

---

1) 大決 1963. 9. 24, 63모356; 大判 1964. 11. 27, 64도428.

에 관해서는 피고인을 법원 기타 지정한 장소에 引致한 날이라는 견해(引致完了時說)가 있으나[1] 구속영장의 집행에 의하여 피고인을 사실상 구속한 때라는 견해(拘束令狀執行時說)[2]가 타당하다고 본다. 피고인에 대해서 구속영장을 집행하면 그 피고인은 현실적·법률적으로 구속되었기 때문이다. 따라서 引致에 소요된 기간이나 호송중의 假留置期間(법 86조)은 피고인의 구속기간에 산입된다. 구속영장을 집행한 날도 구속기간의 1일로 계산한다(법 66조).

5. 拘束中인 被告人의 權利

(1) 接見交通權

구속된 피고인은 법률의 범위 내에서 타인과 접견하고 서류 또는 물건을 주고 받으며 의사의 진료를 받을 수 있다(법 89조). 즉 구속된 피고인은 접견교통권이 있다. 법원은 決定으로 구속중인 피고인과 非辯護人과의 접견교통권을 제한할 수 있으나(법 91조) 辯護人과의 접견교통권을 제한할 수 없다(법 91조, 34조). 접견교통권을 제한하는 법원의 결정에 대해서 구속중인 피고인은 普通抗告를 할 수 있다(법 403조 2항).

(2) 保釋請求權·拘束取消請求權

구속된 피고인은 법원에 구속취소 또는 보석을 청구할 수 있다(법 93조, 94조).

6. 拘束被告人의 釋放制度

구속된 피고인의 석방제도에는 保釋, 拘束의 執行停止, 拘束의 取消가 있다. 구속을 취소하면 구속영장이 실효되나 보석, 구속의 집행정지를 하는 경우에는 구속영장의 效力이 지속된다.

(1) 保 釋

1) 保釋의 意義·種類 피고인의 보석이라 함은 保證金의 납부를 조건으로 하여 구속의 집행을 정지하고 구속된 피고인을 석방하는 제도를 말한다. 보석은 보증금의 납부를 석방의 조건으로 한다는 점에서 구속의 집행정지(법 101조)와 다르다.

현행법은 必要的 保釋을 원칙으로 하고(법 95조) 任意的 保釋을 보충적으로 채택하고 있다(법 96조). 보석의 청구가 있으면 법원이 반드시 보석을 허가하여야 하는 경우를 必要的 保釋이라 하고 보석의 허가 여부가 법원의 裁量에 속하는 경

1) 김기두, 107면; 정영석, 118면; 서일교, 133면; 염정철, 256면.
2) 백형구, 278면; 동저, 강의 296면; 동저, 조해 225면.

우를 任意的 保釋 또는 裁量保釋이라고 한다. 임의적 보석은 법원이 職權으로 할 수도 있다(법 96조). 이러한 보석을 職權保釋이라고 한다.

2) 保釋의 節次

(ㄱ) 保釋의 請求 구속중인 피고인, 그 피고인의 변호인·법정대리인·배우자 등은 보석을 청구할 수 있다(법 94조). 보석의 청구는 서면으로 하여야 하며 보석청구서에는 부본을 첨부하여야 한다(규칙 53조).

(ㄴ) 法院의 審理 법원이 보석에 관한 결정을 함에는 檢事의 意見을 물어야 하며(법 97조 1항) 법원으로부터 의견요청을 받은 검사는 3일 이내에 의견서와 소송서류 및 증거물을 법원에 제출하여야 한다(규칙 54조). 보석에 관한 검사의 意見은 법원에 대하여 拘束力이 없다(통설). 법원은 보석에 관한 결정을 함에 있어 필요한 때에는 구속된 피고인을 심문할 수 있으며 검사·변호인·보석청구인은 그 심문기일에 출석하여 의견을 진술할 수 있다(규칙 54조의2).

(ㄷ) 法院의 決定 보석청구에 대해서 법원은 決定을 하여야 하며 그 決定에는 보석청구를 棄却(不許可)하는 결정과 보석을 허가하는 결정이 있다.

보석청구를 받은 법원은 필요적 보석의 除外事由(법 95조 1호 내지 6호)가 없는 한 보석을 허가하여야 한다(동조 본문). 이를 必要的 保釋의 原則이라고 한다. 보석허가결정을 하는 경우에는 보증금을 정하여야 한다. 보석허가결정을 告知한 후에는 보석허가결정을 한 법원이 보증금액을 變更하는 것이 허용되지 아니한다고 해석하여야 한다(통설).[1] 보석을 허가하는 경우에는 住居의 制限 등 적당한 조건을 붙일 수 있다(법 99조). 이 조건은 보석의 집행 후에도 변경할 수 있다.

2007년 6월 1일 형사소송법의 개정시에 보석의 조건을 구체적으로 규정하였다. 즉 개정법 제98조는 '보석의 조건'이라는 제목으로 보석의 조건 9가지를 나열하고 있다.

① 법원이 지정하는 일시·장소에 출석하고 증거를 인멸하지 아니 하겠다는 서약서를 제출할 것(1호)

② 법원이 정하는 보증금 상당의 금액을 납입할 것을 약속하는 약정서를 제출할 것(2호)

③ 법원이 지정하는 장소로 주거를 제한하고 이를 변경할 필요가 있는 경우에는 법원의 허가를 받는 등 도주를 방지하기 위하여 행하는 조치를 수인할 것(3호)

1) 백형구, 280면; 동저, 강의 288면; 이재상, 265면; 신동운, 682면; 정영석·이형국, 207면; 배종대·이상돈, 286면; 진계호, 306면; 임동규, 406면; 신양균, 636면; 정웅석, 616면.

④ 피해자, 당해 사건의 재판에 필요한 사실을 알고 있다고 인정되는 자 또는 그 친족의 생명·신체·재산에 해를 가하는 행위를 하지 아니하고 주거·직장 등 그 주변에 접근하지 아니할 것(4호)

⑤ 피고인 외의 자가 작성한 출석보증서를 제출할 것(5호)

⑥법원의 허가 없이 외국으로 출국하지 아니할 것을 서약할 것(6호)

⑦ 법원이 지정하는 방법으로 피해자의 권리회복에 필요한 금원을 공탁하거나 그에 상당한 담보를 제공할 것(7호)

⑧ 피고인 또는 법원이 지정하는 자가 보증금을 납입하거나 담보를 제공할 것(8호)

⑨ 그 밖에 피고인의 출석을 보증하기 위하여 법원이 정하는 적당한 조건을 이행할 것(9호)

법원이 제98조의 조건을 정함에 있어서는 ① 범죄의 성질 및 죄상(罪狀) ② 증거의 증명력 ③ 피고인의 전과·성격·환경 및 자산 ④ 피해자에 대한 배상 등 범행 후의 정황에 관련된 사항을 고려하여야 하며(법 99조 1항 1호 내지 4호) 법원은 피고인의 자력 또는 자산 정도로는 이행할 수 없는 조건을 정하여서는 안 된다(동조 2항). 법원은 직권 또는 피고인 등의 신청에 의하여 결정으로 피고인의 보석조건을 변경하거나 일정기간 동안 당해 조건의 이행을 유예할 수 있다(법 102조 1항).

보석청구를 棄却하는 決定에 대해서 피고인은 普通抗告를 할 수 있으며(법 403조 2항) 保釋許可決定에 대해서 검사는 普通抗告를 할 수 있다(법 403조 2항).[1] 형사소송법의 제 3 차 개정시(1973. 1. 25)에 보석허가결정에 대해서 檢事의 卽時抗告權을 인정하였으나(구법 97조 3항) 형사소송법의 제 8 차 개정시(1995. 12. 29)에 폐지하였다(법 97조 3항).

㈃ 保釋의 執行　　보석허가결정은 법 제98조 제 1 호·제 2 호·제 5 호·제 7 호·제 8 호의 조건을 이행한 후가 아니면 집행하지 못한다(법 100조 1항). 예컨대 보증금을 납입한 후가 아니면 보석허가결정을 집행하지 못한다.

3) 保釋의 取消·失效

㈀ 保釋의 取消　　피고인이 소환을 받고 정당한 이유 없이 出席하지 아니하는 등 일정한 사유(법 102조 2항 1호 내지 5호)가 있는 때에는 법원은 직권 또는 검사의 청구에 의하여 決定으로 보석을 取消할 수 있다(법 102조 2항). 보석을 取消한 때에는 決定으로 보증금 또는 담보의 전부 또는 일부를 沒取할 수 있다(법 103조 1항). 보증금의 몰취는 보석취소의 결정과 同時에 하여야 하며 보석취소의 결정 후에는 허용되

1) 大決 1997. 4. 18, 97모26; 백형구, 280면; 동저, 강의 284면.

지 아니한다는 견해가 있으나[1] 보석취소의 결정 후에도 보증금의 몰취결정이 허용된다고 해석하여야 한다.[2] 大法院判例는 전설을 취하다가 全員合議體決定에 의해서 후설로 판례를 변경하였다.[3]

보석취소의 결정이 확정된 때에는 검사는 그 취소결정서의 등본에 의하여 피고인을 再拘禁하여야 한다(규칙 56조).

(ㄴ) 保釋의 失效　　보석을 취소하거나 구속영장이 실효된 때에는 보석은 효력을 상실한다. 보석으로 석방된 피고인에 대하여 제 1 심 또는 항소심에서 실형(實刑)을 선고한 경우에도 법원이 보석을 취소하지 않는 한 보석은 실효되지 아니한다.

(2) 拘束의 執行停止

1) 意　　義　　법원은 상당한 이유가 있는 때(예컨대 구금중인 피고인이 질병으로 인하여 신속한 석방이 요청되는 때)에는 결정으로 피고인에 대한 구속의 집행을 정지할 수 있다(법 101조 1항). 구속의 집행정지는 보증금을 조건으로 하지 아니한다는 점에서 보석과 다르다.

2) 節　　次　　피고인에 대한 구속의 집행정지는 법원이 결정으로 한다(동조 1항). 다만 구속된 국회의원에 대하여 국회의 석방요구가 있으면 구속영장의 집행이 당연히 정지된다(동조 4항). 법원이 구속집행정지의 결정을 함에는 급속을 요하는 경우를 제외하고는 검사의 의견을 물어야 한다(동조 2항). 피고인에 대한 구속집행정지결정에 대해서는 검사의 卽時抗告가 허용된다(동조 3항).

3) 取　　消　　법원은 직권 또는 검사의 청구에 의해서 결정으로 구속의 집행정지를 취소할 수 있다(법 102조 2항). 이 취소결정에 대해서는 普通抗告가 허용된다(법 403조 2항). 구속집행정지취소의 결정이 확정된 때에는 검사는 그 취소결정서의 등본에 의하여 피고인을 再拘禁하여야 한다(규칙 56조 1항).

(3) 拘束의 取消

구속된 피고인에 대하여 구속의 사유가 없거나 소멸된 때에는 법원은 결정으로 구속을 取消하여야 한다(법 93조). 이 결정에 대해서는 검사의 卽時抗告가 허용된다(법 97조 3항). 구속취소의 결정이 확정된 때에는 구속영장은 失效된다.

---

1) 신현주, 337면; 이재상 268면; 배종대 · 이상돈, 288면; 송광섭, 385면; 차용석, 473면; 진계호, 309면; 신양균 638면; 정웅석 618면.

2) 백형구, 강의 290면; 신동운, 684면; 임동규, 409면.

3) 大決(全合) 2001. 5. 29, 2000모22; 大決 2002. 5. 17, 2001모53.

Ⅲ. 受訴法院의 押收 · 搜索

1. 意 義

押收라 함은 서류 또는 물건의 占有를 취득하는 강제처분을 말하며 搜索이라 함은 서류 · 물건 또는 사람의 發見을 목적으로 행하여지는 강제처분을 말한다.

형사절차상 압수 · 수색에는 受訴法院에 의한 압수 · 수색 외에 수사기관에 의한 압수 · 수색, 증거보전을 위한 판사의 압수 · 수색(법 184조)이 있다. 형사절차상 압수 · 수색은 대부분 수사단계에서 수사기관에 의해서 행하여지며 수소법원에 의해서 행하여지는 경우는 극히 드물다.

2. 節 次

공판정에서 압수 · 수색을 하는 경우 또는 임의로 제출한 물건이나 遺留한 물건을 압수하는 경우에는 압수수색영장을 요하지 아니하나(법 113조의 반대해석; 법 218조) 공판정 외에서 압수 · 수색을 하는 경우에는 押收搜索令狀을 發付하여 이를 執行하여야 한다(법 113조).

(1) 押收搜索令狀의 發付

受訴法院이 발부함이 원칙이나(법 113조) 受命法官 또는 受託判事도 압수수색영장을 발부할 수 있다(법 136조). 압수수색영장에는 압수할 물건, 수색의 대상(장소 · 물건 · 신체) 등을 기재하여야 한다(법 114조).

(2) 押收搜索令狀의 執行

수소법원 · 수명법관 · 수탁판사가 발부한 압수수색영장은 검사의 지휘에 의하여 사법경찰관리가 집행함을 원칙으로 하며(법 115조) 압수수색영장을 집행하는 경우에는 그 영장을 집행을 받은 자에게 제시하여야 한다(법 118조). 압수수색영장의 夜間執行은 원칙적으로 허용되지 아니한다(법 125조, 126조).

군사상 비밀을 요하는 장소에서는 그 책임자의 승낙 없이는 압수수색을 할 수 없으며(법 110조) 공무상 비밀에 관한 물건은 그 책임자의 승낙 없이는 원칙적으로 압수가 허용되지 아니하고(법 111조), 업무상 비밀에 관한 물건에 대해서는 押收拒否權이 인정된다(법 112조).

검사 · 피고인 · 변호인은 압수수색영장의 집행에 참여할 수 있다(법 121조). 따라서 압수수색영장을 집행하는 경우에는 미리 집행의 일시와 장소를 검사·피고인·변호인에게 통지하여야 한다(법 122조). 공무소 또는 타인의 주거에 대해서 압수수색영장을 집행하는 경우에는 책임자 또는 주거주 등을 참여시켜야 하며(법 123조) 여자의 신체를 수색하는 경우에는 成年의 여자를 참여하게 하여야 한다(법 124조).

수소법원이 발부한 압수수색영장의 집행에 의하여 압수한 물건은 압수수색영장을 발부한 법원에 제출하여야 한다(규칙 63조).

3. 押收物의 證據能力

수소법원에 의한 압수물은 피고인의 공소사실에 관하여 證據能力이 인정된다. 다만 그 압수절차에 중대한 위법이 있는 경우(예컨대 영장 없이 押收한 경우)에는 위법수집증거의 배제법칙에 의하여 그 압수물의 증거능력을 부정하여야 한다(법 308조의2).

4. 押收物의 保管·處分

수소법원은 押收物에 관하여 委託保管(법 130조 1항)·廢棄(동조 2항)·代價保管(법 132조)·還付 또는 假還付(법 133조, 134조)를 할 수 있다. 수소법원은 피고사건의 종결 전이라도 일정한 사유가 있는 때에는 압수물을 제출인·피해자 등에게 가환부 또는 환부할 수 있다(법 133조, 135조). 압수물에 관하여 환가처분, 환부·가환부를 함에는 검사·피해자·피고인 또는 변호인에게 미리 통지하여야 한다(법 135조).

압수물이 운반 또는 보관하기 불편한 경우에는 소유자 또는 적당한 자의 승낙을 얻어 그 압수물을 保管하게 할 수 있다(법 130조 1항). 이를 압수물의 委託保管이라 한다. 압수물이 위험발생의 염려가 있는 때에는 그 압수물을 廢棄할 수 있으며(동조 2항), 법령상 생산·제조·소지·소유 또는 유통이 금지된 압수물로서 부패의 염려가 있거나 보관하기 어려운 때에는 소유자 등 권한 있는 자의 동의를 얻어 압수물을 폐기할 수 있다(동조 3항).

압수물이 몰수의 대상이고 멸실, 파손 또는 부패의 염려가 있거나 보관하기 불편한 경우에는 이를 매각하여 대가를 보관할 수 있으며(법 132조 1항), 환부하여야 할 압수물로서 환부를 받을 자가 누구인지 알 수 없거나 그 소재가 불명하고 멸실·파손·부패 또는 현저한 가치감소의 염려가 있거나 보관하기 어려운 경우에는 이를 매각하여 대가를 보관할 수 있다(동조 2항).

압수를 계속할 필요가 없다고 인정되는 압수물은 피고사건의 종결 전이라도 결정으로 還付하여야 한다(법 133조 1항 전문). 압수물의 환부에 의해서 압수가 해제되며 압수의 효력이 상실한다. 증거에 공할 압수물은 소유자 · 소지자 · 보관자 또는 제출인의 청구에 의하여 假還付할 수 있으며(동조 1항 후문) 증거에만 공할 목적으로 압수한 물건으로서 그 소유자 또는 소지자가 계속 사용하여야 할 물건은 사진촬영 기타 원형보존의 조치를 취하고 신속히 假還付하여야 한다(동조 2항).

압수물이 장물이고 피해자에게 환부할 이유가 명백한 때에는 피고사건의 종결 전이라도 결정으로 피해자에게 환부할 수 있다(법 134조). 예컨대 압수물이 절도죄의 장물이고 피압수자가 피고인(절도범인)인 경우에는 판결선고 전이라도 그 압수물을 피해자에게 환부할 수 있다.

제 5 절

公判의 終局裁判

Ⅰ. 總　　說

公判의 終局裁判이라 함은 公判節次에 의한 終局裁判을 말한다.[1] 略式命令과 卽決審判은 공판의 종국재판에 해당하지 아니한다. 공판절차에 의한 종국재판이 아니기 때문이다. 제 1 심공판절차에서의 종국재판뿐 아니라 항소심 또는 상고심의 공판절차에서의 종국재판도 공판의 종국재판에 해당한다.

공판의 종국재판에는 形式裁判과 實體裁判이 있다. 관할위반의 판결, 공소기각의 재판, 면소의 판결은 형식재판에 해당하고 유죄판결·무죄판결은 실체재판에 해당한다. 형식재판은 확정되더라도 一事不再理의 效力이 발생하지 아니하나 실체재판이 확정되면 일사부재리의 효력이 발생한다. 다만 면소판결은 형식재판이나 확정되면 일사부재리의 효력이 발생한다.

공판의 종국재판을 도표로 표시하면 다음과 같다.

공판의 종국재판	實體裁判: 유죄판결·무죄판결
	形式裁判: 면소·공소기각·관할위반의 재판

Ⅱ. 形式裁判

1. 管轄違反의 判決

(1) 事　　由

피고사건이 법원의 管轄에 속하지 아니한 때에는 判決로써 管轄違反의 선고

1) 백형구, 286면.

를 하여야 한다(법 319조). 이 판결을 관할위반의 판결이라고 한다. 피고사건에 대하여 事物管轄權이 없는 경우뿐 아니라 土地管轄權이 없는 경우에도 관할위반의 판결을 선고하여야 한다. 피고사건에 대하여 관할권이 없음에도 불구하고 管轄違反의 판결을 선고하지 아니하고 다른 판결(예컨대 유죄판결)을 선고한 경우는 관할의 인정이 법률에 위반한 때의 항소이유(법 361조의5 제3호)에 해당한다.

(2) 例　外

피고사건에 대하여 관할권이 없는 경우에는 관할위반의 판결을 선고하여야 한다는 원칙에 대해서는 例外가 인정된다.

1) 土地管轄의 경우　피고사건에 대하여 土地管轄權이 없는 경우에도 피고인이 관할위반의 신청을 하지 않는 한 법원은 관할위반의 선고를 하지 못한다(법 320조). 관할위반의 신청은 피고사건에 대한 陳述 전에 ― 늦어도 피고인의 모두진술(법 286조)의 단계에서 ― 하여야 하며(법 320조 2항) 피고인이 토지관할위반의 신청을 함이 없이 피고사건에 관하여 진술을 하면 그 이후에는 토지관할위반의 신청을 할 수 없다(통설).

2) 公訴狀變更의 경우　單獨判事가 단독판사의 관할사건을 심리중 합의부의 관할사건으로 公訴狀이 變更된 경우에는 단독판사는 사건을 合議部로 移送하여야 하며(법 8조 2항) 사물관할권의 부존재를 이유로 관할위반의 판결을 선고하여서는 안 된다.

2. 公訴棄却의 裁判

공소기각의 재판에는 공소기각의 決定과 공소기각의 判決이 있다. 공소기각의 재판은 형식재판이다. 따라서 공소기각의 재판이 확정되더라도 一事不再理의 효력이 발생하지 아니한다.

(1) 公訴棄却의 決定

1) 事　由　공소기각결정의 사유는 ① 公訴가 取消되었을 때, ② 피고인이 死亡하거나 피고인인 法人이 존속하지 아니하게 되었을 때, ③ 제12조 또는 제13조의 규정에 의하여 재판할 수 없는 때, ④ 공소장에 기재된 사실이 진실하다 하더라도 범죄가 될 만한 사실이 포함되지 아니하는 때이다(법 328조 1항 1호 내지 4호).

공소제기 전에 피고인이 사망하였음에도 불구하고 검사가 공소를 제기한 경우는 공소제기가 무효라는 이유로(법 327조 2호) 공소기각의 판결을 하여야 한다.[1] 공

1) 백형구, 287면; 동저, 강의 783면; 신동운, 1005면.

소장에 기재된 사실에 범죄가 될 만한 사실이 포함되지 아니한 때라 함은 공소장에 기재된 사실이 법률상 범죄를 구성하지 아니함이 명백하고 공소장변경을 하더라도 공소제기가 유효로 될 가능성이 없는 경우를 말한다.[1]

2) 審判上의 特則 공소기각의 재판을 하는 경우에는 피고인의 공판정 출석을 요하지 아니하며(법 277조) 피고인이 심신상실의 상태이거나 질병으로 인하여 공판정에 출석할 수 없는 경우에도 공판절차를 정지할 필요가 없다(법 306조).

3) 上 訴 공소기각의 결정에 대해서는 검사의 즉시항고가 허용된다(법 328조 2항).

(2) 公訴棄却의 判決

1) 事 由 공소기각판결의 사유는 ① 피고인에 대하여 裁判權이 없는 때, ② 공소제기의 절차가 법률의 규정에 위반하여 무효인 때, ③ 공소가 제기된 사건에 대하여 다시 공소가 제기되었을 때, ④ 형사소송법 제329조의 규정에 위반하여 공소가 제기되었을 때, ⑤ 親告罪인 피고사건에 관하여 告訴가 取消된 때, ⑥ 反意思不罰罪인 피고사건에 관하여 처벌을 희망하지 아니한다는 피해자의 의사표시가 있는 때이다(법 327조 1호 내지 6호).

공소제기 당시 피고사건에 대하여 訴訟條件이 없는 경우, 공소제기가 公訴狀一本主義에 위반된 경우, 공소사실이 特定되지 아니한 경우, 공소장에 피고인이 특정되지 아니한 경우 등은 제 2 호의 사유에 해당하고 二重起訴의 경우(3호)는 뒤에 제기된 공소를 기각하여야 한다.[2]

2) 審判上의 特則 공소기각의 재판을 하는 경우에는 피고인의 공판정 출석을 요하지 아니하며(법 277조) 공판절차정지의 예외가 인정된다(법 306조 4항).

3) 上 訴 공소기각의 판결에 대해서 檢事의 抗訴가 허용된다(법 357조, 366조). 공소기각의 판결에 대해서 無罪判決을 구하는 피고인의 항소가 허용되느냐에 관해서 학설이 대립되고 있으나 허용되지 아니한다고 해석하여야 한다. 피고사건에 대하여 訴訟條件이 不存在한 경우에는 항소심에서도 무죄판결이 허용되지 않기 때문이다(訴訟條件欠缺說).[3] 피고인에게 상소의 이익이 없기 때문에 피고인의 항소가 허용되지 아니한다는 견해(상소이익흠결설)[4]도 있다.

---

1) 大判 1977. 9. 28, 77도2603; 백형구, 288면; 동저, 강의 784면; 신동운, 1006면.
2) 백형구, 288면; 동저, 강의 785면; 大判 1998. 4. 24, 98도248.
3) 백형구, 강의 809면.
4) 이재상, 643면; 신동운, 1065면; 정영석 · 이형국, 467면; 임동규, 680면; 정웅석, 1101면.

3. 免訴判決

(1) 免訴判決의 事由

면소판결의 사유는 ① 확정판결이 있는 때, ② 사면이 있는 때, ③ 공소의 시효가 완성되었을 때, ④ 범죄 후의 법령개폐로 형이 폐지되었을 때이다(법 326조 1호 내지 4호). 면소판결의 사유가 있는 경우에는 심리의 결과 無罪의 心證을 얻은 경우에도 면소판결을 선고하여야 한다. 따라서 면소판결의 사유가 있음에도 불구하고 無罪判決을 선고하는 것은 違法(判決內容의 法律違反)이며 항소이유(법 361조의5 제1호)에 해당한다.[1] 대법원판례도 동일한 견해를 취하고 있다.[2]

1) 確定判決이 있은 때(1호) 공소장에 기재된 公訴事實과 同一性이 인정되는 犯罪事實에 대하여 이미 유죄·무죄·면소의 판결이 확정된 경우를 말한다. 약식명령·즉결심판이 확정된 경우도 확정판결이 있는 때에 해당한다. 확정판결이 失效된 경우(예컨대 형의 실효를 선고한 결정이 확정된 경우. 형 81조)도 면소판결의 사유에 해당한다.

2) 赦免이 있은 때(2호) 본호의 사면은 일반사면만을 의미한다(통설·판례[3]).

3) 公訴時效의 完成(3호) 공소시효의 완성 여부는 공소제기시를 기준으로 판단하여야 한다. 공소장이 변경된 경우에는 공기제기시를 기준으로 변경된 공소사실에 관한 공소시효완성 여부를 판단하여야 한다(통설·판례). 이 경우 공소시효기간의 기준으로 되는 법정형은 변경된 공소사실의 法定刑이다.[4] 裁判時效(법 249조 2항)가 완성된 경우도 면소판결의 사유에 해당한다.

4) 刑의 廢止(4호) 범죄 후 법령의 개폐로 刑이 廢止된 경우이다. 明文으로 罰則을 폐지한 경우뿐 아니라 前法이 後法에 저촉됨으로써 실질상 罰則의 효력이 상실되었다고 인정된 경우도 형이 폐지된 경우에 해당한다(통설·판례[5]).

다만 범죄 후 형이 폐지되는 모든 경우가 면소판결의 사유로 되는 것이 아니다. 국가의 法律理念의 變更에 따라 종래의 처벌 자체가 不當하였거나 또는 科刑이 過重하였다는 反省的 고려에서 법령을 개폐하여 刑을 폐지한 경우(예컨

1) 백형구, 289면; 동저, 강의 778면.
2) 大判 1964. 4. 28, 64도134(사면); 大判 1969. 2. 25, 68도1578(공소시효의 완성); 大判 1969. 12. 30, 69도2018(형의 폐지).
3) 大判 2000. 2: 11, 99도2983.
4) 大判 2001. 8. 24, 2001도2902.
5) 大判 1979. 2. 27, 78도1690.

대 集示法 · 國家保安法의 改正에 의해서 刑을 폐지한 경우)는 면소판결의 사유로 되나 經濟事情의 변천에 따라 그때 그때의 특수한 필요에 대처하기 위해서 법령을 개폐하여 刑을 폐지한 경우는 면소판결의 사유로 되지 아니한다고 해석하여야 한다.[1] 대법원판례도 동일한 견해를 취하고 있다.[2]

限時法의 유효기간이 경과한 경우는 追及效를 인정한 明文의 규정이 없는 한 형사소송법 제326조 4호를 類推適用하여 면소판결을 하여야 한다.[3] 行爲時의 法律에 의하면 범죄가 성립하는 경우이기 때문이다. 계엄이 해제된 경우는 형이 폐지된 경우에 해당하지 아니한다.[4]

(2) 審判上의 特則

1) 實體的 審理의 要否 면소판결의 사유를 판단함에 있어서는 피고사건의 실체에 대한 審理를 할 필요가 없다. 즉 同一事件에 대하여 이미 실체판결이 확정되었느냐 여부, 일반사면에 해당 여부, 공소시효의 완성 여부, 법령의 개폐로 인한 형의 폐지 여부를 판단하는 경우에는 피고사건의 實體(공소사실의 존부)에 대한 심리를 할 필요가 없다.

2) 缺席裁判의 허용 면소판결을 선고하는 경우에는 피고인의 공판정 출석을 요하지 아니한다(법 277조).

3) 公判停止의 例外 피고사건에 대하여 면소판결을 할 것이 명백한 경우에는 피고인이 심신상실의 상태에 있거나 질병으로 인하여 출정할 수 없는 경우에도 공판절차를 정지하지 않고 피고인의 출석 없이 면소판결을 선고할 수 있다(법 306조 4항).

(3) 免訴判決에 대한 上訴

제 1 심법원의 면소판결에 대하여 檢事의 抗訴가 허용된다(법 357조). 면소판결에 대하여 被告人이 무죄판결을 구하는 상소를 하는 것이 허용되느냐에 관해서는 학설이 대립되고 있으나 허용되지 아니한다고 해석하여야 한다. 피고사건에 대하여 면소판결의 사유가 있으면 항소심에서도 무죄판결을 할 수 없기 때문이다(訴訟條件欠缺說).[5]

---

1) 백형구, 290면; 동저, 강의 779면; 이재상, 611면; 정영석 · 이형국, 424면.
2) 大判 1963. 1. 30, 62도151; 大判 1978. 2. 28, 77도1280; 大判 1987. 3. 10, 86도42; 大判 1997. 12. 9, 97도2682.
3) 백형구, 290면; 동저, 강의 779면.
4) 大判 1982. 9. 14, 82도1847; 大判 1983. 6. 14, 83도647; 백형구, 290면; 동저, 강의 779면.
5) 백형구, 강의 809면.

(4) 免訴判決의 本質

면소판결의 본질에 관해서는 다음과 같은 학설이 대립되고 있다. 면소판결의 본질에 관한 二分說과 新二分說은 이를 학설에서 제외하였다.

1) 實體裁判說 면소판결은 형벌권의 소멸 또는 부존재를 확인하는 재판이므로 實體裁判이라는 견해이다. 그러나 면소판결은 피고사건의 實體에 관한 재판이 아니다. 우리나라에서 실체재판설을 지지하는 학자는 없다.

2) 形式裁判說 면소판결은 訴訟條件의 不存在를 이유로 소송을 종결하는 재판이며 피고사건의 實體에 관한 재판이 아니므로 形式裁判이라는 견해이다. 우리나라에서 形式裁判說을 지지하는 학자가 있다.[1)]

3) 實體關係的 形式裁判說 면소판결은 實體的 訴訟條件의 부존재를 이유로 하는 재판으로서 實體的 소송조건의 존부를 판단하기 위해서는 사건의 實體에 關係시켜 審理가 행하여지므로 純節次的 形式裁判과 구별되는 實體關係的 形式裁判이라는 견해이다. 이 견해는 면소판결을 함에 있어서는 사건의 實體에 대하여 어느 정도 審理·判斷이 행하여지므로 면소판결은 一事不再理의 效力이 발생한다는 이론구성을 취하고 있다. 日本의 團藤重光 교수에 의하여 제창된 학설로서[2)] 우리나라에서 이 학설을 지지하는 학자가 있다.[3)]

그러나 ① 앞에서 설명한 바와 같이 면소판결의 사유를 판단함에 있어서는 피고사건의 실체에 대해서 審理할 필요가 없다는 점, ② 形式的 訴訟條件의 존부를 판단하는 경우에도 사건의 實體에 대하여 어느 정도 심리가 행하여지는 경우가 있으므로[4)] 사건의 實體에 대한 심리 여부에 의해서 면소판결과 공소기각판결의 본질상 차이를 구한다는 것은 불합리하다는 점, ③ 면소판결이 一事不再理의 효력을 발생하는 것은 사건의 實體에 대해서 審理가 행하여졌기 때문이 아니라 면소판결의 事由 때문이라는 점, ④ 實體關係的과 實體 자체와의 구별이 불명확하다는 점 등을 고려할 때 實體關係的 形式裁判說에 대해서는 그 이론적 합리성을 인정하기 어렵다.[5)]

---

1) 백형구, 291면; 동저, 강의 778면; 강구진, 536면; 이재상, 607면; 신동운, 989면; 정영석·이형국, 426면; 차용석, 953면; 정웅석, 1051면.
2) 團藤, 綱要 159, 300, 313면.
3) 김기두, 179면; 정영석, 323면; 서일교, 210면; 권오병, 228면; 염정철, 378면; 신현주, 716면; 송광섭, 317면.
4) 예컨대 친고죄 여부, 사물관할권의 유무를 판단하기 위해서는 피고사건의 實體에 대한 審理가 필요하다.
5) 백형구, 291면; 동저, 강의 777면; 동저, 조해 833면.

4) 形式裁判說의 支持 면소판결은 피고사건에 관하여 刑罰權의 不存在를 확인하는 판결이 아니고 피고사건에 대하여 訴訟條件의 不存在를 이유로 소송을 종결하는 재판이라는 점, 實體關係的 形式裁判說을 취하지 아니하여도 면소판결이 一事不再理의 효력을 발생하는 이론구성이 가능하다는 점 등을 고려할 때 形式裁判說이 타당하다고 본다.

(5) 免訴判決의 效力

1) 宣告의 效力 면소의 판결이 선고되면 소송은 당해 심급에서 종결되며 상소권이 발생하고 구속영장이 실효된다.

2) 確定의 效力 면소의 판결이 확정되면 一事不再理의 效力(기판력)이 발생한다(통설).

Ⅲ. 實體裁判

1. 無罪判決

(1) 無罪判決의 意義

피고사건에 대하여 訴訟條件이 존재하는 경우에도 公訴事實이 犯罪를 성립하지 아니하거나 공소사실을 유죄로 인정할 證據가 불충분한 경우에는 무죄판결을 선고하여야 한다. 무죄판결은 피고사건에 대하여 具體的 刑罰權의 不存在를 확인하는 판결이다. 따라서 무죄판결은 實體判決이다. 무죄판결은 실체판결이므로 확정되면 一事不再理의 효력이 발생한다.

(2) 無罪判決의 事由

무죄판결의 사유는 피고사건이 犯罪로 되지 아니하거나 범죄사실의 證明이 없는 때이다(법 325조).

피고사건이 犯罪로 되지 아니한 경우라 함은 공소사실이 犯罪를 成立하지 아니한 경우를 말한다. 공소사실이 범죄의 構成要件에 해당하지 아니한 경우, 違法性阻却事由 또는 責任阻却事由에 해당하는 경우는 공소사실이 범죄를 성립하지 아니한 경우에 해당한다. 다만 공소장에 기재된 사실이 진실하다 하더라도 犯罪가 될 만한 사실이 포함되지 아니한 때에는 공소제기 자체가 無效임이 명백한 경우이므로 공소기각결정의 사유에 해당한다(법 328조 1항 4호).

犯罪事實의 證明이 없는 때라 함은 公訴犯罪事實의 不存在가 적극적으로 증명된 경우(예컨대 眞犯人이 발견된 경우, 피고인의 알리바이가 立證된 경우)와 公

訴事實의 存在에 관하여 法官이 確信에 이르지 못한 경우를 말한다. 法官이 공소사실의 존재에 관하여 확신에 이르지 못한 경우, 즉 유죄인지, 무죄인지 의심스러운 경우에는 "의심스러운 때에는 피고인의 利益으로"(in dubio pro reo) 판단하여야 한다는 원칙에 의해서 무죄판결을 선고하여야 한다. 피고인의 自白에 대하여 補強證據가 없는 경우도 무죄판결을 선고하여야 한다(법 310조).

(3) 無罪判決에 대한 抗訴

제 1 심법원의 무죄판결에 대하여 檢事는 항소할 수 있으나 被告人은 항소할 수 없다.

2. 有罪判決

(1) 有罪判決의 意義

피고사건에 대하여 訴訟條件이 존재하고 공소사실이 犯罪를 성립하며 공소사실의 존재가 證明된 경우에는 有罪判決을 선고하여야 한다(법 321조). 따라서 유죄판결의 조건은 訴訟條件의 存在, 犯罪의 成立, 犯罪의 證明이다.

유죄판결은 피고사건에 대하여 具體的 刑罰權의 存在를 확인하는 판결이다. 따라서 유죄판결은 實體裁判이다. 유죄판결은 실체재판이므로 확정되면 一事不再理의 效力이 발생한다.

(2) 有罪判決의 種類

현행법상 유죄판결에는 刑宣告의 판결, 刑宣告猶豫의 판결, 刑免除의 판결이 있다(법 321조 1항).

1) 刑宣告의 判決 刑의 선고는 判決로써 하여야 하며(법 321조 1항) 공판정에서 재판장이 主文을 낭독하고 理由의 요지를 설명하는 방법으로 선고한다(법 42조, 43조). 형의 집행유예, 판결 전 구금일수의 본형산입, 노역장유치기간, 재산형의 가납명령은 刑의 선고와 동시에 판결로써 선고하여야 한다(법 321조 2항).

2) 刑의 宣告猶豫의 判決 1년 이하의 징역이나 금고, 자격정지 또는 벌금을 선고할 경우에는 그 선고를 유예할 수 있다(형 59조). 형의 선고유예는 판결로써 선고하여야 한다(법 322조). 형의 선고유예를 받은 자가 선고유예의 실효됨이 없이 2년을 경과한 때에는 免訴된 것으로 간주한다(형 60조).

3) 刑免除의 判決 刑의 免除는 判決로써 선고하여야 한다(법 322조). 刑免除의 판결은 犯罪의 證明이 있는 때에 선고하는 판결이므로 有罪判決의 일종이다(법 321조 1항).

(3) 有罪判決의 主文과 理由

유죄판결에는 주문과 이유를 명시하여야 한다. 유죄판결의 主文과 理由에 관해서는 본서 391면 내지 395면 참조.

(4) 有罪判決의 效力

1) **宣告의 效力** 유죄판결이 선고되면 구속력이 발생하고 소송은 당해 심급에서 종결되며 상소권이 발생한다(법 343조). 1심법원의 유죄판결에 대해서는 검사 · 피고인 모두 항소할 수 있다.

2) **確定의 效力** 유죄판결이 확정되면 일사부재리의 효력이 발생하며 유죄판결이 형선고의 판결인 경우에는 형의 집행력이 발생한다.

제 5 장 上 訴

제 1 절 總 說
제 2 절 抗 訴
제 3 절 上 告
제 4 절 抗 告

제 1 절

總　　說

I. 上訴의 意義 · 種類

1. 上訴의 意義

상소라 함은 未確定의 裁判에 대하여 上級法院에 救濟的 재판을 구하는 不服申請을 말한다.

상소는 裁判에 대한 불복신청이다. 따라서 검사의 불기소처분에 대한 檢察抗告(검찰 10조) 또는 裁定申請(법 260조), 재판의 집행에 관한 검사의 처분에 대한 異議申請(법 489조)은 상소가 아니다.

상소는 未確定의 재판에 대한 불복신청이다. 따라서 확정재판에 대한 불복신청인 재심청구 또는 비상상고는 상소가 아니다.

상소는 上級法院에 대한 구제적 재판의 청구이다. 따라서 약식명령 · 즉결심판에 대한 正式裁判의 請求(법 453조; 즉결 14조), 상고심판결의 訂正申請(법 400조)은 상소가 아니다. 同級法院에 대한 불복신청이기 때문이다.

2. 上訴制度의 存在理由

상소제도는 誤判을 是正하려는 데에 그 존재이유가 있다. 오판은 사실오인·양형부당 등과 같이 사실판단의 오류에 기인한 경우도 있고 법령의 해석 · 적용을 잘못한 경우도 있다. 어느 경우나 오판의 시정이 요청된다.

상소제도는 피고인에 대해서는 원심재판으로 인한 피고인의 불이익을 구제하는 기능을 하고 있다. 상소에 의해서 무거운 선고형이 가벼운 선고형으로, 유죄판결이 무죄판결 등으로 시정될 가능성이 있으므로 피고인의 구제는 상소제도의 중요한 목적이다.

상소제도의 목적은 誤判의 是正이므로 상소심에서는 오판을 시정함에 필요한 범위 내에서만 심리를 하는 것이 합리적이다. 따라서 현행 형사소송법은 항소심의 구조를 原則的 續審으로 하고 있다.

3. 上訴의 種類

현행법상 상소의 종류에는 抗訴 · 上告 · 抗告가 있다. 항소 · 상고는 판결에 대한 상소이고 항고는 결정에 대한 상소이다.

抗訴는 제 1 심판결에 대한 상소이고 上告는 제 2 심판결에 대한 상소이다. 다만 제 1 심판결에 대해서도 예외적으로 상고가 허용된다(법 372조). 이러한 상고를 飛躍的 上告라고 한다.

抗告에는 一般抗告와 特別抗告(再抗告)가 있으며 일반항고는 普通抗告와 卽時抗告로 구분된다. 항소법원 또는 고등법원의 결정에 대한 항고가 特別抗告이며 항고법원의 결정에 대한 항고가 再抗告이다(법 415조). 특별항고와 재항고는 모두 즉시항고이며(법 415조) 제 1 심법원의 결정에 대해서는 飛躍的 抗告가 허용되지 아니한다.[1]

準抗告는 법관의 일정한 재판 또는 수사기관의 처분에 대한 불복신청이다(법 416조, 417조). 준항고는 상급법원에 대한 불복신청이 아니므로 엄밀한 의미에서 상소가 아니나 실질적으로 항고에 준하는 성질이 있으므로 현행 형사소송법은 준항고를 항고의 장(제 3 편 제 4 장)에서 규정하고 항고에 관한 규정을 준용하고 있다(법 419조). 준항고법원의 결정에 대해서도 대법원에 재항고(즉시항고)가 허용된다.[2] 대법원 판례도 동일한 견해를 취하고 있다.[3]

Ⅱ. 上 訴 權

1. 上訴權의 意義 · 種類

형사소송법에서 상소권이라 함은 형사재판에 대하여 상소할 수 있는 형사소송법상의 권리를 말한다. 검찰항고권(검찰 10조), 재정신청권(법 260조), 정식재판청구권

1) 大決 1984. 4. 16, 84모18; 백형구, 강의 798면.
2) 백형구, 385면; 동저, 강의 865면; 신동운 1160면; 송광섭, 515면.
3) 大決 1983. 5. 12, 83모12.

(법 453조; 즉결 14조)은 상소권이 아니다. 상소권은 상소의 종류에 따라 抗訴權·上告權·抗告權으로 구분된다. 準抗告權도 넓은 의미에서 상소권에 해당한다.

2. 上訴權者

(1) 固有의 上訴權者

檢事와 被告人은 소송당사자이므로 고유의 상소권자이다(법 338조 1항). 재판의 종류가 판결이냐, 결정이냐를 불문한다.

검사·피고인 이외의 자로서 決定을 받은 자는 고유의 항고권자이다(법 339조). 과태료의 결정을 받은 증인 또는 감정인(법 151조, 161조, 177조), 소송비용부담의 재판을 받은 피고인 이외의 자(법 190조), 보석보증금의 몰취결정을 받은 피고인 이외의 자(법 102조) 등이 이에 해당한다.

(2) 上訴의 代理權者

피고인의 법정대리인·배우자·직계친족·형제자매·원심의 대리인이나 변호인은 피고인을 위하여 상소할 수 있다(법 340조, 341조). 피고인의 법정대리인은 피고인의 명시한 의사에 반하여도 상소할 수 있으나[1] 그 이외의 자는 피고인의 明示한 의사에 反한 상소가 허용되지 아니한다(법 341조 2항). 이들의 상소권은 고유권이 아니라 代理權(獨立代理權)이므로 피고인의 상소권이 소멸하면 이들의 상소권도 소멸한다고 해석하여야 한다(통설). 법정대리인의 상소권은 고유권이라는 견해가 있으나[2] 독립대리권이라는 견해가 타당하다고 본다. 따라서 피고인의 상소권이 소멸한 후에 그 법정대리인에 의한 상소제기는 무효이다.

원심판결의 선고 후 상소제기기간중에 상소심의 변호를 위하여 선임된 辯護人은 포괄적 대리권에 의해서 원판결에 대하여 상소권이 있다.[3] 檢事는 공익의 대표자인 지위에서 피고인의 이익을 위하여 상소할 수 있다고 해석하여야 한다(통설).

3. 上訴權의 發生·消滅

(1) 上訴權의 發生

상소권은 재판의 선고 또는 고지에 의해서 발생한다(법 343조 2항). 그러나 상소가

1) 백형구, 313면; 동저, 강의 800면; 신동운, 1043면; 배종대·이상돈, 756면; 임동규, 671면; 신양균, 914면.

2) 배종대·이상돈, 756면; 진계호, 704면.

3) 백형구, 강의 800면; 동저, 조해 869면.

허용되지 아니한 재판은 선고 또는 고지되더라도 상소권이 발생하지 아니한다.

(2) 上訴權의 消滅

상소권은 상소제기기간의 경과, 상소의 포기 또는 취하에 의해서 소멸한다. 피고인이 원판결선고 후 상소제기기간 내에 死亡한 경우에는 상소권이 소멸한다.[1]

4. 上訴權의 回復

(1) 上訴權回復의 意義

상소권의 회복이라 함은 상소제기기간의 경과로 인하여 소멸한 상소권을 법원의 결정에 의해서 회복시키는 것을 말한다. 상소권자의 責任질 수 없는 사유로 인하여 상소의 제기기간 내에 상소를 하지 못한 경우에는 상소권자에게 상소의 기회를 주는 것이 상소제도의 취지에 부합한다. 여기에 상소권의 회복을 인정한 이유가 있다.

(2) 上訴權回復의 事由

상소권자 또는 그 대리인이 책임질 수 없는 사유로 인하여 상소제기기간 내에 상소를 제기하지 못한 때에 限하여 상소권의 회복이 인정된다(법 345조).

代理人은 상소의 代理權者(법 340조, 341조)를 말하는 것이 아니고 상소권자의 補助機關으로서 상소에 필요한 事實行爲를 代行하는 자를 말한다.[2] 예컨대 변호인의 사무원, 피고인의 가족 또는 종업원이 상소제기에 필요한 사실행위를 대리하는 경우는 형사소송법 제345조의 대리인에 해당한다.

責任질 수 없는 사유라 함은 상소를 하지 못한 것이 상소권자 또는 그 대리인의 故意·過失에 기하지 아니한 경우를 말한다(통설). 대법원판례도 같은 견해이다.[3] 예컨대 천재·지변과 같은 불가항력의 사유로 상소를 하지 못한 경우, 피고인에 대한 公示送達이 不適法하고 피고인이 판결선고사실을 알지 못한 경우[4] 등은 피고인이 책임질 수 없는 사유로 상소를 하지 못한 경우에 해당한다. 이에 대해서 公示送達한 판결선고사실을 피고인이 알지 못하였으나 그 공시송달이 適法한 경우, 피고인의 질병으로 인해서 상소제기기간 내에 상소를 하지 못한 경우, 피고인의 원심변호인이 상소를 제기할 것이라 생각하고 피고인이 상소를 하

1) 백형구, 313면; 동저, 강의 800면.
2) 大決 1986. 9. 17, 86모46; 백형구, 314면; 동저, 강의 802면; 임동규, 673면; 신양균, 916면.
3) 大決 1986. 9. 17, 86모46.
4) 大決 1973. 10. 20, 73모68; 大決 1984. 9. 28, 83모55.

지 아니한 경우는 상소권회복의 사유에 해당하지 아니한다.

(3) 上訴權回復의 節次

1) 상소권회복의 請求 고유의 상소권자와 상소의 대리권자(법 340조, 341조)는 상소권회복의 청구를 할 수 있다(법 345조). 상소를 포기한 자는 상소권회복의 청구를 할 수 없다.[1] 상소권회복의 청구는 서면으로 하여야 하며 원인된 사유를 소명하여야 한다(법 346조 1항 · 2항). 상소권회복청구서는 원심법원에 제출하여야 하며 그 청구와 동시에 상소를 제기하여야 한다(법 346조 1항 · 3항). 在所者가 상소권회복청구서를 교도관리에게 제출한 때에는 그 때에 상소권회복청구서가 원심법원에 제출된 것으로 간주한다(법 355조→ 344조).

상소권회복청구서를 접수한 법원은 지체없이 상대방에게 그 사유를 통지하여야 한다(법 356조).

상소권회복의 청구가 있는 때에는 법원은 재판의 執行을 停止하는 決定을 할 수 있으며,[2] 이 경우 피고인의 구금이 필요하다고 인정한 때에는 구속영장을 발부하여야 한다(법 348조 1항 · 2항). 구속영장에 의하여 피고인을 拘束한 후 상소권회복의 청구를 기각한 경우에는 그 구속된 일수를 未決拘禁日數로 本刑에 산입한다는 결정을 하여야 한다.[3] 대법원판례도 동일한 견해이다.[4]

상소권회복의 청구는 그 청구에 대한 결정이 있기 전까지는 取下할 수 있다고 해석하여야 한다.[5]

2) 法院의 決定 상소권회복의 청구를 받은 법원은 그 청구에 대해서 결정을 하여야 한다(법 347조 1항). 상소권회복의 청구가 부적법하거나 이유 없는 때에는 청구를 棄却하는 결정을 하여야 하고 그 청구가 理由 있다고 인정하는 때에는 上訴權回復의 決定을 하여야 한다. 이 결정에 대해서는 즉시항고가 허용된다(법 347조 2항).

상소권회복의 결정이 확정된 때에는 상소권회복의 청구와 동시에 한 上訴提起는 適法하게 되며 확정된 재판은 未確定의 상태로 된다. 따라서 원심법원은 소송기록과 증거물을 상소법원에 송부하여야 한다(법 361조).

---

1) 大決 1999. 5. 18, 99모40; 大決 2002. 7. 23, 2002모180; 백형구, 강의 859면.
2) 형사소송법 제348조 1항의 '결정을 하여야 한다'를 2007. 6. 1 형사소송법 개정시에 '결정을 할 수 있다'로 개정하였다.
3) 백형구, 315면; 동저, 강의 803면.
4) 大決 1967. 12. 29, 67모45.
5) 백형구, 315면; 동저, 강의 803면; 신동운, 1051면; 배종대 · 이상돈, 759면.

Ⅲ. 上訴의 利益

1. 上訴利益의 意義·根據

(1) 意 義

피고인 또는 피고인의 상소대리권자(법 340조, 341조)는 피고인의 利益을 위해서만 상소가 허용되며 피고인에게 不利益한 상소는 허용하지 아니한다. 상소의 이익은 상소의 종류에 따라 항소의 이익, 상고의 이익, 항고의 이익으로 구분된다. 준항고의 이익도 넓은 의미에서 상소의 이익에 해당한다.

(2) 根 據

피고인의 상소는 재판에 대한 피고인의 不服申請이므로 피고인에게 이익되는 상소만이 허용되는 것이다. 따라서 피고인의 상소가 재판에 대한 피고인의 不服申請이라는 것이 피고인에게 불이익한 상소를 허용하지 아니하는 이론적 근거이다.[1)]

「利益이 없으면 訴權이 없다」는 민사소송의 원리가 상소의 이익에 관한 이론적 근거라는 견해가 있으나[2)] 그 이론적 합리성을 인정하기 어렵다.[3)] 민사소송의 訴의 利益 또는 訴權과 형사소송의 上訴의 利益 또는 上訴權은 그 내용이 다르기 때문이다.

피고인의 상소이익에 관한 實定法的 根據는 不利益變更禁止의 原則을 규정한 형사소송법 제368조라는 견해가 있으나[4)] 불이익변경금지의 원칙을 인정한 이론적 근거는 피고인의 上訴權行使를 보장하려는 것임에 대해서 피고인의 상소권행사를 보장한다는 것은 피고인에게 불이익한 상소가 허용되지 아니하는 이론적 근거가 아니라는 점, 피고인의 상소이익은 上訴提起의 適法要件이나 불이익변경금지의 원칙은 상소제기의 요건에 관한 원칙이 아니고 상소심의 判決에 관한 원칙이라는 점 등을 고려할 때 형사소송법 제368조는 상소의 이익에 관한 실정법적 근거가 아니라고 본다.[5)] 「재판에 대하여 不服이 있으면… 상소할 수 있다」고 규정한 형사소송법 제357조, 제371조, 제402조가 상소의 이익에 관한 법

1) 김기두, 292면; 정영석, 336면; 백형구, 316면; 강구진, 541면; 백형구, 강의 806면; 진계호, 708면.
2) 정영석, 336면; 염정철, 385면; 이재상, 638면; 정영석·이형국, 465면.
3) 백형구, 317면; 동저, 강의 806면.
4) 이재상, 638면; 송광섭, 467면; 차용석, 1010면; 임동규, 675면.
5) 백형구, 317면; 동저, 강의 806면; 동저, 조해 860면.

적 근거라는 견해가 있다.[1]

2. 上訴利益의 有無

(1) 判斷의 一般的 基準

상소이익의 유무는 法律的·客觀的으로 판단하여야 한다(통설). 따라서 피고인의 개인적 사정 또는 주관적 의사는 상소이익의 유무를 판단하는 기준으로 되지 아니한다. 예컨대 벌금 1억원을 선고받은 피고인이 자신의 빈약한 경제적 사정을 고려하여 징역형의 집행유예를 구하는 상소를 하는 경우에도 상소의 이익이 없는 상소에 해당한다. 징역형의 집행유예가 벌금형보다 법률적·객관적으로 피고인에게 불이익한 형이기 때문이다.

상소이익의 판단기준에 관한 학설을 主觀說, 社會通念說, 客觀說로 구분하는 학자들이 있으나[2] 主觀說과 社會通念說은 상소의 이익의 유무를 판단하는 一般的 基準에 관한 학설이 아니다.[3]

(2) 具體的 考察

1) 有罪判決에 대한 上訴의 利益　유죄판결에 대하여 무죄·면소·공소기각의 판결을 구하는 피고인의 상소, 刑宣告의 판결에 대하여 경한 형의 선고 또는 선고유예를 구하는 피고인의 상소, 實刑을 선고한 판결에 대하여 집행유예를 구하는 피고인의 상소는 피고인에게 상소의 이익이 있는 상소에 해당한다. 이에 대해서 위와 반대의 경우는 피고인에게 상소의 이익이 없는 상소에 해당한다.

집행유예·미결구금일수·몰수·추징·소송비용에 관하여 피고인에게 불이익한 내용을 주장하는 피고인의 상소는 상소의 이익이 없는 상소에 해당한다.

輕한 法定刑에 해당하는 罪를 인정한 원판결에 대하여 重한 법정형에 해당하는 죄를 주장하는 피고인의 상소는 피고인에게 불이익한 상소이므로 허용되지 아니한다. 대법원판례도 같은 견해를 취하고 있다.[4] 가벼운 법정형에 해당하는 破廉恥罪에 대하여 무거운 법정형에 해당하는 非破廉恥罪를 주장한 피고인의 상소는 社會倫理的 견지에서 피고인에게 이익되므로 허용된다는 견해가 있으나[5]

1) 신동운, 1057면; 배종대·이상돈, 761면; 송광섭, 467면; 진계호, 708면; 임동규, 675면.
2) 이재상, 639～640면; 신동운, 1060면; 배종대·이상돈, 762～763면; 차용석, 1011면; 진계호, 710면; 임동규, 676～677면; 신양균, 922면.
3) 백형구, 318면; 동저, 강의 807면; 동저, 조해 861면.
4) 大判 1968. 9. 17, 68도1038(過失致死에 대해서 殺人을 주장한 피고인의 상소).
5) 김기두, 293면; 서일교, 351면; 권오병, 332면; 염정철, 385면.

피고인에게 불이익한 상소이므로 허용되지 아니한다고 해석하여야 한다.[1)]

罪數에 관하여 피고인에게 불이익한 주장을 하는 상소도 피고인에게 불이익한 상소이므로 허용되지 아니한다.[2)] 예컨대 포괄일죄(연속범) 또는 과형상 일죄를 인정한 원판결에 대하여 실체적 경합을 주장한 피고인의 상소는 피고인에게 불이익한 상소이므로 허용되지 아니한다(통설). 다만 常習犯으로 인정한 원판결에 대해서 실체적 경합범을 주장한 피고인의 상소는 피고인에게 상소의 이익이 있는 상소이므로 허용된다고 해석하여야 한다.[3)]

2) 無罪判決에 대한 上訴의 利益 무죄판결은 피고인에게 가장 유리한 판결이므로 무죄판결에 대하여 유죄판결 또는 면소·공소기각의 판결을 구하는 피고인의 상소는 허용되지 아니한다. 심신상실을 이유로 하는 무죄판결에 대하여 피고인은 다른 이유(예컨대 증거불충분)에 의한 무죄판결을 주장하는 것이 허용되느냐에 관해서 적극설이 있으나[4)] 소극설[5)]이 타당하다.

3) 免訴·公訴棄却의 判決에 대한 上訴의 利益 면소·공소기각의 판결에 대하여 무죄판결을 구하는 피고인의 상소가 허용되느냐에 관해서는 적극설, 소극설, 이원설이 대립되고 있다.

적극설은 이 경우 무죄판결을 구하는 피고인의 상소가 허용된다는 견해로서[6)] 이 경우에는 피고인에게 상소의 이익이 있다는 점을 논거로 들고 있다. 그러나 피고사건에 대하여 소송조건이 없으면 상소심에서 무죄판결을 할 수 없으므로 적극설에 대해서는 그 이론적 합리성을 인정하기 어렵다.

소극설은 이 경우 무죄판결을 구하는 피고인의 상소가 허용되지 아니한다는 견해로서 그 이론적 근거에 관해서는 上訴利益欠缺說·實體判決請求權欠缺說·訴訟條件欠缺說이 대립되고 있다.

상소이익흠결설은 공소기각 또는 면소의 판결에 의해서 피고인은 형사절차의 제약으로부터 신속히 해방되므로 이 경우 피고인의 상소는 상소의 이익이 없는 상소에 해당한다는 점을 上訴不許의 이론적 근거로 내세우고 있는 견해이다.[7)] 그러나 면소·공소기각의 판결보다는 무죄판결이 법률적·객관적으로 피

1) 백형구, 318면; 동저, 강의 808면; 이재상, 640면; 신동운, 1060면.
2) 大判 1994.7.29, 93도109.
3) 백형구, 319면; 동저, 강의 808면.
4) 배종대·이상돈, 765면.
5) 백형구, 319면; 동저, 강의 808면; 이재상, 642면; 정영석·이형국, 467면; 진계호, 711면; 임동규, 678면; 신양균, 923면.
6) 김기두, 293면; 정영석, 336면; 서일교, 350면; 신현주, 720, 738면; 송광섭, 469면.
7) 이재상, 643면; 신동운, 1065면; 정영석·이형국, 467면; 임동규, 679~680면; 정웅석, 1101면.

고인에게 이익되는 재판이므로 상소이익흠결설에 대해서는 그 이론적 합리성을 인정하기 어렵다.

실체판결청구권흠결설은 면소 · 공소기각의 판결에 대해서 피고인은 實體判決請求權이 없다는 점을 上訴不許의 이론적 근거로 내세우고 있는 견해이다.[1] 그러나 실체판결청구권은 公訴權을 의미한다는 점, 피고인의 상소권은 공소권이 아니라는 점 등을 고려할 때 실체판결청구권흠결설에 대해서는 그 이론적 합리성을 인정하기 어렵다.

訴訟條件欠缺說은 피고사건에 대하여 訴訟條件이 부존재한 경우에는 상소심에서 실체판결인 무죄판결을 할 수 없다는 점을 상소불허의 이론적 근거로 내세우고 있는 견해이다.[2] 면소 · 공소기각의 판결에 대하여 무죄판결을 구하는 피고인의 상소는 상소의 이익이 있는 상소에 해당한다는 점, 피고인의 상소권은 실체판결청구권(공소권)이 아니라는 점, 소송조건이 부존재하면 상소심에서도 무죄판결이 불가능하다는 점 등을 고려할 때 소송조건흠결설이 이론적으로 가장 합리적이라고 본다. 소송조건흠결설을 실체판결청구권흠결설에 해당시키는 견해가 있으나[3] 두 학설은 그 내용이 다르다.

二元說은 공소기각의 판결에 대해서 무죄판결을 구하는 피고인의 상소에 관해서는 상소의 이익을 긍정하고 면소판결에 대해서 무죄판결을 구하는 피고인의 상소에 관해서는 상소의 이익을 부정하는 견해이다.[4] 그러나 공소기각의 판결에 대하여 무죄판결을 구하는 피고인의 상소는 상소의 이익은 있으나 허용되지 아니한다는 이론구성이 합리적이라고 본다.

대법원판례는 소극설을 취하고 있다. 다만 免訴判決에 대해서 무죄판결을 구하는 피고인의 상소가 허용되지 아니하는 이론적 근거에 관해서는 實體判決請求權欠缺說을,[5] 公訴棄却의 판결에 대해서 무죄판결을 구하는 피고인의 상소가 허용되지 아니한 이론적 근거에 관해서는 上訴利益欠缺說을[6] 취하고 있다.

4) 抗告의 利益　　법원의 결정에 대한 피고인의 항고도 항고의 이익이 있는 경우에 한하여 허용된다. 피고인의 항소 · 항고를 기각하는 결정, 피고인의 기피신청 · 보석청구를 기각하는 결정에 대한 피고인의 항고는 항고의 이익이 있

1) 차용석, 1014면; 진계호, 712면; 平野, 300면; 高田, 498면.
2) 백형구, 320면; 동저, 강의 809면; 동저, 조해 863면.
3) 배종대 · 이상돈, 766면.
4) 배종대 · 이상돈, 766면; 신양균, 925면.
5) 大判 1964. 4. 7, 64도57; 大判 1984. 11. 27, 84도2106; 大判 1986. 12. 9, 86도1976.
6) 大判 1983. 5. 10, 83도632; 大判 1988. 11. 8, 85도1675; 大判 1997. 8. 22, 97도1211.

는 항고에 해당한다.

3. 上訴利益의 欠缺

(1) 상소제기 자체에 의해서, 즉 상소장의 내용에 의해서 상소의 이익이 없음이 명백한 경우(예컨대 피고인이 무죄판결에 대해서 항소한 경우)에는 상소제기의 不適法을 이유로 상소기각의 결정을 하여야 한다(법 376조, 381조).

(2) 상소이유서에 기재된 상소이유에 의해서 비로소 상소의 이익이 없는 것으로 인정되는 경우에는 상소의 理由가 없다는 이유로 상소기각의 판결을 하여야 한다(통설).[1]

Ⅳ. 上訴의 提起

1. 上訴提起의 期間

상소제기의 기간은 상소의 종류에 따라 다르다. 항소·상고의 제기기간은 7일이고(법 358조, 374조) 즉시항고의 제기기간은 3일이다(법 405조). 보통항고의 경우에는 항고의 제기기간에 제한이 없고 抗告의 利益이 있는 한 언제든지 보통항고를 할 수 있다(법 404조).

상소의 제기기간은 재판이 선고 또는 고지한 날로부터 진행한다(법 343조 2항). 다만 상소제기기간의 기산일은 재판을 선고 또는 고지한 날의 翌日이다(법 66조).

상소의 제기기간 내에 상소를 제기하지 아니하면 상소권이 소멸한다. 따라서 상소의 제기기간이 경과된 후에 상소가 제기된 경우에는 원심법원 또는 상소법원은 결정으로 상소를 기각하여야 한다(법 360조, 362조, 376조, 381조, 407조, 413조).

2. 上訴提起의 方式과 效力

(1) 上訴提起의 方式

1) 上訴狀의 提出 상소의 제기는 반드시 서면으로 하여야 한다(법 343조 1항). 이 서면을 上訴狀이라고 하며 상소장은 상소의 종류에 따라 항소장·상고장·항고장·재항고장으로 구분된다.

상소장은 원심법원에 제출하여야 한다(법 359조, 375조, 406조). 상소가 제기되면 원심법

1) 백형구, 321면; 동저, 강의 810면; 이재상, 644면; 신동운, 1066면; 정영석·이형국, 468면; 배종대·이상돈, 768면; 차용석, 1014면; 진계호, 712면; 임동규, 681면; 신양균, 926면; 정웅석, 1102면.

원은 소송기록과 증거물을 상소법원으로 송부하여야 하므로(법 361조, 377조, 411조) 상소장을 원심법원에 제출하도록 한 것이다. 상소장이 상소법원에 직접 제출된 경우에는 상소법원은 상소장을 원심법원으로 송부하여야 하며 상소장이 원심법원에 도달한 때에 상소제기의 효력이 발생한다.[1]

상소장이 상소제기기간 내에 원심법원에 제출된 때에 상소제기의 효력이 발생한다. 다만 교도소 또는 구치소에 구금중에 있는 피고인의 경우에는 그 피고인이 상소제기기간 내에 상소장을 교도소장·구치소장 또는 그 직무를 대리하는 자에게 제출한 때에 상소제기가 있는 것으로 간주한다(법 344조 1항).

2) 上訴狀의 必要的 記載事項 상소장에는 상소제기의 대상인 재판이 특정되도록 기재하여야 한다. 따라서 상소장에는 사건번호, 원재판의 주문, 원재판을 선고·고지한 법원, 원재판을 선고 또는 고지한 년월일 등을 기재하여야 한다. 다만 상소장에 원재판이 특정되도록 기재되어 있으면 원재판의 주문, 판결선고의 년월일, 상소법원의 표시를 잘못 기재한 경우에도 상소제기로서 유효하다.

(2) 上訴提起의 效力

상소제기의 효력에는 停止의 효력과 移審의 효력이 있다.

1) 停止의 效力 상소의 제기에 의해서 재판의 確定과 執行이 정지된다. 이를 상소제기의 정지의 효력이라고 한다. 確定停止의 효력은 상소제기에 의해서 예외없이 발생하나 執行停止의 효력에는 예외가 있다. 즉 普通抗告를 제기하더라도 재판의 집행을 정지하는 효력이 없으며(법 409조) 재산형의 假納命令이 선고된 경우에는 그 재산형을 선고한 재판에 대해서 상소를 제기한 경우에도 그 재판을 집행할 수 있다(법 334조 3항).

2) 移審의 效力 상소의 제기에 의해서 피고사건의 소송계속이 원심을 떠나 상소심으로 옮겨진다. 상소제기의 이러한 효력을 이심의 효력이라고 한다. 상소는 상소법원의 재판을 구하는 제도이므로 이심의 효력은 상소제기의 본질적 효력이다.

다만 이심의 효력이 발생하는 시기에 관해서는 상소장을 원심법원에 제출한 때라는 견해[2]와 상소장과 소송기록이 상소법원에 도달한 때라는 견해[3]가 대립되고 있다. 전설은 후설에 의하면 구속기간의 更新 횟수가 늘어난다는 점을 논

1) 백형구, 322면; 동저, 강의 815면; 신동운, 1052면; 진계호, 713면; 임동규, 681면; 신양균, 927면.
2) 신동운, 1055면; 배종대·이상돈, 769면.
3) 백형구, 324면; 동저, 강의 817면; 이재상, 645면; 정영석·이형국, 469면; 송광섭, 477면; 진계호, 714면; 임동규, 683면; 신양균, 929면; 정웅석, 1104면.

거로 내세우고 있으나 후설을 취하는 경우에도 구속기간의 갱신 횟수가 늘어나지 아니한다는 점, 상소제기가 부적법한 경우에는 원심법원이 상소를 기각하여야 하며(법 360조, 376조, 407조) 이 경우에는 피고사건의 소송계속이 상소심으로 옮겨지지 아니한다는 점, 항고의 경우에는 원심법원이 항고가 이유 있다고 인정한 때에는 원결정을 更正하여야 하며(법 408조 1항) 이 경우에는 항고장과 소송기록이 항고법원으로 송부되지 아니한다는 점 등을 고려할 때 후설이 타당하다고 본다.

3. 一部上訴

(1) 一部上訴의 意義

상소는 재판의 일부에 대하여 할 수 있다(법 342조 1항). 재판의 일부에 대한 상소를 일부상소라고 한다. 상소는 재판에 대한 당사자의 불복신청이므로 당사자에게 재판의 일부에 대한 상소를 허용한 것이다.

(2) 一部上訴의 許容範圍

1) 裁判의 一部 상소는 재판의 일부에 대해서 허용된다(법 342조 1항). 여기서 재판의 일부라 함은 1개 사건의 일부를 말하는 것이 아니고 수개의 사건이 병합심판된 경우에 있어서의 재판의 일부를 말한다(통설). 따라서 재판의 일부이냐 여부는 재판의 主位的 主文을 기준으로 판단하여야 한다.[1)]

競合犯의 각 부분에 대하여 각각 다른 재판이 선고된 경우에는 그 재판의 일부에 대해서만 상소할 수 있다. 일부상소의 전형적인 경우이다. 예컨대 경합범 중 일부에 대해서는 유죄, 다른 일부에 대해서는 무죄의 재판이 선고된 경우, 경합범의 일부에 대해서는 징역형이, 다른 일부에 대해서는 벌금형이 선고된 경우에는 그 재판의 일부에 대한 상소가 허용된다.

경합범의 전부에 대해서 無罪判決이 선고된 경우에는 검사는 그 중 일부만을 특정하여 상소할 수 있다(통설 · 판례[2)]). 이 경우 무죄판결은 각 범죄사실(공소사실)에 대한 것이므로 불가분적으로 취급할 이유가 없다.

경합범의 전부에 대해서 1개의 형이 선고된 경우에는 상소의 관계에서는 불가분으로 되므로 일부상소가 허용되지 아니한다(통설). 만약 일부상소를 한 경우에는 경합범의 전부에 대해서 상소의 효력이 미친다.[3)]

2) 主文의 不可分性과의 關係 일부상소는 재판의 主位的 主文이 可

1) 백형구, 325면; 동저, 강의 818면; 동저, 조해 870면.
2) 大判 1973. 7. 10, 73도142.
3) 大判 1961. 10. 5, 4293형상403; 백형구, 325면; 동저, 강의 819면; 정영석 · 이형국, 471면.

分的인 경우에 한하여 허용된다. 따라서 不可分的 關係에 있는 主文의 일부에 대한 상소는 허용되지 아니하며 이 경우 주문의 일부에 대한 상소는 주문의 전부에 대해서 효력이 미친다(법 342조 2항). 예컨대 몰수 · 추징 · 집행유예 · 노역장유치 · 압수물환부 등을 주형과 분리하여 상소할 수 없으며 소송비용부담의 재판은 본안의 재판에 대하여 상소하는 때에 한하여 불복할 수 있다(법 191조 2항). 다만 배상명령에 대하여는 독립하여 즉시항고가 허용된다(소촉 33조 5항).

3) 一罪의 一部와 上訴不可分의 原則　단순일죄, 포괄일죄, 과형상 일죄 등 1죄의 일부에 대한 상소의 효력은 1죄의 전부에 미친다(통설 · 판례[1]). 이를 上訴不可分의 원칙이라고 한다.

包括一罪의 일부에 대해서만 상소를 한 경우에는 그 일부에 대해서만 상소의 효력이 미친다는 견해가 있으나[2] 포괄일죄의 경우에는 재판의 주문이 1개이며 단일사건의 불가분적 취급은 형사소송의 기본원칙이므로 포괄일죄(연속범·상습범)의 일부에 대해서만 유죄로 인정하고 그 나머지 부분은 유죄로 인정하지 아니한 판결에 대해서 피고인이 유죄부분에 대해서만 상소를 한다는 취지를 명시한 경우에도[3] 피고인의 상소는 포괄일죄의 전부에 대해서 그 효력이 미친다고 해석하여야 한다.[4] 따라서 포괄일죄의 전부가 상소심에 이심된다.[5]

(3) 一部上訴의 方式

일부상소를 함에는 상소장에 일부상소를 한다는 취지를 기재하고 불복의 부분을 특정하여야 한다.

(4) 一部上訴의 效力

1) 上訴審의 審判範圍　일부상소의 경우에는 상소제기된 부분만 상소심에 계속되고 상소가 없는 재판은 確定된다(통설 · 판례[6]). 따라서 상소심은 일부상소된 부분에 대해서만 심판하여야 하며 일부상소가 이유 있다고 인정되는 때에는 일부상소된 재판만을 破棄하여야 한다.[7]

2) 죄수판단을 달리하는 경우　원심법원이 2개의 공소사실을 경합범으로 인정하여 일부 공소사실에 대해서는 무죄, 다른 일부의 공소사실에 대해서

1) 大判 1982. 3. 23, 80도2847; 大判 1991. 6. 25, 91도884; 大判 2003. 5. 30, 2003도1256.
2) 차용석, 1018면; 鈴木, 253면.
3) 이 경우는 재판의 主文이 1개이므로 재판의 일부에 대한 상소가 아니다.
4) 백형구, 326면; 동저, 강의 820면; 동저, 조해 871면.
5) 大判 2004. 10. 28, 2004도5014.
6) 大判 1974. 10. 8, 74도1301; 大判 2000. 2. 11, 99도4840; 大判 2001. 6. 1, 2001도70.
7) 大判 1988. 7. 26, 88도841; 大判(全合) 1992. 1. 21, 91도1402; 大判 2000. 2. 11, 99도4840.

는 유죄를 선고하였는데 피고인이 유죄부분에 대해서만 상소를 제기하여 상소심에서 심리한 결과 양 사실이 包括一罪 또는 科刑上 一罪로 판명된 경우에 상소법원은 어떠한 재판을 할 것인가에 관해서는 (i) 일죄의 일부에 대해서 무죄판결이 확정되었으므로 상소법원은 면소판결을 하여야 한다는 견해(면소판결설),[1] (ii) 유죄부분에 대해서 상소가 제기되었으므로 무죄부분도 상소심에 계속된다는 견해(전부이심설),[2] (iii) 무죄판결은 그대로 확정되고 유죄부분만이 상소심에 계속된다는 견해(일부이심설)[3] 등이 대립되고 있다. 제 2 설은 상소불가분의 원칙을 이론적 근거로 내세우고 있으나 포괄일죄(연속범 · 상습범) 또는 과형상 일죄는 실질적으로 수죄라는 점, 무죄판결에 대해서는 상소가 제기되지 아니하였다는 점 등을 고려할 때 제 3 설이 타당하다고 본다. 이 견해에 의하면 상소심은 일부상소된 유죄부분에 대해서만 심판하여야 한다.

前例의 경우 검사가 무죄부분에 대해서 상소하고 피고인은 유죄부분에 대해서 상소를 하지 아니한 경우에는 유죄판결은 확정되고 무죄부분만이 상소심에 계속된다고 해석하여야 한다.[4] 다만 대법원판례는 이 경우 유죄부분도 무죄부분과 함께 상소심에 계속된다는 견해를 취하고 있다.[5]

3) 雙方 一部上訴와 全部破棄 원심판결의 유죄부분에 대하여는 피고인이, 무죄부분에 대하여는 검사가 각 상고를 제기하였는데 피고인의 상고는 이유 없고 검사의 상고만 이유 있는 경우에도 원심이 유죄로 인정한 부분과 무죄로 인정한 부분이 형법 제37조 전단의 競合犯의 관계에 있는 경우에는 원심판결의 유죄부분도 무죄부분과 함께 破棄하여야 한다.[6]

V. 上訴의 拋棄 · 取下

1. 意 義

(1) 상소의 포기라 함은 상소권자가 상소의 제기기간 내에 법원에 대하여

1) 平場 등, 注解(下) 41면(中武).
2) 平野, 302면; 신동운, 1075면.
3) 김기두, 298면; 정영석, 342면; 권오병, 336면, 백형구, 강의 821면; 이재상, 651면; 정영석 · 이형국, 472면; 배종대 · 이상돈, 777면; 차용석, 1022면; 진계호, 721면; 임동규, 692면; 신양균, 940면; 團藤, 綱要 513면; 高田, 504면; 鈴木, 255면.
4) 백형구, 327면; 동저, 강의 821면; 임동규, 693면.
5) 大判(全合) 1980. 12. 9, 80도384.
6) 大判 1997. 6. 13, 96도2606; 大判 1997. 11. 20, 97도2021; 大判 2000. 11. 28, 2000도2123; 백형구, 강의 821면.

상소권의 행사를 포기한다는 의사표시를 하는 것을 말한다. 따라서 상소의 포기는 상소권의 포기를 의미한다. 상소의 취하라 함은 상소제기를 철회하는 법원에 대한 소송행위를 말한다. 상소의 취하는 상소제기 이후의 소송행위이다.

(2) 검사 · 피고인 또는 형사소송법 제339조에 규정한 자는 상소의 포기 또는 취하를 할 수 있다(법 349조 본문). 그러나 피고인은 사형 · 무기징역 · 무기금고가 선고된 판결에 대하여는 상소의 포기를 할 수 없다(동조 단서). 피고인의 상소대리권자(법 340조, 341조)는 피고인의 동의를 얻어 상소를 취하할 수 있다(법 351조). 이 경우의 상소취하권은 종속대리권이다.

2. 方　　式

상소의 포기 또는 취하는 서면으로 하여야 한다. 다만 공판정에서는 구술로써 할 수 있다(법 352조). 법정대리인이 있는 피고인이 상소의 포기 또는 취하를 함에는 원칙적으로 법정대리인의 동의를 얻어야 한다(법 350조). 상소의 포기 또는 취하는 재판의 일부에 대해서도 할 수 있다.[1)]

상소의 포기는 원심법원에 하여야 하며 상소의 취하는 상소법원 또는 원심법원(소송기록이 원심법원에 있는 경우)에 하여야 한다(법 353조). 在所者가 상소포기서 또는 상소취하서를 교도관리에게 제출한 때에는 그 때에 상소의 포기 또는 취하가 있는 것으로 간주한다(법 355조→ 344조).

상소의 포기 또는 취하가 있는 때에는 법원은 지체없이 상대방에게 그 사유를 통지하여야 한다(법 356조).

3. 效　　力

(1) 上訴權의 消滅

상소의 포기 또는 취하에 의하여 상소권이 소멸한다. 피고인이 상소를 포기하거나 취하한 경우에는 상소대리권자(법 340조, 341조)의 상소권도 소멸한다. 따라서 피고인이 상소를 포기 또는 취하한 후에 상소대리권자(예컨대 변호인)에 의한 상소제기는 무효이다.

상소의 포기 또는 취하에 의하여 소멸하는 상소권은 당해 심급의 재판에 관한 상소권에 한한다고 본다.[2)] 따라서 항소를 포기 또는 취하한 자도 상대방의

1) 김기두, 297면; 백형구, 329면; 동저, 강의 812면, 이재상, 647면; 임동규, 684면.
2) 백형구, 330면; 동저, 강의 785면; 신동운, 1047면; 배종대 · 이상돈, 771면; 진계호, 716면;

항소제기에 의한 항소심판결에 대하여 상고권이 있다고 해석하여야 한다. 예컨대 피고인은 제1심판결에 대하여 항소를 포기하고 검사만이 항소를 제기하였는데 항소심에서 제1심판결보다 무거운 형이 선고된 경우에는[1] 그 항소심판결에 대하여 피고인은 상고권이 있다고 해석하여야 한다.[2]

이에 대해서 제1심판결에 대하여 피고인은 항소를 포기하고 검사만이 양형부당(量刑過輕)을 이유로 항소를 제기하였는데 검사의 항소가 이유 없다는 이유로 기각된 경우에는 그 항소기각판결에 대하여 피고인의 상고가 허용되지 아니한다고 해석하여야 한다.[3] 대법원판례도 동일한 견해를 취하고 있다.[4]

(2) 再上訴의 禁止

상소의 포기 또는 취하에 의하여 상소권이 소멸하므로 상소를 포기 또는 취하한 자 또는 상소의 포기나 취하에 동의한 자는 그 사건에 대하여 다시 상소를 하지 못한다(법 354조). 형사소송법 제354조는 상소를 포기한 자의 상소금지를 규정하고 있지 않으나 상소의 포기에 의해서 상소권이 소멸하므로 상소를 포기한 자는 다시 상소를 할 수 없다고 해석하여야 한다.[5]

(3) 節次續行의 申請

상소의 포기 또는 취하가 부존재 또는 무효임을 주장하는 자는 그 포기 또는 취하 당시 소송기록이 있었던 법원에 節次續行의 신청을 할 수 있다(규칙 154조 1항). 상소의 포기 또는 취하가 강요에 의하거나 중대한 착오로 인한 경우에는 원칙적으로 무효라고 해석하여야 한다. 다만 상소의 포기 또는 취하가 피고인의 착오에 기인한 경우에도 그 착오에 관하여 피고인에게 過失이 있는 때에는 그 상소포기·상소취하는 무효가 아니다.[6] 절차속행의 신청을 받은 법원은 신청이 이유있다고 인정한 때에는 신청을 인용하는 결정을 하고 절차를 속행하여야 하며 신청이 이유 없다고 인정하는 때에는 결정으로 신청을 기각하여야 한다(동조 2항). 절차를 속행한다 함은 상소제기 이후의 절차를 진행한다는 의미이다. 신청을 기각하는 결정에 대해서는 즉시항고가 허용된다(동조 3항).

임동규, 685면; 신양균, 932면; 정웅석, 1106면.

1) 항소심에서 사형, 무기 또는 10년 이상의 징역이나 금고가 선고된 경우에는 피고인의 상고가 허용된다(법 383조 4호).
2) 백형구, 강의 813면; 임동규 685면; 백형구, 조해 885면.
3) 백형구, 330면; 동저, 강의 813면; 진계호, 716면.
4) 大判 1986.5.27, 86도479; 大判 1991.12.24, 91도1796.
5) 백형구, 331면; 동저, 강의 814면; 신동운, 1047면; 진계호, 717면; 임동규, 685면; 신양균, 933면.
6) 大決 1992.3.13, 92모1; 大決 1980.4.4, 80모11; 백형구, 강의 814면.

Ⅵ. 不利益變更禁止의 原則

1. 意義 · 根據

(1) 意 義

불이익변경금지의 원칙이라 함은 피고인이 항소 또는 상고한 사건이나 피고인을 위하여 항소 또는 상고가 제기된 사건에 관하여는 상소심에서 원심판결보다 重한 刑을 선고하지 못한다는 원칙을 말한다. 따라서 현행법상 불이익변경금지의 원칙은 重刑變更禁止의 原則을 의미한다.

(2) 根 據

불이익변경금지의 원칙은 피고인의 상소권행사를 보장하려는 데 그 존재이유가 있다. 즉 피고인이 안심하고 상소권을 행사하도록 하려는 정책적 고려에 의해서 불이익변경금지의 원칙을 채택하고 있는 것이다(통설 · 판례[1]).

상소심에서는 당사자가 不服申請을 한 범위 내에서만 심판이 허용된다는 점을 이 원칙의 이론적 근거로 내세우는 견해가 있으나[2] 당사자가 주장하지 아니한 사유에 관해서도 상소법원의 職權에 의한 심판이 허용된다는 점(법 364조 2항, 384조 단서), 피고인이 양형부당 이외의 항소이유로 항소를 한 경우에도 이 원칙이 적용된다는 점을 고려할 때 그 이론적 합리성을 인정하기 어렵다.[3]

2. 適用範圍

(1) 被告人側이 抗訴 · 上告한 경우

불이익금지의 원칙은 被告人이 抗訴 또는 上告한 경우와 被告人을 위하여 항소 또는 상고한 경우에 한해서 적용된다(법 368조, 396조 2항).

피고인이 항소 · 상고한 경우라 함은 피고인만이 항소 · 상고한 경우라는 의미이다. 피고인이 양형부당 이외의 항소이유 · 상고이유(예컨대 사실오인 · 법령위반)로 항소 · 상고를 한 경우에도 이 원칙이 적용된다.

檢事만이 항소 또는 상고를 한 경우에는 이 원칙이 적용되지 아니한다. 검사가 양형부당 이외의 항소이유로 항소한 경우에도 이 원칙은 적용되지 아니한다. 그러나 제 1 심판결에 대하여 피고인만이 항소를 제기한 경우에는 그 항소심

1) 大判(全合) 1964. 9. 17, 64도298.
2) 강구진, 551면.
3) 백형구, 332면; 동저, 강의 853면.

판결에 대하여 검사만이 不服上告를 한 경우에도 이 원칙이 적용된다고 해석하여야 한다(통설 · 판례[1]). 韓美行協事件에 있어서는 검사만이 항소 · 상고를 한 경우에도 이 원칙이 적용된다(통설 · 판례[2]).

검사와 피고인 쌍방이 항소 · 상고를 한 경우에는 이 원칙이 적용되지 아니한다. 그러나 검사와 피고인 雙方이 항소 또는 상고를 제기하였으나 검사의 상소가 기각된 경우에는 이 원칙이 적용된다고 해석하여야 한다(통설 · 판례[3]).

피고인을 위하여 항소 · 상고한 경우라 함은 피고인의 상소대리권자(법 340조, 341조)가 피고인을 위하여 항소 또는 상고를 한 경우를 말한다. 검사가 피고인을 위하여 항소 또는 상고를 한 경우에 이 원칙이 적용되는가에 관해서는 소극설이 있으나[4] 적극설(통설)이 타당하다고 본다. 피고인을 위하여 상소한 경우이기 때문이다. 대법원판례도 적극설을 취하고 있다.[5]

(2) 抗訴審 · 上告審에서 刑을 宣告하는 경우

불이익변경금지의 원칙은 항소심 또는 상고심에서 피고인에 대하여 刑을 宣告하는 경우에 한해서 적용된다. 항소심 또는 상고심은 破棄自判을 하는 경우에 한하여 피고인에게 형을 선고할 수 있다. 따라서 항소심 또는 상고심에서 항소기각 또는 상고기각을 하는 경우, 파기자판에 의하여 무죄 · 면소 · 공소기각의 판결을 하는 경우에는 이 원칙이 적용되지 아니한다.

이 원칙의 적용범위와 관련하여 문제되는 경우는 다음과 같다.

1) 破棄還送의 경우 상고심의 파기환송판결 또는 파기이송판결에 의하여 사건을 환송 또는 이송을 받은 항소법원이 피고인에 대하여 형을 선고하는 경우에는 파기 전의 항소심에서 선고한 형보다 중한 형을 선고하지 못한다(통설·판례[6]). 상고심에서 自判을 하느냐[7] 환송 또는 이송을 하느냐에 따라 이 원칙의 적용 여부가 달라진다는 것은 명백히 불합리하기 때문이다.

2) 抗告審의 경우 이 원칙이 抗告審에 적용되는가에 관해서는 적극설이 있으나[8] 소극설[9]이 타당하다고 본다. 항고심에서 피고인에 대하여 刑을 선

1) 大判(全合) 1957. 10. 4, 4290비상1.
2) 大判 1973. 1. 30, 72도1684.
3) 大判 1969. 3. 31, 68도1870.
4) 정영석, 355면; 권오병, 357면; 이재상, 654면; 정영석 · 이형국, 475면.
5) 大判 1971. 5. 24, 71도574.
6) 大判(全合) 1964. 9. 17, 64도298; 大判 1986. 9. 23, 86도402; 大判 1992. 12. 8, 92도2020.
7) 상고심에서 파기자판을 하는 경우에는 불이익변경금지의 원칙이 적용된다(법 396조 2항).
8) 강구진, 557면; 신동운, 1077면; 배종대 · 이상돈, 781면; 차용석, 1030면; 진계호, 724면.
9) 백형구, 334면; 동저, 강의 856면; 이재상, 655면; 정영석 · 이형국, 476면; 송광섭, 481면;

고하는 경우는 없기 때문이다.

(3) 正式裁判 · 再審에서 刑을 宣告하는 경우

1) 正式裁判의 경우 略式命令에 대하여 피고인만이 정식재판을 청구한 경우에는 정식재판에서 약식명령의 형보다 重한 刑을 선고하지 못한다(법 457조의2). 형사소송법의 제 8 차 개정시(1995. 12. 29)에 신설된 조문이다. 卽決審判에 대하여 피고인이 정식재판을 청구한 경우에는 정식재판에서 즉결심판의 형보다 重한 형을 선고하는 것이 허용되지 아니한다고 해석하여야 한다.[1] 대법원판례도 동일한 견해를 취하고 있다.[2]

2) 再審의 경우 재심의 공판절차에서는 원판결의 형보다 重한 刑을 선고하지 못한다(법 439조). 현행법은 利益再審主義를 채택하고 있다(법 420조).

3. 內 容

(1) 重刑宣告의 禁止

불이익변경금지의 원칙에서 금지되는 것은 重한 刑의 宣告, 즉 형의 불이익변경이다. 主刑을 불이익하게 변경한 경우뿐 아니라 倂科刑 · 附加刑을 불이익하게 변경한 경우도 불이익변경금지의 원칙에 위반된다. 항소심에서 원심에 비하여 죄명 · 범죄사실 · 죄수를 피고인에게 불이익하게 인정하거나 피고인에게 불이익하게 罰條(벌칙을 규정한 조문)를 적용한 경우에도 선고한 형이 피고인에게 불이익하게 변경되지 않는 한 이 원칙에 위반되지 아니한다. 항소심에서 공소사실의 일부에 대하여 무죄판결을 선고하면서 1심과 동일한 형을 선고한 경우에도 이 원칙에 위반되지 아니한다.[3]

刑의 불이익변경금지와 관련하여 문제되는 경우는 다음과 같다.

1) 訴訟費用의 불이익변경 소송비용을 항소심에서 피고인에게 불이익하게 변경하는 것이 이 원칙의 위반이냐에 관해서 적극설이 있으나[4] 소극설[5]이 타당하다고 본다. 소송비용은 刑이 아니기 때문이다. 대법원판례도 소극설을 취하고 있다.[6]

임동규, 696면; 신양균, 944면; 정웅석, 1118면.

1) 백형구, 307면; 동저, 강의 855, 908면; 이재상, 748면.
2) 大判 1999. 1. 15, 98도2550.
3) 大判 1995. 9. 29, 95도1557; 백형구, 336면.
4) 신현주, 753면; 강구진, 552면; 신동운, 1083면; 송광섭, 483면; 배종대 · 이상돈, 783면.
5) 김기두, 313면; 정영석, 257면; 백형구, 335면; 동저, 강의 856면; 이재상, 657면; 정영석·이형국, 476면; 진계호, 726면; 임동규, 699면; 신양균, 947면; 정웅석, 1124면.
6) 大判 2001. 4. 24, 2001도872.

2) **追徵의 불이익변경** 추징을 상소심에서 피고인에게 불이익하게 변경하는 것은 형의 불이익변경에 해당한다(통설 · 판례).

3) **公訴狀變更의 경우** 항소심에서 공소장의 변경에 의하여 공소사실을 추가 또는 변경을 한 경우에도 형의 불이익변경이 허용되지 아니한다.[1)]

4) **原審判決에 明白한 誤謬가 있는 경우** 원심판결의 내용에 법률상 명백한 오류가 있는 경우에도 피고인에게 불이익한 刑의 변경은 허용되지 아니한다. 예컨대 항소심에서 피고인의 前科가 새로 발견된 경우에도 집행유예를 실형으로 변경할 수 없으며 원심판결에 자격정지의 필요적 병과를 하지 아니한 위법이 있는 경우, 필요적 몰수 · 필요적 추징을 하지 아니한 위법이 있는 경우, 미결구금일수를 過多算入한 위법이 있는 경우, 罰條에 없는 형종을 선택한 경우에도 그 위법을 시정하는 것은 불이익변경금지의 원칙에 위배된다.[2)]

(2) 宣告刑의 輕重

1) **一般的 基準** 宣告刑의 輕重에 관한 규정이 없으므로 선고형의 경중에 관해서는 法定刑의 경중에 관한 규정인 형법 제50조를 유추적용하여야 한다. 따라서 무기징역보다 사형이, 벌금보다 징역 · 금고가, 구류보다 금고 · 징역이, 과료보다 벌금이 重한 선고형에 해당한다(형 50조 1항, 41조).

刑法 제50조에 의하여 선고형의 경중을 판단할 수 없는 경우에는 원심판결의 主文과 상소심판결의 주문을 全體的 · 綜合的으로 고찰하여 어느 형이 피고인에게 實質的으로 不利益한가 여부를 기준으로 판단하여야 한다(통설 · 판례[3)]). 따라서 주형은 동일하나 병과형 · 부가형 · 집행유예 · 미결구금일수 · 노역장유치기간에 있어 피고인에게 불이익하게 변경된 경우에는 형의 불이익변경에 해당한다.

2) **具體的 考察**

(ㄱ) 自由刑과 罰金刑 징역형 · 금고형을 벌금형으로 변경한 경우는 노역장유치일수가 자유형의 형기를 초과한 경우에도 형의 불이익변경이 아니라고 해석하여야 한다.[4)] 노역장유치는 벌금불완납의 경우에 한해서 집행되기 때문이다. 징역형 · 금고형에 대한 집행유예를 벌금형으로 변경하는 것은 원칙적으로 이 원칙의 위반에 해당하지 아니한다.

---

1) 大判 1970. 3. 10, 70도75; 大判 1980. 3. 25, 79도2105; 백형구, 강의 856면.
2) 백형구, 강의 856~857면 참조.
3) 大判 1977. 3. 22, 77도67; 大判 1988. 7. 26, 88도936; 大判 1999. 11. 26, 99도3776; 大判 2002. 9. 10, 2002도3029; 大判 2004. 11. 11, 2004도6784.
4) 大判 1980. 5. 13, 80도765; 서일교, 369면; 백형구, 337면; 동저, 강의 858면; 이재상, 658면; 정영석 · 이형국, 478면; 송광섭, 483면; 진계호, 727면; 임동규, 701면.

(ㄴ) 宣告猶豫와 罰金刑　　징역형 · 금고형에 대한 선고유예를 벌금형으로 변경하는 것은 형의 불이익변경에 해당한다(통설 · 판례[1]). 벌금형이 자유형에 대한 선고유예보다 실질적으로 피고인에게 불이익한 형이기 때문이다.

(ㄷ) 實刑과 執行猶豫　　主刑은 同一하나 집행유예의 기간을 길게 하는 것은 형의 불이익변경이다(통설 · 판례[2]). 항소심에서 제 1 심판결보다 주형을 가볍게 하면서 집행유예를 없애는 경우는 형의 불이익변경이다(통설 · 판례[3]). 집행유예를 제거하였기 때문이다. 실형이 선고된 원심판결을 상소심에서 주형을 무겁게 하면서 집행유예를 새로 붙이는 경우도 형의 불이익변경에 해당한다(통설 · 판례[4]). 主刑을 무겁게 변경하였기 때문이다.

(ㄹ) 主刑과 附加刑　　주형을 가볍게 하고 몰수 또는 추징을 새로이 부가하는 것은 형의 불이익변경이 아니다. 이에 대해서 주형은 동일하나 몰수 또는 추징을 새로 부가하거나 추징액이 늘어난 경우는 형의 불이익변경에 해당한다.[5]

(ㅁ) 本刑과 未決拘禁日數　　항소심에서 미결구금일수를 줄여서 통산함으로써 형의 집행기간이 원심판결의 형기보다 길어진 경우에는 本刑이 輕하게 변경되었다 할지라도 형의 불이익변경에 해당한다.[6] 항소심의 형이 피고인에게 실질적으로 불이익하게 변경되었기 때문이다. 미결구금일수의 산입에 있어서는 피고인에게 이익되게 변경되었으나 本刑에 있어 불이익하게 변경된 경우에는 형의 불이익변경에 해당한다.[7]

(ㅂ) 不定期刑과 定期刑　　제 1 심판결에서 선고한 부정기형을 항소심에서 정기형으로 변경한 경우에 선고형의 경중은 부정기형의 短期를 기준으로 판단하여야 한다(短期說).[8] 대법원판례도 동일한 견해를 취하고 있다.[9] 부정기형의 長期를 기준으로 판단하여야 한다는 견해(長期說),[10] 부정기형의 中間을 기준으로

---

1) 大判 1966. 4. 6, 65도1261; 大判 1984. 10. 10, 84도1489; 大判 1999. 11. 26, 99도3776.
2) 大判 1983. 10. 11, 83도2034.
3) 大判(全合) 1965. 12. 10, 65도826; 大決 1986. 3. 25, 86모2.
4) 大判(全合) 1966. 12. 8, 66도1319; 大判 1977. 10. 11, 77도2713.
5) 大判 1977. 5. 18, 77도541; 大判 1992. 12. 8, 92노2020.
6) 백형구, 339면; 동저, 강의 859면; 이재상, 661면; 신동운, 1091면; 배종대 · 이상돈, 788면; 송광섭, 486면; 진계호, 729면; 임동규, 704면; 신양균, 951면; 정웅석, 1124면.
7) 백형구, 339면; 동저, 강의 859면; 동저, 조해 945면.
8) 백형구, 339면; 동저, 강의 859면; 이재상, 659면; 신동운, 1087면; 정영석 · 이형국, 479면; 송광섭, 484면; 차용석, 1035면; 진계호, 727면; 임동규, 701면; 신양균, 949면; 정웅석, 1122면; 배종대 · 이상돈, 786면.
9) 大判 1969. 3. 18, 69도114; 大判 2006. 4. 14, 2006도734.
10) 정영석, 359면; 권오병, 358면; 신현주, 753면.

판단하여야 한다는 견해(中間說)[1]도 있다.

(ㅅ) 軍事法院의 判決 관할관의 확인조치를 마친 판결을 대상으로 선고형의 경중을 판단하여야 한다.

(ㅇ) 倂合審判의 경우 동일피고인에 대한 경합범이 제 1 심에서 분리심리되어 각각 형이 선고되었는데 항소심에서 병합심판하는 경우에 형의 경중은 제 1 심에서 선고한 형을 合算한 형을 기준으로 판단하여야 한다.[2] 형법 제38조 1항 2호에 의해서 결정된 형을 기준으로 판단하여야 한다는 견해가 있으나[3] 형법 제38조 1항 2호에 의해서 결정된 형은 선고형이 아니라 처단형이다.

4. 違 反

(1) 항소심의 판결이 불이익변경금지의 원칙(법 368조)을 위반한 경우에는 上告理由(법 383조 1호)에 해당하며 상고심의 판결이 불이익변경금지의 원칙(법 396조 2항)을 위반한 경우는 非常上告의 理由(법 441조)에 해당한다.

(2) 약식명령 또는 즉결심판에 대한 정식재판에서 선고한 형이 불이익변경금지의 원칙(법 457조의2; 즉결 19조)을 위반한 경우에는 抗訴理由(법 361조의5 제 1 호)에 해당한다.

(3) 재심의 공판절차에서 선고한 형이 불이익변경금지의 원칙(법 439조)을 위반한 경우에는 항소이유 또는 상고이유에 해당한다.

1) 서일교, 369면.
2) 백형구, 조해 946면.
3) 백형구, 340면; 동저, 강의 860면; 차용석, 1035면.

제 2 절

抗　　訴

I. 用語의 整理

독자들의 이해에 편의를 제공하기 위하여 용어를 정리할 필요가 있다.

(1) 抗訴權者

항소권이 있는 자를 항소권자라고 한다(법 338조). 검사 · 피고인 또는 피고인의 항소대리권자(법 340조, 341조)는 항소권자이다.

(2) 抗 訴 人

항소를 제기한 검사 또는 피고인을 항소인이라고 한다(법 361조의2, 361조의3, 361조의4). 피고인의 항소대리권자(법 340조, 341조)가 피고인을 위하여 항소를 제기한 경우에는 피고인이 항소인이다.[1]

(3) 抗訴事件

항소가 제기된 피고사건을 항소사건이라고 한다. 항소사건은 상고사건 또는 항고사건과 구별된다. 단독판사 또는 지방법원 합의부의 제 1 심판결에 대해서는 항소가 허용된다(법 357조).

(4) 抗訴法院

항소사건을 심판하는 법원을 항소법원이라고 한다(법 361조의2, 361조의3, 364조, 369조). 지방법원 항소부(합의부) 또는 고등법원이 항소법원으로 된다(법 357조).

(5) 抗 訴 審

항소사건을 심판하는 심급을 항소심이라고 한다. 현행법상 항소심은 제 2 심이다.

1) 백형구, 조해 895면.

Ⅱ. 抗訴理由

1. 抗訴理由의 意義 · 分類

(1) 抗訴理由의 意義

항소이유라 함은 항소권자가 적법하게 항소를 제기할 수 있는 법률상의 이유를 말한다. 항소법원은 항소이유가 있다고 인정한 때에는 원심판결을 파기하여야 하므로 항소이유는 동시에 原判決破棄理由를 의미한다.

舊刑事訴訟法(大正刑事訴訟法)과 制定 당시의 형사소송법은 항소이유를 법률적으로 제한하지 아니하였으나 형사소송법의 제1차 개정시(1961. 9. 1)에 항소이유를 법률적으로 제한하였다(법 361조의5 제1호 내지 15호).

항소를 제기한 당사자는 일정한 기간 내에 항소이유를 기재한 서면을 항소법원에 제출하여야 하며(법 361조의3 제1항) 항소법원은 항소이유서에 기재된 항소이유에 관하여 심판하여야 하고(법 364조 1항) 항소법원의 재판서에는 항소이유에 대한 판단을 기재하여야 한다(법 369조). 따라서 항소심에서는 항소이유를 중심으로 하여 심판이 행하여진다.

(2) 抗訴理由의 分類

항소이유는 관점에 따라 다음과 같이 분류할 수 있다.

1) 絶對的 抗訴理由 · 相對的 抗訴理由 일정한 객관적 사유가 있으면 판결에의 영향 여부를 불문하고 항소이유로 되는 경우를 절대적 항소이유라 하고 일정한 객관적 사유의 존재가 판결에 영향을 미친 때에 한하여 항소이유로 되는 경우를 상대적 항소이유라고 한다. '판결에 영향을 미친 때'라 함은 법령위반이나 사실오인이 없었더라면 원판결과 다른 판결이 행하여질 개연성이 있는 때라는 의미이다.

2) 審判의 法令違反과 그 이외의 抗訴理由 현행법상의 항소이유(법 361조의5) 중에서 동조 2호를 제외한 1호 내지 11호가 심판의 법령위반을 이유로 한 항소이유이고 동조 2호 · 13호 · 14호 · 15호가 법령위반 이외의 항소이유이다.

2. 審判의 法令違反

(1) 判決內容의 法令違反 · 訴訟節次의 法令違反

審判은 審理와 判決을 의미하므로 審判의 法令違反은 判決內容의 법령위반과 訴訟節次의 법령위반으로 구분할 수 있으며 심리절차(판결 전 소송절차)의 법령위반과 판결절차의 법령위반은 소송절차의 법령위반에 해당한다.[1] 法令違反은 법령의 형식을 기준으로 憲法違反 · 法律違反 · 命令違反 · 規則違反으로 구분할 수 있다.[2]

1) 判決內容의 法令違反 판결내용의 법령위반은 판결의 내용이 刑法 등 實體法規에 위반된 경우와 판결의 내용이 刑事訴訟法 등 節次法規에 위반된 경우로 구분할 수 있다.[3]

공소사실에 대하여 형법의 규정을 잘못 적용한 경우[4] 적용법조에 없는 형을 선고하거나 처단형의 범위를 벗어나서 형을 선고한 경우, 범죄의 구성요건에 관한 규정을 잘못 해석한 경우, 집행유예의 요건에 해당하지 아니함에도 불구하고 형의 집행유예를 선고한 경우, 누범전과가 없음에도 불구하고 누범가중규정(형 35조)을 적용한 경우 등은 판결의 내용이 형법의 규정을 위반한 경우에 해당한다.

판결의 내용이 刑事訴訟法의 규정을 違反한 경우의 例로는 자백을 유일한 증거로 하여 공소사실을 유죄로 인정한 경우(헌법 12조 7항 및 법 310조의 위반), 고문에 의한 자백을 유죄의 증거로 사용한 경우(헌법 12조 7항 및 법 309조, 307조의 위반), 증거능력이 없는 수사서류를 유죄의 증거로 사용한 경우(법 307조, 312조, 313조의 위반), 피고사건에 대하여 소송조건이 없음에도 불구하고 유죄 · 무죄의 실체판결을 선고한 경우(법 326조 내지 328조의 위반), 少年被告人에 대하여 定期刑을 선고한 경우(소년법 60조의 위반) 등을 들 수 있다.

2) 訴訟節次의 法令違反 소송절차의 법령위반은 이를 判決 前 訴訟節次(審理節次)의 법령위반과 判決節次의 법령위반으로 구분할 수 있다.[5] 전자의 例로는 피고인의 공판정출석 없이 심판할 수 있는 경우가 아님에도 불구하고 피고인의 출정 없이 공판심리를 진행한 경우(법 276조의 위반), 必要的 辯護事件을 변호인 없이 공판심리를 진행한 경우(법 282조의 위반), 공판의 公開에 관한 규정을 위반한 경우(헌법 109조의 위반), 재판장이 피고인에게 진술거부권을 고지하지 아니한 경우(법 283조의2 제2항의 위반), 증인신문을 함에 있어 피고인과 변호인에게 反對訊問의 기회를 주지 아니한 경우(법 161조의2 제1항의 위반), 피고인이 공판정에서 공소사실을 부인하였음에도 불구하고 간이

1) 백형구, 347면; 동저, 강의 824면; 신현주, 771면.
2) 백형구, 강의 824면; 동저, 조해 914면.
3) 백형구, 347면; 동저, 강의 824면; 신양균, 963면; 백형구, 조해 914면.
4) 예컨대 特別法을 적용하지 아니하고 一般法을 적용한 경우, 이미 실효된 형벌법규를 적용한 경우를 말한다.
5) 백형구, 347면; 동저, 강의 824면; 신양균, 963면; 백형구, 조해 914면.

공판절차로 심판한 경우(법 286조의 2의 위반), 피고인과 변호인에게 증거조사신청의 기회를 주지 아니한 경우(법 294조의 위반), 공판심리중 법관이 경질되었음에도 불구하고 공판심리절차를 갱신하지 아니한 경우(법 301조의 위반), 피고인에게 최후진술의 기회를 주지 아니한 경우(법 303조의 위반) 등을 들 수 있고 후자의 예로는 유죄판결을 선고하면서 理由의 요지를 설명하지 아니한 경우(법 43조의 위반), 재판서를 작성하지 아니하고 판결을 선고한 경우(법 42조의 위반), 피고인에게 유죄판결을 선고하면서 상소기간과 상소할 법원을 고지하지 아니한 경우(법 324조의 위반) 등을 들 수 있다. 형사소송법 제323조 2항의 위반은 판결절차의 법령위반이 아니고 판결내용의 법령위반이라고 해석하여야 한다.[1] 유죄판결의 이유는 판결의 절차가 아니라 판결의 내용이기 때문이다.

고문 또는 불이익한 진술을 강요한 경우는 判決의 절차가 헌법에 위반된 경우에 해당한다는 견해가 있으나[2] 판결절차의 헌법위반에 해당하지 아니한다.[3] 피의자 또는 피고인에게 고문을 하면서 자백을 강요하는 것은 判決節次가 아니기 때문이다.

(2) 法令適用의 錯誤와 訴訟節次의 法令違反

항소이유로서의 심판의 법령위반을 法令適用의 錯誤와 訴訟節次의 法令違反으로 구분하고 전자는 實體法規의 違反을, 후자는 節次法規의 違反을 의미한다는 것이 다수설이다.[4] 이 견해에 의하면 자백을 유일한 증거로 하여 유죄판결을 선고한 경우, 피고사건에 대하여 소송조건이 없음에도 불구하고 유죄판결을 선고한 경우와 같이 判決의 內容이 刑事訴訟法을 위반한 경우는 소송절차의 法令違反에 해당한다. 日本刑事訴訟法은 항소이유인 法令違反을 訴訟節次의 法令違反(동법 379조)과 法令適用의 錯誤(誤謬)(동법 380조)로 구분하고 있다.

그러나 判決의 內容이 刑事訴訟法을 위반한 경우는 소송절차의 법령위반이 아니라는 점, 판결의 내용에 형사소송법의 규정을 잘못 적용한 경우도 法令適用의 錯誤(誤謬)에 해당한다는 점, 우리나라의 형사소송법은 日本刑事訴訟法과 달리 항소이유로서의 법령위반을 訴訟節次의 法令違反과 法令適用의 錯誤로 구분하고 있지 않다는 점 등을 고려할 때 審判의 法令違反은 이를 判決內容의 法令

1) 백형구, 강의 825면.
2) 정영석, 345면; 이재상, 672면; 정영석 · 이형국, 486면; 차용석, 1052면; 진계호, 741면; 임동규, 715면.
3) 백형구, 「抗訴理由 · 上告理由 · 非常上告理由로서의 審判의 法令違反」, 고시연구 2001년 4월호, 104면.
4) 김기두, 301면; 정영석, 346면; 권오병, 341면; 강구진, 566~567면; 이재상, 672면; 신동운, 1114면; 정영석 · 이형국, 487면; 차용석, 1052면.

違反과 訴訟節次의 法令違反으로 구분하는 것이 합리적이라고 본다.

(3) 相對的 抗訴理由 · 絶對的 抗訴理由

1) 相對的 抗訴理由 심판의 법령위반은 원칙적으로 상대적 항소이유이다. 즉 심판의 법령위반이 판결에 영향을 미친 때에 한하여 항소이유로 된다(법 361조의5 제1호). 예컨대 필요적 변호사건을 변호인의 참여 없이 공판심리를 진행한 위법이 있는 경우에도 피고인에 대해서 無罪判決이 선고된 경우에는 판결에 영향을 미친 違法(소송절차의 법령위반)에 해당하지 아니한다.[1]

2) 絶對的 抗訴理由 審判의 法令違反이 예외적으로 절대적 항소이유로 되는 경우가 있다. 심판의 법령위반이 절대적 항소이유로 되는 경우는 이를 다음과 같이 분류할 수 있다.

(ㄱ) 理由不備 판결에 이유를 붙이지 아니하거나 이유에 모순이 있는 때에는 절대적 항소이유로 된다(법 361조의5 제11호). 판결의 이유가 不充分한 경우도 판결에 이유를 붙이지 아니한 경우에 해당한다(통설). 예컨대 유죄판결의 이유에 犯罪事實만을 기재하고 證據의 要旨와 適用法條를 기재하지 아니한 경우는 판결에 이유를 붙이지 아니한 경우에 해당한다. 판결의 이유에 모순이 있는 때라 함은 판결의 주문과 이유 사이에 또는 이유 상호간에 모순이 있는 경우를 말한다.

(ㄴ) 公判公開에 관한 규정의 違反 공판의 公開에 관한 규정을 위반한 경우는 절대적 항소이유로 된다(동조 9호). 공판의 공개에 관한 규정이란 헌법 제109조, 법원조직법 제57조를 말한다. 따라서 그 규정에 위반하여 非公開로 심판을 하면 항소이유에 해당한다.

(ㄷ) 管轄에 관한 규정의 違反 관할의 인정 또는 관할위반의 인정이 법률에 위반한 때에는 절대적 항소이유로 된다(동조 3호). 관할의 인정이 법률에 위반한 때라 함은 피고사건에 대하여 管轄權이 없음에도 불구하고 관할위반의 판결을 선고하지 아니하고 유죄 · 면소 · 공소기각 등의 판결을 선고한 경우를 말하며 관할위반의 인정이 법률에 위반한 때라 함은 피고사건에 대하여 관할권이 있음에도 불구하고 관할위반의 판결을 선고한 경우를 말한다.

(ㄹ) 公判法院構成의 違法 판결법원의 구성이 법률에 위반한 때(동조 4호), 법률상 그 재판에 관여하지 못할 판사[2]가 그 사건의 심판에 관여한 때(동조 7호), 사건의 심리에 관여하지 아니한 판사가 그 사건의 판결에 관여한 때(동조 8호)에는 절

1) 大判 2003. 3. 25, 2002도5748.

2) 제척사유가 있는 판사, 기피신청이 이유 있다는 결정이 있는 판사를 가리킨다.

대적 항소이유로 된다.

판결에 관여한 때(동조 8호)라 함은 판결의 內部的 成立에 관여한 경우를 말한다(통설). 따라서 판결의 선고에만 관여한 경우는 항소이유로 되지 아니한다. 공판심리 도중에 판사가 경질되었음에도 불구하고 공판심리절차를 更新하지 아니한 경우도 심리에 관여하지 아니한 판사가 그 사건의 판결에 관여한 경우에 해당한다(통설).

3. 法令違反 이외의 抗訴理由

(1) 判決 後 赦免, 刑의 廢止·變更

판결 후 사면이 있거나 刑이 폐지 또는 변경된 때에는 절대적 항소이유로 된다(동조 2호). 刑의 변경은 형이 輕하게 변경된 경우만을 의미한다(통설·판례). 원심판결 후 집행유예의 조건이 완화된 경우도 형이 輕하게 변경된 경우에 해당한다.[1] 反對說이 있다.[2]

항소법원은 본호의 항소이유가 있다고 인정하는 때에는 면소판결 또는 輕한 형을 선고하여야 한다.

(2) 再審請求의 事由

재심청구의 사유가 있는 때에는 절대적 항소이유로 된다(동조 13호). 검사가 재심청구의 사유를 항소이유로 하여 피고인에게 불이익한 항소를 하는 것이 허용되느냐에 관해서는 적극설[3]과 소극설[4]이 대립되고 있다. 소극설은 재심청구는 피고인의 이익을 위해서만 허용된다는 점을 논거로 내세우고 있으나 재심청구의 사유는 대부분 사실을 오인한 경우라는 점, 사실오인을 항소이유로 한 검사의 항소가 허용된다는(14호) 점 등을 고려할 때 적극설이 타당하다고 본다. 예컨대 무죄판결의 결정적 증거가 위조 또는 허위임이 확정판결에 의해서 증명된 경우에는 검사는 그 점을 항소이유로 항소할 수 있다.

(3) 事實誤認

사실의 오인이 있어 판결에 영향을 미친 때는 항소이유(상대적 항소이유)로

1) 김기두, 305면; 백형구, 350면; 동저, 강의 827면; 신동운, 1120면; 배종대·이상돈, 801면; 진계호, 749면; 신양균, 966면.
2) 서일교, 369면; 신현주, 775면.
3) 서일교, 362면; 신현주, 776면; 백형구, 351면; 동저, 강의 827면; 신동운, 1122면; 임동규, 717면.
4) 김기두, 305면; 강구진, 570면; 이재상, 674면; 송광섭, 493면; 차용석, 1056면; 진계호, 744면; 신양균, 967면.

된다(동조 14호). 事實의 誤認이라 함은 원심법원이 인정한 사실과 객관적 사실과의 사이에 차이가 있는 것을 말한다. 증거에 의한 사실인정이 경험법칙 또는 논리법측에 위반된 경우는 사실을 오인한 경우에 해당한다. 예컨대 공소사실을 유죄로 인정할 증거가 충분함에도 불구하고 공소사실을 無罪로 인정한 경우 또는 공소사실을 유죄로 인정할 증거가 없음에도 불구하고 공소사실을 유죄로 인정한 경우는 사실을 오인한 경우에 해당한다.

事實의 誤認에 있어 "事實"은 嚴格한 證明을 요하는 사실을 의미한다(통설). 따라서 공소범죄사실, 위법성조각사유 · 책임조각사유인 사실, 처벌조건인 사실, 누범가중사유인 사실의 誤認은 본호의 事實誤認에 해당하나 소송법적 사실의 오인, 예컨대 소송조건인 사실의 오인은 본호의 사실오인에 해당하지 아니하고 判決內容의 法律違反(동조 1호)에 해당한다.

사실을 오인함으로써 판결에 法律適用을 잘못한 경우는 본호의 사실오인이 아니라 판결내용의 법률위반(1호)에 해당한다.[1] 예컨대 피고인이 상해를 가한 시간이 주간임에도 불구하고 야간으로 오인하여 폭력행위등처벌에관한법률 제 2 조 2 항을 적용한 경우는 본호의 사실오인에 해당하지 아니하고 판결내용의 법률위반(1호)에 해당한다.[2]

(4) 量刑不當

형의 量定이 부당하다고 인정할 사유가 있는 때는 항소이유로 된다(동조 15호). 量刑不當이라 함은 원심판결의 宣告刑이 구체적인 사안의 내용에 비추어 너무 重하거나 너무 輕한 경우를 말한다. 主刑의 양형이 부당한 경우뿐 아니라 형의 집행유예 · 형의 선고유예 등에 관한 양형이 부당한 경우도 양형부당에 해당한다. 예컨대 형의 執行猶豫를 선고할 사안임에도 불구하고 實刑을 선고한 경우 또는 징역형의 實刑을 선고하여야 할 사안임에도 불구하고 형의 집행유예 또는 형의 선고유예를 선고한 경우는 양형부당의 항소이유에 해당한다. 量刑의 公正은 형사소송의 목적이므로 양형부당을 항소이유로 규정한 것이다.

양형의 기초사실을 오인한 경우는 사실오인(14호)이 아니라 본호의 양형부당에 해당한다(통설). 이에 대해서 누범가중사유인 전과를 오인한 경우는 양형부당이 아니라 사실오인이다.

양형부당은 處斷刑의 범위 내에서 형의 양정이 부당한 경우를 의미하므로

1) 백형구, 352면.
2) 백형구, 352면.

법정형 또는 처단형의 범위를 넘어서 형을 선고한 경우, 형의 필요적 감경을 하지 아니한 경우, 집행유예의 결격자(형 62조 1항 단서)에 대해서 집행유예를 선고한 경우는 양형부당이 아니라 판결내용의 법령위반(1호)에 해당한다.[1)]

Ⅲ. 抗訴의 節次

- 1. 抗訴提起
  - 원심법원에 항소장제출(법 359조)
  - 항소권자가 7일 이내(법 358조)
- 2. 原審法院의 處理
  - 항소기각의 결정(법 360조)
  - 소송기록의 송부(법 361조)
- 3. 抗訴審의 準備節次
  - 소송기록의 접수통지(법 361조의2)
  - 국선변호인의 선정(법 283조, 370조)
  - 항소이유서 · 답변서의 제출(법 361조의3)

1. 抗訴의 提起

항소를 제기함에는 항소장을 항소제기기간 내에 원심법원에 제출하여야 한다(법 358조, 359조). 항소장에는 항소의 대상인 제 1 심판결, 항소법원, 항소의 취지와 범위 등을 기재하고 항소인이 서명 · 날인을 하여야 한다.

2. 原審法院의 處理

(1) 抗訴棄却의 決定

항소의 제기가 법률상의 방식에 위반하거나 항소권소멸 후인 것이 명백한 때에는 원심법원은 결정으로 항소를 기각하여야 한다(법 360조 1항). 이 결정에 대해서는 즉시항고를 할 수 있다(동조 2항). 항소권은 항소제기기간의 경과, 항소의 포기 또는 취하에 의해서 소멸한다.

(2) 訴訟記錄의 送付

원심법원은 항소제기의 부적법을 이유로 항소기각의 결정을 하는 경우(법 360조)를 제외하고는 항소장을 받은 날로부터 14일 이내에 소송기록과 증거물을 항소법원에 송부하여야 한다(법 361조). 형사소송법의 제 8 차 개정시(1995. 12. 29)에 소송기록의

1) 백형구, 352면; 동저, 강의 828면; 이재상, 675면; 신동운, 1119면; 송광섭, 493면; 차용석, 1056면; 진계호, 744면; 임동규, 718면; 신양균, 967면; 정웅석, 1139면.

檢察廳經由制度를 폐지하고 소송기록을 항소법원으로 직접 송부하는 내용으로 개정하였다.

(3) 被告人의 移監

피고인이 교도소 또는 구치소에 구금중에 있는 경우에는 원심법원에 대응한 검찰청의 검사는 피고인을 항소법원 소재지의 교도소 또는 구치소에 移送하여야 한다(법 361조의2 제 3 항). 피고인의 이감은 항소법원의 구속피고인에 대한 소환의 편의를 위해서 요청된다.

3. 抗訴審의 準備節次

(1) 訴訟記錄接受通知

항소법원이 소송기록의 송부를 받은 때에는 즉시 항소인과 상대방에게 그 사유를 통지하여야 하며 그 통지 전에 변호인의 선임이 있는 때에는 변호인에게도 통지하여야 한다(법 361조의2 제 1 항·2 항). 소송기록의 송부를 받은 항소법원은 항소사건이 국선변호사건(법 33조) 또는 필요적 변호사건(법 33조 1항 6호)이고 변호인이 없는 때에는 지체없이 국선변호인을 선정한 후 국선변호인에게 소송기록접수통지를 하여야 한다(규칙 156조의2). 항소인과 변호인에 대한 소송기록접수통지서에는 소송기록을 접수하였다는 사실 외에 그 통지를 받은 날로부터 20일 이내에 항소이유서를 제출하여야 한다는 내용을 기재하여야 한다.[1] 이는 실무상 통례이다.[2]

(2) 抗訴理由書·答辯書의 提出

1) 抗訴理由書의 提出　항소인 또는 변호인은 소송기록접수통지를 받은 날로부터 20일 이내에 항소이유서를 항소법원에 제출하여야 한다(법 361조의3 제 1 항). 피고인 이외의 자가 피고인을 위하여 항소를 제기한 경우에는 피고인 또는 변호인이 항소이유서를 제출하여야 한다. 항소이유서에는 부본을 첨부하여야 하며(규칙 156조) 항소이유서의 제출을 받은 항소법원은 지체없이 그 부본 또는 등본을 상대방에게 송달하여야 한다(법 361조의3 제 2 항).

항소이유서를 그 제출기간 내에 항소법원에 제출하지 아니한 경우에는 항소법원은 항소장에 항소이유가 기재되어 있거나 직권조사사유가 있는 경우를 제외하고는 결정으로 항소를 기각하여야 한다(법 361조의4 제 1 항). 이 결정에 대하여는 즉시항고를 할 수 있다(동조 2항). 항소이유서의 제출기간에 관해서는 법정기간의 연장에 관

1) 백형구, 354면.
2) 백형구, 749면, 소송기록접수통지서 참조.

한 규정이 적용된다(통설). 재소자의 항소이유서 제출에 관해서 재소자의 특칙을 규정한 형사소송법 제344조가 준용되는가에 관해서는 준용되지 아니한다고 해석하여야 한다는 견해(소극설)와 준용된다고 해석하여야 한다는 견해(적극설)[1]가 대립되고 있다. 소극설(통설)은 형사소송법 제355조가 재소자의 상소이유서 제출에 관해서 형사소송법 제344조를 준용한다고 규정하지 않고 있다는 점을 논거로 내세우고 있으나 재소자가 상소이유서를 그 제출기간 내에 교도관리에게 제출하였음에도 불구하고 그 상소이유서가 그 제출기간 내에 상소법원에 도달(접수)되지 아니하였다는 이유로 피고인이 상소기각의 불이익을 받는다는 것은 심히 불합리하다는 점, 상소이유서의 제출은 상소장의 제출에 뒤따르는 소송행위라는 점, 피고인에게 이익되는 방향으로는 유추해석이 허용된다는 점 등을 고려할 때 적극설이 타당하라고 본다.[2] 대법원판례는 소극설을 취하다가 2006년 3월 16일 전원합의체판결에 의해서 적극설로 판례를 변경하였다.[3]

2) 答辯書의 提出 항소인의 상대방은 항소이유서의 부본 또는 등본을 송달받은 날로부터 10일 이내에 답변서를 항소법원에 제출하여야 하며(법 361조의3 제3항) 항소법원은 그 답변서의 부본 또는 등본을 항소인 또는 변호인에게 송달하여야 한다(동조 4항). 항소인 또는 변호인이 답변서를 제출하지 아니한 경우에도 항소인에게 소송법상 不利益이 가해지지 아니한다.

(3) 公判期日의 指定·通知

항소법원은 공판기일을 지정한 후 검사와 변호인에게 통지하여야 하며 피고인에게 소환장을 송달하여야 한다(법 370조→267조).

Ⅳ. 抗訴審의 審判

1. 總 說

(1) 抗訴審의 構造와 審理節次

항소심의 심리절차는 항소심의 구조에 따라 다르다. 覆審制의 항소심에서는 전면적으로 심리가 다시 행하여지고 事後審制의 항소심에서는 피고인신문·증거조사 등 사실심리가 원칙적으로 행하여지지 아니하나 續審制의 항소심에서는

1) 백형구, 재소자의 상고이유서제출기간, 2006년 4월 17일자 법률신문; 동저 문제중심 형사소송법 제2판, 2006년 305면.
2) 백형구, 2006년 분야별 중요판례분석, 2007년 3월 8일자 법률신문, 10면.
3) 大判(전합) 2006. 3. 16, 2005도9729.

필요한 범위 내에서 피고인신문 · 증인신문 등 사실심리가 행하여진다. 현행 형사소송법상 항소심은 原則的 續審이므로 항소심에서 피고인신문 · 증인신문 · 최종변론 등 사실심리가 행하여진다.

(2) **判斷의 資料 · 基準時**

1) **判斷의 資料** 현행법상 항소심은 원칙적 속심이므로 항소심에서 피고인신문 · 증거조사가 허용되며 항소심에서의 피고인신문 · 증거조사의 결과는 항소이유의 유무를 판단하는 자료로 되고 원판결선고 후에 발생한 사실(예컨대 피해변상 · 피해자와의 합의)도 원판결의 量刑不當 여부를 판단하는 자료로 된다.

2) **判斷의 基準時** 항소법원이 항소이유의 유무를 판단하는 기준시는 원판결선고시가 아니고 항소심판결선고시이다. 예컨대 제 1 심판결선고 당시 미성년자인 피고인이 항소심판결선고 당시 성년으로 된 경우에는 부정기형을 선고한 원판결을 파기하고 정기형을 선고하여야 한다(통설 · 판례[1]).

3) **法令適用의 基準時** 법령적용의 기준시도 항소심판결의 선고시이다. 따라서 제 1 심판결선고 후에 피고인에게 유리하게 법령이 변경된 경우에는 新法令을 적용하여야 한다(형 1조 2항).[2]

(3) **審判의 對象 · 範圍**

1) **審判의 對象** 항소심에서의 심판의 대상은 공소장에 기재된 공소사실이다. 다만 항소심에서도 공소장에 기재된 공소사실의 추가 · 철회 · 변경이 허용된다(통설 · 판례). 일부상소의 경우에는 일부상소된 공소사실만이 심판의 대상으로 된다.

2) **審判의 範圍** 항소법원은 항소이유서에 기재된 항소이유에 관해서 심판하여야 한다(법 364조 1항). 다만 항소이유서에 기재되지 아니한 항소이유에 관해서도 예외적으로 심판이 허용된다(동조 2항). 따라서 항소법원의 심판의 범위는 원칙적으로 항소이유서에 기재된 항소이유로 한정된다(통설 · 판례[3]).

(4) **審判의 義務性 · 裁量性**

항소법원은 항소이유서에 기재된 항소이유에 관하여 심판하여야 하며(법 364조 1항) 항소법원의 재판서에는 항소이유에 관한 판단을 기재하여야 한다(법 369조). 따라서 항소이유서에 기재된 항소이유에 대한 심판은 항소법원의 의무이다(審判의 義務性).

1) 大判(全合) 1966. 3. 3, 65도1229; 大判 1990. 4. 24, 90도539.
2) 大判 1981. 6. 23, 81도1135; 大判 1996. 7. 26, 96도1158; 백형구, 357면; 동저, 강의 836면.
3) 大判 1962. 6. 21, 62도62; 大判 1969. 1. 28, 68도1683.

항소법원은 판결에 영향을 미친 사유에 관하여는 항소이유서에 포함되지 아니한 경우에도 직권으로 심판할 수 있다(법 364조 2항). 따라서 항소이유서에 기재되지 아니한 항소이유에 관한 심판은 항소법원의 재량이다(審判의 裁量性).

(5) 不利益變更禁止의 原則

피고인이 항소한 사건과 피고인을 위하여 항소한 사건에 대하여는 원심판결의 형보다 重한 刑을 선고하지 못한다(법 368조). 이를 불이익변경금지의 원칙이라고 한다.

2. 抗訴審의 審理

항소심의 심판에 관하여는 특별한 규정이 없는 한 제 1 심공판에 관한 규정이 準用된다(법 370조). 따라서 항소심의 공판심리절차는 제 1 심의 공판심리절차와 거의 동일하다. 다만 항소심은 제 2 심이며 원칙적인 속심이므로 제 1 심의 심리절차에 비해서 약간의 차이가 있다.

(1) 被告人의 出廷

항소심의 공판심리절차에서도 피고인이 공판정에 출석하지 아니하면 원칙적으로 개정하지 못한다(법 370조→276조). 그러나 피고인이 항소심의 공판기일에 정당한 사유 없이 2회 이상 불출석한 경우에는 결석재판이 허용된다(법 365조).

(2) 冒頭節次

항소심의 공판기일에 재판장의 인정신문이 행하여진다(법 370조→284조). 그러나 검사의 모두진술(법 285조)은 행하여지지 아니한다. 재판장의 인정신문이 끝난 후 항소인은 항소이유서에 의해서 항소이유를 진술하여야 한다.[1] 재판장은 피고인에게 진술거부권을 고지하여야 한다(법 370→283조의2 제 2 항).

(3) 證據調查

항소심의 공판기일에 검사·피고인 또는 변호인은 증인신문 등 증거조사를 신청할 수 있으며(법 370조→294조) 법원은 증거조사신청에 대하여 결정(증거결정)을 하여야 한다(법 370조→295조). 항소심의 공판기일에 증인신문 등 증거조사가 허용되며 그 증거조사의 절차와 방식에 관해서는 제 1 심의 증거조사에 관한 규정이 준용된다(법 370조).

제 1 심법원에서 증거로 할 수 있었던 증거는 항소법원에서도 증거로 할 수 있다(법 364조 3항). 이는 제 1 심에서 證據能力이 인정된 증거는 항소심에서도 그대로

1) 백형구, 358면; 동저, 강의 838면; 신동운, 1127면; 임동규, 721면; 신양균, 973면.

증거능력이 인정되며 항소심에서 다시 증거조사를 할 필요가 없다는 의미이다(통설). 예컨대 제 1 심에서 형사소송법 제312조 4항에 의하여 증거능력이 인정된 被害者陳述調書는 항소심에서도 증거능력이 인정되어 유죄의 증거로 삼을 수 있으며 항소심에서 피해자를 다시 證人으로 신문할 필요가 없다는 의미이다.[1)]

(4) 被告人訊問

항소심의 공판심리절차에서도 피고인신문이 행하여지며(법 370조→296조의2) 피고인은 각개의 신문에 대하여 진술거부권을 행사할 수 있다(법 370조→283조의2). 피고인에 대한 신문 또는 피고인의 진술이 1심에서의 피고인신문과 중복되는 경우에는 재판장은 그 신문 또는 진술을 제한할 수 있다(법 370조→299조).

(5) 公訴狀變更

현행법상 항소심은 속심이므로 항소심에서도 공소장의 변경이 허용된다고 해석하여야 한다(법 370조, 298조). 이는 통설 · 판례[2)]이다.

(6) 最終辯論

항소심의 공판심리절차에서는 검사 · 변호인 · 피고인의 최종변론이 허용된다(법 370조→302조, 303조). 다만 검사 또는 변호인은 최종변론의 내용으로 항소이유서 또는 답변서를 원용하는 것이 실무상 통례이다.

3. 抗訴審의 終局裁判

1. 公訴棄却의 決定(법 363조)
2. 抗訴棄却의 裁判
   - 抗訴棄却의 決定(법 361조의4, 362조)
   - 抗訴棄却의 判決(법 364조 4항 · 5항)
3. 破棄判決
   - 破棄自判(법 364조 6항)
   - 破棄還送(법 366조)
   - 破棄移送(법 367조)

(1) 公訴棄却의 決定

형사소송법 제328조 1항 각호의 사유가 있는 때에는 항소법원은 결정으로 공소를 기각하여야 한다(법 363조 1항). 이 경우에는 원판결의 破棄를 요하지 아니한다.[3)] 항소법원의 공소기각결정에 대해서는 즉시항고가 허용된다(동조 2항).

1) 백형구, 359면; 동저, 강의 839면; 동저, 조해 925면.
2) 大判 1969. 3. 18, 68도1772; 大判 1980. 3. 25, 79도2105; 大判 1987. 7. 21, 87도1101.
3) 백형구, 359면; 동저, 강의 839면; 진계호, 749면; 임동규, 722면; 신양균, 976면.

(2) 抗訴棄却의 裁判

1) **抗訴棄却의 決定** 항소의 제기가 법률상의 방식에 위반하거나 항소권소멸 후인 것이 명백한 경우 또는 항소인이 항소이유서를 그 제출기간 내에 항소법원에 제출하지 아니한 경우에는 항소법원은 결정으로 항소를 기각하여야 한다(법 362조, 361조의4). 이 결정에 대하여는 즉시항고가 허용된다(前 2조 2항).

2) **抗訴棄却의 判決** 항소이유가 없다고 인정한 때에는 판결로써 항소를 기각하여야 한다. 항소기각의 판결은 구두변론을 거쳐서 함이 원칙이나(법 364조 4항) 소송기록에 의해서 항소이유가 없음이 명백한 때에는 구두변론을 거치지 아니하고 할 수 있다(동조 5항). 구두변론을 거치지 아니하고 하는 항소기각을 無辯論抗訴棄却이라고 한다.[1] 무변론항소기각을 인정한 것은 항소권의 남용을 억제하고 소송경제를 도모하려는 데 그 이유가 있다. 구두변론을 거치지 아니한다 함은 공판심리를 거치지 아니한다는 것을 의미한다.

(3) 破棄判決

1) **破棄의 事由 · 方法** 항소이유가 있다고 인정한 때에는 원심판결을 파기하여야 한다(법 364조 6항). 항소법원이 원심판결을 파기하는 경우에는 그 취지를 판결의 主文에 표시하여야 한다.

2) **破棄 후의 措置** 원심판결파기 후의 조치에는 自判 · 還送 · 移送의 3종이 있다. 自判을 원칙으로 하고 還送 또는 移送은 극히 예외적으로 허용하고 있다(법 366조, 367조). 이는 재판의 신속과 소송경제를 도모하려는 데 그 이유가 있다.

㈀ 破棄自判 항소법원은 항소이유가 있다고 인정하는 때에는 원심판결을 파기한 후 피고사건에 대하여 다시 판결을 하여야 한다(법 364조 6항). 이 판결을 항소법원의 破棄自判이라고 한다. 항소법원이 파기자판에 의하여 선고하는 판결에는 유죄 · 무죄 · 면소 · 공소기각의 판결이 있다. 항소법원이 공소기각의 결정을 하는 경우에는(법 363조) 원심판결을 파기하지 아니하며 항소법원이 원심판결을 파기하고 관할위반의 판결을 선고하는 것은 허용되지 아니한다(법 367조).

항소심에서 파기자판을 하는 경우에 口頭辯論主義의 例外가 인정되느냐에 관해서 적극설이 있으나[2] 소극설[3]이 타당하다고 본다. 파기자판에 관해서 구두

---

1) 백형구, 360면; 이재상, 678면; 신동운, 1126면; 배종대 · 이상돈, 809면; 차용석, 1061면; 진계호, 750면; 신양균, 977면; 정웅석, 1144면.

2) 김기두, 312면; 강구진, 577면.

3) 백형구, 363면; 동저, 강의 841면; 이재상, 679면; 신동운, 1131면; 배종대 · 이상돈, 810면; 송광섭, 498면; 차용석, 1061면; 진계호, 751면; 임동규, 725면; 신양균, 980면.

변론주의의 예외를 허용하는 명문규정이 없기 때문이다.[1] 대법원판례도 소극설을 취하고 있다.[2] 따라서 원심판결의 오류가 원심의 소송기록에 의해서 명백히 인정되는 경우(예컨대 소송조건의 부존재가 명백한 경우)에도 반드시 구두변론(공판심리)을 거쳐 파기자판을 하여야 한다.

항소심에서 파기자판에 의하여 형을 선고하는 경우에는 불이익변경금지의 원칙이 적용된다(법 368조).

(ㄴ) 破棄還送　　공소기각 또는 관할위반의 재판이 법률에 위반됨을 이유로 원심판결을 파기하는 때에는 판결로써 사건을 原審法院에 還送하여야 한다(법 366조). 공소기각의 재판이 법률에 위반된 경우라 함은 공소기각판결의 사유(법 327조)가 없음에도 불구하고 공소기각의 판결을 한 경우를 말하고 관할위반의 판결이 법률에 위반된 때라 함은 원심법원에 관할권이 있음에도 불구하고 관할위반의 판결을 한 경우를 말한다.[3] 사건을 환송받은 원심법원은 제 1 심의 공판절차에 따라 사건을 심판하여야 한다. 파기 전의 원심에서 선임된 변호인은 환송 후의 제 1 심에서도 당연히 변호인의 지위를 갖는다(규칙 158조).

(ㄷ) 破棄移送　　관할의 인정이 법률에 위반됨을 이유로 원심판결을 파기하는 때에는 판결로써 사건을 管轄法院에 移送하여야 한다(법 367조). 이 경우는 형사소송법 제361조의5 제 3 호의 항소이유가 이유 있다고 인정되는 경우에 해당한다. 관할의 인정이 법률에 위반된 경우라 함은 원심법원이 피고사건에 대하여 관할권이 없음에도 불구하고 관할위반의 선고를 하지 아니하고 피고사건에 대하여 유죄 · 무죄 · 면소의 판결을 한 경우를 말한다(통설). 관할의 인정이 법률에 위반한 경우에도 항소법원이 그 사건에 대하여 제 1 심법원으로서의 관할권이 있는 때에는 파기이송의 판결을 하여서는 안 되고 제 1 심법원으로서 심판을 하여야 한다(법 367조 단서).

사건을 이송받은 법원은 제 1 심의 공판절차에 따라 사건을 심판하여야 한다. 파기 전의 원심에서 선임된 변호인은 이송 후의 제 1 심에서도 당연히 변호인의 지위를 갖는다(규칙 158조).

3) 共通破棄　　피고인을 위하여 원심판결을 파기하는 경우에 파기의 이유가 항소한 共同被告人에게 共通되는 때에는 그 공동피고인에 대하여도 원심판

1) 抗訴棄却의 判決에 관해서는 명문규정이 있다(법 364조 5항).
2) 大判 1981. 7. 28, 81도1482; 大判 1994. 10. 21, 94도2078.
3) 백형구, 361면; 동저, 조해 932면.

결을 파기하여야 한다(법 364조의2). 이를 共通破棄라고 한다.[1] 이는 항소를 제기한 공동피고인 상호간의 公平을 도모하려는 데 그 입법이유가 있다.

여기서 공동피고인이라 함은 原審에서의 공동피고인을 말하며 항소심에서의 병합심리 여부를 불문한다(통설). 원심에서의 공동피고인인 경우에는 검사가 항소한 경우에도 항소한 공동피고인에 해당한다.[2] 공동피고인의 항소제기가 적법한 이상 공동피고인이 항소이유서를 제출하지 아니한 경우 또는 항소이유서에 기재된 항소이유가 法定의 항소이유에 해당하지 아니한 경우에도 공동피고인에 대하여 원심판결을 파기하여야 한다(통설). 공통파기의 요건에 해당하는 경우에는 항소법원은 판결의 主文에서 공동피고인에 대한 원심판결을 파기한다는 선고를 하여야 한다.

4) **抗訴法院의 裁判書** 항소법원의 재판서에는 항소이유에 대한 판단을 기재하여야 하며 원심판결에 기재한 사실과 증거를 인용할 수 있다(법 369조). 항소법원의 재판서에 항소이유에 대한 판단을 기재하지 아니한 경우는 판결내용의 법률위반이므로 上告理由(법 383조 1호)에 해당한다.[3]

그러나 항소법원이 항소이유서에 기재되지 아니한 이유로 원심판결을 파기하고 자판을 하는 경우에는 항소이유서에 기재된 항소이유에 대한 판단을 하지 않더라도 상고이유로 되지 아니한다.[4]

항소심에서 원심판결을 파기하고 자판에 의해서 유죄판결을 선고하는 경우에는 판결이유에 犯罪될 事實·證據의 要旨·法令의 適用을 기재하여야 한다(법 370조→323조). 따라서 항소심의 유죄판결의 이유에 증거의 요지 또는 법령의 적용을 기재하지 아니한 경우는 상고이유(법 383조 1호)에 해당한다.[5]

Ⅴ. 抗訴審의 構造

1. 抗訴審構造의 類型

항소심의 구조는 覆審·續審·事後審의 3가지 유형으로 대별된다. 이는 항

1) 백형구, 360면; 동저, 강의 840면; 신양균, 978면; 高田, 542면; 平場 등, 注解(下) 194면(中武); 青柳 등, 註釋 4권 260면(香城).

2) 백형구, 360면; 동저, 강의 840면; 신동운, 1132면; 정영석·이형국, 494면; 배종대·이상돈, 811면; 신양균, 978면; 平場 등, 注解(下) 194면(中武); 青柳 등, 註釋 4권 261면(香城).

3) 백형구, 363면; 동저, 조해 947면.

4) 백형구, 364면; 大判 1989. 6. 13, 88도1983.

5) 大判 1987. 2. 24, 86도2660; 백형구, 364면.

소심의 구조에 관한 立法類型을 의미한다.

(1) 覆 審 制

1) 意　義　　복심제라 함은 항소심에서 피고사건 자체에 대하여 전면적으로 다시 심판하는 제도를 말한다. 복심제의 항소심에서는 제 1 심에서와 동일한 심판절차가 되풀이되므로 이 경우 항소심은 제 2 의 제 1 심이라고 할 수 있다.

2) 特　徵　　복심제의 특징은 심리절차의 전면적 반복에 있다. 따라서 복심제의 항소심에서는 피고인신문 · 증거조사 등 사실심리가 무제한적으로 허용된다.

3) 長·短點　　복심제는 항소심에서 심리의 철저를 기할 수 있다는 장점이 있는 반면에 소송경제에 반하고 항소권의 행사가 남용될 위험이 있다는 단점이 있다.

(2) 續 審 制

1) 意　義　　속심제는 제 1 심의 심리절차를 전제로 제 1 심의 소송자료를 승계하여 피고사건에 대하여 심리를 續行하는 제도를 말한다.

2) 特　徵　　속심제는 제 1 심의 심리절차와 소송자료를 승계하여 심리를 속행한다는 점에 특징이 있다. 따라서 속심제의 항소심에 있어서는 (i) 제 1 심판결 후에 발생한 사실이 판단의 자료로 되고, (ii) 항소심에서 증거조사와 공소장변경이 허용되고, (iii) 사실인정 · 법령적용의 기준시는 항소심의 판결시이다.

3) 長·短點　　속심제는 제 1 심의 심리절차를 전면적으로 반복하지 않고 이를 승계하여 심리를 속행하므로 소송경제라는 측면에서 복심제에 비하여 장점이 많은 제도이다.

(3) 事後審制

1) 意　義　　사후심제는 항소심에서 증거조사를 허용하지 않고 원심의 소송자료에 의해서 원판결 당시를 기준으로 하여 원심판결의 當否를 事後的으로 심사하는 제도를 말한다.

2) 特　徵　　사후심제도는 원판결의 당부를 事後的으로 심사한다는 점에 특징이 있다. 따라서 사후심제의 항소심에서는 (i) 항소심에서 증거조사 등 사실심리가 허용되지 아니하고 공소장변경이 허용되지 아니하며, (ii) 원판결 후에 발생한 사실은 원판결의 당부를 판단하는 자료로 되지 아니하고, (iii) 사실인정 · 법령적용의 기준시는 원심판결시이다.

3) 長·短點 사후심제는 소송경제의 이념에 부합하고 항소권의 남용을 억제하여 소송의 신속을 도모할 수 있다는 장점이 있는 반면에 실체적 진실의 발견을 저해하고 피고인의 구체적 구제를 실현시키지 못하는 결과를 가져올 염려가 있다는 단점을 지니고 있다.

(4) 結論(立法論)

오판의 시정은 항소제도의 목적이라는 점, 실체적 진실의 발견, 피고인의 구체적 구제를 위해서는 항소심에서 피고인신문 · 증거조사 · 공소장변경을 허용하여야 한다는 점, 피고인의 구체적 구제를 위해서는 제 1 심판결 후에 발생한 사실(예컨대 피해변제 · 피해자와의 합의)을 재판의 자료로 삼아야 한다는 점, 항소권의 남용을 억제하는 제도적 장치가 마련되어야 한다는 점 등을 고려할 때 항소심의 구조는 속심제를 원칙으로 하고 사후심적 제도를 보충적으로 채택하는 것이 타당하다고 본다(입법론).

2. 現行法上 抗訴審의 構造

(1) 沿 革

舊刑事訴訟法[1]과 제정 당시의 형사소송법은 항소심의 구조에 관하여 복심제를 채택하였으나 형사소송법의 제 1 차 개정시(1961. 9. 1)에 항소심의 구조를 속심제와 사후심제를 절충하는 구조로 바꾸었다.

(2) 學 說

현행법상 형사항소심의 구조에 관해서는 原則的 事後審說과 原則的 續審說이 대립되고 있다.

1) 原則的 事後審說 현행법상 항소심은 사후심제를 원칙으로 하고 속심적 제도를 보충적으로 채택하고 있다고 해석하여야 한다는 견해로서[2] 이 견해는 ① 항소이유의 법률적 제한(법 361조의5), ② 항소인의 항소이유서제출의무(법 361조의3), ③ 항소법원의 심판범위를 항소이유서에 기재된 항소이유로 제한(법 364조 1항), ④ 무변론항소기각의 인정(법 364조 5항) 등을 사후심적 제도에 해당시키고, ① 사실오인·양형부당을 항소이유로 규정(법 361조의5 제14호 · 15호), ② 항소이유서에 기재되지 아니한 항소이유에 관한 항소법원의 직권심판의 허용(법 364조 2항), ③ 항소심에서의 파기자판의 인정(법 364조 6항) 등을 속심적 제도에 해당시키고 있다.

1) 日本의 舊刑事訴訟法, 이른바 大正刑事訴訟法을 가리킨다.
2) 김기두, 299면; 정영석, 333면; 서일교, 348면; 권오병, 337면; 염정철, 390면; 강구진, 561면; 정영석 · 이형국, 458면; 차용석, 1047면.

그러나 항소이유를 법률적으로 제한하고 항소이유서의 제출의무를 인정한 경우에도 속심제의 채택이 가능하므로 항소이유의 법률적 제한, 항소이유서의 제출의무는 사후심적 항소제도가 아니라는 점, 속심제의 항소심에서도 심판범위의 한정이 요청되므로 형사소송법 제364조 1항이 원칙적 사후심설의 실정법적 근거가 될 수 없다는 점, 무변론항소기각을 극히 예외적으로 허용하고 있다는 점 등을 고려할 때 원칙적 사후심설에 대해서는 그 이론적 합리성을 인정하기 어렵다.[1]

2) 原則的 續審說 현행법상 항소심은 원칙적으로 속심이고 사후심적 항소제도를 보충적으로 채택하고 있다고 해석하여야 한다는 견해로서[2] ① 항소심에서 피고인신문 · 증인신문 등 사실심리가 허용된다는 점, ② 항소심에서 공소장변경이 허용된다는 점, ③ 제 1 심판결 후에 발생한 사실(예컨대 피해변제)이 항소심판결의 자료로 된다는 점, ④ 항소심판결에 있어 법령적용의 기준시는 항소심판결의 선고시라는 점, ⑤ 파기자판을 원칙으로 하고 파기환송 또는 파기이송을 극히 예외적으로 허용하고 있다는(법 364조 6항, 366조, 367조) 점, ⑥ 무변론항소기각을 극히 예외적으로 허용하고 있다는(법 364조 5항) 점 등을 논거로 들고 있다.[3] 현행 형사소송법상 사후심적 항소제도로는 무변론항소기각의 허용(법 364조 5항)을 들 수 있다. 현행 형사소송법의 항소심에 관한 규정의 내용에 비추어 原則的 續審說이 타당하다고 본다.

원칙적 속심설을 지지하는 학자 중에는 항소이유의 법률적 제한(법 361조의5), 항소이유서의 제출의무(법 361조의3), 심판범위의 제한(법 364조 1항)을 사후심적 항소제도에 해당시키는 견해가 있으나[4] 앞에서 이미 지적한 바와 같이 사후심적 항소제도가 아니라고 본다.

(3) 判 例

대법원판례는 현행법상 형사항소심의 구조는 기본적으로 續審的 구조이고 보충적으로 事後審的 구조라고 해석하여야 한다는 견해(原則的 續審說)를 취하고 있다.[5] 대법원판례는 현행법상 형사항소심이 원칙적 속심이라는 근거로서 ① 사실오인과 양형부당을 항소이유로 규정하고 있다는 점, ② 항소심에서 사실

1) 백형구, 344면; 동저, 강의 832면.
2) 백형구, 344면; 동저, 강의 833면; 이재상, 670면; 신동운, 1108, 1110면; 배종대 · 이상돈, 795면; 송광섭, 490면; 진계호, 738면; 임동규, 713면; 신양균, 960면; 정웅석, 1133면.
3) 백형구, 344면; 동저, 강의 833면.
4) 이재상, 670면; 배종대 · 이상돈, 795면; 임동규, 713면; 신양균, 959면.
5) 大判 1983. 4. 26, 82도2829.

심리 · 증거조사가 무제한적으로 허용된다는 점, ③ 항소이유서에 기재되지 아니한 사유에 관해서도 항소법원의 직권심판이 허용된다는 점, ④ 제1심판결 후에 발생한 사실이 판단의 자료로 된다는 점, ⑤ 파기자판을 원칙으로 하고 있다는 점 등을 들고 있다.

대법원판례는 속심적 제도가 아닌 것을 속심적 제도에 해당시키고 있다는 점에 이론적 약점이 있다. 예컨대 ①, ③은 속심적 항소제도에 해당하지 아니한다.[1)]

1) 백형구, 강의 834면.

제 3 절

上　　告

Ⅰ. 用語의 整理

(1) 上告權者

상고권이 있는 자를 상고권자라고 한다(법 338조). 검사 · 피고인 또는 피고인의 상고대리권자(법 340조, 341조)는 상고권자이다.

(2) 上 告 人

상고를 제기한 검사 또는 피고인을 상고인이라고 한다(법 378조, 379조). 피고인의 상고대리권자(법 340조, 341조)가 피고인을 위하여 상고를 제기한 경우는 피고인이 상고인이다.

(3) 上告事件

상고가 제기된 사건을 상고사건이라고 한다. 제 1 심판결에 대하여 비약적 상고(법 372조)가 제기된 사건도 상고사건에 해당한다.

(4) 上告法院

상고사건을 심판하는 법원을 상고법원이라고 한다(법 378조, 379조, 381조, 384조, 390조, 396조, 400조). 대법원이 상고법원으로 된다. 지방법원 항소부의 제 2 심판결에 대한 상고사건의 관할법원은 대법원이다(법 371조).

(5) 上 告 審

상고사건을 심판하는 심급을 상고심이라고 한다. 현행법상 상고심은 제 3 심이며 최종심이다.

Ⅱ. 上告理由

1. 抗訴審判決에 대한 上告理由

항소심판결에 대한 상고이유는 ① 판결에 영향을 미친 헌법·법률·명령 또는 규칙의 위반이 있는 때, ② 판결 후 형의 폐지나 변경 또는 사면이 있는 때, ③ 재심청구의 사유가 있는 때, ④ 사형, 무기 또는 10년 이상의 징역이나 금고가 선고된 사건에 있어서 사실의 오인이 있어 판결에 영향을 미친 때 또는 형의 양정이 심히 부당하다고 인정할 현저한 사유가 있는 때이다(법 383조 1호 내지 4호). 1호, 2호, 3호의 상고이유는 형사소송법 제361조의5 제1호·2호·13호의 항소이유와 동일하다.

제1호의 상고이유는 심판의 법령위반이 판결에 영향을 미친 때이며 審判의 法令違反은 判決內容의 법령위반과 訴訟節次의 법령위반으로 구분된다. 판결의 내용이 형사소송법을 위반한 경우(예컨대 항소심판결이 불이익변경금지의 원칙을 위반한 경우)는 소송절차의 법령위반이 아니라 판결내용의 법령위반에 해당한다.

事實誤認·量刑不當을 상고이유에 포함시킨 것은 重刑을 선고받은 피고인을 구제하려는데 그 이유가 있다. 따라서 檢事가 사실오인 또는 양형부당을 이유로 피고인에게 불이익한 상고를 하는 것은 허용되지 아니한다고 해석하여야 한다(통설·판례[1]).

2. 飛躍的 上告의 理由

제1심판결에 대한 비약적 상고이유는 ① 원심판결이 인정한 사실에 대하여 법령을 적용하지 아니하였거나 법령의 적용에 착오가 있는 때, ② 원심판결이 있은 후 형의 폐지나 변경 또는 사면이 있는 때이다(법 372조 1호·2호).

원심판결이 인정한 사실에 대하여 법령을 적용하지 아니한 경우라 함은 유죄판결의 이유에 형벌법규의 적용이 없는 경우를 말하며 원심판결이 인정한 사실에 대하여 법령적용의 착오가 있는 경우라 함은 유죄로 인정한 범죄사실에 대하여 형법 등 형벌법규를 잘못 적용한 경우(예컨대 특별형법을 적용하지 아니하고 일반형법을 적용한 경우)를 말한다. 판결의 내용이 형사소송법을 위반한 경우

1) 事實誤認의 경우: 大判 1967. 6. 13, 67도647; 大判 1969. 5. 13, 69도472, 量刑不當의 경우: 大判 1972. 11. 14, 72도2008; 大判 1985. 2. 26, 84도2963.

는 비약적 상고의 이유에 해당하지 아니한다.

Ⅲ. 上告의 節次

1. 上告의 提起

상고를 제기함에는 상고제기기간 내에 상고장을 원심법원에 제출하여야 한다(법 375조). 상고의 제기기간은 7일이다(법 374조).

2. 原審法院의 處理

(1) 上告棄却의 決定

상고의 제기가 법률상의 방식에 위반하거나 상고권소멸 후인 것이 명백한 때에는 원심법원은 결정으로 상고를 기각하여야 한다(법 376조 1항). 이 결정에 대하여는 즉시항고를 할 수 있다(동조 2항).

(2) 訴訟記錄의 送付

상고장을 제출받은 원심법원은 상고제기의 부적법을 이유로 상고기각의 결정을 하는 경우(법 376조)를 제외하고는 상고장을 받은 날로부터 14일 이내에 소송기록과 증거물을 상고법원에 송부하여야 한다(법 377조). 형사소송법의 제 8 차 개정시(1995. 12. 29)에 소송기록의 검찰청경유제도(구법 377조)를 폐지하였다.

3. 上告法院의 準備節次

(1) 訴訟記錄接受通知

상고법원이 소송기록의 송부를 받은 때에는 즉시 상고인과 상대방에게 그 사유를 통지하여야 하며 그 통지 전에 선임된 변호인이 있는 때에는 변호인에 대하여도 통지하여야 한다(법 378조 1항 · 2항). 그 통지서에는 그 통지를 받은 날로부터 20일 이내에 상고이유서를 제출하여야 한다는 내용도 기재하여야 한다.

(2) 國選辯護人의 選定

소송기록의 송부를 받은 상고법원은 상고사건이 국선변호사건(법 33조) 또는 필요적 변호사건(법 33조 1항 6호)이고 변호인이 없는 때에는 지체없이 국선변호인을 선정한 후 국선변호인에게 소송기록접수통지를 하여야 한다(규칙 164조, 156조의2).

(3) 上告理由書 · 答辯書의 提出

1) **上告理由書의 提出** 상고인 또는 변호인은 소송기록접수통지를 받

은 날로부터 20일 이내에 상고이유서를 상고법원에 제출하여야 한다(법 379조 1항). 재소자의 상고이유서 제출에 관해서는 형사소송법 제344조가 준용된다고 해석하여야 한다.[1] 대법원판례도 동일한 견해이다.[2] 상고이유서에는 소송기록과 원심법원의 증거조사에 표현된 사실을 인용하여 그 이유를 명시하여야 하며(동조 2항) 상고이유서에는 부본을 첨부하여야 한다(규칙 160조). 상고이유서의 제출을 받은 상고법원은 지체없이 그 부본 또는 등본을 상대방에게 송달하여야 한다(법 379조 3항).

2) **答辯書의 提出** 상고인의 상대방은 상고이유서의 부본 또는 등본을 송달받은 날로부터 10일 이내에 답변서를 상고법원에 제출할 수 있으며(동조 4항) 답변서의 제출을 받은 상고법원은 지체없이 그 부본 또는 등본을 상고인 또는 변호인에게 송달하여야 한다(동조 5항).

Ⅳ. 上告審의 審判

1. 審判의 範圍·義務

(1) 審判의 範圍

상고법원은 상고이유서에 포함된 사유에 관하여 심판하여야 한다. 그러나 형사소송법 제383조 1호 내지 3호의 경우에는 상고이유서에 포함되지 아니한 경우에도 직권으로 심판할 수 있다(법 384조). 이는 상고법원은 상고이유서에 기재된 상고이유에 관해서 심판함을 원칙으로 하나 형사소송법 제383조 1호·2호·3호의 상고이유에 관해서는 상고이유서에 기재되지 아니한 경우에도 직권으로 심리하여 원심판결을 파기할 수 있다는 의미이다.[3]

(2) 審判의 義務

상고이유서에 기재된 상고이유에 관한 심판은 상고법원의 의무이다(법 384조 본문, 398조). 이에 대해서 상고이유서에 기재되지 아니한 상고이유에 대한 상고법원의 직권심판은 상고법원의 재량이다(법 384조 단서).

2. 上告審의 審理

상고심의 심리에 관해서는 특별한 규정이 없으면 항소심의 심리에 관한 규

1) 백형구, "재소자의 상고이유서제출기간," 법률신문, 2006. 4. 16; 동저 문제중심 형사소송법 제2판, 2006년, 305면.
2) 大判(전합) 2006. 3. 16, 2005도9729.
3) 백형구, 369면; 동저, 조해 966면.

정이 준용된다(법 399조). 그러나 상고심은 法律審인 동시에 事後審이므로 항소심의 심리절차와 크게 다르다.

(1) 書面審理에 의한 判決

상고법원은 상고장·상고이유서 기타의 소송기록에 의하여 변론 없이[1] 판결할 수 있다(법 390조). 상고기각의 판결을 하는 경우뿐 아니라 원심판결을 파기하는 경우에도 공판심리를 거치지 않고 서면심리만으로 판결할 수 있다.[2]

(2) 被告人의 召喚不要

상고심의 공판기일에는 피고인의 출석을 요하지 아니한다. 따라서 상고심의 공판기일에는 피고인의 소환을 요하지 아니한다(법 389조의2).

(3) 上告審에서의 辯論

상고심에는 변호사 아닌 자를 변호인으로 선임하지 못하며(법 386조) 상고심에서는 변호인이 아니면 피고인을 위하여 변론하지 못한다(법 387조). 검사와 변호인은 상고이유서에 의하여 변론하여야 한다(법 388조). 변호인의 선임이 없거나 변호인이 공판기일에 출정하지 아니한 때에는 필요적 변호(법 33조 1항 6호)의 경우를 제외하고는 검사의 진술을 듣고 판결을 할 수 있다(법 389조).

3. 上告審의 終局裁判

- 1. 公訴棄却의 決定(법 382조)
- 2. 上告棄却의 裁判
  - 上告棄却의 決定(법 380조, 381조)
  - 上告棄却의 判決(법 399조, 364조 4항)
- 3. 破棄判決(법 391조)
  - 破棄還送(법 393조, 395조, 397조)
  - 破棄移送(법 394조, 397조)
  - 破棄自判(법 396조)

(1) 公訴棄却의 決定

상고심에 계속된 피고사건에 관하여 공소기각결정의 사유(법 328조 1항 1호 내지 4호)가 있는 때에는 상고법원은 결정으로 공소를 기각하여야 한다(법 382조). 이 경우에는 원판결을 파기함을 요하지 아니한다.

1) '공판심리를 거치지 아니하고'라는 의미이다.

2) 백형구, 619면; 이재상, 683면; 신동운, 1144면; 배종대·이상돈, 818면; 진계호, 758면; 임동규, 731면; 신양균, 994면.

(2) 上告棄却의 裁判

1) 上告棄却의 決定 상고의 제기가 부적법한 경우 또는 상고이유서를 그 제출기간 내에 제출하지 아니한 경우에는 결정으로 상고를 기각하여야 한다(법 380조, 381조).

2) 上告棄却의 判決 상고이유가 없다고 인정한 때에는 판결로써 상고를 기각하여야 한다(법 399조→364조 4항).

(3) 破棄判決

1) 破棄의 事由 상고이유가 있는 때에는 판결로써 원심판결을 파기하여야 한다(법 391조). 상고이유가 있느냐 여부는 원심판결의 당시를 기준으로 판단하여야 한다. 예컨대 원심판결의 선고 후에 피고인이 성년으로 된 경우에도 상고법원은 부정기형을 선고한 원심판결을 파기하여서는 안 된다(통설[1] · 판례[2]). 상고심에서는 구두변론을 거치지 않고 서면심리만으로 원심판결을 파기할 수 있다(법 390조).

2) 共通破棄 피고인의 이익을 위하여 원심판결을 파기하는 경우에 파기의 이유가 상고한 공동피고인에게 공통되는 때에는 그 공동피고인에 대하여도 원심판결을 파기하여야 한다(법 392조). 이를 共通破棄라고 한다. 공통파기의 요건은 항소심에서의 공통파기(법 364조의2)의 요건과 동일하다. 상고한 공동피고인이 상고이유서를 제출하지 아니한 경우 또는 상고이유서에 기재된 상고이유가 적법한 상고이유가 아닌 경우(예컨대 양형부당 · 사실오인을 상고이유로 주장하고 있는 경우)에도 형사소송법 제392조가 적용된다.[3]

3) 破棄 후의 措置 원심판결을 파기한 후의 조치에는 還送 · 移送 · 自判의 3종이 있다. 상고심은 사후심이므로 환송 또는 이송을 원칙으로 하고(법 397조) 자판을 예외적으로 허용하고 있다(법 396조).

(ㄱ) 破棄還送 이는 원심판결을 파기한 후 사건을 원심법원으로 되돌려 보내는 것을 말한다. 적법한 공소를 기각하였다는 이유로 또는 관할위반의 인정이 법률에 위반됨을 이유로 원심판결 또는 제1심판결을 파기하는 경우에는 사건을 원심법원 또는 제1심법원에 還送하여야 하며(법 393조, 395조) 그 이외의 이유로 원심판결을 파기하는 경우에는 상고법원이 자판을 하는 경우를 제외하

1) 백형구, 371면; 동저, 강의 843면; 신동운, 1137면; 배종대 · 이상돈, 814면; 송광섭, 501면; 진계호, 755면; 임동규, 729면.

2) 大判 1969. 12. 2, 69도1968; 大判 1989. 9. 29, 89도1440; 大判 1998. 2. 27, 97도3421.

3) 大判 2000. 12. 8, 2000도2626; 大判 2004. 7. 22, 2003도6412.

고는 사건을 원심법원에 還送하거나 그와 동등한 다른 법원에 移送하여야 한다(법 397조).

(ㄴ) 破棄移送 이는 원심판결을 파기한 후 원심법원 이외의 다른 법원으로 사건을 보내서 심판하게 하는 것을 말한다. 관할의 인정이 법률에 위반됨을 이유로 원심판결 또는 제 1 심판결을 파기하는 경우에는 판결로써 사건을 관할권이 있는 법원에 移送하여야 하며(법 394조) 그 이외의 이유로 원심판결을 파기하는 경우에도 상고법원이 자판을 하는 경우를 제외하고는 사건을 원심법원에 還送하거나 그와 동등한 다른 법원에 移送하여야 한다(법 397조).

(ㄷ) 破棄自判 이는 원심판결을 파기한 후 상고법원이 피고사건에 대하여 직접 판결을 하는 것을 말한다. 상고법원은 소송기록 등에 의하여 판결을 하기에 충분하다고 인정한 때에는 피고사건에 대하여 직접 판결을 할 수 있다(법 396조 1항). 상고법원은 파기자판에 의해서 유죄·무죄·면소·공소기각의 판결을 선고할 수 있다. 상고법원이 파기자판에 의해서 형을 선고하는 경우에는 불이익변경금지의 원칙이 적용된다(동조 2항). 상고법원의 파기자판이 불이익변경금지의 원칙을 위반한 경우에는 비상상고의 이유(법 441조)에 해당한다.

4) 破棄判決의 拘束力

(ㄱ) 意義·根據 상고법원이 원심판결을 파기하고 사건을 下級審法院으로 還送 또는 移送하는 경우에 상고법원의 판단은 사건을 환송 또는 이송을 받은 하급심법원에 대하여 拘束力을 갖는다. 파기판결의 이러한 효력을 파기판결의 구속력(또는 기속력)이라고 한다. 법원조직법은 「상급법원의 재판에 있어서의 판단은 당해 사건에 관하여 하급심을 羈束한다」고 규정하여(법조 8조) 파기판결의 구속력(기속력)을 명문으로 규정하고 있다.

만약 파기환송 또는 파기이송을 받은 下級審法院이 上級法院의 판단을 무시하고 자기의 판단을 고집하는 경우에는 사건은 하급심과 상급심을 무한히 왕복하게 되어 사건의 종국적 해결이 불가능하게 될 것이므로 심급제도의 기능을 유지하기 위해서는 상급심의 파기판결에 대하여 구속력(기속력)을 인정하여야 한다. 따라서 파기판결의 구속력의 근거는 審級制度의 본질에서 구하여야 한다(통설).

(ㄴ) 性 質 파기판결의 구속력의 소송법상 성질에 관해서는 中間判決說, 旣判力說, 特殊效力說 등이 대립되고 있으나 특수효력설이 통설이다. 파기판결의 구속력을 소송법상 특수한 효력이라고 이해하는 학설이 특수효력설이다.

파기판결은 중간판결이 아니고 종국적 판결이라는 점, 파기판결의 구속력은 확정된 실체판결의 기판력(일사부재리의 효력)과 다르다는 점, 파기판결의 구속력은 심급제도의 본질상 인정되는 소송법상 효력이라는 점 등을 고려할 때 특수효력설이 타당하다고 본다.

(ㄷ) 內 容 구속력이 발생하는 상고심의 재판은 파기환송판결·파기이송판결·파기환송결정·파기이송결정이다. 파기판결에서의 法律上 判斷뿐 아니라 事實上 判斷도 구속력이 발생한다(통설·판례[1]). 예컨대 상고법원이 事實誤認을 이유로 원심판결을 파기하고 사건을 원심법원으로 환송한 경우에는 그 사실오인의 판단은 사건을 환송받은 원심법원에 대하여 구속력을 갖는다. 파기판결의 구속력은 파기의 직접이유, 즉 원심판결에 대한 消極的·否定的 判斷에 관해서만 발생한다고 해석하여야 한다(통설[2]·판례[3]). 파기판결의 구속력은 사건을 환송 또는 이송을 받은 하급심법원에 대해서뿐 아니라 그 파기판결을 한 상고법원에 대해서도 발생한다(통설·판례[4]). 상고법원으로부터 사건을 환송 또는 이송을 받은 하급심법원이 상고법원의 판단을 무시하는 판결을 하는 경우에는 上告理由에 해당한다.

(ㄹ) 排 除 파기판결의 구속력은 사실관계 또는 법령의 同一을 전제로 하므로 파기판결 후에 법령이 변경되거나 새로운 증거의 추가로 인하여 사실관계가 변동된 경우에는 파기판결의 구속력이 排除되며(통설·판례[5]), 파기환송 후 원심에서 공소장변경에 의하여 공소사실이 변경된 경우에는 파기판결의 구속력이 미치지 아니한다.[6] 파기판결 후에 대법원판례가 변경된 경우에도 파기판결의 구속력이 배제된다고 해석하여야 한다.[7] 반대설이 있다.[8]

(4) 上告法院의 裁判書

상고법원의 재판서에는 상고의 이유에 관한 판단을 기재하여야 한다(법 398조).

---

1) 大判 1983.4.18, 83도383; 大判 1986.6.10, 86도119; 大判 1996.12.10, 95도830; 大判 2003.2.26, 2002도1314; 大判 2006.1.26, 2004도517.

2) 백형구, 374면; 동저, 강의 849면; 신동운, 1096면; 정영석·이형국, 482면; 배종대·이상돈, 791면; 송광섭, 488면; 진계호, 734면; 임동규, 709면; 신양균, 955면.

3) 大判 1983.2.8, 82도2672; 大判 1984.11.27, 84도2252.

4) 大判 1983.4.18, 83도383; 大判 1986.6.10, 85도1996; 大判 1987.4.28, 87도294; 大判 2006.1.26, 2004도517.

5) 大判 1983.2.8, 82도2672; 大判 1984.11.27, 84도2252; 大判 2003.2.26, 2002도1314.

6) 大判 2004.4.9, 2004도340.

7) 백형구, 375면; 동저, 강의 851면; 이재상, 665면; 신동운, 1097면; 정영석·이형국, 483면; 배종대·이상돈, 791면; 송광섭, 489면; 진계호, 734면; 임동규, 710면; 신양균, 955면.

8) 차용석, 1044면.

상고기각의 판결을 하는 경우에는 상고의 이유가 없다는 판단을 재판서에 기재하여야 하며 원심판결을 파기하는 경우에는 상고의 이유가 있다는 판단을 재판서에 기재하여야 한다.

(5) 上告審判決의 訂正 · 確定時期

1) 상고심판결의 訂正 상고법원은 직권 또는 검사 · 피고인 · 변호인의 신청에 의하여 판결내용의 오류를 정정할 수 있다(법 400조 1항). 판결내용의 誤謬라 함은 판결의 내용에 違算 · 誤記 기타 이와 유사한 오류가 있는 경우를 말한다.[1] 따라서 사실오인 또는 법령적용의 오류는 판결정정의 사유인 판결내용의 오류에 해당하지 아니한다.[2]

판결정정의 신청기간은 판결의 선고가 있는 날로부터 10일 이내이며 판결정정의 신청은 서면으로 하여야 한다(법 400조 2항 · 3항).

판결정정의 신청이 이유 없다고 인정한 때에는 결정으로 그 신청을 기각하여야 하고 그 신청이 이유 있다고 인정한 때에는 판결내용의 오류를 정정한다는 취지의 판결을 하여야 한다(법 401조 1항 · 2항). 정정의 판결은 변론 없이 할 수 있다(동조 1항).

2) 상고심판결의 確定時期 상고심판결의 확정시기에 관해서는 정정신청기간의 경과, 정정판결의 선고, 정정신청기각결정의 고지에 의해서 확정된다는 견해[3]와 상고심판결의 宣告時에 확정된다는 견해[4]가 대립되고 있다. 상고심판결에 대한 정정신청은 위산 · 오기와 같은 오류의 정정신청에 불과하므로 후설이 타당하다고 본다. 대법원판례도 후설을 취하고 있다.[5]

---

1) 大決 1981. 10. 5, 81초60; 大決 1982. 10. 4, 82초33; 백형구, 376면; 동저, 강의 845면; 이재상, 686면; 신동운, 1148면; 송광섭, 508면; 배종대 · 이상돈, 821면; 진계호, 762면; 임동규, 736면; 신양균, 1000면.
2) 백형구, 376면; 동저, 강의 845면; 동저, 조해 781면.
3) 김기두, 183면; 정영석, 217면; 서일교, 375면; 권오병, 367면; 염정철, 406면; 신현주, 789면; 정영석 · 이형국, 506면.
4) 백형구, 376면; 동저, 강의 761, 846면; 이재상, 614면; 신동운, 1149면; 배종대 · 이상돈, 822면; 송광섭, 311면; 차용석, 977면; 진계호, 763면; 임동규, 737면; 신양균, 881면.
5) 大決 1967. 6. 2, 67초22.

제 4 절

抗　　告

I. 一般抗告

1. 一般抗告의 意義 · 種類

일반항고라 함은 제 1 심법원의 결정에 대한 항고를 말한다.[1] 따라서 일반항고는 특별항고(법 415조) 또는 재항고(법 415조)와 구별된다.

일반항고는 普通抗告와 卽時抗告로 구분된다. 보통항고와 즉시항고 사이에는 항고의 대상 · 제기기간, 항고의 제기로 인한 집행정지의 효력의 유무에 차이가 있다. 항고법원, 항소법원, 고등법원의 결정에 대해서는 즉시항고는 허용되나 보통항고는 허용되지 아니한다(법 415조).

2. 一般抗告의 對象

(1) 卽時抗告의 對象

즉시항고는 형사소송법에 명문의 규정이 있는 경우에 한하여 허용된다. 법원의 결정이 종국적 재판인 경우나 법원의 결정에 대한 즉시적 시정이 요청되는 경우에 한해서 1심법원의 결정에 대해서 즉시항고를 허용하고 있다. 예컨대 기피신청기각결정(법 23조 1항) · 구속취소결정(법 97조 3항) · 구속집행정지결정(법 101조 3항) · 증인 등에게 과태료를 과하거나 비용배상을 명하는 결정(법 151조 2항, 161조 2항) · 소송비용부담의 결정(법 192조 2항, 193조 2항) · 공소기각의 결정(법 328조 2항) · 재심개시결정(법 437조) · 재심청구기각결정(법 437조) · 재판의 집행에 관한 결정(법 491조)에 대해서는 즉시항고가 허용된다.

1) 백형구, 378면; 동저, 조해 986면.

(2) 普通抗告의 對象

제 1 심법원의 구금 · 보석 · 압수 · 압수물의 환부 · 피고인에 대한 감정유치에 관한 결정에 대해서는 보통항고가 허용된다(법 403조 2항). 예컨대 구속기간의 갱신결정(법 92조), 피고인의 접견교통을 제한하는 결정(법 91조), 보석허가결정(법 95조, 96조), 보석청구기각결정(법 96조), 보석취소결정(법 102조), 보석보증금몰취결정(법 102조, 103조), 압수물의 환부결정 · 가환부결정에 대해서는 보통항고가 허용된다.

피고사건을 가정법원으로 송치하는 결정(소년 50조)에 대해서도 보통항고가 허용된다고 해석하여야 한다.[1]

법원의 관할 또는 판결 전의 소송절차에 관한 결정에 대하여는 특히 즉시항고를 할 수 있는 경우[2] 외에는 보통항고가 허용되지 아니한다(법 403조 1항). 이는 불필요한 소송지연을 방지하려는 데 그 이유가 있다.

3. 一般抗告의 節次

(1) 抗告의 提起

항고를 제기함에는 항고장을 원심법원에 제출하여야 한다(법 406조). 즉시항고의 제기기간은 3일이나(법 405조) 보통항고는 항고의 실익이 있는 한 언제든지 할 수 있다(법 404조).

즉시항고를 제기하면 재판의 집행이 정지되나(법 410조) 보통항고를 제기하여도 재판의 집행을 정지하는 효력이 발생하지 아니한다(법 409조). 다만 보통항고가 제기된 경우 원심법원 또는 항고법원은 결정으로 재판의 집행을 정지할 수 있다(법 409조 단서).

(2) 原審法院의 措置

1) 抗告棄却決定 항고의 제기가 법률상의 방식에 위반하거나 항고권 소멸 후인 것이 명백한 때에는 원심법원은 결정으로 항고를 기각하여야 한다(법 407조 1항). 이 결정에 대하여는 즉시항고가 허용된다(동조 2항).

2) 更正決定 원심법원은 항고가 이유 있다고 인정한 때에는 결정을 更正하여야 한다(법 408조 1항). 更正決定의 내용은 항고의 취지와 원결정의 내용에 따라 다르다. 원결정을 취소하는 경우도 있고 원결정의 내용을 변경하는 경우도 있다.

---

1) 백형구, 380면; 이재상, 689면.
2) 예컨대 기피신청기각결정에 대해서는 즉시항고가 허용된다(법 23조 1항).

3) 抗告狀 · 訴訟記錄의 送付 원심법원은 항고의 전부 또는 일부가 이유 없다고 인정한 때에는 항고장을 받은 날로부터 3일 이내에 항고장을 항고법원으로 송부하여야 하며 항고장에 의견서를 첨부하여야 한다(법 408조 2항).

원심법원은 항고법원이 결정을 함에 있어 소송기록이 필요하다고 인정한 때에는 소송기록과 증거물을 항고법원으로 송부하여야 한다(법 411조 1항).

(3) 抗告法院의 準備節次

1) 소송기록송부요구 항고법원은 원심법원에 소송기록과 증거물의 송부를 요구할 수 있으며 항소법원이 소송기록과 증거물의 송부를 받은 때에는 5일 이내에 당사자에게 그 사유를 통지하여야 한다(법 411조 2항 · 3항).

2) 抗告棄却決定 항고의 제기가 부적법한 경우에는 항고법원은 항고기각의 결정을 하여야 한다(법 413조).

4. 抗告審의 審判

(1) 抗告審의 審理

항고심의 재판은 決定에 의하므로 구두변론을 거치지 않을 수 있으며 필요한 때에는 사실을 조사할 수 있다(법 37조 2항 · 3항). 검사는 항고사건에 관하여 의견을 진술할 수 있다(법 412조).

(2) 抗告審의 裁判

항고를 이유 없다고 인정한 때에는 결정으로 항고를 기각하여야 하며(법 414조 1항) 항고를 이유 있다고 인정한 때에는 결정으로 원심결정을 취소하고 필요한 경우에는 항고사건에 대하여 직접 재판을 하여야 한다(동조 2항).

Ⅱ. 再 抗 告

1. 再抗告의 意義

항고법원 · 항소법원 · 고등법원의 결정에 대한 항고를 재항고 또는 특별항고라고 한다. 형사소송법 제415조는 고등법원의 결정에 대한 항고도 재항고에 포함시키고 있으나 항고법원의 결정에 대한 항고를 재항고라 하고 항고법원이 아닌 고등법원 또는 항소법원의 결정에 대한 항고는 特別抗告라고 하는 것이 용어상 적절하다고 본다.[1] 고등법원 또는 항소법원의 결정에 대한 항고는 재항고

1) 백형구, 378면; 동저, 주해(하) 280면; 동저, 조해 986면.

가 아니기 때문이다.

재항고 또는 특별항고는 모두 卽時抗告이며 그 항고사건의 관할법원은 大法院이다(법 415조). 따라서 고등법원 또는 항소법원의 결정에 대해서는 보통항고가 허용되지 아니한다고 해석하여야 한다.

2. 再抗告의 對象 · 理由

(1) 再抗告의 對象

재항고의 대상은 항고법원 · 항소법원 · 고등법원의 결정이다. 準抗告法院의 결정도 재항고의 대상으로 된다고 해석하여야 한다(통설[1] · 판례[2]). 재정신청을 기각하는 고등법원의 결정에 대해서도 재항고(특별항고)가 허용된다고 해석하여야 한다(통설 · 판례).

(2) 再抗告의 理由

재항고 또는 특별항고는 재판에 영향을 미친 헌법 · 법률 · 명령 또는 규칙의 위반이 있음을 이유로 하는 때에 한하여 허용된다(법 415조). 예컨대 항고제기가 적법함에도 불구하고 항고제기의 부적법을 이유로 항고법원이 항고기각의 결정을 한 경우는 항고법원의 결정이 법률에 위반한 경우에 해당하고 재정신청이 적법함에도 불구하고 재정신청의 부적법을 이유로 재정신청을 기각하는 결정을 한 경우는 고등법원의 결정이 법률에 위반한 경우에 해당하며 공소기각결정의 사유가 없음에도 불구하고 항소법원이 공소기각의 결정(법 363조)을 한 경우는 항소법원의 결정이 법률에 위반된 경우에 해당한다.

3. 再抗告審의 裁判

재항고가 부적법하거나 이유 없다고 인정하는 경우에는 결정으로 재항고를 기각하여야 하며(법 413조, 414조 1항) 재항고가 이유 있다고 인정한 때에는 결정으로 원결정을 取消하고 필요한 경우에는 재항고사건에 대하여 직접 재판을 하여야 한다(법 414조 2항). 재항고심에서 원결정을 취소하는 경우에는 재항고사건을 원심법원으로 還送하는 것이 허용된다고 해석하여야 한다.[3] 대법원판례도 같은 견해이다.[4]

1) 백형구, 385면; 동저, 강의 865, 869면; 신동운, 1160면; 송광섭, 515면; 차용석, 1074, 1076면; 진계호, 769면; 임동규, 745, 749면; 신양균, 1017면; 정웅석, 1162면.

2) 大決 1983. 5. 12, 83모12.

3) 백형구, 382면.

4) 大決 1985. 7. 29, 85모16; 大決 1988. 1. 29, 86모58(권인숙양 성고문사건)(대법원이 고등법원의 재정신청기각결정을 취소하고 사건을 원심법원으로 환송한다는 결정을 하였다).

Ⅲ. 準 抗 告

1. 準抗告의 意義

준항고라 함은 재판장·수명법관의 재판 또는 수사기관의 처분에 대하여 법원에 그 재판 또는 수사처분의 취소·변경을 청구하는 불복신청을 말한다. 준항고는 상급법원에 대한 불복신청이 아니라는 점에서 항고와 다르다.

2. 準抗告의 對象

현행 형사소송법은 준항고의 대상을 엄격하게 제한하고 있다(법 416조, 417조). 이는 불필요한 소송지연·수사지연을 방지하려는 데 주된 이유가 있다.

(1) 裁判長·受命法官의 裁判

재판장 또는 수명법관의 재판 중에서 ① 기피신청을 기각한 재판, ② 구금·보석·압수 또는 압수물환부에 관한 재판, ③ 감정하기 위하여 피고인의 유치를 명한 재판, ④ 증인·감정인·통역인 또는 번역인에 대하여 과태료 또는 비용배상을 명한 재판에 한해서 준항고가 허용된다(법 416조 1항 1호 내지 4호).

수탁판사의 재판에 대해서는 준항고가 허용되지 아니한다. 형사소송법 제416조 1항은 보석에 관한 재판을 준항고의 대상으로 규정하고 있으나 재판장 또는 수명법관은 그러한 권한이 없으므로 준항고의 대상이 아니라고 해석하여야 한다.[1]

(2) 搜査機關의 處分

검사 또는 사법경찰관의 구금, 압수 또는 압수물의 환부에 관한 처분과 형사소송법 제243조의2에 의한 변호인의 참여 등에 관한 처분에 한해서 준항고의 대상으로 된다(법 417조). 구금에 관한 처분에는 접견금지처분이 포함되며 압수물의 환부에 관한 처분에는 압수물의 가환부에 관한 처분이 포함된다.[2] 대법원판례는 구금된 피의자가 피의자신문을 받음에 있어 변호인의 참여를 요구하는 것을 거부하는 수사기관의 처분에 대해서 준항고가 허용된다는 견해를 취하고 있으며[3] 2007년 6월 1일 형사소송법 개정시에 이를 명문으로 규정하였다(법 417조).

---

1) 백형구, 강의 862면; 신동운, 1159면; 임동규, 748면; 신양균, 1013면; 정웅석, 1159면.

2) 백형구, 384면; 동저, 강의 863면; 신동운, 1160면; 송광섭, 514면; 임동규, 749면; 신양균, 1014면; 정웅석, 1159면.

3) 大決 2003. 11. 11, 2003모402(송두율 교수 사건).

검사가 수사단계에서 압수수색영장을 청구하지 아니한 것은 형사소송법 제 417조의 '압수에 관한 처분'에 해당하지 아니하므로 준항고가 허용되지 아니한 다.[1)]

3. 準抗告의 節次

(1) 準抗告의 提起

준항고를 제기함에는 준항고장을 관할법원에 제출하여야 한다(법 418조). 재판장·수명법관의 재판에 대한 준항고사건의 관할법원은 그 법관이 소속한 법원이며(법 416조 1항) 수사기관의 처분에 대한 준항고사건의 관할법원은 그 직무집행지의 관할법원 또는 검사의 소속검찰청에 대응한 법원이다(법 417조). 법관의 재판에 대한 준항고제기기간은 재판의 고지가 있은 날로부터 3일 이내이다(법 416조 3항).

(2) 準抗告와 執行停止의 效力

준항고의 제기는 원칙적으로 재판의 집행을 정지하는 효력이 없으나(법 419조→409조) 과태료·비용배상을 명하는 재판에 대한 준항고는 집행정지의 효력이 있다(법 416조 4항).

4. 準抗告審의 裁判

준항고의 제기가 부적법하거나 이유 없다고 인정하는 경우에는 결정으로 준항고를 기각하여야 하며(법 419조→413조, 414조) 준항고가 이유 있다고 인정하는 경우에는 준항고의 대상인 재판 또는 처분을 취소하거나 변경하여야 하며 필요한 경우에는 준항고사건에 대하여 직접 재판을 하여야 한다(법 419조→414조).

준항고법원의 결정에 대하여는 대법원에 재항고가 허용된다고 해석하여야 한다(법 419조→415조). 이는 통설·판례이다.

---

1) 大決 2007. 5. 25, 2007모82.

제 6 장 再審 · 非常上告

제 1 절 非常救濟節次
제 2 절 再 審
제 3 절 非常上告

제 1 절

非常救濟節次

Ⅰ. 非常救濟節次의 意義

확정판결을 시정하는 절차를 비상구제절차라고 하며 재심과 비상상고가 이에 해당한다. 재심과 비상상고는 확정판결을 대상으로 한다는 점에서 미확정재판을 대상으로 하는 상소와 다르다.

Ⅱ. 再審과 非常上告의 差異

재심과 비상상고는 非常救濟節次라는 점에서 동일하나 여러 면에서 차이가 있다.

1. 目 的

재심은 유죄판결이 확정된 자의 具體的 救濟를 목적으로 함에 대해서 비상상고는 法令解釋의 統一을 목적으로 하고 있다. 비상상고에 의해서 확정판결을 받은 자가 구제되는 경우가 있으나(법 446조 1호 단서) 이는 비상상고제도의 부수적 기능이지 비상상고제도 자체의 목적은 아니다.

2. 對 象

재심의 대상은 확정된 有罪判決에 한하나(법 420조) 비상상고의 대상은 모든 確定判決이다(법 441조). 무죄 · 면소 · 공소기각 · 관할위반의 확정판결은 비상상고의 대상으로는 되나 재심의 대상으로는 되지 아니한다.

3. 理　　由

재심의 이유는 주로 유죄판결의 事實誤認이나(법 420조) 비상상고의 이유는 審判의 法令違反이다(법 441조).

4. 請求權者

재심의 청구권자는 유죄판결을 선고받은 자 등이나(법 424조) 비상상고의 신청권자는 檢察總長에 한한다(법 441조).

5. 管轄法院

재심청구사건의 관할법원은 原判決을 한 법원이나(법 423조) 비상상고사건의 관할법원은 大法院이다(법 441조).

6. 審判의 內容

재심청구가 이유 있는 경우에는 再審開始決定을 한 후 피고사건 자체에 대하여 심급에 따라 다시 審判을 하여야 하나(법 435조, 438조) 비상상고가 이유 있는 경우에는 원판결 또는 원심의 소송절차를 破棄함에 그치고 피고사건 자체에 대하여 판결을 하지 아니함을 원칙으로 한다(법 446조).

7. 判決의 效力

재심의 공판절차에서 피고인에 대하여 선고한 판결(예컨대 무죄판결)은 당연히 피고인에 대하여 효력이 미치나 비상상고의 파기판결은 원칙적으로 그 효력이 피고인에게 미치지 아니한다(법 447조).

8. 無罪判決의 公示

재심의 공판절차에서 무죄판결이 선고된 경우에는 그 무죄판결을 관보와 신문에 公告하여야 하나(법 440조) 비상상고절차에서 무죄판결이 선고된 경우에는 그 무죄판결을 공시하지 아니한다.

제 2 절

再　審

Ⅰ. 再審의 意義

1. 再審의 意義

재심이라 함은 유죄판결이 확정된 사건을 再次 審判하는 제도를 말한다. 재심은 확정된 유죄판결의 事實誤認을 시정하기 위한 제도라는 점에서 확정판결의 法令違反을 시정하기 위한 비상상고와 다르다.

재심절차는 재심청구에 대하여 재심사유의 유무를 심사하여 재차 심판할 것인가 여부를 결정하는 절차와 재심개시결정 후 사건 자체에 대하여 재차 심판하는 절차의 2단계로 구분된다. 다만 재심개시결정 후의 심판절차는 그 심급에 있어서의 公判節次와 거의 同一하므로(법 438조) 재심청구에서 재심개시결정까지의 절차에 관한 규정이 재심에 관한 규정의 대부분을 차지하고 있다.

2. 利益再審主義

재심에 관한 立法類型에는 유죄판결을 받은 자의 利益을 위해서만 재심을 허용하는 주의(佛法主義 · 利益再審主義)와 판결을 받은 자에게 不利益한 경우에도 재심을 허용하는 주의(獨法主義 · 不利益再審主義)가 있는데 현행 형사소송법은 利益再審主義를 채택하고 있다(법 420조).

3. 再審制度의 存在理由

재심제도는 확정된 유죄판결에 있어서의 사실오인을 시정하여 그 유죄판결에 의해서 불이익을 받은 피고인을 구제하려는데 그 목적이 있다. 재심제도는 유죄판결을 받은 자의 具體的 救濟를 목적으로 한다는 점에서 법령해석의 통일을 목적으로 하는 비상상고제도와 근본적인 차이가 있다.

Ⅱ. 再審의 對象 · 理由

1. 再審의 對象

(1) 確定된 有罪判決

확정된 유죄판결에 한해서 재심의 대상으로 된다(법 420조). 확정된 약식명령이나 즉결심판(유죄의 즉결심판)도 재심의 대상으로 된다. 약식명령이나 유죄의 즉결심판이 확정되면 확정된 유죄판결과 동일한 효력이 발생하기(법 457조; 즉결 16조) 때문이다. 무죄 · 면소 · 공소기각의 판결은 확정되더라도 재심의 대상으로 되지 아니한다. 확정된 決定도 재심의 대상으로 되지 아니한다.[1)]

(2) 確定된 上訴棄却判決

확정된 상소기각판결(항소기각판결 · 상고기각판결)도 재심의 대상으로 된다(법 421조). 여기서 상소기각판결이라 함은 그 상소기각판결에 의해서 확정된 하급심판결을 의미하는 것이 아니고 상소기각판결 그 자체를 의미한다.[2)]

2. 再審의 理由

(1) 有罪判決의 再審理由

재심의 이유는 주로 확정된 유죄판결의 事實誤認이다. 재심은 확정판결의 기판력을 배제하는 경우이므로 현행 형사소송법은 확정된 유죄판결의 法的 安定性을 고려하여 재심의 이유를 엄격하게 제한하고 있다(법 420조). 현행 형사소송법이 규정하고 있는 재심의 이유는 이를 다음과 같이 4가지 유형으로 분류할 수 있다.

1) 證據의 僞造 · 變造 · 虛僞 원판결(유죄판결)의 증거가 위조 · 변조 · 허위임이 明白한 경우는 재심의 이유로 된다. 현행 형사소송법이 규정하고 있는 재심사유 중 ① 원판결의 증거된 서류 또는 증거물이 확정판결에 의하여 위조

1) 大決 1986. 10. 29, 86모38; 大決 1991. 10. 29, 91재도2; 백형구, 392면; 동저, 강의 873면; 신동운, 1165면; 정영석 · 이형국, 513면; 배종대 · 이상돈, 831면; 송광섭, 518면; 진계호, 774면; 임동규, 752면; 신양균, 1021면; 정웅석, 1165면.

2) 大決 1984. 7. 27, 84모48; 백형구, 392면; 동저, 강의 873면; 신동운, 1166면; 배종대 · 이상돈, 831면; 진계호, 775면; 신양균, 1022면; 정웅석, 1166면.

또는 변조인 것이 증명된 때(법 420조 1호), ② 원판결의 증거된 증언·감정·통역 또는 번역이 확정판결에 의하여 허위인 것이 증명된 때(동조 2호), ③ 무고로 인하여 유죄의 선고를 받은 경우에 그 무고의 죄가 확정판결에 의하여 증명된 때(동조 3호), ④ 원판결의 증거된 재판이 확정재판에 의하여 변경된 때(동조 4호)가 이에 해당한다.

유죄판결의 증거로 채택된 서류·물건·증언·감정 등이 위조·변조·허위임이 確定判決에 의하여 證明되어야 재심의 이유로 된다. 원판결(유죄판결)의 증거로 채택된 증언 또는 감정을 한 자에 대해서 위증죄·허위감정죄로 유죄판결이 확정된 경우, 고소인·고발인에 대해서 무고죄로 유죄판결이 확정된 경우, 원판결(유죄판결)의 증거로 채택된 서류를 제출한 자에 대해서 문서위조죄·문서변조죄로 유죄판결이 확정된 경우는 원판결의 증거된 증언·서류가 확정판결에 의하여 위조·변조·허위임이 증명된 때에 해당한다. 형사소송법 제420조 각호의 확정판결은 형사확정판결만을 의미하며 민사확정판결은 포함하지 아니한다(통설). 다만 동조 제 4 호의 확정판결에는 民事判決이 포함된다(통설).

원판결의 증거된 서류·증거물·증언·감정(동조 1호· 2호)이라 함은 공소사실을 유죄로 인정하는 증거로 채택된 서류·증거물·증언·감정이라는 의미이다. 원판결의 증거로 된 서류의 證據能力을 인정하는 증거를 위조 또는 변조한 경우가 제 1 호의 재심사유로 되는가에 관해서 이를 긍정하는 견해가 있으나[1] 이를 부정하는 견해[2]가 타당하다고 본다. 원판결의 증거로 된 증거를 위조 또는 변조한 경우가 아니기 때문이다. 원판결의 증거로 채택된 서류는 위조 또는 변조되지 아니하였는데 그 서류의 증거능력을 인정하기 위한 서류(증거)를 위조 또는 변조한 경우가 어떠한 경우인지 상정하기 어렵다.

2) 새로운 證據의 發見

(ㄱ) 有利한 證據 　유죄의 선고를 받은 자에 대하여 무죄 또는 면소[3]를, 형의 선고를 받은 자에 대하여 형의 면제 또는 원판결이 인정한 죄보다 輕한 죄로 인정할 明白한 證據가 새로 發見된 때에는 재심의 이유로 된다(법 420조 5호).

刑의 免除는 刑의 必要的 免除의 사유가 있는 경우를 말하며 형의 任意的 免除의 사유가 있는 경우는 포함하지 아니한다. 輕한 罪라 함은 法定刑이 輕한

1) 강구진, 596면; 이재상, 695면; 신동운, 1173면; 배종대·이상돈, 832면; 송광섭, 518면; 진계호, 775면; 임동규, 754면; 신양균, 1031면; 정웅석, 1168면.

2) 백형구, 393면; 동저, 강의 874면; 동저, 조해 1016면.

3) 유죄의 선고를 받는 자에 대하여 公訴棄却을 할 명백한 증거가 새로 발견된 경우는 재심의 이유로 되지 아니한다.

다른 罪를 의미한다.[1] 예컨대 보통살인죄(형법 250조 1항)는 존속살인죄(동조 2항)에 대하여 輕한 罪에 해당한다.

(ㄴ) 새로운 證據(證據의 新規性) 證據의 新規性 즉 증거가 새로 발견된 때라 함은 원판결의 소송절차에서 발견하지 못하였거나 발견하였다 할지라도 그 제출 또는 증거조사가 불가능하였던 증거를 새로 발견하거나 그 제출 또는 증거조사가 가능하게 된 경우를 의미한다.[2] 예컨대 유죄판결이 확정된 후에 眞犯人이 검거되어 유죄판결이 확정된 경우, 유죄판결을 받은 자의 알리바이를 입증할 증인이 나타난 경우는 무죄로 인정할 증거가 새로 발견된 경우에 해당한다. 이에 대해서 유죄판결이 확정된 후 증인이나 공동피고인이 종전의 진술을 번복한 경우는 증거가 새로 발견된 경우에 해당하지 아니한다.[3] 원판결의 소송절차에서 증거를 제출하지 아니하는 것이 피고인의 고의 · 과실에 기인한 경우는 재심사유로 되지 아니한다고 해석하여야 한다.[4] 이 경우는 원판결 후에 증거가 새로 발견된 경우가 아니기 때문이다. 증거의 신규성은 법원에 대해서뿐 아니라 유죄판결을 받은 자에 대해서도 인정되어야 한다는 견해가 있으나[5] 법원에 대해서만 인정되면 족하다는 견해가[6] 타당하다고 본다.

(ㄷ) 明白한 證據(證據의 明白性) 증거의 명백성 즉 明白한 證據라 함은 확정된 유죄판결을 파기할 가능성이 고도로 인정되는 증거를 말한다. 즉 확정된 유죄판결에서 사실인정의 자료로 채택된 증거보다 그 증거가치에 있어 경험칙이나 논리칙에 의해서 객관적으로 優位性이 인정되는 증거임을 요한다.[7] 따라서 법관의 자유심증에 의하여 증거가치의 존부가 좌우되는 증거는 명백한 증거에 해당하지 아니한다. 예컨대 유죄판결이 확정된 후에 眞犯人이 검거되어 유죄판결이 선고 · 확정된 경우는 무죄로 인정할 명백한 증거가 새로 발견된 경우에 해당하고 상해죄로 유죄판결이 확정된 후에 피고인이 피해자에게 폭행을 하지 아

---

1) 大決 1987. 7. 14, 87모33; 大決 1992. 8. 31, 92모31; 백형구, 394면; 동저, 강의 875면; 이재상, 697면; 신동운, 1169면; 임동규, 756면; 신양균, 1023면; 정웅석, 1171면.
2) 大決 1972. 3. 28, 72소1; 大決 1995. 11. 8, 95모67; 大決 1999. 8. 11, 99모93; 백형구, 394면; 동저, 강의 875면; 신동운, 1171면; 진계호, 779면; 임동규, 757면; 신양균, 1023면.
3) 大決 1993. 5. 17, 93모33; 백형구, 394면; 동저, 강의 876면; 이재상, 698면; 송광섭, 521면.
4) 大決 1966. 6. 11, 66모24; 백형구, 394면; 동저, 강의 876면; 진계호, 779면; 임동규, 758면.
5) 김기두, 333면; 정영석 · 이형국, 516면; 송광섭, 521면.
6) 강구진, 601면; 이재상, 699면; 신동운, 1171면; 배종대 · 이상돈, 837면.
7) 大判 1971. 8. 31, 71도1186; 大決 1996. 8. 29, 96모72; 大決 1999. 8. 11, 99모93; 백형구, 394면; 동저, 강의 876면; 이재상, 699면; 신동운, 1171면; 송광섭, 520면; 진계호, 780면; 임동규, 758면; 정웅석, 1174면.

니하였다고 증언할 목격자가 나타난 경우는 무죄로 인정할 명백한 증거가 발견된 경우에 해당하지 아니한다. 共犯 중의 1인이 다른 법원에서 무죄판결이 선고·확정된 경우에 그 무죄의 이유가 유죄판결이 확정된 자에게 共通되는 때에는 공범자에 대한 無罪判決은 무죄로 인정할 명백한 증거가 새로 발견된 경우에 해당한다고 해석하여야 한다(통설).[1]

새로 발견된 증거가 證據能力이 있음을 요하는가에 관해서는 소극설이 있으나[2] 적극설이[3] 타당하다고 본다. 확정된 유죄판결을 증거능력이 없는 증거에 의해서 파기하고 무죄 등의 판결을 선고한다는 것은 불합리하기 때문이다. 예컨대 유죄판결을 받은 자의 알리바이를 이유로 무죄판결을 선고하는 경우 알리바이는 증거능력이 있는 증거에 의해서 인정하여야 한다. 엄격한 증명을 요하는 사실을 인정하는 증거인 경우에는 증거능력이 있음을 요하고 자유로운 증명으로 족한 사실을 인정하는 증거인 경우에는 증거능력이 있음을 요하지 아니한다는 견해가 있으나[4] 그 이론적 합리성을 인정하기 어렵다. 자유로운 증명으로 족한 사실이란 증거능력이 없는 증거에 의해서 인정할 수 있는 사실을 의미하기 때문이다(통설).[5]

證據의 明白性 유무를 판단함에 있어 새로운 증거만에 의하여야 한다는 견해가 있으나[6] 확정된 유죄판결에서 사실인정의 자료로 채택된 증거를 포함시켜 종합적으로 판단하여야 한다는 견해(綜合評價說)가 타당하다. 재심청구를 받은 법원이 신증거와 구증거를 종합하여 증거의 명백성 유무를 판단함에 있어 확정된 유죄판결에서의 증거평가에 구속되느냐에 관해서 이를 긍정하는 견해(心證引繼說)가 있으나 구증거의 증거가치를 재평가하여야 한다는 견해(再評價說)[7]가 타당하다고 본다.

증거의 명백성을 판단하는 경우에 재심개시결정을 위한 사실인정에 관하여 '의심스러운 때에는 피고인의 이익으로'(in dubio pro reo) 판단하여야 한다는 원

1) 백형구, 395면; 동저, 강의 876면; 이재상, 700면; 배종대·이상돈, 839면; 차용석, 1093면; 진계호, 781면; 임동규, 760면; 신양균, 1030면.
2) 신동운, 1170면; 배종대·이상돈, 836면.
3) 김기두, 333면; 백형구, 394면; 동저, 강의 875면.
4) 강구진, 599면; 이재상, 697면; 진계호, 778면; 임동규, 757면; 신양균, 1024면.
5) 자유로운 증명으로 족한 사실을 인정하는 증거가 증거능력이 있어야 한다고 주장하는 학자는 없다.
6) 임동규, 758면.
7) 백형구, 395면; 동저, 강의 877면; 이재상, 699면; 신동운, 1172면; 정영석·이형국, 515면; 배종대·이상돈, 839면; 송광섭, 521면; 차용석, 1093면; 진계호, 780면; 신양균, 1028면; 정웅석, 1176면.

칙이 적용되는가에 관해서 이를 긍정하는 견해(적극설)[1]가 있으나 이를 부정하는 견해(소극설)[2]가 타당하다고 본다. 증거의 명백성이 인정되지 않기 때문이다.

3) **權利의 無效** 저작권 · 특허권 · 실용신안권 · 의장권 · 상표권을 침해한 죄로 유죄의 선고를 받은 사건에 관하여 그 권리에 대한 無效의 심결 또는 無效의 판결이 확정된 때에는 재심의 이유로 된다(법 420조 6호). 권리무효의 심결 또는 판결이 확정된 때에는 그 권리는 처음부터 존재하지 아니한 것으로 되므로 재심사유로 규정한 것이다. 이러한 재심사유가 있는 때에는 재심개시결정을 하여 재심의 공판절차에서 무죄판결을 선고하여야 한다.

4) **法官 · 檢事 · 司法警察官의 職務上 犯罪** 원판결, 전심판결 또는 그 판결의 기초된 조사에 관여한 법관, 공소의 제기 또는 그 공소의 기초된 수사에 관여한 검사나 사법경찰관이 그 직무에 관한 죄를 범한 것이 확정판결에 의하여 증명된 때에는 재심사유로 된다(동조 7호). 원판결의 사실오인 유무를 불문하고 재심사유로 된다. 그러나 원판결의 선고 전에 법관, 검사 또는 사법경찰관에 대하여 직무상 범죄를 이유로 공소가 제기되고 원판결의 법원이 그 사유를 안 때에는 재심사유로 되지 아니한다(동조 7호 단서).

(2) 上訴棄却判決의 再審事由

항소기각판결 또는 상고기각판결에 대한 재심청구는 형사소송법 제420조 1호 · 2호 · 7호의 사유가 있는 때에 한하여 허용된다(법 421조). 원심의 유죄판결 자체에 관해서는 재심사유가 없는 경우에도 상소기각의 판결에 관해서는 재심사유가 있는 경우가 있으므로 원심의 유죄판결과 별도로 상소기각판결에 대하여 재심청구를 허용한 것이다. 상소기각의 판결에 대하여 재심개시결정이 확정되면 소송은 상소를 한 상태로 復元되며 상소심은 그 심급에 따라 사건을 심판하여야 한다.[3]

(3) 確定判決을 받을 수 없는 경우

확정판결에 의해서 범죄가 증명됨을 재심청구의 이유로 할 경우에 그 확정판결을 얻을 수 없는 때에는 그 사실을 증명하여 재심의 청구를 할 수 있다. 단 증거가 없다는 이유로 확정판결을 얻을 수 없는 때에는 예외로 한다(법 422조). 확정판결을 얻을 수 없는 때라 함은 공소시효의 완성, 범인의 사망 또는 행방불명,

---

1) 강구진, 602면; 배종대 · 이상돈, 838면; 차용석, 1093면; 진계호, 781면; 신양균, 1029면.
2) 백형구, 395면; 동저, 강의 877면; 이재상, 700면; 임동규, 759면; 정웅석, 1178면.
3) 백형구, 강의 878면; 이재상, 701면; 신동운, 1175면; 배종대 · 이상돈, 840면.

검사의 기소유예 등으로 인하여 확정판결을 얻을 수 없는 때를 말한다.[1] 다만 대법원판례는 기소유예로 인하여 확정판결을 얻을 수 없는 때는 포함되지 않는다는 견해를 취하고 있으며[2] 이를 지지하는 견해가 있다.[3]

Ⅲ. 再審의 請求와 그 審判

1. 再審의 請求

(1) 再審의 請求權者

재심의 청구권자는 (i) 검사, (ii) 유죄의 선고를 받는 자, (iii) 그 법정대리인, (iv) 유죄의 선고를 받은 자가 사망하거나 심신장애가 있는 경우에는 그 배우자·직계친족·형제자매이다(법 424조). 검사 이외의 재심청구권자가 재심청구를 하는 경우에는 변호인을 선임할 수 있으며(법 426조) 이 경우에는 그 변호인도 재심을 청구할 수 있다(통설·판례[4]).

(2) 再審請求의 時期

재심청구의 시기에는 제한이 없다. 재심의 청구는 형의 집행을 종료하거나 형의 집행을 받지 아니하게 된 때에도 할 수 있으며(법 427조) 유죄판결을 선고받은 자가 死亡한 후에도 할 수 있다(법 424조 4호). 이 경우에도 재심에서 무죄판결을 받으면 명예회복, 형사보상, 집행당한 벌과금의 환부, 몰수 또는 추징당한 금액의 환부 등 이익이 있으므로 재심청구를 허용한 것이다. 형의 선고가 失效된(형 81조) 후에도 재심청구가 허용된다고 해석하여야 한다.

확정된 유죄판결 자체에 대한 재심청구사건의 판결이 있은 후에는 항소기각판결 또는 상고기각판결에 대한 재심청구가 허용되지 아니한다(법 421조 2항·3항).

(3) 再審請求의 方式

재심의 청구를 함에는 재심청구서를 법원에 제출하여야 하며 재심청구서에는 원판결의 등본 및 증거자료를 첨부하여야 한다(규칙 166조). 재심청구서가 법원에 제출된 때에 재심청구의 효력이 발생한다. 다만 在所者가 재심을 청구하는 경우에는 재심청구서를 교도관리에게 제출한 때에 재심청구가 있는 것으로 간주한다(법 430조→344조).

---

1) 백형구, 397면; 동저, 강의 880면; 이재상, 702면; 배종대·이상돈, 841면; 차용석, 1098면; 임동규, 762면; 신양균, 1034면.

2) 大決 1959. 7. 30, 4292형재1.

3) 신동운, 1176면; 진계호, 782면.

4) 大決 1956. 4. 27, 4289형재항10.

(4) 再審請求와 刑의 執行停止

재심의 청구는 형의 집행을 정지하는 효력이 없다. 다만 검사는 재심청구에 대한 재판이 있을 때까지 형의 집행을 停止할 수 있다(법 428조).

(5) 再審請求의 競合

재심청구의 경합이라 함은 상소기각의 확정판결과 그 상소기각판결에 의해서 확정된 하급심의 유죄판결에 대해서 각각 재심의 청구가 있는 경우를 말한다. 이 경우에는 상소법원은 하급심의 소송절차가 종료할 때까지 소송절차를 停止하여야 한다(규칙 169조).

(6) 再審請求의 取下

재심의 청구는 取下할 수 있다(법 429조 1항). 재심의 청구를 취하한 자는 동일한 이유로 다시 재심을 청구하지 못한다(동조 2항). 재심청구의 취하는 재심개시결정이 있기 전에는 물론 재심의 제 1 심판결선고 전까지 허용된다고 해석하여야 한다.

2. 再審請求에 대한 審判

(1) 再審請求事件의 管轄法院

재심의 청구는 원판결을 한 법원이 관할한다(법 423조). 따라서 항소기각판결에 대한 재심청구사건의 관할법원은 그 항소기각판결을 한 법원이다.

(2) 再審請求事件의 審理

1) 書面審理 재심청구사건에 대한 심리는 구두변론을 요하지 아니하며(법 37조 2항) 서면심리에 의하더라도 위법이 아니다.

2) 事實調査 재심청구를 받은 법원은 필요한 때에는 사실을 조사할 수 있으며(법 37조 3항) 합의부원에게 재심청구의 이유에 관한 사실조사를 명하거나 다른 법원의 판사에게 사실조사를 촉탁할 수 있다(법 431조 1항). 이 경우 수명법관 또는 수탁판사는 법원 또는 재판장과 동일한 권한이 있다(동조 2항).

3) 當事者의 意見 재심의 청구에 대하여 결정을 함에는 재심을 청구한 자와 그 상대방의 의견을 들어야 하며 법정대리인이 재심을 청구한 경우에는 유죄의 선고를 받은 자의 의견을 들어야 한다(법 432조). 재심청구를 받은 법원이 재심청구인과 그 상대방에게 의견진술의 기회를 주지 아니하고 재심청구에 대해서 기각결정을 한 것은 위법이며 즉시항고의 사유로 된다(통설 · 판례[1]).

---

1) 大決 1961. 4. 23, 4294형재항13; 大決 1977. 7. 4, 77모28; 大決 1993. 2. 24, 93모6; 大決 2004. 7. 14, 2004모86.

(3) 再審請求에 대한 裁判

재심청구에 대한 재판에는 재심청구를 기각하는 결정과 재심개시의 결정이 있다.

1) 再審請求棄却決定 재심의 청구가 不適法하거나 理由 없는 경우에는 결정으로 재심의 청구를 棄却하여야 한다(법 433조, 434조 1항). 재심청구가 競合한 경우에 하급심의 유죄판결에 대한 재심의 판결이 있는 때에는 상소법원은 결정으로 재심의 청구를 기각하여야 한다(법 436조 1항·2항).

2) 再審開始決定 재심의 청구가 理由 있다고 인정한 때에는 재심개시의 결정을 하여야 한다(법 435조 1항). 재심개시결정이 확정되면 확정판결은 未確定의 상태로 되며 유죄판결이 확정된 자는 被告人으로 된다.

재심청구의 이유 유무를 판단함에 있어서는 재심을 청구한 자의 法律的 見解에 구속되지 아니한다(통설). 競合犯의 일부에 대해서만 재심청구의 이유가 있는 경우에도 원판결이 경합범의 전부에 대해서 1개의 형을 선고한 경우에는 경합범의 전부에 대해서 재심개시의 결정을 하여야 한다고 본다(통설·판례[1]). 형을 다시 정하여야 하기 때문이다. 이 경우 경합범의 일부에 대해서만 재심개시결정을 하여야 한다는 견해도 있다.[2]

재심개시의 결정을 할 때에는 결정으로 형의 집행을 정지할 수 있다(법 435조 2항). 必要的 형집행정지를 형사소송법의 제 8 차 개정시(1995. 12. 29)에 任意的 형집행정지로 개정하였다.

3) 決定에 대한 不服 재심청구에 대한 결정에 대해서는 기각결정이냐 재심개시결정이냐를 불문하고 즉시항고가 허용된다(법 437조).

Ⅳ. 再審公判節次의 特則

1. 再次의 審判

재심개시의 결정이 확정된 사건에 대하여는 그 심급에 따라 다시 심판하여야 한다(법 438조 1항). 따라서 재심의 공판절차에 관하여는 각 심급의 공판절차에 관

1) 大判 1996. 6. 14, 96도477(경합범의 관계에 있는 수개의 범죄사실을 유죄로 인정하여 한 개의 형을 선고한 불가분의 확정판결에서 그 중 일부에 대하여만 재심청구의 이유가 있는 것으로 인정되는 경우에는 형식적으로 1개의 형이 선고된 판결에 대한 것이어서 그 판결 전부에 대하여 재심개시의 결정을 할 수밖에 없다). 同旨 大判 2001. 7. 13, 2001도1239.

2) 이재상, 706면; 송광섭, 526면.

한 규정이 적용된다. 다만 재심제도의 특수성으로 인하여 재심의 공판절차에 있어서는 약간의 특칙이 있다.

2. 審理上의 特則

(1) 公判廷出席에 관한 特則

재심의 공판절차에서는 재심피고인이 심신장애자인 경우에도 피고인의 출정 없이 심판할 수 있다(동조 3항).

(2) 公判節次의 停止에 관한 特則

회복할 수 없는 심신장애자를 위하여 재심의 청구를 한 때 또는 유죄의 선고를 받은 자가 재심의 판결 전에 회복할 수 없는 심신장애자로 된 때에도 공판절차를 정지할 필요 없이 심리를 진행하여야 한다(동조 2항).

(3) 必要的 辯護

재심피고인이 사망하거나 회복할 수 없는 심신장애자인 경우에는 변호인이 공판정에 출석하지 아니하면 개정하지 못하며(동조 3항 단서) 이 경우 재심을 청구한 자가 변호인을 선임하지 아니한 때에는 재판장은 직권으로 변호인을 선임하여야 한다(동조 4항).

(4) 公訴取消의 不許

재심의 공판절차에서는 제 1 심판결의 선고 전이라도 공소의 취소가 허용되지 아니한다(통설·판례[1]).

(5) 公訴狀變更의 許容

재심의 공판심리절차에서도 공소장의 변경(법 298조)이 허용된다(통설). 다만 그 허용범위에 관해서는 원판결의 죄보다 重한 죄로 공소장을 변경하는 것은 허용되지 아니한다는 견해(限定說)[2]가 있으나 재심의 경우에는 원판결의 형보다 重한 형을 선고하지 못한다는(법 439조) 점, 원판결이 인정한 죄보다 법정형이 무거운 죄로 공소장이 변경된 경우에도 원판결이 선고한 형보다 중한 형을 선고하지 않는 한 형사소송법 제439조에 위반되지 아니한다는 점, 사실인정·법령적용·죄명선택에 있어 원심보다 重하게 변경되었다 할지라도 선고한 刑이 重하게 변경되지 않는 한 불이익변경금지의 원칙(법 368조)에 위배되지 아니한다는(통설) 점 등을 고려할 때 재심의 경우에 공소장변경의 허용범위를 제한적으로 해석할 필요

1) 大判 1976. 12. 28, 76도3203.
2) 이재상, 707면; 신동운, 1183면; 배종대·이상돈, 849면; 차용석, 1122면; 진계호, 788면; 임동규, 770면; 정웅석, 1189면.

가 없다고 본다(非限定說).[1]

3. 裁判上의 特則

(1) 公訴棄却決定의 例外

피고인이 死亡한 경우에는 법원은 공소기각의 결정을 하여야 하나(법 328조 1항 1호) 사망자를 위하여 재심을 청구하였거나 재심피고인이 재심의 판결 전에 사망한 경우에는 공소기각의 결정을 하여서는 안 되고 무죄 등의 판결을 선고하여야 한다(법 438조 2항). 무죄판결의 공시로 인한 명예회복, 무죄판결로 인한 형사보상 등 사회적·법률적 이익을 고려하여 공소기각결정의 例外를 인정한 것이다.

(2) 不利益變更의 禁止

재심의 공판절차에서 刑을 선고하는 경우에는 원판결의 형보다 重한 刑을 선고하지 못한다(법 439조). 재심에 있어서 불이익변경금지의 원칙은 이익재심주의를 채택하고 있는(법 420조, 421조) 재심제도의 본질상 당연한 것이다.

(3) 無罪判決의 公示

재심에서 무죄판결을 선고한 때에는 그 판결을 관보와 법원소재지의 신문에 公告하여야 한다(법 440조). 이는 유죄판결이 확정된 자의 명예회복을 위한 조치이다. 무죄판결의 主文뿐 아니라 그 理由도 공고하여야 한다.

「무죄의 선고를 한 때」의 의미에 관해서는 무죄판결이 宣告된 때를 의미한다는 견해(宣告時說)[2]와 무죄판결이 確定된 때라는 의미로 해석하여야 한다는 견해(確定時說)[3]가 대립되고 있다. 宣告時說은 형사소송법 제440조가 무죄의 선고를 한 때라고 규정하고 있다는 점을 논거로 내세우고 있으나 재심의 무죄판결에 대해서 상소가 허용되므로 재심의 무죄판결이 상소심에서 유죄판결로 변경될 가능성이 있다는 점을 고려할 때 確定時說이 타당하다고 본다.

(4) 再審判決과 原判決의 效力

재심의 판결이 확정된 때에는 원판결은 당연히 그 효력을 잃는다. 그러나 失效된 원판결에 의한 刑의 執行이 모두 무효로 되는 것이 아니다. 예컨대 원판결에 의한 자유형의 집행은 재심판결의 자유형에 통산된다(통설).

---

1) 백형구, 402면; 동저, 강의 885면; 송광섭, 528면; 신양균, 1044면.
2) 신동운, 1183면; 배종대·이상돈, 849면; 진계호, 789면; 임동규, 771면; 신양균, 1045면; 정웅석, 1190면.
3) 백형구, 403면; 동저, 강의 886면; 이재상, 708면; 차용석, 1124면.

제 3 절

非常上告

Ⅰ. 非常上告의 意義 · 目的

1. 非常上告의 意義

비상상고라 함은 판결이 확정된 사건의 심판이 법령에 위반되었음을 이유로 그 판결 또는 소송절차를 파기하는 제도를 말한다. 비상상고는 확정판결의 시정제도인 점에서 상고와 다르며 확정판결의 법령위반을 시정하는 제도라는 점에서 확정판결의 사실오인을 시정하는 재심과 다르다.

2. 非常上告의 目的

비상상고는 法令解釋 · 法令適用의 統一을 목적으로 하는 제도이다. 이 점에서 비상상고는 유죄판결이 확정된 자의 구체적 구제를 목적으로 하는 재심과 다르다. 다만 비상상고의 판결에 의해서 확정판결을 받은 자의 불이익이 구제되는 경우가 있다(법 446조 1호 단서).

Ⅱ. 非常上告의 對象 · 理由

1. 非常上告의 對象

(1) 確定判決

비상상고의 대상은 확정판결이다(법 441조). 유죄 · 무죄 · 면소 · 공소기각 · 관할위반의 판결뿐 아니라 약식명령 · 즉결심판도 확정되면 비상상고의 대상으로 된다. 當然無效의 확정판결도 비상상고의 대상으로 된다고 해석하여야 한다(통설).

판결의 無效宣言이 요청되기 때문이다.

(2) 上訴棄却決定

항소기각의 결정 또는 상고기각의 결정은 판결이 아니나 비상상고의 대상으로 된다고 본다(통설 · 판례[1]). 원판결을 확정시키는 종국재판이기 때문이다.

(3) 公訴棄却決定

공소기각의 결정은 종국재판이므로 비상상고의 대상으로 된다는 견해가 있으나[2] 항소심 · 상고심의 공소기각결정(법 363조, 382조)은 하급심판결을 확정시키는 효력이 없으므로 비상상고의 대상으로 되지 아니한다고 해석하여야 한다.

2. 非常上告의 理由

(1) 審判의 法令違反

비상상고의 이유는 심판의 법령위반이다. 審判은 審理와 判決을 의미하므로 심판의 법령위반에는 審理節次(판결 전 소송절차)의 법령위반과 判決의 법령위반이 있으며 판결의 법령위반은 判決內容의 법령위반과 判決節次의 법령위반으로 구분된다. 판결의 내용이 刑法의 규정을 위반한 경우뿐 아니라 刑事訴訟法의 규정을 위반한 경우도 判決內容의 법령위반에 해당한다.[3] 법령위반은 법령의 형식을 기준으로 헌법위반 · 법률위반 · 명령위반 · 규칙위반으로 구분할 수 있다.[4]

(2) 判決의 法令違反과 訴訟節次의 法令違反의 區別

형사소송법 제446조는 判決의 법령위반(동조 1호)과 訴訟節次의 법령위반(동조 2호)을 구분하고 판결의 법령위반인 경우에 한해서 破棄自判을 허용하고 있으므로(동조 1호 단서)[5] 이를 구별할 필요가 있다. 이에 관해서는 다음과 같은 학설이 대립되고 있다.

1) 제 1 설 이는 判決內容 및 判決節次의 법령위반은 판결의 법령위반에 해당하고 判決 前 訴訟節次의 법령위반은 소송절차의 법령위반에 해당한다는 견해이다.[6] 그러나 이 견해는 판결절차의 법령위반을 판결의 법령위반에 해당시키고 있다는 점에 이론적 약점이 있다. 판결절차는 판결의 내용에 해당하지 아

1) 大判 1963. 1. 10, 62오4.
2) 신동운, 1185면; 배종대 · 이상돈, 812면; 진계호, 791면; 임동규, 773면; 신양균, 952면.
3) 백형구, 347, 405면; 동저, 강의 824, 892면; 동저, 조해 1045면.
4) 백형구, 347면; 동저, 강의 824면.
5) 일본 형사소송법 제458조 1호 · 2호는 우리 형사소송법 제446조 1호 · 2호와 동일한 내용의 규정이다.
6) 團藤, 綱要 601면; 團藤 등, 實務講座 12권 2796면(平出); 松本 등, 條解 905면.

니하고 소송절차에 해당하기 때문이다.

2) 제 2 설 이는 판결에 법령의 적용을 잘못한 경우와 면소판결의 사유가 있음에도 불구하고 실체판결을 한 경우는 판결의 법령위반에 해당하고 공소기각, 관할위반의 사유가 있음에도 불구하고 실체판결을 한 경우와 판결절차가 법령에 위반한 경우는 소송절차의 법령위반에 해당한다는 견해이다.[1] 그러나 이 견해는 공소기각의 사유가 있음에도 불구하고 실체판결을 한 경우를 소송절차의 법령위반에 해당시키고 있다는 점에 이론적 약점이 있다. 이 경우는 판결의 내용이 법령에 위반한 경우이기 때문이다.

3) 제 3 설 이는 판결의 법령위반이란 판결의 내용에 직접 영향을 미치는 법령위반을 의미하고 소송절차의 법령위반이란 판결의 내용에 직접 영향을 미치지 아니한 소송절차의 법령위반을 의미한다는 견해이다.[2] 이 견해에 의하면 訴訟節次의 법령위반이 판결의 내용에 영향을 미치는 경우[3]에는 판결의 법령위반에 해당한다. 그러나 소송절차의 법령위반이 판결의 내용에 영향을 미치는 경우에도 그 법령위반은 판결내용의 법령위반이 아니라 소송절차(심리절차)의 법령위반이다. 따라서 이 견해에 대해서는 그 이론적 합리성을 인정하기 어렵다.

4) 제 4 설 이는 판결의 법령위반(법 446조 1호)은 判決內容의 법령위반을 의미하고 소송절차의 법령위반(동조 2호)은 판결 전 소송절차와 판결절차의 법령위반을 의미한다는 견해이다.[4] 이 견해에 의하면 공소기각의 사유가 있음에도 불구하고 유죄판결을 한 경우는 판결내용의 법령위반에 해당하고 소송절차의 법령위반이 판결의 내용에 영향을 미치는 경우에도 그 법령위반은 訴訟節次의 법령위반에 해당한다. 이 견해가 타당하다고 본다. 이 견해는 우리나라나 일본에서 새로운 해석론(학설)에 해당한다.

(3) 事實誤認으로 인한 法令違反

심판의 법령위반이 사실오인의 결과 발생한 경우에 비상상고의 이유로 되느냐에 관해서는 소극설, 적극설, 절충설이 대립되고 있다.

---

1) 平野 345면; 小野 등, 주석 985면(栗本一夫); 日本刑法學會, 刑訴講座 3권 179면(光藤景皎).

2) 백형구, 강의(1996년판) 891면; 이재상, 711면; 정영석 · 이형국, 523면; 송광섭, 530면; 배종대 · 이상돈, 854면; 차용석, 1136면; 진계호, 792면; 임동규, 774면; 신양균, 1049면.

3) 예컨대 법원이 검사에게 공소장변경의 요구를 하지 아니하고 무죄판결을 선고한 경우는 소송절차(심리절차)의 법령위반(법 298조 2항의 위반)이 판결의 내용에 영향을 미친 경우에 해당한다(예외적 의무설의 입장).

4) 백형구, 408면; 동저, 강의 893면; 동저, 조해 1047면.

소극설은 그 사실오인이 實體法的 事實의 오인이냐 訴訟法的 事實의 오인이냐를 불문하고 비상상고의 이유로 되지 아니한다는 견해이고[1] 적극설은 그 사실오인이 실체법적 사실의 오인이냐 소송법적 사실의 오인이냐를 불문하고 그 사실오인이 소송기록의 조사에 의해서 용이하게 인정되는 경우에 한해서 비상상고의 이유로 된다는 견해이며[2] 절충설은 그 사실오인이 訴訟法的 事實의 오인인 경우에 한해서 비상상고의 이유로 되고 실체법적 사실의 오인인 경우에는 비상상고의 이유로 되지 아니한다는 견해이다.[3]

비상상고는 법령해석의 통일을 목적으로 하는 제도라는 점, 사실오인은 비상상고의 이유로 되지 아니한다는 점, 실체법적 사실의 오인(예컨대 형사미성년자의 오인)으로 인한 법령위반은 법령의 해석을 잘못한 경우가 아니고 사실을 오인한 경우라는 점, 소송법적 사실의 오인(예컨대 소송조건의 존부의 오인)으로 인한 법령위반은 사실오인이 아니고 법령위반이라는 점, 현행 형사소송법은 비상상고사건의 심리절차에서 소송법적 사실에 한해서 事實調査를 허용하고 있다는(법 444조) 점 등을 고려할 때 절충설이 타당하다고 본다.

대법원판례는 소년을 성년으로 오인하고 정기형을 선고한 판결에 대한 비상상고는 적법하다는 견해를 취하고 있으며[4] 누범가중사유를 오인하여 누범가중규정을 적용한 판결에 대한 비상상고는 부적법하다는 견해를 취하고 있다.[5]

Ⅲ. 非常上告의 節次

1. 申 請

비상상고의 신청권자는 검찰총장이다(법 441조). 검찰총장이 비상상고를 함에는 그 이유를 기재한 신청서를 대법원에 제출하여야 한다(법 442조). 비상상고는 법령해석의 통일을 목적으로 함으로 최고법원인 대법원을 관할법원으로 한 것이다. 비상상고의 신청은 그 신청에 대한 판결이 있을 때까지는 취하가 허용된다고 해석하여야 한다.

---

1) 서일교, 391면; 권오병, 395면.
2) 강구진, 612면; 이재상, 713면; 정영석 · 이형국, 524면; 송광섭, 531면; 신양균, 1052면.
3) 백형구, 406면; 동저, 강의 889면; 신동운, 1189면; 배종대 · 이상돈, 856면; 차용석, 1131면; 진계호, 794면; 임동규, 775면; 정웅석, 1198면.
4) 大判 1963. 4. 4, 63오1.
5) 大判 1962. 9. 27, 62오1.

2. 審　　理

(1) 公判의 開廷

비상상고사건을 심리하기 위해서는 반드시 공판기일을 열어야 하며 공판기일에는 검사가 신청서에 의하여 진술하여야 한다(법 443조). 비상상고사건을 심리하는 공판기일에는 피고인의 출석을 요하지 아니한다. 비상상고사건을 심리하는 공판기일에 변호인의 출석권 · 의견진술권이 인정되느냐에 관해서 적극설이 있으나[1] 소극설[2]이 타당하다고 본다. 변호인의 출석권 · 의견진술권을 인정하는 규정이 없기 때문이다.

(2) 事實調査

대법원은 신청서에 포함된 이유에 한하여 조사하여야 한다(법 444조 1항). 따라서 비상상고사건을 심리하는 경우에는 신청서에 기재되지 아니한 이유에 관한 職權調査는 허용되지 아니한다. 비상상고 사건을 심리함에 있어 법원의 관할, 공소의 수리, 소송절차에 관하여는 사실조사를 할 수 있으며(동조 2항) 그 사실조사를 합의부원에게 명하거나 다른 법원의 판사에게 촉탁할 수 있다(동조 3항→431조). 이 경우 수명법관 또는 수탁판사는 법원 또는 재판장과 동일한 권한이 있다(법 444조 3항→431조).

3. 判　　決

(1) 棄却判決

비상상고가 이유 없다고 인정한 때에는 판결로써 기각하여야 한다(법 445조). 비상상고신청서에 기재된 비상상고이유가 인정되지 아니한 때에는 설사 일건기록의 검토에 의해서 비상상고의 대상으로 된 원판결이 그 신청서에 기재되지 아니한 이유로 법령위반이라고 인정되는 경우에도 비상상고의 신청을 기각하여야 한다.

비상상고의 신청이 부적법한 경우(예컨대 비상상고의 대상인 판결이 특정되지 아니하거나 비상상고의 이유가 기재되지 아니한 경우)에는 형사소송법 제445조를 유추적용하여 기각판결을 하여야 한다.[3]

---

1) 김기두, 338면; 서일교, 392면; 강구진, 613면; 이재상, 714면; 정영석 · 이형국, 525면; 배종대 · 이상돈, 857면; 진계호, 796면; 정웅석, 1200면.

2) 백형구, 406면; 동저, 강의 890면; 신동운, 1194면; 송광섭, 532면; 차용석, 1133면; 임동규, 777면; 신양균, 1053면.

3) 백형구, 강의 891면; 신동운, 1194면; 배종대 · 이상돈, 818면; 송광섭, 533면; 진계호, 796면; 임동규, 778면; 신양균, 958면; 정웅석, 1201면.

(2) 破棄判決

비상상고가 이유 있다고 인정한 때에는 원판결 또는 원심의 소송절차를 파기하여야 한다(법 446조).

1) 原判決의 破棄 원판결이 법령에 위반한 때에는 그 위반된 부분을 파기하여야 한다. 단 원판결이 피고인에게 불이익한 때에는 원판결을 파기하고 피고사건에 대하여 다시 판결을 하여야 한다(동조 1호). 원판결이 피고인에게 불이익한 때라 함은 원판결의 위법을 시정하여 다시 선고할 판결이 피고인에게 이익됨이 명백한 경우를 말한다. 예컨대 피고사건에 대하여 소송조건이 없음에도 불구하고 유죄판결을 선고한 경우는 원판결이 피고인에게 불이익한 때에 해당하므로 대법원은 원판결(유죄판결)을 파기하고 피고사건에 대하여 면소·공소기각의 판결을 하여야 하며 피고인의 자백을 유일한 증거로 하여 유죄판결을 선고하였다는 이유로 원판결(유죄판결)을 파기하는 경우에는 피고사건에 대하여 무죄판결을 선고하여야 한다.

대법원이 破棄自判을 하는 경우에 어떠한 법령을 기준으로 하는가에 관해서 自判時의 法令을 기준으로 하여야 한다는 견해(自判時法說)[1]가 있으나 原判決時의 法令을 기준으로 하여야 한다는 견해(原判決時法說)[2]가 타당하다고 본다. 비상상고의 목적이 法令解釋의 統一에 있기 때문이다.

2) 原審訴訟節次의 破棄 원심의 소송절차가 법령에 위반한 때에는 그 위반된 절차를 파기한다(동조 2호). 예컨대 필요적 변호사건을 변호인의 참여 없이 공판심리를 진행한 경우에는 그 공판심리절차를 파기하여야 한다.

(3) 判決의 效力

비상상고의 판결은 파기자판의 경우를 제외하고는 피고인에게 효력이 미치지 아니한다(법 447조).[3] 예컨대 무죄판결이 법령에 위반되었다는 이유로 그 무죄판결을 파기하는 경우에도[4] 그 파기판결의 효력은 피고인에게 효력이 미치지 아니한다.

비상상고사건에 대하여 破棄自判을 하는 경우에는 그 판결의 효력은 피고인에게 미친다. 예컨대 면소판결의 사유가 있음에도 불구하고 유죄판결을 하였다

1) 서일교, 393면; 권오병, 396면 각주 6).
2) 백형구, 407면; 동저, 강의 891면; 이재상, 715면; 신동운, 1196면; 배종대·이상돈, 859면; 차용석, 1138면; 진계호, 797면; 임동규, 778면; 신양균, 1055면.
3) 따라서 비상상고의 판결은 원칙적으로 理論的 效力이 있을 뿐이다.
4) 이 경우는 무죄판결을 파기함에 그쳐야 하며 무죄판결을 파기한 후 유죄판결을 선고하는 것은 허용되지 아니한다(법 446조 1호).

는 이유로 확정된 유죄판결을 파기하고 면소판결을 선고한 경우 그 면소판결의 효력은 피고인에게 미치며 피고인의 자백을 유일한 증거로 하여 유죄판결을 선고하였다는 이유로 원판결(유죄판결)을 파기하고 무죄판결을 선고하는 경우 그 무죄판결의 효력은 피고인에게 미친다.

제 7 장 證　　據

제 1 절 總　　說
제 2 절 證　　明
제 3 절 證 明 力
제 4 절 證據能力

제 1 절
總　　說

Ⅰ. 證據의 意義 · 種類

1. 證據의 意義

형사소송법상 證據라는 용어는 보통 증거방법 또는 증거자료의 의미로 사용된다. 證據方法이란 증인 · 피고인 · 증거물 등과 같이 사실의 인정에 사용할 수 있는 사람 또는 물건을 말하며 證據資料라 함은 증인의 증언, 피고인의 자백, 서류의 내용과 같이 사실인정의 자료를 말한다. 증거자료가 사실인정의 자료로 채택되기 위해서는 증거능력과 증명력이 있어야 한다. 증거방법으로부터 증거자료를 획득하는 절차가 證據調査이다. 예컨대 證人은 증거방법이고 證言은 증거자료이며 證人訊問은 증거조사이다.

2. 證據의 種類

증거는 관점에 따라 여러 가지로 분류할 수 있다.

(1) 直接證據 · 間接證據

요증사실을 直接으로 증명하는 증거를 직접증거라 하고 이를 間接으로 증명하는 증거를 간접증거 또는 情況證據라고 한다. 예컨대 피고인의 자백, 강간피해자의 증언, 범행현장을 목격한 증인의 증언은 직접증거이며 범행현장에서 채취한 피고인의 지문, 간통사건에 있어 피고인 甲男과 乙女가 함께 새벽에 여관에서 나오는 것을 보았다는 증인의 증언은 간접증거이다.

(2) 實質證據 · 彈劾證據

공소범죄사실 등 주요사실의 존부를 증명하는 증거를 실질증거라 하고 실질증거의 증명력을 탄핵하는 증거를 탄핵증거라고 한다. 자백의 보강증거는 실질증거이다. 실질증거는 증거능력이 있는 증거이나 탄핵증거는 증거능력이 없는 증거이다.

(3) 本證 · 反證

거증책임을 부담하는 당사자가 제출하는 증거가 본증이고 그 반대당사자가 본증에 의하여 증명하려는 사실을 부정하기 위하여 제출하는 증거(예컨대 피고인의 알리바이를 입증하는 증거)가 반증이다(통설). 피고인이 거증책임을 부담하는 경우에는 피고인이 제출한 증거가 본증으로 된다.[1]

(4) 陳述證據 · 非陳述證據

사람의 陳述이 증거로 되는 경우에 그 진술을 진술증거라 하고 진술이 아닌 서류 또는 물건이 증거로 되는 경우에 그 서류 또는 물건을 비진술증거라고 한다. 진술증거는 진술의 任意性이 증거능력의 요건으로 되나(법 309조, 317조) 비진술증거의 경우에는 진술의 임의성이 문제로 되지 아니한다. 진술증거는 이를 本來證據(original evidence)와 傳聞證據(hearsay evidence)로 구분할 수 있다.

(5) 人證 · 書證 · 物證

證據方法이 사람인가, 書類인가, 物件인가를 기준으로 人證(人的 證據方法)·書證 · 物證(物的 證據方法)으로 구분할 수 있다.[2]

人證은 사람이 證據方法인 경우로서 증인 · 감정인 · 피고인 등이 이에 해당한다.[3] 인적 증거에 대한 증거조사의 방식은 訊問(증인신문 · 감정인신문 · 피고인신문)이다. 人的 證據라 함은 사람의 진술내용이 증거로 되는 경우를 말하며 증인의 증언, 감정인의 진술, 피고인의 진술 등이 이에 해당한다는 견해가 다수설이나[4] 인증은 人的 證據方法의 의미로 사용하는 것이 타당하다고 본다. 증인의 증언, 피고인의 진술은 증거방법이 아니라 증거자료이다.

書證은 증거방법이 서류인 경우로서 공판조서, 피의자신문조서, 피해자진술

1) 백형구, 414면; 이재상, 449면; 신동운, 755면; 송광섭, 145면; 진계호, 525면; 임동규, 432면.

2) 백형구, 415면; 동저, 강의 585면; 동저, 조해 679면; 신동운 752면.

3) 백형구, 415면; 동저, 강의 585면.

4) 정영석, 135면; 서일교, 164면; 염정철, 151면; 강구진, 443면; 이재상, 448면; 정영석 · 이형국, 303면; 배종대 · 이상돈, 526면; 송광섭, 144면; 차용석, 592면; 진계호, 523면; 임동규, 429면; 신양균, 647면; 정웅석, 740면.

서, 검증조서, 감정서, 진단서, 진술서 등은 서증에 해당한다. 서증에 대한 증거조사의 방식은 증거조사이다(법 291조, 292조).

物證은 서류 이외의 물건이 증거방법인 경우를 말한다. 예컨대 압수된 물건(흉기 · 장물 · 위조문서 · 위조통화 등)은 물증이다. 사람의 신체도 신체의 物理的 存在(예컨대 흉터)가 증거로 되는 경우에는 물적 증거에 해당한다. 물증에 대한 증거조사의 방식은 증거조사(법 292조) 또는 검증(법 139조 내지 145조) 이다.

(6) 證據書類와 證據物인 書面의 區別

서증을 증거서류와 증거물인 서면으로 구분하는 것이 통설이며 日本刑事訴訟法은 서증을 증거서류와 증거물인 서면으로 구분하여 證據調査의 方式에 차이를 두고 있다(동법 305조, 307조). 다만 증거서류와 증거물인 서면을 구분하는 기준에 관해서는 다음과 같은 학설이 대립되고 있다.

제 1 설은 당해 사건의 소송절차에 관하여 작성한 서면으로서 그 報告的 內容이 증거로 되는 서류가 증거서류이고 그 이외의 서류가 증거물인 서면이라는 견해이다.[1] 그러나 이 견해에 의하면 다른 사건의 소송절차에서 작성된 서류(예컨대 공판조서 · 증인신문조서)가 證據物인 서면에 해당한다는 부당한 결론에 도달한다.

제 2 설은 서류의 內容만이 증거로 되는 경우에 그 서류는 증거서류에 해당하고 서류의 내용 외에 서류의 存在 또는 狀態도 증거로 되는 경우에 그 서류는 증거물이라는 견해이다.[2] 그러나 서류의 내용만이 증거로 되는 서류와 서류의 내용과 서류의 존재 또는 상태가 증거로 되는 서류를 구별할 실익이 없다.

제 3 설은 당해 소송절차에서 법원 또는 법관의 면전에서 법령에 의하여 작성된 서류는 증거서류이고 그 이외의 서류가 증거물인 서면이라는 견해로서 증거서류를 증거조사하는 경우에는 요지의 告知로서 족하나 증거물인 서면을 증거조사하는 경우에는 요지의 고지 외에 提示를 요한다는 견해이다.[3] 이 견해에 의하면 공판심리절차 · 증거보전절차(법 184조) · 참고인에 대한 증인신문절차(법 221조의2)에서 작성된 공판조서 · 증인신문조서 · 검증조서는 증거서류에 해당하고 수사기관이 작성한 피의자신문조서 · 피해자진술조서 · 검증조서, 피의자 · 피해자 · 참고

1) 권오병, 168면; 小野, 刑事訴訟法槪論(1954년) 313면.
2) 염정철, 151면; 신동운, 619면; 배종대 · 이상돈, 527면; 송광섭, 145면; 차용석, 598면; 임동규, 431면; 신양균, 648면; 高田, 191면; 青柳 등, 주석 3권 234면(小林).
3) 김기두, 120면; 정영석, 136면; 서일교, 165면; 강구진, 368면; 이재상, 449면; 정영석 · 이형국, 304면; 진계호, 524면.

인이 작성한 진술서, 감정인이 작성한 감정서, 의사가 작성한 진단서, 공무원이 작성한 호적등본·등기부등본 등은 증거물인 서면에 해당한다. 그러나 서류의 內容이 증거로 되는 서류를 證據物에 해당시킨다는 것은 불합리하다는 점, 피해자진술조서, 참고인진술조서, 피해자진술서, 감정서, 진단서, 호적등본, 등기부등본 등에 대한 증거조사의 경우에 그 서류를 피고인에게 提示할 필요가 없으며 실무상 제시하지 아니한다는[1] 점, 따라서 公判書類(예컨대 증인신문조서)와 搜査書類(예컨대 피해자진술조서) 사이에는 증거조사의 방식에 차이가 없다는 점 등을 고려할 때 제 3 설에 대해서는 그 이론적 합리성을 인정하기 어렵다.

서류의 內容이 증거로 되는 경우에는 그 서류를 證據書類라고 하는 것이 用語上 적절하다는 점, 현행법은 證據書類를 書證과 같은 의미로 사용하고 있다는(규칙 170조) 점, 증거서류와 증거물인 서면을 구별할 실익이 없다는 점 등을 고려할 때 서증을 증거서류와 증거물인 서면으로 구별할 필요가 없다고 본다.[2] 이는 새로운 학설에 해당한다.

제 1 설을 節次基準說, 제 2 설을 內容基準說, 제 3 설을 作成者基準說이라고 부르는 학자들이 있으나[3] 적절한 용어가 아니라고 본다.[4] 제 1 설도 서류의 내용을 기준으로 한 학설이며 제 3 설도 형사절차의 단계를 기준으로 한 학설이기 때문이다.

Ⅱ. 證據의 蒐集

1. 證據의 蒐集과 證據能力

證據裁判主義(법 307조)는 형사재판의 기본원칙이므로 증거의 수집은 핵심적 형사절차에 해당한다. 현행법상 증거의 수집은 수사절차, 증거보전절차, 공판준비절차, 공판심리절차에서 행하여지나 대부분의 증거는 수사절차에서 수사기관에 의하여 수집된다. 다만 수사절차에서 수집된 증거는 공판기일에 그 成立의 眞正이 증명되어야 證據能力이 인정되며(법 312조, 313조) 공판기일의 證據調査를 거쳐야만 유죄의 증거로 삼을 수 있다. 이는 公判中心主義·直接審理主義의 요청이다.

---

1) 백형구, 416면; 동저, 강의 588면.
2) 백형구, 417면; 동저, 강의 588면; 동저, 조해 681면.
3) 이재상, 448~449면; 신동운, 617~619면; 배종대·이상돈, 526~527면; 진계호, 524면; 임동규, 430면; 신양균, 648면.
4) 백형구, 417면; 동저, 강의 588면.

증거의 수집은 適法한 節次에 의하여야 한다. 증거수집의 절차가 違法하고 그 위법의 정도가 중대한 경우에는 위법수집증거의 배제법칙에 의하여 그 증거의 證據能力을 부정하여야 한다(법 308조의2).

2. 搜査節次에서의 證據蒐集

(1) 任意搜査에 의한 證據蒐集

1) 被疑者調査 · 被告人調査　수사기관의 피의자신문 내지 피의자조사(법 200조)에 의해서 피의자신문조서 또는 피의자진술서라는 증거가 수집되며 공소제기 후 수사기관의 被告人調査에 의해서 피고인진술조서 또는 피고인진술서라는 증거가 수집된다.

2) 被害者調査 · 參考人調査　수사기관의 피해자조사(법 221조) 또는 참고인조사(법 221조)에 의해서 피해자진술조서 · 피해자진술서 · 참고인진술조서 · 참고인진술서 · 진단서 등의 증거가 수집된다.

3) 鑑定委囑　수사기관의 감정위촉(법 221조)에 의해서 감정서라는 증거가 수집된다. 수사기관이 거짓말탐지기의 검사를 위촉하는 것도 감정의 위촉(법 221조)에 해당한다.

4) 實況調査　수사기관의 실황조사에 의해서 實況調査書(사규 49조 2항) 또는 實況調書(검규 17조)라는 증거가 수집된다. 수사기관의 실황조사는 임의수사에 해당한다.

5) 事實照會　수사기관은 수사에 필요한 때에는 공무소 기타 공사단체에 조회하여 필요한 사항의 보고를 요구할 수 있으며(법 199조 2항), 이 보고요구에 의해서 보고서(사실조회회답서)라는 증거가 수집된다.

(2) 強制搜査에 의한 證據蒐集

수사기관의 압수 · 수색에 의해서 押收物이라는[1] 증거가 수집되며 수사기관의 검증에 의해서 檢證調書라는 증거가 수집된다.

3. 證據保全節次에 의한 證據蒐集

증거보전을 위한 증인신문 · 감정 · 검증 · 압수수색(법 184조)에 의해서 증인신문조서 · 감정서 · 검증조서 · 압수물이라는 증거가 수집되며 참고인에 대한 증인신문(법 221조의2)에 의해서 증인신문조서라는 증거가 수집된다.

---

1) 押收調書가 유죄의 증거로 되는 것이 아니다. 다만 압수조서는 압수절차의 適法性을 인정하는 증거로 된다.

4. 公判節次에서의 證據蒐集

(1) 公判準備節次에서의 證據蒐集

공판기일 전에 검사 · 피고인 또는 변호인이 서류나 물건을 법원에 증거로 제출하는 경우(법 274조)에는 서류 또는 물건이 증거로 수집되며 공판기일 전의 증인신문 · 검증 · 감정(법 273조)에 의해서 증인신문조서 · 검증조서 · 감정서가 증거로 수집되고 공무소 기타 공사단체에 대한 조회(법 272조)에 의해서 보고서 기타 서류가 증거로 수집된다.

(2) 公判期日에서의 證據蒐集

공판기일에 검사 · 피고인 · 변호인이 서류 또는 물건을 증거로 제출하는 경우(법 294조)에는 서류 또는 물건이 증거로 수집되며 공판기일에서의 피고인신문 · 증인신문 · 검증 · 감정에 의해서 피고인의 진술 · 증인의 증언 · 검증조서 · 감정서가 증거로 수집된다. 공판조서 · 증인신문조서에 기재된 피고인의 자백 · 증인의 증언은 당연히 증거능력이 인정되며(법 311조) 수소법원이 실시한 검증절차에서 작성된 검증조서도 당연히 증거능력이 인정된다(법 311조).

(3) 受訴法院의 押收 · 搜索

수소법원에 의한 압수 · 수색(법 106조 내지 138조)에 의해서 서류 또는 물건이 증거로 수집된다.

제 2 절

證　明

Ⅰ. 證明의 意義 · 方法 · 要否

1. 證明의 意義

證明이라 함은 證據에 의한 事實認定을 말하며 事實을 認定한다 함은 사실의 존부에 관하여 법관이 확신에 이른 것을 말한다. 예컨대 공소범죄사실의 존재에 관하여 법관이 증거에 의해서 確信에 이른 경우에 그 공소범죄사실은 소송법상 증명된 것이며 위법성조각사유의 존재에 관하여 법관이 증거에 의해서 確信에 이른 경우에 그 위법성조각사유는 소송법상 증명된 것이다.

증명의 程度 즉 確信의 정도는 通常人으로서는 「合理的 疑心이 없을 정도의 確信」(belief beyond a resonable doubt)을 요하며 또 그로써 족하다(통설). 2007년 6월 1일 형사소송법의 개정시에 「범죄사실의 인정은 합리적인 의심이 없는 정도의 증명에 이르러야 한다」는 규정을 신설하였다. 공소범죄사실을 유죄로 인정하기 위해서는 법관이 그 공소범죄사실의 존재에 관해서 확신함을 요하므로 법관이 그 공소범죄사실의 존재에 대해서 확신에 이르지 아니한 경우에는 설사 그 공소범죄사실의 존재에 疑心이 가는 경우에도 그 피고인에 대해서 無罪判決을 선고하여야 한다.

2. 證明의 方法

소송법상의 증명에는 嚴格한 證明과 自由로운 證明이 있다. 嚴格한 證明이란 證據能力이 있고 適法한 證據調査를 거친 證據에 의한 증명을 말하고 自由로운 證明이란 증거능력이 없는 증거 또는 적법한 증거조사를 거치지 아니한 증거에 의한 증명을 말한다. 형사소송법 제307조는 엄격한 증명에 관해서만 규정하고 있다고 해석하여야 한다.

3. 證明의 要否

(1) 要證事實

요증사실이라 함은 證明(證據에 의한 事實認定)을 요하는 사실을 말하며 요증사실은 嚴格한 증명을 요하는 사실과 自由로운 증명으로 족한 사실로 구분된다. 요증사실 중에서 엄격한 증명을 요하는 사실을 主要事實이라고 한다.[1]

(2) 不要證事實

재판의 기초로 되는 사실 중에는 증명을 요하지 아니한 사실이 있다. 이러한 사실을 불요증사실이라고 한다. 불요증사실인 경우에는 증거에 의하지 않고 사실을 인정할 수 있다. 공지의 사실, 법률상 추정된 사실, 사실상 추정된 사실은 불요증사실에 해당한다.

1) 公知의 事實 공지의 사실이라 함은 일반적으로 알려져 있는 사실, 즉 통상인의 지식·경험을 가진 사람이라면 의심할 여지가 없는 사실을 말한다. 예컨대 역사상 명백한 사실, 자연계의 현저한 사실은 공지의 사실에 해당한다. 공지의 사실인가 여부는 그 사회의 일반적 의식수준을 표준으로 판단하여야 한다. 受訴法院에 현저한 사실은 공지의 사실에 해당하지 아니한다(통설).

공지의 사실에 대해서도 反證이 허용된다는 견해가 있으나[2] 反證이 허용되지 아니한다고 해석하여야 한다.[3] 반증이 허용되는 사실은 공지의 사실이 아니기 때문이다. 예컨대 오후 11시가 야간이라는 사실에 대해서는 반증이 허용되지 아니한다.

2) 法律上 推定된 事實 법률상 추정된 사실은 증명을 요하지 아니한다. 다만 법률상 추정된 사실에 대해서는 反證이 허용된다. 예컨대 공유물을 횡령한 사건에 있어 물건에 대한 共有者의 持分은 均等한 것으로 推定되나(민 262조 2항) 그 法律上 推定에 대해서는 反證이 허용된다. 실체적 진실의 발견을 목적으로

---

1) 김기두, 124면; 서일교, 157면; 염정철, 155면; 백형구, 423면; 동저, 강의 598면; 이재상, 453면; 진계호, 529면; 高田, 198면.

2) 이재상, 457면; 배종대·이상돈, 544면; 송광섭, 159면; 진계호, 533면; 임동규, 439면; 신양균, 653면.

3) 백형구, 423면; 동저, 조해 693면.

하는 형사소송에서는 법률상 추정이 인정되지 아니한다는 견해가 있다.[1)]

3) **事實上 推定된 事實** 사실상 추정된 사실은 증명을 요하지 아니한다. 다만 사실상 추정된 사실에 대해서는 反證이 허용된다. 범죄의 構成要件該當性이 증명되면 違法性 및 責任의 존재가 事實上 推定된다는 견해가 다수설이나[2)] 事實上 推定되지 아니한다고 해석하여야 한다.[3)] 따라서 범죄의 構成要件該當性이 입증된 경우에도 피고인이 違法性阻却事由 또는 責任阻却事由를 주장하는 경우에는 검사가 違法性 또는 責任의 존재를 입증하여야 한다.[4)] 피고인이 위법성조각사유 또는 책임조각사유를 주장하는 경우 그 사유의 不存在에 관해서 검사가 거증책임을 부담한다고 해석하여야 한다.[5)]

(3) **擧證禁止事實**

증명으로 인하여 얻은 소송법적 이익보다 큰 초소송법적 이익 때문에 증명이 금지된 사실을 거증금지사실이라고 하며 공무원 또는 공무원이었던 자의 직무상 비밀에 속하는 사실(법 147조)이 이에 해당하고 거증금지사실은 불요증사실에 해당한다고 설명하는 학자들이 있으나[6)] 형사소송법 제147조는 공무원에 대한 증인신문을 제한하는 규정이지 공소사실의 입증을 금지하는 규정이 아니라는 점, 현행법에는 공소사실의 입증을 금지하는 규정이 없다는 점 등을 고려할 때 현행 형사소송법에는 거증금지사실이 없다고 해석하여야 한다.

Ⅱ. 證據裁判主義

1. 意 義

公訴犯罪事實 등 主要事實을 인정함에는 證據能力이 있고 適法한 證據調査를 거친 證據에 의하여야 한다. 이를 증거재판주의라고 하며 「事實의 認定은 證據에 의여야 한다」는 형사소송법 제307조 1항은 이러한 의미의 증거재판주의를 규정하고 있다. 즉 형사소송법 제307조 1항은 公訴犯罪事實 등 主要事實은 嚴格

1) 김기두, 127면; 정영석, 143면; 강구진, 426면; 이재상, 458면; 배종대 · 이상돈, 542면; 송광섭, 159면; 진계호, 533면; 신양균, 653면.
2) 김기두, 128면; 정영석, 143면; 서일교, 161면; 신현주, 568면; 강구진, 426면; 이재상, 458면; 배종대 · 이상돈, 542면; 진계호, 534면; 임동규, 440면; 신양균, 654면.
3) 백형구, 423면; 동저, 강의 600면; 동저, 조해 693면.
4) 백형구, 424면; 동저, 강의 600면.
5) 백형구, 428면; 동저, 강의 603면; 이재상, 460면; 정영석 · 이형국, 320면; 차용석, 612면; 진계호, 536면; 임동규, 442면; 신양균, 654면.
6) 이재상, 458면; 송광섭, 159면; 진계호, 532면; 임동규, 438면; 신양균, 651면.

한 證明을 요한다는 내용을 규정하고 있다.

실체적 진실의 발견을 위해서는 事實認定의 合理性이 요청되며 사실인정의 합리성을 도모하기 위해서는 사실인정의 자료인 증거가 합리적이고 적정하여야 한다. 불합리한 증거에 의해서는 사실인정의 합리성을 기대할 수 없기 때문이다. 따라서 事實認定의 合理性은 증거재판주의의 이념이며 목적이다. 여기에 증거재판주의의 소송법적 · 규범적 의미가 있다.

2. 內 容

(1) 證據에 의한 事實認定

事實의 認定은 證據에 의함을 요하며(법 307조 1항) 그 증거는 證據能力이 있고 適法한 證據調査를 거친 증거임을 요한다. 따라서 증거능력이 없는 증거 또는 적법한 증거조사를 거치지 아니한 증거에 의해서는 공소범죄사실 등 주요사실을 인정할 수 없다.

證據에 의해서 事實을 인정한다 함은 법관이 증거에 의해서 公訴犯罪事實 등 主要事實의 存在에 관하여 確信에 이른 것을 말하며, 確信의 정도는 통상인으로서는 合理的 疑心이 없을 정도임을 요한다(통설 · 판례[1]). 따라서 법관이 공소범죄사실의 존재에 관하여 확신에 이르지 아니하면 설사 그 공소사실의 존재에 疑心이 가는 경우에도 피고인에 대하여 無罪判決을 선고하여야 한다.

(2) 嚴格한 證明을 要하는 事實

형사소송법 제307조 1항의 事實은 요증사실 중에서 嚴格한 證明을 요하는 事實만을 의미한다(통설). 어떠한 사실이 엄격한 증명을 요하느냐에 관해서는 견해가 일치하지 아니하나 형사소송의 목적은 犯罪의 유무와 刑罰의 범위를 확정하는 데 있으므로 刑罰權의 존부와 범위를 정하는 기초로 되는 중요한 사실은 엄격한 증명을 요하고 그 이외의 實體法的 事實과 訴訟法的 事實은 자유로운 증명으로 족하다고 해석하여야 한다. 刑事裁判의 公正, 事實認定의 合理性을 위해서는 엄격한 증명의 폭을 넓히는 방향으로 이론구성을 하여야 한다.[2] 현행법상 엄격한 증명을 요하는 사실은 다음과 같다.

1) 公訴犯罪事實 공소장에 기재된 범죄사실은 형사소송에 있어 主要事實이므로 엄격한 증명을 요한다. 범죄의 객관적 구성요건에 해당하는 사실뿐

1) 大判 1965. 6. 22, 65도370; 大判 1987. 12. 22, 87도2168; 大判 1996. 3. 8, 95도3081; 大判 1998. 11. 13, 96도1783.

2) 백형구, 425면; 동저, 강의 598면; 동저, 조해 703면.

아니라 범죄의 主觀的 構成要件에 해당하는 사실(예컨대 目的 · 故意 · 不法領得意思)도 엄격한 증명을 요한다(통설). 다만 대법원판례는 故意는 엄격한 증명을 요하지 아니한다는 견해를 취하고 있다.[1)]

2) 違法性 · 責任의 基礎事實　피고인이 위법성조각사유 또는 책임조각사유를 주장하는 경우에는 위법성 또는 책임의 기초사실은 엄격한 증명을 요한다(통설). 자유로운 증명으로 족하다는 견해도 있다.[2)]

3) 處罰條件　처벌조건은 범죄의 구성요건은 아니나 刑罰權發生의 조건이므로 처벌조건인 사실은 엄격한 증명을 요한다(통설).

4) 刑罰權의 範圍에 관한 事實　法律上 刑의 加重減免의 이유로 되는 사실은 형벌권의 범위에 관한 주요사실이므로 엄격한 증명을 요한다고 본다(통설). 예컨대 형의 가중사유인 전과, 형의 감경사유인 심신미약, 형의 감면사유인 중지미수 · 자수 등은 엄격한 증명을 요한다고 해석하여야 한다. 이에 대해서 量刑의 기초로 되는 사실, 예컨대 집행유예, 선고유예, 작량감경의 사유인 사실은 자유로운 증명으로 족하다(통설).

5) 間接事實　공소범죄사실 등 주요사실의 존재를 간접으로 추단케 하는 사실은 엄격한 증명을 요한다.

6) 沒收 · 追徵의 事由　몰수 · 추징의 사유는 공소범죄사실은 아니나 엄격한 증명을 요한다고 본다. 몰수는 부가형이며 추징은 실질적으로 부가형에 해당하기 때문이다. 다만 대법원판례는 자유로운 증명으로 족하다는 견해를 취하고 있다.[3)]

7) 經驗法則 · 法規　통상의 경험법칙 또는 국내법규는 불요증사실이나 과학적 경험법칙, 외국의 법규가 공소범죄사실에 관한 것인 때에는 엄격한 증명을 요한다. 대법원판례도 외국법규의 존재는 엄격한 증명을 요한다는 견해를 취하고 있다.[4)]

8) 訴訟法的 事實　소송조건의 존재, 증거능력의 요건인 사실 등 소송법적 사실은 자유로운 증명으로 족하다(통설). 自白의 任意性의 기초사실에 관해서는 엄격한 증명을 요한다는 견해가 있으나[5)] 자유로운 증명으로 족하다고

1) 大判 1969. 3. 25, 69도99.
2) 서일교, 158면; 권오병, 174면.
3) 大判 1966. 2. 22, 65도1241(몰수); 大判 1973. 4. 17, 73도279(몰수 · 추징); 大判 1993. 6. 22, 91도3346(몰수 · 추징).
4) 大判 1973. 5. 1, 73도289.
5) 김기두, 126면; 권오병, 176면; 신동운, 763면; 배종대 · 이상돈 535면; 송광섭, 172면.

본다.[1] 소송법적 사실이기 때문이다. 대법원판례도 자유로운 증명으로 족하다는 견해를 취하고 있다.[2]

3. 違 反

증거재판주의에 위반한 경우라 함은 아무런 증거에 의하지 아니하고 공소사실 등 주요사실을 인정한 경우, 증거능력이 없거나 적법한 증거조사를 거치지 아니한 증거에 의해서 공소사실 등 주요사실을 인정한 경우를 말한다. 유죄판결이 증거재판주의를 위반한 경우는 항소이유(법 361조의5 제1호) 또는 상고이유(법 383조 1호)에 해당한다.

Ⅲ. 擧證責任

거증책임을 實質的 거증책임과 形式的 거증책임(立證의 負擔)으로 구분하는 것이 통설이다.

1. 實質的 擧證責任

(1) 實質的 擧證責任의 意義

실질적 거증책임이라 함은 어느 사실의 存否가 證明되지 아니한 경우에 당사자의 일방이 최종적으로 받게 될 不利益을 말한다. 즉 사실의 存否에 관하여 법관이 확신에 이르지 못하고 疑問을 갖는 경우에 법원이 당사자의 어느 편에 不利益하게 판단할 것인가의 문제가 실질적 거증책임의 문제이다. 예컨대 법관이 공소범죄사실의 존재에 관하여 확신에 이르지 못하고 疑問을 갖는 경우에 有罪로 판단할 것인가, 無罪로 판단할 것인가의 문제가 형사소송에 있어서의 거증책임의 문제이다. 이 경우 有罪로 판단하게 되면 공소사실의 존재에 관하여 피고인이 거증책임을 부담하는 것을 의미하고 無罪로 판단하게 되면 공소사실의 존재에 관하여 검사가 거증책임을 부담하는 것을 의미한다.[3]

(2) 訴訟構造와 實質的 擧證責任

職權主義的 형사소송절차에서는 거증책임의 관념을 인정할 필요가 없으며

1) 백형구, 426면; 동저, 강의 599면; 이재상, 457면; 진계호, 532면; 임동규, 438면; 신양균, 657면.

2) 大判 1981. 10. 13, 81도2160; 大判 1984. 3. 13, 83도3228; 大判 1986. 11. 25, 83도1718.

3) 백형구, 427면; 동저, 조해 695면.

「의심스러운 때에는 피고인의 이익으로」라는 법리에 의해서 판단하면 된다는 견해(擧證責任否定說)가 있다.[1] 그러나 실질적 거증책임은 법원이 사실의 존부에 관하여 確信에 이르지 못하고 疑問을 갖는 경우에 어떠한 판단을 할 것인가의 문제라는 점, 직권주의적 형사소송절차에서도 법원이 사실의 존부에 관하여 확신에 이르지 못하고 의문을 갖는 경우가 있다는 점, 거증책임이라는 관념을 부정하게 되면 擧證責任의 分配, 擧證責任의 轉換이라는 용어를 사용할 수 없다는 점, 「의심스러운 때에는 피고인의 이익으로」 판단하여야 한다는 법리에 의해서는 擧證責任이 轉換되는 경우에 관한 설명이 불가능하다는 점 등을 고려할 때 거증책임을 검사와 피고인 중 누가 부담하느냐 여부는 현행 형사소송법에서 중요한 의미를 지니고 있다.[2] 따라서 형사소송에서 擧證責任을 否定하는 견해에 대해서는 그 이론적 합리성을 인정하기 어렵다.

(3) 實質的 擧證責任의 分配

실질적 거증책임의 분배라 함은 실질적 거증책임을 검사와 피고인 중 누가 부담하는가의 문제이다.

1) 原　　則　　無罪의 推定은 형사소송의 기본원칙이며(법 275조의2) 「疑心스러운 때에는 被告人의 利益으로」(in dubio pro reo) 판단하여야 하므로 형사소송에서 거증책임은 원칙적으로 檢事가 부담한다.

(ㄱ) 公訴犯罪事實의 存在　　검사가 거증책임을 부담한다(통설 · 판례[3]). 構成要件該當事實의 존재는 물론 違法性 · 責任의 존재에 관해서도 검사가 거증책임을 부담한다.

(ㄴ) 違法性阻却事由 · 責任阻却事由　　그 사유의 存在에 관해서 피고인이 거증책임을 부담하는 것이 아니고 그 사유의 不存在에 관해서 검사가 거증책임을 부담한다고 본다.[4]

(ㄷ) 處罰條件인 事實　　처벌조건은 형벌권발생의 조건이므로 그 사실의 존재에 관하여 검사가 거증책임을 부담한다.

(ㄹ) 刑의 加重減免의 事由　　형의 加重事由인 사실의 존재, 형의 減免事由인 사실의 부존재에 관해서 검사가 거증책임을 부담한다고 본다.[5]

1) 신동운, 768, 769면; 배종대 · 이상돈, 547면; 신양균, 660면.
2) 백형구, 427면; 동저, 강의 603면; 이재상, 459면; 진계호, 536면; 임동규, 441면.
3) 大判 1996. 3. 8, 95도3081.
4) 백형구, 428면; 동저, 강의 603면; 이재상, 460면; 정영석 · 이형국, 320면; 차용석, 612면; 진계호, 536면; 임동규, 442면; 신양균, 661면; 배종대 · 이상돈, 548면.
5) 백형구, 482면; 동저, 강의 603면; 이재상, 461면; 정영석 · 이형국, 320면; 배종대 · 이상돈,

(ㅁ) 訴訟法的 事實 訴訟條件은 공소제기의 유효조건이며 유죄판결의 조건이므로 소송조건인 사실의 존재에 관해서는 검사가 거증책임을 부담한다(통설).

證據能力의 要件인 사실의 존재에 관해서는 그 증거를 제출한 당사자가 거증책임을 부담한다고 해석하여야 한다.[1] 대법원판례도 동일한 견해이다.[2] 예컨대 自白의 任意性의 존재에 관해서는 검사가 거증책임을 부담하며(법 309조) 피고인이 공판정에서 검사가 작성한 피의자신문조서의 成立의 眞正을 다투는 경우에는 그 成立의 眞正(법 312조 1항)에 관한 거증책임을 검사가 부담하고 피고인이 자신의 알리바이(alibi)를 입증하기 위하여 진술서를 증거로 제출한 경우 그 진술서의 成立의 眞正(법 313조 1항)에 관한 거증책임은 피고인이 부담한다.

(ㅂ) 알리바이와 擧證責任 알리바이에 관해서는 피고인에게 거증책임이 있다는 견해,[3] 검사에게 거증책임이 있다는 견해[4] 등이 있으나 알리바이의 주장은 공소사실 자체를 부인하는 주장에 해당한다는 점, 공소사실의 존재에 관해서는 검사가 거증책임을 부담한다는 점, 피고인이 알리바이를 주장한 경우에도 알리바이가 입증되지 아니하면 무죄판결을 선고할 수 없다는 점, 알리바이 자체는 요증사실이 아니라는 점 등을 고려할 때 알리바이에 관한 거증책임을 검사가 부담하느냐, 피고인이 부담하느냐를 논할 필요가 없다고 본다.

2) 擧證責任의 轉換 공소사실의 존재에 관해서는 원칙적으로 檢事가 거증책임을 부담하나 예외적으로 被告人이 거증책임을 부담하는 경우가 있다. 이러한 경우를 擧證責任의 轉換이라고 한다. 이와 관련하여 문제되는 경우는 다음과 같다.

(ㄱ) 傷害의 同時犯 상해의 동시범의 경우에는 共同正犯의 例에 의한다(형 263조). 共同正犯의 例에 의한다는 의미에 관해서는 共同正犯으로 法律上 推定된다는 의미라는 견해(共同正犯推定說)가 있으나[5] 旣遂犯으로 法律上 推定된다는 의미라고 해석하여야 한다(旣遂犯推定說).[6] 상해의 同時犯의 경우에는 행위자 사이에 의사연락이 없으므로 共同正犯推定說에 대해서는 그 이론적 합리성을 인

549면; 진계호, 537면; 임동규, 442면; 신양균, 661면.

1) 백형구, 428면; 동저, 강의 604면; 이재상, 462면; 송광섭, 161면; 임동규, 443면.
2) 大判 1969. 3. 31, 69도179(검사가 증거로 제출한 진단서의 眞正成立의 입증책임은 검사에게 있다).
3) 이재상, 461면; 진계호, 536면.
4) 임동규, 442면.
5) 강구진, 433면; 동저, 형법각론 I 70면.
6) 백형구, 강의 604면; 동저, 형법각론 52면; 동저, 조해 699면.

정하기 어렵다.

상해의 동시범의 경우에는 상해의 旣遂犯으로 法律上 推定되므로 피고인이 폭행과 상해 사이의 因果關係의 不存在를 입증하지 못하면 그 피고인은 상해죄의 旣遂犯으로 처벌된다.[1] 따라서 상해의 동시범의 경우에는 피고인이 因果關係의 不存在에 관하여 거증책임을 부담한다. 즉 거증책임이 피고인에게 轉換된다(통설). 상해의 동시범의 경우에 인과관계의 존재에 관하여 검사가 거증책임을 부담한다고 주장하는 학자는 없다.

상해의 동시범의 경우 검사가 폭행과 상해 사이의 인과관계를 立證하지 못하였음에도 불구하고 상해죄의 旣遂犯으로 推定한다는 것은 擧證責任分配의 一般原則에 위배되므로 형법 제263조는 이를 삭제하는 것이 立法論으로 타당하다고 본다.[2] 형법 제263조는 헌법 제27조 4항에 위반되는 규정이라고 설명하고 있는 학자가 있으나[3] 違憲規定은 아니라고 본다. 형법 제263조는 피고인을 有罪로 推定하는 규정이 아니기 때문이다.

(ㄴ) 法律上 推定　　법률상 추정된 사실에 관해서는 被告人이 거증책임을 부담한다.[4] 따라서 피고인이 反證에 의해서 反對事實을 立證하지 않는 한 법원은 법률상 추정된 사실을 인정하여야 한다. 예컨대 물건에 대한 共有者의 持分은 均等한 것으로 推定되므로(민 262조 2항) 共有物을 橫領하였다는 범죄사실로 공소제기된 피고인이 동인의 持分을 立證하지 못하면 법원은 그 지분이 均等한 것으 인정하여야 하며, 상해의 同時犯의 경우에는 旣遂犯으로 推定되므로 피고인이 폭행과 상해 사이의 인과관계의 不存在를 입증하지 못하면 상해죄의 기수범으로 인정하여야 한다.

(ㄷ) 名譽毁損罪의 公益性·眞實性　　형법 제310조의 公益性과 眞實性의 존재에 관해서는 피고인이 거증책임을 부담한다는 견해(被告人負擔說)가 있으며[5] 대법원판례도 동일한 견해를 취하고 있으나[6] ① 형법 제310조의 공익성과 진실성은 違法性阻却事由라는 점, ② 違法性阻却事由의 不存在에 관해서는 검사가 거증책임을 부담한다는 점, ③ 형법 제310조는 거증책임의 부담에 관해서 규정하지 않고 있다는 점, ④ 被告人에게 不利益한 방향으로의 擴大解釋은 허용되지

1) 백형구, 429면; 동저, 강의 604면; 동저, 조해 698면.
2) 백형구, 429면; 동저, 강의 604면; 진계호, 538면.
3) 배종대·이상돈, 553면.
4) 백형구, 430면; 동저, 강의 605면; 동저, 조해 699면.
5) 김기두, 130면; 정영석, 146면; 서일교, 163면; 염정철, 159면; 신동운, 778면; 임동규, 446면.
6) 大判 1996. 10. 25, 95도1473.

아니한다는 점 등을 고려할 때 公益性·眞實性의 不存在에 관하여 檢事가 거증책임을 부담한다는 견해(檢事負擔說)[1]가 타당하다고 본다.

2. 立證의 負擔

입증의 부담이라 함은 어느 사실이 증명되지 아니함으로써 불이익한 판단을 받을 염려가 있는 당사자가 그 불이익을 면하기 위하여 당해 사실을 證明할 負擔을 말한다. 입증의 부담은 形式的 擧證責任이라고도 한다. 실질적 거증책임은 소송의 진행에 관계없이 요증사실의 성질에 따라 固定되어 있으나 입증의 부담은 소송의 발전에 따라 流動的이다. 예컨대 피고인이 알리바이를 일응 立證하면 그 알리바이를 번복하기 위한 입증의 부담은 검사에게 있다. 피고인이 거증책임을 부담하는 사실에 관해서는 피고인에게 입증의 부담이 있다. 예컨대 상해의 동시범인 경우에는 폭행과 상해 사이의 인과관계의 부존재에 관한 입증의 부담이 피고인에게 있다.[2]

검사가 공소사실에 관하여 구성요건해당성을 입증하면 위법성조각사유·책임조각사유의 존재에 관한 입증의 부담은 피고인에게 있다는 견해가 있으나[3] 그 사유의 부존재에 관한 입증의 부담이 검사에게 있다고 해석하여야 한다.[4]

1) 백형구, 429면; 동저, 강의 605면; 이재상, 464면; 정영석·이형국 320면; 배종대·이상돈, 553면; 송광섭, 162면; 차용석, 616면; 진계호 539면; 신양균, 664면; 정웅석, 767면.

2) 백형구, 강의 606면.

3) 김기두, 130면; 신현주, 575면; 이재상, 464면; 배종대·이상돈, 554면; 진계호, 540면; 임동규, 441면; 정웅석, 768면.

4) 백형구, 강의 606면.

제 3 절

證 明 力

Ⅰ. 總　　說

1. 證明力의 意義

증거의 증명력이라 함은 증거의 실질적 가치, 즉 증거가 요증사실을 인정하는 힘을 말한다. 예컨대 피고인의 자백이나 증인의 증언이 피고인의 공소사실을 유죄로 인정하는 증거로 사용된 경우에 그 자백이나 증언은 증명력이 있는 증거에 해당한다.

증거의 증명력은 증거의 信用力과 협의의 證明力으로 구분할 수 있다. 전자는 요증사실과의 관계를 떠나 증거 자체의 신용성(신빙성)을 말하며 후자는 요증사실을 인정하는 힘을 말한다. 예컨대 신빙성이 없는 증언은 信用力이 없는 증거이며 요증사실과 關聯性이 없는 증언은 협의의 증명력이 없는 증거이다.

2. 證明力의 判斷

증거의 증명력은 법관의 自由判斷에 의한다(법 308조). 즉 현행 형사소송법은 자유심증주의를 사실인정의 기본원칙으로 채택하고 있다.

3. 證明力의 制限

법관이 자백의 신빙성을 인정하여 유죄의 확신을 하는 경우에도 그 자백의 진실성을 담보하는 다른 증거(보강증거)가 없으면 자백한 공소사실을 유죄로 인정할 수 없다(법 310조). 이와 같이 자백만으로는 공소사실을 유죄로 인정할 수 없으므로 자백은 다른 증거(예컨대 증언 · 감정서)에 비해서 증명력이 제한되고 있다.

4. 證明力의 彈劾

증명력판단의 합리성을 도모하기 위해서는 당사자에게 증거의 증명력을 彈劾할 기회를 주어야 한다. 증거의 증명력을 탄핵하는 방법에는 반대신문(법 161조의2 제1항), 반증의 제출(법 294조), 탄핵증거의 제출(법 318조의2)이 있다.

Ⅱ. 自由心證主義

1. 意義 · 沿革

(1) 意 義

자유심증주의라 함은 證據의 證明力을 法官의 自由判斷에 맡기는 주의를 말한다. 이에 대해서 증거의 증명력을 적극적 또는 소극적으로 法律로써 규정하는 주의를 法定證據主義라고 한다. 현행 형사소송법은 자유심증주의를 채택하고 있다(법 308조).

(2) 沿 革

근세초기의 규문절차에서는 法定證據主義를 채택하고, 「自白은 證據의 王」이라고 일컬어질 정도로 자백의 증거가치를 절대시하였기 때문에 자백을 얻기 위한 고문이 공공연하게 행하여졌다. 따라서 프랑스혁명의 文化的 產物인 나폴레옹 治罪法에서는 법정증거주의를 버리고 자유심증주의를 채택하였으며 자백의 증명력(증거가치)도 법관의 自由判斷에 一任하였다. 이로써 「證據의 王」으로 군림하던 自白은 「證據의 平民」으로 格下되었다.[1] 오늘날 세계 각국의 형사소송법은 자유심증주의를 형사재판의 기본원칙으로 채택하고 있다.

자유심증주의는 증명력판단의 합리성을 도모할 수 있다는 점에서 법정증거주의보다 장점이 많은 제도이나 증거의 증명력을 판단함에 있어 법관의 恣意에 흐를 위험성을 내포하고 있다.

2. 內 容

「證據의 證明力은 法官의 自由判斷에 의한다」는 형사소송법 제308조를 分析的으로 고찰함으로써 자유심증주의의 내용을 밝힐 수 있다.

1) 백형구, 483면; 동저, 강의 609면.

(1) 自由判斷의 主體

증거의 증명력은 수소법원의 法官이 판단한다. 수소법원이 합의부인 경우에는 합의부원인 각 법관의 合議(법조 66조)에 의해서 증명력의 유무를 결정한다.

(2) 自由判斷의 對象

엄격한 증명의 경우에는 證據能力이 있는 증거만이 증명력판단의 대상으로 되나 자유로운 증명의 경우에는 증거능력이 없는 증거도 증명력판단의 대상으로 된다. 자유판단의 대상으로 되는 것은 證據의 證明力이다. 증거의 신빙성 유무뿐 아니라 협의의 증명력도 자유판단의 대상으로 된다. 자유판단의 대상으로 된 증거의 증명력에는 법적 차등이 없다. 다만 현행법은 자백의 증명력을 제한하고 있다(법 310조).

(3) 自由判斷의 方法

자유판단에 의한다 함은 법관이 증거의 증명력을 판단함에 있어 형식적인 法律的 拘束으로부터 自由임을 의미한다. 따라서 법관은 증거능력이 있는 증거의 증명력을 배척할 수 있으며 相反된 증거가 있는 경우(예컨대 피고인의 진술과 피해자의 진술이 相反된 경우, 두 증인의 증언이 相反된 경우)에 어느 증거를 믿느냐 여부도 법관의 자유이다.

다만 법관의 증명력판단은 자의적 판단이어서는 안 되고 論理法則과 經驗法則에 부합하는 合理的 判斷이어야 한다.[1] 증명력의 판단이 논리법칙과 경험법칙에 위반한 경우는 事實을 誤認한 경우에 해당하므로 그 事實誤認이 판결에 영향을 미친 때에는 항소이유(법 361조의5 제14호) 또는 상고이유(법 383조 4호)에 해당한다. 유죄판결의 이유에 證據의 要旨를 명시할 것을 요구하는 제도(법 323조 1항), 탄핵증거제도(법 318조의2)는 증명력판단의 합리성을 보장하기 위한 제도이다.

3. 例 外

(1) 自白의 證明力 制限

증거능력이 있고 신빙성이 인정되는 자백에 의해서 법관이 有罪의 確信을 하는 경우에도 그 自白에 대한 補强證據가 없으면 그 공소사실을 유죄로 인정할 수 없다(법 310조). 따라서 자백의 증명력을 제한하는 것은 자유심증주의의 예외에 해당한다(통설).

---

1) 大判 2007. 5. 10, 2007도1950.

(2) 公判調書의 排他的 證明力

공판기일의 소송절차에 관하여는 公判調書의 기재에 排他的 證明力을 인정하고 있다(법 56조). 법관은 공판조서에 기재된 소송절차는 心證의 여하에 불구하고 이를 인정하여야 하므로 공판조서의 배타적 증명력은 자유심증주의의 예외에 해당한다(통설).

(3) 法律上 推定

법률상 추정이 자유심증주의의 예외라는 견해가 있으나[1] 자유심증주의의 예외가 아니라고 본다.[2] 법률상 추정된 경우는 법관이 證據의 證明力을 평가하는 경우가 아니기 때문이다.

Ⅲ. 自白의 補強法則

1. 自白의 補強法則의 意義 · 根據

(1) 自白의 補強法則의 意義

자백의 보강법칙이라 함은 증거능력이 있고 신빙성이 인정되는 자백에 의하여 법관이 有罪의 確信을 하는 경우에도 자백에 대한 補強證據가 없으면 자백한 公訴事實(犯罪事實)을 有罪로 인정할 수 없다는 증거법칙을 말한다. 헌법과 형사소송법은 자백의 보강법칙을 명문으로 규정하고 있다(헌 12조 7항; 법 310조). 따라서 자백의 보강법칙은 형사재판의 기본원칙이다.

(2) 自白의 補強法則의 理論的 根據

자백의 보강법칙의 이론적 근거, 즉 자백에 보강증거를 요구하는 이유는 오판을 방지하고 인권침해를 방지하려는 데 있다.

1) 誤判의 防止 대리처벌을 받기 위한 허위자백, 영웅심리에 의한 허위자백에서 보는 바와 같이 피고인이 虛僞自白을 하는 경우가 있으므로 허위자백으로 인한 誤判을 방지하기 위해서 자백에 보강증거를 요구한 것이다. 따라서 자백의 보강법칙은 消極的 眞實主義를 그 이론적 근거로 하고 있다.

2) 人權侵害의 防止 만약 자백만으로 유죄를 인정할 수 있다고 하면 자백의 강요로 인한 인권침해의 결과를 가져올 염려가 있으므로 자백강요로 인한 人權侵害를 방지하기 위해서 자백에 보강증거를 요구한 것이다.

---

1) 정영석, 183면; 서일교, 172면; 염정철, 204면; 신현주, 668면; 정영석 · 이형국, 380면; 정웅석, 1005면.

2) 백형구, 485면; 동저, 강의 612면; 송광섭, 266면.

2. 自白의 補强法則의 適用範圍

(1) 被告人의 自白이 唯一한 證據인 경우

피고인의 자백이 그 피고인의 공소사실을 유죄로 인정할 唯一한 증거인 경우에는 그 공소사실을 유죄로 인정할 수 없다(헌 12조 7항; 법 310조). 그 자백은 증거능력이 있고 신빙성이 인정되는 자백임을 요한다. 따라서 자백의 증거능력이 없거나 신빙성이 인정되지 아니한 경우에는 보강증거의 문제는 발생하지 아니한다.

피고인의 搜査上 自白(警察自白 · 檢察自白)에 대해서는 물론 피고인의 公判上 自白에 대해서도 자백의 보강법칙이 적용된다. 따라서 피고인의 공판상 자백을 唯一한 증거로 하여 그 피고인의 공소사실을 유죄로 인정할 수 없다(통설 · 판례[1]). 피고인의 공판상 자백에 보강증거를 요하지 아니한다고 주장하는 국내학자는 없다.

(2) 共犯者의 自白이 唯一한 證據인 경우

피고인의 共犯者의 自白이 피고인의 공소사실을 유죄로 인정할 唯一한 증거인 경우에 그 공범자의 자백만으로 피고인의 공소사실을 有罪로 인정할 수 있느냐, 피고인의 공소사실을 有罪로 인정하기 위해서는 共犯者의 自白에 補强證據가 있어야 하는가에 관해서는 보강증거불요설, 보강증거필요설, 절충설이 대립되고 있다.

1) 補强證據不要說은 공범자의 자백을 唯一한 증거로 하여 피고인의 공소사실을 有罪로 인정할 수 있다는 견해로서[2] 공범자의 자백이 유일한 증거인 경우에 그 공범자의 자백에 대해서 보강증거가 있어야 한다는 明文의 규정이 없다는 점, 공범자의 자백은 증인의 증언과 마찬가지로 피고인에 대해서는 제 3 자의 진술이라는 점 등을 논거로 내세우고 있다. 대법원판례는 이 견해를 취하고 있다.[3] 그러나 이 견해에 의하면 自白한 共犯者는 無罪가 되고 否認한 共犯者(피고인)는 有罪로 된다는 불합리한 결과를 가져온다.

2) 補强證據必要說은 공범자의 자백을 유일한 증거로 하여서는 피고인의 공소사실을 유죄로 인정할 수 없으며 그 공범자의 자백에 補强證據가 있어야 피고인의 공소사실을 유죄로 인정할 수 있다는 견해로서[4] 공범자는 다른 공범자

1) 大判 1966. 7. 26, 66도634; 大判 1978. 6. 27, 78도43.
2) 염정철, 210면; 신현주, 673면; 강구진, 500면; 이재상, 575면; 차용석, 734면; 진계호, 639면; 임동규, 559면.
3) 大判 1960. 7. 8, 4293형상258; 大判 1981. 2. 10, 80도2722; 大判 1985. 7. 9, 85도951.
4) 김기두, 156면; 정영석, 190면; 권오병, 209면; 백형구, 488면; 동저, 강의 640면; 정영석·

에게 책임을 전가하기 위한 허위자백을 하는 경우가 적지 않다는 점, 만약 공범자의 자백만으로 유죄를 인정할 수 있다고 하면 自白한 공범자는 無罪가 되고 否認한 공범자는 有罪로 되는 불합리한 결과를 가져온다는 점, 공범자의 자백이 피고인의 공소사실에 관하여 유일한 증거인 경우에는 형사소송법 제310조를 類推適用하여야 한다는 이론구성이 가능하다는[1] 점 등을 논거로 내세우고 있다.

3) 折衷說에는 세 가지 학설이 있다. 즉 ① 공범자의 자백이 公判廷에서의 자백인 경우에는 보강증거를 요하지 아니하나 公判廷 外의 자백인 경우에는 보강증거를 요한다는 견해,[2] ② 共同被告人인 공범자의 자백에는 보강증거를 요하나 공동피고인이 아닌 공범자의 자백에는 보강증거를 요하지 아니한다는 견해,[3] ③ 공동피고인인 공범자의 자백에는 보강증거를 요하지 아니하나 공동피고인이 아닌 공범자의 자백에는 보강증거를 요한다는 견해[4] 등은 절충설에 해당한다.

4) 자백에 보강증거를 요구하는 이유가 誤判의 防止에 있다는 점, 공범자의 자백을 唯一한 증거로 하여 피고인의 공소사실을 유죄로 인정하는 경우에는 공범자의 책임전가적 허위자백으로 인하여 誤判의 危險性이 있다는 점, 공범자가 共同被告人 경우에도 오판의 위험성이 있다는 점, 따라서 공범자의 자백이 피고인의 공소사실에 관하여 유일한 증거인 경우에는 형사소송법 제310조를 類推適用하여야 한다는 점 등을 고려할 때 補強證據必要說(無罪判決說)이 타당하다고 본다.

3. 自白의 補強法則의 違反 · 排除

(1) 自白의 補強法則의 違反

자백을 유일한 증거로 하여 공소사실을 유죄로 인정한 경우는 판결의 내용이 헌법 제12조 7항과 형사소송법 제310조를 위반하였으므로 항소이유(법 361조의5 제1호) 또는 상고이유(법 383조 1호)에 해당하며 그 유죄판결이 확정된 경우에는 비상상고의 이유(법 441조)에 해당한다. 유죄판결이 자백의 보강법칙을 위반한 경우는 無罪의 證據가 새로 發見된 경우가 아니므로 재심사유(법 420조 5호)로 되지 아니한다.[5]

이형국, 386면; 배종대 · 이상돈, 688면; 송광섭, 270면; 신양균, 821면; 團藤, 綱要 285면; 高田, 258면; 鈴本, 226면.

1) 백형구, 487면; 동저, 강의 640면.

2) 田宮, 入門 223면.

3) 平場, 刑事訴訟法の基本問題 283면.

4) 신동운, 948면; 정웅석, 1022면.

5) 백형구, 강의 644면; 배종대 · 이상돈, 694면; 진계호, 645면; 신양균, 828면; 정웅석, 991면.

(2) 自白의 補强法則의 排除

즉결심판의 경우에는 자백의 보강법칙이 적용되지 아니한다(즉결 10조). 따라서 자백을 유일한 증거로 하여 卽決審判請求事實(犯罪事實)을 유죄로 인정할 수 있다. 이에 대해서 약식명령의 경우에는 자백의 보강법칙이 적용된다(통설).

4. 自白의 補强證據

(1) 補强證據의 意義

자백의 보강증거라 함은 自白의 證明力을 補强하는 증거, 즉 자백의 진실성을 담보하는 증거를 말한다.

(2) 補强證據의 資格

1) **獨立한 證據** 자백에 대한 보강증거는 피고인의 자백과는 별개의 獨立된 증거임을 요한다. 따라서 피고인의 搜査上 自白(경찰자백·검찰자백)은 그 피고인의 公判上 自白에 대하여 보강증거가 될 수 없다(통설).

평소에 犯罪事實을 기재해 놓은 수첩·메모·상업장부가 자백에 대한 보강증거의 자격이 있느냐에 관해서는 이를 긍정하는 견해(적극설)[1]와 이를 부정하는 견해(소극설)[2]가 대립되고 있다. 소극설은 수첩·메모·상업장부의 기재내용은 自白에 해당한다는 점을 논거로 내세우고 있으나 평소에 범죄사실을 기재해 놓은 수첩·메모·상업장부는 피고인의 자백과는 별개의 獨立된 증거이므로 적극설이 타당하다고 본다. 대법원판례도 적극설을 취하고 있다.[3]

피고인이 범죄사실을 自認 또는 告白하는 것을 들었다는 陳述이 그 피고인의 자백에 대한 보강증거의 자격이 있느냐에 관해서는 소극설[4]과 적극설[5]이 대립되고 있다. 대법원판례는 소극설을 취하고 있으나[6] 적극설이 타당하다고 본다. 피고인의 자백과는 별개의 獨立된 증거이기 때문이다.

2) **情況證據** 직접증거는 물론 간접증거, 즉 정황증거도 자백에 대한 보강증거로서의 자격이 있다(통설·판례[7]).

1) 백형구, 488면; 동저, 강의 641면; 동저, 조해 733면; 임동규, 560면.
2) 서일교, 180면; 이재상, 576면; 신동운, 949면; 배종대·이상돈, 689면; 차용석, 722, 737면; 신양균, 822면; 정웅석, 1014면.
3) 大判(全合) 1996. 10. 17, 94도2865.
4) 이재상, 576면; 신동운, 948면; 배종대·이상돈, 689면; 송광섭, 271면; 차용석, 737면; 진계호, 640면; 임동규, 559면; 신양균, 822면.
5) 백형구, 489면; 동저, 강의 642면; 동저, 조해 734면.
6) 大判 1981. 7. 7, 81도1314.
7) 大判 1966. 7. 26, 66도634; 大判 1980. 7. 22, 80도1338; 大判 1999. 8. 24, 99도1858; 大判 2000.

3) 共犯者의 自白 피고인의 공범자의 자백은 피고인의 자백에 대하여 보강증거의 자격이 있다(통설 · 판례[1]). 그 공범자의 자백이 公判上 自白이냐, 搜査上 自白(경찰자백 · 검찰자백)이냐를 불문한다. 共犯者의 自白은 보강증거로서의 자격이 없다는 견해가 있으나[2] 그 이론적 합리성을 인정하기 어렵다. 이 견해에 의하면 피고인과 공범자가 모두 자백한 경우에도 피고인에 대하여 無罪判決을 선고하여야 한다는 부당한 결론에 도달하기 때문이다. 공범자의 자백은 피고인의 자백에 대하여 半證明力(half proof)이 있다고 설명하는 견해가 있으나[3] 半證明力이라는 용어는 적절한 용어가 아니다.[4]

4) 補強證據의 證據能力 자백의 보강증거는 범죄사실(공소사실)을 유죄로 인정하는 증거이므로 證據能力이 있어야 한다. 따라서 증거능력이 없는 증거는 자백에 대한 보강증거로 허용되지 아니한다.

(3) 補強證據의 要否

1) 犯人과 被告人과의 同一性 피고인의 자백만으로 인정할 수 있으며 자백에 대한 보강증거를 요하지 아니한다는 견해가 있으나[5] 자백에 대한 보강증거가 있어야 한다는 견해[6]가 타당하다고 본다. 被告人이 犯人이라는 사실은 핵심적 要證事實이기 때문이다.

2) 犯罪의 主觀的 要素 故意 · 目的과 같은 범죄의 주관적 요소는 자백만으로 인정할 수 있으며 보강증거를 요하지 아니한다(통설 · 판례[7]).

3) 累犯加重事由인 前科 보강증거 없이 피고인의 자백만으로 인정하여도 위법이 아니다(통설 · 판례[8]).

(4) 補強의 範圍 · 程度

보강증거에 의한 보강의 범위 · 정도에 관해서는 죄체설 · 실질설(진실성담보설) · 절충설이 대립되고 있다. 罪體說은 罪體[9]의 전부 또는 중요부분에 보강

---

12. 8, 99도214; 大判 2001. 9. 28, 2001도4091; 大判 2002. 1. 8, 2001도1897; 大判 2003. 12. 26, 2003도6288; 大判 2004. 5. 14, 2004도1066.

1) 大判 1972. 4. 11, 72도464; 大判 1984. 2. 28, 83도3343; 大判 1990. 10. 30, 90도1939.

2) 배종대 · 이상돈, 656면.

3) 김기두, 156면; 정영석, 190면; 정영석 · 이형국, 388면; 송광섭 271면.

4) 백형구, 489면.

5) 김기두, 157면; 정영석, 187면; 서일교, 179면; 신동운, 952면; 정영석 · 이형국, 389면; 배종대 · 이상돈, 693면; 송광섭, 273면; 차용석, 746면; 임동규, 564면; 정웅석, 1020면.

6) 백형구, 490면; 동저, 강의 643면; 강구진, 503면; 신양균, 827면.

7) 大判 1961. 8. 16, 4294형상171(犯意는 피고인의 自白만으로 이를 인정할 수 있다); 大判 2006. 1. 27, 2005도8704.

8) 大判 1979. 8. 21, 79도1528; 大判 1983. 8. 23, 83도820.

증거가 있어야 한다는 견해이며[1] 實質說(眞實性擔保說)은 보강증거는 自白의 眞實性을 擔保할 수 있는 정도이면 족하다는 견해이고[2] 折衷說은 公判廷 外의 自白에 대해서는 죄체설을 적용하고 公判廷의 自白에 대해서는 진실성담보설을 적용하여야 한다는 견해이다.[3]

생각건대 자백에 보강증거를 요구하는 이유가 誤判의 防止에 있다는 점, 自白의 眞實性이 담보되면 誤判의 危險은 없다는 점, 보강증거를 지나치게 많이 요구하면 명백히 有罪인 자에 대해서 無罪判決을 선고하게 되는 불합리한 결과가 발생한다는 점, 公判廷 自白과 公判廷 外 自白을 다르게 해석할 필요가 없다는 점 등을 고려할 때 實質說(眞實性擔保說)이 타당하다고 본다. 대법원판례도 진실성담보설을 취하고 있다.[4]

(5) 補強證據가 必要한 範圍

1) 競合犯인 경우 경합범은 數罪이므로 각 범죄사실에 관하여 보강증거가 있어야 한다(통설 · 판례[5]).

2) 包括一罪인 경우 연속범 · 상습범과 같은 포괄일죄는 실질적으로 數罪이므로 포괄일죄를 구성하는 각 범죄사실에 관하여 보강증거가 있어야 한다고 해석하여야 한다.[6] 대법원판례는 常習犯에 관하여 동일한 견해를 취하고 있다.[7]

3) 科刑上 一罪인 경우 수죄가 상상적 경합의 관계에 있는 경우(형 40조)에는 각 罪에 관하여 보강증거가 있어야 한다는 견해가 있으나[8] 重한 罪에 관해서 보강증거가 있으면 족하다는 견해[9]가 타당하다고 본다. 상상적 경합의 경

---

9) 罪體라 함은 범죄의 客觀的 構成要件에 해당하는 사실을 말한다.

1) 김기두, 156면; 정영석, 187면; 권오병, 210면; 염정철, 207면; 정영석 · 이형국, 389면; 송광섭, 273면; 團藤, 綱要 288면; 高田, 260면.

2) 서일교, 179면; 백형구, 490면; 동저, 강의 643면; 이재상, 580면; 신동운, 951면; 배종대 · 이상돈, 691면; 진계호, 643면; 임동규, 564면; 신양균, 826면; 정웅석, 1018면.

3) 차용석, 744면.

4) 大判 1969. 6. 10, 69도646; 大判 1987. 5. 26, 87도432; 大判 1999. 8. 24, 99도1858; 大判 2000. 12. 8, 99도214; 大判 2001. 9. 28, 2001도4091; 大判 2002. 1. 8, 2001도1897; 大判 2003. 12. 26, 2003도6288; 大判 2004. 5. 14, 2004도1066; 大判 2006. 1. 27, 2005도8704.

5) 大判 1959. 6. 30, 4292형상122; 大判 1973. 11. 27, 73도2016.

6) 백형구, 491면; 동저, 강의 643면; 이재상, 582면; 배종대 · 이상돈, 693면; 진계호, 645면; 임동규, 565면; 신양균, 828면.

7) 大判 1996. 2. 13, 95도1794.

8) 이재상, 581면; 정영석 · 이형국, 390면; 송광섭, 274면; 차용석, 746면; 진계호, 644면; 신양균, 828면.

9) 백형구, 491면; 동저, 강의 643면; 동저, 조해 739면; 신동운, 953면.

우에는 行爲가 1개이며 重한 罪로 처벌되기(형 40조) 때문이다.

(6) 補强證據의 量

보강증거는 그 자체만으로 범죄사실(공소사실)을 증명할 수 있어야 한다는 견해가 있으나[1] 보강증거는 그 자체만으로 범죄사실(공소사실)을 유죄로 인정할 수 있음을 요하지 않고 自白과 補强證據를 종합해서 공소사실을 유죄로 인정할 수 있으면 족하다는 견해[2]가 타당하다고 본다. 대법원판례도 후설을 취하고 있다.[3]

(7) 補强證據의 證明力

보강증거가 증거능력이 있는 경우에도 증명력이 없으면 보강증거로 채택되지 아니한다. 보강증거가 증명력이 있는가 여부는 법관의 자유판단에 의한다(법 308조).

Ⅳ. 彈劾證據

1. 彈劾證據의 意義

證據能力이 없는 傳聞證據가 陳述의 證明力을 다투기 위한 증거로 사용되는 경우에 그 증거를 탄핵증거라고 한다(법 318조의2). 예컨대 피고인 甲이 피해자 乙을 권총으로 사살하였다는 살인피고사건의 공판기일에 증인 A가 「甲이 乙을 향하여 권총을 쏘는 것을 보았다」고 증언한 후 증인 B가 공판정에서 「총소리를 듣고 달려가 보니 乙이 쓰러져 있었으며 범인의 얼굴은 보지 못하였다는 말을 사건 당일 A로부터 들었다」고 증언을 한 경우, 증인 B의 증언을 증인 A의 증언의 증명력(신빙성)을 다투기 위한 증거로 사용한 경우에 증인 B의 증언은 탄핵증거에 해당한다. 증인 B의 전문증언은 원진술자인 A가 공판기일에 진술하였으므로 증거능력이 없다(법 316조 2항).

탄핵증거는 證據能力이 없는 전문증거가 증거로 사용된다는 점과 그 증거가 犯罪事實(公訴事實)의 存否를 증명하기 위한 증거로 사용되는 것이 아니고 陳述의 證明力을 彈劾하기 위한 증거로 사용된다는 점에 특색이 있다.[4] 탄핵증거로 제출된 증거는 증거능력이 없는 증거이므로(법 318조의2) 그 증거에 의해서 공소사실을 유죄로 인정하는 것은 허용되지 아니한다.[5] 탄핵증거로 제출된 증거가 공소범죄

1) 平野, 235면.
2) 백형구, 491면; 동저, 강의 644면; 신동운, 954면; 차용석, 747면.
3) 大判 1967. 12. 18, 67도1084; 大判 2000. 12. 8, 99도214; 大判 2002. 1. 8, 2001도1897.
4) 백형구, 492면; 동저, 강의 694면.
5) 백형구, 강의 698면; 배종대 · 이상돈, 664면.

사실에 관하여 증거능력도 갖추고 있는 경우에는 그 증거를 공소범죄사실을 유죄로 인정하는 증거로 사용하는 것이 허용된다는 견해가 있으나[1] 공소범죄사실에 관하여 증거능력이 있는 증거는 탄핵증거가 아니다.

탄핵증거제도는 證明力 判斷의 合理性을 도모하려는 데 그 존재이유가 있다.[2] 이런 의미에서 탄핵증거는 자유심증주의를 보강하는 기능이 있다고 할 수 있다.[3]

탄핵증거에 관한 규정(법 318조의2)은 형사소송법의 제 1 차 개정시(1961. 9. 1)에 신설되었다.

2. 彈劾證據의 許容範圍

(1) 學 說

탄핵증거로 제출할 수 있는 증거의 범위, 즉 탄핵증거로 허용되는 증거의 범위에 관해서는 한정설, 비한정설, 절충설, 이원설이 대립되고 있다.

1) 限 定 說 自己矛盾의 진술임을 이유로 그 진술의 증명력을 탄핵하는 경우에 한하여 증거능력이 없는 전문증거의 제출이 허용된다는 견해이다.[4] 한정설에서의 自己矛盾의 진술이라 함은 증인의 法廷陳述과 法廷 外에서의 陳述이 상호 矛盾되는 것을 말한다.

2) 非限定說 진술의 증명력을 다투기 위한 증거로서는 증거능력이 없는 증거가 제한 없이 허용된다는 견해이다.[5] 그러나 비한정설에 의하면 진술의 증명력을 다툰다는 명목으로 증거능력이 없는 증거가 무제한적으로 법정에 현출됨으로써 법관에게 不當한 心證形成을 하게 할 위험성이 있다.

3) 折 衷 說 자기모순의 진술 외에 證人의 信憑性에 관한 補助事實(예컨대 증인의 능력·성격, 피고인에 대한 편견, 피고인과의 이해관계에 관한 사실)을 입증하는 증거로서는 증거능력이 없는 증거가 허용된다는 견해이다.[6] 그

---

1) 이재상, 568면; 차용석, 838면.

2) 백형구, 492면; 동저, 강의 695면; 신동운, 891면; 배종대·이상돈, 661면; 임동규, 541면; 신양균, 789면.

3) 백형구, 492면; 이재상, 563면; 배종대·이상돈, 630면; 송광섭 255면; 진계호, 628면; 임동규, 542면; 신양균, 789면; 정웅석, 982면.

4) 정영석, 176면; 권오병, 210면; 백형구, 494면; 동저, 강의 696면; 이재상, 565면, 정영석·이형국, 373면; 진계호, 629면; 신양균, 792면.

5) 團藤 등, 實務講座 9권 2067면(勝尾); 青柳, 通論(下) 412면.

6) 김기두, 150면; 서일교, 192면; 염정철, 199면; 신동운, 897면; 송광섭, 258면; 임동규, 543면; 정웅석, 986면; 平場, 490면.

러나 증인의 신빙성에 관한 보조사실을 입증하는 경우에도 證據能力이 있어야 하므로 이 견해에 대해서는 그 이론적 합리성을 인정하기 어렵다.

4) 二 元 說 檢事側에 대해서는 자기모순의 진술에 限定시키고 被告人을 위해서는 증거능력이 없는 증거를 制限 없이 탄핵증거로 허용하자는 견해이다.[1] 그러나 탄핵증거의 허용범위에 관하여 검사와 피고인을 다르게 해석하여야 할 근거가 박약하다.

5) 限定說의 支持 증명력 판단의 합리성을 도모한다는 탄핵증거제도의 목적과 증거능력이 없는 증거에 의한 부당한 心證形成의 防止라는 전문법칙의 취지를 아울러 고려할 때 한정설이 타당하다고 본다.

(2) 具體的 考察

自己矛盾의 진술인 경우에 한하여 탄핵증거로 허용된다(限定說). 그러나 자기모순의 진술인 경우에도 다음과 같은 전문증거는 탄핵증거로 허용되지 아니한다.

1) 任意性이 없는 陳述(피의자의 自白 또는 참고인의 진술)은 탄핵증거로 허용되지 아니한다.

2) 成立의 眞正이 인정되지 아니한 진술기재서류, 특히 진술자의 서명·날인이 없는 진술기재서류(예컨대 참고인진술조서)는 탄핵증거로 허용되지 아니한다고 해석하여야 한다.[2]

3) 공판정에서 證人訊問을 마친 證人을 검사가 검사실에 출석시켜 공판정에서의 證言을 번복하는 내용의 진술을 받아내고 그 진술을 조서에 기재한 경우 그 陳述調書가 그 證人의 證言의 證明力을 탄핵하기 위한 증거로 허용되느냐에 관해서 이를 긍정하는 견해가 있으나[3] 증인에 대한 再喚問이 가능한 이상 公判中心主義의 취지에 비추어 탄핵증거로 허용되지 아니한다는 견해[4]가 타당하다고 본다.

4) 대법원판례는 피고인이 공판기일에 그 조서의 내용을 부인하여 증거능력이 없는 사법경찰리 작성 피의자신문조서도 피고인의 공판기일에서의 부인진

1) 차용석, 830면; 배종대·이상돈, 664면; 田宮, 入門 248면.

2) 백형구, 494면; 동저, 강의 697면; 강구진, 478면; 이재상, 568면; 신동운, 898면; 배종대·이상돈, 665면; 진계호, 630면; 신양균, 793면.

3) 日最判 昭和 43(1968).10.25.

4) 백형구, 494면; 동저, 강의 697면; 강구진, 478면; 이재상, 569면; 신동운, 899면; 배종대·이상돈, 665면; 정웅석, 991면.

술에 관한 탄핵증거로서의 자격이 있다는 견해를 취하고 있으나[1] 그 조서는 탄핵증거로서의 자격이 없다고 해석하여야 한다.[2] 피고인이 사법경찰관 작성 피의자신문조서에 기재된 자백의 임의성과 진실성을 공판기일에 부인함에도 불구하고 그 자백에 의해서 피고인의 공판기일에서의 부인진술의 증명력을 탄핵할 수 있다는 것은 불합리하기 때문이다.

3. 彈劾의 意味 · 對象

(1) 彈劾의 意味

증명력을 다툰다는 의미에 관해서는 학설이 대립되고 있으나 증명력을 減殺하는 경우 외에 감쇄된 증명력을 回復하기 위한 경우는 포함하나 처음부터 증명력을 증강하는 경우는 포함되지 아니한다는 견해(통설)가 타당하다고 본다.

(2) 彈劾의 對象

탄핵의 대상은 공판준비 또는 공판기일에서의 陳述의 證明力이다(법 318조의2). 진술의 증명력이라 함은 진술의 信憑性을 의미한다. 피고인 아닌 자(예컨대 증인)의 공판기일에서의 진술이 탄핵의 대상으로 됨은 의문이 없다. 탄핵의 대상과 관련하여 문제되는 것은 다음과 같다.

1) 被告人의 陳述 공판기일에서의 被告人의 陳述이 탄핵의 대상으로 되는가에 관해서는 이를 긍정하는 견해(적극설)[3]와 이를 부정하는 견해(소극설)[4]가 대립되고 있다. 적극설은 형사소송법 제318조의2가 공판기일에서의 被告人의 진술을 탄핵의 대상으로 규정하고 있다는 점을 논거로 내세우고 있으나 ① 피고인이 공판정에서 自白하고 수사단계에서 否認한 경우에는 검사는 물론 피고인도 그 公判廷自白의 증명력을 다툴 필요가 없다는 점, ② 피고인의 공판정에서의 否認陳述의 證明力을 證據能力이 없는 搜査上 自白으로 탄핵하는 것은 허용되지 아니한다는 점, ③ 피고인이 공판정에서 공소사실을 否認하는 경우에는 증거능력이 없는 搜査上 自白으로 그 否認陳述의 證明力을 탄핵한다는 것은 별 의미가 없다는 점 등을 고려할 때 소극설이 타당하다고 본다.

2) 自己側 證人의 證言 자기측 증인의 증언도 탄핵의 대상으로 된다

1) 大判 2005. 8. 19, 2005도2617.
2) 백형구, 판례평석 "탄핵증거의 자격 등," 2006년 7월 3일자 법률신문, 15면.
3) 강구진, 476면; 이재상, 567면; 신동운, 900면; 정영석 · 이형국, 374면; 차용석, 832면; 신현주, 620면; 임동규, 546면.
4) 백형구, 495면; 동저, 강의 698면; 배종대 · 이상돈, 666면; 송광섭, 259면; 진계호, 631면; 신양균, 794면.

고 해석하여야 한다(통설).[1)]

3) **搜査警察官의 陳述** 공소제기 전에 피고인을 피의자로 조사하였거나 그 조사에 참여하였던 자의 진술도 증거능력이 없는 증거에 의한 증명력탄핵의 대상으로 된다(법 318조의2 제1항). 2007년 6월 1일 형사소송법의 개정시에 증명력탄핵의 대상으로 규정하였다.

4. 彈劾證據의 調査方式

탄핵증거의 조사방식에 관하여는 正式의 증거조사의 방식에 의하여야 한다는 견해가 있으나 公判廷에서의 증거조사는 필요로 하나 正式의 증거조사를 요하지 아니한다고 해석하여야 한다(통설 · 판례[2)]). 따라서 탄핵증거에 대해서는 법원이 상당하다고 인정하는 방식으로 공판정에서 증거조사를 하여야 한다.

1) 백형구, 495면; 동저, 강의 698면; 이재상, 567면; 신동운, 901면; 정영석 · 이형국, 375면; 배종대 · 이상돈, 666면; 송광섭, 259면; 차용석, 835면; 진계호, 632면; 임동규, 546면; 신양균, 795면; 정웅석, 989면.
2) 大判 1978. 10. 31, 78도2292; 大判 1998. 2. 27, 97도1770.

제 4 절
證據能力

Ⅰ. 證據能力의 意義와 制限

1. 證據能力의 意義

證據能力이라 함은 증거가 嚴格한 證明의 자료로 사용될 수 있는 法律上의 資格을 의미한다(통설). 현행법상 엄격한 증명을 요하는 사실은 公訴犯罪事實 등 主要事實이므로 공소범죄사실 등 주요사실을 인정하는 증거로 사용될 수 있는 법률상 자격이 증거능력이다.[1] 증거능력은 증거로서의 資格이 있느냐, 없느냐의 문제이므로 증거의 실질적 가치를 의미하는 증거의 증명력과 구별된다. 예컨대 증인의 증언이 신빙성이 없는 경우에 그 증언은 證據能力은 있으나 證明力은 없다.

증거능력이 없는 증거에 의해서 공소사실을 유죄로 인정한 경우에는 證據裁判主義(법 307조)의 違反이므로 항소이유(법 361조의5 제1호) 또는 상고이유(법 383조 1호)에 해당한다.

공판기일에 검사가 유죄의 증거로 제출한 捜査書類에 대해서 피고인 또는 그 변호인이 증거로 함에 不同意하고 그 수사서류의 증거능력을 다투는 경우에는 법원은 직권으로 증거능력의 유무(예컨대 진술의 任意性, 서류의 成立의 眞正, 증거수집절차의 適法性)를 조사하여야 한다.

엄격한 증명의 경우에는 증거능력이 있는 증거만이 사실인정의 자료로 되나 자유로운 증명의 경우에는 증거능력이 없는 증거도 사실인정의 자료로 된다.

1) 백형구, 431면; 동저, 강의 613면; 신양균, 667면.

2. 證據能力의 制限

(1) 大陸法과 英美法의 差異

과거 大陸法系의 형사소송법은 증거가치의 판단을 법관에게 일임하는 자유심증주의를 채택함에 그치고 증거능력을 제한하지 아니하였으나 英美法系의 형사소송제도에서는 임의성 없는 自白과 傳聞證據를 배제하는 自白排除法則·傳聞法則이 보통법에 의해서 확립되었으며 違法蒐集證據의 排除法則이 판례에 의해서 확립되었다. 英美法의 自白排除法則, 違法蒐集證據의 排除法則, 傳聞法則, 毒樹毒果의 原則 등은 증거능력을 제한하는 증거법칙이다.

(2) 現行法上 證據能力의 制限

우리나라의 舊刑事訴訟法(大正刑事訴訟法)에는 證據能力을 制限하는 규정이 없었으나 현행 형사소송법은 制定 당시부터 自白과 傳聞證據의 證據能力을 制限하는 규정을 두고 있다.

당해 사건에 관한 意思表示的 文書, 예컨대 告訴狀, 告發狀, 犯罪認知書, 搜査報告書, 公訴狀 등은 공소사실에 관하여 증거능력이 없다. 대법원판례도 公訴狀,[1] 搜査報告書[2]의 증거능력을 부정하고 있다.

Ⅱ. 違法蒐集證據의 證據能力

1. 違法蒐集證據의 排除法則

違法한 節次에 의하여 수집한 증거의 證據能力을 否定하여야 한다는 증거법칙을 위법수집증거의 배제법칙이라고 한다.[3] 위법수집증거의 배제법칙은 미국연방대법원의 判例에 의해서 확립되었으며[4] 특히 1966년의 Miranda판결[5]에 의해서 피의자신문시에 피의자에게 묵비권을 고지하지 아니한 경우에는 適正節次(due process of law)의 법리에 의해서 그 自白을 排除하여야 한다는 自白排除法則이 확립되었고 1961년의 Mapp[6]판결에 의해서 위법하게 압수한 증거의 배제

1) 大判 1978. 5. 23, 78도575.
2) 大判 2001. 5. 29, 2000도2933.
3) 백형구, 432면; 강구진, 504면; 백형구, 강의 591면; 이재상, 490면; 신동운, 134면; 배종대·이상돈, 556면; 송광섭, 173면; 차용석, 670면; 임동규, 447면; 정웅석, 789면.
4) 백형구, 강의 591~592면 참조.
5) Miranda v. Arizona 384, U.S. 436.
6) Mapp v. Ohio 367, U.S. 643.

법칙이 확립되었다.

2. 現行法의 解釋論

(1) 一 般 論

2007년 6월 1일 신설된 형사소송법 제308조의2는 '위법수집증거의 배제'라는 제목으로「적법한 절차에 따르지 아니하고 수집한 증거는 증거로 할 수 없다」고 규정하여 위법수집증거의 배제법칙을 명문화하였다. 위법수집증거의 배제법칙은 적정절차의 보장과 위법수사의 抑止를 그 이론적 근거로 삼고 있다. 증거수집절차에 있어 위법행위를 억제하는 데 가장 효과적 방법은 위법한 절차에 의하여 수집한 증거의 증거능력을 부정하는 것이므로 위법수집증거 배제법칙의 적용범위를 넓히는 방향으로 이론구성을 하여야 한다.

(2) 具體的 考察

1) 押收·搜索의 違法과 押收物의 證據能力　수사기관의 압수·수색이 영장주의를 違反한 경우에는 위법수집증거의 배제법칙에 의하여 그 押收物의 증거능력을 부정하여야 한다(통설). 다만 대법원판례는 압수절차가 위법하다 하더라도 압수물의 證據價値에는 변함이 없다는 이유로 수사기관이 令狀主義를 違反하여 압수한 押收物의 증거능력을 인정하는 견해를 취하고 있다.[1]

수사기관의 盜聽이 위법한 경우에는 그 도청의 결과인 녹음테이프의 증거능력을 부정하여야 하며[2] 陷穽搜査의 방법으로 수집한 증거(압수물)는 증거능력을 부정하여야 한다. 어느 경우나 위법의 정도가 중대하기 때문이다.

법원 또는 법관의 압수·수색이 영장주의(법 113조)를 위반한 경우에는 그 압수물의 증거능력을 부정하여야 한다.

2) 檢證의 違法과 檢證調書의 證據能力　수사기관의 검증이 영장주의를 위반한 경우에는 검증조서의 증거능력을 부정하여야 한다.[3] 수사기관의 검증이 야간검증금지규정(법 219조→125조)을 위반한 경우에도 그 검증조서의 증거능력을 부정하여야 한다.[4]

3) 被疑者訊問의 違法과 自白의 證據能力

㈀ **拷問 등에 의한 自白**　고문·폭행·협박·기망 등에 의하여 任意性

1) 大判 1968. 9. 17, 68도932; 大判 1987. 6. 23, 87도705; 大決 1996. 5. 14, 96초88.
2) 통신비밀보호법 제 4 조는 이러한 내용을 明文으로 규정하고 있다.
3) 大判 1984. 3. 13, 83도3006; 大判 1989. 3. 14, 88도1399; 백형구, 435면; 동저, 강의 594면.
4) 백형구, 435면; 동저, 강의 594면; 이재상, 496면.

에 의심이 있는 자백은 형사소송법 제309조에 의하여 증거능력이 없다. 고문 등에 의한 자백은 이를 違法蒐集證據에 포함시킬 필요가 없다는 견해가 있으나[1] 수사기관의 고문 · 협박 · 기망 등에 의한 자백은 위법수집증거에 해당한다.[2]

(ㄴ) 陳述拒否權의 不告知 수사기관이 피의자신문을 하면서 피의자에게 陳述拒否權을 告知하지 아니한 경우에는 그 피의자신문에 의한 自白의 任意性이 인정되더라도 위법수집증거의 배제법칙에 의하여 그 자백의 증거능력을 부정하여야 한다.[3] 대법원판례도 동일한 이론구성을 취하고 있다.[4]

수사기관이 피의자를 신문하면서 피의자에게 진술거부권을 고지하지 아니한 경우에는 自白의 任意性이 없으므로 형사소송법 제309조에 의해서 그 피의자신문에 의한 자백의 증거능력을 부정하여야 한다는 견해가 있으나[5] 수사기관이 피의자를 신문하면서 피의자에게 진술거부권을 고지하지 아니한 경우에도 자백의 任意性이 인정되는 경우가 있으므로 피의자에게 진술거부권을 고지하지 아니한 경우에도 자백의 任意性이 인정되는 경우에는 형사소송법 제309조가 적용되지 아니한다고 해석하여야 한다.[6]

(ㄷ) 接見交通權의 侵害 구속중인 피의자와 그 변호인과의 接見을 不法으로 禁止하고 그 기간중에 피의자를 신문하여 자백을 받아낸 경우에는 그 자백의 임의성이 인정되는 경우에도 위법수집증거의 배제법칙에 의하여 그 자백의 증거능력을 부정하여야 한다.[7] 대법원판례도 동일한 견해이다.[8]

(ㄹ) 不法拘束중의 自白 수사기관의 피의자에 대한 불법체포 · 불법구속 · 별건체포 · 별건구속중의 자백은 그 자백의 임의성이 인정되는 경우에도 위법수집증거의 배제법칙에 의하여 그 증거능력을 부정하여야 한다.

(ㅁ) 형사소송법 제244조의 違反 피의자신문조서의 작성이 형사소송법 제244조 2항을 위반한 경우에는 위법수집증거의 배제법칙에 의하여 그 피의자신문조서에 기재된 자백의 증거능력을 부정하여야 한다.[9] 형사소송법 제244조 2항의 위반은 重大한 違法에 해당하기 때문이다. 다만 대법원판례는 이 경우에

---

1) 이재상, 497면.
2) 백형구, 435면; 동저, 강의 594면.
3) 백형구, 435면; 동저, 강의 45, 594면; 정영석 · 이형국, 327면; 송광섭, 195면; 진계호, 566면.
4) 大判 1992. 6. 23, 92도682.
5) 이재상, 116, 485~486면; 배종대 · 이상돈, 562, 582면; 임동규, 468면.
6) 백형구, 436면; 동저, 강의 627면; 동저, 조해 722면.
7) 백형구, 436면; 동저, 강의 594면; 정영석 · 이형국, 327면; 송광섭, 196면; 진계호, 566면.
8) 大判 1990. 8. 4, 90도1285.
9) 백형구, 436면; 동저, 강의 595면; 동저, 조해 382면.

도 피의자신문조서의 증거능력을 인정하고 있다.[1)]

(ㅂ) 起訴 後의 被告人調査 제 1 회공판기일 이후에 수사기관이 피고인을 신문하여 작성한 被告人陳述調書에 기재된 자백은 그 자백의 임의성이 인정되는 경우에도 위법수집증거의 배제법칙에 의하여 증거능력을 부정하여야 한다.[2)]

4) 證人訊問의 違法과 證言의 證據能力 법원 또는 법관의 증인신문절차에 重大한 違法이 있는 경우에는 위법수집증거의 배제법칙에 의하여 그 證言(證人訊問調書)의 증거능력을 부정하여야 한다.[3)] 증인이 證人適格이 없는 경우, 證人宣誓를 缺한 경우, 증인에게 證言拒否權을 告知하지 아니한 경우, 피고인과 그 변호인에게 反對訊問의 기회를 주지 아니한 경우는 증언의 증거능력을 부정하여야 한다. 이에 대해서 증인에게 僞證의 罰을 경고하지 아니한 경우(법 158조의 違反), 個別訊問規定(법 162조)을 위반한 경우와 같이 증인신문절차의 위법이 중대하지 아니한 경우에는 그 위법은 증언의 증거능력에 영향을 미치지 아니한다.[4)]

5) 鑑定의 違法과 鑑定書의 證據能力 법원 또는 법관이 감정인에게 鑑定人宣誓(법 177조→156조, 157조)를 시키지 아니하고 감정을 하게 한 경우와 같이 감정의 절차에 중대한 위법이 있는 경우에는 감정서의 증거능력을 부정하여야 한다.

(3) 違法蒐集證據와 證據同意

이는 위법수집증거의 배제법칙에 의하여 증거능력이 부정되는 증거가 被告人의 證據同意(법 318조)에 의해서 증거능력이 인정되는가의 문제로서 이에 관해서는 ① 피고인의 적극적인 증거동의가 있는 경우에는 증거능력을 인정하여야 한다는 견해(적극설),[5)] ② 피고인의 증거동의가 있는 경우에도 증거능력이 인정되지 아니한다는 견해(소극설),[6)] ③ 拷問 · 證人宣誓의 缺如 · 令狀主義의 違反과 같이 그 절차의 위법이 本質的 違法에 해당하는 경우에는 피고인이 증거로 함에 동의하더라도 증거능력을 부정하고 진술거부권의 불고지 · 증언거부권의 불고지 · 압수거절권의 침해와 같이 그 절차의 위법이 本質的 違法에 해당하지 아니한 경우에는 피고인의 증거동의에 의해서 증거능력이 인정된다는 견해(절충설)[7)]가

1) 大判 1988. 5. 10, 87도2716; 大判 1993. 5. 14, 93도486.
2) 백형구, 436면; 동저, 강의 595면.
3) 백형구, 437면; 동저, 강의 595면; 이재상, 496면; 배종대 · 이상돈, 562면; 진계호, 565~566면; 임동규, 455면.
4) 백형구, 437면; 동저, 강의 595면; 이재상, 496면.
5) 平場 등, 注解(中) 676면(鈴木).
6) 이재상, 499, 553면; 신동운, 877면; 정영석 · 이형국, 329면; 배종대 · 이상돈, 567면; 송광섭, 244면; 진계호, 568면; 임동규, 456면.
7) 백형구, 438면; 동저, 강의 596면.

대립되고 있다. 증거동의제도의 취지, 위법수집증거의 증거능력을 부정하는 이유, 실체적 진실의 발견, 적정절차의 법리 등을 아울러 고려할 때 절충설이 타당하다고 본다.

(4) 違法蒐集證據와 毒樹毒果의 原則

이는 위법수집증거에 基해서 수집된 증거의 증거능력을 인정할 것인가의 문제로서 이에 관해서는 ① 위법수집증거에 基해서 수집된 모든 증거의 증거능력을 부정하여야 한다는 견해,[1] ② 적어도 任意性 없는 自白에 기해서 수집된 증거에 대해서는 증거능력을 부정하여야 한다는 견해,[2] ③ 任意性이 없는 自白 중에서 強制에 의한 自白에 기해서 수집된 증거에 限해서 증거능력을 부정하여야 한다는 견해[3] 등이 대립되고 있다. 위법수집증거에 기해서 수집된 모든 증거의 증거능력을 부정하게 되면 실체적 진실의 발견을 저해하는 결과를 가져온다는 점, 毒樹毒果의 原則('Fruit of poisonous tree' doctrine)을 적용함에 있어 강제에 의한 자백에 기해서 수집한 증거와 기망적·유도적 방법에 의한 자백에 기해서 수집한 증거를 구별할 이유가 없다는 점 등을 고려할 때 제 2 설이 타당하다고 본다.

Ⅲ. 自白의 證據能力

1. 自白의 意義·分類

(1) 自白의 意義

자백이라 함은 피의자 또는 피고인이 자기의 범죄사실의 전부 또는 일부를 인정(시인)하는 진술을 말한다. 공소사실이 有罪임을 인정하는 경우는 물론 구성요건적 사실은 인정하면서 위법성조각사유나 책임조각사유를 주장하는 경우도 자백에 해당하며 범죄사실 이외의 사실로서 피의자·피고인에게 不利益한 사실(예컨대 전과·피해자와의 원한관계)을 인정한 진술도 자백에 해당한다. 공소사실의 일부(예컨대 포괄일죄의 일부)를 인정하는 진술 즉 一部自白도 자백이며 참고인·증인의 지위에서 한 자백도 자백에 해당한다. 상대방이 없는 자백, 예컨대 일기장에 범죄사실을 기재해 놓은 경우도 자백이다.

자백은 有罪의 證據이다. 직접증거이며 진술증거이다. 다만 자백이 유죄의

1) 이재상, 497면; 배종대·이상돈, 565면; 송광섭, 194면; 진계호, 567면; 임동규, 456면.
2) 백형구, 438면; 동저, 강의 595면; 정영석·이형국, 328면.
3) 정영석, 156면.

증거로 채택되기 위해서는 證據能力과 證明力(신빙성)이 있어야 하며 자백에 대한 補強證據가 없으면 자백한 공소사실(범죄사실)을 유죄로 인정할 수 없다.

(2) 自白의 分類

자백은 관점에 따라 다음과 같이 분류할 수 있다.

1) 公判上 自白 · 捜査上 自白 · 司法節次 外의 自白 이는 자백이 행하여진 절차단계를 기준으로 한 분류로서 공판절차에서 법관에 대한 자백이 公判上 自白이며 수사단계에서 수사기관에 대한 자백이 捜査上 自白이고 수사개시 전에 행하여진 자백(예컨대 일기장에 써놓은 자백)은 司法節次 外의 自白에 해당한다. 수사상 자백은 檢察自白과 警察自白으로 구분할 수 있다. 司法警察官吏에 대한 자백이 警察自白이며 檢事에 대한 자백이 檢察自白이다.[1] 경찰자백과 검찰자백 사이에는 증거능력의 요건에 있어 큰 차이가 있다(법 312조 1항 · 3항). 공판상 자백과 수사상 자백 사이에도 증거능력의 요건에 차이가 있다(법 311조, 312조).

2) 相對方 있는 自白 · 相對方 없는 自白 이는 자백의 상대방 유무를 기준으로 한 분류로서 법원 또는 수사기관에 대한 자백이 전자에 해당하고 일기장에 써놓은 자백은 후자에 해당한다.

3) 협의의 自白과 承認 자백을 협의의 자백과 승인으로 구분하는 견해가 있으며[2] 英美法에서는 自白(confession)과 承認(admission)으로 구분하고 있다.

2. 自白의 任意性法則

(1) 意 義

自白의 任意性法則이라 함은 自白의 任意性이 없거나 의심되는 경우에는 그 自白의 證據能力이 否定된다는 증거법칙을 말한다.[3] 헌법 제12조 7항과 형사소송법 제309조는 자백의 임의성법칙을 명문으로 규정하고 있다.

임의성이 없는 자백의 증거능력을 부정하는 증거법칙을 自白排除法則이라고 하는 학자들이 있으나[4] 형사소송법 제309조는 자백의 임의성을 증거능력의 요건으로 규정하고 있다는 점, 자백의 임의성이 인정되는 경우에도 그 자백을 수

1) 백형구, 439면; 동저, 강의 617면.
2) 김기두, 133면; 서일교, 175면; 團藤, 綱要 249면.
3) 백형구, 440면; 동저, 강의 620면; 동저, 조해 712면.
4) 강구진, 490~491면; 이재상, 472면; 신동운, 900~923면; 정영석 · 이형국, 332면; 배종대 · 이상돈, 568면; 송광섭, 165면; 진계호, 548면; 임동규, 459면; 신양균, 687면; 정웅석, 773면.

집하는 절차에 중대한 위법이 있으면 그 자백의 증거능력을 부정하여야 한다는 증거법칙, 즉 違法蒐集自白의 排除法則도 自白排除法則에 해당한다는 점을 고려할 때 형사소송법 제309조가 규정하고 있는 자백배제법칙은 이를 自白의 任意性法則이라고 하는 것이 用語上 적절하다고 본다.

자백의 임의성법칙은 英美證據法의 기본원칙으로서 日本 형사소송법도 자백의 임의성법칙을 명문으로 규정하고 있다(동법 319조 1항).

(2) 理論的 根據

任意性이 없거나 의심되는 自白의 증거능력을 부정하는 이론적 근거에 관해서는 허위배제설, 인권옹호설, 결합설(절충설), 위법배제설이 대립되고 있다.

1) **虛僞排除說** 이는 임의성이 없는 자백(예컨대 고문에 의한 자백)은 虛僞일 위험성이 많으므로 虛僞排除라는 관점에서 증거능력을 부정한다는 학설이다. 허위배제설은 고문 등에 의한 자백이 虛僞일 危險性이 많다는 점을 지적하였다는 점에서는 합리성이 있으나 고문 등에 의한 자백의 증거능력을 부정하는 이유가 피의자·피고인의 人權保障에 있다는 점을 지적하지 않고 있다는 점에 이론적 약점이 있다.

2) **人權擁護說** 이는 자백강요를 위한 고문·협박 등을 억지함으로써 피의자·피고인의 人權保障을 도모하기 위해서 고문 등에 의한 자백의 증거능력을 부정한다는 학설이다. 인권옹호설에서는 고문 등에 의한 자백강요는 陳述拒否權의 侵害라는 점을 특히 강조하고 있다. 인권옹호설은 고문 등에 의한 자백의 증거능력을 부정하는 이유가 고문 등의 억지에 의해서 인권보장을 도모하려는 데 있다는 점을 지적하였다는 점에서는 합리성이 있으나 고문·협박·기망 등에 의한 자백은 虛僞일 危險性이 많기 때문에 증거능력을 부정한다는 점을 지적하지 않고 있다는 점에 이론적 약점이 있다.

3) **結合說**(折衷說) 고문·협박·기망 등에 의한 자백의 증거능력을 부정하는 이론적 근거에 관해서는 허위배제설과 인권옹호설이 모두 타당하다는 견해로서 고문 등에 의한 자백은 虛僞일 위험성이 많고 고문 등에 의한 자백강요는 人權侵害를 의미하므로 虛僞排除와 人權保障을 위해서 증거능력을 부정한다는 것이 결합설(절충설)의 내용이다. 우리나라에서 절충설(결합설)을 지지하는 학자들이 있다.[1)]

---

1) 김기두, 134면; 정영석, 151면; 서일교, 176면; 염정철, 165면; 백형구, 443면; 동저, 강의 623면; 신동운, 910, 912면; 신양균, 694면.

4) 違法排除說 이는 자백획득의 수단이 違法하기 때문에 그 위법의 억지를 위해서 그러한 자백의 증거능력을 부정한다는 학설이다. 즉 고문·협박·기망 등에 의한 자백은 그 자백을 획득하는 수단·방법·과정이 위법하므로 違法蒐集證據의 排除法則에 의해서 그 자백의 증거능력을 부정하여야 한다는 것이 위법배제설의 이론구성이다. 위법배제설은 고문 등에 의한 자백의 증거능력을 自白의 任意性에 관한 문제로 보지 아니하고 위법수집증거의 배제법칙이 적용되는 경우의 하나로 취급하고 있다는 점에 특색이 있다. 違法排除說은 日本의 田宮裕 교수에 의해서 처음 주장된 학설로서[1] 우리나라에서도 위법배제설을 지지하는 학자들이 있다.[2]

그러나 헌법 제12조 7항과 형사소송법 제309조는 自白의 任意性을 증거능력의 요건으로 규정하고 있다는 점, 위법배제설은 任意性이 없는 자백의 증거능력이 부정되는 이유를 논함에 있어 自白의 任意性이라는 면을 고려하지 않고 있다는 점, 자백의 임의성이 없는 경우와 자백의 임의성은 인정되나 그 획득의 절차와 방법이 위법한 경우 사이에는 위법의 내용에 있어 質的 差異가 있다는 점, 자백의 임의성이 인정되는 경우에는 그 자백을 획득하는 절차와 방법이 違法한 경우에도 그 자백의 증거능력에 관하여 형사소송법 제309조가 적용되지 아니한다는 점 등을 고려할 때 위법배제설에 대해서는 그 이론적 합리성을 인정하기 어렵다.[3]

5) 절충설(결합설)**의 支持** 고문 등에 의한 자백의 증거능력을 부정하는 이유가 고문 등은 違法하기 때문에 고문 등을 抑止하기 위해서라는 설명이 틀렸다고는 할 수 없으나 具體性이 없다. 고문 등에 의한 자백은 虛僞일 위험성이 많고 자백강요를 위한 고문·협박 등은 人權侵害를 의미하므로 虛僞排除와 人權保障을 위해서 그 자백의 증거능력을 부정한다는 이론구성이 훨씬 구체적이다. 따라서 허위배제설과 인권옹호설을 결합한 절충설(결합설)이 타당하다고 본다.

대법원판례도 허위배제설과 인권옹호설을 결합한 절충설(결합설)을 취하고 있다.[4] 즉 「임의성 없는 자백의 증거능력을 부정하는 취지는 허위진술을 유발 또는 강요할 위험성이 있는 상태하에서 행하여진 자백은 그 자체가 실체적 진실

1) 田宮, 345, 347면; 동저, 入門 210~214면.
2) 강구진, 491면; 이재상, 481면; 정영석·이형국, 336면; 배종대·이상돈, 575면; 송광섭, 167면; 차용석, 701면; 진계호, 553면; 임동규, 463면; 정웅석, 779면.
3) 백형구, 442면; 동저, 강의 622~623면.
4) 大判 1999. 1. 29, 98도3584; 大判 2000. 1. 21, 99도4940.

에 부합하지 아니하여 誤判의 소지가 있을 뿐만 아니라 그 진위 여부를 떠나서 자백을 얻기 위하여 피의자의 基本的 人權을 侵害하는 위법부당한 압박이 가하여지는 것을 사전에 막기 위한 것이다」라는 것이 대법원판례의 견해이다.

(3) 內 容

1) 自白의 任意性

(ㄱ) 任意性의 意味 자백의 임의성이라 함은 자백이 自由로운 心理狀態에서 행하여진 것을 의미한다.

(ㄴ) 任意性의 判斷 자백의 임의성 유무는 자백이 행하여진 당시의 제반 사정을 종합적으로 고려하여 이를 판단하여야 한다.[1] 대법원판례도 동일한 견해이다.[2]

(ㄷ) 任意性의 擧證責任 자백을 증거로 제출한 당사자는 檢事이므로 자백의 임의성의 존재에 관해서는 검사가 거증책임을 부담한다. 따라서 법관이 자백의 任意性을 疑心하는 경우에는 그 자백의 증거능력을 부정하여야 한다(법 309조).

(ㄹ) 任意性의 證明 자백이 任意로 행하여졌다는 사실은 訴訟法的 事實이므로 自由로운 證明으로 족하다고 해석하여야 한다.[3] 대법원판례도 동일한 견해이다.[4] 엄격한 증명을 요한다는 견해도 있다.[5]

2) 自白의 任意性을 疑心할 理由

(ㄱ) 例示的 列擧 고문 · 폭행 · 협박 · 신체구속의 부당한 장기화 · 기망은 제한적 열거가 아니고 例示的 列擧이다(통설 · 판례[6]). 따라서 約束에 의한 자백,[7] 徹夜訊問에 의한 자백[8]은 임의성이 의심되는 자백에 해당한다. 신체구속의 부당한 장기화에 의한 자백은 자백의 任意性과 관계없이 증거능력이 부정된다고 설명하는 학자들이 있으나[9] 자백의 任意性을 자백의 증거능력의 요건으로 규정하고 있는 형사소송법 제309조의 내용에 정면으로 배치되는 해석론이다.

피의자에 대한 陳述拒否權의 不告知를 자백의 임의성을 의심할 이유에 해당

1) 백형구, 443면; 동저, 강의 623면; 동저, 조해 718면.
2) 大判 1992. 2. 28, 91도2337; 大判 1998. 12. 22, 98도2890.
3) 서일교, 159면; 염정철, 169면; 백형구, 444면; 동저, 강의 624면; 이재상, 489면; 진계호, 560면; 임동규, 471면; 신양균, 701면.
4) 大判 1984. 3. 13, 83도3228; 大判 1986. 11. 25, 83도1718.
5) 김기두, 126면; 강구진, 496면; 배종대 · 이상돈, 585면; 송광섭, 172면.
6) 大判 1985. 2. 26, 82도2413.
7) 大判 1985. 12. 10, 85도2182.
8) 大判 1997. 6. 27, 95도1964.
9) 이재상, 483면; 배종대 · 이상돈, 579면; 차용석, 706면; 진계호, 555면; 임동규, 464면.

시키는 견해가 있으나[1] 그 이론적 합리성을 인정하기 어렵다. 피의자에게 陳述拒否權을 告知하지 아니한 경우에도 自白의 任意性이 인정되는 경우가 있기 때문이다.

(ㄴ) 警察拷問과 檢察自白의 任意性 경찰수사단계에서 수사경찰관의 拷問에 의하여 자백을 한 피의자가 사건이 검찰에 송치된 후 檢事에게 동일한 내용의 自白을 한 경우에는 검사의 피의자신문시에 고문 등 자백강요의 사실이 없는 경우에도 경찰고문으로 인한 任意性 없는 心理狀態가 검사의 피의자신문시까지 계속되었다고 인정되는 경우에는 검사에 대한 자백은 任意性이 疑心되는 自白에 해당한다.[2] 대법원판례도 동일한 견해를 취하고 있다.[3]

(ㄷ) 因果關係의 要否 고문 · 협박 등과 자백 사이에 인과관계의 존재를 요하는가에 관해서는 적극설(인과관계필요설)[4]과 소극설(인과관계불요설)[5]이 대립되고 있다. 대법원판례는 적극설을 취하고 있으나[6] 소극설이 타당하다고 본다. 자백의 임의성이 疑心되기만 하면 그 자백의 증거능력이 부정되기(법 309조) 때문이다.

3) 證據能力의 否定

(ㄱ) 證據能力의 絶對的 否定 임의성이 없거나 의심되는 자백은 피고인의 공소사실에 관하여 증거능력이 없다(법 309조). 임의성이 없거나 의심되는 자백은 피고인이 증거로 함에 同意하더라도 증거능력이 없다(통설).

(ㄴ) 毒樹毒果의 原則의 適用 임의성이 없거나 의심되는 자백에 基해서 수집된 증거는 毒樹毒果의 原則('Fruit of poisonous tree' doctrine)에 의해서 증거능력을 부정하여야 한다(통설).

(4) 適用範圍

自白排除法則(自白의 任意性法則)의 이론적 근거에 관하여 違法排除說을 취하여야만 형사소송법 제309조의 적용범위가 넓어진다는 견해가 있으나[7] 違法排

1) 이재상, 485, 486면; 정영석 · 이형국, 338면; 배종대 · 이상돈, 582면; 차용석, 708, 709면; 진계호, 556, 558면; 임동규, 468면.
2) 백형구, 445면; 동저, 강의 625면; 이재상, 483면; 신동운, 913면; 진계호, 555면; 임동규, 464면; 신양균, 700면.
3) 大判 1981. 10. 13, 81도2160; 大判 1984. 5. 15, 84도472; 大判 1992. 11. 24, 92도2409.
4) 김기두, 135면; 정영석, 154면; 권오병, 186면; 신양균, 699면.
5) 서일교, 177면; 백형구, 446면; 동저, 강의 625면; 정영석 · 이형국, 340면; 배종대 · 이상돈, 584면; 송광섭, 171면, 진계호, 559면; 임동규, 469면; 정웅석, 786면.
6) 大判 1984. 11. 27, 84도2252.
7) 강구진, 491면; 이재상, 479면; 차용석, 700면.

除說을 취하더라도 절충설(결합설)을 취하는 경우에 비하여 형사소송법 제309조의 적용범위가 넓어지지 아니한다.[1] 자백을 획득하는 절차와 방법이 違法한 경우(예컨대 피의자신문을 하면서 피의자에게 진술거부권을 고지하지 아니한 경우)에도 그 自白의 任意性이 인정되는 경우에는 형사소송법 제309조가 적용되지 않기 때문이다.

(5) 違 反

자백의 임의성법칙을 위반한 경우라 함은 임의성이 없거나 의심되는 자백을 有罪의 證據로 사용한 경우를 말한다. 유죄판결이 자백의 임의성법칙을 위반한 경우는 유죄판결의 내용이 證據裁判主義(법 307조)를 위반한 경우이므로[2] 그 違法이 유죄판결의 主文에 영향을 미친 때에는 항소이유(법 361조의5 제1호) 또는 상고이유(법 383조 1호)에 해당한다. 임의성 없는 자백을 유죄의 증거로 채택한 경우는 絶對的 抗訴理由에 해당한다는 견해가 있으나[3] 相對的 抗訴理由에 해당한다.

3. 公判上 自白의 證據能力

公判調書에 기재된 공판상 자백은 무조건 증거능력이 인정된다(법 311조). 다만 공판상 자백이라 할지라도 그 자백의 任意性이 의심되는 경우에는 증거능력이 부정된다(법 309조).

4. 搜査上 自白의 證據能力

(1) 檢察自白의 證據能力

1) 被疑者訊問調書에 기재된 경우 형사소송법 제312조 1항과 2항은 검사 작성 피의자신문조서에 있어 調書作成의 適法性, 조서의 實質的 成立의 眞正(진술과 조서기재의 일치), 조서에 기재된 진술(자백)의 特信狀態를 증거능력의 요건으로 규정하고 있다.

(ㄱ) 조서작성의 適法性 검사 작성 피의자신문조서가 적법한 절차와 방식에 따라 작성되어야 한다. 피의자신문조서가 적법한 절차와 방식에 따라 작성된 경우라 함은 피의자신문조서가 형사소송법과 형사소송규칙이 규정하고 있는 절차와 방식에 따라 작성된 경우를 말한다. 예컨대 피의자신문조서의 서명 · 날

1) 백형구, 447면; 동저, 강의 627면.
2) 證據能力이 없는 증거에 의해서 공소사실을 有罪로 인정하였으므로 證據裁判主義(법 307조)의 違反이다.
3) 진계호, 558면; 신양균, 702면.

인이 진정한 경우, 즉 피의자신문조서의 형식적 성립이 진정한 경우, 피의자를 신문하면서 피의자에게 미리 진술거부권 등 형사소송법 제244조의3 제 1 항 각 호에 규정된 사항을 고지한 경우, 검사의 피의자신문시에 피의자의 신청에 따라 피의자의 변호인을 참여하게 한 경우, 피의자신문조서에 피의자가 서명 · 날인을 하기 전에 그 피의자신문조서를 피의자에게 열람하게 하거나 읽어준 경우는 피의자신문조서가 적법한 절차와 방식에 따라 작성된 경우에 해당한다.

(ㄴ) 成立의 眞正　　검사 작성 피의자신문조서는 공판절차에서 成立의 眞正이 인정되어야 그 조서에 기재된 자백은 피고인의 공소사실에 관하여 증거능력이 인정된다(법 312조 1항 · 2항).

피의자신문조서에 있어 成立의 眞正은 形式的 成立의 眞正과 內容的 成立의 眞正으로 구분된다. 形式的 成立의 眞正이란 署名 · 捺印(또는 拇印) · 間印의 眞正을 의미하며 內容的 成立의 眞正이란 조서의 기재내용과 진술자(피의자)의 진술이 一致함을 의미한다(통설[1] · 판례[2]). 內容的 成立의 眞正은 조서의 기재내용이 任意的이며 眞實과 부합됨을 의미한다는 견해가 있으나[3] 그 이론적 합리성을 인정하기 어렵다. 자백의 任意性에 관해서는 형사소송법 제309조가 규정하고 있고 기재내용(자백)의 진실성은 證明力의 문제이기 때문이다.

形式的 成立의 眞正이 인정되면 內容的 성립의 진정이 推定된다는 것이 종전 대법원판례의 태도이나[4] 추정되지 아니한다고 해석하여야 한다. 피의자신문조서에 있어 形式的 성립의 진정은 인정되나 진술과 조서기재가 不一致한 경우가 있기 때문이다. 현재의 대법원판례도 추정되지 아니한다는 견해를 취하고 있다.[5] 즉 전원합의체판결에 의해서 판례를 변경하였다.

대법원판례는 內容的 성립의 진정이라는 용어 대신에 實質的 성립의 진정이라는 용어를 사용하고 있으며 이에 동조하는 학자들이 있으나 진술이 기재된 調書에 있어 陳述과 調書記載가 一致한다는 것은 조서의 內容이 眞正하게 작성되었다는 것을 의미하므로[6] 實質的 成立의 眞正이라는 용어보다는 內容的 成立의

1) 배형구, 448면; 동저, 강의 663면; 강구진, 456면; 이재상, 516면; 신동운, 804면; 송광섭, 223면; 차용석, 784면; 진계호, 583면; 임동규, 481면; 신양균, 726면; 정웅석, 826면.
2) 大判 1984. 6. 26, 84도748; 大判 1992. 6. 23, 92도769; 大判 1998. 6. 9, 98도980; 大判 1999. 7. 23, 99도1860; 大判 2001. 6. 29, 2001도1049.
3) 김기두, 141면; 서일교, 182면; 권오병, 193면; 염정철, 176면.
4) 大判 1984. 6. 26, 84도748; 大判 1994. 8. 9, 94도1328; 大判 1998. 6. 9, 98도980; 大判 2001. 6. 29, 2001도1049.
5) 大判(全合) 2004. 12. 16, 2002도537.
6) 이 경우 조서의 實質이 眞正하게 작성되었다는 표현은 부적절한 표현이다.

眞正이라는 용어가 적절하다고 본다.[1] 被告人이 공판기일에 피의자신문조서의 成立의 眞正을 다투는 경우에는 법원은 그 成立의 眞正 여부에 관한 證據調査를 하여야 하며 그 成立의 眞正에 관한 擧證責任은 검사가 부담한다. 이에 대해서 被告人이 공판기일에 피의신문조서에 대해서 증거로 함에 同意를 한 경우에는 성립의 진정 여부에 관한 증거조사를 할 필요가 없다.

피고인이 공판기일에 검사 작성 피의자신문조서의 실질적 성립의 진정(진술과 조서기재의 일치)을 부인하는 경우에도 영상녹화물, 조서작성자의 증언 등에 의하여 그 조서의 실질적 성립의 진정이 증명되면 그 조서는 피고인의 공소사실에 관하여 증거능력이 인정된다(법 312조 2항). 형사소송법 제312조 2항은 2007년 6월 1일 형사소송법의 개정시에 신설되었다.

(ㄷ) 自白의 特信狀態 피의자신문조서에 기재된 檢察自白이 특히 신빙할 수 있는 상태하에서 행하여졌음이 증명된 때에 한하여 그 조서에 기재된 검찰자백은 피고인의 공소사실에 관하여 증거능력이 인정된다(법 312조 1항, 2항).[2]

2) 被告人陳述調書에 기재된 경우

(ㄱ) 공소제기 후 제1회공판기일 전에 검사가 피고인을 당해 공소사실에 관하여 신문하면서 작성한 被告人陳述調書에 기재된 자백의 증거능력에 관해서는 형사소송법 제312조 1항, 2항이 적용된다고 해석하여야 한다.[3] 위법수집증거의 배제법칙에 의하여 그 조서의 증거능력을 否定하여야 한다는 견해도 있다.[4]

(ㄴ) 檢事가 제1회공판기일 후에 작성한 피고인진술조서에 기재된 자백은 위법수집증거의 배제법칙에 의하여 증거능력을 부정하여야 한다.[5]

3) 被疑者陳述書에 기재된 경우 檢察搜査段階에서 피의자가 작성한 진술서에 기재된 자백, 즉 피의자진술서에 기재된 檢察自白의 증거능력에 관해서는 형사소송법 제312조 5항이 준용된다.

(2) 警察自白의 證據能力

1) 被疑者訊問調書에 기재된 경우 검사 이외의 수사기관, 즉 사법경찰관리가 작성한 피의자신문조서에 기재된 자백은 피의자였던 피고인이나 그 변호인이 공판기일에 그 조서의 내용을 인정한 때에 限하여 그 피고인의 공소사실

1) 백형구, 449면; 동저, 강의 663면; 동저, 조해 756면.
2) 백형구, 449면; 동저, 강의 663면.
3) 백형구, 449면; 동저, 강의 337면.
4) 이재상, 313면; 신동운, 359면; 배종대·이상돈, 343면.
5) 백형구, 449면; 동저, 강의 337면; 이재상, 313면; 신동운, 359면.

에 관하여 증거능력이 인정된다(법 312조 3항). 따라서 피고인 또는 그 변호인이 공판기일에 그 피의자신문조서의 내용을 인정하지 아니하면 설사 그 조서의 成立의 眞正이 인정되고 그 조서에 기재된 自白의 任意性이 입증된 경우에도 그 조서에 기재된 자백은 증거능력이 부정된다. 內容을 認定한다 함은 조서내용의 眞實性을 인정한다는 의미이다(통설[1]·판례[2]).

2) **被疑者陳述書에 기재된 경우**

a) **구법시대의 學說·判例**

2007년 6월 1일 형사소송법 제312조 제 5 항이 신설되기 이전에 경찰수사단계에서 피의자가 작성한 진술서에 기재된 자백의 증거능력에 관하여 학설이 대립되었으며 대법원판례도 변경되었다.

(ㄱ) 被疑者陳述書가 要求型인 경우 경찰수사단계에서 司法警察官吏의 要求에 의해서 작성된 피의자진술서에 기재된 자백의 증거능력에 관해서는 313條說과 312條說이 대립되고 있다.

313條說은 그 증거능력에 관하여 형사소송법 제313조 1항이 적용된다는 견해로서[3] 피의자가 작성한 진술서는 형사소송법 제313조 1항의 「被告人이 作成한 陳述書」에 해당한다는 점을 논거로 내세우고 있다. 313조설에 의하면 피의자진술서의 成立의 眞正(서명·날인·간인의 진정)이 인정되면 피고인이 공판기일에 그 진술서의 내용을 否認하는 경우에도 그 피의자진술서에 기재된 자백은 피고인의 공소사실에 관하여 증거능력이 인정된다.

312條說은 그 증거능력에 관하여 형사소송법 제312조 2항(개정법 312조 3항)이 적용된다는 견해로서[4] ① 사법경찰관리의 요구에 의해서 작성된 피의자진술서는 형식적으로는 진술서이나 실질적으로 피의자신문조서와 동일하다는 점, ② 사법경찰관리가 작성한 피의자신문조서는 피의자였던 피고인이 공판정에서 그 내용을 부인하면 그 진술의 임의성과 그 조서의 眞正成立이 인정되는 경우에도 증거능력이 부정됨에 대해서 사법경찰관리의 요구에 의해서 작성된 피의자진술서는 피의자였던 피고인이 공판정에서 그 內容을 부인하는 경우에도 그 서명·날인의 진정이 증명되면 증거능력이 인정된다는 것은 균형이 맞지 않는다는 점, ③ 313

1) 백형구, 450면; 동저, 강의 664면; 이재상, 520면; 신동운, 821면; 배종대·이상돈, 608면; 차용석, 789면; 진계호, 586면; 임동규, 484면; 신양균, 732면; 정웅석, 836면.
2) 大判 1995. 5. 23, 94도1735; 大判 2001. 9. 28, 2001도3997.
3) 김기두, 142면; 정영석, 164면; 서일교, 183면; 권오병, 194면; 염정철, 183면; 강구진, 458면.
4) 백형구, 「被疑者訊問」, 고시계 1977년 10월호, 49면; 동저 451면; 동저, 강의 670면; 이재상, 528면; 신동운, 831면; 차용석, 789면; 임동규, 492면; 신양균, 744면.

조설을 취하게 되면 사법경찰관리는 피의자신문조서를 작성하는 대신에 진술서의 작성을 강요하게 될 것이므로 형사소송법 제312조 2항은 유명무실하게 될 우려가 있다는 점, ④ 사법경찰관리의 강요에 의해서 작성된 自白陳述書가 自白强要事實의 立證困難으로 인해서 有罪의 證據로 사용될 가능성이 있다는 점 등을 논거로 들고 있다. 312조설에 의하면 경찰수사단계에서 사법경찰관리의 요구에 의해서 작성된 피의자진술서에 기재된 자백은 피의자진술서의 작성자인 피고인이 공판정에서 피의자진술서의 내용을 부인하면 그 피의자진술서의 成立의 眞正(서명·날인·간인의 진정)이 인정되는 경우에도 증거능력이 부정된다. 312조설이 타당하다고 본다.

대법원판례는 要求型 피의자진술서에 기재된 警察自白의 증거능력에 관하여 종래 313조설을 취하다가 金詩勳事件을 계기로 全員合議體判決로써 312조설로 판례를 변경하였으며[1] 그 후 대법원판례로 확립되었다.[2]

사법경찰관리가 피의자에게 진술서의 작성을 요구한다는 것은 형사소송법 제244조의 違反이므로 그 피의자진술서는 違法蒐集證據의 排除法則에 의하여 그 증거능력을 부정하여야 한다는 견해가 있으나[3] 그 이론적 합리성을 인정하기 어렵다. 사법경찰관리가 피의자에게 진술서의 작성·제출을 요구하는 것은 適法하기 때문이다. 要求型 피의자진술서의 증거능력에 관한 312條說과 313條說은 결론에 있어 차이가 없다는 견해가 있으나[4] 결론에 있어 커다란 차이가 있다.

(ㄴ) 被疑者陳述書가 自進型인 경우 경찰수사단계에서 피의자가 自進하여 작성한 진술서에 기재된 자백의 증거능력에 관해서는 형사소송법 제312조 3항(구법 312조 2항)이 적용된다는 견해[5]와 형사소송법 제313조 1항이 적용된다는 견해[6]가 대립되고 있다. 피의자가 사법경찰관리의 요구에 의하지 않고 自進하여 작성한 진술서는 形式的으로는 물론 實質的으로도 피의자신문조서에 해당하지 아니하므로 후설이 타당하다고 본다.

b) 개정법 제312조 제5항의 解釋

피고인이 경찰수사과정에서 작성한 진술서의 증거능력에 관해서는 형사소송

1) 大判(全合) 1982. 9. 14, 82도1479, 金詩勳事件.

2) 大判 1983. 7. 26, 82도385; 大判 1987. 2. 24, 86도1152; 大判 1992. 4. 14, 92도442; 大判 2003. 10. 9, 2002도4332; 大判 2004. 7. 15, 2003도7185.

3) 배종대·이상돈, 620면; 진계호, 593면.

4) 배종대·이상돈, 620면.

5) 이재상, 528면; 송광섭, 228면; 진계호, 593면; 임동규, 492면; 신양균, 744면.

6) 백형구, 452면; 동저, 강의 671면; 동저, 조해 766면.

법 제312조 3항을 준용한다(법 312조 5항). 따라서 요구형 피의자진술서의 증거능력에 관해서뿐 아니라 자진형 피의자진술서의 증거능력에 관해서도 형사소송법 제312조 제3항이 준용된다고 해석하여야 한다. 그러나 자진형 피의자진술서의 증거능력에 관하여 형사소송법 제312조 3항을 준용하는 것은 입법론으로 부당하다고 본다. 피의자가 경찰수사단계에서 자진하여 작성한 진술서는 형식적으로는 물론 실질적으로도 피의자신문조서에 해당하지 않기 때문이다.

3) **檢證調書에 기재된 경우** 사법경찰관리가 작성한 檢證調書·實況調査書에 기재된 被疑者自白의 증거능력에 관해서는 형사소송법 제312조 3항이 적용된다고 해석하여야 한다.[1)]

4) **警察自白을 내용으로 한 傳聞證言의 證據能力** 피의자의 警察自白을 내용으로 하는 調査警察官(공소제기 전에 피고인을 피의자로 조사하였거나 그 조사에 참여한 경찰관)의 증언의 증거능력에 관해서는 형사소송법 제316조 제1항이 적용된다(법 316조 1항 괄호안). 따라서 사법경찰관리가 작성한 피의자신문조서는 피고인이 공판기일에 그 조서의 내용을 부인하면 피고인의 공소사실에 관하여 증거능력이 인정되지 아니하나(법 312조 3항) 그 피의자신문조서를 작성한 조사경찰관의 증언(피의자의 경찰자백을 내용으로 하는 전문증언)은 피의자의 조사경찰관에 대한 자백이 특히 신빙할 수 있는 상태하에서 행하여졌음이 증명되면 피고인의 공소사실에 관하여 증거능력이 인정된다. 입법론으로 검토의 여지가 있다고 본다.

5. 司法節次 外 自白의 證據能力

(1) 司法節次 外의 自白 예컨대 범인이 범행 후 수사개시 전에 日記帳에 기재해 놓은 자백의 증거능력에 관해서는 형사소송법 제313조 1항이 적용된다.

(2) 피의자가 범행을 자백하는 것을 들었다는 一般私人의 證言의 증거능력에 관해서는 형사소송법 제316조 1항이 적용된다고 해석하여야 한다.[2)]

6. 共犯者의 自白의 證據能力

피고인의 共犯者의 自白이 公判上 自白이냐 捜査上 自白이냐에 따라 증거능력의 요건에 차이가 있다.

1) 백형구, 452면; 동저, 강의 687면; 신동운, 819면; 정영석·이형국, 353면; 배종대·이상돈, 625면; 진계호, 596면; 임동규, 498면; 신양균, 748면.
2) 백형구, 453면; 동저, 강의 664면.

(1) 共犯者의 自白이 公判上 自白인 경우

1) 共同被告人으로서의 自白인 경우 공범자의 공동피고인으로서의 자백이 被告人(다른 공동피고인)의 공소사실에 관하여 증거능력이 인정되는가에 관해서는 이를 긍정하는 견해(적극설),[1] 이를 부정하는 견해(소극설),[2] 피고인이 공범자인 공동피고인에 대해서 실제로 反對訊問을 충분히 하거나 반대신문의 기회가 주어진 경우에 한해서 공범자인 공동피고인의 공판상 자백은 피고인의 공소사실에 관하여 증거능력이 인정된다는 견해(절충설)[3] 등이 대립되고 있다. 대법원판례는 공동피고인 상호간에는 反對訊問權이 보장되어 있어 證人으로 신문한 경우와 다를 바 없다는 이유로 적극설을 취하고 있으나[4] ① 현행법은 공동피고인 상호간에 反對訊問權을 보장하고 있지 않다는 점, ② 소극설에 의하면 공동피고인이 共犯關係에 있는 경우에도 반드시 변론을 分離하여야 하며 併合審理가 허용되지 아니하는 부당한 결론에 도달한다는 점,[5] ③ 피고인에게 공범자인 공동피고인에 대한 反對訊問의 기회를 주는 것이 適正節次의 법리에 의해서 요청된다는 점 등을 고려할 때 절충설이 타당하다고 본다.

2) 共犯者가 共同被告人이 아닌 경우 공범자가 먼저 검거되어 공판정에서 자백을 하여 유죄판결이 확정된 후 피고인이 공소제기된 경우에 있어 공판조서에 기재된 공범자의 자백은 共同被告人이 아닌 共犯者의 公判上 自白에 해당한다. 共同被告人이 아닌 共犯者의 公判上 自白은 피고인이 그 共犯者에 대해서 실제로 反對訊問을 한 때에 한하여 피고인의 공소사실에 관하여 증거능력이 인정된다고 해석하여야 한다.[6] 피고인에게 공범자의 진술의 증명력을 탄핵할 기회를 주는 것이 형사재판의 공정이라는 관점에서 합리적이기 때문이다.

(2) 共犯者의 自白이 搜査上 自白인 경우

1) 共犯者의 자백이 檢察自白인 경우 검사가 작성한 피의자신문조서에 기재된 공범자의 자백의 증거능력에 관해서는 형사소송법 제311조 내지 제314조의 규정에 의하여 증거능력이 인정되면 피고인의 공소사실에 관하여 증거

1) 이재상, 「共同被告人의 陳述」, 고시연구 1987년 9월호, 101면; 동저, 511면; 진계호, 580면; 임동규, 556면; 신양균, 717면; 小野 등, 주석 657면(橫井大三).
2) 염정철, 211면; 江家義男, 「刑事證據法の基礎理論」(1952년판) 139면.
3) 백형구, 454면; 동저, 강의 632면; 배종대 · 이상돈, 686면.
4) 大判 1985. 6. 25, 85도691; 大判 1987. 7. 7, 87도973; 大判 1992. 7. 28, 92도917.
5) 현행 형사소송법은 공동피고인이 共犯關係에 있는 경우 併合審理를 허용하고 있다(법 6조, 10조).
6) 백형구, 454면.

능력이 인정된다는 견해[1)]와 共犯者의 檢察自白이 형사소송법 제309조, 제312조, 제313조에 의해서 공범자의 공소사실에 관하여 증거능력이 인정되는 경우에도 피고인이 공범자의 검찰자백에 대해서 증거로 함에 不同意하고 그 공범자에 대해서 실제로 反對訊問을 하지 못한 경우에는 共犯者의 檢察自白은 피고인의 공소사실에 관하여 증거능력이 없다는 견해[2)]가 대립되고 있다. 피고인에게 공범자에 대한 反對訊問에 의해서 그 자백의 證明力을 彈劾할 기회를 주는 것이 適正節次의 법리에 의해서 요청된다는 점, 공동피고인인 공범자의 공판정자백도 피고인이 그 공동피고인에 대해서 실제로 反對訊問을 하거나 반대신문의 기회가 주어진 경우에 한해서 피고인의 공소사실에 관하여 증거능력이 인정된다고 해석하여야 한다는 점, 공범자의 자백이 기재된 피의자신문조서는 형사소송법 제312조 4항의 '피고인 아닌 자의 진술을 기재한 조서'에 해당하고 위 조항은 피고인의 원진술자(공범자)에 대한 반대신문을 증거능력의 요건으로 규정하고 있다는 점 등을 고려할 때 후설이 타당하다고 본다.

대법원판례는 「검사 작성의 共同被告人에 대한 피의자신문조서는 그 공동피고인이 법정에서 그 成立 및 任意性을 인정한 경우에는 다른 공동피고인이 증거로 함에 不同意한 경우에도 다른 공동피고인의 공소사실에 관하여 證據能力이 인정된다」는 견해를 취하고 있으며[3)] 이 대법원판례를 지지하는 학자가 있으나[4)] 피고인이 공동피고인에 대하여 실제로 反對訊問을 한 때에 한하여 증거능력이 인정된다고 해석하여야 한다.

2) 共犯者의 자백이 警察自白인 경우 사법경찰관리가 작성한 피의자신문조서에 기재된 공범자의 자백은 피고인이 공판기일에 그 조서의 내용을 인정하지 아니하거나 증거로 함에 不同意한 경우에는 피고인의 공소사실에 관하여 증거능력이 없다고 해석하여야 한다.[5)] 대법원판례도 같은 견해이다.[6)] 즉 형사소송법 제312조 3항(구법 312조 2항)은 피의자였던 피고인에 대해서뿐 아니라 공동피의자였던 다른 피고인에 대한 관계에서도 적용된다는 것이 대법원판례의 견해이다.

---

1) 서일교, 179면; 강구진, 474면; 임동규, 557면.
2) 백형구, 455면; 동저, 강의 634면; 배종대·이상돈, 686면.
3) 大判 1990. 12. 26, 90도2362; 大判 1996. 3. 8, 95도2930; 大判 1998. 12. 22, 98도2890; 大判 2001. 4. 27, 99도484.
4) 이재상(제5판), 515면.
5) 백형구, 454면; 동저, 강의 633, 664면.
6) 大判 1979. 4. 10, 78도287; 大判 1994. 3. 22, 93도3612; 大判 1996. 7. 12, 96도667.

Ⅳ. 傳聞證據의 證據能力

1. 傳聞證據의 意義 · 分類

(1) 傳聞證據의 意義

사실인정의 기초가 되는 實驗事實[1]을 實驗者 자신이 직접 法院에 보고하지 아니하고 다른 형태로 間接的으로 法院에 보고하는 경우에 그 間接的인 報告를 전문증거라고 한다.[2] 전문증거는 실험사실의 間接的 報告라는 점에서 本來證據(예컨대 피고인의 法廷自白 · 피해자의 法廷證言)와 구별된다.

어떤 증거가 전문증거인가 여부는 要證事實과의 관계에서 정하여진다. 즉 原陳述의 내용이 된 사실의 존재가 要證事實인 경우에는 原陳述을 내용으로 하는 증거는 전문증거로 되나 原陳述의 존재 자체가 要證事實인 경우, 예컨대 명예훼손사건에 있어서 명예훼손적 언사를 들은 자의 증언은 本來證據이지 전문증거가 아니다.

형사소송법 제310조의2는 동법 제311조 내지 제316조에 기재된 서류 또는 진술을 모두 전문증거에 해당시키고 있다. 그러나 형사소송법 제311조의 調書 중 공판조서 · 증인신문조서 · 검증조서는 受訴法院에 대해서는 전문증거가 아니다.[3] 실험사실의 간접적 보고가 아니기 때문이다. 형사소송법 제315조의 서류 중 호적등본, 등기부등본 등의 공문서가 전문증거인가에 관해서도 의문이 제기된다.

(2) 傳聞證據의 分類

전문증거는 법원에 제출되는 형식을 기준으로 傳聞陳述과 書類인 전문증거로 구분된다.

1) 傳聞陳述 전문진술이라 함은 實驗者(原陳述者)로부터 실험사실을 들은 타인이 傳聞한 내용을 법원에 진술하는 것을 말하며 原陳述者가 被告人이냐, 피고인 이외의 제 3 자이냐에 따라 증거능력의 요건에 차이가 있다(법 316조 1항 · 2항).

2) 書類인 傳聞證據 書類인 전문증거는 이를 실험자 자신이 실험사실을 書面에 기재하여 그 서면을 법원에 증거로 제출하는 경우와 실험자로부터 실

1) 예컨대 범죄의 被害者가 피해를 당한 사실, 범죄사실에 관하여 보거나 들은 사실은 實驗事實에 해당한다.

2) 백형구, 456면; 동저, 강의 645면; 이재상, 500면; 신동운, 782면; 배종대 · 이상돈, 589면; 송광섭, 213면; 진계호, 569면.

3) 백형구, 456면; 동저, 강의 652면; 동저, 조해 747면.

험사실을 傳聞한 타인이 傳聞한 내용을 書面에 기재하여 그 서면을 법원에 증거로 제출하는 경우로 구분할 수 있다. 피의자 · 피해자 · 참고인이 작성한 陳述書, 의사가 작성한 診斷書, 감정인이 작성한 鑑定書는 전자에 해당하고 수사기관이 작성한 진술기재서류(예컨대 피의자신문조서 · 피해자진술조서 · 참고인진술조서)는 후자에 해당한다. 서류인 전문증거는 서류의 내용과 작성자에 따라 증거능력의 요건에 차이가 있다(법 311조, 312조, 313조, 315조).

2. 傳聞法則

(1) 傳聞法則의 意義

전문법칙이라 함은 전문증거의 證據能力을 否定하는 증거법칙을 말한다. 형사소송법 제310조의2는 傳聞證據와 證據能力의 制限이라는 제목으로 「제311조 내지 제316조에 규정한 것 以外에는 공판준비 또는 공판기일에서의 진술에 代身하여 진술을 기재한 서류나 공판준비 또는 공판기일 외에서의 타인의 진술을 내용으로 하는 진술은 이를 증거로 할 수 없다」고 규정하여 전문증거의 증거능력을 원칙적으로 부정하고 있다. 따라서 전문법칙은 현행 형사증거법의 기본원칙이다.

(2) 傳聞法則의 理論的 根據

전문법칙의 이론적 근거, 즉 전문증거의 증거능력을 부정하는 이유는 당사자의 원진술자에 대한 反對訊問權을 보장하기 위해서이며 또한 直接審理主義의 요청이다.

1) 反對訊問權의 保障 전문증거의 증거능력을 부정하는 이유는 당사자(피고인 · 변호인 · 검사)의 원진술자에 대한 反對訊問權의 행사를 보장하려는 데 있다. 즉 당사자의 反對訊問에 의해서 원진술자의 진술의 진실성 내지 신빙성이 음미 · 검토되지 아니하였다는 점에 전문증거의 증거능력을 부정하는 주된 이유가 있다. 예컨대 피해자진술조서, 피해자진술서의 증거능력을 무조건 인정하게 되면 피고인과 변호인은 원진술자인 피해자에 대한 反對訊問에 의해서 그 陳述의 證明力(신빙성)을 彈劾할 기회를 잃게 되므로 피고인과 변호인의 원진술자(피해자)에 대한 反對訊問權의 행사를 보장하기 위해서 피해자진술조서 · 피해자진술서의 증거능력을 제한하고 있는 것이다.

다만 피의자신문조서 · 피의자진술서[1]의 증거능력을 제한하는 이유는 당사

1) 피의자신문조서 · 피의자진술서는 실험사실의 법원에 대한 間接的 報告이므로 전문증거에 해

자의 원진술자에 대한 反對訊問權을 보장하기 위해서가 아니다.[1] 이 경우 원진술자는 被告人 자신이기 때문이다. 즉 피고인이 자신에 대해서 反對訊問을 한다는 것은 있을 수 없기 때문이다.

2) 直接審理主義의 요청 수사서류 등 전문증거의 증거능력을 무조건 인정하여 유죄의 증거로 채택한다는 것은 법관의 면전에서 직접 조사한 증거에 한해서 사실인정의 자료로 삼아야 한다는 直接審理主義에 위배된다. 따라서 전문증거의 증거능력을 제한하는 것은 태도증거에 의한 정확한 심증형성을 목적으로 하는 直接審理主義에 의해서 요청된다고 본다.[2] 직접심리주의를 전문법칙의 이론적 근거에 해당시키는 것은 부당하다고 설명하는 학자가 있으나[3] 그 이론적 합리성을 인정하기 어렵다.

3) 信用性의 缺如와 傳聞法則의 根據 전문증거의 信用性이 희박하다는 점을 전문증거의 증거능력을 제한하는 이유에 해당시키는 견해가 있으나[4] 전문증거가 모두 信用性이 결여되거나 희박하다고 할 수 없으며 信用性이 인정되는 전문증거가 적지 않다는 점,[5] 信用性이 결여되었다는 점을 전문증거의 증거능력을 부정하는 이유로 보게 되면 전문증거의 증거능력이 예외적으로 인정되는 점을 설명할 수 없다는[6] 점 등을 고려할 때 전문증거의 信用性이 缺如되었다는 점은 전문증거의 증거능력을 제한하는 이유가 아니라고 본다.[7]

(3) 傳聞法則의 例外

1) 總　說

(ㄱ) 例外의 意味　전문법칙의 例外라 함은 전문증거가 예외적으로 증거능력이 인정되는 것을 말한다.[8] 예컨대 수사기관이 작성한 피해자진술조서의 증거능력이 인정되는 것은 전문법칙의 例外에 해당한다. 현행 형사소송법은 전문

당한다(통설).

1) 백형구, 458면; 동저, 강의 647, 662면.

2) 김기두, 137면; 서일교, 181면; 권오병, 190면; 백형구, 458면; 동저, 강의 647면; 신동운, 789, 790면; 배종대 · 이상돈, 593면; 차용석, 760면; 진계호, 573면.

3) 이재상, 505면; 임동규, 473면.

4) 이재상, 505면; 임동규, 473면; 신양균, 706면.

5) 예컨대 호적등본, 등기부등본(법 315조), 수사기관이 작성한 被害者陳述調書, 피의자가 자진하여 작성한 自白陳述書 등은 信用性이 인정된 전문증거에 해당한다.

6) 전문증거가 예외적으로 증거능력이 인정되기 위해서는 그 전문증거의 信用性이 인정되어야 한다. 즉 信用性의 情況的 保障이 전문증거의 증거능력을 예외적으로 인정하기 위한 조건이다(통설).

7) 백형구, 459면; 신동운, 787면.

8) 백형구, 459면; 동저, 강의 648면.

증거의 증거능력을 예외적으로 인정하고 있다(법 311조 내지 316조).

(ㄴ) 例外認定의 必要 전문증거라 할지라도 眞實性·信用性이 인정되는 경우가 적지 아니하므로 모든 전문증거의 증거능력을 부정하게 되면 罪 있는 자를 처벌할 수 없게 되는(有罪者 不罰) 불합리한 결과를 가져오며 이는 實體的 眞實主義와 모순된다. 또한 공판정에서 당사자의 反對訊問을 거치지 아니하더라도 眞實性이 인정되는 전문증거에 대해서 반드시 反對訊問節次(원진술자에 대한 증인신문절차)를 거치게 한다는 것은 訴訟經濟에 反하고 訴訟遲延의 결과를 가져온다. 따라서 전문증거에 대해서는 일정한 요건하에 예외적으로 증거능력을 인정하여야 한다.

(ㄷ) 例外認定의 基準·要件 전문증거의 증거능력을 예외적으로 인정하기 위한 일반적 요건은 必要性과 信用性의 情況的 保障이라는 것이 통설이다. 그러나 형사소송법 제311조, 제312조, 제313조, 제315조의 전문증거는 필요성과 신용성의 정황적 보장이 증거능력의 요건이 아니라는 점, 형사소송법 제314조와 제316조의 전문증거에 한해서 필요성과 신용성의 정황적 보장이 증거능력의 요건이라는 점, 전문증거가 당사자의 證據同意에 의해서 증거능력이 인정되는 경우는 필요성과 신용성의 정황적 보장이 증거능력이 인정되는 요건이 아니라는 점 등을 고려할 때 필요성과 신용성의 정황적 보장은 전문증거의 증거능력이 인정되는 一般的 要件은 아니라고 해석하여야 한다.[1)]

2) 現行法上 傳聞法則의 例外

(ㄱ) 傳聞陳述의 證據能力 ① 證人의 傳聞證言이 被告人 아닌 자의 陳述을 내용으로 하는 때에는 原陳述者가 사망·질병·외국거주·행방불명 그 밖에 이에 준하는 사유로 인하여 공판기일에 진술할 수 없고 그 진술이 특히 신빙할 수 있는 상태하에서 행하여졌음이 증명된 때에 한하여 피고인의 공소사실에 관하여 증거능력이 인정된다(법 316조 2항). 必要性과 信用性의 情況的 保障을 조건으로 하여 전문증언의 증거능력을 인정하고 있다. 원진술자인 증인에 대한 拘引狀이 執行不能인 경우, 원진술자가 證言을 拒否하거나 기억력을 상실한 경우는 「그 밖에 이에 준하는 사유로 인하여 공판기일에 진술할 수 없는 때」에 해당한다.[2)] 이에 대해서 원진술자인 증인에 대한 소환장이 送達不能된 경우, 증인이 출석을 거부한 경우는 기타 사유로 인하여 진술할 수 없는 때에 해당하지 아니

1) 백형구, 450면. 이는 새로운 해석론(학설)이다.
2) 백형구, 460면; 동저, 강의 649면; 동저, 조해 775~777면.

한다.[1] 형사소송법 제316조 2항의 原陳述者(被告人 아닌 자)에는 제 3 자는 물론 共同被告人이나 共犯者가 포함된다(통설[2] · 판례[3]). 따라서 共同被告人 또는 共犯者의 自白을 내용으로 하는 傳聞證言의 증거능력에 관해서는 형사소송법 제316조 2항이 적용된다.

② 證人의 傳聞證言이 被告人의 陳述을 내용으로 하는 때에는 原陳述(피고인의 진술)이 특히 신빙할 수 있는 상태에서 행하여진 때에 限하여 피고인의 공소사실에 관하여 증거능력이 인정된다(법 316조 1항). 원진술자인 피고인이 공판정에 출석하고 있으므로 必要性은 문제로 되지 아니한다.

피의자의 警察自白을 내용으로 하는 수사경찰관의 증언(전문진술)의 증거능력에 관해서도 형사소송법 제316조 1항이 적용된다. 그러나 現行犯人을 체포한 경찰관이 범행을 직접 보았다는 내용의 증언은 傳聞證言이 아니라 本來證言이므로 피고인의 공소사실에 관하여 증거능력이 인정된다.[4]

③ 被告人의 傳聞陳述의 증거능력에 관해서는 형사소송법 제316조 2항을 類推適用하여야 한다고 본다.[5] 따라서 必要性과 信用性의 情況的 保障을 조건으로 하여 증거능력을 인정하여야 한다. 被告人의 傳聞陳述이라 함은 피고인의 공판기일에서의 진술이 제 3 자의 진술을 내용으로 하는 경우를 말한다.

(ㄴ) 書類인 傳聞證據의 證據能力

① 法 제311조의 傳聞證據 공판준비 또는 공판기일에 피고인이나 피고인 아닌 자의 陳述을 기재한 調書, 법원 또는 법관의 檢證의 결과를 기재한 調書, 형사소송법 제184조 및 제221조의2의 규정에 의하여 작성한 調書는 證據로 할 수 있다(법 311조).

公判調書에 기재된 被告人의 自白, 證人訊問調書에 기재된 證人의 證言, 檢證調書에 기재된 檢證結果는 본조에 의해서 被告人의 공소사실에 관하여 無條件 證據能力이 인정된다. 이러한 조서는 심리의 공개, 당사자의 참여, 반대신문권의 보장 등으로 인하여 成立의 眞正, 陳述의 任意性, 信用性의 情況的 保障이 推定

1) 大判 1986. 10. 28, 86도1856; 大判 1996. 5. 14, 96도575; 백형구, 461면; 동저, 강의 649면; 신동운, 836면; 배종대 · 이상돈, 607면.
2) 백형구, 461면; 동저, 강의 650면; 이재상, 535면; 신동운, 844면; 정영석 · 이형국, 358면; 배종대 · 이상돈, 630면; 송광섭, 233면; 진계호, 602면; 임동규, 509면; 신양균, 756면.
3) 大判 1984. 11. 27, 84도2279.
4) 大判 1995. 5. 9, 95도535; 백형구, 460면; 동저, 강의 651면.
5) 백형구, 461면; 강구진, 464면; 백형구, 강의 650면; 이재상, 536면; 신동운, 845면; 정영석 · 이형국, 359면; 배종대 · 이상돈, 631면; 진계호, 603면; 임동규, 510면; 신양균, 757면.

되므로 무조건 證據能力을 인정한 것이다. 제 8 차 改正 前의 형사소송법은 형사소송법 제311조에 「鑑定의 結果를 기재한 調書」를 포함시켰으나 이는 立法의 誤謬이었으므로[1] 형사소송법의 제 8 차 개정시(1995. 12. 29)에 삭제하였다. 공판절차에서 감정인이 작성하여 법원에 제출한 鑑定書의 證據能力에 관해서는 형사소송법 제313조 2항이 적용된다.

공판조서에 기재된 共同被告人의 自白의 證據能力에 관해서도 형사소송법 제311조가 적용된다고 본다. 다만 被告人이 共同被告人에 대하여 공판정에서 사실상 反對訊問을 충분히 한 때에 한하여 공판조서에 기재된 共同被告人의 自白은 피고인의 공소사실에 관하여 證據能力이 인정된다고 해석하여야 한다(절충설의 입장).[2] 이에 대해서 共同被告人의 공소사실과 被告人의 공소사실 사이에 關聯性이 없는 때에는 공판조서에 기재된 共同被告人의 陳述은 被告人의 공소사실에 관하여 證據能力이 없다고 해석하여야 한다. 大法院判例도 「被告人과는 別個의 犯罪事實로 기소되고 다만 병합심리된 것뿐인 共同被告人은 다른 共同被告人에 대한 관계에서는 證人의 지위에 있음에 불과하므로 그 공동피고인이 선서 없이 한 公判廷에서의 陳述을 다른 共同被告人에 대한 公訴犯罪事實을 인정하는 證據로 쓸 수 없다」는 견해를 취하고 있다.[3]

형사소송법 제311조는 공판조서, 증인신문조서, 검증조서를 작성한 법원에 대해서뿐 아니라 항소법원, 상고법원, 사건을 이송받은 법원, 파기환송 또는 파기이송을 받은 법원, 관할위반의 판결이 확정된 사건이 공소제기된 법원에 대해서도 適用된다. 예컨대 제 1 심공판절차에서 작성된 증인신문조서는 본조에 의하여 항소심에서도 무조건 증거능력이 인정된다. 형사소송법 제311조의 公判調書는 당해 피고사건의 공판기일에 작성된 公判調書만을 의미하며 다른 피고사건의 공판기일에 작성된 公判調書의 증거능력에 관해서는 형사소송법 제315조 3호가 적용된다고 해석하여야 한다.[4] 대법원판례도 동일한 견해이다.[5] 다른 피고사건의 公判調書에 기재된 被告人陳述의 證據能力에 관해서는 형사소송법 제311조가 적용된다고 해석하여야 한다는 견해가 있으나[6] 형사소송법 제311조의 내용

1) 백형구, 강의(신정 2판, 1996년) 667면.
2) 백형구, 강의 632면.
3) 大判 1979. 3. 27, 78도1031; 大判 1982. 9. 14, 82도1000.
4) 김기두, 140면; 정영석, 163면; 백형구, 462면; 신동운, 795면; 정영석 · 이형국, 350면; 송광섭, 221면; 차용석, 773면; 진계호, 579면; 임동규, 477면; 신양균, 717면.
5) 大判 1964. 4. 28, 64도134; 大判 1966. 7. 12, 66도617.
6) 이재상(제 5 판), 512면.

에 배치되는 해석론이다.

형사소송법 184조와 第221조의2[1]의 규정에 의하여 작성된 조서(증인신문조서 · 검증조서)도 피고인의 공소사실에 관하여 무조건 증거능력이 인정된다(법 311조 후단).

형사소송법 제311조는 傳聞法則의 例外規定, 즉 전문증거의 증거능력에 관한 규정이라고 해석하는 것이 다수설이나[2] 공판절차에서 행하여진 피고인의 진술 또는 증인의 증언은 실험사실의 간접적 보고가 아니고 直接的 報告이며 受訴法院이 檢證을 하는 경우는 수소법원이 實驗者이므로 공판절차에서 受訴法院에 의하여 작성된 공판조서, 증인신문조서, 검증조서는 수소법원에 대해서는 傳聞證據가 아니다.[3] 이에 대해서 증거보전절차(법 184조) 또는 참고인에 대한 증인신문절차(법 221조의2)에서 작성된 증인신문조서 · 검증조서의 증거능력이 무조건 인정되는 것은 傳聞法則의 例外에 해당한다.[4] 실험사실의 間接的 報告이기 때문이다. 공판조서, 증인신문조서, 검증조서가 그 조서를 작성한 법원 이외의 법원의 공판절차에서 무조건 증거능력이 인정되는 경우도 전문법칙의 예외에 해당한다.

② 法 제315조의 傳聞證據 　호적등본, 등기부등본과 같은 公正證書謄本 기타 공무원 또는 외국공무원이 직무상 증명할 수 있는 사항에 관하여 작성한 문서, 상업장부, 항해일지 기타 업무상 필요로 작성한 通常文書, 기타 특히 信用할 만한 情況에 의하여 작성된 문서는 당연히 證據能力이 인정된다(법 315조). 이러한 문서는 信用할 만한 情況에 의하여 작성된 문서이므로 증거능력을 당연히 인정한 것이다. 의사가 작성한 진단서, 감정인이 작성한 감정서의 증거능력에 관해서는 형사소송법 제315조가 적용되는 것이 아니고 동법 제313조 1항 또는 2항이 적용된다. 세관공무원이 작성한 市價鑑定書의 증거능력에 관하여 형사소송법 제315조 1호가 적용된다는 견해가 있으나[5] 동법 제313조 2항이 적용된다고 해석하여야 한다.[6] 다른 피고사건의 공판기일에 작성된 公判調書의 증거능력에 관

1) 2007년 6월 1일 형사소송법 개정시에 참고인에 대한 증인신문에 관하여 피의자 · 피고인 · 변호인의 참여권을 배제하는 규정을 삭제하였다(법 221조의2 제 5 항).

2) 정영석, 162면; 권오병, 191면; 염정철, 172면; 강구진, 451, 454면; 이재상, 509, 510면; 신동운, 794면; 정영석 · 이형국, 349면; 송광섭, 220면; 차용석, 768, 771면; 진계호, 578면; 임동규, 475면; 신양균, 716면.

3) 백형구, 461면; 동저, 강의 652면; 동저, 조해 747면.

4) 백형구, 462면; 동저, 강의 652면.

5) 이재상, 532면; 송광섭, 231면; 진계호, 599면; 임동규, 500면.

6) 백형구, 462면.

해서는 형사소송법 제315조 3호가 적용되나(통설·판례) 당해 사건에 관하여 수사기관이 작성한 검증조서·진술조서의 증거능력에 관해서는 동법 제312조가 적용된다.

호적등본, 등기부등본과 같은 공문서가 傳聞證據에 해당하는가에 관해서는 많은 의문이 제기된다.[1] 실험사실의 間接的 報告가 아니기 때문이다.

당연히 證據能力이 인정되는 서류인 경우에는 피고인이 증거로 함에 不同意하더라도 증거능력이 인정된다.

③ *法* 제312조의 傳聞證據 검사가 작성한 피의자신문조서는 적법한 절차와 방식에 따라 작성된 것으로서 피고인이 진술한 내용과 동일하게 기재되어 있음이 공판준비 또는 공판기일에서의 피고인의 진술이나 영상녹화물 그 밖의 객관적인 방법에 의하여 인정(증명)되고, 그 조서에 기재된 진술이 특히 신빙할 수 있는 상태하에서 행하여졌음이 증명된 때에 한하여 피고인의 공소사실에 관하여 증거능력이 인정되고(법 제312조 1항, 2항), 사법경찰관리가 작성한 피의자신문조서는 적법한 절차와 방식에 따라 작성된 것으로서 공판준비 또는 공판기일에 그 피의자였던 피고인 또는 변호인이 그 내용을 인정한 때에 한하여 피고인의 공소사실에 관하여 증거능력이 인정되며(동조 3항), 검사 또는 사법경찰관이 작성한 피해자진술조서, 참고인진술조서는 적법한 절차와 방식에 따라 작성된 것으로서 그 조서가 검사 또는 사법경찰관 앞에서 진술한 내용과 동일하게 기재되어 있음이 원진술자의 공판준비 또는 공판기일에서의 진술이나 영상녹화물 또는 그 밖의 객관적인 방법에 의하여 증명되고 피고인 또는 변호인이 공판준비 또는 공판기일에 그 기재내용에 관하여 원진술자를 신문할 수 있었으며, 그 조서에 기재된 진술이 특히 신방할 수 있는 상태하에서 행하여 졌음이 증명된 때에 한하여 피고인의 공소사실에 관하여 증거능력이 인정되며(동조 4항), 제 1 항부터 제 4 항까지의 규정은 피고인 또는 피고인이 아닌 자가 수사과정에서 작성한 진술서에 관하여 준용한다(동급 5항). 검사 또는 사법경찰관이 작성한 검증조서는 적법한 절차와 방식에 따라 작성된 것으로서 공판준비 또는 공판기일에서의 작성자의 진술에 의하여 그 성립의 진정함이 증명된 때에는 피고인의 공소사실에 관하여 증거능력이 인정된다(동조 6항).

④ 법 제313조의 傳聞證據 전 2 조의 규정 이외에 피고인 또는 피고인 아닌 자가 작성한 진술서나 그 진술을 기재한 서류로서 그 작성자 또는 진술자

1) 백형구, 462면; 동저, 강의 652면.

의 자필이거나 그 서명 또는 날인이 있는 것은 공판준비나 공판기일에서의 그 작성자 또는 진술자의 진술에 의하여 그 성립의 진정함이 증명된 때에는 피고인의 공소사실에 관하여 증거능력이 인정된다(법 313조 1항 본문). 단 피고인의 진술을 기재한 서류는 공판준비 또는 공판기일에서의 그 작성자의 진술에 의하여 그 성립의 진정함이 증명되고 그 진술이 특히 신빙할 수 있는 상태하에서 행하여진 때에 한하여 피고인의 공판준비 또는 공판기일에서의 진술에 불구하고 피고인의 공소사실에 관하여 증거능력이 인정된다(동조 단서). 감정의 경과와 결과를 기재한 서류도 전항과 같다(동조 2항).

피의자, 피해자, 참고인이 수사과정에서 작성한 진술서의 증거능력에 관해서는 본조 제 1 항이 적용되는 것이 아니고 전조 제 5 항이 적용되며, 사법경찰관이 작성한 피해자진술조서, 참고인진술조서의 증거능력에 관해서는 전조 제 4 항이 적용된다. 2007년 6월 1일 형사소송법이 개정되기 이전에는 위 서류의 증거능력에 관하여 본조 제 1 항이 적용되었다.

⑤ *法 제314조에 의한 例外* 형사소송법 제312와 제313조에 기재된 서류는 原陳述者 또는 書類作成者가 사망 · 질병 · 외국거주 · 소재불명 그 밖에 이에 준하는 사유로 인하여 진술할 수 없고 그 진술 또는 서류작성이 특히 신빙할 수 있는 상태하에서 행하여졌다고 인정되면 피고인의 공소사실에 관하여 증거능력이 인정된다(법 314조). 必要性과 信用性의 情況的 保障을 조건으로 전문증거의 증거능력을 예외적으로 인정하고 있다. 원진술자의 기억력상실 · 증언거부[1] 등은 「그 밖에 이에 준하는 사유로 인하여 공판기일에 진술할 수 없는 때」에 해당한다. 예컨대 경찰수사단계에서 參考人으로서 진술을 한 자가 공판심리단계에서 증언을 거부하기 때문에 證人으로 訊問할 수 없는 경우에는 수사기관이 작성한 參考人陳述調書에 기재된 진술은 그 진술이 특히 신빙할 수 있는 상태하에서 행하여졌다고 인정되는 때에 한하여 피고인의 공소사실에 관하여 증거능력이 인정된다.

檢事가 작성한 共同被疑者에 대한 피의자신문조서의 증거능력에 관해서도 형사소송법 제314조가 적용된다고 해석하여야 한다(통설[2] · 판례[3]). 따라서 共同被疑者가 사망 · 질병 · 외국거주 · 소재불명 등의 사유로 인하여 공판기일에

1) 大判 1992. 8. 14, 92도2711; 大判 1992. 8. 18, 92도1244; 大判 2006. 5. 25, 2004도3619.
2) 백형구, 463면; 동저, 강의 665면; 이재상, 519면; 신동운, 834면; 정영석 · 이형국, 356면; 배종대 · 이상돈, 606면; 송광섭, 226면; 진계호, 584면; 임동규, 503면; 신양균, 733면.
3) 大判 1974. 4. 9, 74도490; 大判 1984. 1. 24, 83도2945.

陳述할 수 없고 그 조서에 기재된 진술이 특히 신빙할 수 있는 상태에서 행하여졌다고 인정되면 共同被疑者에 대한 피의자신문조서에 기재된 陳述은 피고인의 공소사실에 관하여 증거능력이 인정된다.

司法警察官이 작성한 공동피의자에 대한 피의자신문조서의 증거능력에 관하여 형사소송법 제314조가 적용되는가에 관해서는 적극설[1]과 소극설[2]이 대립되고 있다. 적극설은 형사소송법 제314조의 文理解釋에 부합되는 해석론이나[3] 司法警察官이 작성한 공동피의자에 대한 피의자신문조서는 피고인이 공판기일에 그 조서의 內容을 否認하면 그 피고인의 공소사실에 관하여 증거능력이 否定되므로 소극설이 타당하다고 본다. 대법원판례도 소극설을 취하고 있다.[4]

수사기관이 작성한 檢證調書, 實況調査書의 증거능력에 관해서도 형사소송법 제314조가 적용된다고 해석하여야 한다.[5]

V. 搜査書類의 證據能力

1. 總　說

(1) 搜査書類의 意義 · 分類

수사서류라 함은 수사기관이 수사절차에서 작성하거나 수집한 서류를 말한다.[6] 搜査記錄에 편철된 서류뿐 아니라 수사기관이 압수한 서류도 수사서류에 해당한다.[7] 공소제기 후에 수사기관이 작성한 서류(예컨대 피고인진술조서 · 참고인진술조서)도 수사서류에 해당한다.

수사서류는 作成의 主體를 기준으로 수사기관이 작성한 서류와 그 이외의 자가 작성한 수사서류로 분류할 수 있다. 피의자신문조서, 피해자진술조서, 참고인진술조서, 검증조서, 실황조사서, 압수조서 등은 전자에 해당하고 피의자 · 피해자 · 참고인이 작성한 陳述書, 의사가 작성한 診斷書, 감정인이 작성한 鑑定書 등은 후자에 해당한다. 수사서류는 작성의 주체에 따라 증거능력의 요건에 차이가 있다(법 312조 내지 315조).

---

1) 이재상, 521면; 신동운, 834면; 정영석 · 이형국, 356면.
2) 백형구, 464면; 동저, 강의 666면; 배종대 · 이상돈, 611면; 임동규, 503면; 신양균, 734면.
3) 사법경찰관이 작성한 共同被疑者에 대한 被疑者訊問調書는 형소법 제312조의 調書에 해당한다.
4) 大判 2004. 7. 15, 2003도7185.
5) 백형구, 464면.
6) 백형구, 464면.
7) 백형구, 464면.

수사서류는 그 서류의 內容을 기준으로 陳述이 기재된 수사서류와 事實이 기재된 수사서류로 분류할 수 있다. 피의자신문조서 · 피의자진술서 · 피해자진술조서 · 피해자진술서 · 참고인진술조서 · 참고인진술서는 전자에 해당하고 검증조서 · 실황조서 · 실황조사서 · 압수조서는 후자에 해당한다. 의사가 작성한 진단서, 감정인이 작성한 감정서는 陳述이 기재된 서류에 해당한다고 본다. 陳述이 기재된 서류는 自白이 기재된 서류와 自白 아닌 陳述이 기재된 서류로 분류할 수 있다. 自白이 기재된 서류이냐 자백 아닌 陳述이 기재된 서류이냐에 따라 증거능력의 요건에 차이가 있다(법 312조, 313조).

수사서류 중에서 당해 사건에 관한 意思表示的 文書는 공소사실에 관하여 證據能力이 없다. 예컨대 고소인 또는 고발인이 작성한 告訴狀 또는 告發狀, 사법경찰관이 작성한 犯罪認知報告書 · 意見書 · 搜査報告書, 검사가 작성한 犯罪認知書 · 공소장은 피고인의 공소사실에 관하여 증거능력이 없다(통설).

(2) 陳述의 任意性과 搜査書類의 證據能力

수사서류에 기재된 陳述이 自白이고 그 自白의 任意性이 인정되지 아니한 경우에는 형사소송법 제309조에 의해서 그 자백의 증거능력이 부정되고 수사서류에 기재된 진술이 자백 아닌 陳述이고 그 진술의 任意性이 인정되지 아니하면 형사소송법 제317조에 의하여 그 진술의 증거능력을 부정하여야 한다.[1] 예컨대 참고인진술조서에 기재된 진술의 임의성이 인정되지 아니하면 형사소송법 제317조 1항에 의하여 그 진술의 증거능력을 부정하여야 하고 검증조서에 기재된 진술의 임의성이 인정되지 아니하면 형사소송법 제317조 3항에 의하여 증거능력을 부정하여야 한다.

자백 아닌 진술의 임의성은 그 진술의 증거능력의 요건이므로 피고인 또는 원진술자가 그 陳述의 任意性을 다투는 경우에는 法院은 職權으로 그 任意性 유무를 調査하여야 한다. 진술의 임의성 유무는 訴訟法的 事實이므로 법원은 적당하다고 인정하는 방법으로 任意性 유무를 조사하면 된다. 형사소송법 제317조는 陳述의 任意性을 事前에 調査하여야 한다는 내용을 규정하고 있다고 설명하는 견해가 있으나[2] 형사소송법 제317조에는 日本刑事訴訟法 제325조[3]와 달리 진

1) 백형구, 465면; 동저, 강의 629면; 이재상, 538면; 신동운, 851면; 배종대 · 이상돈, 635면; 송광섭, 240면; 차용석, 813면; 진계호, 603면; 임동규, 528면; 신양균, 772면.

2) 김기두, 144면; 정영석, 168면; 서일교, 187면; 권오병, 200면; 염정철, 191면; 이재상, 538면; 정영석 · 이형국, 361면; 송광섭, 239면; 진계호, 603면.

3) 同條는 供述의 任意性의 調査라는 제목하에 「재판소는 前 4 條의 규정에 의하여 증거로 할 수 있는 서면 또는 공술이라 할지라도 미리… 그 供述이 任意로 행하여졌는가 여부를 調査한 후

술의 任意性을 사전에 調査하여야 한다는 내용이 규정되어 있지 않다.

진술의 임의성에 관한 擧證責任은 증거를 제출한 당사자가 부담한다. 예컨대 검사가 참고인진술조서를 유죄의 증거로 제출한 경우에는 그 조서에 기재된 진술의 임의성에 관해서는 檢事가 거증책임을 부담한다.

(3) 被告人의 證據同意와 搜査書類의 證據能力

검사가 유죄의 증거로 제출한 수사서류에 대해서 被告人이 證據로 함에 同意하면 법원이 그 수사서류가 진정하지 않다고 인정하지 않는 한 그 수사서류는 피고인의 공소사실에 관하여 증거능력이 인정된다(법 318조 1항). 피해자 · 참고인의 진술이 기재된 수사서류(예컨대 피해자진술조서 · 참고인진술조서)뿐 아니라 피의자의 자백이 기재된 수사서류(예컨대 피의자신문조서 · 피의자진술서 · 피고인진술조서)도 피고인이 증거로 함에 동의하면 증거능력이 인정된다.

2. 被疑者訊問調書 · 被疑者陳述書의 證據能力

(1) 被疑者訊問調書의 證據能力

피의자신문조서의 증거능력이라 함은 피의자신문조서에 기재된 自白의 증거능력을 의미한다.[1] 檢事가 작성한 피의자신문조서의 증거능력에 관해서는 형사소송법 제312조 1항, 2항이 적용되고 司法警察官吏가 작성한 피의자신문조서의 증거능력에 관해서는 동조 제 3 항이 적용된다. 피의자신문조서에 기재된 자백의 증거능력에 관해서는 앞에서 이미 설명하였다(본절 Ⅲ. 4). 피의자신문조서에 기재된 자백의 임의성이 인정되지 아니하면 형사소송법 제309조에 의해서 그 자백의 증거능력이 부정되고 그 자백의 임의성이 인정되는 경우에도 그 자백을 획득하는 절차와 방법이 위법하고 그 위법의 정도가 중대한 경우(예컨대 陳述拒否權을 不告知한 경우)에는 형사소송법 제308조의2에 의하여 그 자백의 증거능력을 부정하여야 한다.

(2) 被疑者陳述書의 證據能力

피의자진술서의 증거능력이라 함은 피의자진술서에 기재된 自白의 증거능력을 의미한다. 피의자진술서에 기재된 자백의 증거능력에 관해서는 앞에서 이미 설명하였다(본절 Ⅲ. 4).

가 아니면 이것을 證據로 할 수 없다」고 규정하여 任意性의 事前調査를 요구하고 있다.

1) 백형구, 466면; 동저, 강의 661면.

3. 被害者陳述調書·被害者陳述書의 證據能力

(1) 被害者陳述調書의 證據能力

피해자진술조서의 증거능력이라 함은 피해자진술조서에 기재된 陳述의 증거능력을 의미한다. 피해자진술조서의 증거능력은 그 조서에 대해서 피고인이 證據로 함에 同意를 하였느냐, 不同意하였느냐에 따라 차이가 있다.

1) 被告人이 證據로 함에 不同意한 경우

(ㄱ) 被害者가 公判期日에 出席한 경우 조서의 成立의 眞正, 陳述의 特信狀態, 被告人의 被害者에 대한 反對訊問 등이 증거능력의 요건이다.

① 成立의 眞正 검사 또는 사법경찰관이 작성한 피해자진술조서는 적법한 절차와 방식에 따라 작성된 것으로서 그 조서가 검사 또는 사법경찰관 앞에서 진술한 내용과 동일하게 기재되어 있음이 원진술자의 공판준비 또는 공판기일에서의 진술이나 영상녹화물 기타 객관적인 방법에 의하여 증명되어야 피고인의 공소사실에 관하여 증거능력이 인정된다(법 312조 4항). 피해자진술조서의 원진술자인 피해자가 공판기일에 피해자진술조서의 실질적 성립의 진정(진술과 조서기재의 일치)을 부인하는 경우에도 영상녹화물, 조서작성자의 증언 등에 의하여 그 조서의 실질적 성립의 진정이 증명되면 그 조서에 기재된 진술은 피고인의 공소사실에 관하여 증거능력이 인정된다.

② 被告人의 反對訊問 피해자진술조서의 실질적 성립의 진정이 인정되고 피고인 또는 변호인이 공판준비 또는 공판기일에 그 기재내용에 관하여 원진술자를 신문할 수 있어야 그 조서에 기재된 진술은 피고인의 공소사실에 관하여 증거능력이 인정된다(법 312조 4항). 2007년 6월 1일 형사소송법의 개정시에 피고인의 원진술자(피해자)에 대한 반대신문을 피해자진술조서의 증거능력이 인정되는 요건으로 규정하였다. 피고인 또는 변호인은 원진술자(피해자)에 대한 반대신문에 의해서 피해자진술조서에 기재된 진술의 증명력을 탄핵할 수 있으므로 피고인의 원진술자(피해자)에 대한 반대신문을 증거능력의 요건으로 규정한 것은 타당하다고 본다.[1)]

③ 陳述의 特信狀態 피해자진술조서에 기재된 진술이 특히 신빙할 수 있는 상태하에서 행하여졌음이 증명되어야 그 조서에 기재된 진술은 피고인의 공소사실에 관하여 증거능력이 인정된다(법 312조 4항 단서).

1) 백형구, 강의 676면, 680면.

(ㄴ) 被害者가 公判期日에 不出席한 경우 피해자진술조서의 원진술자인 被害者가 사망·질병·외국거주·행방불명(소재불명)·기억력상실 등의 사유로 인하여 공판기일에 진술할 수 없고 피해자진술조서에 기재된 陳述이 특히 신빙할 수 있는 상태에서 행하여졌음이 증명된 때에는 그 피해자진술조서에 기재된 陳述은 피고인의 공소사실에 관하여 증거능력이 인정된다(법 314조). 이에 대해서 피해자진술조서의 원진술자인 피해자가 법원으로부터 증인소환장을 송달받고도 공판기일에 출석하지 아니한 경우에는 그 피해자진술조서에 기재된 진술은 피고인의 공소사실에 관하여 증거능력이 인정되지 아니한다. 이 경우 피해자의 불출석은 형사소송법 제314조의 '그 밖에 이에 준하는 사유'에 해당하지 않기 때문이다.

2) 被告人이 證據로 함에 同意한 경우 검사가 유죄의 증거로 제출한 피해자진술조서에 대해서 피고인이 證據로 함에 同意하고 법원이 眞正한 것으로 인정한 때에는 그 피해자진술조서의 성립의 진정이 증명되지 아니한 경우에도 그 피해자진술조서에 기재된 진술은 피고인의 공소사실에 관하여 증거능력이 인정된다(법 318조). 피고인이 피해자진술조서에 대해서 증거로 함에 동의한 경우에는 피고인에게 피해자에 대한 反對訊問의 기회를 줄 필요가 없다. 피고인이 피해자에 대한 反對訊問權의 行使를 拋棄하였기 때문이다.[1)]

(2) 被害者陳述書의 證據能力

피해자진술서라 함은 피해자가 작성한 진술서를 말한다. 피해자진술서의 증거능력은 피해자진술조서의 증거능력과 동일하다. 다만 피해자진술서에 있어 成立의 眞正은 形式的 成立의 眞正, 즉 署名·捺印(拇印)·間印의 眞正만을 의미한다. 피해자진술서의 경우에는 陳述者와 書類作成者가 同一人이므로 그 서류의 內容的 成立의 眞正은 문제로 되지 아니한다.[2)]

4. 參考人陳述調書·參考人陳述書의 證據能力

參考人이란 피의자·피해자 이외의 자를 의미한다. 예컨대 범행목격자는 參考人에 해당한다. 수사기관이 작성한 참고인진술조서의 증거능력은 수사기관이 작성한 피해자진술조서의 증거능력과 동일하고 참고인이 작성한 진술서(참고인진술서)의 증거능력은 피해자가 작성한 진술서(피해자진술서)의 증거능력과 동일하다.

---

1) 證據로 함에 同意한다는 것은 원진술자에 대한 反對訊問權行使의 拋棄를 의미한다.
2) 백형구, 468면; 동저, 강의 679면.

5. 檢證調書 · 實況調查書의 證據能力

(1) 檢證調書의 證據能力

검증조서의 증거능력이라 함은 검증조서에 기재된 檢證結果의 증거능력을 의미한다. 수사기관이 작성한 검증조서의 증거능력은 그 조서에 대해서 被告人이 證據로 함에 同意를 하였느냐, 不同意하였느냐에 따라 차이가 있다.

1) 被告人이 證據로 함에 不同意한 경우 수사기관이 작성한 檢證調書는 공판절차에서 그 成立의 眞正함이 인정되고 그 檢證節次가 適法한 경우에 한해서 피고인의 공소사실에 관하여 증거능력이 인정된다.

(ㄱ) 成立의 眞正 수사기관(검사 또는 사법경찰관리)이 작성한 검증조서는 공판준비 또는 공판기일에서의 작성자의 陳述에 의하여 그 成立의 眞正함이 증명되어야 피고인의 공소사실에 관하여 증거능력이 인정된다(법 312조 6항).

검증조서에 있어 成立의 眞正은 形式的 成立의 眞正과 內容的 成立의 眞正을 포함하는 개념이다. 形式的 성립의 眞正이란 그 조서작성자의 署名 · 捺印 · 間印이 眞正함을 의미하며 內容的 성립의 진정이란 검증목적물의 客觀的 狀況과 검증조서의 記載가 一致함을 의미한다.[1] 검증조서에 첨부된 사진은 검증조서의 내용적 성립의 진정을 증명하는 자료로 된다.

검사가 유죄의 증거로 제출한 수사기관 작성 檢證調書에 대해서 被告人이 證據로 함에 不同意한 경우에는 그 검증조서의 작성자를 證人으로 신문하여 그 검증조서의 成立의 眞正 여부를 조사하여야 한다.[2] 다만 검증조서의 작성자가 사망 · 질병 · 외국거주 · 소재불명 등의 사유로 인하여 공판기일에 證人으로 陳述할 수 없는 경우에도 그 검증조서의 작성이 특히 신빙할 수 있는 상태에서 행하였다고 인정되는 경우에는 그 검증조서는 피고인의 공소사실에 관하여 증거능력이 인정된다(법 314조).[3] 즉 수사기관이 작성한 檢證調書의 證據能力에 관해서는 형사소송법 제314조가 적용된다고 해석하여야 한다.

(ㄴ) 檢證節次의 適法性 수사기관이 작성한 검증조서의 成立의 眞正이 인정되는 경우에도 수사기관의 檢證節次에 重大한 違法이 있는 경우에는 違法蒐集證據의 排除法則(법 308조의2)에 의하여 그 검증조서의 증거능력을 否定하여야 한

1) 백형구, 470면; 동저, 강의 685면; 동저, 조해 757면.
2) 백형구, 471면.
3) 백형구, 471면; 동저, 강의 686면; 이재상, 531면; 배종대 · 이상돈, 625면; 진계호, 596면; 임동규, 505면; 신양균, 749면.

다.[1] 수사기관의 검증이 令狀主義를 違反한 경우는 검증의 절차에 중대한 위법이 있는 경우에 해당한다. 대법원판례도 수사기관이 犯罪場所에서 檢證令狀 없이 검증을 한 후 事後檢證令狀이 발부되지 아니한 경우에는 검증조서의 증거능력을 부정하여야 한다는 견해를 취하고 있다.[2]

2) 被告人이 證據로 함에 同意한 경우 수사기관이 작성한 검증조서에 대해서 피고인이 공판기일에 證據로 함에 同意한 경우에는 그 검증조서의 成立의 眞正이 작성자의 진술에 의하여 인정되지 아니한 경우에도(즉 검증조서의 작성자가 공판기일에 證人으로 出席하지 아니한 경우에도) 그 검증조서에 기재된 檢證結果는 피고인의 공소사실에 관하여 증거능력이 인정된다(법 318조).

(2) 實況調査書의 證據能力

사법경찰관리가 범죄현장 기타 장소에 임하여 실황을 조사하는 경우에는 實況調査書를 작성하여야 하고(사규 49조) 검사가 범죄의 현장 기타 장소에서 실황을 조사한 경우에는 實況調書를 작성하여야 한다(검규 17조). 사법경찰관리가 交通事故現場에 관하여 실황을 조사하고 實況調査書를 작성하고 있는 것이 실무상 통례이다.

實況調査書의 證據能力에 관하여 형사소송법 제312조 6항(구법 312조 1항)이 適用 또는 類推適用되는가에 관해서는 이를 부정하는 견해(소극설)[3]와 이를 긍정하는 견해(적극설)[4]가 대립되고 있다. 소극설은 수사기관이 작성한 실황조사서는 수사기관이 작성한 檢證調書에 해당하지 아니한다는 점, 현행 형사소송법에는 수사기관이 작성한 실황조사서의 증거능력을 인정하는 규정이 없다는 점을 논거로 내세우고 있으나 수사기관의 實況調査와 수사기관의 檢證(임의수사로서의 검증)은 수사의 방법과 내용이 同一하다는 점, 수사기관의 실황조사는 법령(사규 49조, 검규 17조)이 규정하고 있는 수사방법이라는 점, 실황조서 또는 실황조사서의 증거능력을 인정하는 것이 필요하다는 점 등을 고려할 때 적극설이 타당하다고 본다.

수사기관이 작성한 실황조사서 또는 실황조서에 대해서 被告人이 證據로 함에 同意하면 형사소송법 제318조에 의해서 그 피고인의 공소사실에 관하여 증거능력이 인정된다고 해석하여야 한다.[5]

수사기관이 작성한 실황조사서의 증거능력에 관해서도 형사소송법 제314조

1) 백형구, 471면; 동저, 강의 594, 686면; 이재상, 496면; 배종대 · 이상돈, 562면; 신양균, 747면.
2) 大判 1984. 3. 13, 83도3006; 大判 1989. 2. 14, 88도1399.
3) 신동운, 818면; 정영석 · 이형국, 353면.
4) 백형구, 471면; 동저, 강의 687면; 이재상, 532면; 배종대 · 이상돈, 623면; 진계호, 597면; 임동규, 499면; 신양균, 750면; 정웅석, 889면.
5) 백형구, 471면; 동저, 강의 687면.

가 적용된다고 해석하여야 한다.[1]

(3) 檢證調書·實況調査書에 기재된 陳述의 證據能力

수사기관이 작성한 검증조서나 실황조사서에 기재된 陳述의 증거능력에 관해서는 형사소송법 제313조 1항이 적용된다고 해석하여야 한다.[2] 그 진술이 피의자의 진술(自白)이냐 피의자 아닌 자의 진술이냐, 또는 그 검증조서를 檢事가 작성하였느냐, 사법경찰관리가 작성하였느냐를 불문한다. 따라서 진술자의 署名·捺印이 없는 경우에는 그 진술의 증거능력을 否定하여야 한다.[3] 검사가 작성한 검증조서에 기재된 진술의 증거능력에 관해서는 형사소송법 제312조 1항(개정법 제312조 6항)이 적용된다는 견해가 있으나[4] 檢證調書에 기재된 陳述은 피의자신문조서 또는 진술조서에 기재된 진술이 아니라는 점, 검증조서에 기재된 진술은 검증조서에 기재된 검증결과가 아니라는 점, 검증조서에 기재된 진술은 형사소송법 제313조 1항의 진술에 해당한다는 점 등을 고려할 때 형사소송법 제313조 1항이 적용된다는 견해가 타당하다고 본다.

다만 司法警察官吏가 작성한 검증조서나 실황조사서에 기재된 被疑者自白의 증거능력에 관해서는 형사소송법 제312조 3항이 적용된다고 해석하여야 한다.[5] 대법원판례도 동일한 견해를 취하고 있다.[6] 따라서 陳述者인 被告人이 공판기일에 그 陳述이 眞實이 아니라고 진술하면 그 조서에 피의자의 서명·날인이 있는 경우에도 그 진술은 피고인의 공소사실에 관하여 증거능력이 없다.

6. 鑑定書·診斷書의 證據能力

(1) 鑑定書의 證據能力

감정인이 작성하여 수사기관에 제출한 鑑定書의 증거능력에 관해서는 형사소송법 제313조 2항이 적용된다.[7] 따라서 그 감정서에 대해서 피고인이 증거로 함에 不同意한 경우에는 감정인의 공판기일에서의 진술에 의하여 그 成立의 眞正함이 증명되어야 피고인의 공소사실에 관하여 증거능력이 인정된다.

---

1) 백형구, 471면; 동저, 강의 687면; 배종대·이상돈, 625면.
2) 백형구, 472면; 동저, 강의 687면.
3) 백형구, 472면.
4) 이재상, 531면; 배종대·이상돈, 625면; 진계호, 596면; 임동규, 498면; 신양균, 748면.
5) 백형구, 472면; 동저, 강의 687면; 이재상, 531면; 신동운, 819면; 진계호, 596면; 임동규, 498면; 신양균, 748면.
6) 大判 1998. 3. 13, 98도159(檢證調書에 기재된 陳述); 大判 1989. 12. 26, 89도1557(實況調査書에 기재된 陳述).
7) 백형구, 472면; 이재상, 532면; 신동운, 833면; 진계호, 598면; 임동규, 500면.

법원의 감정명령을 받은 감정인이 작성하여 법원에 제출한 감정서의 증거능력에 관해서도 형사소송법 제313조 2항이 적용된다. 다만 이 감정서는 수사서류가 아니다.

(2) 診斷書의 證據能力

의사가 작성한 진단서의 증거능력에 관해서는 형사소송법 제313조 1항이 적용된다.[1)]

7. 寫眞·녹음테이프 등의 證據能力

(1) 寫眞의 證據能力

1) **現場寫眞의 證據能力** 犯行現場을 촬영한 사진이 獨立證據로 제출된 경우 그 사진의 증거능력에 관해서는 檢證調書의 증거능력에 관한 규정(법 312조 1항)을 類推適用하여야 한다.[2)] 따라서 피고인이 그 사진에 대해서 증거로 함에 不同意한 경우에는 사진촬영자의 공판기일에서의 진술에 의하여 그 사진의 成立의 眞正이 인정되어야 피고인의 공소사실에 관하여 증거능력이 인정된다. 現場寫眞에 있어 成立의 眞正이라 함은 범행현장의 客觀的 狀況과 그 사진이 一致함을 의미한다. 現場寫眞의 증거능력에 관해서도 형사소송법 제314조가 적용된다고 본다. 現場寫眞을 陳述證據에 해당시키는 견해가 있으나[3)] 非陳述證據에 해당한다고 본다. 범행현장을 촬영한 사진은 진술이 기재된 서류가 아니기 때문이다.

2) **檢證調書에 첨부된 寫眞의 證據能力** 검증조서 또는 실황조사서에 첨부된 사진의 증거능력은 검증조서 또는 실황조사서의 증거능력과 동일하다. 이 경우 사진은 그 조서의 일부이기 때문이다.

3) **文書寫眞의 證據能力** 文書의 寫眞이 증거로 제출된 경우 그 文書寫眞의 증거능력에 관해서는 형사소송법 제313조 1항이 적용된다고 해석하여야 한다. 따라서 피고인이 공판기일에 그 문서사진에 대해서 증거로 함에 부동의한 경우에는 공판절차에서 文書原本과 文書寫眞의 同一性이 인정되고(成立의 眞正) 文書의 原本을 法院에 제출하는 것이 현저히 곤란한 경우(증거사용의 必要性)에 한해서 피고인의 공소사실에 관하여 증거능력이 인정된다고 해석하여야 한다.[4)]

---

1) 백형구, 472면; 신동운, 833면; 진계호, 598면.
2) 백형구, 473면; 이재상, 543면; 신동운, 866면; 정영석·이형국, 359면; 배종대·이상돈, 644면; 진계호, 609면; 신양균, 764면; 정웅석, 936면.
3) 이재상, 543면; 정영석·이형국, 359면; 배종대·이상돈, 644면; 송광섭, 237면; 신양균, 764면.
4) 백형구, 474면.

(2) 錄音테이프의 證據能力

1) 陳述錄音의 證據能力 녹음테이프에 담겨 있는 진술녹음의 증거능력에 관해서는 녹음이 행하여진 단계(절차)에 따라 형사소송법 제311조 내지 제313조를 적용(준용)하여야 한다는 견해[1]와 녹음이 행하여진 절차(단계)를 불문하고 同法 제313조 1항을 類推適用하여야 하고 다만 사법경찰관리에 대한 피의자의 진술(자백)을 녹음한 테이프의 증거능력에 관해서는 同法 제312조 3항을 적용하여야 한다는 견해[2]가 대립되고 있다.

전설에 의하면 녹음이 公判節次에서 행하여진 경우에는 그 녹음테이프의 증거능력에 관하여 형사소송법 제311조가 적용되고[3] 녹음이 검찰수사단계에서 행하여진 경우에는 그 녹음테이프의 증거능력에 관하여 同法 제312조 1항이 적용된다.

그러나 녹음이 공판절차에서 행하여진 경우에도 그 녹음테이프는 公判調書가 아니라는 점, 그 녹음테이프의 증거능력을 無條件 인정하는 것은 부당하다는 점, 녹음이 수사절차에서 행하여진 경우에도 그 녹음테이프는 피의자신문조서 또는 진술조서가 아니라는 점, 진술이 녹음된 테이프는 형사소송법 제313조 1항의 서류에 해당한다는 점, 녹음이 행하여진 절차(단계)에 따라 증거능력의 요건을 다르게 해석할 필요가 없다는 점, 다만 사법경찰관리에 대한 피의자자백이 녹음된 테이프의 증거능력에 관해서는 형사소송법 제312조 3항을 적용하는 것이 위 조항의 입법취지에 부합한다는 점 등을 고려할 때 後說이 타당하다고 본다. 後說에 의하면 陳述錄音의 증거능력이 인정되는 요건은 成立의 眞正, 陳述의 任意性, 錄音의 適法性이다.

㈀ 成立의 眞正 녹음테이프에 있어 成立의 眞正이라 함은 녹음과 音聲이 一致됨을 의미한다.[4] 따라서 녹음자 또는 피녹음자의 공판기일에서의 진술에 의하여 녹음된 음성과 本人의 음성이 一致한 사실이 증명되어야 그 녹음테이프의 진술은 증거능력이 인정된다. 다만 피의자의 사법경찰관리에 대한 진술을 녹음한 테이프는 피고인이 공판기일에 그 진술의 진실성을 인정한 때에 한하여 피고인의 공소사실에 관하여 증거능력이 인정된다.[5]

---

1) 이재상, 544면; 신동운, 855면; 배종대 · 이상돈, 640면; 송광섭, 235면; 진계호, 610면; 임동규, 517면; 신양균, 759면.
2) 백형구, 469면; 동저, 강의 682, 684면.
3) 따라서 無條件 증거능력이 인정된다.
4) 백형구, 469면; 동저, 강의 683면.
5) 백형구, 강의, 684면; 이재상, 544면; 신동운, 855면; 진계호, 610면; 신양균, 759면.

(ㄴ) 署名 · 捺印의 不要 녹음테이프에 진술자의 서명 · 날인을 요하는가에 관해서 적극설이 있으나[1] 소극설(불요설)[2]이 타당하다고 본다. 녹음테이프의 진술이 本人의 음성임이 증명된 경우에는 그 녹음테이프의 성립의 진정이 증명된 경우에 해당하기 때문이다.

(ㄷ) 錄音의 適法性 녹음 자체가 違法인 경우에는 위법수집증거의 배제법칙(법 308조의2)에 의하여 그 녹음테이프의 증거능력을 부정하여야 한다. 通信秘密保護法 제 4 조는 수사기관의 盜聽(監聽)이 違法한 경우에는 그 도청의 결과를 증거로 사용할 수 없다고 明文으로 규정하고 있다.

私人이 타인의 진술을 秘密錄音한 경우에는 그 녹음테이프의 증거능력을 부정하여야 한다는 견해가 다수설이나[3] 대법원판례는 녹음테이프의 음성과 본인의 음성이 一致한 사실이 공판기일에 원진술자의 진술에 의해서 인정되면 그 녹음테이프는 형사소송법 제313조 1항에 의하여 증거능력이 인정된다는 견해를 취하고 있다.[4] 형사소송법 제308조의2, 通信秘密保護法 제14조 1항[5] · 2항[6] 및 동법 제 4 조[7]에 의해서 그 녹음테이프의 증거능력을 부정하여야 한다고 본다.

2) 現場錄音의 證據能力 현장녹음테이프는 非陳述證據이며 그 증거적 기능이 檢證調書와 유사하므로 현장녹음테이프의 증거능력에 관해서는 檢證調書의 증거능력에 관한 규정(법 312조 6항)을 類推適用하여야 한다고 본다.[8] 따라서 공판절차에서 그 成立의 眞正이 인정되어야 현장녹음테이프는 피고인의 공소사실에 관하여 증거능력이 인정된다. 현장녹음테이프를 陳述證據에 해당시키는 견해가 있으나[9] 非陳述證據에 해당한다고 본다.[10] 진술이 증거로 되는 증거가 아니기 때문이다.

3) 證據同意의 對象 녹음테이프는 그 녹음이 진술녹음이냐 현장녹음

1) 平場 등, 注解(中) 730면(鈴木).
2) 백형구, 469면; 동저, 강의 683면; 이재상, 545면; 신동운, 858면; 배종대 · 이상돈, 640면; 송광섭, 235면; 진계호, 611면; 임동규, 517면; 신양균, 760면; 정웅석, 943면.
3) 이재상, 545면; 신동운, 862면; 정영석 · 이형국, 360면; 배종대 · 이상돈, 641면; 송광섭, 235면; 진계호, 611면; 임동규, 518면.
4) 大判 1999. 3. 9, 98도3169; 同旨, 임동규, 512면.
5) 「누구든지 公開되지 아니한 他人간의 대화를 녹음하거나 전자장치 또는 기계적 수단을 이용하여 청취할 수 없다」고 규정하고 있다.
6) 동법 제 4 조를 준용한다고 규정하고 있다.
7) 증거능력을 否定한다는 내용을 규정하고 있다.
8) 백형구, 470면; 동저, 강의 684면; 신동운, 860면; 진계호, 612면; 임동규, 519면; 신양균, 761면.
9) 이재상, 546면; 배종대 · 이상돈, 641면; 송광섭, 236면.
10) 백형구, 470면; 동저, 강의 684면; 신동운, 859면; 진계호, 612면.

이냐를 불문하고 증거동의(법 318조)의 대상으로 된다. 따라서 피고인이 증거로 함에 동의하면 피고인의 공소사실에 관하여 증거능력이 인정된다.

(3) 비디오테이프의 證據能力

비디오테이프의 證據的 機能은 녹음테이프(진술녹음)의 증거적 기능과 사진(현장사진)의 증거적 기능을 아울러 지니고 있으므로 비디오테이프 중 영상부분의 증거능력에 관해서는 사진(현장사진)의 증거능력에 관한 이론이 적용되고 진술녹음부분의 증거능력에 관해서는 녹음테이프(진술녹음)의 증거능력에 관한 이론이 적용된다고 본다. 예컨대 사법경찰관이 犯行現場을 비디오로 촬영한 경우 그 비디오테이프의 영상부분의 증거능력에 관해서는 검증조서의 증거능력에 관한 규정(법 312조 6항)을 類推適用하고 그 비디오테이프의 녹음부분의 증거능력에 관해서는 형사소송법 제312조 3항을 적용하여야 하며, 一般私人이 범행현장을 비디오로 촬영한 경우 그 비디오테이프의 영상부분의 증거능력에 관해서는 검증조서의 증거능력에 관한 규정(법 312조 6항)을 유추적용하고 그 비디오테이프의 진술녹음부분의 증거능력에 관해서는 형사소송법 제313조 1항을 적용하여야 한다.

대법원판례는 私人이 피고인 아닌 사람과의 대화내용을 상대방 몰래 비디오로 촬영·녹음한 경우에 그 비디오테이프의 진술부분의 증거능력에 관해서는 형사소송법 제313조 1항이 적용된다는 견해를 취하고 있다.[1]

8. 거짓말탐지기 檢査結果의 證據能力

(1) 거짓말탐지기에 의한 檢査

거짓말탐지기에 의한 檢査라 함은 거짓말탐지기(polygraph; lie detector)를 사용하여 陳述의 眞僞를 가려내는 것을 말한다. 사람이 거짓말을 하면 반드시 일정한 心理狀態의 變動이 일어나고 그 심리상태의 변동은 반드시 生理的 反應(예컨대 호흡·맥박·혈압 등의 반응)을 일으키므로 그 生理的 反應을 測定·檢査하여 분석하면 거짓말인지 여부를 가려낼 수 있다는 것이 거짓말탐지기에 의한 검사의 기초원리이다.

수사단계에서의 polygraph 檢査는 搜査上 鑑定에 해당하며 거짓말탐지기에 의한 檢査結果를 기재한 서면은 鑑定書에 해당한다.

거짓말탐지기에 의한 검사는 검사를 받는 상대방의 同意를 받은 경우에는 허용된다는 것이 통설이다.

---

1) 大判 1999. 3. 9, 98도3169; 大判 2004. 9. 13, 2004도3161.

(2) 檢査結果의 證據能力

1) 거짓말탐지기 검사결과의 증거능력이라 함은 거짓말탐지기의 검사결과가 陳述의 眞僞를 판단하는 증거로서의 자격이 있느냐의 문제이다. 거짓말탐지기의 검사결과는 공소사실의 존부를 직접 인정하는 증거가 아니라는 점에서 證據能力으로서의 특색이 있다. 예컨대 거짓말탐지기에 의한 검사결과 피의자의 진술이 거짓말임이 밝혀졌다 할지라도 그 검사결과는 피고인의 공소사실을 유죄로 인정하는 직접증거로 되지 아니한다.

2) 거짓말탐지기에 의한 檢査結果는 그 증거능력을 부정하여야 한다(통설[1]·판례[2]). 검사결과의 科學的 正確性을 인정할 수 없기 때문이다. 要證事實과의 自然的 關聯性이 없다는 점을 증거능력을 부정하는 논거로 내세우는 견해도 있다.[3]

Ⅵ. 公判書類의 證據能力

공판서류는 수사서류에 대한 개념으로서 공판절차(공판준비절차·공판심리절차)에서 법원 또는 법관(수명법관·수탁판사)에 의하여 작성된 서류를 말한다. 공판조서·증인신문조서·검증조서는 공판서류에 해당한다.

공판조서·증인신문조서·검증조서는 원칙적으로 무조건 증거능력이 인정된다(법 311조). 공판조서·증인신문조서·검증조서의 증거능력에 관해서는 앞에서 이미 설명하였다.

Ⅶ. 當事者의 證據同意와 證據能力

1. 證據同意의 意義·本質

(1) 證據同意의 意義

證據能力이 인정되지 아니한 서류 또는 물건이라 할지라도 當事者(검사 또는 피고인)가 證據로 함에 同意하고 法院이 眞正한 것으로 인정한 때에는 證據能力이 인정된다(법 318조). 예컨대 검사가 유죄입증을 위한 증거로 제출한 被害者陳

---

1) 백형구, 473면; 강구진, 485면; 백형구, 강의 412면; 이재상, 549면; 신동운, 873면; 배종대·이상돈, 646면; 송광섭, 212면; 진계호, 613면; 임동규, 524면; 신양균, 770면.
2) 大判 1983. 9. 13, 83도712; 大判 1985. 4. 9, 84도2277; 大判 1985. 9. 24, 85도306.
3) 이재상, 550면; 배종대·이상돈, 646면; 진계호, 613면.

述調書에 대해서 피고인이 공판기일에 증거로 함에 동의를 한 경우에는 그 原陳述者(被害者)가 공판기일에 證人으로서 證言을 하지 아니한 경우에도 그 피해자진술조서는 피고인의 공소사실에 관하여 증거능력이 인정된다.

당사자가 증거로 함에 동의를 한 때에는 原陳述者 또는 書類作成者를 공판기일에 증인으로 신문할 필요가 없으므로 증거동의제도는 소송의 신속에 크게 기여하는 제도이다.[1)]

당사자가 證據로 함에 同意한다는 것은 상대방 당사자가 제출한 증거를 그 立證趣旨대로 사용하는 것에 동의한다는 것을 의미한다.[2)] 예컨대 검사가 유죄입증을 위하여 제출한 수사서류에 대해서 被告人이 증거로 함에 동의한다는 것은 법원이 그 수사서류를 有罪認定의 證據로 사용하는 것에 동의한다는 것을 의미한다. 따라서 검사가 유죄입증을 위하여 제출한 수사서류 전부에 대해서 피고인이 증거로 함에 동의한다는 것은 被告人이 有罪를 인정한다는 것을 의미한다.[3)] 피고인이 無罪立證을 위한 증거로 제출한 서류(예컨대 피고인의 알리바이를 입증하는 내용의 진술서)에 대해서 檢事가 증거로 함에 동의하는 사례는 실무상 발견되지 아니한다. 공소사실이 有罪임을 立證하는 것이 공소를 유지하는 검사의 책무이기 때문이다.

(2) 證據同意의 本質

1) 通說·判例 증거동의의 本質은 당사자의 원진술자에 대한 反對訊問權의 抛棄라는 것이 통설·판례[4)]이다.

2) 새로운 學說 당사자가 증거로 함에 동의한다는 것은 당사자가 그 증거의 證據能力과 證明力을 다툴 權利를 抛棄한다는 것을 의미한다고 해석하여야 한다는 견해가 있다.[5)]

검사가 유죄의 증거로 제출한 피해자진술조서·참고인진술조서에 대해서 피고인이 證據로 함에 同意한다는 것은 피고인이 그 원진술자(피해자·참고인)에 대한 反對訊問權을 抛棄한다는 의사표시임에는 틀림없으나 ① 被疑者의 搜査上 自白이 기재된 수사서류(예컨대 피의자신문조서·피의자진술서)에 대해서 피고인이 증거로 함에 동의한다는 것은 원진술자에 대한 반대신문권의 포기를 의

1) 백형구, 474면; 동저, 강의 653면; 이재상, 552면; 신동운, 876면; 배종대·이상돈, 648면; 진계호, 615면; 임동규, 530면; 신양균, 776면.
2) 백형구, 474면; 동저, 강의 654면.
3) 백형구, 475면; 동저, 강의 654면; 동저, 조해 788면.
4) 大判 1983. 3. 8, 82도2873.
5) 백형구, 475면; 동저, 강의 655면; 동저, 조해 788면.

미하는 것이 아니고[1] 그 自白의 證據能力(예컨대 自白의 任意性, 자백이 기재된 서류의 成立의 眞正)과 證明力(예컨대 自白의 신빙성)을 다툴 권리의 포기를 의미한다는 점, ② 압수된 物件에 대해서 피고인이 증거로 함에 동의한다는 것은 원진술자에 대한 반대신문권의 포기를 의미하는 것이 아니고[2] 그 물건의 證據能力(예컨대 押收節次의 適法性)과 證明力(예컨대 사건과의 관련성)을 다툴 권리의 포기를 의미한다는 점, ③ 수사기관이 작성한 검증조서에 대해서 피고인이 증거로 함에 동의한다는 것은 원진술자에 대한 반대신문권의 포기를 의미하는 것이 아니고 그 검증조서의 증거능력(검증조서의 성립의 진정, 검증절차의 적법성)을 다툴 권리의 포기를 의미한다는 점, ④ 피해자 또는 피해자 아닌 참고인의 진술이 기재된 서류(진술조서·진술서)에 대해서 피고인이 증거로 함에 동의한다는 것은 그 원진술자에 대한 반대신문권의 포기만을 의미하는 것이 아니고 그 서류의 證據能力(예컨대 그 서류의 成立의 眞正, 그 서류에 기재된 陳述의 任意性)을 다툴 권리의 포기를 의미한다는 점 등을 고려할 때 당사자가 證據로 함에 同意한다는 것은 當事者가 그 증거의 證據能力과 證明力을 다툴 權利를 抛棄한다는 것을 의미한다고 해석하여야 한다. 이는 한국이나 일본에서 새로운 解釋論(學說)이다.

(3) 證據同意와 傳聞法則과의 關係

형사소송법 제318조의 내용과 傳聞法則과의 관계에 관해서는 전문법칙의 例外를 규정하고 있다고 해석하는 견해(傳聞法則例外說)[3]와 전문법칙이 適用되지 아니한 경우로 보는 견해(傳聞法則不適用說)[4]가 대립하고 있다. 후설은 현행법상 傳聞法則의 例外規定은 형사소송법 제311조 내지 제316조라는(법 310조의2) 점을 논거로 내세우고 있으나 傳聞法則의 例外라 함은 전문증거가 例外的으로 證據能力이 인정되는 경우를 의미한다는 점, 증거능력이 인정되지 아니한 증거가 당사자의 증거동의에 의해서 증거능력이 인정된다는 점을 고려할 때 前說이 타당하다고 본다. 대법원판례도 전설을 취하고 있다.[5]

1) 被告人이 자신에 대해서 反對訊問을 한다는 것은 있을 수 없다.
2) 압수된 물건의 경우에는 原陳述者가 없다.
3) 백형구, 475면; 동저, 강의 653면; 차용석, 815면.
4) 김기두, 145면; 정영석, 169면; 강구진, 465면; 이재상, 553면; 신동운, 878면; 정영석·이형국, 362면; 배종대·이상돈, 648면; 송광섭, 242면; 진계호, 616면; 임동규, 532면; 신양균, 778면.
5) 大判 1983. 3. 8, 82도2873(이른바 장영자사건).

2. 證據同意의 主體 · 相對方 · 對象

(1) 證據同意의 主體

증거로 함에 동의할 수 있는 자는 檢事와 被告人이다(법 318조 1항). 피고인의 변호인은 包括的 代理權에 의하여 被告人을 代理하여 證據同意의 의사표시를 할 수 있다(통설). 다만 증거동의에 관한 변호인의 대리권의 성질에 관하여는 피고인의 의사에 從屬하는 대리권이라는 견해(從屬代理權說)[1]와 피고인의 明示한 意思에 反하지 않는 한 증거동의가 허용된다는 견해(獨立代理權說)[2]가 대립되고 있다. 대법원판례는 후설을 취하고 있으나[3] 변호인의 증거동의에 의해서 피고인의 공소사실이 유죄로 인정된다는 점, 형사소송법 제318조 1항은 변호인을 증거동의권자로 규정하고 있지 않다는 점 등을 고려할 때 前說(從屬代理權說)이 타당하다고 본다. 따라서 변호인이 피고인의 묵시의 의사에 反해서 증거동의를 한 경우 그 증거동의는 無效이며 被告人은 변호인의 증거동의를 取消할 수 있다.

(2) 證據同意의 相對方

증거동의의 의사표시는 受訴法院에 대해서 하여야 한다. 따라서 피고인이 공판기일 외에서 검사에 대하여 증거동의의 의사표시를 하더라도 증거동의로서의 효력이 발생하지 아니한다(통설).

(3) 證據同意의 對象

證據能力이 아직 인정되지 아니한 증거(예컨대 피해자진술조서 · 참고인진술조서)가 증거동의의 대상으로 된다. 따라서 이미 증거능력이 인정된 증거(예컨대 공판조서, 증인신문조서, 법원의 검증조서, 형사소송법 제315조의 서류, 原陳述者의 法廷陳述에 의하여 成立의 眞正이 인정된 수사서류)는 증거동의의 대상으로 되지 아니하며 당사자가 증거로 함에 동의를 하더라도 소송법상 아무런 효력이 발생하지 아니한다.

證據同意의 對象과 관련하여 문제되는 것은 다음과 같다.

1) 被疑者訊問調書 · 被疑者陳述書 피고인의 搜査上 自白(警察自白 · 檢察自白)이 기재된 피의자신문조서 · 피의자진술서는 피고인에 의한 증거동의의

---

1) 백형구, 476면; 동저, 강의 655면; 이재상, 554면; 배종대 · 이상돈, 650면; 송광섭, 243면; 차용석, 818면; 진계호, 617면; 신양균, 779면; 정웅석, 967면.

2) 정영석, 171면; 서일교, 189면; 권오병, 198면; 염정철, 192면; 신동운, 882면; 정영석 · 이형국, 364면; 임동규, 532면.

3) 大判 1988. 11. 8, 88도1628; 大判 1999. 8. 20, 99도2029.

대상으로 된다.[1] 이 경우 피고인의 증거동의는 反對訊問權의 拋棄를 의미하는 것이 아니고 그 自白의 證據能力과 證明力을 다툴 권리를 拋棄한다는 의사표시를 의미한다.

共犯者의 自白이 기재된 피의자신문조서는 증거동의의 대상으로 된다.[2] 이 경우 피고인의 증거동의는 피고인의 원진술자(共犯者)에 대한 反對訊問權의 拋棄를 의미한다.

2) 檢證調書 · 實況調査書 수사기관이 작성한 검증조서 · 실황조사서는 피고인에 의한 증거동의의 대상으로 된다. 이 경우 피고인의 증거동의는 증거능력과 증명력을 다툴 권리의 포기를 의미한다.

3) 物 件 物件(押收物)이 증거동의의 대상으로 되는가에 관해서는 적극설[3]과 소극설[4]이 대립되고 있다. 소극설은 현행 형사소송법에는 물건의 증거능력을 제한하는 규정이 없다는 점, 물건은 피고인의 반대신문과 관계없는 증거라는 점을 논거로 내세우고 있으나 物件(押收物)에 대해서는 押收節次의 違法을 이유로 證據能力을 다툴 수 있고 그 압수물이 사건과 關聯性이 없다는 이유로 證明力을 다툴 수 있다는 점, 형사소송법 제318조 1항은 物件을 증거동의의 대상으로 규정하고 있다는 점 등을 고려할 때 적극설이 타당하다고 본다.

4) 서류의 寫本 서류의 사본도 증거동의의 대상으로 된다.[5] 따라서 서류의 사본에 대해서 피고인이 증거로 함에 동의하면 그 서류의 사본에 기재된 내용은 피고인의 공소사실에 관하여 증거능력이 인정된다.

3. 證據同意의 時期 · 方式 · 擬制

(1) 證據同意의 時期

증거로 함에 동의한다는 의사표시는 서류 · 물건에 대한 公判審理節次의 證據調査段階에서 하여야 한다. 예컨대 공판기일의 증거조사의 단계에서 검사가

1) 大判 1965. 7. 20, 65도453; 大判 1991. 1. 11, 90도2525; 백형구, 477면; 동저, 강의 656면; 이재상, 555면; 송광섭, 244면; 진계호, 619면; 임동규, 533면; 신양균, 780면.
2) 大判 1970. 9. 17, 70도1504; 백형구, 477면; 동저, 강의 656면; 이재상, 552면.
3) 서일교, 189면; 신현주, 656면; 백형구, 477면; 동저, 강의 656면; 신동운, 881면; 정웅석, 969면.
4) 이재상, 555면; 정영석 · 이형국, 365면; 배종대 · 이상돈, 651면; 송광섭, 243면; 차용석, 816면 각주 1); 진계호, 619면; 임동규, 534면; 신양균, 780면.
5) 大判 1986. 5. 27, 86도593; 大判 1991. 5. 10, 90도2601; 백형구, 477면; 동저, 강의 655면; 이재상, 555면; 정영석 · 이형국, 365면; 배종대 · 이상돈, 651면; 차용석, 815면; 진계호, 619면; 임동규, 533면; 신양균, 780면.

수사서류와 물건을 법원에 증거로 제출하면 피고인 또는 변호인은 그 서류 또는 물건에 대해서 증거로 함에 同意하는가, 不同意하는가의 의사표시를 하여야 한다. 증거동의는 원칙적으로 證據調査 전에 하여야 한다는 견해가 다수설이나[1] 적절한 표현이 아니라고 본다.[2] 증거동의의 의사표시는 서류 · 물건에 대한 證據調査段階에서[3] 행하여지기 때문이다.

(2) 證據同意의 方式

증거동의의 의사표시는 구두나 서면으로 할 수 있다. 증거동의는 默示的인 의사표시로서 족하다는 견해가 있으나[4] 明示的 意思表示임을 요한다(통설). 피고인의 증거동의는 피고인이 有罪를 인정하는 소송행위이기 때문이다. 피고인의 包括的 증거동의가 허용되는가에 관해서 소극설이 있으나[5] 적극설[6]이 타당하다고 본다. 대법원판례도 적극설을 취하고 있다.[7] 따라서 검사가 유죄의 증거로 제출한 수사서류 전부에 대해서 증거로 함에 동의한다는 의사표시도 증거동의로서 유효하다고 해석하여야 한다.

(3) 證據同意의 擬制

1) 簡易公判節次 간이공판절차에서는 검사, 피고인 또는 변호인이 증거로 함에 異議가 있는 경우를 제외하고는 상대방이 제출한 증거에 대해서 증거로 함에 同意한 것으로 간주한다(법 381조의3). 즉 증거동의가 擬制된다.

2) 缺席裁判이 허용되는 경우 被告人의 出廷 없이 證據調査를 할 수 있는 경우에 피고인이 出廷하지 아니한 때에는 피고인의 변호인 또는 대리인이 출정한 경우를 제외하고는 검사가 제출한 증거에 대해서 피고인이 증거로 함에 同意한 것으로 간주한다(법 318조 2항). 따라서 피고사건이 輕微事件인 경우(법 277조), 피고인인 法人의 代表者가 代理人도 出廷시키지 아니한 경우(법 276조 단서), 구속피고인이 出廷을 拒否한 경우(법 277조의2), 피고인이 抗訴審의 공판기일에 2회 이상 不出席한 경우(법 365조)에는 피고인의 증거동의가 擬制된다.

재판장의 退廷命令에 의해서 피고인을 퇴정시키고 공판심리를 진행한 경우

---

1) 정영석, 170면; 서일교, 189면; 신현주, 657면; 이재상, 556면; 정영석 · 이형국, 365면; 배종대 · 이상돈, 652면; 송광섭, 244면; 진계호, 619면; 임동규, 534면; 신양균, 781면.
2) 백형구, 479면; 동저, 강의 656면.
3) 서류 · 물건에 대한 證據同意 그 자체도 證據調査에 해당한다.
4) 이재상, 556면; 임동규, 535면.
5) 신현주, 659면; 신동운, 883면; 배종대 · 이상돈, 653면; 송광섭, 244면; 진계호, 620면; 신양균, 782면.
6) 백형구, 478면; 동저, 강의 657면; 이재상, 556면; 정영석 · 이형국, 366면; 임동규, 535면.
7) 大判 1983. 3. 8, 82도2873.

에 피고인의 증거동의가 의제되느냐에 관해서 적극설이 있으나[1] 소극설(통설)이 타당하다고 본다. 이 경우에는 퇴정시킨 피고인을 재차 공판정에 출석시켜 증거에 대한 동의 여부를 묻는 것이 刑事裁判의 公正이란 관점에서 요청되기 때문이다.

被告人이 裁判長의 許可 없이 退廷한 경우에 被告人의 증거동의가 의제되느냐에 관해서는 적극설[2]과 소극설[3]이 대립되고 있다. 적극설은 피고인이 反對訊問權을 스스로 抛棄하였다는 점을 논거로 내세우고 있으나 피고인이 재판장의 不公正한 訴訟進行에 불만을 표시하고 재판장의 허가 없이 퇴정한 경우를 피고인이 反對訊問權을 抛棄하였다거나 有罪를 시인한 경우에 해당시킨다는 것은 被告人의 意思에 反한다는 점, 피고인이 재판장의 허가 없이 퇴정한 경우는 그 피고인을 強制로 出廷시켜 증거로 함에 同意하는가, 不同意하는가에 관한 의견을 묻는 것이 刑事裁判의 公正이라는 관점에서 요청된다는 점 등을 고려할 때 소극설이 타당하다고 본다.

4. 證據同意의 撤回 · 取消

(1) 證據同意의 撤回

증거동의의 철회는 허용된다. 다만 증거동의의 철회가 허용되는 時期에 관해서는 당해 피고사건에 관한 證據調査가 完了되기 전까지 허용된다는 견해[4]와 당해 피고사건에 관한 口頭辯論이 終結되기 전까지 허용된다는 견해[5]가 대립되고 있다. 소송절차의 安定性이라는 면을 고려할 때 전설이 타당하다고 본다. 대법원판례도 전설을 취하고 있다.[6] 제 1 심에서 한 증거동의를 抗訴審에서 철회하는 것은 허용되지 아니한다.[7]

(2) 證據同意의 取消

증거동의의 취소는 원칙적으로 허용되지 아니하나 증거동의가 중대한 錯誤

1) 김기두, 259면; 임동규, 536면.
2) 김기두, 259면; 이재상, 557면; 송광섭, 246면; 임동규, 536면.
3) 백형구, 478면; 동저, 강의 658면; 신동운, 890면; 배종대 · 이상돈, 656면; 진계호, 621면; 신양균, 783면.
4) 김기두, 146면; 서일교, 191면; 백형구, 479면; 동저, 강의 657면; 이재상, 560면; 정영석 · 이형국, 368면; 송광섭, 245면; 차용석, 819면; 진계호, 624면; 임동규, 540면; 신양균, 787면.
5) 신현주, 662면; 신동운, 887면; 배종대 · 이상돈, 659면.
6) 大判 1983. 4. 26, 83도267; 大判 1988. 11. 8, 88도1628; 大判 1999. 8. 20, 99도2029; 大判 2004. 6. 25, 2004도2611.
7) 大判 1991. 1. 11, 90도2525; 大判 1997. 9. 30, 97도1230; 大判 1999. 8. 20, 99도2029; 백형구, 479면; 동저, 강의 657면.

에 기인한 경우 또는 수사기관의 強迫에 의한 경우에 한하여 증거동의의 취소가 허용된다고 해석하여야 한다.[1] 被告人은 변호인이 한 증거동의를 취소할 수 있다(통설). 증거동의를 취소하면 증거동의는 소급해서 그 효력을 상실한다. 錯誤·強迫에 의한 증거동의는 이론상 無效이나 그 증거동의의 효력을 상실시키는 소송행위가 요청되므로 증거동의의 취소가 필요한 것이다.

5. 證據同意의 效力

(1) 證據同意의 訴訟法上 效果

1) 證據能力의 認定 검사·피고인 또는 변호인이 증거로 함에 동의하고 법원이 그 증거가 진정한 것으로 인정하면 그 증거는 증거능력이 인정된다(법 318조 1항). 당사자의 증거동의에 의해서 곧바로 증거능력이 인정되는 것이 아니다.

2) 違法蒐集證據와 證據同意 이는 위법수집증거의 배제법칙에 의하여 證據能力이 否定되는 증거가 被告人의 證據同意에 의해서 증거능력이 인정되는가의 문제로서 이에 관해서는 피고인이 증거로 함에 동의하더라도 증거능력이 인정되지 아니한다는 견해,[2] 증거수집절차의 위법이 本質的 違法에 해당하는 경우(예컨대 拷問에 의한 自白強要, 證人宣誓의 缺如, 令狀主義의 違反)에는 피고인이 증거로 함에 동의하더라도 증거능력을 부정하고 그 위법이 본질적 위법에 해당하지 아니한 경우(예컨대 陳述拒否權·證言拒否權의 不告知, 證人訊問參與權·檢證參與權의 侵害)에는 피고인이 증거로 함에 동의하면 증거능력이 인정된다는 견해[3] 등이 대립되고 있다. 違法蒐集證據의 증거능력을 부정하는 이유와 피고인의 증거동의에 의해서 증거능력이 인정되는 이유를 아울러 고려할 때 후설이 타당하다고 본다. 任意性 없는 自白은 피고인의 反對訊問權과 관계가 없으므로 피고인이 증거로 함에 동의하더라도 증거능력이 인정되지 아니한다고 설명하는 견해가 있으나[4] 拷問 등에 의한 自白強要는 本質的 違法에 해당하므로 피고인이 증거로 함에 동의하더라도 증거능력이 인정되지 아니한다는 이론구성이 합리적이라고 본다.[5]

3) 反對訊問權의 喪失 당사자가 증거로 함에 동의한다는 것은 그 증

1) 백형구, 479면; 동저, 강의 657면; 신동운, 888면; 배종대·이상돈, 659면; 송광섭, 246면.
2) 강구진, 467면; 이재상, 553면; 신동운, 877면; 정영석·이형국, 329면; 배종대·이상돈, 652면; 송광섭, 242면; 진계호, 618면; 신양균, 780면.
3) 백형구, 480면; 동저, 강의 659면.
4) 김기두, 145면; 정영석, 170면; 서일교, 188면; 강구진, 465면; 이재상, 553면; 송광섭, 242면.
5) 백형구, 480면; 동저, 강의 659면; 동저, 조해 797면.

거의 證據能力과 證明力을 다툴 權利를 抛棄한다는 것을 의미하며 증거의 證明力을 다툴 權利를 포기한다는 것은 原陳述者에 대한 反對訊問權을 抛棄한다는 것을 의미하므로 증거로 함에 동의한 당사자는 원진술자에 대한 反對訊問權을 喪失한다. 따라서 증거로 함에 동의한 당사자는 동의한 증거(예컨대 피해자진술조서)의 증명력을 탄핵하기 위하여 原陳述者(피해자)를 證人으로 신청할 수 없다.

당사자가 증거로 함에 동의한 후에 反對訊問 이외의 방법으로 그 證據의 證明力을 다투는 것이 허용되느냐에 관해서 이를 긍정하는 견해(적극설)[1]가 있으나 이를 부정하는 견해(소극설)[2]가 타당하다고 본다. 증거로 함에 동의한다는 것은 證據能力과 證明力을 다툴 權利를 포기한다는 것을 의미하기 때문이다.

(2) 證據同意의 效力이 미치는 範圍

1) 증거동의의 對人的 效力 증거동의는 동의한 피고인에 대해서만 그 효력이 미치며 다른 共同被告人에게는 미치지 아니한다.

2) 증거동의의 時間的 效力 증거동의의 효력은 공판절차의 更新이 있는 경우는 물론 審級을 달리하는 경우에도 미친다(통설[3] · 판례[4]). 따라서 제 1 심에서 한 증거동의는 항소심 · 상고심에서도 그 효력이 있다.

3) 一部同意의 效力 서류의 내용이 可分的인 경우에는 증거의 일부에 대한 동의가 허용되며 이 경우에는 동의한 부분에 대해서만 증거동의의 효력이 발생한다. 이에 대해서 서류의 기재내용이 不可分的인 경우에는 一部同意는 허용되지 아니하며 일부동의가 있는 경우에는 그 의사표시의 내용에 따라 그 全部에 대해서 동의가 있는 것으로 보거나 그 동의를 無效로 간주하여야 한다.

6. 證據不同意의 訴訟關係

(1) 被告人이 不同意한 경우

피고인이 증거로 함에 부동의한 경우의 訴訟關係는 부동의하는 의사표시의 내용과 그 서류 또는 물건의 종류에 따라 다르다.

1) 被疑者訊問調書 司法警察官이 작성한 피의자신문조서에 대해서 피고인이 증거로 함에 부동의한 경우에는 그 조서는 증거능력이 부정된다(법 312조 3항).

1) 이재상, 558면; 신동운, 886면; 배종대 · 이상돈, 657면; 송광섭, 249면; 진계호, 623면; 임동규, 539면; 정웅석, 973면.
2) 백형구, 481면; 동저, 강의 660면; 동저, 조해 797면.
3) 백형구, 481면; 동저, 강의 660면; 이재상, 559면; 신동운, 886면; 배종대 · 이상돈, 658면; 진계호, 624면; 임동규, 539면; 신양균, 786면; 정웅석, 974면.
4) 大判 1965. 6. 29, 65도346; 大判 1990. 2. 13, 89도2366.

피고인이 그 조서에 대해서 증거로 함에 부동의한다는 것은 그 조서의 내용을 인정하지 아니한다는 것을 의미하기 때문이다.

檢事가 작성한 피의자신문조서에 대해서 피고인이 그 조서에 기재된 自白의 任意性이 없다는 이유로 그 조서에 대해서 증거로 함에 부동의한 경우에는 검사는 自白의 任意性을 立證하여야 하며 피고인이 조서의 成立이 眞正하지 않다는 이유로 그 조서에 대해서 증거로 함에 부동의한 경우에는 검사가 그 조서의 成立의 眞正을 입증하여야 한다.

2) 被害者陳述調書 수사기관이 작성한 피해자진술조서에 대해서 피고인이 증거로 함에 부동의하면서 그 조서에 기재된 陳述의 信憑性을 다투는 경우에는 검사는 原陳述者인 被害者에 대한 證人訊問을 신청하여야 하며 法院은 피해자에 대한 證人訊問節次에서 被告人에게 피해자에 대한 反對訊問의 기회를 주어야 한다. 피해자에 대한 증인신문절차에서 그 피해자진술조서의 成立의 眞正이 立證되고 被告人에게 피해자에 대한 反對訊問의 기회가 주어진 때에 한하여 그 조서에 기재된 被害者의 陳述은 피고인의 공소사실에 관하여 증거능력이 인정된다(법 312조 4항).[1)]

수사기관이 작성한 參考人陳述調書에 대해서 피고인이 증거로 함에 부동의하면서 그 조서에 기재된 陳述의 信憑性을 다투는 경우의 소송관계는 被害者陳述調書의 경우와 동일하다.

3) 檢證調書 · 實況調査書 수사기관이 작성한 검증조서 또는 실황조사서에 대해서 피고인이 증거로 함에 부동의하면서 그 조서의 기재내용이 검증대상의 객관적 사실과 다르다고 주장한 경우에는 검사는 그 조서의 기재내용이 사실과 一致한다는 점을 입증하여야 한다.

4) 診 斷 書 의사가 작성한 진단서에 대해서 피고인이 증거로 함에 부동의하면서 그 진단서의 기재내용의 신빙성을 다투는 경우에는 검사는 진단서의 작성자인 의사에 대한 증인신문을 신청하여야 하며 법원은 의사에 대한 증인신문절차에서 피고인에게 의사에 대한 反對訊問의 기회를 주어야 한다.

5) 押 收 物 수사기관이 압수한 물건에 대해서 피고인이 증거로 함에 부동의한 경우의 소송관계는 피고인의 의사표시의 내용에 따라 다르다. 압수절차의 중대한 違法을 이유로 증거로 함에 부동의한 경우에는 검사가 압수절차의 適法性을 입증하여야 하며 압수물이 피고사건과 關聯性이 없다는 이유로(예컨대

1) 백형구, 467면; 동저, 강의 676, 680면.

압수된 흉기가 범행에 사용된 흉기가 아니라는 이유로) 증거로 함에 부동의한 경우에는 검사가 그 압수물과 피고사건과의 關聯性을 입증하여야 한다.

(2) 檢事가 不同意한 경우

피고인이 공소사실의 不存在를 입증하기 위하여 제출한 서류(예컨대 진술서·확인서·사진·녹음테이프)에 대해서 검사가 증거로 함에 부동의한 경우에는 피고인이 원진술자, 사진촬영자, 녹음자 등을 증인으로 신청하여야 하며 원진술자 등에 대한 증인신문절차에서 서류의 成立의 眞正이 증명되고 검사에게 원진술자 등에 대한 反對訊問의 기회가 주어져야 그 진술서 등은 공소사실의 부존재에 관하여 증거능력이 인정된다.

제 8 장 裁　　判

제 1 절　裁判의 意義와 種類
제 2 절　裁判의 內容과 方式
제 3 절　裁判의 成立과 確定
제 4 절　裁判의 執行

제 1 절

裁判의 意義와 種類

Ⅰ. 裁判의 意義

재판은 협의로는 피고사건의 實體에 관한 法院의 公權的 判斷, 즉 有罪·無罪의 재판만을 의미하나 광의로는 법원 또는 법관의 法律行爲的 訴訟行爲를 의미한다. 형사소송법에서는 보통 광의의 의미로 사용하고 있다. 따라서 判決뿐 아니라 決定·命令도 재판에 해당한다.

재판은 法院 또는 法官의 소송행위이므로 법원사무관의 소송행위(예컨대 조서작성행위)는 재판이 아니며 法律行爲的 소송행위이므로 事實行爲的 소송행위(예컨대 피고인신문·증인신문)는 재판이 아니다.

Ⅱ. 裁判의 種類

재판은 관점에 따라서 여러 가지로 분류된다.

1. 實體裁判·形式裁判

이는 재판의 內容을 기준으로 한 분류이다. 實體裁判이란 피고사건의 實體에 관하여 具體的 刑罰權의 존부를 판단하는 재판을 말하고 形式裁判이란 실체재판 이외의 재판을 말한다. 유죄·무죄의 판결은 실체재판에 해당하고 면소·공소기각·관할위반의 재판은 형식재판에 해당한다. 약식명령, 유죄·무죄의 즉결심판, 항소기각판결, 상고기각판결은 실체재판에 해당하고 면소·공소기각의 즉결심판, 항소기각결정, 상고기각결정은 형식재판에 해당한다.

유죄·무죄의 실체재판이 확정되면 一事不再理의 效力이 발생하나 형식재판은 확정되더라도 면소판결을 제외하고는 일사부재리의 효력이 발생하지 아니한다.

2. 終局裁判·終局前 裁判

이는 재판의 機能을 기준으로 한 분류이다. 終局裁判이란 당해 소송을 그 심급에서 종결시키는 재판을 말하며 終局前 裁判이라 함은 종국재판에 이르기까지의 절차에 관한 재판을 말한다. 유죄·무죄의 실체재판과 관할위반·공소기각·면소의 형식재판은 종국재판이며 종국재판 이전에 행하여지는 決定·命令은 終局前의 裁判이다. 항소기각결정·상고기각결정은 종국재판이나 사건의 移送決定(법 8조, 16조의2)은 종국전 재판이다.[1]

終局裁判이 선고 또는 고지되면 拘束力이 발생하므로 재판을 한 법원은 그 재판을 취소 또는 변경함이 허용되지 아니하나 終局前의 裁判은 그 재판을 한 법원이 이를 취소·변경할 수 있는 경우가 있다(예컨대 證據決定의 取消, 公訴狀變更許可決定의 取消, 保釋許可決定의 取消). 종국재판에 대해서는 上訴의 利益이 있는 限 上訴가 허용되나 종국전의 재판에 대해서는 원칙적으로 상소가 허용되지 아니한다(법 403조, 416조).

종국재판이 確定된 후에 선고 또는 고지되는 재판이 있다. 上告審判決의 訂正申請에 대한 判決 또는 決定(법 401조), 재판의 執行에 관한 決定(법 491조 1항), 재심청구에 관한 決定(법 433조 내지 435조), 비상상고사건에 대한 판결(법 445조), 형사보상청구에 대한 決定(형보 16조) 등이 그것이다.

3. 判決·決定·命令

이는 재판의 形式을 기준으로 한 분류이다. 判決은 종국재판의 원칙적 형식이고 決定은 종국전 재판의 원칙적 형식이다. 命令은 수소법원 이외의 법관에 의한 재판을 말한다. 예컨대 재판장의 退廷命令은 명령에 해당한다. 略式命令은 명령이 아니고 독립한 형식의 재판이다.[2] 판결·결정·명령은 재판의 方式·效力·上訴方法 등에 있어 현저한 차이가 있다.

1) 백형구, 526면; 동저, 강의 739면.
2) 백형구, 526면; 동저, 강의 740면.

제 2 절

裁判의 內容과 方式

I. 裁判의 內容

1. 裁判의 主文과 理由

재판은 법원 또는 법관의 의사표시이다. 따라서 그 의사표시의 내용이 재판의 내용이다. 재판은 主文과 理由로 구성된다. 재판의 주문은 재판의 대상인 사항에 관한 판단의 최종적 결론이며 재판의 이유는 재판의 주문에 대한 法律的·事實的 根據이다. 예컨대 裁判權이 없음을 이유로 한 재판의 주문은 公訴棄却의 判決이며(법 327조 1호) 그 재판의 이유는 피고인에 대하여 재판권이 없다는 점이다.

재판에 주문이 없는 경우에는 그 재판은 不成立이다. 재판에는 이유를 명시하여야 하나 上訴를 不許하는 결정 또는 명령에는 이유를 명시함을 요하지 아니한다(법 39조). 판결에 이유를 붙이지 아니하거나 이유에 모순이 있는 때에는 絶對的 抗訴理由(법 361조의5 제11호)에 해당한다.

2. 有罪判決의 主文과 理由

(1) 有罪判決의 主文

현행법상 유죄판결에는 刑宣告의 판결, 刑의 宣告猶豫의 판결, 刑免除의 판결이 있다(법 321조 1항). 刑을 宣告하는 판결의 主文에는 主刑 · 倂科刑 · 附加刑뿐 아니라 형의 집행유예 · 미결구금일수의 본형통산 · 노역장유치기간 · 추징 · 가납명령 · 배상명령 · 압수장물의 피해자환부 · 소송비용의 부담 등도 표시하여야 한다(법 321조 2항, 333조, 334조; 소촉 25조). 刑의 宣告를 猶豫하는 판결의 주문은 「피고인에 대한 刑의 宣

告를 猶豫한다」이며 刑을 免除하는 판결의 주문은 「피고인에 대한 刑을 免除한다」이다.

법원은 벌금 · 과료 또는 추징을 선고하는 경우에 판결의 확정 후에는 집행할 수 없거나 집행하기 곤란할 염려가 있다고 인정한 때에는 피고인에게 벌금·과료 또는 추징에 상당한 금액의 假納을 命할 수 있으며 가납명령은 판결의 주문에 표시하여야 한다(법 334조). 가납명령이 있는 때에는 벌금 · 과료 · 추징을 선고한 재판이 확정되기 전에도 집행할 수 있다(동조 3항).

압수한 장물로서 피해자에게 환부할 이유가 명백한 것은 判決로써 피해자에게 환부하는 선고를 하여야 하며 만약 장물을 처분하였을 때에는 판결로써 그 대가로 취득한 것을 피해자에게 交付하는 선고를 하여야 한다(법 333조). 가환부한 장물에 대하여 판결의 주문에서 별단의 선고를 하지 아니한 때에는 환부의 선고가 있는 것으로 간주한다(동조 3항).

科刑上 一罪 또는 包括一罪의 일부만을 有罪로 인정한 경우에는 유죄로 인정하지 아니한 부분에 대한 無罪의 취지를 판결의 주문에 표시하여서는 안 되며[1] 예비적 또는 택일적으로 기재된 공소사실의 일부만을 유죄로 인정하는 경우는 유죄로 인정하지 아니한 공소사실에 대한 무죄의 판단을 판결의 주문에 표시하여서는 안 된다.[2] 범죄사실이 1개이므로 판결의 主文도 1개이어야 한다. 이에 대해서 競合犯 중 일부만을 유죄로 인정하고 다른 부분을 유죄로 인정하지 아니한 경우에는 무죄의 판단도 유죄의 판단과 함께 판결의 주문에 표시하여야 한다.

(2) 有罪判決의 理由

유죄판결에는 범죄될 사실, 증거의 요지, 법령의 적용을 명시하여야 하며 당사자의 주장을 排斥하는 판단을 명시하여야 한다(법 323조).

1) 犯罪될 事實 공소장에 기재된 범죄사실은 물론 처벌조건인 사실, 누범가중사유인 전과 등은 범죄될 사실에 해당한다.

유죄판결의 이유에는 공소장에 기재된 공소사실(범죄사실)을 기재하여야 하며 공소장이 변경된 경우에는 변경된 공소사실을 범죄될 사실로 명시하여야 한다. 신분범에 있어 身分, 목적범에 있어 目的, 과실범에 있어 過失, 교사범에 있어 敎唆, 방조범에 있어 幇助, 예비죄 또는 음모죄에 있어 豫備 또는 陰謀도 범

1) 백형구, 강의 754면.
2) 백형구, 강의 754, 466면.

죄사실에 해당한다. 유죄판결의 이유에 범죄사실이 특정되도록 기재하여야 한다. 따라서 범죄의 일시 · 장소 · 방법 · 상대방 · 결과 등을 구체적으로 명시하여야 한다. 유죄판결의 이유에 범죄사실이 특정되어 있지 아니한 경우에는 理由不備의 抗訴理由(법 361조의5 제11호)에 해당한다.[1)]

處罰條件인 사실은 범죄의 구성요건해당사실은 아니나 형벌권 발생의 조건이므로 유죄판결의 이유에 명시하여야 하며 누범가중사유인 전과는 범죄사실은 아니나 형벌권의 범위에 관한 중요사실이므로 유죄판결의 이유에 명시하여야 한다(통설).

2) 證據의 要旨 증거의 요지라 함은 유죄판결의 이유에 적시된 범죄사실을 인정한 자료로 된 증거의 요지를 말한다. 유죄판결의 이유에 증거의 요지를 명시하도록 한 것은 증거재판주의(법 307조)의 요청으로서 법관의 사실인정의 합리성을 보장하고 소송관계인의 유죄판결에 대한 비판을 가능케 하며 상소심에 있어서 원판결의 당부에 관한 판단자료를 제공하기 위한 것이다.[2)] 증거의 요지를 명시하면 족하며 증거의 내용을 구체적으로 기재할 필요는 없다. 競合犯의 관계에 있는 수개의 범죄사실(공소사실)을 유죄로 인정하는 증거를 적시하는 경우에는 개개의 범죄사실에 관하여 증거의 요지를 명시함을 요하지 않고 범죄사실 전체에 관하여 증거의 요지를 명시하면 적법하다.[3)]

유죄판결의 이유에는 공소사실을 유죄로 인정하는 증거의 요지만 명시하면 족하고 공소사실의 不存在를 인정하는 증거를 排斥하는 이유를 명시함을 요하지 아니한다. 예컨대 피고인의 알리바이 주장을 배척하는 경우에는 알리바이에 관한 증거를 배척하는 이유를 유죄판결의 이유에 명시함을 요하지 아니한다.

유죄판결의 이유에 적시된 증거에 의해서 그 범죄사실을 인정하는 것이 객관적으로 불합리한 경우에는 판결의 이유에 모순이 있는 경우의 항소이유(법 361조의5 제11호)에 해당한다.

3) 法令의 適用 법령의 적용이라 함은 유죄로 인정한 범죄사실에 관한 適用法條를 의미한다. 유죄판결의 이유에 법령의 적용을 명시할 것을 요구한 것은 罪刑法定主義의 요청으로서 판결주문의 형에 대한 法律上의 根據를 명확히

---

1) 백형구, 530면; 동저, 강의 755면.

2) 백형구, 530면; 동저, 강의 756면; 이재상, 595면; 신동운, 975면; 배종대 · 이상돈, 708면; 차용석, 936면; 진계호, 660면; 임동규, 616면; 신양균, 851면; 정웅석, 1057면.

3) 大判 1969. 9. 23, 69도1219; 大判 1983. 7. 12, 83도995; 大判 2001. 7. 27, 2002도4298; 백형구, 530면; 동저, 강의 756면; 이재상, 596면; 송광섭, 459면.

하려는 취지이다. 범죄의 구성요건에 관한 형벌법규(예컨대 刑法各則의 條項)를 명시하여야 함은 물론 刑法總則의 규정도 그것이 형사책임의 기초를 명백히 함에 중요한 의미를 갖는 경우에는 이를 명시하여야 한다. 예컨대 공범, 누범, 경합범, 상상적 경합, 형의 법률상 감경 또는 작량감경, 미결구금일수의 본형산입, 몰수, 추징에 관한 규정 등은 이를 명시하여야 한다.

유죄판결의 이유에 법률의 적용이 없거나 법률의 적용에 착오가 있고 판결의 결과에 영향을 미친 때에는 항소이유(법 361조의5 제1호) 또는 상고이유(법 383조 1호)에 해당한다. 따라서 유죄판결의 이유에 法律適用이 누락되거나 誤記가 있는 경우에도 판결의 주문에 영향이 없으면 항소이유 또는 상고이유로 되지 아니한다.

4) 當事者의 主張을 排斥하는 判斷 법률상 범죄의 성립을 阻却하는 이유 또는 형의 가중감면의 이유되는 사실의 진술이 있는 때에는 이에 대한 판단을 명시하여야 한다(법 323조 2항). 위와 같은 판단의 명시는 법원이 당사자의 위와 같은 주장을 排斥하는 경우에 限한다(통설).

違法性阻却事由 또는 責任阻却事由는 범죄의 성립을 阻却하는 이유에 해당한다. 構成要件該當性을 阻却하는 이유(예컨대 문서위조죄에 있어 명의인의 승낙, 절도죄에 있어 재물소유자의 승낙)가 범죄의 성립을 阻却하는 이유에 해당하는가에 관해서는 적극설[1]과 소극설[2]이 대립되고 있다. 소극설은 범죄사실의 否認에 해당한다는 점을 논거로 내세우고 있으나 범죄사실 자체를 부인하는 경우가 아니므로 적극설이 타당하다고 본다. 범죄사실 자체의 부인 또는 범의의 부인은 범죄의 성립을 阻却하는 이유되는 사실을 진술한 경우에 해당하지 아니한다(통설·판례[3]).

刑의 減免의 이유되는 사실의 의미에 관해서는 刑의 必要的 減免事由만을 의미한다는 견해[4]와 형의 任意的 減免事由를 포함한다는 견해[5]가 대립되고 있다. 형의 任意的 감면사유가 있는 경우에는 형을 감경 또는 면제하느냐 여부는 法院의 裁量에 속하므로 전설이 타당하다고 본다. 대법원판례도 自首는 任意的 감면사유이므로 자수의 주장을 배척하는 이유를 판결이유에서 판단하지 않더라

1) 김기두, 285면; 백형구, 533면; 동저, 강의 759면; 신동운, 979면; 송광섭, 461면; 임동규, 624면; 신양균, 854면 각주 15); 정웅석, 1060면.
2) 강구진, 521면; 이재상, 599면; 배종대·이상돈, 712면; 진계호, 663면.
3) 大判 1988. 9. 13, 88도1284, 범죄사실의 否認; 大判 1983. 10. 11, 83도2281, 犯意의 부인.
4) 김기두, 286면; 정영석, 326면; 백형구, 533면; 송광섭, 461면; 임동규, 625면.
5) 강구진, 522면; 이재상, 600면; 신동운, 979면; 배종대·이상돈, 713면; 진계호, 664면; 신양균, 855면.

도 判斷遺脫의 위법이 아니라는 견해를 취하고 있다.[1] 술에 취해서 기억이 나지 아니한다는 주장은 심신장애(심신상실 또는 심신미약)의 주장이므로 그 주장을 배척하는 이유를 유죄판결의 이유에 명시하여야 한다.[2]

유죄판결의 이유에서 당사자의 위와 같은 주장을 排斥하는 판단을 하지 아니한 경우에는 항소이유(법 361조의5 제1호)에 해당한다.

Ⅱ. 裁判의 方式

1. 裁判書의 作成 · 更正

재판은 法官이 작성한 裁判書에 의하여야 한다. 다만 決定 또는 命令을 告知하는 경우에는 재판서를 작성하지 아니하고 調書에만 기재하여 할 수 있다(법 38조). 재판서는 재판의 형식에 따라 判決書 · 決定書 · 命令書로 구분된다. 다만 略式命令書, 卽決審判書라는 특별한 명칭을 사용하는 경우도 있다. 재판서에는 主文과 理由를 기재하여야 하며 재판을 한 법관이 서명 · 날인을 하여야 한다(법 39조, 41조).

재판서에 誤記 기타 이에 유사한 오류가 있는 것이 명백한 때에는 법원은 직권 또는 당사자의 신청에 의하여 決定으로 재판서의 내용을 更正할 수 있다(규칙 25조).

2. 裁判의 宣告 · 告知

(1) 宣告 · 告知의 方式

判決의 선고는 공판정에서 재판장이 하며 판결을 선고함에는 主文을 낭독하고 理由의 요지를 설명하여야 한다(법 43조). 判決書에 기재된 刑과 공판정에서 선고한 刑이 다른 경우에는 후자를 執行하여야 한다.[3]

決定 · 命令을 공판정에서 告知하는 경우에는 裁判長이 구두로 告知하며(법 43조) 공판정 외에서 결정 · 명령을 고지하는 경우에는 재판서등본의 송달 기타 적당한 방법으로 할 수 있다(법 42조).

(2) 宣告 · 告知의 效力

재판은 確定되어야 그 본래의 효력(確定力 · 執行力)이 발생하나 재판이 선

1) 大判 1987. 7. 7, 87도945; 大判 1991. 11. 12, 91도2241; 大判 2001. 4. 24, 2001도872.
2) 大判 1977. 9. 28, 77도2450; 大判 1990. 2. 13, 89도2364.
3) 大決 1981. 5. 14, 81모8; 백형구, 536면; 동저, 강의 751면; 신동운, 967면.

고 · 고지되면 그 재판이 확정되기 전에 일정한 효력이 발생한다.

1) 裁判의 拘束力 재판이 선고 · 고지된 후에는 그 재판을 한 법원 또는 법관은 그 재판을 撤回 또는 變更을 할 수 없다. 재판의 이러한 효력을 裁判의 拘束力이라고 한다(통설). 다만 終局前의 재판인 決定 또는 命令은 철회 또는 변경이 허용되는 경우가 있다. 예컨대 증거결정, 보석허가결정, 퇴정명령, 국선변호인선정결정 등은 그 取消(撤回) 또는 변경이 허용된다.

2) 拘束令狀의 失效 무죄 · 면소 · 형의 면제 · 형의 선고유예 · 형의 집행유예 · 공소기각 또는 벌금이나 과료를 과하는 판결이 선고된 때에는 그 판결의 선고와 동시에 拘束令狀은 효력을 잃는다(법 331조). 공소기각의 決定이 고지된 경우도 마찬가지이다.[1] 검사의 求刑이 死刑 또는 無期懲役인 경우에도 구속영장은 失效된다. 제 8 차 개정 전의 형사소송법 제331조 단서는 검사의 구형이 사형, 무기 또는 10년 이상의 징역이나 금고인 경우에는 구속영장이 실효되지 아니한다고 규정하였으나 형사소송법의 제 8 차 개정시(1995. 12. 29)에 삭제하였다.

3) 上訴期間의 進行 상소의 제기기간은 재판을 선고 또는 고지한 날로부터 진행한다(법 343조 2항). 상소제기기간의 기산일은 재판을 선고 또는 고지한 날의 다음날이다(법 66조 1항).[2]

4) 裁判의 執行力 즉시항고가 허용되지 아니한 決定 · 命令은 그 告知時에 執行力이 발생하며(법 409조) 假納命令이 있는 벌금 · 과료 · 추징은 그 재판의 선고와 동시에 집행력이 발생한다(법 334조 3항).

---

1) 백형구, 535면; 동저, 강의 747면.
2) 백형구, 535면; 동저, 강의 747면.

제 3 절

裁判의 成立과 確定

Ⅰ. 裁判의 成立

1. 裁判成立의 意義

재판은 법원 또는 법관의 의사표시이며 그 의사표시는 意思의 決定과 意思의 表示라는 두 단계로 구분된다. 전자를 재판의 內部的 成立 또는 對內的 成立, 후자를 재판의 外部的 成立 또는 對外的 成立이라고 한다.

2. 裁判의 內部的 成立

재판의 내용이 재판기관의 내부에서 결정된 때에 그 재판은 內部的으로 성립한다. 법원이 合議部인 경우에는 그 구성원인 법관의 合議가 성립한 때에 그 재판은 내부적으로 성립하고 법원이 單獨判事인 경우에는 裁判書의 作成時에 그 재판은 내부적으로 성립한다(통설). 단독판사가 재판서를 작성하지 아니하고 決定·命令을 告知하는 경우에는 그 告知時에 그 재판은 내부적으로 성립하고 동시에 외부적으로 성립한다(통설).

3. 裁判의 外部的 成立

재판은 宣告 또는 告知에 의해서 外部的으로 성립한다. 즉 재판의 外部的 成立時期는 재판의 선고시 또는 고지시이다.

Ⅱ. 裁判의 確定

1. 裁判確定의 意義

재판의 확정이라 함은 재판이 通常의 不服申請의 방법으로 다툴 수 없게 되고 그 재판의 내용을 변경할 수 없게 된 상태에 이른 것을 말한다. 재판은 확정되어야 그 본래의 효력이 발생한다.

2. 裁判確定의 時期

(1) 不服申請이 허용되지 않는 裁判

재판의 宣告時 또는 告知時에 확정된다. 判決前 訴訟節次에 관한 決定에 대해서는 원칙으로 抗告가 허용되지 아니하며(법 403조) 大法院의 決定에 대해서는 不服申請이 허용되지 아니한다.

上告審判決의 확정시기에 관해서는 宣告時에 확정된다는 견해[1)]와 판결정정신청기간(법 400조 2항)의 경과 등에 의하여 확정된다는 견해[2)]가 대립되고 있다. 상고심판결의 訂正(법 400조)은 誤記·違算과 같은 오류의 정정에 불과하므로 宣告時說이 타당하다고 본다. 대법원판례도 선고시설을 취하고 있다.[3)]

(2) 不服이 허용되는 裁判

불복신청기간의 경과, 불복신청의 포기 또는 취하, 불복신청을 기각하는 재판의 확정에 의해서 확정된다.

3. 裁判確定의 效力

확정된 재판이 발생하는 효력을 재판의 確定力이라고 하며 재판의 確定力은 形式的 確定力과 內容的 確定力으로 구분된다.

(1) 形式的 確定力

재판이 통상의 불복신청방법에 의해서 다툴 수 없는 상태에 이른 것을 재판의 形式的 確定이라고 하고 확정재판의 이러한 不可爭的 효력을 形式的 確定力

---

1) 백형구, 538면; 강구진, 586면; 백형구, 강의 761면; 이재상, 614면; 신동운, 1013면; 송광섭, 311면; 차용석, 977면; 진계호, 685면; 임동규, 647면; 신양균, 881면; 정웅석, 1064면.
2) 김기두, 183면; 정영석, 217면; 서일교, 219면; 염정철, 236면; 신현주, 789면; 정영석·이형국, 434면.
3) 大決 1967. 6. 2, 67초22.

이라고 한다. 확정재판의 形式的 確定力은 實體裁判뿐 아니라 形式裁判도 발생한다.

(2) 內容的 確定力

1) **內容的 確定力의 意義** 재판이 형식적으로 확정되면 그 의사표시의 내용 즉 判斷內容도 확정된다. 이를 재판의 內容的 確定이라 하고 확정재판의 이러한 不可變更的 效力을 內容的 確定力이라고 한다.

재판의 내용적 확정력은 실체재판·형식재판을 불문하고 발생한다. 특히 유죄·무죄의 실체재판이 확정되면 具體的 刑罰權의 존부와 범위가 확정된다. 실체재판의 이러한 확정력을 實體的 確定力이라고 한다. 따라서 實體的 確定力은 實體裁判의 內容的 確定力이다.[1]

2) **內容的 確定力의 對內的 效果** 재판이 확정되면 執行力이 발생하며 특히 刑宣告의 판결이 확정되면 刑의 執行權이 발생한다. 이는 확정재판의 당해 사건에 대한 효력이므로 이를 내용적 확정력의 對內的 效果라고 한다.[2]

3) **內容的 確定力의 對外的 效果**

(ㄱ) 形式裁判인 경우 관할위반, 공소기각의 形式裁判이 확정되면 동일한 사정하에서 동일한 사항에 관하여 다른 판단을 할 수 없는 효력이 발생한다. 이를 내용적 확정력의 對外的 效果 또는 內容的 拘束力이라고 한다.[3]

그러나 形式裁判의 內容的 拘束力은 事情變更이 있는 경우에는 인정되지 아니한다. 예컨대 피고인의 死亡을 이유로 한 公訴棄却의 決定(법 328조 1항 2호)이 확정된 후에 피고인의 生存事實이 판명된 경우와 같이 재판내용이 객관적으로 오류임이 명백한 경우에는 內容的 拘束力을 배제하여야 한다.[4] 따라서 이 경우에는 재차의 공소제기가 허용된다. 이 경우 재차의 공소제기가 허용되지 아니한다는 견해가 있으나[5] 이 견해에 의하면 有罪者 不罰의 불합리한 결과를 가져온다.

(ㄴ) 實體裁判인 경우 유죄·무죄의 실체재판이 확정되면 實體的 確定力의 對外的 效果로서 旣判力(一事不再理의 효력)이 발생한다. 一事不再理의 效

1) 백형구, 539면; 동저, 강의 762면.
2) 백형구, 539면; 동저, 강의 763면; 신동운, 1016면; 배종대·이상돈, 734면; 송광섭, 313면; 진계호, 687면; 신양균, 884면; 高田, 296면.
3) 백형구, 540면; 동저, 강의 763면; 신동운, 1016면; 배종대·이상돈, 734면; 진계호, 687면; 신양균, 885면; 정웅석, 1067면; 高田, 298면.
4) 백형구, 540면; 동저, 강의 763면; 신동운, 1017면; 배종대·이상돈, 735면; 진계호, 687면; 高田, 298면.
5) 신현주, 690면; 이재상, 621면; 신양균, 888면; 정웅석, 1069면.

力을 實體的 確定力의 對外的 效果로 보는 것이 통설이다. 免訴判決은 實體裁判은 아니나 확정되면 一事不再理의 효력이 발생한다(통설).

(3) 旣判力(一事不再理의 效力)

1) 旣判力의 意義

(ㄱ) 기판력의 意義　기판력은 一事不再理의 效力을 의미한다. 一事不再理의 效力이라 함은 유죄·무죄의 실체재판과 면소의 판결이 확정되면 同一事件에 대하여 再次의 審理·判決이 허용되지 아니한다는 효력을 말한다. 따라서 유죄·무죄·면소의 판결이 확정된 후 그 범죄사실과 동일성이 인정되는 범죄사실이 공소제기된 경우에는 법원은 면소판결을 선고하여야 한다(법 326조 1호).

기판력은 내용적 확정력의 대외적 효과를 의미하는 內容的 拘束力과 一事不再理의 효력을 포함하는 의미로 해석하여야 한다는 견해가 있으나[1] 그 이론적 합리성을 인정하기 어렵다. 實體判決의 내용적 확정력의 대외적 효과, 즉 內容的 拘束力이 一事不再理의 효력이기 때문이다.[2]

(ㄴ) 審判對象論과 一事不再理의 效力　심판의 대상에 관하여 訴因對象說을 취하고 있는 학자들은 一事不再理의 효력은 旣判力과 별개의 효력이라는 이론구성을 취하고 있다.[3] 訴因對象說에 의하면 訴因만이 審判의 對象으로 되었으며 공소장에 기재된 公訴事實과 同一性이 인정되는 범죄사실도 공소장에 公訴事實로 기재되지 아니하면 審判의 對象으로 되지 아니하였으므로 一事不再理의 효력을 旣判力(旣히 判決한 效力)이라고 할 수 없다.[4] 이에 대해서 심판의 대상에 관한 二元說에 의하면 一事不再理의 효력은 旣判力에 해당한다. 공소장에 기재된 公訴事實과 同一性이 인정되는 범죄사실은 모두 審判의 對象(潛在的 對象)으로 되었기 때문이다.

(ㄷ) 一事不再理의 原則　유죄·무죄의 실체판결이 확정되면 一事不再理의 효력이 발생한다는 원칙을 一事不再理의 原則이라고 한다. 헌법은 「모든 국민은… 同一한 犯罪에 대하여 거듭 處罰받지 아니한다」고 규정하여(헌 13조 1항) 一事不再理의 原則이 형사소송의 기본원칙임을 선언하고 있다.

2) 旣判力의 本質

기판력의 본질에 관한 학설을 實體法說·訴訟法說·具體的 規範說로 분류

---

1) 강구진, 528면; 이재상, 618면.
2) 백형구, 541면.
3) 강구진, 528면; 차용석, 938, 987면; 平野, 282면; 高田, 299면; 鈴木, 240면; 田宮, 434면.
4) 백형구, 541면.

하는 것이 일반적이다.

實體法說은 실체재판의 확정에 의해서 實體法律關係를 形成·變更하는 효력이 기판력이라는 견해이다. 그러나 유죄·무죄의 실체판결이 확정되더라도 實體法律關係가 형성·변경되지 아니한다는 점, 실체법설은 재심·비상상고에 의해서 기판력이 배제되는 경우를 설명하기 곤란하다는 점을 고려할 때 실체법설에 대해서는 그 이론적 합리성을 인정하기 어렵다. 우리나라에서 실체법설을 지지하는 학자는 없다.

訴訟法說은 실체재판이 확정되더라도 실체법률관계에는 영향을 미치지 아니하며 기판력은 訴訟法上 인정된 효력으로서 後訴에 대한 拘束力에 불과하다는 견해이다. 그러나 소송법설은 기판력의 본질이 무엇인가에 관해서 언급을 하지 아니한 학설에 해당한다. 一事不再理의 效力이란 後訴에 대한 拘束力을 의미하기 때문이다. 다만 우리나라에서 소송법설을 지지하는 학자가 있다.[1)]

具體的 規範說은 실체판결의 확정에 의해서 浮動的인 訴訟法律狀態가 確定的인 法律關係로 凝決되며 이와 같이 具體化된 實體法이 기판력의 본질이라는 견해로서[2)] 우리나라에서 이 견해를 지지하는 학자가 있다.[3)] 그러나 具體化된 實體法 또는 具體的 規範이라는 의미가 불명확하다는 점, 一事不再理의 效力은 確定判決의 效力이지 구체화된 實體法[4)] 그 자체가 아니라는 점, 구체적 규범설은 一事不再理의 效力의 본질이 무엇인지 아무런 언급을 하고 있지 않다는 점 등을 고려할 때 구체적 규범설에 대해서는 그 이론적 합리성을 인정하기 어렵다.

따라서 기판력의 본질에 관한 학설에 대해서는 모두 그 이론적 타당성을 인정하기 어렵다고 본다.

3) 旣判力이 발생하는 判決

(ㄱ) 有罪·無罪의 判決　　유죄판결, 무죄판결은 實體判決이므로 확정되면 일사부재리의 효력이 발생한다.

(ㄴ) 略式命令·卽決審判　　약식명령, 유죄·무죄의 즉결심판이 확정되면 確定判決과 同一한 효력이 발생하므로(법 457조; 즉결 16조) 일사부재리의 효력이 발생한다.

---

1) 강구진, 530면; 이재상, 619면; 신동운, 1024면; 배종대·이상돈, 738면; 송광섭, 316면; 차용석, 987면; 진계호, 690면; 임동규, 654면; 신양균, 895면; 정웅석, 1072면.

2) 團藤, 綱要 312면.

3) 김기두, 184면; 정영석, 221면; 권오병, 238면; 신현주, 708면; 정영석·이형국, 438면.

4) 實體法이라 함은 刑法을 의미한다.

(ㄷ) 免訴判決　　면소판결, 면소의 즉결심판이 확정되면 일사부재리의 효력이 발생한다.

(ㄹ) 當然無效의 確定判決　　당연무효의 확정판결이 一事不再理의 효력을 발생하는가에 관해서는 적극설[1]과 소극설[2]이 대립되고 있다. 적극설이 다수설이나 법률상 인정되지 아니한 형벌(예컨대 笞刑·身體切斷刑)을 피고인에게 선고한 판결이 확정된 경우에는 피고인에 대하여 다시 판결을 하여야 한다는 점, 死者·刑事未成年者·治外法權者에 대한 刑宣告判決이 확정된 경우에는 재차의 심리·판결이 행하여지는 경우가 없다는 점을 고려할 때 소극설이 타당하다고 본다.

4) 旣判力의 根據

(ㄱ) 實體裁判인 경우　　유죄·무죄의 실체판결이 확정된 경우에 일사부재리의 효력이 발생하는 이론적 근거에 관해서는 實體的 確定力說과 二重危險禁止說이 대립되고 있다. 實體的 確定力說은 實體的 確定力의 外部的 效力이 일사부재리의 효력이며 일사부재리의 효력은 실체판결의 확정에 의해서 당연히 발생한다는 견해이다(통설). 二重危險禁止說은 英美法의 二重危險禁止의 原則이 일사부재리의 효력을 인정하는 근거이며 일사부재리의 효력은 實體的 確定力과는 別個의 效力이라는 견해이다.[3] 二重危險禁止의 原則과 一事不再理의 原則은 同一事件에 대한 二重審判의 禁止·二重處罰의 禁止라는 점에서 실질적으로 同一하므로 一事不再理의 효력이 발생하는 이론적 근거를 二重危險禁止의 原則에서 구하는 二重危險禁止說에 대해서는 문제를 가지고 문제에 답하고 있다는 비판이 가능하다.[4] 따라서 통설인 실체적 확정력설이 타당하다고 본다.

(ㄴ) 免訴判決의 경우　　면소판결이 확정되면 일사부재리의 효력이 발생하는 이론적 근거에 관해서는 다음과 같은 학설이 대립하고 있다.

제 1 설은 면소판결은 피고사건의 實體에 관하여 審理가 행하여진 후에 선고되는 實體關係的 形式裁判이므로 일사부재리의 효력이 발생한다는 견해이다.[5]

---

1) 신현주, 709면; 강구진, 538면; 이재상, 623면; 신동운, 1026면; 배종대·이상돈, 740면; 송광섭, 321면; 차용석, 991면; 진계호, 692면; 임동규, 660면; 신양균, 897면; 정웅석, 1073면; 高田, 305면.
2) 백형구, 543면; 동저, 강의 766면; 동저, 조해 809면.
3) 강구진, 533면; 이재상, 615, 619면; 차용석, 992~993면; 田宮, 入門 268면; 동저, 刑訴 442면.
4) 백형구, 544면; 동저, 강의 767면.
5) 김기두, 186면; 정영석, 323면; 서일교, 222면; 염정철, 239면; 송광섭, 456면; 團藤, 綱要 313면.

그러나 면소판결을 하는 경우에는 피고사건의 실체에 관한 심리를 할 필요가 없다는[1] 점을 고려할 때 이 견해에 대해서는 그 이론적 합리성을 인정하기 어렵다.

제 2 설은 면소판결은 刑罰權不存在의 판단을 내리고 있는 재판, 즉 形式的 本案裁判이기 때문에 일사부재리의 효력이 발생한다는 견해이다.[2] 그러나 면소판결은 刑罰權의 不存在를 판단하는 재판이 아니다.

제 3 설은 면소판결이 확정되면 訴訟條件의 보완이 불가능하며 訴訟追行의 利益이 없기 때문에 일사부재리의 효력이 발생한다는 견해이다.[3] 그러나 訴訟追行의 利益이라는 의미가 불명확하다는 점, 피고인의 死亡, 친고죄에 있어 고소취소를 이유로 한 공소기각의 재판이 확정된 후에도 訴訟條件의 補完이 불가능하며 訴訟追行의 利益이 결여 또는 소멸된다는 점 등을 고려할 때 이 견해에 대해서는 그 이론적 합리성을 인정하기 어렵다.

제 4 설은 면소판결의 事由에 의해서 재차의 심리 · 판결이 허용되지 않기 때문에 일사부재리의 효력이 발생한다는 견해이다.[4] 이 견해가 타당하다고 본다. 면소판결의 사유가 있는 사건을 재차 소추 · 처벌하는 것이 허용되지 아니함은 당연하기 때문이다.

5) 旣判力이 미치는 範圍

(ㄱ) 人的 範圍　　일사부재리의 효력은 판결을 받은 피고인에 대해서만 미친다. 따라서 공동피고인에 대해서는 미치지 아니한다.

(ㄴ) 物的 範圍　　일사부재리의 효력은 확정판결의 대상인 공소사실과 同一性이 인정되는 사실의 전부에 미친다. 설사 공소장에 공소사실로서 기재되지 아니한 사실이라 할지라도 공소사실과 동일성이 인정되는 범죄사실에 대해서는 일사부재리의 효력이 미친다. 공소사실의 同一性이 인정되는 범위 내에서는 審判의 潛在的 對象으로 되었으므로 그 범위 내의 범죄사실 전부에 대해서 일사부재리의 효력이 미치는 것이다(潛在的 審判對象說).

일사부재리의 효력이 미치는 객관적 범위에 관해서는 구체적 고찰이 요청된다.

① 包括一罪 · 科刑上 一罪　　포괄일죄(상습범 · 연속범) 또는 과형상 일

---

1) 공소사실의 동일성, 공소시효의 완성, 사면, 형의 폐지를 판단하는 경우에는 피고사건의 실체(공소사실의 존부)에 관한 심리가 불필요하다. 백형구, 강의 778면 각주 5).

2) 강구진, 537면.

3) 이재상, 609면; 신동운, 1025면; 정영석 · 이형국, 437면; 배종대 · 이상돈, 718면; 진계호, 670면; 신양균, 870면; 정웅석, 1052, 1073면.

4) 백형구, 544면; 동저, 강의 781면; 동저, 조해 832면.

죄(상상적 경합)의 일부에 대해서 유죄·무죄의 판결이 확정된 경우 그 확정판결의 기판력(일사부재리의 효력)은 一罪의 全部에 미친다(통설·판례). 그러나 단순사기죄로 유죄판결이 확정된 후 그 유죄판결이 선고되기 이전에 행하여진 수개의 사기범죄사실이 상습사기죄(포괄일죄)로 공소제기된 경우에는 확정된 유죄판결의 일사부재리의 효력은 상습사기죄의 공소사실에 미치지 아니한다고 해석하여야 한다.[1]

② 事件內容의 變化　　傷害의 공소사실로 유죄판결이 확정된 후에 피해자가 사망한 경우에도 그 확정판결의 기판력은 死亡의 사실에 미친다(통설·판례[2]). 상해의 공소사실과 상해치사의 범죄사실은 동일성이 인정되는 범죄사실이기 때문이다.

③ 餘罪事實　　공소제기되지 아니한 여죄사실에 관해서 실제로 심리가 행하여지고 그 여죄가 量刑의 자료로 된 경우에는 그 여죄사실에 대해서도 일사부재리의 효력이 미친다는 견해가 있으나[3] 공소사실의 동일성이 인정되지 아니한 여죄사실은 심판대상 外의 사실이므로 일사부재리의 효력이 미치지 아니한다고 해석하여야 한다.[4]

(ㄷ) 時間的 範圍　　이는 상습범·연속범 등 포괄일죄가 辯論終結의 전후에 걸쳐서 행하여진 경우에 어느 시점까지의 범죄사실에 일사부재리의 효력이 미치는가의 문제로서 이에 관해서는 辯論終結時說이 있으나 변론의 재개와 공소장의 변경이 허용되는 현행법하에서 사실심리가 가능한 최후의 시점은 判決宣告時이므로 判決宣告時說이 타당하다고 본다(통설·판례[5]).

略式命令의 기판력이 미치는 시간적 범위에 관해서는 약식명령서를 법원이 發送한 때라는 견해(發令時說)[6]와 약식명령이 피고인에게 告知된 때라는 견해(告知時說)[7]가 대립되고 있다. 대법원판례는 發令時說을 취하고 있으나[8] 告知時說이 타당하다고 본다. 약식명령에 있어 判決의 宣告時와 同一한 것은 發令時

1) 大判(全合) 2004. 9. 16, 2001도3026.
2) 大判 1979. 1. 31, 78도3062.
3) 차용석, 998면; 團藤, 綱要 280면; 青柳, 通論(下) 490면.
4) 백형구, 546면; 동저, 강의 770면; 이재상, 624면; 신동운, 1033면; 배종대·이상돈, 743면; 송광섭, 319면; 진계호, 693면; 정웅석, 1079면.
5) 大判 1973. 8. 31, 73도1366; 大判 1979. 2. 27, 79도82; 大判 1993. 5. 25, 93도836.
6) 이재상, 625면; 신동운, 1033면; 배종대·이상돈, 743면; 송광섭, 320면; 차용석, 1162면; 진계호, 805면; 임동규, 666면.
7) 백형구, 547면; 동저, 강의 771면; 신양균, 902면.
8) 大判 1984. 7. 24, 84도1129.

가 아니라 告知時이며 고지시설이 발령시설보다 피고인에게 유리하기 때문이다.

6) 旣判力의 排除 기판력의 배제라 함은 確定判決이 있는 사건에 대해서 재차의 심리·판결이 허용되는 경우를 말한다. 현행법상 재심·비상상고·상소권의 회복이 이에 해당한다.

4. 關聯된 問題

(1) 確定判決의 當然無效

確定判決에 明白하고 重大한 瑕疵가 있어 그 판결의 효력을 인정하는 것이 현저히 불합리한 경우에는 그 확정판결은 당연무효이다. 예컨대 동일사건에 대한 二重의 實體判決이 확정된 경우에는 뒤에 확정된 판결은 당연무효이며, 死者·刑事未成年者·治外法權者에 대해서 刑宣告의 판결이 확정된 경우, 법률상 인정되지 아니한 형벌(예컨대 笞刑·身體切斷刑·流刑)을 선고한 판결이 확정된 경우에는 그 확정판결은 당연무효이다. 당연무효의 확정판결은 執行力과 旣判力(一事不再理의 效力)이 발생하지 아니한다. 그 확정판결이 當然無效이기 때문이다.

(2) 宣告猶豫의 失效

형의 선고유예를 받은 자가 유예기간중 자격정지 이상의 형에 처한 판결이 確定되거나 자격정지 이상의 형에 처한 前科가 발견된 때에는 유예한 형을 선고한다(형 61조). 선고유예한 형을 선고하는 경우에는 판결이유에 범죄될 사실, 증거의 요지, 법령의 적용을 명시하여야 한다(법 336조 →323조).

(3) 執行猶豫의 失效

집행유예의 선고를 받은 자가 유예기간중 다른 범죄사실로 금고 이상의 형을 선고한 판결이 確定된 때에는 집행유예의 선고는 효력을 잃는다(형 63조). 형의 집행유예가 실효된 경우에는 집행이 유예된 형을 검사가 집행지휘를 하여야 한다(검집규 19조).

(4) 執行猶豫의 取消

집행유예를 선고한 판결이 확정된 후 형법 제62조 但行의 사유가 발각된 때에는 집행유예의 선고를 取消하여야 한다(형 64조 1항). 집행유예의 판결이 확정된 후 집행유예의 선고를 받은 자가 보호관찰·수강명령·사회봉사명령에 관한 준수사항이나 명령을 위반하고 그 정도가 무거운 때에는 집행유예의 선고를 취소할 수 있다(동조 2항).

제 4 절

裁判의 執行

Ⅰ. 裁判執行의 意義

재판의 집행이라 함은 재판의 의사표시의 내용을 국가권력에 의하여 강제적으로 실현하는 것을 말한다. 刑을 선고한 재판을 집행하는 경우뿐 아니라 추징·소송비용·과태료·비용배상·보증금몰취를 내용으로 하는 재판의 집행도 형사소송법상 재판의 집행에 해당한다. 법원이 발부한 영장의 집행, 재판장의 명령(예컨대 퇴정명령·퇴정제지명령)의 집행도 재판의 집행에 해당한다.

재판의 집행 중에서 가장 중요한 것은 刑의 執行이다. 刑의 執行에 의해서 형벌권의 실현이라는 형사소송의 최종목표가 달성되기 때문이다.

법원의 종국재판 중에는 집행을 요하지 아니한 재판이 있다. 무죄·면소·공소기각·관할위반의 재판이 이에 해당한다. 무죄·면소·공소기각의 재판의 선고에 의해서 피고인을 석방하는 것은(법 331조) 재판의 집행이 아니다.

Ⅱ. 裁判執行의 通則

1. 裁判의 執行時期

재판은 確定 후에 집행함을 원칙으로 한다(법 459조). 재판은 확정되어야 執行力이 발생하기 때문이다.

다만 이 原則에 대해서는 例外가 인정된다. 즉 ① 決定은 즉시항고가 허용되는 것을 제외하고는 확정되기 전에 집행할 수 있고(법 409조), ② 벌금·과료·추징에 관하여 假納命令이 있는 때에는 그 판결의 선고와 동시에 즉시로 집행할 수 있으며, ③ 訴訟費用의 재판은 확정된 후에도 일정기간 그 집행이 정지되고(법 472조), ④ 勞役場留置를 명하는 재판은 벌금·과료의 재판이 확정된 날로부터 30일 이내에는 집행하지 못한다(형 69조 1항).

2. 裁判의 執行指揮

재판의 집행은 검사가 指揮한다(법 460조). 재판의 집행지휘는 서면으로 하여야 하며(법 461조) 이 서면을 재판의 執行指揮書라고 한다. 재판의 집행지휘서에는 재판서의 등본 또는 초본을 첨부하여야 한다(법 461조).

3. 刑執行의 順序

2개 이상의 형을 집행하는 경우에는 자격상실·자격정지·벌금·과료·몰수 외에는 重한 刑을 먼저 집행하여야 한다(법 462조). 다만 검사는 중한 형의 집행을 정지하고 輕한 刑을 먼저 집행할 수 있다(동조 단서). 동일한 피고인에 대한 自由刑과 罰金刑이 확정되고 벌금을 완납하지 아니한 경우에는 원칙적으로 自由刑의 執行을 停止하고 勞役場留置의 執行을 먼저 하여야 한다(검집규 39조).

4. 刑의 執行을 위한 召喚·拘引

사형·징역·금고·구류의 선고를 받은 자가 구금되지 아니한 때에는 검사는 형을 집행하기 위하여 이를 召喚하여야 하며(법 473조 1항), 검사는 형의 執行을 위하여 필요한 때에는 刑執行狀을 發付하여 拘引할 수 있다(법 473조 2항).[1] 刑執行狀의 執行에 관하여는 피고인의 拘禁에 관한 규정을 준용한다(법 475조).

5. 刑執行不能決定

檢事는 형의 시효가 완성된 때, 형의 선고를 받은 자에 대하여 赦免이 있는 때, 형의 선고를 받은 자가 死亡한 때에는 刑執行不能決定을 하여야 하며(검집규 7조 1항) 과료·추징 등 징수금에 관하여 징수불능의 사유가 발생한 때에는 徵收不能決定을 하여야 하고(검집규 25조, 26조) 몰수의 집행이 불가능하게 된 때에는 沒收執行不能決定을 하여야 한다(검압규 45조). 이러한 決定에 의해서 刑의 執行權이 소멸한다.

---

1) 형사소송법의 제 3 차 개정시(1973. 1. 25)에 법관의 구속영장을 검사의 刑執行狀으로 바꾸었다.

Ⅲ. 刑의 執行

1. 死刑의 執行

死刑의 執行指揮는 檢事가 하며(법 460조) 사형을 집행하기 위해서는 법무부장관의 死刑執行命令이 있어야 한다(법 463조). 법무부장관은 사형을 선고한 판결이 확정된 날로부터 6월 이내에 사형집행명령을 하여야 하며(법 465조) 법무부장관의 사형집행명령이 있는 때에는 5일 이내에 사형을 집행하여야 한다(법 466조). 사형의 執行方法은 絞首이며(형 66조) 사형의 집행은 非公開로 한다(법 467조 2항). 사형의 집행에는 검사, 검찰사무관, 교도소장이나 구치소장이 참여하여야 한다(법 467조 1항). 사형을 집행하는 경우에는 사형의 집행에 참여한 검찰사무관이 死刑執行調書를 작성하여야 하며 사형집행을 지휘한 검사와 그 사형집행에 참여한 교도소장 또는 구치소장이 서명 · 날인을 하여야 한다(법 468조).

일정한 사유(심신상실 · 임신중)가 있는 때에는 법무부장관의 명령에 의해서 사형의 집행을 停止하여야 한다(법 469조).

2. 自由刑의 執行

自由刑(징역 · 금고 · 구류)은 교도소 또는 구치소에 拘置하는 방법으로 집행한다(형 67조, 68조). 다만 즉결심판에 의한 구류는 경찰서의 유치장에서 집행할 수 있다(즉결 18조 2항).

자유형을 집행하는 경우에는 판결 전의 구금일수를 刑期에 산입하여야 한다(형 57조; 법 482조). 상소제기 후의 판결 전 구금일수가 법정통산의 사유(법 482조)에 해당하는 경우에는 그 전부를 본형에 산입하여야 한다(법 482조 1항). 판결 전 구금일수의 형기산입은 자유형의 집행시에 검사가 한다(법 460조).

징역, 금고 또는 구류의 선고를 받은 자가 심신장애로 인하여 의사능력이 없는 상태에 있는 때에는 심신장애가 회복될 때까지 형의 집행을 정지하여야 하며(법 470조) 징역, 금고 또는 구류의 선고를 받은 자에 대하여 건강악화, 출산 등 일정한 사유가 있는 때에는 그 형의 집행을 정지할 수 있다(법 471조). 자유형의 집행정지는 검사가 지휘한다(법 470조, 471조).

3. 資格刑의 執行

자격상실 또는 자격정지는 受刑人名簿와 受刑人名票에 기재하는 방법으로 집행한다(법 477조).

4. 財產刑 등의 執行

벌금·과료·몰수·추징·과태료·소송비용·비용배상 또는 가납의 재판은 檢事의 命令에 의하여 집행한다(법 477조 1항). 벌금·과료·추징의 가납명령을 집행한 후 벌금·과료·추징의 재판이 확정된 때에는 그 금액의 한도에서 형의 집행이 된 것으로 간주한다(법 481조).

몰수 또는 조세·전매 기타 公課에 관한 법령에 의하여 재판한 벌금 또는 추징은 그 재판을 받은 자가 재판확정 후 死亡한 때에는 그 相續財產에 대하여 執行할 수 있다(법 478조).

沒收物은 검사가 처분하여야 한다(법 483조). 몰수물의 처분방법에는 공매처분(검압규 28조), 폐기처분(검압규 29조), 국고납입처분(검압규 30조 내지 34조), 인계처분(검압규 37조) 등이 있다. 몰수를 집행한 후 3월 이내에 그 몰수물에 대하여 정당한 권리 있는 자가 몰수물의 교부를 청구한 때에는 검사는 파괴 또는 폐기할 것이 아니면 이를 교부하여야 하며 몰수물을 처분한 후 몰수물의 교부청구가 있는 경우에는 검사는 공매에 의하여 취득한 대가를 교부하여야 한다(법 484조).

Ⅳ. 裁判의 執行에 관한 申請과 裁判

1. 裁判의 執行에 관한 申請

(1) 裁判의 執行에 대한 異議申請

재판의 집행을 받은 자 또는 그 법정대리인이나 배우자는 재판의 執行에 대하여 재판을 선고한 법원에 이의신청을 할 수 있다(법 489조). 예컨대 未決拘禁日數의 法定通算에 관한 檢事의 처분에 대해서 그 집행을 받은 자는 형사소송법 제489조에 의해서 이의신청을 할 수 있다.[1] 재판확정 전의 형의 집행에 관한 검사의 처분에 대해서도 이의신청이 허용된다고 해석하여야 한다(통설·판례[2]). 이의신청은 그 신청에 대한 결정이 있기 전에는 이를 取下할 수 있다(법 490조 1항).

(2) 裁判의 解釋에 관한 疑義申請

형의 선고를 받은 자는 집행에 관하여 재판의 解釋에 대한 疑義가 있는 때

---

1) 大決 1971. 9. 8, 71초45.
2) 大決 1964. 6. 23, 64모14.

에는 재판을 선고한 법원에 疑義申請을 할 수 있다(법 488조). 裁判의 解釋이란 재판의 主文에 관한 해석을 의미한다(통설 · 판례[1]). 疑義申請은 그 신청에 대한 결정이 있기 전에는 이를 取下할 수 있다(법 490조 1항).

(3) 訴訟費用執行免除申請

소송비용부담의 재판을 받은 자가 빈곤으로 인하여 이를 완납할 수 없는 때에는 그 재판의 확정 후 10일 이내에 재판을 선고한 법원에 소송비용의 전부 또는 일부에 대한 재판의 집행면제를 신청할 수 있다(법 487조). 이 신청이 있는 때에는 그 신청에 대한 재판이 있을 때까지 재판의 집행이 停止된다(법 472조).

2. 申請에 대한 裁判

형사소송법 제487조 내지 제489조의 신청이 있는 때에는 法院은 決定을 하여야 하며 그 결정에 대해서는 즉시항고가 허용된다(법 491조).

1) 大決 1961. 6. 30, 4294형항30; 大決 1985. 8. 20, 85모22.

제 9 장 訴訟節次의 基礎理論

제 1 절 訴訟節次의 本質
제 2 절 訴訟條件
제 3 절 訴訟行爲

제 1 절

訴訟節次의 本質

Ⅰ. 訴訟節次의 意義 · 性質

1. 訴訟節次의 意義

형사소송절차는 협의로는 공소제기로부터 재판의 확정에 이르기까지의 일련의 절차만을 의미하나 광의로는 협의의 소송절차 외에 수사절차와 재판의 집행절차를 포함한다. 수사절차와 재판의 집행절차는 소송구조를 갖지 아니하므로 엄밀한 의미에서는 소송절차라고 할 수 없으나 수사절차는 공판절차의 準備的 節次이며 재판의 집행절차는 공판절차의 종점인 재판의 完結節次이므로 광의의 형사소송절차에 해당한다.

형사소송절차는 搜査 · 公訴 · 公判을 거쳐 裁判의 執行으로 마무리되는 것이 보통이다. 따라서 광의의 형사소송절차는 수사절차, 공판절차, 재판의 집행절차로 구분할 수 있다. 협의의 소송절차, 즉 공판절차는 공소제기에 의해서 개시되며 유죄 · 무죄판결의 확정에 의해서 종결된다.

2. 訴訟節次의 法的 性質

소송절차의 법적 성질 내지 본질에 관하여는 法律關係說, 訴訟狀態說, 二元說이 대립되고 있다.

法律關係說은 소송절차의 본질을 소송주체간의 통일적 法律關係(權利義務關係)로 파악하여야 한다는 견해이고, 訴訟狀態說은 소송절차의 본질을 浮動的인 法律狀態로 파악하여야 한다는 견해이며, 二元說은 소송절차를 실체면과 절차면으로 구분하여 실체면에 관하여는 訴訟狀態說이 타당하고 절차면에 관하여는 法律關係說이 타당하다는 견해이다. 二元說이 우리나라에서의 다수설이다.[1] 다만 法律關係와 訴訟狀態를 구분하는 기준이 명확하지 않다는 점에 二元說의 문제점이 있다고 본다.

Ⅱ. 訴訟節次의 分析

1. 三分說과 二分說

(1) 三 分 說

소송의 전과정을 訴訟追行過程·實體過程·節次過程으로 구분하고 訴因과 證據가 대응하면서 발전하는 과정이 소송추행과정이며, 訴因인 사실의 존부에 관한 판단이 소송의 진행에 수반하여 변화·발전하는 과정이 실체과정이고, 소송추행을 위하여 행하여지는 여러 행위를 절차과정이라고 하는 견해가 있다.[2]

(2) 二 分 說

소송을 實體面과 節次面으로 구분하고 구체적 사건에 관하여 實體的 法律關係가 형성·확정되는 과정이 소송의 실체면이며, 소송절차에서 실체면을 뺀 순절차적 측면이 節次面이라는 견해가 있다.[3] 우리나라에서는 二分說이 다수설이다.[4]

2. 訴訟의 實體面과 節次面

소송의 실체면이라 함은 소송절차에서 구체적 사건에 관하여 實體形成이 행하여지는 과정 내지 측면을 말하고, 소송의 절차면이라 함은 소송절차 중에서 실체면을 뺀 나머지 측면을 말한다.

소송의 실체면과 절차면은 독립된 양면이 아니라 1개 소송절차의 兩面이므로 서로 영향을 주고 받는다. 예컨대 공소시효의 완성 여부, 필요적 변호사건 여부는 실체면이 절차면에 영향을 미친 경우에 해당하고 위법한 절차에 의해서 수집된 증거의 證據能力이 부정되는 경우는 절차면이 실체면에 영향을 미친 경우

1) 김기두, 73면; 정영석, 80면; 권오병, 108면; 백형구, 565면; 동저, 강의 156면; 이재상, 49면; 신동운, 299면; 정영석·이형국, 99면; 진계호, 35면.

2) 平野, 29면.

3) 團藤, 綱要 140면.

4) 김기두, 74면; 정영석, 81면; 권오병, 107면; 백형구, 567면; 동저, 강의 158면; 이재상, 49면; 신동운, 299면; 정영석·이형국, 99면; 송광섭, 100면; 진계호, 35면; 임동규, 93면.

에 해당한다.

3. 公判節次二分論

(1) 공판절차2분론이라 함은 공판절차를 범죄사실의 存否에 관한 심리절차와 量刑에 관한 심리절차로 分離하여야 한다는 立法論을 말한다.

(2) 우리나라의 공판절차에 관하여 공판절차2분론을 立法論으로 지지하는 견해가 있으나[1] ① 범행의 수단·방법·결과 등은 量刑의 중요한 자료이므로 범죄사실의 존부에 관한 심리와 양형에 관한 심리를 분리하는 것이 이론상으로나 실무상으로 곤란하다는 점, ② 고의·책임능력의 유무와 정도에 관한 심리는 유죄·무죄의 판단을 위해서뿐 아니라 量刑의 결정을 위해서도 필요하다는 점, ③ 공소장에 피고인의 前科를 기재하고 있는 것이 실무상 통례라는 점 등을 고려할 때 범죄사실의 存否에 관한 심리절차와 量刑에 관한 심리절차를 分離할 필요가 없다고 본다.[2]

---

1) 강구진, 32면; 이재상, 53면; 차용석, 493면; 진계호, 40면; 신양균, 422면.
2) 백형구, 569면; 동저, 강의 563면; 신동운, 600면.

제 2 절

訴訟條件

Ⅰ. 訴訟條件의 意義·種類

1. 訴訟條件의 意義

소송조건이라 함은 법원이 피고사건에 대하여 實體的 審判을 하기 위한 조건을 말한다. 공소제기시에 소송조건이 없으면 공소제기가 무효로 되므로 소송조건은 실체적 심판의 조건인 동시에 공소제기의 유효요건이다. 처벌조건은 형벌권발생의 조건이므로 소송조건이 아니다.

소송조건은 제 1 심의 소송절차에서뿐 아니라 상소심(항소심·상고심)의 소송절차에서도 실체적 심판의 조건으로 된다. 따라서 항소심 또는 상고심에서 소송조건이 없게 된 경우(예컨대 피고인이 사망한 경우)에는 形式裁判으로 소송을 종결하여야 한다.

2. 訴訟條件의 種類

소송조건은 관점에 따라 다음과 같이 분류할 수 있다.

(1) 積極的 訴訟條件·消極的 訴訟條件

전자는 일정한 사실의 존재가 소송조건으로 되는 경우이며(예컨대 재판권의 존재, 친고죄에 있어 고소의 존재) 후자는 일정한 사실의 不存在가 소송조건으로 되는 경우이다(예컨대 공소시효의 완성, 형의 폐지, 일반사면).

(2) 形式的 訴訟條件·實體的 訴訟條件

전자는 節次面에 관한 사유가 소송조건으로 되는 경우이며 후자는 實體面에 관한 사유가 소송조건으로 되는 경우이다. 피고사건에 관하여 형식적 소송조건이 없으면 공소기각·관할위반의 재판으로 소송을 종결하여야 하며 실체적 소송조건이 결여되면 면소의 판결로 소송을 종결하여야 한다.

(3) 絶對的 訴訟條件 · 相對的 訴訟條件

전자는 법원이 직권으로 조사하여야 하는 소송조건이며 후자는 당사자의 신청이 있을 때에만 조사하여야 하는 소송조건이다(예컨대 토지관할권의 존재).

(4) 一般的 訴訟條件 · 特別訴訟條件

전자는 일반의 사건에 공통적인 소송조건이며(예컨대 재판권의 존재) 후자는 특수한 사건에 관해서만 요구되는 소송조건이다(예컨대 친고죄의 고소).

Ⅱ. 訴訟條件의 調査 · 判斷

1. 訴訟條件의 調査 · 證明

소송조건은 원칙적으로 법원의 職權調査事項에 속한다. 다만 토지관할권의 존재는 피고인의 신청이 있는 때에 한하여 조사사항으로 된다(법 320조).

소송조건의 존재는 소송법적 사실이므로 自由로운 證明으로 충분하다. 따라서 소송조건의 존부를 조사하는 경우에는 정식의 證據調査를 요하지 아니하며 법원이 상당하다고 인정하는 방식으로 조사하여도 위법이 아니다.

2. 訴訟條件의 判斷

토지관할권의 존부는 공소제기시를 기준으로 판단하여야 한다. 따라서 공소제기 후 피고인의 주소가 변경되더라도 토지관할권에 영향을 미치지 아니한다.

공소장에 기재된 공소사실에 관한 공소시효의 완성 여부는 공소제기시를 기준으로 판단하여야 한다. 공소장이 변경된 경우 변경된 공소사실에 관한 공소시효의 완성 여부도 공소제기시를 기준으로 판단하여야 하며(통설 · 판례[1]) 공소장변경시를 기준으로 판단하여서는 안 된다.

공소장의 변경에 의해서 공소사실이 변경된 경우(예컨대 상해죄가 상해치사죄로 변경된 경우)에 事物管轄權의 유무는 변경된 공소사실을 기준으로 판단하여야 한다. 다만 단독판사가 공판심리중 공소장의 변경에 의해서 합의부의 관할사건으로 공소사실이 변경된 경우에는 사건을 合議部로 移送하여야 한다(법 8조 2항).

1) 大判 1982. 5. 25, 82도535; 大判 1992. 4. 24, 91도3150.

Ⅲ. 訴訟條件의 欠缺 · 追完

1. 訴訟條件의 欠缺

(1) 形式裁判에 의한 訴訟終結

피고사건에 대하여 소송조건이 결여되면 形式裁判으로 소송을 종결하여야 한다. 형식적 소송조건이 부존재한 경우에는 관할위반 또는 공소기각의 재판으로 소송을 종결하여야 하며(법 319조, 327조, 328조) 실체적 소송조건이 부존재한 경우에는 면소판결로 소송을 종결하여야 한다(법 326조). 피고사건이 항소심 또는 상고심에 계속 중 소송조건이 결여된 경우에는 形式裁判으로 소송을 종결하여야 한다(법 363조, 370조, 382조, 399조).

(2) 訴訟條件 欠缺의 競合

실체적 소송조건의 흠결과 형식적 소송조건의 흠결이 경합한 경우에는 후자의 이유로 소송을 종결하여야 하며 判決에 의할 공소기각의 사유와 決定에 의할 공소기각의 사유가 경합한 경우에는 決定으로 公訴를 棄却하여야 한다(통설). 형식적 소송조건의 흠결이 경합한 경우에는 먼저 발생한 사유 또는 하자가 중대한 사유에 의해서 소송을 종결하여야 한다.

(3) 訴訟條件의 欠缺과 搜査

소송조건 중에서 실체적 소송조건과 당사자능력 · 재판권의 존재와 같은 형식적 소송조건은 搜査의 條件으로 된다.[1] 따라서 피의사건에 관하여 이러한 조건이 결여된 경우에는 검사는 수사를 중단하고 公訴權이 없음을 이유로 不起訴處分을 하여야 한다.[2]

(4) 訴訟條件의 欠缺과 上訴의 適否

이는 소송조건의 부존재를 이유로 한 공소기각 또는 면소의 판결에 대해서 無罪를 구하는 피고인의 상소가 허용되는가의 문제로서 이에 관해서는 학설이 대립되고 있으나[3] 소극설 중 訴訟條件欠缺說[4]이 타당하다고 본다. 피고사건에 대하여 소송조건이 부존재하면 상소심에서도 실체판결인 無罪判決을 할 수 없기 때문이다.

---

1) 백형구, 76면; 동저, 강의 193, 360면.
2) 백형구, 575면; 동저, 강의 193면.
3) 백형구, 강의 808~809면 참조.
4) 백형구, 강의 809면.

2. 訴訟條件의 追完

이는 공소제기 당시에는 소송조건이 구비되지 아니하였으나 공판심리중에 그 소송조건이 보완된 경우에 공소제기의 無效가 治癒되는가의 문제로서 고소의 추완이 허용되는가 여부가 문제의 핵심을 이루고 있다.

(1) 告訴의 追完

친고죄에 관하여 고소가 없음에도 불구하고 공소가 제기된 후에 비로소 고소가 있는 경우에 무효인 공소제기가 유효로 되는가의 문제로서 이에 관해서는 적극설·소극설·절충설이 대립되고 있다.[1] 대법원판례는 소극설을 취하고 있으나,[2] 소송경제, 형사재판의 신속 등을 고려할 때 적극설이 타당하다고 본다. 적극설에 의하면 공판심리중 고소가 보완되고 공소사실이 유죄로 인정되는 경우에는 유죄판결을 선고하여야 한다. 이에 대해서 소극설에 의하면 법원은 공소제기의 부적법·무효를 이유로 공소기각의 판결을 선고하여야 하며(법 327조 2호) 검사는 다시 공소를 제기하여야 한다.

(2) 裁判權의 追完

공소제기 당시에는 피고인이 현역군인이기 때문에 수소법원에 재판권이 없었으나 공소제기 후 피고인이 전역하여 민간인의 신분을 갖게 된 경우에는 공소제기의 무효가 치유된다고 해석하여야 한다.[3]

(3) 公訴狀의 變更

공소제기 당시에는 공소사실이 특정되지 아니하였으나[4] 공소장의 변경에 의해서 공소사실이 특정된 경우 또는 공소장에 기재된 非犯罪的 事實이[5] 공소장의 변경에 의해서 犯罪的 事實로 변경된 경우에는 공소제기의 무효가 치유된다고 해석하여야 한다.[6]

---

1) 백형구, 강의 397~398면.
2) 大判 1982. 9. 14, 82도1504.
3) 백형구, 576면; 동저, 강의 194면.
4) 공소장에 공소사실이 특정되어 있지 아니하면 그 공소제기는 무효이다(법 327조 2호).
5) 이 경우 그 공소제기는 무효이다(법 328조 1항 4호).
6) 백형구, 576면; 동저, 강의 194면.

제 3 절

訴訟行爲

I. 訴訟行爲의 意義 · 種類

1. 訴訟行爲의 意義

형사소송법상 소송행위라 함은 刑事訴訟節次를 組成하는 행위로서 刑事訴訟法的 效果가 인정되는 것을 말한다. 공판절차를 조성하는 행위뿐 아니라 수사절차, 재판의 집행절차를 조성하는 행위도 소송행위에 해당한다.

2. 訴訟行爲의 種類

소송행위는 관점에 따라 여러 가지로 분류할 수 있다. 형사절차의 단계를 기준으로 搜査節次上 소송행위 · 公判節次上 소송행위 · 執行節次上 소송행위 등으로 분류할 수 있고 소송행위의 주체를 기준으로 법원 또는 법관의 소송행위, 수사기관의 소송행위, 피의자 · 피고인의 소송행위, 제 3 자의 소송행위 등으로 분류할 수 있으며 소송행위의 역할을 기준으로 實體形成行爲와 節次形成行爲로 구분할 수 있고[1] 발생하는 소송법적 효과를 기준으로 法律行爲的 소송행위(예컨대 공소제기 · 판결선고 · 상소제기)와 事實行爲的 소송행위(예컨대 증인의 증언·피고인의 진술 · 검사의 논고)로 분류할 수 있다.[2] 당사자의 소송행위를 取效行爲와 與效行爲로 구분하여 전자는 법원의 재판을 구하는 소송행위를 말하며 후

1) 피고인의 自白, 피해자의 證言과 같이 實體面의 形成에 직접 역할을 하는 소송행위를 실체형성행위라고 하고 증거조사신청, 상소제기와 같이 節次面을 형성하는 소송행위를 節次形成行爲라고 한다.
2) 백형구, 577~579면; 동저, 강의 162~165면.

자는 일정한 법률관계 또는 법률상태를 형성하는 효과를 갖는 소송행위를 말한다고 설명하는 견해가 있으나[1] 적절한 용어가 아니라고 본다.

Ⅱ. 訴訟行爲의 主體 · 代理

1. 訴訟行爲의 主體

법원, 검사, 피고인, 변호인뿐 아니라 수사기관, 피의자, 고소인, 고발인, 증인, 감정인 등도 소송행위의 주체이다. 소송행위의 주체와 관련하여 주로 논의되는 것은 訴訟行爲能力과 訴訟行爲의 代理이다.

소송행위능력이라 함은 형사소송절차에서 有效하게 소송행위를 할 수 있는 意思能力을 말한다. 소송행위능력은 소송행위의 有效要件이므로 소송행위능력이 없는 자에 의한 소송행위는 원칙적으로 무효이다. 예컨대 告訴能力이 없는 자에 의한 告訴, 證言能力이 없는 증인의 證言, 선서능력이 없는 자의 宣誓, 의사능력이 없는 피고인의 自白은 無效이다. 피고인이 소송행위능력이 없는 경우에는 원칙적으로 공판절차를 정지하여야 한다(법 306조).

2. 訴訟行爲의 代理

(1) 意 義

소송행위의 대리라 함은 소송행위를 다른 사람이 代理하는 것을 말한다. 예컨대 고소의 대리, 고소취소의 대리, 재정신청의 대리, 상소제기의 대리는 소송행위의 대리에 해당한다.

소송행위의 대리는 獨立代理와 從屬代理로 구분된다. 대리권의 행사에 관하여 본인의 의사에 從屬하는 경우가 從屬代理이며 本人의 明示 또는 默示의 意思에 反하여도 대리권의 행사가 허용되는 경우가 獨立代理이다. 예컨대 변호인의 보석청구 · 상소제기는 독립대리이며(법 341조) 변호인의 證據同意(법 318조)의 대리 · 上訴取下의 代理(법 351조)는 從屬代理이다. 從屬代理인 경우 本人의 意思에 반한 소송행위는 무효이다. 대리권이 없는 자의 소송행위는 무효이나 본인의 追認이 있는 경우에는 절차의 형식적 확실성을 해하지 않는 한 無效가 治癒된다고 해석하여야 한다(통설).

1) 강구진, 38면; 이재상, 143면; 신동운, 404면; 배종대 · 이상돈, 140면; 진계호, 151면; 임동규, 101~102면; 신양균, 438면; 정웅석, 473, 474면; 高田, 112면.

(2) 許容範圍

1) 明文의 規定이 있는 경우 형사소송절차에서는 절차의 形式的 確實性이 요청되며 대부분의 소송행위는 一身專屬的 성질이 있으므로 소송행위의 대리는 원칙적으로 허용되지 아니하며 일정한 경우에 例外的으로 허용된다.

(가) 피고인 · 피의자의 소송행위에 관하여 包括的 代理가 허용되는 경우가 있다. ① 변호인 · 보조인에 의한 피고인 · 피의자의 대리(법 36조, 29조), ② 경미사건에 있어 피고인의 대리(법 277조), ③ 의사무능력자인 피고인 · 피의자의 대리(법 26조, 28조), ④ 法人代表者의 대리(법 276조) 등이 이에 해당한다. 변호인의 包括的 代理는 소송행위의 성질상 대리가 허용되는 것에 한하므로 피고인의 공판정출석 · 공판정에서의 진술과 같은 소송행위에 관해서는 대리가 허용되지 아니한다. 변호인이 固有權에 의해서 소송행위를 하는 경우는 소송행위를 대리하는 경우가 아니다.

(나) 特定한 소송행위에 관하여 소송행위의 대리가 허용되는 경우가 있다. ① 告訴 또는 그 取消의 대리(법 236조), ② 裁定申請의 대리(법 264조), ③ 변호인선임의 대리(법 30조 2항), ④ 上訴提起의 대리(법 341조), ⑤ 上訴取下의 대리(법 351조) 등이 이에 해당한다.

2) 明文의 規定이 없는 경우 소송행위의 대리를 허용하는 明文規定이 없는 경우에 소송행위의 대리를 허용할 것인가에 관해서는 적극설과 소극설이 대립되고 있다. 적극설은 節次形成行爲에 관해서는 일반적으로 대리를 허용하여야 한다는 견해로서[1] 절차형성행위는 一身專屬的 성질이 없다는 점, 소송행위의 대리를 인정하는 것이 本人(피고인 · 피의자 · 피해자)의 이익으로 된다는 점 등을 논거로 들고 있다. 소극설은 절차형성행위에 관해서도 소송행위의 대리가 허용되지 아니한다는 견해로서[2] 소송행위의 대리를 인정한다는 것은 예외적인 경우이므로 이를 인정하기 위해서는 明文의 규정이 있어야 한다는 점, 明文으로 소송행위의 대리를 허용하고 있는 경우 이외에 소송행위의 대리를 인정할 필요가 있는 경우가 없다는 점, 소송행위의 대리를 일반적으로 허용하면 소송절차의 형식적 확실성을 해칠 염려가 있다는 점 등을 논거로 내세우고 있다. 소극설이 타당하다고 본다. 대법원판례도 소극설을 취하고 있다.[3]

---

1) 김기두, 86면; 정영석, 100면; 권오병, 120면; 강구진, 42면; 이재상, 147면; 정영석 · 이형국, 118면; 송광섭, 113면; 진계호, 155면; 신양균, 441면; 정웅석, 477면.

2) 신현주, 173면; 백형구, 582면; 동저, 강의 169면; 신동운, 408면; 배종대 · 이상돈, 144면; 임동규, 104면.

3) 大決 1953. 6. 9, 4286형항3.

Ⅲ. 訴訟行爲의 方式 · 期間

1. 訴訟行爲의 方式

(1) 口頭方式 · 書面方式

소송행위의 방식에는 구두방식과 서면방식이 있다. 전자는 소송행위를 구두로 하는 경우이고 후자는 소송행위를 서면으로 하는 경우이다. 소송행위를 반드시 구두로 하여야 하는 경우(예컨대, 피고인신문, 증인신문, 판결선고), 반드시 서면으로 하여야 하는 경우(예컨대 공소제기, 영장청구, 상소제기, 재심청구), 구두 또는 서면에 의한 소송행위가 허용되는 경우(예컨대 고소, 공소취소, 상소취하)가 있다.

(2) 訴訟行爲의 用語

법정에서는 국어(한국어)를 사용하여야 하므로(법조 62조) 법정에서는 소송행위를 한국어로 하여야 한다. 따라서 소송관계인이 한국어를 모르는 경우에는 통역인으로 하여금 통역하게 하여야 한다(법 180조).

2. 訴訟行爲의 期間

(1) 意 義

소송행위의 期間이라 함은 일정한 소송행위에 관하여 법원, 당사자 기타 소송관계인이 지켜야 할 일정한 시간의 길이를 말한다. 따라서 기간에는 始期(起算點)와 終期(滿了點)가 있다. 공소시효의 기간은 소송행위기간이 아니다. 공소시효는 소송행위가 아니기 때문이다.

(2) 種 類

소송행위의 기간은 관점에 따라 여러 가지로 분류할 수 있다.

1) **行爲期間 · 不行爲期間** 행위기간이라 함은 그 기간 내에 소송행위를 '하여야 할' 또는 '할 수 있는' 기간을 말하며(예컨대 고소기간, 상소제기기간, 재정신청기간), 불행위기간이라 함은 그 기간중에는 소송행위가 허용되지 아니한 기간을 말한다(예컨대 제 1 회공판기일의 유예기간).

2) **法定期間 · 裁定期間** 법정기간이라 함은 법률의 규정에 의해서 직접 정하여진 기간을 말하고, 재정기간이란 재판에 의하여 정하여진 기간(예컨대 법원이 정한 감정유치기간)을 말한다.

3) 失權期間 · 效力期間 · 訓示期間 실권기간이라 함은 기간을 경과하면 소송행위를 할 權利를 상실하게 되는 경우의 기간(예컨대 고소기간, 재정신청기간, 상소제기기간, 항소이유서제출기간 · 상고이유서제출기간)을 말하며, 효력기간이라 함은 기간이 경과된 후의 소송행위가 無效인 경우의 기간(예컨대 고소기간, 재정신청기간, 상소제기기간, 항소이유서제출기간 · 상고이유서제출기간)을 말하고, 훈시기간이라 함은 기간이 경과된 후에 소송행위를 하더라도 그 소송행위가 有效인 경우의 기간(예컨대 재정결정기간, 판결선고기간, 상소기록송부기간)을 말한다.

(3) 計 算

1) 期間計算의 原則과 例外 기간계산의 원칙에는 初日不算入의 原則과 公休日不算入의 原則이 있다. 전자는 기간의 初日을 기간에 산입하지 아니한다는 원칙이며[1] 후자는 기간의 末日이 公休日에 해당하는 경우에는 그 공휴일을 기간에 산입하지 아니한다는 원칙을 말한다(법 66조). 다만 拘束期間의 계산에 관해서는 기간계산의 일반원칙에 대한 例外가 인정된다(법 66조 1항 · 3항). 즉 구속기간의 初日은 시간을 계산함이 없이 1일로 산정하고(법 66조 1항 단서) 구속기간의 말일이 공휴일에 해당하는 경우에도 그 공휴일이 기간에 산입된다(법 66조 3항 단서).

2) 期間計算의 方法 기간계산의 방법에는 數學的 計算方法과 曆法的 計算方法이 있다. 전자는 실제의 기간을 數學的 原理에 따라 계산하는 방법이며 후자는 曆書에 따라 계산하는 방법이다. 현행 형사소송법은 시간을 단위로 하는 기간은 수학적 계산방법을 채택하고 月 또는 年을 단위로 하는 기간은 曆法的 계산방법을 채택하고 있다(법 66조 2항). 日을 단위로 하는 기간의 계산방법은 수학적 계산방법에 의한다.

(4) 延 長

1) 法定期間은 大法院規則으로 이를 연장할 수 있다(법 67조). 법정기간의 연장에 관한 규정(규칙 44조)은 법정기간중 법원 또는 검사에 대한 行爲期間에 관해서만 적용되며(통설), 항소제기기간, 즉시항고제기기간, 상고제기기간, 항소이유서 또는 상고이유서의 제출기간에도 적용된다고 해석하여야 한다.[2]

2) 법원 또는 법관은 필요한 때에는 감정유치기간을 연장하거나 단축할 수 있다(법 172조 6항, 221조의3).

---

1) 따라서 기간의 기산일은 初日의 翌日이다.

2) 大決 1976. 9. 26, 76모56, 상고기간; 大決 1983. 1. 22, 82모52, 즉시항고기간; 大決 1985. 11. 27, 85모47, 항소이유서제출기간; 大決 1964. 5. 21, 64모47, 상고이유서제출기간.

Ⅳ. 訴訟行爲의 撤回 · 取消

1. 訴訟行爲의 撤回

(1) 意義 · 效果

1) 意　義　　소송행위의 철회라 함은 有效한 소송행위의 효력을 장래에 있어 상실케 하는 소송행위를 말한다. 예컨대 고소의 취소, 공소의 취소, 재정신청의 취소, 상소의 취하는 소송행위의 철회에 해당한다.

2) 效　果　　소송행위를 철회하면 그 소송행위는 장래를 향해서만 그 효력이 상실한다. 소송행위를 철회한 경우에는 동일한 소송행위를 재차 하는 것이 원칙적으로 허용되지 아니한다. 예컨대 고소 · 재정신청 · 상소를 취소 또는 취하한 자는 다시 고소 · 재정신청 · 상소를 할 수 없다(법 232조, 264조, 354조). 소송행위를 철회한 후에 동일한 소송행위를 재차 하는 것이 허용되는 경우가 있다. 예컨대 보석청구를 取下한 후에는 再請求가 허용된다.[1]

(2) 許容範圍

1) 明文의 規定이 있는 경우　　고소의 취소(법 232조), 공소의 취소(법 255조), 재정신청의 취소(법 264조), 상소의 취하(법 429조), 정식재판청구의 취하(법 454조), 재심청구의 취하(법 429조), 재판의 집행에 관한 신청의 취하(법 490조) 등이 이에 해당한다.

2) 明文의 規定이 없는 경우　　이 경우에도 절차의 安定性을 해하지 않는 限 소송행위의 철회가 허용된다. 예컨대 구속적부심사청구, 보석청구, 기피신청, 증거보전청구, 증거조사신청, 이의신청, 변론재개신청과 같은 절차형성행위는 그 신청 · 청구에 대한 재판이 있을 때까지 철회가 허용된다. 證據同意(법 318조)도 증거조사완료 전까지 철회가 허용된다고 해석하여야 한다(통설 · 판례).

2. 訴訟行爲의 取消

소송행위의 취소라 함은 소송행위의 瑕疵를 이유로 그 소송행위의 효력을 遡及的으로 상실시키는 소송행위를 말한다. 형사소송절차에서는 소송행위의 취소가 원칙적으로 허용되지 아니한다.

현행법상 소송행위의 취소가 허용되는 경우는 證據同意의 取消이다. 중대한 착오 또는 강박에 의한 증거동의는 이를 取消할 수 있다고 해석하여야 한

1) 백형구, 강의 170면.

다.[1] 중대한 착오 또는 강박에 의한 증거동의는 이론상 無效이나 그 증거동의의 효력을 상실시키는 소송행위가 요청되므로 取消가 필요한 것이다.[2] 證據決定의 取消는 소송행위의 取消가 아니라 소송행위의 撤回이며 항고법원이 原決定을 取消하는 것은(법 414조 2항) 소송행위의 철회가 아니라 소송행위의 取消이다.

V. 訴訟行爲의 無效

1. 訴訟行爲 無效의 意義

소송행위의 無效라 함은 소송행위가 그 有效要件을 구비하지 못함으로써 그 本來의 效力이 발생하지 못한 경우를 말한다. 소송행위가 무효인 경우에도 소송법적 효과가 발생하는 경우가 있다. 예컨대 공소제기가 무효인 경우에도 形式的 訴訟係屬, 公訴時效의 停止와 같은 소송법적 효과가 발생한다. 소송행위의 무효에는 當然無效인 경우(예컨대 確定判決의 當然無效)와 無效宣言(예컨대 裁判)이 필요한 경우가 있다.

소송행위의 無效는 소송행위의 成立을 전제로 하는 개념이다. 따라서 소송행위가 不成立인 경우(예컨대 법원사무관이 판결을 선고한 경우)에는 그 소송행위의 유효·무효는 문제로 되지 아니한다. 소송행위의 무효는 소송행위의 不適法과 구별하여야 한다. 소송행위가 不適法한 경우라도 訓示規定을 위반한 경우는 그 소송행위는 有效하다. 소송행위가 效力規定을 위반한 경우에 한하여 그 소송행위는 무효이다.

2. 訴訟行爲 無效의 原因

(1) 行爲主體에 관한 無效原因

1) 行爲適格의 欠缺 소송행위를 할 權限이 없는 자에 의한 소송행위는 무효이다. 예컨대 고소권·재정신청권·기피신청권·상소권이 없는 자에 의한 고소·재정신청·기피신청·상소제기는 무효이다.

2) 代理權의 欠缺 대리권이 없는 자에 의한 소송행위는 무효이다. 그 대리가 法定代理이냐, 任意代理이냐를 불문한다.

3) 訴訟行爲能力의 欠缺 節次形成行爲에 관해서는 無效原因으로 되나

1) 백형구, 587면; 동저, 강의 657면; 신동운, 410면; 송광섭, 131면; 진계호, 173면; 신양균, 454면.
2) 백형구, 588면.

實體形成行爲에 관해서는 무효원인으로 되지 아니한다는 견해가 있으나[1] 실체형성행위(예컨대 자백 · 증언)에 관해서도 무효원인으로 된다는 견해[2]가 타당하다고 본다.

(2) 訴訟行爲의 內容에 관한 無效原因

1) 內容의 違法 소송행위의 내용이 效力規定을 위반한 경우에는 그 소송행위는 무효이다. 예컨대 法定刑에 없는 형을 선고한 판결, 소송조건이 없는 경우의 공소제기, 死者에 대한 유죄판결은 무효이다.

2) 內容의 不特定 소송행위의 내용이 特定되지 아니한 경우에는 그 소송행위는 무효이다. 예컨대 공소장에 공소사실이 특정되지 아니한 경우에는 그 공소제기는 무효이다.

2) 錯誤 · 強迫 착오 또는 강박에 의해서 소송행위를 한 경우 그 소송행위를 유효로 하는 것이 현저히 正義에 반하는 경우에는 그 소송행위는 무효이다. 예컨대 중대한 착오 또는 강박에 의한 고소취소 · 증거동의 · 상소포기 · 상소취하는 無效라고 해석하여야 한다.[3] 대법원판례도 중대한 착오로 인한 항소취하 · 항소포기는 무효라는 견해를 취하고 있다.[4]

(3) 訴訟行爲의 方式 · 節次에 관한 無效原因

소송행위의 방식이 法定方式을 위반한 경우(예컨대 구두에 의한 상소제기), 소송행위가 效力規定을 위반한 경우(예컨대 증인선서를 결한 증인신문, 재고소금지규정을 위반한 고소), 소송행위의 효력기간이 경과된 후에 행하여진 소송행위는 무효이다.

3. 無效인 訴訟行爲에 대한 措置

(1) 節次形成行爲인 경우

원칙적으로 일정한 조치를 취하여야 한다. 예컨대 공소제기가 무효인 경우에는 裁判에 의해서 그 公訴를 棄却하여야 하며(법 327조, 328조) 기피신청, 재정신청, 상소제기, 재심청구가 무효인 경우에는 재판에 의해서 그 소송행위를 기각하여야 한다(법 20조, 262조, 360조, 362조, 376조, 380조, 433조).

1) 김기두, 93면; 정영석, 90면; 염정철, 145면; 신현주, 180면; 이재상, 157면; 정영석 · 이형국, 131면; 진계호, 168면; 신양균, 448면.
2) 백형구, 588면; 동저, 강의 178면; 강구진, 52면; 신동운, 419면; 송광섭, 128면.
3) 백형구, 589면; 동저, 강의 178면; 신동운, 419면; 송광섭, 129면; 진계호, 168면; 신양균, 449면.
4) 大決 1992. 3. 13, 92모1; 大決 1995. 8. 17, 95모10.

(2) 實體形成行爲인 경우 실체형성행위가 무효인 경우에는 法院은 그 소송행위에 대해서 특별한 조치를 취할 필요가 없다. 예컨대 증인의 證言, 피고인의 自白이 무효인 경우에도 법원이 그 증언이나 자백에 대해서 無效宣言을 할 필요가 없다.[1] 다만 證據能力이 없는 증거에 대해서 證據調査를 한 경우에는 법원은 證據排除決定을 하여야 한다(규칙 139조 4항).

4. 訴訟行爲 無效의 治癒

소송행위 당시에는 무효인 소송행위가 그 후의 事情變更에 의해서 有效로 되는 경우를 소송행위의 무효의 치유라고 한다. 형사소송절차에서 무효의 치유는 원칙적으로 인정되지 아니하며 예외적으로 인정되고 있다. 소송행위의 무효가 치유되는 경우는 다음과 같다.

(1) 訴訟行爲의 追完에 의한 治癒

특히 문제되는 경우는 다음과 같다.

1) 告訴의 追完 고소의 추완을 인정할 것이냐에 관해서는 적극설 · 소극설 · 절충설이 대립되고 있다. 대법원판례는 소극설을 취하고 있으나 적극설이 타당하다고 본다.

2) 辯護人選任의 追完 변호인선임신고서를 제출하기 전에 변호인으로서 한 소송행위는 무효이나 그 소송행위 후에 변호인선임신고서가 법원에 제출되면 소송행위의 무효가 치유된다고 해석하여야 한다.[2]

3) 公訴狀의 變更 공소장에 공소사실이 특정되지 아니한 경우에 그 공소제기는 무효이나(법 327조 2호) 공소장의 변경에 의해서 공소사실이 특정되면 공소제기의 무효가 치유된다고 해석하여야 한다.[3]

(2) 異議申請權의 抛棄에 의한 治癒

당사자가 이의신청권을 포기한 경우에 그 소송행위의 무효가 치유되는 경우가 있다. 예컨대 피고인에게 참여의 기회를 주지 아니하고 실시한 증인신문은 증인신문참여권(법 163조)의 침해로서 무효이나 피고인이 이의신청권(법 296조)을 포기한 경우(예컨대 증거로 함에 同意한 경우)에는 그 무효는 치유된다.

---

1) 이 경우에는 그 증언 또는 자백의 證據能力이 부정된다.

2) 백형구, 591면; 동저, 강의 181면; 이재상, 157면; 정영석 · 이형국, 134면; 배종대 · 이상돈, 160면; 진계호, 170면; 정웅석, 494면.

3) 백형구, 591면; 동저, 강의 458, 523면; 이재상, 159면; 진계호, 171면; 임동규, 114면; 신양균, 454면.

(3) 訴訟의 發展에 의한 治癒

소송절차의 하자에 대해서 당사자의 異議 없이 소송절차가 일정한 단계로 진행되면 소송행위의 하자가 치유되는 경우가 있다. 예컨대 유예기간을 두지 아니한 제 1 회공판기일 지정의 하자 또는 토지관할의 위반은 피고인이 그 하자에 대한 異議 없이 피고사건에 관하여 陳述을 하면 그 하자가 치유된다(법 269조, 320조).

Ⅵ. 訴訟書類

1. 訴訟書類의 意義 · 分類

(1) 訴訟書類의 意義

소송서류라 함은 특정한 형사사건(피의사건 · 피고사건)에 관하여 작성된 서류를 말한다. 법원 · 법관 · 법원사무관 · 수사기관이 작성한 서류뿐 아니라 피의자 · 피고인 · 변호인 · 피해자 · 참고인 등이 작성하여 법원 또는 수사기관에 제출한 서류도 소송서류에 해당한다. 소송서류를 편철한 전체를 訴訟記錄이라고 하며 소송기록은 이를 수사기록과 공판기록으로 구분할 수 있다.

(2) 訴訟書類의 分類

소송서류는 관점에 따라 다음과 같이 분류할 수 있다.

1) **搜査書類 · 公判書類** 이는 서류가 작성된 節次段階를 기준으로 한 분류로서 수사단계에서 작성된 서류가 수사서류이고 공판단계에서 작성된 서류가 공판서류이다. 예컨대 피의자신문조서는 수사서류이고 공판조서는 공판서류이다. 수사서류이냐 공판서류이냐에 따라 證據能力의 요건에 차이가 있다.

2) **意思表示的 文書 · 報告的 文書** 이는 서류의 內容을 기준으로 한 분류로서 일정한 意思表示를 내용으로 하는 서류(예컨대 고소장 · 공소장 · 상소장 · 재판서)를 의사표시적 문서라 하고 일정한 사실의 報告를 내용으로 하는 서류(예컨대 진술조서 · 검증조서 · 감정서)를 보고적 문서라고 한다. 당해 사건에 관한 意思表示的 文書는 공소사실에 관하여 證據能力이 인정되지 아니하나 당해 사건에 관한 報告的 文書는 일정한 조건하에 증거능력이 인정된다(법 311조 내지 315조).

2. 訴訟書類의 作成 · 閱覽

(1) 訴訟書類의 作成

소송서류의 作成權者는 소송서류에 따라 다르다. 예컨대 공소장의 작성권자는 검사이고 재판서의 작성권자는 법관이며 피의자신문조서 · 피해자진술조서의 작성권자는 수사기관이고 공판조서의 작성권자는 법원사무관이다.

(2) 訴訟書類의 閱覽 · 謄寫

피고인과 변호인은 소송계속중인 관계서류를 열람 또는 등사할 수 있으며(법 35조, 55조, 292조 2항; 규칙 30조 1항) 증인은 자신에 대한 증인신문조서의 열람 또는 등사를 청구할 수 있다(규칙 84조의2).

(3) 訴訟書類의 公開禁止

소송에 관한 서류는 공판의 개정 전에는 공익상 필요 기타 상당한 이유가 없으면 公開하지 못한다(법 47조).

3. 訴訟書類의 送達

(1) 送達의 意義

소송서류의 송달이라 함은 소송서류를 피고인 · 증인 · 검사 등 소송관계인에게 送付하는 것을 말한다. 예컨대 공소장부본의 송달(법 266조), 소환장의 송달(법 76조, 153조), 재판서등본의 송달(규칙 148조; 법 42조, 452조), 항소이유서 또는 상고이유서의 송달(법 361조의3, 379조) 등은 소송서류의 송달에 해당한다. 소송서류의 송달은 소송관계인 本人에게 함을 원칙으로 한다. 다만 송달영수인의 선임신고가 있는 경우에는(법 60조) 송달영수인에게 송달하여야 한다. 송달영수인은 송달에 관하여 本人으로 간주한다(법 60조 2항).

(2) 送達의 方法

1) 우편에 의한 송달 소송서류의 송달은 우편에 의한 송달을 원칙으로 한다. 다만 검사에 대한 송달은 서류를 검찰청에 송부하는 방법으로 한다(법 62조).

2) 公示送達 피고인의 주거, 사무소와 현재지를 알 수 없는 경우 또는 피고인이 재판권이 미치지 아니하는 장소에 있고 다른 방법으로 송달할 수 없는 경우에는 公示送達을 할 수 있다(법 63조). 공시송달은 법원사무관이 송달할 서류를 보관하고 그 사유를 법원게시장에 公示하는 방법으로 한다(법 64조 2항). 최초의 공시송달은 공시한 날로부터 2주일이 경과하면 송달의 효력이 생기고 2회 이후의 공시송달은 공시한 날로부터 5일이 경과하면 송달의 효력이 생긴다(동조 4항).

공시송달제도에 대해서는 입법론상 의문이 제기된다. 일본형사소송법은 공시송달제도를 폐지하였다.

제10장 訴訟主體

제 1 절 總 說
제 2 절 檢 事
제 3 절 被告人
제 4 절 辯護人
제 5 절 法 院

제 1 절

總　　說

I. 訴訟主體의 意義

소송주체라 함은 소송절차를 진행·발전시킴에 있어 주체적 지위를 갖고 이에 관여하는 자를 말한다. 현행법상 소송의 주체는 법원·검사·피고인이다. 법원은 재판기관이며 검사와 피고인은 형사소송의 당사자이다. 법원은 형사재판권의 주체로서, 검사는 공소권의 주체로서, 피고인은 방어권의 주체로서 형사소송에 관여한다. 피고인의 변호인은 피고인의 보조자이므로 엄밀한 의미에서 소송의 주체가 아니다.

소송의 주체는 형사소추를 전제로 하는 개념이므로 수사의 주체인 수사기관 또는 수사의 대상인 피의자는 소송의 주체가 아니다.

소송의 주체는 訴訟關係人과 구별하여야 한다. 예컨대 변호인·보조인·감정인·법원사무관은 소송관계인에 해당하나 소송의 주체는 아니다.

Ⅱ. 當事者對等의 原則

1. 意　　義

소송당사자로서의 검사와 피고인의 법적 지위는 평등하다는 원칙을 당사자대등의 원칙 또는 당사자대등주의라고 한다. 당사자대등의 원칙은 이를 무기평등의 원칙이라고 한다. 당사자대등주의는 당사자주의와 구별하여야 한다. 당사자주의는 법원과 당사자간의 권한분배에 관한 원리임에 대해서 당사자대등주의는 당사자 상호간의 법적 지위에 관한 원리이다.

2. 適用範圍

당사자대등의 원칙은 공판심리절차에서뿐 아니라 공판준비절차(법 273条, 274条)나 증거보전절차(법 184条)에서도 적용된다. 그러나 당사자소송의 구조를 갖지 아니한 형사절차, 예컨대 수사절차, 재판의 집행절차, 강제처분의 절차에는 적용되지 아니한다.

3. 內 容

(1) 현행 형사소송법은 공판심리절차에서의 권리를 검사와 피고인에게 평등하게 인정하고 있다. 즉 공판정출석권(법 275条 2항, 276条), 기피신청권(법 18条), 증거조사신청권 및 증거제출권(법 294条), 증인신문권(법 161조의2 제1항), 이의신청권(법 296条, 304条), 최종변론권(법 302条, 303条) 등을 검사와 피고인에게 평등하게 인정하고 있다.

(2) 현행 형사소송법은 공판준비절차(법 273条, 274条)와 증거보전절차(법 184条)에서도 소송법상 권리를 검사와 피고인에게 평등하게 인정하고 있다. 참고인에 대한 증인신문절차(법 221조의2)에서도 증인신문첨여권을 검사와 피의자·피고인에게 평등하게 인정하고 있다(법 221조의2 제4항, 제5항).1)

4. 實 現

(1) 辯護人制度

검사와 피고인의 소송법상 권리는 평등하나 형사소송의 실제에 있어서는 검사의 공격력과 피고인의 방어력 사이에 현저한 차이가 있다. 따라서 당사자대등주의의 이념을 실현하기 위해서는 피고인의 방어력을 보충하는 제도가 요청되며 이러한 요청에 의한 제도가 바로 변호인제도이다.

(2) 法院의 後見的 保護

변호인 없이 형사재판을 받는 피고인이 적지 아니하므로 당사자대등주의의 이념을 실현하기 위해서는 법원의 후견적 보호기능이 강조되어야 한다. 즉 법원은 변호인이 없는 피고인의 후견적 보호자의 입장에서 職權으로 피고인신문·증거조사 등의 소송활동을 하여야 한다.

1) 판사는 특별히 수사에 지장이 있다고 인정하는 경우에는 피고인, 피의자, 변호인을 증인신문에 참여시키지 아니할 수 있다는 규정을 2007년 6월 1일 개정하였다(동조 5항).

제 2 절

檢　　事

Ⅰ. 檢事와 檢察廳

1. 檢　　事

(1) 檢事의 意義

검사는 검찰사무의 처리를 그 직무로 하는 국가기관이다. 현행법상 범죄수사, 공소의 제기 및 수행, 재판의 집행지휘는 검찰사무의 주요내용이다.

(2) 檢事의 性格

1) 單獨制의 官廳　　검사는 행정부(법무부)에 소속한 행정공무원이다. 그러나 검사는 일반행정공무원과 달리 개개의 검사가 검찰권을 행사하는 국가기관, 즉 단독제의 관청이며 검찰총장 · 검사장 · 지청장의 보조기관이 아니다.

2) 上命下服의 關係　　검사가 검찰권을 행사함에 있어서는 上命下服의 관계에 있다(검찰 7조 1항). 이 점에서 검사의 지위는 사법권독립의 원칙에 의해서 심판상 독립성이 보장된 법관의 지위와 다르다.

3) 刑事訴訟의 當事者　　소추기관으로서의 검사는 형사소송에 있어 原告的 當事者이며 소송당사자로서의 검사의 지위는 소송당사자로서의 피고인의 지위와 법률상 평등하다. 이러한 원칙을 당사자평등의 원칙 또는 당사자대등주의라고 한다.

4) 公益의 代表者　　검사는 공익의 대표자로서 피의자 · 피고인의 이익을 보호하여야 할 공익적 지위에 있다. 피고인의 이익을 위한 재심청구권(법 424조) · 상소권(법 338조)은 공익의 대표자로서의 검사의 권한이다.

2. 檢 察 廳

검찰청은 검사의 사무를 통할하는 기관이다(검찰 2조 1항). 검찰청에는 대검찰청 · 고등검찰청 · 지방검찰청이 있으며(법찰 2조 2항) 지방검찰청에 지청을 둘 수 있다(검찰 3조 2항). 대검찰청의 장은 검찰총장이고(검찰 12조 1항) 고등검찰청 · 지방검찰청의 장은 검사장이며(검찰 17조, 21조) 지방검찰청지청의 장은 지청장이다(검찰 22조). 각 검찰청 및 지청의 관할구역은 각 법원과 지원의 관할구역에 의한다(검찰 3조 4항).

Ⅱ. 檢事의 刑事節次上 地位와 權限

1. 檢事의 刑事節次上 地位

현행법상 검사는 수사기관이고 소추기관이며 재판의 집행기관이다. 검사는 검찰사무에 관하여 소속 상급자의 지휘 · 감독에 따른다(검찰 7조 1항). 이 점에서 검사의 형사절차상 지위는 사법권독립의 원칙에 의하여 심판상 獨立性이 보장된 법관의 지위와 크게 다르다.

(1) 搜査機關

검사는 수사의 주체, 즉 수사기관이다(법 195조). 수사기관으로서의 검사는 범죄수사에 관하여 사법경찰관리를 지휘 · 감독할 수 있다(법 196조; 검찰 4조 1항 2호).

(2) 訴追機關

검사는 공소권의 주체, 즉 소추기관이다(법 246조). 현행법은 형사소추에 관하여 국가기관인 검사를 소추기관으로 하는 국가소추주의, 검사에게 공소권을 독점시키는 기소독점주의, 공소권의 행사에 관하여 검사에게 재량을 허용하는 기소편의주의를 채택하고 있다(법 246조, 247조).

검사는 소송당사자로서 공소를 수행할 권한과 책무가 있으며(법 246조) 소송당사자로서의 검사는 소송당사자로서의 피고인과 법률상 대등한 지위에 있다(당사자대등의 원칙).

(3) 裁判의 執行機關

검사는 재판의 집행을 지휘 · 감독할 권한과 책무가 있으며(법 460조; 검찰 4조 1항 4호) 형의 집행에 필요한 경우에는 형집행장을 발부할 수 있다(법 473조).

(4) 公益的 地位

검사는 수사의 주체로서 또는 소송당사자로서 피의자 · 피고인에 대하여 공격적 · 대립적 지위에 있으나 한편으로는 피의자 · 피고인의 이익을 보호하기 위하여 수사활동 · 소송활동을 하여야 할 공익적 지위에 있다.

검사의 공익적 지위와 관련하여 문제되는 것은 檢事의 客觀義務를 인정하여야 할 것인가 여부이다. 검사가 피의자 · 피고인의 정당한 이익을 보호하기 위하여 수사활동과 소송활동을 하여야 할 의무를 검사의 객관의무라고 한다. 현행법의 해석론으로 이를 긍정하는 견해가 있으나[1] 검사가 피의자 · 피고인에게 유리한 수사활동(예컨대 증거수집) 또는 소송활동(예컨대 증거제출 · 변론 · 상소)을 하는 것을 검사의 訴訟法上 義務라고 할 수는 없다고 본다.[2]

(5) 檢事의 除斥 · 忌避

현행법에는 검사에 대한 제척 · 기피제도가 없으나 검찰권행사의 공정과 검찰권의 행사에 대한 이해관계인(피의자 · 피해자 · 고소인 · 고발인)의 신뢰를 위해서는 검사에 대해서도 제척 · 기피의 제도를 두는 것이 立法論上 타당하다고 본다.[3]

2. 檢事의 刑事節次上 權限

(1) 犯罪捜査의 權限

1) 捜 査 權 검사는 수사기관으로서 수사개시의 권한, 즉 범죄인지의 권한이 있으며(법 195조) 임의수사(예컨대 피의자신문 · 참고인조사) · 강제수사(피의자의 체포 · 구속, 압수 · 수색 · 검증)의 권한이 있다. 검사의 증거보전청구권(법 184조) · 참고인에 대한 증인신문신청권(법 221조의2)도 수사기관으로서의 검사의 권한에 해당한다.

2) 捜査指揮權 검사는 범죄수사에 관하여 사법경찰관리를 지휘 · 감독할 권한이 있다(법 196조; 검찰 4조 1항 2호). 따라서 사법경찰관리는 범죄수사에 관한 검사의 직무상 명령에 복종하여야 한다(검찰 53조). 검사의 사법경찰관리에 대한 지휘 · 감독권을 제도적으로 보장하기 위해서 현행법은 지방검찰청의 검사장에게 교체임용요구권과 수사중지명령권을 인정하고 있다(검찰 54조).

(2) 不起訴 · 起訴의 權限

1) 不起訴의 권한 검사는 소추기관으로서 피의사건에 대하여 불기소처분의 권한이 있다. 불기소처분의 권한은 수사기관으로서의 권한이 아니라 소

1) 강구진, 104면; 이재상, 95면; 신동운, 475면; 배종대 · 이상돈, 88면.
2) 백형구, 605면; 동저, 강의 114면.
3) 백형구, 605면; 동저, 강의 114면.

추기관으로서의 권한이다.[1]

2) 公訴提起 · 公訴遂行의 권한 공소는 검사가 제기하여 수행한다(법 246조). 검사가 공소를 제기하고 수행하는 권한을 公訴權이라고 한다. 따라서 검사는 공소권의 주체이다. 현행법은 검사의 公訴遂行을 위해서 검사에게 여러 가지 권리를 인정하고 있다. 檢事의 공판정출석권(법 275조 2항), 피고인신문권(법 296조의2), 증인신문권(법 161조의2), 증거제출권(법 294조), 증거조사신청권(법 294조), 증거조사참여권(법 163조, 176조), 이의신청권(법 296조, 304조), 공소장변경신청권(법 298조), 논고권, 구형권(법 302조), 변론재개신청권(법 305조), 상소권(법 338조) 등은 소송당사자인 검사에게 인정한 소송법상 권리이다.

(3) 裁判의 執行에 관한 權限

검사는 재판의 집행을 지휘 · 감독할 권한이 있다(법 460조; 검찰 4조 1항 4호). 검사는 형의 집행을 위하여 필요한 때에는 형집행장을 발부할 수 있다(법 473조, 474조).

(4) 法令適用에 관한 權限

검사는 법원에 대하여 법령의 정당한 적용을 청구할 권한이 있다(검찰 4조 1항 3호). 검사의 非常上告(법 441조), 공소장에 適用法條의 명시(법 254조 3항) 등은 그 제도적 표현에 해당한다.

(5) 기타 刑事節次上 權限

검사의 고소권자지정권(법 228조) · 재심청구권(법 424조) 등이 이에 해당한다. 검사는 공익의 대표자로서 피고인의 이익을 위하여 상소할 수 있다고 해석하여야 한다.

3. 檢察事務의 處理

(1) 單獨制의 官廳

검사는 검찰총장, 검사장, 지청장의 보조기관이 아니고 단독제의 관청이다. 따라서 검찰사무의 처리는 검사의 권한이며 책무이다.

(2) 上級者의 指揮 · 監督

1) 검사는 검찰사무에 관하여 소속 상급자의 지휘 · 감독에 따른다(검찰 7조 1항). 다만 검사는 구체적 사건과 관련된 상급자의 지휘 · 감독의 적법성 또는 정당성 여부에 대하여 이견(異見)이 있는 때에는 이의를 제기할 수 있다(동조 2항).

2) 검찰총장, 각급 검찰청의 검사장 또는 지청장은 검찰사무의 처리에 관하여 소속 검사에 대한 지휘 · 감독권이 있다(검찰 17조, 21조, 22조).

---

1) 백형구, 606면; 동저, 강의 426면.

3) 검찰총장, 각급 검찰청의 검사장 및 지청장은 소속검사로 하여금 그 권한에 속하는 직무의 일부를 처리하게 할 수 있고(검찰 7조의2 제1항) 소속검사의 직무를 자신이 처리하거나 다른 검사로 하여금 처리하게 할 수 있다(동조 2항). 즉 검찰총장, 검사장, 지청장은 직무이전의 권한, 직무승계의 권한이 있다.

4) 법무부장관은 검찰사무의 최고감독자로서 일반적으로 검사를 지휘·감독하고 구체적 사건에 대하여는 검찰총장만을 지휘·감독한다(검찰 8조).

제 3 절

被 告 人

Ⅰ. 被告人의 意義 · 基準 · 特定

1. 被告人의 意義 · 種類

(1) 被告人의 意義

피고인이라 함은 형사사건으로 국가기관에 의하여 刑事訴追를 당한 자 또는 형사소추를 당한 자로 취급되고 있는 자를 말한다.[1] 따라서 검사에 의해서 公訴提起를 당한 자뿐 아니라 경찰서장에 의하여 즉결심판이 청구된 자, 위장출석한 不眞正被告人도 피고인이다. 當事者能力이 없는 경우(예컨대 死亡한 경우)에도 공소제기되면 피고인이며 眞犯人이 아닌 자(예컨대 위장자수한 자)도 공소제기되면 피고인이다. 공소제기가 무효인 경우에도 피고인이다.

被告人은 공소제기 이후의 개념이므로 被疑者와 구별되며 판결확정 이전의 개념이므로 受刑人과도 구별된다. 피의자는 공소제기에 의해서 피고인으로 되며 종국재판의 확정에 의해서 피고인의 지위가 소멸한다.

(2) 被告人의 種類

피고인은 관점에 따라 여러 가지로 분류된다.

1) 單獨被告人 · 共同被告人 이는 동일한 소송절차에서 심판을 받고 있는 피고인의 수를 기준으로 한 분류로서 공동피고인의 경우에는 자백의 증거능력, 자백에 대한 보강증거의 요부, 증인적격, 共通破棄 등이 문제된다.

2) 成年被告人 · 少年被告人 이는 피고인의 성년 여부를 기준으로 한

1) 백형구, 609면; 동저, 강의 50면.

분류로서 성년피고인에 대해서는 定期刑을 선고하여야 하고 소년피고인에 대해서는 不定期刑을 선고하여야 한다(소년 60조).

2. 被告人의 基準

(1) 學 說

공소장에 피고인으로 기재된 자와 공판정에서 피고인으로 행위를 한 자가 다른 경우에 누구를 피고인으로 보아야 할 것인가에 관해서는 ① 공소장의 표시(기재)를 기준으로 하여야 한다는 견해(表示說), ② 피고인으로 행위를 한 자 또는 취급된 자가 피고인이라는 견해(行動說), ③ 검사의 의사를 기준으로 하여야 한다는 견해(意思說), ④ 공소장에 피고인으로 표시된 자나 피고인으로 취급되거나 행위를 한 자 모두 피고인이라는 견해(折衷說)가 대립되고 있다. 僞裝出席의 경우 공소장에 피고인으로 표시된 자뿐 아니라 피고인으로 행위를 한 자도 피고인이므로 절충설이 타당하다고 본다. 다만 姓名冒用의 경우에는 공소장에 피고인으로 표시된 자(피모용자)는 피고인이 아니다.

위장출석 · 성명모용의 문제를 「被告人의 特定」의 문제로 보는 견해가 있으나[1] 被告人의 特定의 문제가 아니다. 위장출석의 경우는 물론 성명모용의 경우도 공소장에 피고인이 特定되어 있기 때문이다.

僞裝出席의 경우와 姓名冒用의 경우는 訴訟關係에 차이가 있다.

(2) 僞裝出席의 訴訟關係

위장출석의 경우 공소장에 피고인으로 표시(기재)된 자를 眞正被告人, 피고인인양 공판정에 위장출석한 자를 不眞正被告人이라고 한다.

증거조사 · 피고인신문 등 공판심리가 진행중에 위장출석의 사실이 판명된 경우에는 부진정피고인에 대해서 사실상 訴訟係屬이 발생하였으므로 형사소송법 제327조 2호를 類推適用하여 公訴棄却의 判決에 의해서 부진정피고인에 대해서 사실상 소송계속을 종결시키고 진정피고인에 대해서 공소제기 이후의 절차를 다시 진행하여야 한다(통설). 이 경우 부진정피고인에 대한 공소기각판결은 절차배제선언 내지 절차무효선언의 효력이 있음에 불과하므로 그 판결의 효력은 진정피고인에게 미치지 아니한다. 따라서 진정피고인에 대해서 다시 공소제기를 해서는 안 된다.

---

1) 강구진, 107면; 이재상, 96면; 신동운, 379, 381면; 정영석 · 이형국, 72면; 배종대 · 이상돈, 389면; 차용석, 178면; 진계호, 95면; 임동규, 57면; 신양균, 387면.

부진정피고인에 대한 유죄판결이 확정된 후에 위장출석의 사실이 판명된 경우의 구제방법에 관해서는 再審說[1]과 非常上告說[2]이 대립되고 있다. 부진정피고인에 대해서 유죄판결이 확정된 경우는 유죄판결이 법령에 위반된 경우(법 441조)가 아니고 유죄판결이 확정된 후 無罪로 인정할 증거가 새로 발견된 경우(법 420조 5호)에 해당하므로 재심설이 타당하다고 본다.

(3) 姓名冒用의 訴訟關係

1) 公判審理中 판명된 경우

(ㄱ) 冒用者가 공판정에 出席한 경우　이 경우에는 모용자만 피고인이고 피모용자는 피고인이 아니다(통설). 따라서 공판심리중 성명모용사실이 판명된 경우에는 검사는 公訴狀訂正節次에 의하여 피모용자의 성명·주거 등을 모용자의 그것으로 訂正하여야 한다(통설[3]·판례[4]).

(ㄴ) 被冒用者가 공판정에 出席한 경우　피모용자에게 약식명령이 송달됨으로써 피모용자가 정식재판을 청구하고 공판기일에 출석한 경우에는 모용자·피모용자 모두 피고인이다. 따라서 이 경우에는 법원은 피모용자에 대해서 公訴棄却의 판결을 하고(법 327조 2호) 공소장에 기재된 피모용자의 성명·주거 등을 검사로 하여금 모용자의 그것으로 訂正케 한 후 모용자에 대해서 심리·판결을 하여야 한다.[5] 다만 대법원판례는 이 경우 법원은 피고인의 표시를 정정한 약식명령서를 모용자에게 송달하여야 하고 모용자가 정식재판을 청구하지 아니하면 약식명령은 확정된다는 견해를 취하고 있다.[6]

2) 判決確定 후 판명된 경우　피모용자에 대한 형선고의 판결이 확정되어 受刑事實이 受刑人名簿에 기재된 경우의 구제방법에 관해서는 再審說이 있으나[7] 前科抹消說[8]이 타당하다. 피모용자가 검사에게 전과말소신청을 하여 검사의 결정으로 受刑人名簿의 前科記載를 말소할 수 있다는 견해가 前科抹消說이다.

---

1) 김기두, 59면; 정영석, 63면; 신현주, 118면; 백형구, 611면; 동저, 강의 53면; 정영석·이형국, 72면; 배종대·이상돈, 392면; 차용석, 182면; 임동규, 61면; 신양균, 390면; 정웅석, 551면.
2) 권오병, 87면; 이재상, 98면; 신동운, 380면; 송광섭, 74면; 진계호, 96면.
3) 백형구, 611면; 강구진, 109면; 백형구, 강의 54면; 이재상, 97면; 신동운, 379면; 배종대·이상돈, 390면; 송광섭, 73면; 차용석, 180면; 진계호, 96면; 임동규, 58면; 신양균, 388면.
4) 大判 1984. 9. 25, 84도1610; 大判 1993. 1. 19, 92도2554; 大判 1997. 11. 28, 97도2215.
5) 백형구, 612면; 동저, 강의 54면.
6) 大判 1997. 11. 28, 97도2215.
7) 서일교, 83면.
8) 백형구, 강의 55면; 진계호, 96면; 임동규, 60면; 신양균, 389면; 정웅석, 547면.

3. 被告人의 特定

(1) 公訴狀에서의 特定

검사가 공소를 제기함에는 공소장에 피고인의 성명 · 주소 · 생년월일 · 주민등록번호 · 직업 등을 기재하여 피고인을 특정하여야 한다(법 254조 3항 1호; 규칙 117조). 공소장에 피고인이 특정되어 있지 아니하면 법원은 공소제기의 무효를 이유로 公訴棄却의 판결을 하여야 한다(법 327조 2호).

(2) 裁判書에서의 特定

재판서에는 피고인의 성명 · 주거 · 연령 · 직업 등을 기재하여야 한다(법 40조). 재판서에 피고인이 특정되어 있지 아니한 경우에는 그 재판서는 무효이다.

Ⅱ. 被告人의 刑事節次上 地位

1. 總 說

현행법상 피고인은 형사소송절차에서 소송당사자인 동시에 증거방법으로 되고 강제처분의 대상으로도 된다. 피고인은 소송당사자이므로 현행법은 피고인에게 방어권을 보장하고 있으며 소송당사자인 검사와 대등한 소송법상 권리를 인정하고 있다.

2. 訴訟當事者로서의 地位

(1) 防禦權의 主體

피고인은 소송당사자이다. 소송의 객체가 아니라 소송의 주체이며 소송주체로서의 피고인은 검사와 함께 소송당사자이다. 피고인은 소송당사자이므로 피고인에게 소송절차에서 자기의 정당한 이익을 방어할 수 있는 권리, 즉 방어권을 보장하고 있다. 검사가 公訴權의 주체임에 대해서 피고인은 防禦權의 주체이다.

현행법은 피고인에게 변호인선임권 · 접견교통권 · 공판기일출석권 · 기피신청권 · 진술거부권 · 증거제출권 · 증거조사신청권 · 증거조사참여권 · 증인신문권 · 이의신청권 · 최후진술권 등의 방어권을 보장하고 있다.

(2) 當事者對等의 原則

소송당사자로서의 피고인은 소송당사자로서의 검사와 평등한 지위에 있다. 이를 당사자대등의 원칙이라고 한다.

(3) 無罪推定의 原則

피고인은 유죄판결이 확정될 때까지 무죄로 추정된다(헌 27조 4항; 법 275조의2). 이를 무죄추정의 원칙이라고 한다. 피고인은 무죄로 추정되며 의심스러운 때에는 피고인의 이익으로 판단하여야 하므로 법원은 유죄인지, 무죄인지 의심스러운 경우에는 피고인에 대하여 무죄판결을 선고하여야 한다.

3. 證據方法으로서의 地位

피고인의 자백이 유죄의 증거로 되는 경우는 피고인이 人的 證據方法으로 되는 경우이며 피고인의 신체가 검증의 대상으로 되는 경우는 피고인이 物的 證據方法으로 되는 경우이다. 피고인의 이러한 지위를 證據方法으로서의 지위라고 한다(통설).

4. 節次의 對象으로서의 地位

피고인은 소환·구속·압수·수색 등 강제처분의 대상으로 된다. 피고인은 적법한 강제처분에 응하여야 할 의무가 있으며 피고인이 정당한 이유 없이 이를 거부하는 경우에는 直接強制를 위한 實力行使가 허용된다. 피고인의 이러한 지위를 節次의 對象으로서의 지위라고 한다(통설).

Ⅲ. 被告人의 訴訟法上 權利·義務

1. 被告人의 防禦權

(1) 防禦權의 意義

피고인이 형사소송절차에서 자기의 정당한 이익을 방어할 수 있는 권리를 피고인의 방어권이라고 한다. 피고인의 방어권은 검사의 공소권에 대응하는 권리이다.

(2) 防禦權의 保障

현행 형사소송법이 보장하고 있는 방어권 중에서 중요한 것은 다음과 같다.

1) **辯護人選任權** 피고인은 구속중이냐 불구속이냐를 불문하고 변호인 선임권이 있다(법 30조).

2) **防禦準備를 위한 權利** 접견교통권(법 89조)·공판기일변경신청권(법 270조)·소송기록의 열람권·등사권(법 35조 1항, 규칙 30조)·증거보전청구권(법 184조) 등이 이에 해당한다.

3) 公判廷出席權 현행 형사소송법은 피고인의 공판정출석을 公判開廷의 요건으로 규정하여(법 276조) 피고인의 공판정출석권을 보장하고 있다.

4) 法院의 構成·管轄에 관여할 權利 기피신청권(법 18조)·병합심리신청권(법 6조, 300조)·관할이전신청권(법 15조)·관할위반신청권(법 320조) 등이 이에 해당한다.

5) 陳述拒否權 피고인은 공판기일의 피고인신문절차(법 296조의2)에서 각 개의 신문에 대하여 진술을 거부할 수 있다(법 283조의2 제1항). 재판장은 피고인을 신문하기 전에 피고인에게 진술거부권이 있음을 告知하여야 한다(동조 2항).

6) 證據調査에 있어 防禦權 피고인은 증거제출권(법 294조)·증거조사신청권(법 294조)·증거조사참여권(법 163조, 176조)·증인신문권(법 161조의2)·이의신청권(법 296조) 등이 있다.

7) 強制處分節次에서의 防禦權 피고인의 접견교통권(법 89조)·보석청구권(법 94조)·구속취소청구권(법 93조) 등이 이에 해당한다.

8) 그 밖의 防禦權 최후진술권(법 303조)·재판장의 처분에 대한 이의신청권(법 304조)·변론재개신청권(법 305조)·상소권(법 338조)·상소권회복청구권(법 345조) 등이 이에 해당한다.

(3) 防禦權의 行使

1) 審判對象의 限定 현행 형사소송법은 심판의 대상을 명확히 한정함으로써 피고인이 방어권행사를 용이하게 하도록 하려는 취지에서 공소장에 공소사실의 특정을 요구하고(법 254조 4항) 공소장변경제도를 채택하고 있다(법 298조).

2) 防禦力의 補充 검사와 피고인은 법률상 평등한 지위에 있다 할지라도 검사의 공격력과 피고인의 방어력 사이에는 현저한 차이가 있으므로 피고인의 방어력을 보충하기 위해서 변호인제도를 두고 있다.

3) 防禦權行使에 대한 制約 피고인의 방어권행사는 재판장 또는 법원의 소송지휘권에 의해서 제약되는 경우가 있다. 예컨대 재판장의 변론제한권(법 299조)은 피고인의 변론권(진술권·신문권)에 대한 제약이며 법원의 증거결정권(법 295조)은 피고인의 증거신청권(법 294조)에 대한 제약이다.

(4) 防禦權의 侵害

방어권의 침해라 함은 적법한 이유 없이 피고인의 방어권을 배제하거나 방어권행사의 기회를 박탈하는 것을 말한다.[1] 예컨대 피고인에 대한 自白強要는 陳述拒否權(법 283조의2)의 侵害이며 피고인에게 反對訊問의 기회를 주지 아니하고 증

1) 백형구, 615면; 동저, 강의 66면.

인신문을 한 경우는 피고인의 증인에 대한 反對訊問權(법 161조의2 제1항)의 침해이다. 방어권의 침해는 異議申請의 사유 또는 證據能力否定의 사유로 된다.[1] 예컨대 재판장의 위법한 퇴정명령은 異議申請의 사유로 되며(법 304조) 진술거부권 또는 접견교통권의 침해는 自白의 證據能力을 否定하는 사유로 된다.

2. 被告人의 訴訟法上 義務

피고인은 권리(방어권)의 주체인 동시에 의무의 주체이다. 피고인의 소송법상 의무는 이를 다음과 같이 분류할 수 있다.[2]

(1) 出席義務

법원 또는 법관으로부터 소환을 받은 피고인은 출석할 의무가 있다. 출석의무의 위반은 拘引의 사유로 된다(법 70조, 74조).

(2) 在廷義務 공판정에 출석한 피고인은 재판장의 허가 없이 퇴정하지 못한다(법 281조 1항). 재정의무의 위반은 퇴정제지처분의 사유(법 281조 2항) 또는 결석재판의 사유(법 330조)로 된다.

(3) 服從義務

피고인은 소송지휘권 또는 법정경찰권에 의한 재판장의 명령에 복종할 의무가 있다(법 279조, 281조 2항).

(4) 受忍義務

피고인은 적법한 強制處分에 관하여 受忍義務가 있다. 따라서 피고인의 적법한 강제처분을 정당한 이유 없이 거부한 경우에는 실력행사가 허용되며 경우에 따라 공무집행방해죄(형법 136조)가 성립한다.

Ⅳ. 被告人의 當事者能力 · 訴訟能力

1. 被告人의 當事者能力

(1) 當事者能力의 意義

당사자능력이라 함은 被告人이 될 수 있는 일반적 능력을 말한다. 生存中인 自然人, 存續중인 法人은 당사자능력이 있다. 형법상의 責任無能力者(예컨대 형사미성년자)도 형사소송법상으로는 당사자능력이 있다.

1) 백형구, 615면; 동저, 강의 67면.
2) 백형구, 616면; 동저, 강의 61면.

(2) 法人의 當事者能力

범죄의 성질상 法人을 처벌할 수 없는 범죄로 법인이 공소제기된 경우에 법원은 어떠한 재판을 하여야 할 것인가에 관해서는 당사자능력의 부존재를 이유로 公訴棄却의 재판을 하여야 한다는 견해[1]와 범죄의 불성립을 이유로 無罪判決을 하여야 한다는 견해[2]가 대립되고 있다. 法人이 존속하고 있으면 당사자능력이 있다는 점, 범죄의 주체로 될 수 없는 경우는 범죄가 성립하지 아니한다는 점 등을 고려할 때 無罪判決說이 타당하다고 본다.

(3) 當事者能力의 消滅

自然人은 死亡時에, 法人은 存續하지 아니하게 되었을 때에 당사자능력이 소멸한다(법 328조 1항 2호). 법인이 合併에 의해서 해산하는 경우에는 合併時에 법인의 당사자능력이 소멸한다. 법인이 淸算節次를 거치는 경우에 당사자능력의 소멸시기에 관해서는 피고사건이 소송계속중에는 법인의 당사자능력이 소멸하지 아니한다는 견해와 청산의 실질적 종료에 의해서 법인의 당사자능력이 소멸한다는 견해가 대립되고 있다. 대법원판례는 전설을 취하고 있으나[3] 淸算法人을 인정한 취지에 비추어 후설[4]이 타당하다고 본다.

(4) 當事者能力의 欠缺

당사자능력의 존재는 訴訟條件이므로 공소제기 후에 피고인이 당사자능력을 상실한 경우는 공소기각의 결정을 하여야 하고(법 328조 1항 2호) 공소제기 전에 피고인이 당사자능력을 상실하였음에도 불구하고 공소를 제기한 경우는 공소제기의 위법·무효를 이유로 공소기각의 판결을 하여야 한다(법 327조 2호).[5]

2. 被告人의 訴訟能力

(1) 訴訟能力의 意義

피고인의 소송능력이라 함은 피고인이 소송당사자로서 유효하게 소송행위를 할 수 있는 의사능력을 말한다. 심신상실의 상태에 있는 피고인은 소송능력이 없다.

1) 김기두, 62면; 정영석, 68면; 정영석·이형국, 82면; 진계호, 98면; 임동규, 63면; 신양균, 391면.
2) 백형구, 616면; 동저, 강의 81면; 이재상, 115면; 신동운, 478면; 정웅석, 575면.
3) 大判 1976. 4. 27, 75도2551; 大判 1982. 3. 23, 81도1450.
4) 김기두, 62면; 정영석, 69면; 백형구, 617면; 동저, 강의 81면; 이재상, 116면; 배종대·이상돈, 93면; 진계호, 99면.
5) 백형구, 617면; 동저, 강의 81면; 신동운, 480면.

(2) 訴訟能力 欠缺의 效果

1) 訴訟行爲의 無效 소송능력은 소송행위의 유효요건이므로 소송능력이 없는 피고인의 소송행위는 무효이다. 소송능력의 결여는 절차형성행위에 대해서뿐 아니라 실체형성행위(예컨대 자백)에 대해서도 무효원인으로 된다.

2) 公判節次의 停止 피고인이 소송능력을 缺한 경우에는 원칙적으로 공판절차를 정지하여야 한다(법 306조).

3) 訴訟行爲의 代理 일정한 범죄의 피고인이 소송능력이 없는 경우에는 법정대리인 또는 특별대리인이 피고인의 소송행위를 대리한다(법 26조, 28조).

V. 被告人의 代理 · 代表

1. 被告人의 代理

피고인의 대리라 함은 피고인 아닌 자가 피고인을 대리하여 공판정에 출석해서 피고인의 소송행위를 대리하는 것을 말한다. 피고인의 대리는 被告人出席의 대리를 의미하므로 피고인의 변호인이 공판정에서 피고인의 소송행위를 대리하는 것은 피고인의 대리가 아니다.[1)]

피고인의 소송행위는 一身專屬的 性質이 있으므로 피고인의 대리는 원칙적으로 허용되지 아니하며 예외적으로 피고인의 대리가 허용된다. 현행법상 피고인의 대리가 허용되는 경우는 다음과 같은 두 가지 경우이다.

(1) 輕微事件인 경우

피고사건이 경미사건인 경우에는 피고인의 공판정출석을 요하지 아니하나 피고인은 代理人을 출석하게 할 수 있다(법 277조).

(2) 被告人이 意思無能力者인 경우

형법 제9조 내지 제11조의 규정의 적용을 받지 아니한 범죄사건의 피고인이 소송능력(의사능력)이 없는 때에는 피고인의 법정대리인 또는 특별대리인이 피고인의 소송행위를 대리한다(법 20조, 28조). 피고인의 법정대리인 또는 특별대리인은 공판정에서 진술거부권을 행사할 수 있다고 해석하여야 한다.

2. 被告人의 代表

피고인이 法人인 때에는 그 대표자가 法人을 代表하여 소송행위를 한다(법 27조).

1) 백형구, 618면.

이 경우에는 법인의 대표자가 공판정에 출석하여야 한다. 수인이 공동하여 법인을 대표하는 경우에도 소송행위에 관하여는 각자가 대표한다(동조 2항). 법인의 대표자는 피고인이 아니므로 법인의 대표자에 대한 구속은 허용되지 아니한다.

Ⅵ. 被疑者 · 被告人의 陳述拒否權

1. 陳述拒否權의 意義 · 沿革

(1) 意 義

진술거부권이라 함은 被疑者 또는 被告人이 수사절차나 공판절차에서 수사기관 · 법원 · 검사 등의 신문 또는 진술요구에 대하여 진술을 거부할 수 있는 권리를 말하며 默秘權이라고도 한다. 진술거부권은 신문에 대하여 시종 침묵할 수 있는 권리와 개개의 신문에 대하여 진술을 거부할 수 있는 권리를 포함하는 개념이다.

헌법은 「모든 국민은 형사상 자기에게 불리한 진술을 강요당하지 아니한다」고 규정하여 自己負罪拒否의 特權을 自由權的 基本權으로 보장하고 있으며(헌 12조 2항) 형사소송법은 피의자 · 피고인의 진술거부권을 보장하고 있다(법 244조의3, 283조의2).

진술거부권은 피의자 · 피고인에 대한 自白強要를 禁止함으로써 피의자 · 피고인의 人權保障을 도모하려는 데에 그 존재이유가 있다.

(2) 沿 革

중세 및 근세초기의 규문절차에서는 자백강요를 위한 拷問이 허용되었으므로 죄인에게 진술거부권이 인정되지 아니하였다. 自己負罪拒否의 特權(privilege against self-incrimination)은 17세기 말엽 영국에서 종교재판소의 청교도에 대한 가혹한 강제신문절차에 대한 반동으로 普通裁判所에 의해서 확립되었으며 이를 繼受한 미국연방헌법수정 제 5 조가 자기부죄거부의 특권을 명문으로 규정한[1]이후 근대 형사소송법의 기본원칙으로 확립되었다.

2. 陳述拒否權의 主體 · 內容 · 侵害

(1) 陳述拒否權의 主體

진술거부권은 被告人뿐 아니라 被疑者에게도 인정된다(법 283조의2, 244조의3). 구속 · 불

---

1) 同條는 「No person shall be compelled in any criminal case to be a witness against himself」라고 규정하고 있다.

구속을 불문한다. 의사무능력자인 피의자·피고인의 代理人(법 26조, 28조)도 진술거부권이 있다고 본다. 피고인인 法人의 代表者가 진술거부권을 행사할 수 있느냐에 관해서는 소극설이 있으나 적극설[1]이 타당하다고 본다. 그 대표자의 진술이 피고인인 법인의 공소사실을 유죄로 인정하는 증거로 사용되기 때문이다.

(2) 陳述拒否權의 內容

1) 陳述強要의 禁止 진술강요의 금지는 진술거부권의 본질적 내용이다. 즉 진술거부권이 인정된 결과 피의자 또는 피고인은 수사기관 또는 법원 등의 진술요구에 대해서 陳述의 義務가 없으며 수사기관 또는 법원은 피의자 또는 피고인에 대하여 진술을 강요할 수 없다.

2) 陳述의 拒否 피의자·피고인은 구두진술뿐 아니라 서면진술을 거부할 수 있다. 예컨대 피의자는 진술거부권에 의해서 진술서의 작성·제출을 거부할 수 있다.[2]

人定訊問(법 241조, 284조)에 대해서 진술거부권을 행사할 수 있느냐에 관해서는 적극설,[3] 소극설,[4] 절충설[5]이 대립되고 있다. 피의자·피고인이 자신의 성명·직업·연령 등을 진술함으로써 피의자·피고인에게 불이익한 결과를 가져오는 경우에 한하여 진술거부권의 행사가 허용된다는 견해가 절충설이다. 소극설 또는 절충설은 성명·주소·직업 등 인적 사항에 관한 진술은 피의자·피고인에게 원칙적으로 불이익한 진술이 아니라는 점을 논거로 내세우고 있으나 현행 형사소송법은 진술거부권을 불이익한 진술에 한정하고 있지 아니하므로 적극설이 타당하다고 본다.

(3) 陳述拒否權의 侵害

진술거부권의 침해라 함은 피의자 또는 피고인에게 진술을 강요하는 것을 말한다.[6] 예컨대 수사기관이 피의자에게 고문·협박을 하면서 자백을 강요하는 경우는 진술거부권을 침해한 경우에 해당한다. 고문·협박 등에 의한 自白은 證據能力이 없다(법 309조).

1) 백형구, 621면; 동저, 강의 43면; 이재상, 108면; 신동운, 609면; 정영석·이형국, 78면; 배종대·이상돈, 104면; 진계호, 109면; 임동규, 375면; 신양균, 536면.
2) 백형구, 621면; 동저, 강의 43면; 이재상, 109면; 신동운, 609면; 진계호, 110면; 신양균, 536면.
3) 백형구, 621면; 동저, 강의 44면; 이재상, 110면; 신동운, 610면; 차용석, 169면; 진계호, 111면; 임동규, 376면; 정웅석, 566면.
4) 서일교, 254면.
5) 김기두, 60면; 정영석·이형국, 79면; 신양균, 538면.
6) 백형구, 622면; 동저, 강의 44면.

3. 陳述拒否權의 告知

(1) 被疑者訊問의 경우

1) **事前告知義務** 수사기관(검사·사법경찰관리)이 피의자로부터 진술을 들음에 있어서는 미리 피의자에게 진술거부권이 있음을 告知하여야 한다(법 244조의3 제1항). 수사기관이 피의자에게 진술서의 작성·제출을 요구하는 경우에도 사전에 진술거부권을 고지하여야 하며 사법경찰관으로부터 사건을 송치받은 검사가 피의자를 신문하는 경우에도 진술거부권을 고지하여야 한다.

2) **不告知의 效果** 수사기관이 피의자신문을 하면서 진술거부권을 고지하지 아니한 경우에는 그 피의자신문에 의한 自白의 證據能力을 否定하여야 한다(통설). 그 자백의 증거능력을 부정하는 이론적 근거에 관해서 그 자백의 任意性이 없기 때문이라는 견해가 있으나[1] 피의자에게 진술거부권을 고지하지 아니한 경우에도 자백의 임의성이 인정되는 경우가 있다는 점, 진술거부권의 不告知는 피의자신문절차의 중대한 違法에 해당한다는 점 등을 고려할 때 자백의 임의성이 인정되는 경우에도 위법수집증거의 배제법칙에 의하여 그 자백의 증거능력을 부정하여야 한다는 이론구성이 합리적이라고 본다.[2] 대법원판례도 동일한 이론구성을 취하고 있다.[3]

(2) 被告人訊問의 경우

1) **事前告知義務** 재판장은 피고인신문을 하기 전에 피고인에게 진술거부권을 고지하여야 한다(법 283조의2 제2항).

2) **不告知의 效果** 재판장이 공판정에서 피고인에게 진술거부권을 고지하지 아니한 경우에도 그 사실 자체만으로 공판정자백의 증거능력을 부정할 수 없다고 해석하여야 한다.[4] 공판정에서 진술거부권을 고지하지 아니한 위법은 중대한 위법에 해당하지 않기 때문이다.[5] 이 경우 자백의 증거능력을 부정하여야 한다는 견해도 있다.[6]

---

1) 이재상, 111, 485~486면; 배종대·이상돈, 107면; 진계호, 112면; 임동규, 455면; 정웅석, 568.
2) 백형구, 662면; 동저, 강의 45면; 신양균, 536면.
3) 大判 1992. 6. 23, 92도682.
4) 백형구, 623면; 동저, 강의 46면; 동저, 조해 608면.
5) 백형구, 623면; 동저, 강의 46면; 동저, 조해 608면.
6) 이재상, 113면; 신동운, 612면; 배종대·이상돈, 107면; 차용석, 172면; 정웅석, 568면.

4. 陳述拒否權의 行使

(1) 陳述拒否權行使의 效果

1) 不利益推定의 禁止 피고인이 진술거부권을 행사한 사실을 有罪의 情況證據로 삼아서는 안 된다.

2) 量刑上의 不利益 피고인이 진술거부권을 행사한 사실을 量刑上 不利益한 자료로 삼는 것이 허용되는가에 관해서는 소극설이 있으나[1] 적극설[2]이 타당하다고 본다. 피고인이 자백하는 경우와 자백하지 아니한 경우 사이에는 양형상의 차이가 있어야 함은 양형의 기준으로서 당연하기 때문이다.

(2) 陳述拒否權의 抛棄

진술거부권의 행사 여부는 피의자 또는 피고인의 自由이므로 피의자 또는 피고인은 진술거부권의 행사를 포기할 수 있다고 본다.[3] 진술거부권이 있음을 고지받은 피의자 · 피고인이 自白을 하는 것은 진술거부권의 포기에 해당한다. 이는 증언거부권이 있음을 고지받은 증인이 증언을 거부하지 아니하고 증언을 하는 것이 증언거부권의 포기에 해당한다는(통설) 것과 동일한 논리이다. 진술거부권의 포기는 허용되지 아니한다는 견해가 있으나[4] 형사소송법 제244조의3 제 1 항 3호는 진술거부권을 포기할 수 있다는 내용을 규정하고 있다.

1) 신동운, 613면; 배종대 · 이상돈, 109면; 차용석, 175면; 신양균, 541면.
2) 백형구, 623면; 동저, 강의 47면; 이재상, 114면; 진계호, 115면.
3) 백형구, 624면; 동저, 강의 47면.
4) 이재상, 112면; 신동운, 606면; 배종대 · 이상돈, 107면; 진계호, 113면; 신양균, 539면; 정웅석, 570면.

제 4 절

辯 護 人

Ⅰ. 辯護人의 意義

1. 辯護人의 意義

변호인이라 함은 형사절차에서 피의자·피고인의 방어력의 보충을 임무로 하는 피의자·피고인의 보조자를 말한다. 변호인은 원칙적으로 辯護士 중에서 선임된다는 점에서 보조인(법 29조)과 다르다. 다만 변호사의 자격이 없는 자도 변호인(특별변호인·국선변호인)으로 될 수 있다.

변호인은 私選辯護人과 國選辯護人으로 구분된다. 피의자·피고인·그 가족 등에 의하여 선임된 변호인을 사선변호인이라고 하고 법원이 선정한 변호인을 국선변호인이라고 한다.

2. 辯護와 辯護人

刑事辯護라 함은 刑事事件에 관한 변호를 말한다. 따라서 형사변호는 형사피의사건에 관한 변호와 형사피고사건에 관한 변호로 구분할 수 있다. 전자는 수사단계에서의 변호이며 후자는 공판단계에서의 변호이다.

변호를 實質的 辯護와 形式的 辯護로 구분하고 법원 또는 검사가 피고인에게 이익되는 소송활동을 하는 경우를 실질적 변호, 변호인에 의한 변호를 형식적 변호라고 하는 것이 통설이다.[1] 그러나 법원 또는 검사가 피고인에게 利益되

1) 김기두, 65면; 정영석, 71면; 서일교, 89면; 염정철, 104면; 이재상, 119면; 신동운, 497면; 정영석·이형국, 85면; 진계호, 121면; 신양균, 400면.

는 소송활동을 하는 것은 법원 또는 검사의 소송활동 그 자체를 의미하며 辯護(defence)가 아니므로 實質的 辯護라는 개념은 이를 인정할 필요가 없다고 본다.[1] 따라서 辯護人에 의한 변호만이 刑事辯護에 해당한다고 본다.[2]

3. 辯護人制度의 存在理由

변호인제도는 피의자 · 피고인의 방어력을 보충함으로써 피고인 · 피의자의 정당한 이익을 보호하려는데 그 존재이유가 있다.

피고인의 변호인제도는 당사자평등의 원칙을 구체적으로 실현하려는데 그 목적이 있다. 현행 형사소송법은 당사자평등의 원칙에 의해서 검사와 피고인에게 형사절차상 권리를 평등하게 인정하고 있으나(武器의 平等) 형사소송의 실제에 있어서는 검사의 공격력과 피고인의 방어력 사이에 현저한 차이가 있으므로(實力의 差異) 당사자대등주의의 이념을 실현하기 위해서는 피고인의 방어력을 보충하는 제도가 필요하며 이러한 필요에 의한 제도가 피고인의 변호인제도이다.

피의자의 변호인제도는 접견교통 · 증거보전청구 · 구속적부심사청구 등에 의해서 피의자를 보호하려는데 그 목적이 있다.

변호인제도의 강화는 현대 형사사법의 추세이다. 변호인제도의 강화는 소송구조가 당사자주의적이냐, 직권주의적이냐를 불문하고 요청된다. 직권주의적 소송절차에서도 피고인의 방어력을 보충하는 제도가 요청되기 때문이다.

Ⅱ. 辯護人의 選任

1. 私選辯護人의 選任

(1) 選任權者

피의자 또는 피고인은 변호인을 선임할 수 있다(법 30조 1항). 구속 · 불구속을 불문한다. 피의자 또는 피고인의 법정대리인 · 배우자 · 직계친족 · 형제자매는 독립하여 변호인을 선임할 수 있다(동조 2항). 「독립하여 선임할 수 있다」 함은 본인의 명시 또는 묵시의 의사에 반하여도 선임할 수 있다는 의미이다(통설).

(2) 辯護人의 資格

변호인은 원칙적으로 辯護士 중에서 선임하여야 한다(법 31조). 다만 대법원 이

---

1) 백형구, 625면.
2) 백형구, 625면.

외의 법원은 특별한 사정이 있으면 변호사 아닌 자를 변호인으로 선임함을 허가할 수 있다(동조 단서). 이러한 변호인을 特別辯護人이라고 한다.

(3) 辯護人의 數 · 代表辯護人

1) 辯護人의 數 1인의 피의자 또는 피고인이 선임하는 변호인의 수에는 제한이 없다. 그러나 입법론으로는 변호인의 수를 제한하는 것이 타당하다고 본다.

2) 代表辯護人 1인의 피의자 또는 피고인에게 수인의 변호인이 있는 때에는 검사 또는 재판장은 대표변호인을 지정할 수 있으며 대표변호인에 대한 통지 또는 송달은 변호인 전원에 대하여 효력이 있다(법 32 조의2).

(4) 選任의 方式 · 追完

1) 選任의 方式 변호인의 선임은 선임자와 선임된 변호인이 서명 · 날인한 변호인선임신고서의 제출에 의하며(법 32조 1항) 수사기관 또는 법원에 제출하여야 한다.

2) 選任의 追完 변호인선임신고서의 제출 전에 변호인으로서 한 소송행위는 그 선임신고서의 제출에 의해서 그 소송행위의 하자가 치유된다고 해석하여야 한다.[1)]

(5) 選任의 效力

1) 審級代理 변호인선임은 그 審級에 한하여 미친다. 이를 심급대리라고 한다. 따라서 변호인은 심급마다 선임하여야 한다(법 32조 1항). 다만 공소제기 전의 변호인선임은 제 1 심에도 그 효력이 있다(동조 2항).[2)] 사건을 同級法院으로 移送한 경우에는 변호인선임의 효력이 지속된다.

2) 併合審理의 경우 1개 사건에 관한 변호인선임은 병합심리된 다른 사건에 대하여도 그 효력이 미친다. 다만 피고인 또는 변호인이 이와 다른 의사표시를 한 때에는 그러하지 아니하다(규칙 13조). 심리가 병합된 사건이 먼저 기소되었느냐, 추가기소되었느냐를 불문한다.[3)]

(6) 辭任 · 解任

사선변호인은 언제든지 변호인을 사임할 수 있으며(사임의 자유) 피의자 또

1) 백형구, 629면; 동저, 강의 181면; 이재상, 157면; 정영석 · 이형국, 134면; 배종대 · 이상돈, 160면; 진계호, 170면; 정웅석, 494면.

2) 수사단계에서의 변호인선임은 약식명령에 대한 정식재판청구에 의한 공판절차에서도 그 효력이 있다.

3) 백형구, 629면; 동저, 강의 88면.

는 피고인은 변호인을 해임할 수 있다(해임의 자유).

2. 國選辯護人의 選定

(1) 選定의 事由

현행법상 국선변호인을 선정하여야 할 경우는 다음과 같은 유형으로 분류할 수 있다. 어느 경우나 사선변호인이 없거나 출석하지 아니한 경우에 한한다. 국선변호인의 선정사유가 있음에도 불구하고 국선변호인 없이 공판심리를 진행하여 유죄판결을 선고한 경우는 항소이유(법 361조의5 제1호) 또는 상고이유(법 383조 1호)에 해당한다.[1)]

1) 피고인이 구속된 때 2006년 7월 19일 형사소속법의 개정시에 국선변호인의 선정사유로 추가하였다(법 33조 1항 1호).

2) 防禦能力의 劣弱 피고인이 미성년자, 70세 이상의 자, 농아자, 심신장애자인 경우가 이에 해당한다(법 33조 1항 2호 내지 5호).

3) 被告人의 無資力 피고인이 빈곤 기타의 사유로 변호인을 선임할 수 없고 피고인의 청구가 있는 때에는 국선변호인을 선정하여야 한다(동조 2항).

4) 必要的 辯護事件 피고사건이 사형·무기 또는 단기 3년 이상의 징역이나 금고에 해당하는 사건은 필요적 변호사건이다(법 33조 1항 6호).

5) 拘束適否審査의 경우 체포 또는 구속의 적부심사를 청구한 被疑者가 형사소송법 제33조 각호의 사유에 해당하고 사선변호인이 없는 때에는 국선변호인을 선정하여야 한다(법 214조의2 제9항).

6) 再審公判節次에 관한 特則 재심의 공판절차에서는 국선변호인의 선정에 관한 특칙이 있다. 즉 사망자 또는 회복할 수 없는 심신장애자를 위하여 재심을 청구한 경우, 재심피고인이 사망하거나 회복할 수 없는 심신장애자로 된 경우이고 변호인이 없는 때에는 국선변호인을 선정하여야 한다(법 438조 4항).

7) 그 밖의 選定事由 법원은 피고인의 연령·지능 및 교육정도 등을 참작하여 권리보호를 위하여 필요하다고 인정하는 때에는 피고인의 명시적 의사에 반하지 아니하는 범위 안에서 변호인을 선정하여야 한다(법 33조 3항). 2006년 7월 19일 형사소송법의 개정시에 국선변호인의 선정사유로 추가하였다.

---

1) 大判 1967. 10. 31, 67도889(미성년자); 大判 1973. 7. 10, 73도1167(미성년자); 大判 1977. 1. 11, 76도3728(농아자); 백형구, 630면; 동저, 강의 90면.

(2) 選定의 方式·時期

국선변호인의 선정은 법원의 決定으로 한다. 공판기일 전에 국선변호인을 선정하는 것이 원칙이나 부득이한 경우에는 공판정에서 국선변호인을 선정하여 즉석에서 변호하게 할 수 있다(규칙 19조).

(3) 國選辯護人의 資格·數

1) 資 格 국선변호인은 원칙적으로 변호사·공익법무관·사법연수생 중에서 선정하여야 하나 부득이한 사유가 있는 때에는 변호사·공익법무관·사법연수생이 아닌 자 중에서 선정할 수 있다(규칙 14조). 개업변호사의 대도시편재현상으로 인하여 이른바 無辯村이 적지 않다는 우리나라의 현실을 고려하여 변호사의 자격이 없는 자에게 국선변호인의 원칙적 또는 예외적 자격을 인정하고 있다.

2) 數 국선변호인은 피고인 또는 피의자마다 1인을 선정함을 원칙으로 한다(규칙 15조 1항). 다만 수인의 피고인 사이에 이해가 상반되지 아니한 때에는 수인의 피고인을 위하여 동일한 국선변호인을 선정할 수 있다(동조 2항).

(4) 解任·辭任

법원은 일정한 사유가 있는 때에는 국선변호인의 선정을 취소할 수 있으며(규칙 18조) 국선변호인으로 선정된 자는 법원의 허가를 얻어 국선변호인을 사임할 수 있다(규칙 20조).

Ⅲ. 辯護人의 地位와 權利

1. 辯護人의 刑事節次上 地位

(1) 保護者的 地位

변호인은 형사절차에서 피의자·피고인의 이익을 保護하여야 할 임무가 있다. 따라서 변호인은 피의자·피고인에게 불이익한 소송활동을 하여서는 안 된다. 예컨대 피의자·피고인에게 불리한 증거를 제출하거나 불리한 주장을 하는 것은 허용되지 아니한다.

(2) 公益的 地位

변호인은 실체적 진실의 발견을 적극적으로 방해하여서는 안 될 의무가 있다. 변호인의 이러한 의무를 변호인의 眞實義務라고 한다(통설). 예컨대 변호인이 위증을 교사하거나 허위내용의 문서를 법원에 제출하는 것은 진실의무의 위반이며 피고인이 眞犯人이 아님을 알면서 有罪辯論을 하는 것도 진실의무의 위반이다. 이러한 의미에서 변호인은 형사절차에서 公益的 地位에 있다고 할 수 있다.

그러나 변호인의 진실의무는 변호인이 적극적으로 진실발견에 협력할 의무를 의미하는 것이 아니라 실체적 진실의 발견을 적극적으로 방해하지 아니할 의무를 의미한다(消極的 眞實義務). 따라서 변호인이 개인적으로 피고인의 유죄를 확신하는 경우에도 證據不充分을 이유로 無罪辯論을 하는 것은 진실의무의 위반이 아니다.[1] 변호인이 피의자 또는 피고인에게 진술거부권의 행사를 권유하는 것도 진실의무의 위반에 해당하지 아니한다(통설).

2. 辯護人의 刑事節次上 權利

(1) 代理權 · 固有權

1) 代 理 權 변호인은 성질상 代理가 허용되는 소송행위에 관하여 피고인 또는 피의자를 包括的으로 대리할 수 있는 권한, 즉 包括的 代理權을 갖는다. 변호인의 대리권에는 독립대리권과 종속대리권이 있다.

(ㄱ) 獨立代理權 독립대리권이라 함은 본인(피의자 · 피고인)의 의사에 反하여도 허용되는 대리권을 말하며 변호인의 독립대리권에는 본인의 明示한 의사에 반하여도 허용되는 것과 본인의 명시한 의사에는 반할 수 없으나 묵시의 의사에 반해서는 허용되는 것이 있다. 변호인의 구속적부심사청구권(법 214조의2), 보석청구권(법 94조), 구속취소청구권(법 93조) 등은 전자에 해당하며 변호인의 기피신청권(법 18조), 상소권(법 341조) 등은 후자에 해당한다.

(ㄴ) 從屬代理權 종속대리권이라 함은 본인의 의사에 종속하는 대리권을 말하며 변호인의 종속대리권에는 증거동의권(법 318조), 상소취하권(법 349조), 정식재판청구취하권(법 458조) 등이 있다.

2) 固 有 權 변호인의 고유권이라 함은 피의자 · 피고인의 소송법상 권리와 별도로 변호인에게 인정한 권리를 말한다.[2] 변호인의 고유권에는 변호인만이 가지고 있는 권리와 피의자 · 피고인과 중복하여 가지고 있는 권리가 있다. 피고인신문권(법 296조의2), 상고심에서의 변론권(법 387조) 등은 전자에 해당하고 공판기일출석권(법 275조), 증거조사신청권(법 294조), 증인신문권(법 161조의2 제1항), 최종변론권(법 303조) 등은 후자에 해당한다.

1) 백형구, 632면; 동저, 강의 95면; 이재상, 130면; 정영석 · 이형국, 92면; 배종대 · 이상돈, 125면; 차용석, 204면; 임동규, 81면; 신양균, 411면; 정웅석, 591면.

2) 백형구, 633면; 동저, 강의 95면; 신동운, 517면; 임동규, 82면.

(2) 刑事節次上 權利

변호인의 소송법상 권리는 피의자의 변호인이냐 피고인의 변호인이냐에 따라 현저한 차이가 있다. 즉 변호인의 수사절차상 권리와 공판절차상 권리에는 큰 차이가 있다.

1) 搜査節次上 權利 접견교통권(법 34조), 구속적부심사청구권(법 214조의2), 증거보전청구권(법 184조), 피의자신문참여권(법 243조의2) 등은 변호인의 수사절차상 권리에 해당한다. 변호인의 피의자신문참여권을 보장하는 규정(법 243조의2)은 2007년 6월 1일 형사소송법의 개정시에 신설되었다. 피의자신문에 변호인의 참여권을 인정하는 것은 피의자신문의 과정에서 자백강요로 인한 인권침해를 방지하고 피의자신문조서의 내용적 성립의 진정(진술과 조서기재의 일치)을 담보하기 위해서 필요하다. 변호인의 피의자신문참여권을 보장하여야 한다는 것은 종래의 통설적 입법론이었다.[1]

2) 公判節次上 權利 피고인신문권(법 296조의2), 증거제출권 · 증거조사신청권(법 294조), 증인신문권(법 161조의2 제 1 항), 이의신청권(법 296조, 304조), 기피신청권(법 18조), 최종변론권(법 303조) 등은 변호인의 공판절차상 권리에 해당한다.

(3) 辯護人의 接見交通權

1) 接見交通權의 保障 변호인은 구속된 피의자 또는 피고인과 접견하고 서류 또는 물건을 주고 받으며 의사로 하여금 진료하게 할 수 있다(법 34조). 변호인의 이러한 권리를 변호인의 접견교통권이라고 한다. 변호인의 접견교통권의 보장은 구속된 피의자 · 피고인을 위한 변호활동을 위해서 필요하다.

변호인의 접견교통권은 법원의 결정 또는 수사기관의 처분에 의한 제한이 허용되지 아니한다(통설[2] · 판례[3]). 그러나 法令(예컨대 行刑法)에 의한 제한은 허용된다고 해석하여야 한다.[4]

변호인이 구속된 피의자 · 피고인을 접견한 때에는 接見의 秘密이 보장된다고 해석하여야 한다(통설).[5] 변호인의 접견교통권(법 34조)을 제한하는 법률규정이

1) 백형구, 638면; 동저, 강의 97면; 이재상, 138면; 정영석 · 이형국, 94면; 배종대 · 이상돈, 136면; 진계호, 143면; 신양균, 419면.

2) 백형구, 635면; 동저, 강의 102면; 이재상, 132면; 신동운, 521면; 배종대 · 이상돈, 268면; 진계호, 139면; 임동규, 84면.

3) 大決 1990. 2. 13, 89모37; 大決 1996. 6. 3, 96모18; 大決 2002. 5. 6, 2002모112.

4) 백형구, 635면; 동저, 강의 102면; 진계호, 139면.

5) 백형구, 635면; 동저, 강의 101면; 이재상, 136, 241면; 신동운, 523면; 배종대 · 이상돈, 130, 268면; 송광섭, 91면; 차용석, 207면; 진계호, 139면.

없기 때문이다. 따라서 교도관리 또는 경찰관이 변호인과 피고인·피의자와의 접견에 참여(立會)하는 것은 허용되지 아니한다. 변호인과 구속된 피의자·피고인과의 접견내용을 비밀리에 녹음한 경우 그 녹음테이프의 진술은 증거능력이 없다고 해석하여야 한다.[1] 위법하게 수집한 증거이기 때문이다.

2) 接見交通權의 侵害 접견교통권의 침해라 함은 접견교통권의 제한이 위법한 경우를 말한다. 변호인의 접견교통권을 침해하는 법원의 결정 또는 수사기관의 처분에 대해서는 항고(법 403조 2항) 또는 준항고(법 417조)가 허용되며 변호인과 피의자와의 접견교통권을 불법으로 제한한 기간중에 피의자를 신문하여 받아낸 自白은 위법수집증거의 배제법칙에 의하여 證據能力을 부정하여야 한다(통설).

(4) 辯護人의 記錄閱覽權·記錄謄寫權

변호인은 訴訟係屬中의 관계서류 또는 증거물을 열람 또는 등사할 수 있다(법 35조 1항). 변호인의 기록열람·기록등사는 변호인의 변론준비를 위해서 필수적으로 요청된다.

공소제기 후 검사가 보관중인 수사서류에 대하여 변호인의 열람권·등사권이 인정되느냐에 관해서는 소극설[2]과 적극설[3]이 대립되고 있다. 소극설은 검사가 수사서류를 아직 법원에 제출하지 아니하였다는 점을 논거로 내세우고 있으나 공소제기에 의해서 訴訟係屬의 효과가 발생한다는 점, 따라서 소송계속중의 관계서류란 법원에 소송계속된 사건의 관계서류를 의미한다고 해석하여야 한다는 점, 형사소송법 제35조 제 1 항을 변호인에게 不利한 방향으로 해석할 필요가 없다는 점 등을 고려할 때 적극설이 타당하다고 본다.

Ⅳ. 辯護人制度의 改善方向

1. 必要的 辯護事件의 擴大

현행 형사소송법은 사형·무기 또는 단기 3년 이상의 징역이나 금고에 해당하는 사건을 필요적 변호사건으로 규정하고 있으나(법 33조 1항 6호) 필요적 변호사건을 확대하여야 하므로 법정형의 下限을 단기 3년 이상에서 단기 1년 이상으로

1) 백형구, 635면; 동저, 강의 101면.
2) 서일교, 95면; 권오병, 99면; 이선중 등, 주석 101면(정영석).
3) 백형구, 636면; 동저, 강의 106면; 이재상, 135면; 신동운, 527면; 배종대·이상돈, 131면; 진계호, 140면; 임동규, 87면; 정웅석, 597면.

낮추는 것이 입법론으로 타당하다고 본다.[1]

2. 國選辯護人의 資格

현행법은 司法硏修生에게 국선변호인의 원칙적 자격을 인정하고 있으나(규칙 14조 1항) 사법연수생은 刑事辯護의 실무경험이 적다는 점을 고려할 때 국선변호인의 例外的 資格을 인정하는 것이 입법론으로 타당하다고 본다.[2]

V. 輔 助 人

1. 輔助人의 意義

輔助人이라 함은 피고인 또는 피의자의 補助者로서 변호인이 아닌 자를 말한다. 보조인제도는 변호인제도를 보충하려는데 존재이유가 있으나 변호사의 수가 크게 증가함으로써 현재는 그 실효성을 거의 상실하였다.[3]

2. 輔助人의 資格 · 申告

피고인 또는 피의자의 법정대리인 · 배우자 · 직계친족 · 형제자매에 한해서 보조인의 자격이 있다(법 29조 1항). 보조인자격의 열거는 예시적 열거가 아니고 제한적 열거이다.[4] 따라서 피고인 또는 피의자의 숙부나 매부는 보조인의 자격이 없다.

보조인이 되고자 하는 자는 심급별로 그 취지를 신고하여야 하며(동조 2항) 그 신고서에는 신분관계를 소명하는 서면(예컨대 주민등록등본)을 첨부하여야 한다(규칙 11조).

3. 輔助人의 權限

보조인은 피고인 또는 피의자의 명시한 의사에 반하지 아니하는 한도에서 독립하여 소송행위를 할 수 있다(법 29조 3항). 보조인은 고유권이 없고 代理權만 있을 뿐이라고 해석하여야 한다(통설). 따라서 피고인의 보조인은 공판기일에 피고인 신문권(법 287조), 증인신문권(법 161조의2) 등은 없다.

---

1) 백형구, 637면.

2) 백형구, 637면; 동저, 강의 92면; 신동운, 534면.

3) 백형구, 638면; 이재상, 140면.

4) 大判 1979. 5. 22, 79도446.

제 5 절

法　　院

I. 法院의 意義·種類

1. 法院의 意義

法院을 國法上 의미의 법원과 訴訟法上 의미의 법원으로 구분하는 것이 통설이나 형사소송의 주체로 되는 법원은 訴訟法上 의미의 법원을 의미하므로 이 책에서는 소송법상 의미의 법원에 관해서만 설명하고자 한다.

소송법상 의미의 법원이라 함은 개개의 형사사건에 관하여 실제로 형사재판권을 행사하는 재판기관을 말한다. 소송법상 의미의 법원은 각각 독립하여 형사재판권을 행사한다(헌법 103조).

2. 法院의 種類

소송법상 의미의 법원은 관점에 따라 여러 가지로 분류된다.

(1) 1審法院·上訴法院

이는 審級을 기준으로 한 분류로서 上訴法院은 상소의 종류에 따라 抗訴法院과 上告法院으로 구분된다. 지방법원 본원의 합의부 또는 고등법원이 항소법원으로 되고 대법원이 상고법원으로 된다.

(2) 單獨判事·法院合議部

1審法院은 단독판사와 법원합의부로 구분되며 항소법원과 상고법원은 모두 合議部에서 심판을 한다.

(3) 裁判長·受命法官·受託判事

1) 裁 判 長　　단독판사가 심판을 하는 경우에는 단독판사가 재판장이며 법원합의부가 심판을 하는 경우에는 合議部員 중 1인이 재판장이 된다. 재판장은 공판기일지정권, 소송지휘권, 법정경찰권 등 다른 합의부원에 비해서 월등한 권한이 인정되나 재판의 合議에 있어서는 平等하다(법조 66조). 1심법원과 항소법원에 있어서는 上級者(주로 부장판사)가 재판장이 된다.

2) 受命法官·受託判事　　受訴法院(공소가 제기된 법원)으로부터 특정한 소송행위에 관하여 命을 받은 合議部員을 受命法官이라 하고 수소법원으로부터 특정한 소송행위를 囑託받은 다른 법원의 판사를 受託判事라고 한다. 수명법관 또는 수탁판사는 命을 받은 소송행위 또는 囑託을 받은 소송행위에 관하여 법원 또는 재판장과 동일한 권한이 인정되는 경우가 있다(법 136조, 145조, 167조, 431조, 444조).

Ⅱ. 法院의 管轄

1. 管轄의 意義·種類

(1) 管轄의 意義

법원의 관할이라 함은 특정한 법원이 특정사건에 대하여 심판을 할 수 있는 권한을 말하며 관할권이라고도 한다. 특정사건에 대하여 관할권을 갖는 법원을 관할법원이라고 한다. 관할권은 재판권과 구별하여야 한다. 재판권이 없는 경우에는 公訴棄却의 판결을 하여야 하나(법 327조 1호) 관할권이 없는 경우에는 管轄違反의 판결을 선고하여야 한다(법 319조).

(2) 管轄의 種類

법원의 관할은 法定管轄과 裁定管轄로 구분된다. 법률의 규정에 의하여 직접 관할이 정하여지는 경우가 법정관할이고 법원의 재판(결정)에 의해서 관할이 정하여지는 경우가 재정관할이다. 현행법상 사물관할·토지관할·심급관할은 법정관할에 해당하고 지정 또는 이전에 의한 관할은 재정관할에 해당한다.

2. 法定管轄

(1) 事物管轄

사물관할이라 함은 사건의 경중 또는 성질을 표준으로 정하여진 제1심법원의 관할을 말한다. 제1심의 사물관할은 단독판사 또는 합의부에 분배된다. 원칙적으로 단독판사의 사물관할에 속하나 사건이 중대하거나 특히 신중한 심리가 요청되는 경우에는 합의부의 사물관할에 속한다(법조 32조 1항).

(2) 土地管轄

토지관할이라 함은 사건의 토지적 관계를 기준으로 정하여진 제 1 심법원의 관할을 말한다. 법원의 토지관할은 犯罪地, 피고인의 住居·居所·現在地에 의한다(법 4조). 국외에 있는 대한민국의 선박 또는 항공기 내에서 범한 죄에 관하여는 피고인의 주소·거소·현재지 외에 선적지·기적지 또는 범죄 후의 선착지·기착지도 토지관할의 표준으로 된다. 행위지뿐 아니라 결과발생지도 범죄지에 해당하며 적법한 강제에 의한 현재지도 현재지에 해당한다. 피고인의 주소·거소가 그 법원의 관할구역 내에 있느냐 여부는 공소제기시를 기준으로 판단하여야 한다. 따라서 공소제기 후에 피고인의 주소·거소가 변경되더라도 토지관할권에 영향이 없다(통설).

(3) 審級管轄

심급관할이란 上訴關係에 있어서의 관할을 말한다. 즉 상소사건에 대한 관할이 심급관할이다. 항소사건의 관할법원은 지방법원 본원의 합의부 또는 고등법원이며(법 357조) 상고사건의 관할법원은 대법원이다(법 371조, 372조).

3. 關聯事件의 管轄

(1) 關聯事件의 意義

관련사건이라 함은 ① 1인이 범한 수죄, ② 수인이 공동으로 범한 죄, ③ 수인이 동시에 동일한 장소에서 범한 죄, ④ 장물에 관한 죄와 그 본범의 죄, ⑤ 범인은닉죄·증거인멸죄·위증죄·허위감정죄·허위통역죄를 말한다(법 11조 1호 내지 4호).

1인이 범한 수죄라 함은 실체적 경합(법 37조)의 관계에 있는 수죄를 말하며 科刑上 一罪 또는 包括一罪는 1인이 범한 수죄에 해당하지 아니한다. 임의적 공범뿐 아니라 필요적 공범도 수인이 공동으로 범한 죄에 해당한다.

(2) 關聯事件의 併合管轄

事物管轄을 달리하는 수개의 사건이 관련사건인 때에는 법원합의부가 병합관할하며(법 9조) 土地管轄을 달리하는 수개의 사건이 관련사건인 때에는 1개의 사건에 관하여 관할권이 있는 법원은 다른 사건에 대해서는 관할권을 갖는다(법 5조).

固有의 관할사건에 대해서 무죄·면소·공소기각의 재판이 선고된 경우에

도 일단 발생한 관련사건에 대한 관할권은 소멸하지 아니한다(통설).[1]

(3) 關聯事件의 審理

1) 關聯事件의 併合審理 관련사건에 대해서는 병합심리가 허용된다. 관련사건에 대한 병합심리는 소송경제, 소송의 신속, 양형의 공평을 위해서 요청된다.

事物管轄을 달리하는 수개의 관련사건이 법원합의부와 단독판사에 각각 계속된 경우에는 법원합의부가 병합심리할 수 있으며(법 10조) 土地管轄을 달리하는 수개의 관련사건이 각각 다른 법원에 계속한 때에는 공통되는 直近上級法院의 決定에 의해서 1개 법원이 병합심리할 수 있다(법 6조). 소송계속중인 사건에 관하여 병합심리의 신청이 있는 때에는 법원은 급속을 요하는 경우를 제외하고는 그 신청에 대한 결정이 있을 때까지 소송절차를 停止하여야 한다(규칙 7조).

2) 審理의 分離 수개의 관련사건을 병합심리하고 있는 경우에 그 심리의 分離가 허용된다(법 7조, 9조 단서).

4. 管轄의 競合

(1) 管轄의 競合

관할의 경합이라 함은 同一事件에 대하여 2개 이상의 법원이 관할권을 갖는 경우를 말한다. 예컨대 범죄지와 피고인의 주소지에 대한 관할법원이 다른 경우에는 그 두 법원의 관할이 경합하게 된다.

(2) 訴訟係屬의 競合

동일사건에 대하여 관할이 경합되는 결과 동일사건이 수개의 법원에 소송계속되는 경우가 있을 수 있다. 그러나 동일사건에 대해서 중복심리·이중판결을 해서는 안 되므로 동일사건이 수개의 법원에 소송계속된 경우에는 어느 한 법원으로 하여금 심판하도록 하여야 한다.

1) 동일사건이 事物管轄을 달리하는 수개의 법원에 소송계속된 때에는 법원합의부가 심판한다(법 12조). 이 경우에 심판할 수 없게 된 법원은 公訴棄却의 決定을 하여야 한다(법 328조 1항 3호).

2) 동일사건이 事物管轄을 같이하는 수개의 법원에 소송계속된 때에는 먼저 공소제기된 법원이 심판함을 원칙으로 한다. 다만 각 법원에 공통되는 직근

1) 백형구, 656면; 동저, 강의 134면; 이재상, 75면; 정영석·이형국, 54면; 배종대·이상돈, 66면; 송광섭, 54면; 차용석, 133면; 진계호, 71면; 임동규, 28면; 신양균, 365면; 정웅석, 525면.

상급법원은 뒤에 공소제기된 법원으로 하여금 심판하게 할 수 있다(법 13조). 이 경우 심판할 수 없게 된 법원은 公訴棄却의 決定을 하여야 한다(법 328조 1항 3호).

3) 동일사건이 1심법원과 항소법원에 소송계속된 경우에는 형사소송법 제12조를 類推適用하여 항소법원이 심판하고 1심법원은 公訴棄却의 決定을 하여야 한다고 해석하여야 한다.[1] 항소심에 계속된 사건이 뒤에 공소제기된 경우도 마찬가지이다.[2]

(3) 確定判決의 競合

동일사건에 대한 수개의 법원에 의한 판결이 確定된 경우에는 먼저 확정된 판결이 유효하고 뒤에 확정된 판결은 當然無效이다(통설).

5. 管轄의 指定 · 移轉

(1) 意 義

관할의 指定이란 관할법원이 없거나 불명확한 경우에 상급법원이 사건을 심판할 법원을 지정하는 것을 말하며 관할의 移轉이란 법원의 관할권을 관할권이 없는 법원으로 이전하는 것을 말한다.

(2) 事 由

관할지정의 사유는 ① 법원의 관할이 명확하지 아니한 때, ② 관할위반을 선고한 재판이 확정된 사건에 관하여 다른 관할법원이 없는 때이고(법 14조) 관할이전의 사유는 ① 관할법원이 법률상의 이유 또는 특별한 사정으로 재판권을 행할 수 없는 때, ② 범죄의 성질, 지방의 민심, 소송의 상황 기타 사정으로 재판의 공평을 유지하기 어려운 때이다(법 15조). 「법률상의 이유로 재판권을 행할 수 없는 때」라 함은 법관의 제척 · 기피 · 회피 등으로 인하여 공판법원을 구성할 수 없는 경우를 말하고 「특별한 사정으로 재판권을 행할 수 없는 때」라 함은 천재·지변 · 사변 등으로 인하여 장기간에 걸쳐 재판을 할 수 없는 경우를 말한다.

(3) 節 次

1) 申 請 관할지정의 신청권자는 검사이며 관할이전의 신청권자는 검사와 피고인이다. 그 신청을 함에는 신청서를 직근상급법원에 제출하여야 한다(법 16조 1항). 공소제기 후에 관할의 지정 또는 이전의 신청이 있는 때에는 즉시 그

1) 백형구, 657면; 동저, 강의 136면; 이재상, 79면; 신동운, 458면; 배종대 · 이상돈, 70면; 진계호, 75면; 임동규, 33면; 신양균, 369면.

2) 백형구, 657면; 동저, 강의 137면.

취지를 수소법원에 통지하여야 한다(동조 2항).

2) 決　定　직근상급법원은 신청이 이유 있다고 인정한 때에는 관할 지정 또는 관할이전의 결정을 하여야 하며(규칙 6조) 그 결정이 확정된 때에는 그 지정 또는 이전을 받은 법원은 그 사건에 대하여 관할권을 갖게 된다.

6. 管轄의 訴訟關係

(1) 職權調査事項

관할권의 존재는 訴訟條件이므로 법원은 職權으로 관할권의 유무를 조사하여야 한다(법 1조).

(2) 管轄違反의 判決

관할권의 존재는 소송조건이므로 피고사건에 대하여 관할권이 없으면 관할위반의 판결을 선고하여야 한다(법 319조). 그러나 법원은 피고인의 신청이 없으면 토지관할권의 부존재를 이유로 管轄違反의 선고를 하지 못한다(법 320조). 토지관할 위반의 신청은 피고사건에 대한 陳述 前에 하여야 한다(동조 2항). 따라서 피고인이 공판기일에 피고사건에 관하여 진술(자백 · 부인)을 한 후에는 관할위반의 신청이 허용되지 아니한다.

(3) 管轄違反과 訴訟行爲의 效力

소송행위는 관할위반인 경우에도 그 효력에 영향이 없다(법 2조). 이는 관할권이 없는 법원에 의해서 행하여진 소송행위가 有效하다는 의미이다. 따라서 관할위반의 판결이 확정된 후 동일사건이 관할법원에 공소제기된 경우에 관할위반의 판결을 선고한 법원의 공판절차에서 작성된 공판조서 · 증인신문조서 · 검증조서는 다시 공소제기된 법원의 공판절차에서 증거로 사용할 수 있다.[1)]

(4) 管轄區域 외에서의 職務執行

법원은 사실발견을 위하여 필요하거나 긴급을 요한 때에는 관할구역 외에서 직무를 행하거나 사실조사에 필요한 처분을 할 수 있다(법 3조).

7. 被告事件의 移送

피고사건의 이송이라 함은 법원이 소송계속중인 사건을 다른 법원 또는 군사법원으로 이송하는 것을 말한다. 사건을 이송하는 경우에는 소송기록과 증거물을 송부하여야 한다.

---

1) 백형구, 660면, 동저, 강의 185면.

현행법상 피고사건의 이송에는 ① 피고인의 현재지를 관할하는 법원으로의 이송(법 8조 1항), ② 공소장의 변경에 의한 이송(법 8조 2항), ③ 군사법원으로의 이송(법 16조의2), ④ 관련사건의 병합심리·심리의 분리로 인한 이송(법 7조, 9조 단서 등), ⑤ 관할의 이전 또는 지정으로 인한 이송(규칙 6조 3항) 등이 있다.

Ⅲ. 除斥·忌避·回避

1. 公平한 法院의 構成

제척, 기피, 회피는 公平한 法院의 구성에 그 존재이유가 있다. 공평한 법원의 구성은 재판의 公正과 재판에 대한 이해관계인의 信賴를 위해서 요청된다.

2. 除 斥

(1) 除斥의 意義

법관의 제척이라 함은 법관이 不公平한 裁判을 할 염려가 현저한 경우를 법률상 類型化하여 법관이 그러한 사유에 해당하는 때에는 당연히 직무집행에서 배제되는 제도를 말한다. 제척은 법원사무관, 통역인에 대해서도 인정된다(법 25조).

(2) 除斥의 原因

제척의 원인은 이를 다음과 같이 3가지로 분류할 수 있다.

1) **법관이 被害者側인 경우** 법관이 피해자이거나 피해자와 밀접한 개인적 관련이 있는 경우이다. 법관이 ① 피해자인 때(법 17조 1호), ② 피해자의 친족, 가족이거나 이러한 관계가 있었던 자인 때(동조 2호), ③ 피해자의 법정대리인·후견감독인인 때(동조 3호), ④ 당해사건에 관하여 피해자의 대리인으로 된 때(동조 4호)가 이에 해당한다. 이러한 경우는 법관이 피고인에 대한 敵對感情으로 인하여 피고인에게 부당하게 불이익한 재판을 할 염려가 있으므로 제척의 원인으로 규정한 것이다.

2) **법관이 被告人側인 경우** 법관이 피고인과 밀접한 개인적 관련이 있는 경우이다. 법관이 ① 피고인의 친족, 가족이거나 이러한 관계가 있었던 자인 때(동조 2호), ② 피고인의 법정대리인 또는 후견감독인인 때(동조 3호), ③ 당해사건에 관하여 피고인의 대리인, 변호인, 보조인으로 된 때(동조 5호)가 이에 해당한다. 이러한 경우는 법관이 피고인과 親近關係로 인하여 피고인에게 부당하게 유리한 재판을 할 염려가 현저한 경우이므로 제척의 원인으로 규정한 것이다.

3) **법관이 先入見을 갖는 경우** 법관이 당해사건의 수사·심리·판결

에 이미 관여하여 그 사건에 대하여 先入見을 갖는 경우로서 법관이 ① 당해사건의 前審裁判 또는 그 기초되는 조사 · 심리에 관여한 때(동조 7호), ② 당해사건에 관하여 검사 또는 사법경찰관의 직무를 행한 때(동조 6호), ③ 당해사건에 관하여 증인, 감정인으로 된 때(동조 4호)가 이에 해당한다. 이러한 경우를 제척의 원인으로 규정한 것은 예단배제의 원칙에 그 이유가 있다.

전심재판에 관여한 때라 함은 전심의 종국재판의 內部的 成立에 관여한 때라는 의미이다(통설). 따라서 전심재판의 선고에만 관여한 경우는 재척의 원인으로 되지 아니한다. 전심재판의 기초되는 조사 · 심리에 관여한 때라 함은 전심재판의 내용형성에 영향을 미치는 조사 · 심리에 관여한 때라는 의미이다(통설 · 판례[1]). 예컨대 전심의 피고인신문(법 296 조의2), 증인신문(법 161 조의2), 검증(법 139조), 참고인에 대한 증인신문(법 221 조의2), 증거보전을 위한 증인신문 · 검증(법 184), 수탁판사로서의 증인신문 · 검증에 관여한 경우는 제척의 원인에 해당한다.

약식명령을 한 판사가 정식재판에 대한 항소심 공판절차에서 제척되는가에 관해서는 적극설[2]과 소극설[3]이 대립되고 있다. 대법원판례는 적극설을 취하고 있으나,[4] 소극설이 타당하다고 본다. 약식명령은 정식재판에 대한 항소심에서 전심재판(전심의 종국재판)이 아니기 때문이다. 약식명령을 한 판사가 정식재판 청구에 의한 제1심 공판절차에서 제척되는가에 관해서 적극설[5]이 있으나 소극설[6]이 타당하다고 본다. 약식명령은 제1심의 공판절차에서 전심재판이 아니기 때문이다. 대법원판례도 소극설을 취하고 있다.[7]

3. 忌 避

(1) 忌避의 意義

법관에 대한 기피라 함은 법관에게 제척의 원인이 있거나 그 밖에 不公平한 재판을 할 염려가 있는 경우에 검사 또는 피고인 등의 신청에 의하여 그 법관을 당해사건의 직무집행으로부터 배제시키는 제도를 말한다.

---

1) 大判 1999. 4. 13, 99도155.
2) 김기두, 41면; 염정철, 67면; 신현주, 80면; 강구진, 84면; 이재상, 64면; 진계호, 59면; 임동규, 41면; 신양균, 352면.
3) 정영석, 42면; 정영석 · 이형국, 44면 각주 1).
4) 大判 1955. 10. 18, 4288형상242; 大判 1985. 4. 23, 85도28.
5) 신현주, 80면; 송광섭, 43면.
6) 백형구, 강의 146면; 이재상, 64면; 신동운, 466면; 배종대 · 이상돈, 52면; 진계호, 59면; 임동규, 41면; 신양균, 351면.
7) 大判 2002. 4. 12, 2002도944.

(2) 忌避申請

기피신청의 사유는 법관에게 제척의 원인이 있는 경우와 법관이 不公平한 재판을 할 염려가 있는 경우이다(법 18조). 기피신청권자는 검사, 피고인 또는 변호인이다(법 18조). 적법한 기피신청이 있는 때에는 급속한 경우를 제외하고는 소송진행을 정지하여야 한다(법 22조). 기피신청을 이유로 소송진행을 정지한 경우에는 소송절차가 정지된 기간은 피고인의 구속기간에 산입하지 아니한다(법 92조 3항). 기피신청은 그 신청에 대한 결정이 있기 전에는 取下할 수 있다고 본다.

(3) 忌避申請에 대한 裁判

기피신청사건에 대한 재판은 기피당한 법관이 소속한 법원의 합의부에서 결정으로 하여야 한다(법 21조 1항). 다만 기피신청이 부적법하거나 소송의 지연을 목적으로 함이 명백한 때에는 기피신청을 받은 법원 또는 법관이 기피신청을 기각하여야 한다(법 20조).

기피신청이 적법하나 이유가 없는 때에는 결정으로 기피신청을 기각하여야 하며, 기피신청이 이유 있다고 인정한 때에는 기피신청이 이유 있다는 취지의 결정을 하여야 한다. 기피신청을 기각하는 결정에 대해서는 즉시항고가 허용된다(법 23조).

4. 回 避

법관의 회피라 함은 법관이 스스로 기피의 사유에 해당한다고 인정하는 경우에 그 법관의 신청에 의한 법원의 재판에 의해서 당해사건에 관한 직무집행으로부터 탈퇴하는 제도를 말한다. 회피의 신청은 소속법원에 서면으로 하여야 하며(법 24조 1항) 회피신청에 대한 재판은 소속법원의 合議部에서 결정으로 한다(동조 3항).

제11장 特別節次

제 1 절 第1審의 特別審判節次
제 2 절 公判節次의 附隨節次
제 3 절 刑事補償 · 刑의 失效

제 1 절

第 1 審의 特別審判節次

I. 略式節次

1. 略式節次의 意義

공판절차에 의하지 아니하고 書面審理만으로 피고인에게 벌금이나 과료를 과하는 간이한 심판절차를 약식절차라고 하며 약식절차에 의한 재판을 略式命令이라고 한다. 간이공판절차는 공판절차이므로 약식절차가 아니다. 약식절차는 경미한 사건에 대한 형사재판의 신속을 도모하고 공개재판에 따른 피고인의 부담을 덜어준다는 점에 그 존재이유가 있다.

2. 略式命令의 請求

(1) 약식명령의 청구는 검사가 공소제기와 동시에 서면으로 하여야 하며(법 449조) 검사는 약식명령의 청구와 동시에 약식명령을 하는데 필요한 증거서류와 증거물을 법원에 제출하여야 한다(규칙 170조). 따라서 약식명령을 청구하는 경우에는 공소장일본주의(규칙 118조 2항)가 적용되지 아니한다.

(2) 약식명령의 청구가 있는 경우에도 그 사건이 약식명령을 할 수 없거나[1] 약식명령을 하는 것이 부적당하다고 인정한 때에는 법원은 公判節次에 의하여 審判하여야 한다(법 450조). 이 경우에는 즉시 그 취지를 검사에게 통지하여야 하며 이 통지를 받은 검사는 즉시 공소장의 부본을 법원에 제출하여야 하고 법원은 그 부본을 피고인에게 송달하여야 한다(규칙 172조).

---

1) 예컨대 법정형에 벌금이나 과료가 규정되어 있지 아니한 경우, 소송조건이 결여된 경우, 유죄의 증거가 없는 경우, 자백에 대한 보강증거가 없는 경우를 말한다.

3. 略式節次의 審理

(1) 書面審理

약식절차에서의 심리는 검사가 제출한 증거서류와 증거물에 대한 書面審理에 의한다. 따라서 약식절차에서는 증인신문, 검증, 감정 등의 증거조사나 압수, 수색 등의 강제처분은 허용되지 아니한다. 다만 약식절차에서도 간단한 事實調査(예컨대 합의서의 眞僞確認을 위한 사실조사)는 허용된다고 본다.[1)]

(2) 公訴狀變更의 不許

약식절차에서는 공소장의 변경이 허용되지 아니한다(통설).

4. 略式命令의 告知·確定

(1) 略式命令의 告知

약식명령을 함이 상당하다고 인정한 때에는 약식명령을 告知하여야 한다. 약식명령의 고지는 검사와 피고인에 대한 재판서의 송달에 의한다(법 452조).

약식명령의 재판서에는 범죄사실, 적용법조, 主刑, 부수처분을 명시하여야 한다(법 451조).

약식명령으로 과할 수 있는 主刑은 벌금·과료에 한한다. 따라서 약식명령으로는 징역·금고·구류 등 자유형을 과할 수 없다. 약식명령에서 벌금에 대한 선고유예가 허용되는가에 관하여 이를 긍정하는 견해(적극설)[2)]가 있으나 이를 부정하는 견해(소극설)[3)]가 타당하다고 본다. 형사소송법 제448조 제 1 항이 「약식명령으로 피고인을 벌금에 … 처할 수 있다」고 규정하고 있기 때문이다. 약식명령에서 벌금·과료·추징의 假納을 命할 수 있다고 해석하여야 한다(통설).

약식명령으로는 공소기각·면소·무죄의 재판이 허용되지 아니한다.

(2) 略式命令의 確定

약식명령은 정식재판청구기간의 경과, 그 청구의 취하 또는 청구기각결정의 확정에 의해서 확정된다(법 457조). 약식명령이 확정되면 確定判決과 동일한 효력이 있다(동조). 刑宣告의 확정판결과 동일한 효력이 있으므로 旣判力(一事不再理의 효력)과 執行力이 발생하며 재심과 비상상고의 대상으로 된다(통설). 약식명령이 확

---

1) 백형구, 297면; 동저, 강의 897면; 이재상, 736면; 신동운, 1203면; 배종대·이상돈, 864면; 진계호, 802면; 임동규, 782면; 정웅석, 1206면.

2) 이재상, 736면; 배종대·이상돈, 867면; 차용석, 1161면.

3) 백형구, 298면; 동저, 강의 898면; 신동운, 1206면.

정된 경우 一事不再理의 效力이 미치는 時間的 範圍에 관해서는 發令時說이 있으나[1] 告知時說[2]이 타당하다고 본다. 약식명령에 있어 판결의 宣告時와 동일한 것은 告知時이기 때문이다. 다만 대법원판례는 발령시설을 취하고 있다.[3]

5. 正式裁判의 請求와 法院의 處理

(1) 正式裁判의 請求

검사와 피고인은 약식명령에 대해서 정식재판을 청구할 수 있다(법 453조). 정식재판의 청구는 약식명령의 고지를 받은 날로부터 7일 이내에 약식명령을 한 법원에 서면으로 하여야 한다(동조). 정식재판의 청구가 있는 때에는 법원은 지체없이 그 사유를 검사 또는 피고인에게 통지하여야 한다(동조 3항).

정식재판의 청구는 제 1 심판결의 선고 전까지 取下할 수 있다(법 454조). 다만 피고인은 정식재판의 청구를 포기할 수 없다(법 453조 1항 단서).

(2) 法院의 處理

1) 請求棄却 정식재판의 청구가 법령상의 방식에 위반하거나 청구권의 소멸 후인 것이 명백한 때에는 결정으로 그 청구를 기각하여야 한다(법 455조 1항). 그 결정에 대해서는 즉시항고가 허용된다(동조 2항).

2) 公判節次에 의한 審判 정식재판의 청구가 적법한 때에는 公判節次에 의하여 다시 심판하여야 한다(법 455조 3항). 따라서 제 1 심의 公判節次에 관한 규정이 그대로 적용된다. 다만 약간의 特則이 있다.

(ㄱ) 缺席裁判의 허용 정식재판을 청구한 피고인이 공판기일에 2회 이상 출석하지 아니한 때에는 피고인의 출석 없이 심판할 수 있다(법 458조 2항).

(ㄴ) 公訴狀副本送達의 不要 정식재판의 청구에 의해서 공판절차로 심리를 개시하는 경우에는 피고인에게 공소장부본의 송달을 요하지 아니한다. 약식명령의 재판서에 범죄사실과 적용법조가 기재되어 있기 때문이다.

(ㄷ) 除斥事由의 해당 여부 약식명령을 한 판사가 정식재판청구에 의한 제 1 심 공판절차에서 除斥되느냐에 관해서는 적극설이 있으나 소극설이 타당하다고 본다.[4] 약식명령은 전심재판이 아니기 때문이다.

---

1) 이재상, 625면; 신동운, 1206면; 배종대 · 이상돈, 867면; 송광섭, 320면; 진계호, 805면; 임동규, 783면; 정웅석, 1208면.
2) 백형구, 299면; 동저, 강의 899면; 동저, 조해 1068면; 신양균, 1065면.
3) 大判 1984. 7. 24, 84도1129; 大判 1994. 8. 9, 94도1318.
4) 大判 2002. 4. 12, 2002도944.

㈃ 刑의 不利益變更禁止 약식명령에 대해서 피고인만이 정식재판을 청구한 경우에는 정식재판에서 약식명령의 형보다 重한 刑을 선고하지 못한다(법 457조의2).[1] 즉 약식명령에 대해서 피고인만이 정식재판을 청구한 경우 또는 피고인을 위하여 정식재판을 청구한 경우에는 불이익변경금지의 원칙이 적용된다.

㈄ 略式命令의 失效 약식명령은 정식재판청구에 의한 판결이 있는 때에는 그 효력을 잃는다(법 456조). 약식명령이 失效되는 시기는 판결선고시가 아니라 判決確定時라고 해석하여야 한다(통설). 공소기각의 결정이 확정된 경우에도 약식명령은 실효된다.

Ⅱ. 卽決審判節次

1. 卽決審判節次의 意義

判事가 경찰서장의 청구에 의하여 公判節次에 의하지 아니하고 피고인을 20만원 이하의 벌금·구류·과료에 처하는 간이한 심판절차를 卽決審判節次라고 하며 즉결심판절차에 의한 재판을 卽決審判이라고 한다. 즉결심판절차는 즉결심판의 청구가 있는 卽時에 심리와 재판이 행하여진다는 점에 특색이 있다.

즉결심판제도는 죄질이 경미하고 犯證이 명백한 범죄사건을 신속하게 審判하려는데 주된 목적이 있다(즉결 1조).

2. 卽決審判의 請求

(1) 請求權者

즉결심판의 청구권자는 警察署長이다(즉결 3조). 경찰서장에게 즉결심판청구권을 인정한 것은 검사의 기소독점주의(법 246조)에 대한 예외에 해당한다.

(2) 請求의 方式

즉결심판을 청구함에는 卽決審判請求書를 관할법원에 제출하여야 하며 즉결심판청구서에는 피고인의 성명 기타 피고인을 특정할 수 있는 사항, 죄명, 범죄사실과 적용법조를 기재하여야 한다(즉결 3조 2항). 즉결심판청구서의 필요적 기재사항은 公訴狀의 필요적 기재사항(법 254조 3항)과 동일하다. 즉결심판청구서에는 부본을 첨부하지 아니한다. 경찰서장은 즉결심판의 청구와 동시에 즉결심판을 함에 필요한 서류 또는 증거물을 판사에게 제출하여야 한다(즉결 4조). 따라서 즉결심판을 청

---

1) 형사소송법의 제8차 개정시(1995. 12. 29)에 신설되었다.

구하는 경우에는 공소장일본주의(규칙 118조 2항)가 적용되지 아니한다.

(3) 管轄法院

즉결심판청구사건의 관할법원은 지방법원, 지원 또는 市·郡法院의 判事이다(즉결 2조; 법조 33조, 34조).

(4) 請求棄却

판사는 사건이 즉결심판을 할 수 없거나(예컨대 법정형에 벌금 · 구류 · 과료가 규정되어 있지 아니한 경우) 즉결심판절차에 의하여 심판함이 적당하지 아니하다고 인정할 때에는 결정으로 즉결심판의 청구를 棄却하여야 한다(즉결 5조 1항). 이 결정이 있는 때에는 경찰서장은 지체없이 사건을 지방검찰청 또는 지청의 長에게 送致하여야 한다(동조 2항).

3. 卽決審判請求事件의 審理

즉결심판청구사건의 심리절차에 관해서는 심리의 신속을 위해서 공판심리절차에 대한 特則을 규정하고 있다.

(1) 卽時審判

즉결심판의 청구가 있는 경우에는 卽時 審判을 하여야 한다(즉결 6조).

(2) 審判의 場所

즉결심판청구사건에 대한 심리와 재판은 公開한 法廷에서 하여야 하며 즉결심판의 법정은 경찰서 이외의 장소에 설치하여야 한다(즉결 7조 1항). 그러나 경찰서의 구내에서 즉결심판을 하는 것이 立法論上 타당하다고 본다.[1] 경찰서 이외의 장소에서 즉결심판을 하여야 할 이유가 없기 때문이다.

(3) 缺席裁判의 許容

즉결심판의 경우에는 피고인이 법정에 출석하지 아니하면 開廷하지 못한다(즉결 8조). 다만 벌금 또는 과료를 선고하는 경우에는 결석재판이 허용된다(즉결 8조의2 제 1 항). 즉결피고인은 不出席審判을 청구할 수 있으며 법원이 이를 허가한 때에는 결석재판이 허용된다(동조 2항).

(4) 書面審理에 의한 裁判의 許容

즉결심판청구사건을 심리하는 판사는 상당한 이유가 있는 때에는 서면심리만으로 벌금 또는 과료에 처할 수 있다(즉결 7조 3항).

---

1) 백형구, 304면; 동저, 강의 904면.

(5) 被告人訊問에 관한 特則

즉결심판절차의 심리기일에는 소추자인 경찰서장이 출석하지 아니하므로 被告人訊問에 관한 규정(법 287조)은 준용되지 아니한다.[1] 따라서 判事는 적당한 방법으로 피고인을 신문할 수 있다. 판사가 피고인을 신문하는 경우에는 피고인에게 陳述拒否權을 告知하여야 한다(즉결 9조 1항).

(6) 證據調査에 관한 特則

판사는 필요하다고 인정할 때에는 在廷하는 證據에 한하여 조사할 수 있다(즉결 9조 2항). 따라서 在廷하지 아니한 證人에 대한 증인신문신청은 허용되지 아니한다.

4. 卽決審判

(1) 證據法則에 관한 特則

즉결심판(즉결재판)의 경우에도 증거재판주의(법 307조), 자유심증주의(법 308조), 자백의 임의성법칙(법 309조)이 적용된다. 다만 즉결심판의 경우에는 證據法則의 特則이 있다.

1) 證據能力에 관한 特則 즉결심판절차에서는 형사소송법 제312조 3항과 제313조가 적용되지 아니한다(즉결 10조). 따라서 즉결심판절차에서는 피고인이 법정에서 사법경찰관이 작성한 自白調書의 내용을 부인하더라도 그 자백의 임의성이 인정되면 유죄의 증거로 사용할 수 있으며 피해자 · 참고인이 작성한 진술서에 대해서 피고인이 증거로 함에 不同意하고 원진술자의 진술에 의하여 그 成立의 眞正이 증명되지 아니한 경우에도 그 진술서에 기재된 진술은 즉결피고인의 공소사실에 관하여 證據能力이 인정된다.[2]

2) 自白의 補強法則의 排除 즉결심판의 경우에는 형사소송법 제310조는 적용되지 아니한다(즉결 10조). 따라서 즉결피고인의 警察自白을 유일한 증거로 하여 즉결심판청구사실을 有罪로 인정할 수 있다.

(2) 卽決審判의 宣告 · 告知

즉결피고인이 법정에 출석한 때에는 판사가 즉결심판을 선고하여야 하며 開廷 없이 즉결심판을 하는 경우에는 즉결심판서등본의 송달에 의하여 즉결심판을 고지하여야 한다(즉결 11조).

1) 백형구, 304면; 동저, 강의 904면.
2) 백형구, 305면; 동저, 강의 905면.

有罪의 즉결심판서에는 主文 · 犯罪事實 · 適用法條 등을 명시하여야 한다(즉결 12조). 즉결심판으로 선고 · 고지할 수 있는 主刑은 20만원 이하의 벌금 · 구류 · 과료에 한한다(즉결 2조). 즉결심판에 의해서는 벌금에 대한 선고유예가 허용된다고 해석하여야 한다.[1] 즉결심판으로 拘留를 선고하는 경우에는 5일 이내의 留置命令을 할 수 있으며 벌금 또는 과료를 선고하는 경우에는 假納命令을 할 수 있다(즉결 17조).

즉결심판으로도 무죄 · 면소 · 공소기각을 할 수 있다(즉결 11조 5항).

(3) 即決審判의 確定 · 執行

즉결심판은 정식재판청구기간의 경과, 정식재판청구의 포기 또는 취하, 정식재판청구를 기각하는 재판의 확정에 의해서 確定된다(즉결 16조). 즉결심판이 확정되면 確定判決과 同一한 效力이 있다(동조). 따라서 유죄 · 무죄 · 면소의 즉결심판이 확정되면 一事不再理의 효력이 발생하며 확정된 즉결심판은 재심 또는 비상상고의 대상으로 된다.

刑을 선고한 즉결심판이 確定되면 執行力이 발생한다. 즉결심판에 의한 刑의 執行은 경찰서장이 한다(즉결 18조). 구류는 경찰서유치장에서 집행할 수 있다(즉결 18조 2항).

5. 正式裁判의 請求와 法院의 處理

(1) 正式裁判의 請求

有罪의 즉결심판에 대해서 被告人은 정식재판을 청구할 수 있고 무죄 · 면소 · 공소기각의 즉결심판에 대하여 警察署長은 정식재판을 청구할 수 있다(즉결 14조 1항 · 2항).[2] 피고인의 上訴代理權者는 피고인을 위하여 정식재판을 청구할 수 있다(즉결 14조 4항). 被告人이 정식재판을 청구하는 경우에는 정식재판청구서를 경찰서장에게 제출하여야 하고 警察署長이 정식재판을 청구하는 경우에는 정식재판청구서를 판사에게 제출하여야 한다(즉결 14조 1항 · 2항). 정식재판의 청구기간은 즉결심판을 선고 또는 고지를 받은 날로부터 7일 이내이다(즉결 14조). 정식재판의 청구기간이 경과하면 정식재판청구권이 소멸하나 일정한 사유가 있는 경우에는 정식재판청구권의 회복이 인정된다(즉결 14조 4항).

정식재판의 청구는 이를 포기 또는 취하할 수 있다(즉결 14조 4항 → 법 349조).

---

1) 백형구, 305면.
2) 1989년 6월 16일의 全面改正時에 경찰서장에게도 정식재판청구권을 인정하였다.

(2) 判事·警察署長·檢事의 處理

정식재판청구서를 받은 경찰서장은 지체없이 이를 判事에게 송부하여야 하고 판사는 7일 이내에 사건기록과 정식재판청구서를 警察署長에게 송부하여야 하며 경찰서장은 이를 지체없이 관할지방검찰청 또는 지청의 長에게 송부하여야 하고 그 검찰청 또는 지청의 長은 이를 지체없이 管轄法院에 송부하여야 한다(즉결 14조). 公判開始 前에 사건기록을 법원으로 송부하는 것은 公訴狀一本主義에 위배되므로 정식재판청구서만을 법원으로 송부하는 내용으로 改正하여야 한다.[1)]

(3) 法院의 處理

1) **請求棄却** 정식재판의 청구가 법령상의 방식에 위반하거나 청구권의 소멸 후인 것이 명백한 때에는 결정으로 그 청구를 기각하여야 한다(즉결 19조→법 455조).

2) **公判節次에 의한 審判** 정식재판의 청구가 적법한 때에는 公判節次에 의하여 심판하여야 한다(즉결 19조→법 455조 3항). 정식재판청구에 의한 公判節次에서 즉결심판청구서의 變更이 허용된다고 해석하여야 한다.[2)] 刑을 선고한 즉결심판에 대해서 피고인이 정식재판을 청구한 경우에는 즉결심판의 刑과 정식재판의 刑 사이에 不利益變更禁止의 原則이 적용된다고 해석하여야 한다(즉결 19조→법 457조의2).[3)] 대법원 판례도 동일한 견해를 취하고 있다.[4)]

정식재판의 청구에 의한 判決이 있는 때에는 즉결심판은 그 효력을 잃는다(즉결 15조). 즉결심판이 실효되는 시기는 판결선고시가 아니라 判決確定時라고 해석하여야 한다(통설).

---

1) 백형구, 307면; 동저, 강의 907면; 이재상, 748면; 배종대·이상돈, 880면; 진계호, 817면.
2) 백형구, 307면; 동저, 강의 907면.
3) 백형구, 307면; 동저, 강의 908면; 이재상, 748면; 진계호, 818면.
4) 大判 1999. 1. 15, 98도2550.

제 2 절

公判節次의 附隨節次

Ⅰ. 訴訟費用

1. 訴訟費用의 意義

국가는 형벌권의 주체로서 형벌권을 행사할 책임이 있으므로 刑罰權行使에 소요되는 비용, 예컨대 搜査費用 · 檢證費用 · 鑑定費用 · 국선변호인의 보수 등은 이를 국가가 부담함을 원칙으로 하며 일정한 사유가 있는 경우에 한하여 被告人 또는 告訴人 등에게 일정한 소송비용을 부담시키고 있다.

형사소송법상 소송비용이라 함은 公判節次上 발생한 비용으로서 刑事訴訟費用등에관한法律[1]이 규정한 것을 말한다. 同法 제 2 조가 규정하고 있는 소송비용은 ① 증인 · 감정인 · 통역인 또는 번역인의 일당 · 여비 및 숙박료, ② 감정인 · 통역인 또는 번역인의 감정료 · 통역료 · 번역료 기타 비용, ③ 국선변호인의 일당 · 여비 · 숙박료 및 보수이다.

소송비용은 刑(형 41조)이 아니다. 다만 피고인에게 소송비용을 부담시키는 것은 재산적 법익의 박탈이라는 점에서 형벌적 성격이 있다.

2. 訴訟費用의 負擔

(1) 訴訟費用의 負擔者

民事訴訟에서는 敗訴한 當事者가 소송비용을 부담함을 원칙으로 하나(민소 98조) 刑事訴訟에서는 판결의 결과를 불문하고 국가기관인 檢事에게는 소송비용을 부

1) 1999년 12월 31일에 全面改正되었다.

담시키지 아니하고 피고인 · 고소인 등에게만 소송비용을 부담시키고 있다.

1) **被告人** 형을 선고하는 때에는 소송비용의 전부 또는 일부를 피고인에게 부담시켜야 한다. 다만 피고인의 경제적 사정으로 소송비용을 납부할 수 없는 때에는 그러하지 아니한다(법 186조 1항). 피고인에게 형을 선고하지 아니한 경우(예컨대 형의 면제 · 선고유예를 하는 경우)에도 피고인이 책임질 수 있는 사유로 발생한 소송비용은 피고인에게 부담시킬 수 있다(동조 2항). 共犯의 소송비용은 共犯者에게 連帶負擔하게 할 수 있다(법 187조).

2) **告訴人 · 告發人** 고소 또는 고발에 의하여 공소가 제기된 사건에 관하여 無罪 또는 免訴의 판결이 선고되고 고소인 또는 고발인에게 故意 또는 중대한 過失이 있는 때에는 소송비용의 전부 또는 일부를 고소인 또는 고발인에게 부담하게 할 수 있다(법 188조).

3) **上訴人 · 再審請求人** 검사 아닌 자가 상소 또는 재심청구를 하였는데 상소 또는 재심청구가 棄却된 경우 또는 피고인 아닌 자가 피고인이 제기한 상소 또는 재심청구를 取下한 경우에는 그 자에게 소송비용을 부담하게 할 수 있다(법 190조). 제 1 항의 檢事 아닌 者에는 被告人이 포함된다.[1)]

(2) 訴訟費用負擔의 節次

소송비용의 부담은 법원의 재판(판결 또는 결정)에 의하여야 한다(법 191조, 192조, 193조). 刑을 선고하는 판결을 하면서 피고인에게 소송비용을 부담시키는 경우에는 그러한 취지를 판결의 主文에 표시하여야 하며 그 이외의 경우에는 決定으로 하여야 한다.

3. 訴訟費用의 執行

소송비용부담의 재판은 검사의 命令에 의하여 執行한다(법 477조). 소송비용의 부담을 命하는 재판에 그 금액을 표시하지 아니한 때에는 집행을 지휘하는 檢事가 算定한다(법 194조). 검사의 負擔額算定에 대해서 異議가 있는 때에는 관할법원에 異議申請을 할 수 있다(법 489조).[2)]

소송비용부담의 재판을 받은 자가 빈곤으로 인하여 이를 완납할 수 없는 때에는 그 재판의 확정 후 10일 이내에 재판을 선고한 법원에 소송비용의 전부 또

1) 백형구, 672면; 강구진, 617면; 이재상, 628면; 신동운, 1008면; 배종대 · 이상돈, 747면; 송광섭, 324면; 차용석, 1000면; 진계호, 697면.
2) 백형구, 673면; 이재상, 628면; 신동운, 1009면; 배종대 · 이상돈, 749면; 송광섭, 325면; 차용석, 1001면; 진계호, 698면; 정웅석, 1087면.

는 일부에 대한 재판집행의 免除申請을 할 수 있다(법 487조). 이 신청에 대해서 법원은 決定을 하여야 하며 그 決定에 대해서는 즉시항고가 허용된다(법 491조). 이 신청이 있는 때에는 그 신청에 대한 재판이 확정될 때까지 소송비용부담의 재판의 執行이 停止된다(법 472조).

4. 無罪判決이 확정된 자에 대한 費用補償

무죄판결이 확정된 자에 대해서는 그 피고인이 지출한 변호인선임료, 그 피고인과 변호인이 지출한 여비, 숙박료 등을 국가가 보상하여야 한다(법 194조의2 내지 194조의4). 무죄판결이 확정된 자에 대한 비용보상은 피고인이었던 자의 청구에 의해서 무죄판결을 선고한 법원의 합의부에서 결정으로 한다(법 194조의3).

2007년 6월 1일 형사소송법의 개정시에 신설된 조항으로서 무죄판결이 확정된 자에게 사선변호인의 선임료를 보상하려는 데 그 입법취지가 있다. 다만 무죄판결이 확정된 자에 대한 형사보상을 소송비용의 장에서 규정하는 것은 부적절하다고 본다. 형사소송법 제 1 편 제16장 소송비용에 관한 규정은 피고인·고소인 등에게 소송비용을 부담시키는 요건과 절차에 관한 규정이지 국가가 피고인에게 소송비용을 지급하는 규정이 아니기 때문이다.

Ⅱ. 賠償命令

1. 賠償命令의 意義

법원은 일정한 범죄의 피고인에 대하여 有罪判決을 선고하면서 그 피고인에게 피해자에 대한 손해배상을 命할 수 있다(소촉 25조 1항). 이 손해배상명령을 賠償命令이라고 한다. 배상명령은 刑事判決에 의한 損害賠償命令이란 점에 제도의 특색이 있다. 배상명령은 제 1 심의 公判節次에서뿐 아니라 항소심의 공판절차에서도 할 수 있다(동조 1항).

배상명령제도는 1981년 1월 29일 공포된 「訴訟促進등에관한特例法」에 의해서 신설된 제도로서 일정한 범죄의 被害者에게 손해배상의 편의와 신속을 도모하려는 것이 제도의 존재이유이다. 그러나 배상명령에 관해서는 例外事由의 폭이 넓고(소촉 25조 3항) 피고인이 無資力인 경우에는 배상명령 자체가 無意味하므로 배상명령제도는 裁判實務上 유명무실화되고 있다.[1]

---

1) 백형구, 665면; 동저, 강의 911면.

2. 賠償命令의 制限

(1) 賠償命令의 對象事件

배상명령을 할 수 있는 犯罪는 상해죄·상해치사죄·폭행치사죄·과실치사상죄·재산죄(장물죄 제외)에 한정된다(소촉 25조 1항).

(2) 損害賠償의 範圍

피고사건의 범죄행위로 인하여 발생한 직접적인 物的 被害 및 治療費損害에 한정된다(동조 1항). 그러나 피고인과 피해자 사이에 손해배상의 액수에 관하여 합의된 때에는 그 손해배상액이 손해배상의 범위로 된다(동조 2항).

(3) 賠償命令의 例外事由

피고인의 배상책임의 유무 또는 그 범위가 명백하지 아니한 경우, 배상명령으로 인하여 공판절차가 현저히 지연될 우려가 있는 경우, 형사소송절차에서 배상명령을 하는 것이 상당하지 않다고 인정되는 경우 등에는 배상명령을 하여서는 안 된다(동조 3항).

3. 賠償命令의 節次

(1) 賠償申請

피해자 또는 그 상속인은 피고사건이 소송계속된 법원에 배상신청을 할 수 있다(소촉 26조 1항). 배상신청은 서면으로 함이 원칙이나 피해자가 증인으로 법정에 출석한 때에는 구술로 배상신청을 할 수 있다(동조 5항). 배상신청서에는 피고사건의 번호, 사건명, 사건이 계속된 법원, 배상의 대상과 내용, 배상을 청구하는 금액 등을 기재하여야 한다(동조 3항). 배상신청은 민사소송에 있어서의 소의 제기와 동일한 효력이 있다(동조 8항). 배상신청인은 배상명령이 확정되기까지는 언제든지 배상신청을 取下할 수 있다(동조 6항).

(2) 賠償申請에 대한 裁判

1) 배상신청의 却下 배상신청이 부적법한 때, 그 신청이 이유 없다고 인정된 때, 배상명령을 함이 상당하지 않다고 인정된 때에는 결정으로 배상신청을 却下하여야 한다(소촉 32조 1항). 이 결정에 대해서는 不服이 허용되지 아니한다(동조 3항).

2) 배상명령의 宣告 배상명령은 유죄판결의 선고와 동시에 하여야 하고 배상의 대상과 금액을 유죄판결의 主文에 표시하여야 한다(소촉 31조). 배상명령을 한 때에는 유죄판결서의 정본을 피고인과 피해자에게 송달하여야 한다(동조 5항).

유죄판결에 대하여 상소의 제기가 있는 때에는 배상명령은 피고사건과 함께 상소심에 移審된다(소촉 33조 1항). 피고인은 유죄판결에 대하여 상소를 제기함이 없이 배상명령에 대해서만 卽時抗告를 할 수 있다(동조 5항).

배상명령이 確定되면 執行力이 발생한다. 따라서 확정된 배상명령 또는 가집행선고가 있는 배상명령이 기재된 有罪判決書의 正本은 민사집행법에 의한 強制執行에 관하여는 執行力 있는 民事判決 正本과 동일한 효력이 있다(소촉 34조 1항).

제 3 절

刑事補償 · 刑의 失效

Ⅰ. 刑事補償

1. 刑事補償의 意義 · 種類

형사보상이라 함은 형사절차에서 억울하게 拘禁되거나 刑의 執行을 받은 사람에 대하여 국가가 그 손해를 補償하여 주는 제도를 말한다. 형사보상에는 被告人補償과 被疑者補償이 있다.[1] 被告人補償이라 함은 被告人으로 拘禁되었던 자 또는 刑의 執行을 받은 자에 대한 형사보상을 말하며 被疑者補償이라 함은 형사피의자로 구금되었던 자에 대한 형사보상을 말한다(형보 26조 1항). 헌법 제28조는 피의자와 피고인의 刑事補償請求權을 보장하고 있다.

2. 被告人補償

(1) 刑事補償의 要件

被告人으로 拘禁된 자 또는 刑의 執行을 받은 자에 대하여 無罪의 재판이 確定된 경우에 한하여 형사보상이 허용된다(형보 1조). 재심 · 비상상고의 절차에서 무죄판결이 선고되어 확정된 경우에도 형사보상을 청구할 수 있다(형보 1조). 自由刑의 執行이 종료된 후에 재심 또는 비상상고의 절차에서 무죄판결이 선고되어 확정된 경우에는 拘禁에 관한 보상을 청구할 수 있으며 死刑 또는 財産刑의 執行이 종료된 후에 재심 또는 비상상고의 절차에서 무죄판결이 선고되어 확정된 경

1) 백형구, 674면; 신동운, 1271면; 배종대 · 이상돈, 907면; 차용석, 1150~1151면; 진계호, 844면; 신양균, 1114~1115면; 정웅석, 1232면.

우에는 그 刑의 執行에 관한 보상을 청구할 수 있다(형보 1조).

無罪判決이 선고되어 확정된 경우에도 刑事責任能力이 없음을 이유로 무죄판결이 선고된 경우, 1개의 재판으로 競合犯의 일부에 대해서는 무죄판결이 선고되었으나 다른 일부에 대해서는 有罪判決이 선고된 경우에는 법원은 裁量으로 보상청구의 전부 또는 일부를 棄却할 수 있다(형보 3조).

(2) 刑事補償의 內容 · 範圍

형사보상의 내용과 범위, 보상액의 산정기준에 관해서는 형사보상법 제 4 조가 구체적으로 규정하고 있다.

(3) 刑事補償의 節次

형사보상의 절차는 이를 형사보상의 請求 · 그 청구에 대한 審理와 裁判 · 보상금의 支給으로 구분할 수 있다.[1]

1) 형사보상의 請求 무죄의 재판을 받은 자 또는 그 상속인은 형사보상을 청구할 수 있다(형보 1조, 2조). 형사보상의 청구는 무죄의 재판이 확정된 날로부터 1년 이내에 서면으로 하여야 하며(형보 7조, 8조) 상속인이 보상을 청구하는 때에는 상속인인 사실을 소명하여야 한다(형보 9조). 형사보상의 청구는 그 청구에 대한 재판이 있을 때까지 取消(取下)할 수 있으며 보상청구를 취하한 자는 다시 보상청구를 할 수 없다(형보 12조).

2) 보상청구에 대한 審理 보상의 청구가 있는 때에는 법원은 검사와 청구인의 의견을 들은 후 결정을 하여야 하며(형보 13조) 보상청구의 원인된 사실인 拘禁日數와 刑執行의 內容을 職權으로 조사하여야 한다(형보 14조).

3) 보상청구에 대한 裁判 형사보상의 청구가 부적법한 경우에는 결정으로 보상청구를 却下하여야 하고(형보 15조) 보상청구가 이유 없는 때에는 결정으로 보상청구를 棄却하여야 한다(형보 16조 2항). 보상청구를 기각하는 결정에 대하여는 즉시항고가 허용된다(형보 19조 2항).

보상청구가 적법하고 이유 있는 때에는 補償의 결정을 하여야 한다(형보 16조 1항). 이 결정에 대해서는 不服申請이 허용되지 아니한다(형보 19조 1항). 다만 補償決定이 法令에 違反되고 그 위법이 決定에 영향을 미친 때에는 즉시항고가 허용된다고 해석하여야 한다.[2] 대법원판례도 동일한 견해를 취하고 있다.[3]

1) 백형구, 677면; 동저, 강의 916면.
2) 백형구, 679면; 동저, 강의 918면; 신동운, 1278면; 배종대 · 이상돈, 913면; 진계호, 849면; 신양균, 1120면.
3) 大判 1965. 5. 18, 65다537.

4) **報償金의 支給** 보상금의 지급은 보상결정을 한 법원에 대응한 檢察廳에서 한다(형보 20조 1항). 보상결정이 송달된 후 1년 이내에 보상금지급을 청구하지 아니한 때에는 그 권리를 상실한다(동조 3항).

3. 被疑者補償

(1) 刑事補償의 要件

拘禁된 被疑者에 대하여 기소유예·기소중지 이외의 不起訴處分이 확정된 경우에 그 피의자는 拘禁에 관한 보상을 청구할 수 있다(형보 26조). 구금된 피의자가 불기소처분을 받은 경우에도 일정한 사유가 있는 경우에는 피의자보상의 전부 또는 일부를 하지 아니할 수 있다(동조 2항).

(2) 刑事補償의 節次

1) **補償請求** 피의자보상의 청구권자는 불기소처분을 받은 被疑者이다(형보 26조 1항). 피의자보상의 청구는 불기소처분의 통지를 받은 날로부터 1년 이내에 하여야 한다(형보 27조).

2) **審査機關** 피의자보상의 심사기관은 지방검찰청에 설치된 被疑者補償審議會이다(형보 26조 3항). 이 심의회의 決定에 대해서는 行政訴訟이 허용된다(형보 27조 4항).

3) **補償節次** 피의자보상의 절차에 관하여는 무죄의 재판을 받은 자에 대한 보상에 관한 刑事補償法의 규정을 준용한다(형보 28조).

Ⅱ. 刑의 失效

1. 總 說

(1) 意義·分類

刑의 失效라 함은 刑을 선고한 裁判이 失效되는 것을 말한다.[1] 형이 실효되면 前科가 抹消된다. 따라서 형의 실효는 刑執行權의 消滅과 구별하여야 한다. 예컨대 형의 집행을 종료하거나 형의 시효가 완성된 경우는 형의 집행권은 소멸하나 형의 선고는 실효되지 아니한다.

현행법상 형이 실효되는 경우에는 裁判 또는 赦免에 의해서 형이 실효되는 경우와 法律上 당연히 형이 실효되는 경우가 있다. 형의 실효에 관해서는 刑法, 刑事訴訟法, 刑의失效등에관한法律, 赦免法에서 규정하고 있다.

1) 백형구, 681면; 동저, 강의 920면.

(2) 制度의 存在理由

형의 실효제도는 前科로 인한 資格制限을 해제함으로써 前科者의 社會進出을 가능케 하려는데 그 목적이 있다. 따라서 형의 실효제도는 前科者의 法的 更生制度에 해당한다.[1)]

2. 刑의 裁判上 失效

(1) 意 義

刑의 裁判上 失效라 함은 징역 또는 금고의 執行을 종료하거나 그 執行이 면제된 후에 법원의 裁判에 의해서 형선고의 효력을 상실케 하는 것을 말한다.

(2) 要 件

징역 또는 금고의 선고를 받고 그 재판이 확정된 후 ① 그 執行을 종료하거나 執行이 免除되고, ② 형의 집행을 종료하거나 면제된 후 자격정지 이상의 형을 받음이 없이 7년을 경과하고, ③ 被害者의 損害를 補償하여야 법원은 형의 실효를 선고할 수 있다(형법 81조).

受刑者가 실제로 형의 집행을 종료하고 出所한 경우뿐 아니라 형의 집행을 종료한 것으로 간주하는 경우(형법 76조)도 형의 집행을 종료한 경우에 해당하며 刑의 時效가 완성된 경우(형법 77조), 재판확정 후 법률의 변경에 의하여 그 행위가 범죄를 구성하지 아니한 경우(형법 1조 3항)는 형의 집행이 免除된 경우에 해당한다.

범인(피의자 · 피고인 · 수형자)이 직접 피해자에게 손해를 보상한 경우는 물론 장물이 압수되어 피해자에게 還付된 경우도 피해자에 대한 손해를 보상한 경우에 해당한다.[2)] 損害의 補償은 피해자에게 손해보상이 가능한 범죄에 한해서 형실효선고의 요건으로 된다고 해석하여야 한다.[3)] 따라서 국가보안법위반죄, 도주죄, 범인은닉죄 등과 같이 피해자에 대한 손해보상이 사실상 불가능한 범죄인 경우에는 손해보상은 형실효선고의 요건으로 되지 아니한다.[4)]

(3) 節 次

1) 刑失效의 申請　형의 선고를 받은 本人 또는 檢事는 법원에 형의 실효선고를 신청할 수 있다(형법 81조).

2) 法院의 決定　관할법원은 그 사건에 관한 기록이 보관되어 있는 檢

1) 백형구, 681면; 동저, 강의 920면.
2) 大決 1969. 4. 17, 69초1590; 백형구, 683면; 동저, 강의 921~922면.
3) 大決 1973. 2. 13, 73초6; 大決 1975. 9. 25, 75초62.
4) 백형구, 683면; 동저, 강의 922면.

察廳에 대응하는 法院이다(법 337조). 형실효선고의 신청이 있는 때에는 법원은 결정을 하여야 하며(동조 2항·3항) 신청이 적법하고 이유 있다고 인정한 때에는 결정으로 형의 실효를 선고하여야 한다. 신청을 却下하는 결정에 대해서는 즉시항고가 허용되나(동조 3항) 신청을 인용하는 결정에 대해서는 항고가 허용되지 아니한다.

(4) 效 果

1) 刑의 失效 형의 실효선고에 의해서 형(징역·금고)의 선고에 기한 法的 效果가 장래를 향하여 소멸한다.[1] 형의 선고에 기한 法的 效果가 소멸한다는 것은 형의 선고로 인한 法的 不利益(예컨대 자격제한)이 해소된다는 것을 의미한다. 따라서 형의 실효를 선고한 재판이 확정되면 그 선고를 받은 자는 '금고 이상의 형을 받은 자'의 지위에서 벗어난다. 그러나 형의 실효를 선고한 재판이 확정된 경우에도 형의 선고로 인하여 상실된 자격이 소급해서 회복되는 것이 아니다. 예컨대 형의 선고로 인해서 공무원의 직을 상실한 자가 형의 실효선고에 의해서 당연히 復職되지 아니한다.

2) 前科의 抹消 형의 실효를 선고한 재판이 확정된 때에는 受刑人名票를 廢棄하고 受刑人名簿의 해당란을 삭제하여야 한다(형실효 8조 1호).

3) 量刑의 資料 형의 실효선고가 있는 경우에도 형의 선고가 있었다는 기왕의 사실 그 자체가 없어지는 것은 아니므로 이미 실효된 前科를 피고인에게 不利益한 量刑資料로 삼아도 위법이 아니다.

3. 刑의 法律上 失效

(1) 意 義

刑의 法律上 失效라 함은 일정한 期間의 經過에 의해서 법률상 당연히 형의 선고가 실효되는 것을 말한다.

(2) 事 由

1) 執行猶豫期間의 經過 집행유예의 선고를 받은 후 그 선고의 실효 또는 취소됨이 없이 유예기간이 경과한 때에는 형의 선고는 효력을 잃는다(형법 65조).

2) 法定期間의 無事經過 受刑人이 형의 집행을 종료하거나 그 집행이 면제된 후 자격정지 이상의 형을 받음이 없이 일정한 기간을 경과하면 그 형은 실효된다(형실효 7조). 징역·금고는 10년 또는 5년이 경과한 때, 벌금은 2년이 경과한 때에 형이 실효되며 구류와 과료는 형의 집행을 종료하거나, 그 집행이 면제

1) 大判 1974.5.14, 74누2; 大判 1991.5.1, 90누3720.

된 때에 그 형이 실효된다(형실효 7조 1항).

(3) 效 果

裁判에 의해서 형이 실효되는 경우와 동일하다(형실효 8조).

4. 赦免에 의한 刑의 失效

一般赦免에 의해서 형의 선고는 그 효력을 상실한다(사면 1항 5조 1호). 일반사면에 의해서 형선고의 효력은 장래를 향하여 상실하며 소급효가 없다. 따라서 형의 선고로 인한 기성의 효과는 일반사면으로 인하여 변경되지 아니한다(동조 2항). 즉 일반사면이 있었다고 해서 형의 선고가 있었다는 기왕의 사실 자체가 소멸되는 것은 아니다.[1] 대법원판례도 동일한 견해를 취하고 있다.[2] 일반사면에 의해서 형의 선고가 실효되므로 일반사면이 있는 때에는 수형인명표를 폐기하고 수형인명부의 해당란을 삭제하여야 한다(형실효 8조).

1) 백형구, 689면; 동저, 강의 924면.
2) 大判 1995. 12. 22, 95도2446.

부 록

1. 공판절차 · 항소심절차의 도표
2. 학설 · 판례의 일람표
3. 형사소송법 개정법률 해설

〈부록 1〉

〈公判節次 圖表〉

1. 冒頭節次
   - 재판장의 인정신문(법 284조)
   - 검사의 모두진술(법 285조)
   - 진술거부권의 고지(법 283조의2)
   - 피고인의 모두진술(법 286조)
   - 재판장의 쟁점정리(법 287조)
2. 事實審理
   - 증거조사(법 290조 내지 296조)
   - 피고인신문(법 296조의2)
   - 최종변론(법 302조, 303조)
3. 判決宣告
   - 무죄판결(법 325조)
   - 유죄판결(법 321조, 323조)

〈抗訴審節次 圖表〉

1. 抗訴法院의 準備節次
   - 소송기록접수통지(법 361조의2)
   - 국선변호인의 선정(규칙 156조의2)
   - 항소이유서 · 답변서의 제출(법 361조의3)
   - 항소기각의 결정(법 361조의4)
2. 抗訴法院의 公判審理
   - 모두절차
     - 인정신문(법 370조, 284조)
     - 항소이유진술(통설)
   - 사실심리
     - 증거조사(법 370조, 161조의2 등)
     - 피고인신문(법 370조, 296조의2)
     - 최종변론(법 370조, 302조, 303조)
3. 抗訴法院의 終局裁判
   - 공소기각결정(법 363조)
   - 항소기각판결(법 364조)
   - 파기판결
     - 자판(법 364조)
     - 환송(법 366조)
     - 이송(법 367조)

〈부록 2〉

학설 · 판례의 일람표

제2장 搜　　査

1. 공소제기 후 피고인조사의 허용성
   △ 학설: 적극설 · 소극설 · 절충설 35면

2. 공소제기 후 대물적 강제수사의 허용 여부
   △ 학설: 적극설 · 소극설 35면

3. 친고죄에 있어 고소 전 수사의 허용성
   (1) 학설: 전면적 허용설 · 전면적 부정설 · 제한적 허용설 38면
   (2) 판례: 제한적 허용설

4. 함정수사의 소송법적 효과
   (1) 학설: 공소기각판결설 · 면소판결설 · 무죄판결설 · 유죄판결설 39면
   (2) 판례: 공소기각판결설

5. 사법경찰관의 수사절차상 지위
   △ 학설: 보조기관설 · 수사주체설 42면

6. 경찰수사권독립론(입법론)
   △ 학설: 찬성론 · 시기상조론 42면

7. 변사체의 의의
   △ 학설: 광의설 · 협의설 48면

8. 법정대리인의 고소권
   △ 학설: 고유권설 · 독립대리권설 51면

9. 합의서의 고소취소 효력
   (1) 학설: 적극설 · 소극설 54면

(2) 판례: 적 극 설

10. 친고죄의 공범자 중 일부에 대한 고소취소의 허용 여부
(1) 학설: 적극설 · 소극설 54면
(2) 판례: 소 극 설

11. 고소포기의 허용 여부
(1) 학설: 적극설 · 소극설 · 절충설 56면
(2) 판례: 소 극 설

12. 고소추완의 허용 여부
(1) 학설: 적극설 · 소극설 · 절충설 57면
(2) 판례: 소 극 설

13. 임의제출물의 압수
△ 학설: 임의수사설 · 강제수사설 58면

14. 공무소 등에 대한 사실조회
△ 학설: 임의수사설 · 강제수사설 60면

15. 불심검문과 준현행범인
△ 학설: 적극설 · 소극설 67면

16. 현행범인의 체포와 체포의 필요성
(1) 학설: 적극설 · 소극설 67면
(2) 판례: 적 극 설

17. 피의자에 대한 이중구속의 허용 여부
△ 학설: 적극설 · 소극설 69면

18. 법 제216조 1항 2호의 체포현장의 범위
△ 학설: 현장설 · 접착설 등 75면

제 3 장 公　訴

Ⅰ. 공소권의 본질

△ 학설: 추상적 공소권설 · 구체적 공소권설 · 유죄판결청구권설 · 실체판결청구권설 92면

Ⅱ. 공소권의 남용

1. 무혐의사건의 기소
   △ 학설: 공소기각판결설 · 무죄판결설 93면

2. 경미사건의 기소
   △ 학설: 공소기각판결설 · 유죄판결설 93면

3. 차별적 기소
   (1) 학설: 실체판결설 · 공소기각판결설 94면
   (2) 판례: 실체판결설

4. 악의의 분리기소
   (1) 학설: 공소기각판결설 · 유죄판결설 94면
   (2) 판례: 유죄판결설

Ⅲ. 공소사실

1. 공소사실의 의의
   △ 학설: 광의설 · 협의설 100면

2. 포괄일죄에 있어 공소사실의 특정정도
   (1) 학설: 포괄적 특정설 · 개별적 특정설 101면
   (2) 판례: 포괄적 특정설

3. 죄명과 적용법조의 기재누락과 공소제기의 효력
   △ 학설: 공소제기무효설 · 공소제기유효설 102면

4. 공소사실의 예비적 · 택일적 기재의 허용범위
   (1) 학설: 한정성 · 비한정설 103면
   (2) 판례: 비한정설

Ⅳ. 공소장일본주의

1. 공소장에 전과기재와 공소장일본주의의 위반
   △ 학설: 적극설 · 소극설 109면

2. 약식명령청구시 기록제출과 공소장일본주의의 예외
   △ 학설: 적극설 · 소극설 110면

Ⅴ. 공소시효

1. 형사시효의 구분

△ 학설: 형사시효 2 분설 · 형사시효 3 분설 119면

2. 공소시효의 본질

△ 학설: 실체법설 · 소송법설 120면

3. 공소시효기간의 기준에 관한 학설대립 121면

4. 포괄일죄에 있어 공소시효기간의 기산점

(1) 학설: 최종행위종료시설 · 개별적 판단설 122면

(2) 판례: 최종행위종료시설

5. 대통령의 불소추특권과 공소시효의 정지

△ 학설: 적극설 · 소극설 124면

Ⅵ. 재정신청 · 재정결정

1. 강제처분의 허용 여부

△ 학설: 적극설 · 소극설 129면

2. 기피신청의 허용 여부

△ 학설: 적극설 · 소극설 130면

3. 기각결정에 대한 재항고

(1) 학설: 적극설 · 소극설 131면

(2) 판례: 적 극 설

제 4 장 公 判

1. 공소사실의 동일성의 판단기준

(1) 학설: 기본적 사실동일설 · 죄질동일설 · 구성요건공통설 · 소인공통설 · 범죄행위 동일설 141면

(2) 판례: 기본적 사실동일설

2. 공판절차상 심판의 대상

△ 학설: 공소사실대상설 · 소인대상설 · 절충설 · 이원설 147면

3. 소인의 인정 여부

△ 학설: 소인인정설 · 소인부정설 146면

4. 공동피고인의 증인적격
   (1) 학설: 적극설 · 소극설 · 절충설 172면
   (2) 판례: 절 충 설

5. 변호인의 증인적격
   △ 학설: 소극설 · 적극설 172면

6. 검사의 증인적격
   △ 학설: 소극설 · 적극설 173면

7. 증언거부권의 불고지와 증거능력
   (1) 학설: 적극설 · 소극설 176면
   (2) 판례: 적 극 설

8. 감정신청인의 감정인 지정권
   △ 학설: 적극설 · 소극설 184면

9. 공소장변경 요부의 기준
   (1) 학설: 동일벌조설 · 법률구성설 · 실질적 불이익설(사실기재설) 191면
   (2) 판례: 실질적 불이익설

10. 공소장변경요구의 성질
   (1) 학설: 의무설 · 재량설 · 예외적 의무설 194면
   (2) 판례: 재 량 설

11. 항소심에서 공소장변경의 허용 여부
   (1) 학설: 적극설 · 소극설 193면
   (2) 판례: 적 극 설

12. 공판절차갱신의 이유
   △ 학설: 기억상실설 · 소송행위무효설 199면

13. 피고인에 대한 이중구속의 허용 여부
   △ 학설: 적극설 · 소극설 203면

14. 피고인구속기간의 기산일
   △ 학설: 구속영장집행시설 · 인치완료시설 206면

15. 공소기각판결에 대한 피고인의 상소

(1) 학설: 적극설 · 소극설(상소이익흠결설 · 소송조건흠결설) 215면

(2) 판례: 소극설(상소이익흠결설)

16. 면소판결에 대한 피고인의 상소

(1) 학설: 적극설 · 소극설(실체판결청구권흠결설 · 소송조건흠결설) 217면

(2) 판례: 소극설(실체판결청구권흠결설)

17. 면소판결의 본질

(1) 학설: 실체재판설 · 형식재판설 · 2분설 · 실제관계적 형식재판설 218면

(2) 판례: 형식재판설

제5장 上 訴

1. 공소기각판결에 대한 피고인의 상소이익

(1) 학설: 적극설 · 소극설 232면

(2) 판례: 소극설(상소이익흠결설)

2. 면소판결에 대한 피고인의 상소이익

(1) 학설: 적극설 · 소극설 232면

(2) 판례: 소극설(실체판결청구권흠결설)

3. 상소제기에 의한 이심의 효력발생시점

(1) 학설: 상소장제출시설 · 소송기록도달시설 235면

4. 일부상소의 효력(상소심에서 죄수판단을 달리하는 경우)

(1) 학설: 전부이심설 · 일부이심설 238면

(2) 판례: 전부이심설

5. 불이익금지의 원칙의 적용범위

(1) 검사가 피고인을 위하여 상소한 경우: 적극설 · 소극설 242면

(2) 항고심의 경우: 적극설 · 소극설 242면

(3) 소송비용의 불이익변경: 적극설 · 소극설 243면

6. 부정기형과 정기형 사이의 형의 비교

(1) 학설: 단기설 · 장기설 · 중간설 245면

(2) 판례: 단 기 설

7. 병합심판의 경우에 있어 형의 비교
△ 학설: 합산설 · 가산설 246면

8. 재심사유를 이유로 한 검사의 항소
△ 학설: 적극설 · 소극설 252면

9. 재소자의 상소이유서 제출기간과 재소자의 특칙
(1) 학설: 준용부정설 · 준용긍절설 256면
(2) 판례: 준용긍정설

10. 항소심에서의 파기자판과 구두변론주의의 예외
(1) 학설: 적극설 · 소극설 260면
(2) 판례: 소 극 설

11. 현행법상 항소심의 구조
(1) 학설: 원칙적 사후심설 · 원칙적 속심설 264면
(2) 판례: 원칙적 속심설

12. 상고심판결의 확정시기
(1) 학설: 선고시설 · 정정신청기간경과시설 275면
(2) 판례: 선고시설

13. 파기판결의 구속력의 성질
△ 학설: 중간판결설 · 기판력설 · 특수효력설 273면

14. 대법원판례의 변경과 파기판결 구속력의 배제
△ 학설: 적극설 · 소극설 274면

제6장 再審 · 非常上告

1. 새로 발견된 증거의 증거능력 유무
△ 학설: 적극설 · 소극설 · 절충설 291면

2. 증거의 명백성 유무의 판단
△ 학설: 심증인계설 · 재평가설 291면

3. 기소유예와 확정판결을 받을 수 없을 때
(1) 학설: 적극설 · 소극설 293면

(2) 판례: 소 극 설

4. 경합범과 재심결정의 범위

(1) 학설: 경합범전부설 · 경합범일부설 295면

(2) 판례:경합범전부설

5. 재심공판절차에서의 공소장변경의 허용범위

△ 학설: 한정설 · 비한정설 296면

6. 재심무죄판결의 공시

△ 학설: 무죄판결선고시설 · 무죄판결확정시설 297면

7. 공소기각결정과 비상상고의 대상

△ 학설: 적극설 · 소극설 299면

8. 판결의 법령위반과 소송절차의 법령위반의 구별

△ 학설: 제 1 설 · 제 2 설 · 제 3 설 · 제 4 설 299면

9. 사실오인으로 인한 법령위반과 비상상고의 이유

△ 학설: 소극설 · 적극설 · 절충설 300면

10. 비상상고사건의 심리절차에서의 변호인의 출석권 · 의견진술권

△ 학설: 적극설 · 소극설 302면

제 7 장 證 據

1. 증거서류와 증거물인 서면의 구별

△ 학설: 제 1 설 · 제 2 설 · 제 3 설 309면

2. 증거금지사실의 인정 여부

△ 학설: 적극설 · 소극설 315면

3. 거증책임의 인정 여부

△ 학설: 거증책임긍정설 · 거증책임부정설 319면

4. 형법 제263조의 의미

△ 학설: 공동정범추정설 · 기수범추정설 320면

5. 명예훼손죄의 공익성 · 진실성과 거증책임의 부담

(1) 학설: 피고인부담설·검사부담설 321면
(2) 판례: 피고인부담설

6. 법률상 추정과 자유심증주의의 예외
△ 학설: 적극설·소극설 326면

7. 공범자의 자백과 보강증거의 요부
(1) 학설: 보강증거필요설·보강증거불요설·절충설 327면
(2) 판례: 보강증거불요설

8. 수첩·메모 등의 보강증거 자격
(1) 학설: 적극설·소극설 329면
(2) 판례: 적 극 설

9. 공범자의 자백과 보강증거의 자격
(1) 학설: 적극설·소극설 330면
(2) 판례: 적 극 설

10. 범인과 피고인과의 동일성과 보강증거의 요부
(1) 학설: 적극설·소극설 330면

11. 보강증거에 의한 보강의 범위·정도
(1) 학설: 죄체설·진실성담보설 330면
(2) 판례: 진실성담보설

12. 과형상 1죄에 보강증거가 필요한 범위
△ 학설: 각죄설·중한죄설 331면

13. 보강증거의 양
(1) 학설: 단독설·종합설 332면
(2) 판례: 종 합 설

14. 탄핵증거의 허용범위
△ 학설: 한정설·비한정설·절충설·이원설 333면

15. 피고인의 진술과 탄핵의 대상
△ 학설: 적극설·소극설 335면

16. 영장주의의 위반과 압수물의 증거능력

(1) 학설: 증거능력을 부정(통설) 339면
(2) 판례: 증거능력을 인정

17. 피의자신문시 진술거부권의 불고지와 자백의 증거능력
(1) 학설: 법 제309조에 의하여 증거능력을 부정하여야 한다는 학설과 자백의 임의성이 인정되는 경우에도 위법수집증거의 배제법칙에 의하여 자백의 증거능력을 부정하여야 한다는 학설이 대립되고 있다. 340면
(2) 판례: 후설의 이론구성을 취하고 있다.

18. 법 제244조의 위반과 증거능력
(1) 학설: 증거능력을 부정 340면
(2) 판례: 증거능력을 인정

19. 위법수집증거와 증거동의
△ 학설: 적극설 · 소극설 · 절충설 341면

20. 위법수집증거와 독수독과의 원칙
△ 학설: 소극설 · 절충설 342면

21. 자백의 임의성법칙의 이론적 근거
(1) 학설: 허위배제설 · 인권옹호설 · 결합설(절충설) · 위법배제설 344면
(2) 판례: 결합설(절충설)

22. 자백의 임의성의 증명
△ 학설: 엄격한 증명설 · 자유로운 증명설 346면

23. 고문 · 협박 등과 자백 사이의 인과관계의 요부
(1) 학설: 적극설 · 소극설 347면
(2) 판례: 적극설(인과관계 필요설)

24. 검사 작성 피의자신문조서에 있어 실질적 성립의 진정의 의미
(1) 학설: 조서에 기재된 진술이 임의적이며 진실에 부합됨을 의미한다는 견해와 진술과 조서기재가 일치함을 의미한다는 견해가 대립되고 있다. 349면
(2) 판례: 후설을 취하고 있다.

25. 요구형 피의자진술서의 증거능력

(1) 학설: 312조설·313조설 351면

(2) 판례: 312조설

26. 자진형 피의자진술서의 증거능력

△ 학설: 법 제312조 3항이 적용된다는 견해와 제313조 1항이 적용된다는 견해가 대립되고 있다. 352면

27. 공동피고인의 공판정자백의 증거능력

(1) 학설: 반대신문필요설·반대신문불요설 354면

(2) 판례: 반대신문불요설

28. 전문법칙의 이론적 근거와 직접심리주의

△ 학설: 적극설·소극설 358면

29. 전문법칙의 이론적 근거와 신용성의 결여

△ 학설: 적극설·소극설 358면

30. 다른 피고사건의 공판조서의 증거능력

△ 학설: 법 제311조가 적용된다는 학설과 법 제315조 3호가 적용된다는 학설이 대립되고 있다. 361면

31. 경찰 작성 피의자신문조서와 법 314조의 적용 여부

(1) 학설: 적극설·소극설 365면

(2) 판례: 소 극 설

32. 법 제317조와 임의성 조사

△ 학설: 적극설·소극설 366면

33. 실황조사서의 증거능력

△ 학설: 적극설·소극설 371면

34. 진술녹음테이프의 증거능력과 서명날인의 요부

△ 학설: 적극설·소극설 374면

35. 거짓말탐지기 검사결과의 증거능력

(1) 학설: 증거능력을 부정(통설) 377면

(2) 판례: 증거능력을 부정

36. 당사자의 증거동의와 증거동의의 본질

△ 학설: 반대신문권포기설 · 새로운 학설(증거능력과 증명력을 다툴 권리의 포기를 의미한다는 학설) 378면

37. 증거동의와 전문법칙과의 관계

(1) 학설: 전문법칙예외설 · 전문법칙부적용설 379면

(2) 판례: 전문법칙예외설

38. 변호인의 증거동의권의 성질

(1) 학설: 종속대리권설 · 독립대리권설 380면

(2) 판례: 독립대리권설

39. 압수물과 증거동의의 대상

△ 학설: 적극설 · 소극설 381면

40. 묵시적 증거동의의 허용 여부

△ 학설: 적극설 · 소극설 382면

41. 포괄적 증거동의의 허용 여부

△ 학설: 적극설 · 소극설 382면

42. 퇴정명령에 의한 퇴정과 증거동의의 의제

△ 학설: 적극설 · 소극설 383면

43. 자의적 퇴정과 증거동의의 의제

△ 학설: 적극설 · 소극설 383면

44. 증거동의의 철회가 허용되는 시기

(1) 학설: 증거조사완료전설 · 구두변론종결전설 383면

(2) 판례: 증거조사완료전설

45. 증거동의 후 증명력 탄핵의 허용 여부

△ 학설: 적극설 · 소극설 385면

第8장 裁　　判

1. 자수주장을 배척하는 판결의 명시 요부

(1) 학설: 적극설 · 소극설 396면

(2) 판례: 소 극 설

2. 상고심판결의 확정시기

(1) 학설: 선고시설 · 정정신청기간경과시설 400면

(2) 판례: 선고시설

3. 공소기각결정확정 후 피고인의 생존사실이 판명된 경우

△ 학설: 소추허용설 · 소추불허용설 401면

4. 기판력의 본질

△ 학설: 실체법설 · 소송법설 · 구체적 규범설 402면

5. 당연무효의 확정판결과 일사부재리의 효력

△ 학설: 적극설 · 소극설 404면

6. 실체재판과 기판력의 근거

△ 학설: 실체적 확정력설 · 이중위험금지설 404면

7. 면소판결과 기판력의 근거

△ 학설: 제 1 설 · 제 2 설 · 제 3 설 · 제 4 설 404면

8. 여죄사실과 일사부재리의 효력

△ 학설: 적극설 · 소극설 406면

9. 약식명령의 기판력이 미치는 시간적 범위

(1) 학설: 발령시설 · 고지시설 406면

(2) 판례: 발령시설

10. 약식명령에서 선고유예의 허용 여부

△ 학설: 적극설 · 소극설 476면

제 9 장 訴訟節次의 基礎理論

1. 형사소송의 기본구조

△ 학설: 당사자주의설 · 직권주의설 17면

2. 소송절차의 법적 성질

△ 학설: 법률관계설 · 소송상태설 · 이원설 415면

3. 소송절차의 분석

△ 학설: 3분설 · 2분설 416면

4. 공판절차 2분론(입법론)

△ 학설: 찬성론 · 반대론 417면

5. 소송행위 대리의 허용 여부

△ 학설: 적극설 · 소극설 424면

제 10 장 訴訟主體

1. 피고인의 기준

△ 학설: 표시설 · 행동설 · 의사설 · 절충설 443면

2. 유죄판결확정 후 위장출석사실이 판명된 경우

△ 학설: 재심설 · 비상상고설 444면

3. 유죄판결확정 후 성명모용사실이 판명된 경우

△ 학설: 재심설 · 전과말소설 444면

4. 약식명령에 대해서 피모용자가 정식재판을 청구한 경우

(1) 학설: 공소장의 피고인 표시를 정정한 후 모용자에 대해서 심리· 판결을 하여야 한다. 444면

(2) 판례: 피고인표시를 모용자로 정정한 약식명령서를 모용자에게 송달하여야 한다.

5. 법인을 처벌할 수 없는 범죄로 법인이 공소제기된 경우

△ 학설: 무죄판결설 · 공소기각판결설 449면

6. 법인의 당사자능력 소멸시점

△ 학설: 청산절차완료시설 · 소송종결시설 449면

7. 인정신문과 진술거부권행사의 허용 여부

△ 학설: 적극설 · 소극설 · 절충설 452면

8. 피의자신문시 진술거부권 불고지의 효과

(1) 학설: 자백의 임의성이 없으므로 법 제309조에 의해서 자백의 증거능력을 부정하여야 한다는 학설과 자백의 임의성이 인정

되는 경우에도 위법수집증거의 배제법칙에 의해서 자백의 증거능력을 부정하여야 한다는 학설이 대립되고 있다. 453면

(2) 판례: 후자의 이론구성을 취하고 있다.

9. 피고인신문시 진술거부권 불고지의 효과

△ 학설: 공판정자백의 증거능력을 부정하여야 한다는 학설과 피고인에게 진술거부권을 고지하지 아니하였다는 사실만으로 공판정자백의 증거능력을 부정할 수 없다는 학설이 대립되고 있다. 453면

10. 진술거부권 행사와 양형상 불이익

△ 학설: 적극설 · 소극설 454면

11. 진술거부권 포기의 허용 여부

△ 학설: 적극설 · 소극설 454면

12. 실질적 변호와 형식적 변호의 구별

△ 학설: 필요설 · 불필요설 455면

13. 변호인선임의 추완

△ 학설: 적극설 · 소극설 430, 457면

14. 약식명령과 1심공판절차에서의 제척

(1) 학설: 적극설 · 소극설 471면

(2) 판례: 소 극 설

15. 약식명령과 항소심공판절차에서의 제척

(1) 학설: 적극설 · 소극설 471면

(2) 판례: 적 극 설

〈부록 3〉

刑事訴訟法 改正法律 解說

Ⅰ. 중요한 수험자료

사개추위(사법제도개혁추진위원회의 약칭)에서 만들어 정부안으로 국회에 제출된 형사소송법 일부개정법률안이 2007년 4월 30일 국회에서 수정통과되었으며, 2007년 6월 1일 법률 제8496호로 공포되었다. 형사소송법의 개정법률은 중요한 수험자료이므로 그 내용을 소개하고 간단한 해설을 붙였다.

Ⅱ. 證據法의 改正

1. 증명의 정도(법 제307조 제 2 항의 신설)

(1) 신설규정의 내용

② 「범죄사실의 인정은 합리적인 의심이 없는 정도의 증명에 이르러야 한다.」는 규정을 법(형사소송법의 약칭)제370조 제 2 항으로 신설하였다.

(2) 해 설

증명의 정도에 관한 당연한 내용을 명문화한 것이다. 증명의 정도는 법관의 심증형성의 정도를 의미한다.

2. 위법수집증거의 배제(법 제308조 의2의 신설)

(1) 신설규정의 내용

「적법한 절차에 따르지 아니하고 수집한 증거는 증거로 할 수 없다.」는 규정을 신설하여 위법수집증거의 배제법칙을 명문화하였다.

(2) 해 설

위법수집증거의 증거능력을 부정하여야 한다는 것이 통설이며 타당하다.

3. 검사 작성 피의자신문조서의 증거능력(법 제312조 제1항)

(1) 규정내용

「① 검사가 피고인이 된 피의자의 진술을 기재한 조서는 적법한 절차와 방식에 따라 작성된 것으로서 피고인이 진술한 내용과 동일하게 기재되어 있음이 공판준비 또는 공판기일에서의 피고인의 진술에 의하여 인정되고, 그 조서에 기재된 진술이 특히 신빙할 수 있는 상태 하에서 행하여졌음이 증명된 때에 한하여 증거로 할 수 있다.」는 내용으로 검사 작성 피의자신문조서의 증거능력에 관한 규정(구법 제312조 제1항)을 개정하였다.

(2) 해　　설

검사가 작성한 피의자신문조서에 기재된 자백은 피의자신문의 절차와 방법이 적법하고(절차의 적법성) 그 조서의 실질적 성립의 진정이 인정되며(조서의 성립의 진정) 그 자백이 특히 신빙할 수 있는 상태에서 행하여졌음이 증명되어야(특신상태) 피고인의 공소사실에 관하여 증거능력이 인정된다고 해석하여야 하므로 개정법 제312조 제1항은 타당하다고 본다.

4. 검사 작성 피의자신문조서의 증거능력(법 제312조 제2항의 신설)

(1) 신설규정의 내용

「① 제1항에도 불구하고 피고인이 그 조서의 성립의 진정을 부인하는 경우에는 그 조서에 기재된 진술이 피고인이 진술한 내용과 동일하게 기재되어 있음이 영상녹화물 기타 객관적인 방법에 의하여 증명되고 그 조서에 기재된 진술이 특히 신빙할 수 있는 상태 하에서 행하여졌음이 증명된 때에 한하여 증거로 할 수 있다.」는 규정을 신설하였다.

(2) 해　　설

피고인이 공판기일에 검사 작성 피의자진술조서의 실질적 성립의 진정(진술과 조서기재의 일치)을 부인하는 경우에도 그 피의자신문의 전 과정을 영상녹화한 영상녹화물이나 그 조서를 작성한 자의 증언 등에 의해서 그 조서의 실질적 성립의 진정이 입증되는 경우에는 그 조서에 기재된 진술(자백)의 증거능력을 인정하여야 하므로(백형구「검사가 작성한 피의자신문조서에 기재된 자백의 증거능력」고시계 2005년 10월호 48면) 개정법 제312조 제2항은 타당하다고 본다.

5. 사법경찰관 작성 피의자신문조서의 증거능력(법 제312조 제 3 항)

구법 제312조 제 2 항과 거의 동일한 내용의 규정으로서 타당하다.

6. 피해자진술조서 · 참고인진술조서의 증거능력(법 제312조 제 4 항)

(1) 규정내용

「④ 검사 또는 사법경찰관이 피고인 아닌 자의 진술을 기재한 조서는 적법한 절차와 방식에 따라 작성된 것으로서 그 조서가 검사 또는 사법경찰관 앞에서 진술한 내용과 동일하게 기재되어 있음이 원진술자의 공판준비 또는 공판기일에서의 진술이나 영상녹화물 기타 객관적인 방법에 의하여 증명되고 피고인 또는 변호인이 공판준비 또는 공판기일에 그 기재내용에 관하여 원진술자를 신문할 수 있었던 때에는 증거로 할 수 있다. 다만 그 진술이 특히 신빙할 수 있는 상태 하에서 행하여졌음이 증명된 때에 한한다.」는 내용으로 형사소송법 제312조 제 1 항을 개정하였다.

(2) 해 설

수사기관이 작성한 피해자진술조서 또는 참고인진술조서에 대해서 피고인이 공판기일에 증거로 함에 부동의한 경우에는 원진술자의 공판기일에서의 진술(증언)이나 영상녹화물, 조서작성자의 증언 등에 의해서 그 조서의 실질적 성립의 진정(진술과 조서기재의 일치)함이 인정되고 피고인이 공판기일에 그 원진술자인 증인에 대해서 반대신문을 한 때에 한하여 그 조서에 기재된 진술은 피고인의 공소사실에 관하여 증거능력이 인정된다고 해석하여야 하므로(백형구 알기쉬운 형사소송법 제 3 판 2005년 356면, 357면) 개정법 제312조 제 4 항은 타당하다고 본다. 특히 원진술자에 대한 피고인 또는 변호인의 반대신문을 증거능력의 요건으로 규정한 것은 획기적인 입법에 해당한다.

7. 전술서의 증거능력(법 제312조 제 5 항)

(1) 규정내용

「⑤ 제 1 항 내지 제 4 항은 피고인 또는 피고인이 아닌 자가 수사과정에서 작성한 진술서에 관하여 준용한다」는 내용을 규정하였다.

(2) 해　설

검찰수사단계에서 피의자가 작성한 진술서의 증거능력에 관해서는 법 제312조 제 1 항이 준용되고 경찰수사단계에서 피의자가 작성한 진술서의 증거능력에 관해서는 동조 제 3 항이 준용되며, 수사단계에서 피해자 또는 참고인이 작성한 진술서의 증거능력에 관해서는 동조 제 4 항이 준용된다는 내용의 규정이다.

8. 검증조서의 증거능력(법 제312조 제 6 항)

(1) 규정내용

「⑥ 검사 또는 사법경찰관이 검증의 결과를 기재한 조서는 적법한 절차와 방식에 따라 작성된 것으로서 공판준비 또는 공판기일에서의 작성자의 진술에 따라 그 성립의 진정함이 증명된 때에는 이를 증거로 할 수 있다.」는 내용으로 구법 제312조 제 1 항을 개정하였다.

(2) 해　설

수사기관이 작성한 검증조서의 증거능력에 관한 규정으로서 검증절차의 적법성, 검증조서의 성립의 진정을 증거능력의 요건으로 규정하고 있다. 타당한 개정에 해당한다.

9. 전문진술의 증거능력(법 제316조 제 1 항)

(1) 규정 내용

법 제316조 제 1 항의 「피고인 아닌 자」 다음에 "공소제기 전에 피고인을 피의자로 조사하였거나 그 조사에 참여하였던 자를 포함한다."는 내용을 괄호로 묶어 추가하였다.

(2) 해　설

피고인의 경찰자백(경찰수사단계에서 피의자로서의 자백)을 내용으로 하는 수사경찰관의 전문증언의 증거능력에 관해서는 법 제316조 제 1 항이 적용된다는 내용을 추가한 것이다. 이는 피고인의 경찰자백을 내용으로 하는 수사경찰관의 증언의 증거능력에 관해서는 구법 제312조 제 2 항이 적용된다는 통설 · 판례와 다른 견해를 입법화한 것이다.

10. 탄핵증거(법 제318조의2 제1항, 제2항)

(1) 규정내용

법 제318조의2 "피고인이 아닌 자"에 "공소제기 전에 피고인을 피의자로 조사하였거나 그 조사에 참여하였던 자를 포함한다"는 내용을 괄호로 묶어 추가하고 영상녹화물의 재생에 관한 규정을 동조 제 2 항으로 신설하였다.

(2) 해　　설

피고인의 경찰자백을 내용으로 하는 수사경찰관의 증언의 증거능력에 관하여 구법 제312조 제 2 항(개정법 제312조 제 3 항)이 적용된다는 견해(현재의 통설 · 판례)를 취한다면 불필요한 개정에 해당한다. 뿐만 아니라 제 2 항은 탄핵증거에 관한 규정이 아니다.

Ⅲ. 搜査法의 改正

1. 불구속수사의 원칙(법 제198조 제1항)

(1) 규정내용

「① 피의자에 대한 수사는 불구속상태에서 함을 원칙으로 한다.」는 규정을 신설하였다.

(2) 해　　설

당연한 내용을 명문화한 것이다. 불구속수사의 원칙은 형사소송법 제199조 제 1 항 본문과 단서가 명문으로 규정하고 있다.

2. 영장실질심사의 대상(법 제201조의2)

(1) 개정내용

구법은 피의자에 대한 구속영장청구를 받은 판사가 구속의 사유를 판단하기 위하여 필요하다고 인정하는 때에 한하여 피의자심문을 할 수 있다고 규정하였으나(구법 제201조의2 제 3 항) 개정법은 그러한 제한을 두지 않고 있다(개정법 제201조의2 제 2 항).

(2) 해　　설

구속영장청구를 받은 판사가 구속의 사유를 판단하기 위하여 필요하다고 인정한 때에 한하여 피의자심문을 허용하는 것이 입법론으로 타당하다고 본다.

3. 구속적부심사청구권자의 확대(법 제214조의2 제1항)

(1) 개정내용

구법 제214조의2 제 1 항은 피의자가 체포영장 또는 구속영장에 의하여 체포 또는 구속된 때에 한하여 체포적부심사 또는 구속적부심사의 청구권을 인정하였으나 개정법은 그러한 제한규정을 삭제하였다.

(2) 해 설

영장 없이 불법으로 체포 또는 구속된 자에게도 체포적부심사 또는 구속적부심사의 청구권을 인정하여야 한다는 것은 구법 하에서 통설적 입법론이었다.

4. 영장에 의하지 아니한 강제처분(법 제217조 제1항)

(1) 개정내용

제217조 제 1 항의 "체포할 수 있는 자"를 "체포된 자"로 개정하였다.

(2) 해 설

구법 제217조 제 1 항의 "긴급체포할 수 있는 자"를 "긴급체포된 자"로 축소해석하여야 한다는 것은 구법시대의 통설이었다.

5. 참고인조사의 영상녹화(법 제221조 제1항)

(1) 규정내용

검사 또는 사법경찰관이 피의자 아닌 자를 조사하는 경우에 그 자의 동의를 얻어 조사과정을 영상녹화할 수 있다는 내용의 규정을 신설하였다.

(2) 해 설

수사단계에서 피해자 또는 참고인으로서 진술을 한 자가 공판기일의 증인신문절차에서 수사단계에서의 진술과 다른 내용의 진술을 하는 사례가 있으므로 피해자진술조서 또는 참고인진술조서의 실질적 성립의 진정을 입증하기 위하여 필요한 규정이다(법 제312조 제4항 참조).

6. 변호인의 피의자신문참여권(법 제243조의2)

(1) 신설규정의 내용

변호인의 참여 등이라는 계목으로 「① 검사 또는 사법경찰관은 피의자 또는 그 변호인·법정대리인·배우자·직계친족 또는 형제자매의 신청에 따라 변호인을 피의자와 접견하게 하거나 정당한 사유가 없는 한 피의자에 대한 신문에 참여하게 하여야 한다.

② 신문에 참여하고자 하는 변호인이 2인 이상인 때에는 피의자가 신문에 참여할 변호인 1인을 지정한다. 지정이 없는 경우에는 검사 또는 사법경찰관이 이를 지정할 수 있다.

③ 신문에 참여한 변호인은 신문 후 의견을 진술할 수 있다. 다만 신문 중이라도 부당한 신문방법에 대하여 이의를 제기할 수 있고 검사 또는 사법경찰관의 승인을 얻어 의견을 진술할 수 있다.

④ 제 3 항에 따른 변호인의 의견이 기재된 피의자신문조서는 변호인에게 열람하게 한 후 변호인으로 하여금 그 조서에 기명날인 또는 서명하게 하여야 한다.

⑤ 「검사 또는 사법경찰관은 변호인의 신문참여 및 그 제한에 관한 사항을 피의자신문조서에 기재하여야 한다.」는 규정을 신설하였다.

(2) 해 설

수사기관의 피의자신문에 대한 변호인의 참여권을 보장하는 규정을 신설하였다. 수사기관의 피의자신문에 대한 변호인의 참여는 피의자신문시의 자백강요를 방지하고 조서의 실질적 성립의 진정을 보장하기 위해서 필요하다. 피의자신문에 참여한 변호인의 신문 중 의견진술권을 보장하여야 하므로 변호인이 신문 중 의견을 진술함에는 검사 또는 사법경찰관의 승인을 얻어야 한다는 제한규정(법 제243조의2 제 3 항 단서)은 이를 삭제하여야 한다.

7. 피의자신문의 영상녹화(법 제244조의2)

(1) 신설규정의 내용

피의자진술의 영상녹화라는 제목으로 「① 피의자의 진술은 영상녹화할 수 있다. 이 경우 미리 영상녹화사실을 알려 주어야 하며, 조사의 개시부터 종료까지의 전 과정 및 객관적 정황을 영상녹화하여야 한다.

② 제 1 항에 따른 영상녹화가 완료된 때에는 피의자 또는 변호인 앞에서 지체없이 그 원본을 봉인하고 피의자로 하여금 기명날인 또는 서명하게 하여야 한다.

③ 제 2 항의 경우에 피의자 또는 변호인의 요구가 있는 때에는 영상녹화물

을 재생하여 시청하게 하여야 한다. 이 경우 그 내용에 대하여 이의를 진술하는 때에는 그 취지를 기재한 서면을 첨부하여야 한다.」는 규정을 신설하였다.

(2) 해 설

검사의 피의자신문시에 임의로 자백을 한 피의자가 공판기일의 피고인신문절차에서 공소사실을 부인하면서 검사 작성 피의자신문조서의 실질적 성립의 진정(진술과 조서기재의 일치)을 부인하는 사례가 있으므로 검사 작성 피의자신문조서의 실질적 성립의 진정과 그 조서에 기재된 자백의 임의성을 입증하기 위하여 필요한 규정이다(법 제312조 제2항 참조).

8. 진술거부권 등의 고지(법 제244조의3)

(1) 규정내용

진술거부권 등의 고지라는 제목으로 「① 검사 또는 사법경찰관은 피의자를 신문하기 전에 다음 각 호의 사항을 알려 주어야 한다.

1. 일체의 진술을 하지 아니 하거나 개개의 질문에 대하여 진술을 하지 아니할 수 있다는 것
2. 진술을 하지 아니 하더라도 불이익을 받지 아니 한다는 것
3. 진술을 거부할 권리를 포기하고 행한 진술은 법정에서 유죄의 증거로 사용될 수 있다는 것
4. 신문을 받을 때에는 변호인을 참여하게 하는 등 변호인의 조력을 받을 수 있다는 것

② 검사 또는 사법경찰관은 제1항에 따라 알려 준 때에는 피의자가 진술을 거부할 권리와 변호인의 조력을 받을 권리를 행사할 것인지의 여부를 질문하고 이에 대한 피의자의 답변을 조서에 기재하여야 한다. 이 경우 피의자의 답변은 피의자로 하여금 자필로 기재하게 하거나 검사 또는 사법경찰관이 피의자의 답변을 기재한 부분에 기명날인 또는 서명하게 하여야 한다.」는 규정을 신설하였다.

(2) 해 설

법 제244조의3 제1항 제1호는 구법 제200조 제2항과 동일한 내용의 규정이나 동조 제1항 제2호 내지 제4호와 동조 제2항은 신설된 조항이다. 동조 제1항은 고지사항을 확대하고 있으며, 동조 제2항은 진술거부권의 행사 여부에 관한 피의자의 답변을 명백히 기록화하자는 데 그 입법이유가 있다.

9. 수사과정의 기록화(법 제244조의4)

(1) 신설규정의 내용

수사과정의 기록이라는 제목으로 「① 검사 또는 사법경찰관은 피의자가 조사장소에 도착한 시각, 조사를 시작하고 마친 시각 그 밖에 조사과정의 진행경과를 확인하기 위하여 필요한 사항을 피의자신문조서에 기록하거나 별도의 서면에 기록한 후 수사기록에 편철하여야 한다.

② 제244조 제 2 항 및 제 3 항은 제 1 항의 조서 또는 서면에 준용한다.

③ 제 1 항 및 제 2 항은 피의자가 아닌 자를 조사하는 경우에 준용한다.」는 규정을 신설하였다.

(2) 해　　설

수사관서에 출석한 불구속피의자, 피해자 또는 참고인을 조사하지 아니하고 장시간 대기시키는 것을 방지하려는 데 입법이유가 있다.

10. 피의자가 장애인인 경우의 특칙(법 제244조의5)

(1) 신설규정의 내용

'장애인 등 특별히 보호를 요하는 자에 대한 특칙'이라는 제목으로 「검사 또는 사법경찰관은 피의자를 신문하는 경우 다음 각 호의 어느 하나에 해당하는 때에는 직권 또는 피의자·법정대리인의 신청에 따라 피의자와 신뢰관계에 있는 자를 동석하게 할 수 있다.

1. 피의자가 신체적 또는 정신적 장애로 사물을 변별하거나 의사를 결정·전달할 능력이 미약한 때

2. 피의자의 연령·성별·국적 등의 사정을 고려하여 그 심리적 안정의 도모와 원활한 의사소통을 위하여 필요한 경우」라는 규정을 신설하였다.

(2) 해　　설

피의자가 장애인이거나 외국인 또는 미성년자인 경우 피의자신문에 피의자와 신뢰관계에 있는 자의 동석을 허용하는 규정으로서 그러한 피의자를 보호하기 위한 규정이다.

Ⅳ. 公判法의 改正

1. 공판준비절차의 강화(법 제266조의6 내지 제266조의15)

(1) 신설규정의 내용

공판준비를 위한 서면의 제출(법 제266조의6) 공판준비기일의 지정 등(법 제266조의7) 공판준비기일에 출석을 요하는 자(법 제266조의8), 공판준비절차에서 하여야 할 사항(법 제266조의9), 공판준비기일에서의 정리결과의 고지 등(법 제266조의10), 피고인 또는 변호인이 보관하고 있는 서류 등에 대한 검사의 열람, 등사(법 제266조의11), 공판준비절차의 종결사유(법 제266조의12), 공판준비기일종결의 효과(법 제266조의13), 공판준비기일의 재개(법 제266조의14), 공판기일간 공판준비절차(법 제266조의15) 등에 관한 규정을 신설하여 공판준비절차를 크게 강화하였다.

(2) 해 설

공판준비절차에서 피고사건의 실체에 관한 심리를 진행한다는 것은 공판중심주의의 취지에 위배된다는 점, 공판준비기일을 장기간 진행하게 되면 공판심리가 지연된다는 점, 법 제266조의9 제 1 항 제 1 호 내지 제11호가 규정하고 있는 사항은 대부분 공판심리절차에서 하여야 할 사항이라는 점 등을 고려할 때 개정법 제266조의6 내지 15는 이를 대폭 삭제하는 방향으로 개정되어야 한다.

2. 집중심리의 명문화(법 제267조의2)

(1) 신설규정의 내용

'집중심리'라는 제목으로 「① 공판기일의 심리는 집중되어야 한다.

② 심리에 2일 이상 필요한 경우에는 부득이한 사정이 없는 한 매일 계속 개정하여야 한다.

③ 재판장은 여러 공판기일을 일괄하여 지정할 수 있다.

④ 재판장은 부득이한 사정으로 매일 계속하여 개정하지 못하는 경우에도 특별한 사정이 없는 한 전회의 공판기일부터 14일 이내로 다음 공판기일을 지정하여야 한다.

⑤ 소송관계인은 기일을 준수하고 심리에 지장을 초래하지 아니하도록 하여야 하며 재판장은 이에 필요한 조치를 할 수 있다.」는 규정을 신설하였다.

(2) 해　설

집중심리주의는 공판심리의 기본원칙이므로(통설), 이를 형사소송법에 명문화한 것은 타당하다.

3. 공관정의 좌석(법 제275조 제 3 항)

(1) 개정내용

구법 제275조 제 3 항을 「검사의 좌석과 피고인 및 변호인의 좌석은 대등하며 법대의 좌우측에 마주보고 위치하고, 증인의 좌석은 법대의 정면에 위치한다. 다만 피고인신문을 하는 때에는 피고인은 증인석에 좌석한다.」로 개정하였다.

(2) 해　설

피고인의 좌석이 변호인의 좌석 옆으로 옮겨졌다는 점, 다만 피고인신문을 하는 때에는 피고인은 증인석에 좌석한다는 것이 종전의 공판정좌석과 다르다. 공판정에서의 피고인신문은 피고인에 대한 증인신문이 아니므로 피고인신문시에 피고인을 증인석으로 옮길 필요는 없다고 본다. 피고인의 변호인은 옆에 앉아 있는 피고인에 대한 신문을 함에 있어 불편이 없기 때문이다.

2. 피고인의 공판정좌석에 관한 특칙(법 제276조의2)

(1) 신설규정의 내용

장애인 등 특별히 보호를 요하는 자에 대한 특칙이라는 제목으로 「① 재판장 또는 법관은 피고인을 신문하는 경우 다음 각 호의 어느 하나에 해당하는 때에는 직권 또는 피고인 · 법정대리인 · 검사의 신청에 의하여 피고인과 신뢰관계에 있는 자를 동석하게 할 수 있다.

1. 피고인이 신체적 또는 정신적 장애로 사물을 변별하거나 의사를 결정·전달할 능력이 미약한 경우

2. 피고인의 연령 · 성별 · 국적 등의 사정을 고려하여 그 심리적 안정의 도모와 원활한 의사소통을 위하여 필요한 경우

② 제 1 항에 따라 동석할 수 있는 신뢰관계에 있는 자의 범위, 동석의 절차 및 방법 등에 관하여 필요한 사항은 대법원규칙으로 정한다.」는 규정을 신설하였다.

(2) 해　설

피고인이 장애인이거나 외국인 또는 미성년자인 경우 피고인신문에 피고인과 신뢰관계에 있는 자의 동석을 허용하는 규정으로서 그러한 피고인을 보호하려는 데 입법이유가 있다.

5. 피고인에 대한 진술거부권의 고지(법 제283조의2 제 2 항)

(1) 신설규정의 내용

공판정에서 피고인신문을 하는 경우에 재판장이 피고인에게 진술거부권을 고지하여야 한다는 내용의 규정을 신설하였다.

(2) 해　설

형사소송규칙 제127조 제 1 항을 형사소송법으로 옮긴 것이다. 피고인신문시 진술거부권의 고지는 규칙사항이 아니라 법률사항이다.

6. 피고인신문(법 제296조의2)

(1) 개정내용

구법 제287조는 재판장이 피고인에게 이익되는 사실을 진술할 기회를 준 후에 검사, 변호인, 재판장의 순서로 피고인을 신문한다고 규정하였으나 개정법 제296조의2는 '피고인신문'이라는 제목으로 「① 검사 또는 변호인은 증거조사 종료 후에 순차로 피고인에게 공소사실 및 정상에 관하여 필요한 사항을 신문할 수 있다. 다만 재판장은 필요하다고 인정하는 때에는 증거조사가 완료되기 전이라도 이를 허가할 수 있다.

② 재판장은 필요하다고 인정하는 때에는 피고인을 신문할 수 있다.

③ 제161조의2 제 1 항부터 제 3 항까지 및 제 5 항은 제 1 항의 신문에 관하여 준용한다.」는 내용으로 개정하였다.

(2) 해　설

개정법 제296조의2는 공판정에서의 피고인신문은 증거조사가 종료한 후에 하여야 한다고 규정하고 있으나 공판기일의 피고인신문시에 피고인이 공소사실을 자백한 때에 한하여 간이공판절차에 의한 심판이 허용된다는 점(법 제286조의2), 피고인이 공판기일의 피고인신문시에 공소사실을 자백하고 검사가 유죄의 증거로 제출한 수사서류에 대해서 증거로 함에 동의하면 수사서류에 대한 증거조사를 할 필요가 없다는 점, 개정법은 증거조사를 하기 전에 간이공판절차에 의하여 심판한다는 결정을 한다고 규정하고 있다는 점 등을 고려할 때 수사서류에 대한 증거조사를 하기 전에 피고인신문을 하는 것이 입법론으로 타당하다고 본다. 따라서 개정법 제296조의2는 개정이 요청된다.

7. 재판장의 쟁점정리(법 제287조)

(1) 규정내용

'재판장의 쟁점정리 및 검사 · 변호인의 증거관계 등에 대한 진술'이라는 제목으로 「① 재판장은 피고인의 모두진술이 끝난 다음에 피고인 또는 변호인에게 쟁점의 정리를 위하여 필요한 질문을 할 수 있다.

② 재판장은 증거조사를 하기에 앞서 검사 및 변호인으로 하여금 공소사실 등의 증명과 관련된 주장 및 입증계획 등을 진술하게 할 수 있다. 다만 증거로 할 수 없거나 증거로 신청할 의사가 없는 자료에 기초하여 법원에 사건에 대한 예단 또는 편견을 발생하게 할 염려가 있는 사항을 진술할 수 없다.」는 규정을 신설하였다.

(2) 해 설

재판장의 쟁점정리절차는 소송지휘의 효율화를 위해서 필요한 절차이다.

8. 증거조사의 시기(법 제290조)

(1) 개정내용

구법 제290조는 피고인신문이 종료한 후에 증거조사를 하여야 한다고 규정하였으나 개정법 제290조는 「증거조사는 제287조에 따른 절차가 끝난 후에 실시한다.」로 개정하였다.

(2) 해 설

피고인이 공판기일의 피고인신문시에 공소사실을 자백하느냐, 부인하느냐에 따라 증거조사의 범위와 방법이 달라지므로 구법 제290조와 같이 피고인신문이 종료한 후에 증거조사를 하늘 것이 입법론으로 타당하다고 본다.

9. 증거조사의 순서(법 제290조의2)

(1) 규정내용

'증거조사의 순서'라는 제목으로 「① 법원은 검사가 신청한 증거를 조사한 후 피고인 또는 변호인이 신청한 증거를 조사한다.

② 법원은 제 1 항에 따른 조사가 끝난 후 직권으로 결정한 증거를 조사한다.

③ 법원은 직권 또는 검사·피고인·변호인의 신청에 따라 제 1 항 및 제 2 항의 순서를 변경할 수 있다.」는 규정을 신설하였다.

(2) 해　설

검사가 신청한 증거는 본증이고 피고인 또는 변호인이 신청한 증거는 반증이므로 개정법 제290조의2가 규정하고 있는 증거조사의 순서는 타당하다고 본다.

10. 증거조사의 방식(법 제292조, 제292조의2, 제292조의3)

(1) 규정내용

증거조사의 방식은 증거서류에 대한 조사방식(법 제292조), 증거물에 대한 조사방식(법 제292조의2), 그 밖의 증거에 대한 조사방식(법 제292조의3)으로 구분하여 규정하고 있다.

(2) 해　설

증거조사의 방식을 구체적으로 규정하고 있으므로 타당한 개정에 해당한다.

11. 증거신청의 각하(법 제294조 제 2 항)

(1) 규정내용

「② 법원은 검사·피고인 또는 변호인이 고의로 증거를 뒤늦게 신청함으로써 공판의 완결을 지연하는 것으로 인정할 때에는 직권 또는 상대방의 신청에 따라 이를 각하할 수 있다.」는 규정을 신설하였다.

(2) 해　설

검사, 피고인 또는 변호인이 증거를 뒤늦게 신청한 경우에도 그 증거가 유죄, 무죄를 판단하는 데 중요한 증거인 경우에는 그 증거를 조사하여야 하며, 증거신청을 뒤늦게 하였다는 이유만으로 증거신청을 각하하는 것은 부당하므로 개정법 제294조 제 2 항은 이를 삭제함이 타당하다고 본다.

12. 피해자 등의 공판기록 열람 · 등사(법 제294조의2)

(1) 규정내용

소송계속중인 사건의 피해자 등은 소송기록의 열람 또는 등사를 재판장에게 신청할 수 있고, 재판장은 열람 또는 등사를 허가할 수 있다는 내용의 규정을 신설하였다.

(2) 해 설

범죄피해자의 권리구제(예컨대 배상신청. 민사소송 제기) 등을 위하여 필요한 규정이다.

13. 재판확정기록의 열람 · 등사(법 제59조의2)

(1) 규정내용

누구든지 권리구제 · 학술연구 또는 공익적 목적으로 계판이 확정된 사건의 소송기록에 대한 열람 또는 등사를 검사에게 신청할 수 있으며, 검사는 그 신청을 허가할 수 있다는 내용의 규정을 신설하였다.

(2) 해 설

권리구제, 학술연구 등을 위해서 필요한 규정이다.

14. 구인 후의 유치(법 제71조의2)

(1) 신설규정의 내용

'구인 후의 유치'라는 제목으로 「법원은 인치받은 피고인을 유치할 필요가 있는 때에는 교도소 · 구치소 또는 경찰서 유치장에 유치할 수 있다. 이 경우 유치기간은 인치한 때부터 24시간을 초과할 수 없다.」는 규정을 신설하였다.

(2) 해 설

입법의 미비를 보완한 것이다.

15. 구속기간의 갱신에 관한 특칙(법 제92조 제2항 단서)

(1) 규정내용

상소심에서는 일정한 경우 구속기간을 3차 갱신할 수 있다는 예외규정을 신설하였다.

(2) 해 설

상소심에서 심리기간의 부족을 고려한 예외규정이다.

16. 구속기간의 불산입(법 제98조 제3항)

(1) 규정내용

공소제기 전의 체포 · 구인 · 구금기간은 피고인의 구속기간에 산입하지 아니한다고 규정하고 있다.

(2) 해 설

공소제기 전에는 법원의 심판이 불가능하다는 점에 입법이유가 있다.

17. 보석조건의 구체화(법 제98조)

(1) 규정내용

보석을 허가하는 경우 보석의 조건을 구체적으로 열거하고 있다.

(2) 해 설

보석조건의 구체화는 타당한 입법이다.

18. 증인의 감치(법 제151조 제2항 내지 제6항)

(1) 규정내용

증인이 과태료의 처분을 받고도 출석하지 아니한 때에는 법원은 7일 이내의 감치에 처한다는 내용의 규정을 신설하였다.

(2) 해 설

증인의 출석을 강제하는 것은 증인에 대한 구인으로 그 목적을 달성할 수 있으므로 증인의 불출석을 이유로 증인을 감치하는 것은 지나치다고 본다.

19. 증인신문시의 동석(법 제163조의2)

(1) 신설규정의 내용

범죄피해자를 증인으로 신문하는 경우 일정한 사유가 있는 경우에는 피해자와 신뢰관계에 있는 자의 동석을 허용한다는 규정을 신설하였다.

(2) 해 설

범죄피해자를 보호하기 위한 규정으로서 타당한 입법이다.

20. 비디오 등 중계장치 등에 의한 증인신문(법 제165조의2)

(1) 신설규정의 내용

범죄피해자가 아동인 경우 등 일정한 사유가 있는 경우에 비디오 등 중계장치에 의한 중계시설을 통하여 신문하거나 차폐시설 등을 설치하고 증인신문을 할 수 있다는 내용의 규정을 신설하였다.

(2) 해 설

아동인 범죄피해자를 보호하려는 데 입법이유가 있다. 비디오 등 중계장치에 의해서 증인을 신문하는 경우에도 피고인·변호인의 증인에 대한 반대신문권(법 161조의2 제1항)은 보장된다고 해석하여야 한다.

21. 증거보전청구기각결정에 대한 항고(법 제184조 제4항)

(1) 신설규정의 내용

증거보전의 청구를 기각하는 결정에 대해서 항고를 허용하는 규정을 신설하였다.

(2) 해 설

입법의 미비를 보완한 것이다.

Ⅴ. 그 밖의 개정

1. 재정신청, 재정결정(법 제260조 내지 제264조의2)

(1) 개정내용

구법은 재정신청의 대상을 형법 제123조 내지 제125조의 죄에 대한 불기소처분으로 한정하였으나 개정법은 모든 범죄의 불기소처분으로 확대하였고, 구법은 고소인과 고발인에게 재정신청권을 인정하였으나 개정법은 원칙적으로 고소인에게만 재정신청권을 인정하였으며, 구법은 재정신청에 관하여 항고전치주의를 채택하지 아니하였으나 개정법은 항고전치주의를 원칙으로 하고 있으며, 구법은 고등법원이 재정신청사건을 심리한 결과 재정신청이 이유 있다고 인정 한 때에는 부심판결정(사건을 지방법원의 심판에 부한다는 결정)을 하여야 한다고 규정하였으나 개정법은 사건에 대한 공소제기를 결정한다고 규정하고 있고, 구법은 고등법원의 부심판결정에 의하여 공소제기가 의제된다고 규정하였으나 개정법은 검사가 공소를 제기하여야 한다고 규정하고 있으며, 구법은 공소유지자로 지정된 변호사가 부심판사건의 공소를 유지하여야 한다고 규정하였으나 개정법은 공소유지지정변호사에 관한 규정을 삭제하였다.

(2) 해 설

재정신청의 대상을 확대함에 따라 고등법원의 업무가 늘어날 것이라 예상되며, 검사가 공소를 유지하게 되면 공소유지의 공정을 기하지 아니할 염려가 있다. 깊이 있는 검토가 필요하다고 본다.

2. 무죄판결이 확정된 자에 대한 비용보상(법 제194조의2 내지 제194조의5)

(1) 신설규정의 내용

무죄판결이 확정된 피고인에 대해서 그 피고인이 지출한 변호인선임료, 여비, 일당, 숙박료 등을 국가가 보상하는 규정을 신설하였다.

(2) 해 설

형사소송법 제1편 제16장 소송비용에 관한 규정은 피고인, 고소인 등에게 소송비용을 부담시키는 요건과 절차에 관한 규정이지 국가가 피고인에게 소송비용을 지급하는 규정이 아니라는 점, 무죄판결이 확정된 자에 대한 형사보상은 형사보상법에서 규정하고 있다는 점, 피고인이 지급한 사선변호인선임료는 「형사소송비용등에관한법률」이 규정하고 있는 형사소송비용이 아니라는 점(동법 제3조) 등을 고려할 때 무죄판결이 확정된 자에 대한 형사보상에 관해서는 형사보상법에서 규정함이 타당하다고 본다.

3. 준항고대상의 추가(법 제417조)

변호인의 피의자신문참여를 거부하거나 피의자신문에 참여한 변호인의 권리를 제한하는 수사기관의 처분을 준항고의 대상으로 추가하였다. 타당한 개정이다.

判例索引

大決 1953. 6. 9, 4286형항3 ……………424
大判 1955. 6. 21, 4288형상95 ……………27
大判 1955. 10. 18, 4288형상242 ………471
大決 1956. 4. 27, 4289형재항10 ………293
大判 1957. 3. 8, 4290형상23 ……………176
大判 1957. 3. 29, 4290형상58 ……………58
大判(全合) 1957. 10. 4, 4290비상1 ……242
大判 1959. 4. 24, 4292형상72 …………105
大判 1959. 6. 30, 4292형상122 …………331
大決 1959. 7. 30, 4292형재1 ……………293
大判 1960. 7. 8, 4293형상258 …………327
大判 1961. 3. 15, 4292형상725 …………182
大決 1961. 4. 23, 4294형재항13 ………294
大決 1961. 6. 30, 4294형항30 …………412
大判 1961. 8. 16, 4294형상171 …………330
大判 1961. 10. 5, 4293형상403 …………236
大判 1962. 6. 21, 62도62 ………………257
大判 1962. 6. 28, 62도66 ………………105
大判 1962. 9. 27, 62오1 …………………301
大判 1963. 1. 10, 62오4 …………………299
大判 1963. 1. 30, 62도151 ………………217
大判 1963. 4. 4, 63오1 …………………301
大判 1963. 9. 12, 63도190 ………………39
大決 1963. 9. 24, 63모356 ………………205
大判 1964. 4. 7, 64도57 …………………233
大判 1964. 4. 28, 64도134…………216, 361
大決 1964. 5. 21, 64모47 ………………426
大決 1964. 6. 23, 64모14 ………………411
大判(全合) 1964. 9. 17, 64도298 ………241
大判 1964. 11. 27, 64도428 ……………205
大判 1965. 3. 30, 65도3 …………………166
大決 1965. 5. 12, 64모38 ………………131
大判 1965. 5. 18, 65다537 ………………489
大判 1965. 6. 22, 65도370 ………………316
大判 1965. 6. 29, 65도346 ………………385
大判 1965. 7. 20, 65도453 ………………381
大判(全合) 1965. 12. 10, 65도826 ……245
大判 1966. 2. 22, 65도1241 ……………317
大判(全合) 1966. 3. 3, 65도1229 ………257
大判(全合) 1966. 3. 24, 65도114 ………105
大判 1966. 4. 6, 65도1261 ………………245
大決 1966. 6. 11, 66모24 ………………290
大判 1966. 7. 12, 66도617 ………………361
大判 1966. 7. 26, 66도634…………327, 329
大判 1966. 11. 29, 66도1416 ……………85
大判(全合) 1966. 12. 8, 66도1319 ……245
大判 1967. 3. 7, 66도1749 ………………141
大判 1967. 5. 23, 67도471 ………………56
大決 1967. 6. 2, 67초22……………275, 400
大判 1967. 6. 13, 67도647 ………………268
大判 1967. 7. 4, 67도613 ………………179
大判 1967. 10. 31, 67도889 ……………458
大判 1967. 12. 18, 67도1084 ……………332
大決 1967. 12. 29, 67모45 ………………229
大判 1968. 9. 17, 68도932 ………………339
大判 1968. 9. 17, 68도1038 ……………231
大判 1968. 12. 3, 68도1458 ………………79
大判 1968. 12. 17, 67도1607 ……………79
大判 1969. 1. 28, 68도1683 ……………257
大判 1969. 2. 18, 68도172 ………………106
大判 1969. 2. 25, 68도1578 ……………216
大判 1969. 3. 18, 68도1772 ………193, 259
大判 1969. 3. 18, 69도114 ………………245
大判 1969. 3. 25, 69도99 ………………317
大判 1969. 3. 31, 68도1870 ……………242
大判 1969. 3. 31, 69도179 ………………320
大決 1969. 4. 17, 69초1590 ……………491
大判 1969. 5. 13, 69도472 ………………268
大判 1969. 6. 10, 69도646 ………………331
大判 1969. 9. 23, 69도1219 ……………395

大判 1969. 12. 2, 69도1968 ················272
大判 1969. 12. 9, 69도1884 ··················61
大判 1969. 12. 30, 69도2018 ················216
大判 1970. 3. 10, 70도75 ··················244
大判 1970. 9. 17, 70도1504 ················381
大判 1971. 5. 24, 71도574 ··················242
大判 1971. 8. 31, 71도1186 ················290
大決 1971. 9. 8, 71초45 ····················411
大決 1972. 3. 28, 72소1 ····················290
大判 1972. 4. 11, 72도464 ··················330
大判 1972. 11. 14, 72도2008 ················268
大判 1972. 11. 28, 72도1104 ················79
大判 1973. 1. 30, 72도1684 ················242
大決 1973. 2. 13, 73초6 ····················491
大判 1973. 4. 17, 73도279 ··················317
大判 1973. 5. 1, 73도289 ··················317
大判 1973. 7. 10, 73도142 ··················236
大判 1973. 7. 10, 73도1167 ················458
大判 1973. 8. 31, 73도1366 ················406
大決 1973. 10. 20, 73모68 ··················228
大判 1973. 11. 27, 73도2016 ················331
大判 1974. 2. 26, 73도3007 ················194
大判 1974. 4. 9, 74도490 ··················364
大判 1974. 5. 14, 74누2 ····················492
大判 1974. 10. 8, 74도1301 ················237
大判 1975. 6. 10, 75도204 ··················54
大判 1975. 6. 24, 70도2660 ················106
大決 1975. 9. 25, 75초62 ··················491
大判 1975. 10. 23, 75도2712 ················196
大判 1976. 4. 27, 75도2551 ················449
大判 1976. 5. 26, 76도1126 ················106
大判 1976. 8. 6, 76도1278 ··················54
大決 1976. 9. 26, 76모56 ··················426
大判 1976. 12. 26, 76도3203 ················118
大判 1976. 12. 28, 76도3203 ················296
大判 1977. 1. 11, 76도3728 ················458
大判 1977. 3. 22, 77도67 ··················244
大判 1977. 5. 18, 77도541 ··················245
大決 1977. 7. 4, 77모28 ····················294
大判 1977. 9. 28, 77도2450 ················397
大判 1977. 9. 28, 77도2603 ················197
大判 1977. 10. 11, 77도2713 ················245
大判 1977. 12. 13, 77도2770 ················79
大判 1978. 2. 28, 77도1280 ················217
大判 1978. 2. 28, 77도3522 ················191
大判 1978. 5. 23, 78도575 ··················338
大判 1978. 6. 27, 78도43 ··················327
大判 1978. 7. 11, 78도816 ··················186
大判 1978. 10. 31, 78도2292 ················336
大判 1979. 1. 31, 78도3062 ················406
大判 1979. 2. 27, 78도1690 ················216
大判 1979. 2. 27, 79도82 ··················406
大判 1979. 3. 27, 78도1031 ·········172, 361
大判 1979. 4. 10, 78도287 ··················355
大判 1979. 5. 22, 79도446 ··················463
大判 1979. 5. 22, 79도547 ··················64
大判 1979. 6. 12, 79도792 ··················79
大判 1979. 8. 21, 79도1528 ················330
大判 1980. 3. 25, 79도2105 ·········244, 259
大決 1980. 4. 4, 80모11 ····················240
大判 1980. 5. 13, 80도765 ··················244
大判 1980. 7. 22, 80도1338 ················329
大判(全合) 1980. 12. 9, 80도384 ·········238
大判 1981. 2. 10, 80도2722 ················327
大判 1981. 2. 10, 80도3245 ················125
大判 1981. 5. 14, 81도8 ····················397
大判 1981. 6. 23, 81도1135 ················257
大判 1981. 7. 7, 81도1314 ··················329
大判 1981. 7. 28, 81도1482 ················261
大決 1981. 10. 5, 81초60 ··················275
大判 1981. 10. 13, 81도2160·········318, 347
大判 1981. 11. 10, 81도1171 ················54
大判 1981. 11. 24, 81도2422 ················167
大判 1981. 12. 8, 81도239 ··················54
大判 1982. 3. 9, 82도63··················61, 43
大判 1982. 3. 23, 80도2847 ················237
大判 1982. 3. 23, 81도1450 ················449
大判 1982. 3. 23, 81도3073 ················189
大判 1982. 5. 25, 82도535 ··················419
大判 1982. 6. 8, 82도754 ····················36
大判 1982. 6. 8, 82도884···············39, 192
大判 1982. 6. 22, 82도898 ··················172

大判 1982. 9. 14, 82도1000 ………172, 361
大判(全合) 1982. 9. 14, 82도1479 ……352
大判 1982. 9. 14, 82도1504…………57, 421
大判 1982. 9. 14, 82도1847 ……………217
大決 1982. 10. 4, 82초33 ………………275
大判 1982. 10. 26, 81도1409 ……………101
大決 1983. 1. 22, 82모52 ………………426
大判 1983. 2. 8, 82도2672 ………………274
大判 1983. 3. 8, 82도2873 …378, 379, 382
大判 1983. 4. 12, 82도2939 ……………192
大判 1983. 4. 18, 83도383 ………………274
大判 1983. 4. 26, 82도2829 ……………265
大判 1983. 4. 26, 83도267 ………………383
大判 1983. 5. 10, 83도632 ………………233
大決 1983. 5. 12, 83모12 …………226, 279
大判 1983. 6. 14, 83도647 ………………217
大判 1983. 7. 12, 83도995 ………………395
大判 1983. 7. 26, 82도385 ………………352
大判 1983. 8. 23, 83도820 ………………330
大判 1983. 8. 23, 83도1632 ………………36
大判 1983. 9. 13, 83도712 …………64, 377
大判 1983. 10. 11, 83도2034 ……………245
大判 1983. 10. 11, 83도2281 ……………396
大判 1983. 10. 25, 82도571 ……………159
大判 1983. 11. 8, 83도1979 ……………109
大判 1983. 12. 27, 83도2686 ……………85
大判 1984. 1. 24, 83도2945 ……………364
大判 1984. 2. 28, 83도3343 ……………330
大判 1984. 3. 13, 83도3006 ………339, 371
大判 1984. 3. 13, 83도3228 ………318, 346
大決 1984. 4. 16, 84모18 ………………226
大判 1984. 4. 24, 83도1789 ……………166
大判 1984. 5. 15, 84도472 ………………347
大判 1984. 6. 26, 84도748 ………………349
大判 1984. 7. 24, 84도1129 ………406, 477
大決 1984. 7. 27, 84모48 ………………288
大判 1984. 9. 25, 84도1610 ……………444
大判 1984. 9. 25, 84도1646 ………………36
大決 1984. 9. 28, 83모55 ………………228
大判 1984. 10. 10, 84도1489 ……………245
大判 1984. 11. 27, 84도1545 ……………85
大判 1984. 11. 27, 84도2106 ……………233
大判 1984. 11. 27, 84도2252………274, 347
大判 1984. 11. 27, 84도2279 ……………360
大判 1985. 2. 26, 82도2413 ……………346
大判 1985. 2. 26, 84도2963 ……………268
大判 1985. 4. 9, 84도2277 ………………377
大判 1985. 4. 23, 85도28 ………………471
大判 1985. 6. 25, 85도691 ………………354
大判 1985. 7. 9, 85도951 ………………327
大判 1985. 7. 23, 85도1092 ……………194
大決 1985. 7. 29, 85모16 …………131, 279
大決 1985. 8. 20, 85모22 ………………412
大判 1985. 9. 24, 85도306 …………64, 377
大判 1985. 11. 12, 85도1940 ……………54
大決 1985. 11. 27, 85모47 ………………426
大判 1985. 12. 10, 85도2182 ……………346
大判 1985. 12. 24, 85도2178 ……………24
大決 1986. 3. 25, 86모2 …………………245
大判 1986. 5. 27, 86도479 ………………240
大判 1986. 5. 27, 86도593 ………………381
大判 1986. 6. 10, 85도1996 ……………274
大判 1986. 6. 10, 86도119 ………………274
大判 1986. 7. 8, 85도554 ………………141
大決 1986. 9. 16, 85모37 ………………131
大決 1986. 9. 17, 86모46 ………………228
大判 1986. 9. 23, 86도402 ………………242
大判 1986. 9. 23, 86도1487 ……………189
大判 1986. 10. 14, 86도1691 ……………198
大判 1986. 10. 28, 86도1856 ……………360
大決 1986. 10. 29, 86모38 ………………288
大判 1986. 11. 25, 83도1718………318, 346
大判 1986. 12. 9, 86도1976 ……………233
大判 1987. 2. 24, 86도1152 ……………352
大判 1987. 2. 24, 86도2660 ……………262
大判 1987. 3. 10, 86도42 ………………217
大決 1987. 3. 28, 87모17 ………………196
大判 1987. 4. 28, 87도294 ………………274
大判 1987. 5. 26, 87도432 ………………331
大判 1987. 6. 23, 87도705 ………………339
大判 1987. 7. 7, 87도945 ………………397
大判 1987. 7. 7, 87도973 ………………354

大決 1987. 7. 14, 87모33 ……………………290
大判 1987. 7. 21, 87도1101 ……………………259
大判 1987. 8. 18, 87도1269 ……………………167
大判 1987. 12. 22, 87도84 ……………………121
大判 1987. 12. 22, 87도2168 ……………………316
大決 1988. 1. 29, 86모58 ……97, 131, 279
大判 1988. 3. 22, 87도2678 ……………………85
大判 1988. 5. 10, 87도2716…………62, 341
大判 1988. 6. 14, 88도592 ……………………191
大判 1988. 7. 26, 88도841 ……………………237
大判 1988. 7. 26, 88도936 ……………………244
大判 1988. 8. 9, 88도1018 ……………………158
大判 1988. 9. 13, 88도1284 ……………………396
大判 1988. 11. 8, 85도1675 ……………………233
大判 1988. 11. 8, 86도1646 ……………………79
大判 1988. 11. 8, 88도1628 ………380, 383
大判 1989. 1. 24, 87도1978 ……………………196
大判 1989. 2. 14, 88도1399 ……………………371
大判 1989. 3. 14, 88도1399 ……………………339
大判 1989. 6. 13, 88도1983 ……………………262
大判 1989. 9. 29, 89도1440 ……………………272
大判 1989. 12. 26, 89도1557 ……………………372
大決 1990. 2. 13, 89모37 ……………………461
大判 1990. 2. 13, 89도2364 ……………………397
大判 1990. 2. 13, 89도2366 ……………………385
大判 1990. 4. 24, 90도539 ……………………257
大判 1990. 6. 8, 90도646 ……………………94
大判 1990. 8. 4, 90도1285 ……………………340
大判 1990. 8. 24, 90도1285 ……………………71
大判 1990. 10. 30, 90도1939 ……………………330
大判 1990. 12. 26, 90도2362 ……………………355
大判 1991. 1. 11, 90도2525 ………381, 383
大判 1991. 5. 1, 90누3720 ……………………492
大判 1991. 5. 10, 90도2601 ……………………381
大判 1991. 6. 25, 91도884 ……………………237
大判 1991. 6. 28, 91도865 ……………………155
大決 1991. 10. 29, 91재도2 ……………………288
大判 1991. 11. 12, 91도2241 ……………………397
大判 1991. 12. 24, 91도1796 ……………………240
大判(全合) 1992. 1. 21, 91도1402 ……237
大判 1992. 2. 28, 91도2337 ……………………346
大決 1992. 3. 13, 92모1……………240, 429
大判 1992. 4. 14, 92도442 ……………………352
大判 1992. 4. 24, 91도3150 ………125, 419
大判 1992. 6. 23, 92도682 …40, 61, 340, 453
大判 1992. 6. 23, 92도769 ……………………349
大判 1992. 6. 23, 92도954 ……………………192
大判 1992. 7. 28, 92도917 ……………………354
大判 1992. 8. 14, 92도2711 ……………………364
大判 1992. 8. 18, 92도1244 ……………………364
大判 1992. 8. 18, 92도1555 ……………………36
大決 1992. 8. 31, 92모31 ……………………290
大判 1992. 10. 27, 92도1377 ……………………38
大判 1992. 11. 24, 92도2409 ……………………347
大判 1992. 12. 8, 92도2020 ………242, 245
大判 1993. 1. 19, 92도2554 ……………………444
大決 1993. 2. 24, 93모6 ……………………294
大判 1993. 3. 23, 92도3327 ……………………24
大判 1993. 4. 27, 92도217 ……………………36
大判 1993. 5. 14, 93도486 …………62, 341
大決 1993. 5. 17, 93모33 ……………………290
大判 1993. 5. 25, 93도836 ……………………406
大判 1993. 6. 22, 91도3346 ……………………317
大判 1993. 7. 13, 93도113 ……………………194
大判(全合) 1994. 3. 22, 93도2080 ……141
大判 1994. 3. 22, 93도3612 ……………………355
大判 1994. 4. 26, 93도1689 ……………………53
大判 1994. 7. 29, 93도109 ……………………232
大判 1994. 8. 9, 94도1318…………349, 477
大判 1994. 10. 21, 94도2078 ……………………261
大判 1994. 10. 28, 94도1756 ……………………198
大判 1995. 2. 17, 94도3297 ……………………101
大判 1995. 2. 24, 94도252 ……………………38
大判 1995. 4. 14, 95도1914 ……………………159
大判 1995. 5. 9, 95도535 ……………………360
大判 1995. 5. 23, 94도1735 ……………………351
大決 1995. 8. 17, 95모10 ……………………429
大判 1995. 9. 26, 95도456 ……………………192
大判 1995. 9. 29, 95도1557 ……………………243
大決 1995. 11. 8, 95모67 ……………………290
大判 1995. 12. 5, 94도1520 ……………………193
大判 1995. 12. 22, 95도2446 ……………………493

大判 1996. 2. 13, 95도1794 ……………331
大判 1996. 2. 13, 94도2658 ……………94
大判 1996. 3. 8, 95도2930 ……………355
大判 1996. 3. 8, 95도3081 ……………316, 319
大決 1996. 3. 11, 96모1 ……………131
大判 1996. 4. 9, 96도173 ……………158
大判 1996. 5. 10, 96도638 ……………186
大決 1996. 5. 14, 96초88 ……………339
大判 1996. 5. 14, 96도561 ……………40
大判 1996. 5. 14, 96도575 ……………360
大決 1996. 6. 3, 96모18 ……………461
大判 1996. 6. 14, 96도477 ……………295
大判 1996. 7. 12, 96도667 ……………355
大判 1996. 7. 26, 96도1158 ……………257
大判 1996. 8. 23, 96도1231 ……………102, 192
大決 1996. 8. 29, 96모72 ……………290
大判 1996. 10. 11, 96도1698 ……………196
大判(全合) 1996. 10. 17, 94도2865 ……329
大判 1996. 10. 25, 96도1088 ……………122
大判 1996. 10. 25, 95도1473 ……………321
大判 1996. 12. 10, 95도830 ……………274
大決 1997. 4. 18, 97모26 ……………208
大決 1997. 4. 22, 97모30 ……………131
大判 1997. 6. 13, 96도2606 ……………238
大判 1997. 6. 27, 95도1964 ……………346
大判 1997. 8. 22, 97도1211 ……………233
大判 1997. 9. 28, 77도2603 ……………215
大判 1997. 9. 30, 97도1230 ……………383
大決(全合) 1997. 11. 20, 96모119 ……131
大判 1997. 11. 20, 97도2021 ……………238
大判 1997. 11. 28, 97도2215 ……………444
大判 1997. 12. 9, 97도2682 ……………217
大判 1998. 2. 27, 97도1770 ……………336
大判 1998. 2. 27, 97도3421 ……………272
大判 1998. 3. 13, 98도159 ……………186, 372
大判 1998. 3. 27, 97도3079 ……………191
大判 1998. 4. 24, 98도248 ……………215
大判 1998. 5. 29, 97도1126 ……………101
大判 1998. 6. 9, 98도980 ……………349
大判 1998. 6. 23, 98도1038 ……………160
大判 1998. 11. 13, 96도1783 ……………316
大判 1998. 12. 22, 98도2890 ……………346, 355
大判 1999. 1. 15, 98도2550 ……………243, 482
大判 1999. 1. 26, 98도3029 ……………68
大判 1999. 1. 29, 98도3584 ……………345
大判 1999. 3. 9, 98도3169 ……………375, 376
大判 1999. 3. 9, 98도4621 ……………125
大判 1999. 4. 13, 99도155 ……………471
大判 1999. 4. 13, 99도375 ……………196
大判(全合) 1999. 4. 15, 96도1992 ……191
大判 1999. 5. 14, 98도1438 ……………141, 196
大決 1999. 5. 18, 99모40 ……………229
大判 1999. 6. 11, 99도1238 ……………157
大判 1999. 7. 23, 99도1860 ……………349
大決 1999. 8. 11, 99모93 ……………290
大判 1999. 8. 20, 99도2029 ……………380, 383
大判 1999. 8. 24, 99도1858 ……………329, 331
大判 1999. 11. 12, 99도2934 ……………101
大判 1999. 11. 26, 99도2461 ……………192
大判 1999. 11. 26, 99도3776 ……………244, 245
大判 1999. 11. 26, 99도3786 ……………174
大判 2000. 1. 21, 99도4940 ……………345
大判 2000. 2. 11, 99도2983 ……………216
大判 2000. 2. 11, 99도4840 ……………237
大判(全合) 2000. 6. 15, 99도1108 ……36
大決 2000. 11. 10, 2000모134 ……………204
大判 2000. 11. 10, 2000도2524 ……………24
大判 2000. 11. 28, 2000도2123 ……………238
大判 2000. 12. 8, 99도214 …229, 331, 332
大判 2000. 12. 8, 2000도2626 ……………272
大判 2001. 2. 23, 2000도6113 ……………102
大判 2001. 3. 27, 2001도116 ……………196
大判 2001. 4. 24, 2001도872 ……………243, 397
大判 2001. 4. 27, 99도484 ……………355
大判 2001. 5. 29, 2000도2933 ……………338
大決(全合) 2001. 5. 29, 2000모22 ……209
大判 2001. 6. 1, 2001도70 ……………237
大判 2001. 6. 12, 2001도114 ……………155
大判 2001. 6. 29, 2001도1049 ……………349
大判 2001. 6. 29, 2001도1091 ……………192
大判 2001. 7. 13, 2001도1239 ……………295
大判 2001. 7. 27, 2001도2891 ……………174

大判 2001. 7. 27, 2002도4298 …………395
大判 2001. 8. 21, 2001도2823 ……………24
大判 2001. 8. 24, 2001도2902
……………………………121, 125, 216
大判 2001. 9. 4, 2001도3081 ……………52
大判 2001. 9. 7, 2001도3026 ……………94
大判 2001. 9. 28, 2001도3997 …………351
大判 2001. 9. 28, 2001도4091 ……330, 331
大判 2001. 10. 26, 2000도2968 …………101
大判 2001. 11. 30, 2001도5225 …………166
大判 2002. 1. 8, 2001도1897 330, 331, 332
大判 2002. 1. 22, 2001도4014 …………125
大判 2002. 2. 8, 2001도5410…………11, 12
大判 2002. 3. 29, 2002도587 ……………141
大判 2002. 4. 12, 2002도150…………11, 12
大判 2002. 4. 12, 2002도944………471, 477
大決 2002. 5. 6, 2002모112 ……………461
大判(全合) 2002. 5. 16, 2002도51 ……115
大決 2002. 5. 17, 2001모53 ……………209
大決 2002. 7. 23, 2002모180 ……………229
大判 2002. 8. 23, 2001도6876 …………191
大判 2002. 9. 10, 2002도3029 …………244
大判 2002. 10. 11, 2002도2939……122, 125
大判 2002. 10. 11, 2002도3641 …………124
大判 2002. 12. 24, 2002도5662 …………24
大判 2003. 1. 10, 2002도2363 ………11, 12
大判 2003. 1. 24, 2002도4994………24, 124
大判 2003. 2. 11, 2002도6110 ……………24
大判 2003. 2. 26, 2002도1314 …………274
大判 2003. 3. 25, 2002도5748 …………251
大判 2003. 5. 30, 2003도1256 …………237
大判 2003. 6. 13, 2003도1060 …………191
大判 2003. 7. 11, 2002도2642 …………141
大判 2003. 7. 25, 2003도2252 …………191
大判 2003. 10. 9, 2002도4332 …………352
大判 2003. 10. 10, 2003도3282 …………158
大決 2003. 11. 11, 2003모402 …………280
大判 2003. 12. 26, 2003도5255 …………24
大判 2003. 12. 26, 2003도6288……330, 331
大判 2004. 4. 9, 2004도340 ……………274
大判 2004. 5. 14, 2004도1066 …38, 330, 331
大判 2004. 6. 24, 2002도995 ……………192
大判 2004. 6. 25, 2004도2611 …………383
大決 2004. 7. 14, 2004모86 ……………294
大判 2004. 7. 15, 2003도7185 ……352, 365
大判 2004. 7. 22, 2003도6421 …………272
大判 2004. 9. 13, 2004도3161 ……174, 376
大判(全合) 2004. 9. 16, 2001도3026 …406
大判 2004. 10. 28, 2004도5014 …………237
大判 2004. 11. 11, 2004도6784 …………244
大判(全合) 2004. 12. 16, 2002도537 …349
大判 2005. 1. 13, 2004도6390 …………141
大判 2005. 8. 19, 2005도2617 …………335
大判 2005. 10. 28, 2005도1247 …………39
大判 2005. 11. 25, 2005도6925 …………101
大判 2005. 12. 9, 2005도7527 …………124
大判 2005. 12. 22, 2005도6557 …………159
大判 2006. 1. 26, 2004도517 ……………274
大判 2006. 1. 27, 2005도8704 ……330, 331
大判(全合) 2006. 3. 16, 2005도9729
……………………………………256, 270
大判 2006. 3. 23, 2005도9678 …………141
大決 2006. 3. 30, 2005모564 ……………191
大判 2006. 4. 13, 2005도9268 …………191
大判 2006. 4. 14, 2006도734 ……………245
大判 2006. 4. 14, 2005도9743 …………102
大判 2006. 5. 25, 2004도3619 …………364
大判 2006. 6. 15, 2006도1667 …………191
大判 2006. 9. 8, 2006도388 ……………101
大決 2006. 12. 8, 2006모646 ……………70
大判 2007. 4. 12, 2007도828……………191
大判 2007. 5. 10, 2007도1950 …………325
大決 2007. 5. 25, 2007모82 ……………281

事項索引

[ㄱ]
가납명령 394, 409
가환부 211
간이공판절차 166
간접사실 317
간접증거 307
감정 183
감정사항 183
감정서의 증거능력 372
——의 증명력 186
감정유치 64, 186
감정유치장 64, 186
감정의 절차 184
감정인 183
——의 신문권 185
——의 참여권 185
강제수사 34, 65
강제채혈 76
개별신문 182
거증금지사실 315
거증책임 318
——의 분배 319
——의 전환 320
거짓말탐지기 64
검사 437
검사결과의 증거능력 377
검사의 증인적격 173
검증 186
검증조서 188
——의 증거능력 188, 370
검찰수사 34
검찰자백 343
——의 증거능력 348
검찰항고 85
결석재판 153
결심 166
경찰수사 34
경찰수사권독립론 42
경찰자백 343
——의 증거능력 350
계속심리주의 138
고발 57
고소 58
고소권자 51
고소기간 50
고소불가분의 원칙 52
고소의 추완 56
——의 취소 53
——의 포기 56
공개주의 137
공동피고인 198, 442
——의 증인적격 172
공소권 92
——의 남용 92
공소기각의 재판 214
공소변경주의 117
공소보류 84
공소불가분의 원칙 112
공소사실 100
——의 택일적 기재 102
——의 동일성 140
——의 예비적 기재 102
——의 특정 101
공소수행의 권한 440
공소시효 119
——의 기간 120
——의 완성 125
——의 정지 123
공소유지지정변호사 127
공소장 99

공소장변경 188
——의 요구 194
——의 요부 190
——의 효과 197
공소장의 변경 188
——의 정정 188
——의 필요적 기재사항 99
공소장일본주의 107
공소제기 99, 440
공소제기 후의 강제수사 35
공소제기결정 131
——의 효과 110
공소취소 116
——의 효과 118
공시송달 432
공지의 사실 314
공통파기 261, 272
공판상 자백 343
——의 증거능력 348
공판심리 151
——의 기본원칙 137
——의 순서 162
공판의 종국재판 213
공판절차 135
——의 기본원칙 137
——의 갱신 198
——의 정지 198, 200
공판절차이분론 417
공판정 151
——의 좌석 152
공판조서 157
——의 배타적 증명력 159
——의 증거능력 158
공판준비절차 162
공판중심주의 135
공휴일불산입의 원칙 426
관련사건 466
——의 관할 466
——의 병합심리 467
관할 465
관할권 465
관할위반 465
관할위반의 판결 469
관할의 경합 467
——의 이전 468
——의 종류 465
——의 지정 468
교호신문 180
——의 방식 180
구두변론주의 137
구속 68, 202
구속기간 71, 205
——의 갱신 205
——의 제한 71, 205
구속영장 69, 204
——의 발부 70, 204
——의 집행 70, 204
——의 청구 69
구속의 집행정지 72, 209
——의 취소 71, 209
——의 통지 70
——의 필요성 69, 203
구속적부심사 72
구형 166
국가소추주의 95
국선변호인 455
——의 선정 458
——의 자격 459
규문주의 15
기간계산의 원칙 426
기소독점주의 95
기소유예 84, 97
기소중지 84
기소편의주의 96
기판력 402
——의 근거 404
——이 미치는 범위 405
기피 471
긴급체포 66
긴급체포서 66

[ㄴ]
내용의 인정 351
내용적 구속력 401
—— 성립의 진정 349
—— 확정력 401
녹음테이프의 증거능력 374
논고 166

[ㄷ]
단독제의 관청 440
답변서의 제출 256, 270
당사자 435
당사자능력 448
당사자대등의 원칙 435
당사자주의 16
대물적 강제처분 202
대인적 강제처분 202
대질신문 182
대표변호인 457
도청 59
독수독과의 원칙 342, 347

[ㅁ]
면소판결 216
——의 본질 218
——의 사유 216
무죄추정의 원칙 23
무죄판결 219
——의 공시 297
——의 사유 219

[ㅂ]
반대신문 181
반대신문권의 보장 357
방어권 445
배상명령 485
범죄될 사실 394
범죄인지 45
——권의 남용 46
——의 요건 46
——의 효과 47
법령의 적용 395
법원 464
법원의 관할 465
법정경찰권 156
법정관할 465
법정기간 425
——의 연장 426
법정착석권 152
변론 137
——의 병합 197
——의 분리 197
——의 재개 198
변사체 48
——의 검시 48
변호인 455
——의 기록열람권 462
——의 선임 456
——의 접견교통권 461
——의 증인적격 172
——의 진실의무 460
별건구속 69
병합심리 467
보강증거 329
——의 요부 330
——의 자격 329
보석 206
——의 실효 209
——의 절차 207
——의 취소 208
보증금 208
——의 몰취 208
보통항고 226, 277
복심제 263
본위적 공소사실 102
부진정피고인 443
불고불리의 원칙 144
불기소처분 83
——의 분류 84
——의 효력 85
불심검문 47
불요증사실 314

불이익금지의 원칙 241
비디오테이프의 증거능력 376
비상상고 298
——의 대상 298
——의 이유 299
비약적 상고 226, 268

[ㅅ]
사건의 단일성 139
—— 동일성 140
사물관할 465
사법경찰관 41
사법경찰관사무취급 42
사법경찰리 41
사선변호인 455
——의 선임 456
사실오인 252
사진의 증거능력 373
사형집행조서 410
사후심제 263
상고 226
상고기각의 재판 271
상고법원 267
상고심의 종국재판 271
상고심판결의 정정 275
상고이유 268
상고이유서 269
상대적 항소이유 251
상소 225
상소권 226
——의 발생 227
——의 소멸 228
——의 회복 228
상소권자 227
상소불가분의 원칙 237
상소의 이익 230
——의 제기 234
——의 종류 226
——의 취하 238
——의 포기 238
상소장 234
상소제기 234
——의 기간 234
——의 방식 234
상소제기의 효력 235
석명권 156
선서무능력자 174
성립의 진정 348
성명모용 444
——의 소송관계 444
소극적 진실주의 20
소송계속 110
——의 경합 467
——의 소극적 효과 111
——의 적극적 효과 111
소송비용 483
——의 부담 483
소송절차 415
——의 법령위반 248, 299
——의 분석 416
소송조건 418
——의 조사 419
——의 증명 419
——의 추완 421
소송지휘권 156
소송행위 422
——의 대리 423
——의 무효 428
——의 방식 425
——의 철회 427
소인 145
소지품검사 48
소추기관 438
속심제 263
수명법관 465
수사 33
수사기관 41, 438
——의 권한 43
——의 종류 41
수사상 자백 343
수사서류 365
——의 증거능력 365

수사의 단서 45
——의 조건 37
——의 종결 83
수사지휘권 439
수색 210
수소법원 202, 465
——의 강제처분 202
——의 압수 · 수색 210
수탁판사 465
신속한 재판 8
실권기간 426
실질적 거증책임 318
실체재판 391
실체적 소송계속 111
—— 진실주의 19
—— 확정력 401
실체적 소송조건 418
실황조사서의 증거능력 370
심급관할 466
심급대리 457
심판 135, 151
심판의 법령위반 248, 299

[ㅇ]
악의의 분리기소 94
알리바이 320, 322
압수 · 수색 73, 210
압수 · 수색의 절차 210
압수물 211, 311
——의 가환부 211
——의 위탁보관 211
——의 증거능력 211
——의 환부 211
약식명령 475
——의 고지 476
——의 청구 475
——의 확정 476
약식절차 475
양형부당 253
엄격한 증명 313, 315
연하물의 강제배출 76
영장주의 59, 74
영장주의 예외 74
예단배제의 원칙 107
예비적 공소사실 102
요증사실 314
위법수사의 구제 39
위법수집증거 338
——의 배제법칙 338
——의 증거능력 338
위장출석 443
——의 소송관계 443
유도신문 181
——금지의 원칙 180
유죄판결 393
——의 주문과 이유 393
이심의 효력 235
이익재심주의 287
이중구속 69, 203
이중위험금지의 원칙 404
인정신문 4, 162
일부상소 236
——의 허용범위 236
일사부재리의 원칙 402
——의 효력 402
임의수사 60
——의 원칙 60
입증의 부담 322

[ㅈ]
자기부죄거부의 특권 451
자백 342
——의 보강법칙 326
——의 보강증거 329
——의 임의성 346
——의 임의성법칙 343
——의 증거능력 342
자유로운 증명 313
자유심증주의 324
재고소의 금지 55
재구속의 제한 71
재심 287

재심개시결정 295
재심의 대상 288
——의 이유 288
——의 청구 293
재정결정 127, 129
재정관할 465
재정신청 127
——의 대상 128
——의 취소 129
재판 391
재판서 397
——등본의 송달 432
——의 경정 397
재판시효 125
재판의 고지 397
——의 구속력 398
——의 선고 397
——의 성립 399
——의 집행 408
——의 확정 400
——의 확정력 400
재항고 278
——의 대상 279
——의 이유 279
적극적 진실주의 20
적용법조 102
전문법칙 358
——의 근거 358
——의 예외 358
전문증거 356
——의 증거능력 356
절대적 친고죄 49
—— 항소이유 251
절차속행의 신청 240
접견교통권 461
——의 보장 461
——의 제한 461
——의 침해 462
접견의 비밀보장 461
정식재판의 청구 477, 481
정지의 효력 235
제척 470
종국재판 392
주신문 180
주요사실 314
준항고 280
——의 대상 280
준현행범인 67
즉결심판 478
——의 청구 478
——의 확정 481
즉시항고 226, 276
증거 307
증거능력 337
——의 제한 338
증거동의 377
——의 대상 380
——의 본질 378
——의 의제 382
——의 철회 383
——의 효력 384
증거방법 307
증거배제결정 430
증거보전 78
——의 요건 78
——의 절차 79
증거부동의의 소송관계 385
증거의 수집 310
——의 요지 395
——의 종류 307
증거재판주의 315
증거조사 162
증명 313
증명력 323, 337
——의 제한 323
——의 탄핵 324
——의 판단 323
——판단 325
증명의 방법 313
——의 요부 314
증언거부권 175
——의 고지 176

증언능력 174
증인 171
증인선서 178
증인신문 178
——의 방식 180
——의 절차 177
증인의 권리 174
——의 비대체성 171
——의 의무 174
증인적격 171
직권주의 16
직접심리주의 138
직접증거 307
진술거부권 451
——의 고지 453
——의 침해 452
——의 포기 454
진정피고인 443
집중심리주의 138
집행유예의 실효 407

[ㅊ]
차별적 기소 94
참고인조사 63
참고인진술조서 63
——의 증거능력 369
체내강제수색 76
체포영장 65
——의 발부 65
——의 집행 65
——의 청구 65
체포현장 75
초일불산입의 원칙 426
최종변론 166
최후진술 166
취효적 소송행위 422
친고죄 49

[ㅌ]
타관송치 86
탄핵주의 15
탄핵증거 332
——의 허용범위 333
토지관할 466
통상체포 65
——의 요건 65
——의 절차 65
특별변호인 457
특별항고 226, 279

[ㅍ]
파기이송 261, 273
파기자판 260, 273
파기판결의 구속력 273
파기환송 261, 272
판결 392
판결내용의 법령위반 248
판결의 법률위반 299
피고사건의 이송 469
피고인 442
피고인구속 202
——의 요건 203
——의 절차 204
피고인의 기준 443
——의 당사자능력 448
——의 방어권 446
——의 소송능력 449
——의 의무 448
——의 지위 445
——의 특정 100
피의사건의 이송 86
피의자 44
피의자구속 68
——의 요건 68
——의 절차 69
피의자신문 60
피의자신문조서 62
——의 증거능력 348
피의자의 소송법상 권리 44
——의 소송법상 지위 44
피의자진술서 63
——의 증거능력 351, 367

피의자체포 62
피해자조사 63
피해자진술조서 63
——의 증거능력 368
필요적 변호사건 458
필요적 보석 207
——의 원칙 207
——의 제외사유 207

[ㅎ]
함정수사 38
항고 226, 276
——의 대상 276
항고전치주의 128
항소 247
항소기각의 결정 259
——의 판결 260
항소법원 247
항소심 247
——의 구조 262
——의 종국재판 259
항소의 제기 254
항소이유 248
항소이유서 255
——의 제출기간 255
항소이유의 분류 248
항소인 247
헌법적 형사소송 6
현행범인 67
——의 체포 67
형사기록의 열람권, 등사권 462
형사보상 488
형사사건 139
형사소송법 3
——의 개정 27
——의 법원 5
——의 연혁 26
——의 제정 27
형사소송법정주의 5
형사피고사건 139
형선고의 판결 220
형식재판 391
형식적 소송계속 111
—— 소송조건 418
—— 증거책임 322
—— 확정력 400
형의 시효 118
——의 실효 490
——의 집행 410
형집행불능결정 409
형집행장 409
확정판결의 당연무효 407
환부 211
회피 472
효력기간 426
훈시기간 426

著者略歷

서울大學校 法科大學 卒業
제12회 高等考試 司法科 合格
陸軍法務官 · 檢事
漢陽大學校 大學院 卒業(法學博士)
高麗大 · 漢陽大 · 成均館大 · 中央大 · 東國大 講師
韓國外國語大學校 法科大學 客員敎授
司法試驗委員 · 軍法務官試驗委員
韓國刑事法學會長
(현재) 辯護士

著書 및 論文

論點中心 刑事訴訟法(1980)
刑事訴訟法(1982)
刑事訴訟法講義(1983)
刑事訴訟法演習(1984)
註釋刑法總則(上·下)(共著, 1990)
訴訟實務大系(共著, 1995)
客觀式 刑事訴訟法(1996)
註釋刑事訴訟法(Ⅰ~Ⅳ)(共著, 1998)
刑法各論(1999)
條解刑事訴訟法(2002)

自白의 任意性法則 등 論文 400여 편

제 4 판
알기쉬운 刑事訴訟法

2002年	2月	15日	初版發行
2004年	1月	25日	第 2 版發行
2005年	2月	15日	第 3 版發行
2007年	8月	15日	第 4 版印刷
2007年	8月	25日	第 4 版發行

著 者 白 亨 球
發行人 安 鍾 萬
發行處 博 英 社
서울特別市 鍾路區 平洞 13-31番地
電話 (733)6771 FAX (736)4818
登錄 1952. 11. 18. 제 1-171 호(倫)
www.pakyoungsa.co.kr e-mail: pys@pakyoungsa.co.kr

定 價 32,000원 ISBN 978-89-10-51445-9